Jean Pierre MASSIAS

Professeur agrégé de Droit Public
Doyen de la Faculté de Droit de Clermont-Ferrand

JUSTICE CONSTITUTIONNELLE ET TRANSITION DEMOCRATIQUE EN EUROPE DE L'EST

Avant-Propos D.TURPIN

Préface G.VEDEL

Les Presses Universitaires de la Faculté
de Droit de Clermont-Ferrand

L.G.D.J.

"Collection des Thèses de l'Ecole Doctorale de Clermont-Ferrand"

Ouvrages parus:

L'inscription en compte des valeurs: notion de propriété scripturale, Christine LASSALAS

Justice constitutionnelle et transition démocratique en Europe de l'Est, Jean-Pierre MASSIAS

Le *security interest* ou l'approche fonctionnelle et unitaire des sûretés mobilières, *Contribution à une rationalisation du droit français*, Jean-François RIFFARD

Ouvrages à paraître:

Les celtiques: grandeur et servitude des auxiliaires barbares de l'Empire romain, Soazick KERNEIS

Contribution à l'étude des contrats aléatoires, Anne MORIN

L'agrément en Droit Public Français, Christine BERTRAND

Diffusion: L.G.D.J.
ISBN: 2-912589-02-9
Dépôt légal premier trimestre 1998

AVERTISSEMENT AU LECTEUR

Cet ouvrage reprend le contenu d'une thèse soutenue à la Faculté de Clermont-Ferrand en 1991. Le Jury, présidé par le Professeur Dominique TURPIN (Directeur de Recherches) était composé de René CHIROUX (Professeur à l'Université d'Auvergne), Louis FAVOREU (Professeur à l'Université de Droit et d'Economie et de Sciences d'Aix-Marseille), Michel LESAGE (Professeur à l'Université de Paris I), Slobodan MILACIC (Professeur à l'Université de Bordeaux I) et de Georges VEDEL (Doyen Honoraire de la Faculté de Droit et de Sciences économiques de PARIS). Au travers de ces quelques lignes, qu'il soit permis à son auteur de témoigner à ce jury son immense gratitude et son très profond respect.

Même si la situation politique de l'Europe de l'Est a considérablement évolué c'est intentionnellement que de très nombreux développements ont été laissés sans modification, afin de préserver l'esprit de cette collection (qui est de publier les thèses) et aussi pour montrer comment tout au long de l'histoire de l'URSS (de sa création jusqu'à sa disparition) le concept de contrôle de constitutionnalité a pu servir de révélateur face aux contradictions et aux spécificités du système constitutionnel soviétique. De ce fait, les quelques développements postérieurs à 1991 n'ont pour unique objet que de situer cette problématique dans la continuité de l'évolution historique.

JUSTICE CONSTITUTIONNELLE ET TRANSITION DEMOCRATIQUE EN EUROPE DE L'EST

"Tu sais, nous resterons toujours ces pionniers aux foulards rouges. Le soleil aura toujours pour nous ce petit goût de cuivre et le ciel la sonorité des battements du tambour. On n'en guérit pas.
On ne se remet pas de l'horizon lumineux qui était à quelques jours de marche.
A quoi bon se mentir ?
Nous ne serons jamais comme les autres, comme les gens normaux. Comme cet homme, par exemple, qui se glisse au volant avec la souplesse d'une carte bancaire avalée par un guichet automatique (...). Nous nous laisserons avaler par les sièges capitonnés avec le même sourire facile. Mais au fond nous resterons toujours ces jeunes barbares aveuglés par la foi dans l'horizon tout proche. Il manquera à nos singeries une chose capitale : savoir en jouir. C'est cela qui nous trahira..."

Andreï MAKINE "*Confession d'un porte drapeau déchu*".
Folio Gallimard 1992.

AVANT-PROPOS

Tel Christophe COLOMB, un demi-millénaire avant lui, Jean-Pierre MASSIAS s'est embarqué, voici quelques années, dans l'entreprise périlleuse, voire alors téméraire, consistant à rédiger une thèse sur le contrôle de constitutionnalité dans les pays socialistes de l'est de l'Europe.

Au début de son entreprise la notion même de contrôle de constitutionnalité telle qu'on l'entend dans les Etats de droit occidentaux n'était en effet pas concevable en Union Soviétique ou dans les Démocraties dites -sans souci du pléonasme- "populaires" : instrument d'application des décisions du Parti la Constitution pouvait limiter le pouvoir politique de ce dernier et, tout au plus, doivent être mentionnées certaines techniques dites d'"assistance à la législation" internes au Parlement (commission permanente, Présidium), dont les productions étaient "de facto" insusceptibles de recours (à l'exception notable des Cours constitutionnelles créées en Yougoslavie dès 1963 et en Pologne dès 1982). A la fin du propos de notre auteur se développaient un peu partout des expériences de contrôle de constitutionnalité confiées à des organes extérieurs au Parlement, mais les pays étudiés, s'ils étaient toujours à l'est, ne pouvaient plus être qualifiés de "socialistes", sans que l'on sache véritablement dans quelle mesure c'est la naissance de ces expériences qui a favorisé ici ou là cette "transition démocratique" ou bien plutôt (à notre avis) l'inverse. Éternelle histoire de la poule et de l'œuf !

Tel Christophe COLOMB aussi (mais à ses frais, lui qui était d'origine modeste, et non à ceux de la Princesse), en dépit des écueils nombreux, des sirènes parfois trop bien intentionnées, d'une véritable mer de sarcasmes et d'un océan de documents à consulter (le plus souvent à traduire ou faire traduire), Jean-Pierre MASSIAS a découvert -avec quelques autres- ce qui pourrait bien être une sorte de nouveau continent du droit constitutionnel contemporain : l'existence d'une authentique justice constitutionnelle en Europe de l'Est, en fin de compte bâtie à partir du modèle Kelsenien des Cours constitutionnelles européennes (la Xe Conférence des Cours constitutionnelles européennes a d'ailleurs pu se tenir, symboliquement, à Budapest en 1996).

Par rapport au travail universitaire élaboré à Clermont-Ferrand sous notre direction et soutenu devant un jury particulièrement prestigieux (Socialisme et contrôle de constitutionnalité : l'exemple des Etats d'Europe de l'Est : 1917-1990, 1991, 2 tomes, 966 pages + annexes) les contraintes éditoriales ont imposé un raccourcissement du texte et les évolutions récentes sur le terrain une actualisation, avec une insistance particulière sur la "transition démocratique" (un peu longue à se dessiner, en Russie ou en Biélorussie par exemple, où les Cours constitutionnelles ont été de tels obstacles à la volonté des Présidents ELTSINE ou LOUKATCHENKO que ceux-ci ont du parfois se résoudre à suspendre leur activité ou à modifier leur composition pour s'assurer de leur docilité). On regrettera cependant le sacrifice des développements consacrés à la période socialiste proprement dite, qui apportaient à notre avis beaucoup d'éclairages inédits, et on se permettra de renvoyer le lecteur intéressé par cet aspect de la question à la version initiale de la thèse.

Tel quel, l'ouvrage de Jean-Pierre MASSIAS a le mérite de confirmer, s'il en était besoin, que l'existence d'une justice constitutionnelle indépendante est l'indice le moins contestable du passage de la dictature à la démocratie : il en est allé ainsi en Allemagne et en Autriche sur les décombres du nazisme ou en Italie sur ceux du fascisme ; au Portugal au lendemain du salazarisme, en Grèce après les "Colonels", en Espagne après le franquisme etc... Enfin, de nos jours, en Europe de l'Est, après le communisme, en même temps que l'abolition du rôle dirigeant du Parti unique et la tenue d'élections pluralistes (dès 1985 en Union Soviétique, grâce à l'action de M. GORBATCHEV, auquel l'Histoire rendra sans doute justice), avec bien sûr, là comme ailleurs, le conflit traditionnel entre démocratie représentative majoritaire et Etat de droit constitutionnel assurant la protection des minorités et le respect des normes supérieures par le législateur.

Une brillante et rapide carrière universitaire a d'ores et déjà couronné les mérites de Jean-Pierre MASSIAS : maître de conférences en 1991 ; agrégé de droit public en 1996 et, sur la lancée, vice-doyen de la Faculté de Droit et de Science politique de Clermont-Ferrand, chargé de la recherche ; Doyen enfin, à peine un an plus tard. C'est avec une légitime fierté que l'étudiant timide de la fin des années 80 -découvert à l'occasion d'un cours d'été anglophone de droit international humanitaire à Varsovie où il avait montré plus d'intérêt pour les systèmes issus du marxisme-léninisme que pour les subtilités de la langue de SHASKESPEARE- peut regarder le chemin parcouru. Sans doute ce dernier n'égale-t-il cependant pas encore celui qui s'offrira dans les prochaines années au Doyen MASSIAS, en passe de devenir l'une des toutes meilleures références françaises pour ce qui concerne les Etats de l'Est de l'Europe.

Dominique TURPIN
Président de l'Université d'Auvergne
Président de l'Institut Français de Droit humanitaire et des Droits de l'Homme

PREFACE

Longtemps le contrôle de constitutionnalité, notamment à l'égard des lois, a été une curiosité – et peut-être un hasard – des institutions américaines. Ses affinités avec le principe et la pratique démocratiques étaient volontiers niées ou mises en doute. En France il en était d'autant plus ainsi que le recours prétendu au contrôle de constitutionnalité avait été un instrument au service des Empires autoritaires. La Grande-Bretagne, modèle inévitable de démocratie libérale, pouvait se passer sans dommage apparent de la notion même de constitutionnalité.

L'émergence après la première guerre mondiale de juridictions constitutionnelles n'eut pas un impact saisissable sur les membres de la classe politique des autres pays. Mais elle était en symbiose avec une puissante construction théorique dont Hans KELSEN fut l'initiateur et le prédicateur et qui imprégna progressivement les écrits et l'enseignement de nombreux pays.

Il fallut la seconde après-guerre pour que le contrôle de constitutionnalité prenne figure d'un élément essentiel de la démocratie. Tout y poussait : l'exaltation du droit et de l'état de droit en réaction avec les pouvoirs arbitraires et sauvages des fascismes et de l'hitlérisme ; la multiplication de nouvelles Constitutions d'autant plus idéalisées qu'elles rompaient en Allemagne, en Italie, puis en Espagne et au Portugal avec un passé récent et livré au désaveu ou qu'elles étaient sans précédent – et pour cause – dans les nouveaux Etats nés de la décolonisation. La Cour constitutionnelle, préférée largement en Europe au système américain devait être reconnue comme une tête de chapitre nécessaire dans toute Constitution démocratique.

La France, après avoir simulé dans sa Constitution de 1946 le recours à la justice constitutionnelle lui fit une place réelle en 1958 non peut-être sans quelque méprise des rédacteurs du texte constitutionnel qui n'avaient pas mesuré toute la portée de ce qu'ils avaient écrit.

En revanche l'Union soviétique est restée jusqu'à la grande crise hors de toute justice constitutionnelle digne de ce nom. Le contraire eût été étonnant et Jean-Pierre MASSIAS expose avec clarté l'allergie totale entre la théorie et la pratique soviétiques d'une part et une telle justice de l'autre. Plus sommairement il suffit de constater qu'à la base de celle-ci il existe trois axiomes : une certaine transcendance du droit par rapport aux données socio-politiques, une hiérarchie normative, une fonction juridictionnelle exercée sans dépendance. Chacune de ces trois conditions est exclue par la Vulgate stalinienne du marxisme-léninisme : le droit ne peut être "en dernière analyse" qu'une superstructure ; l'ordonnancement juridique a pour norme fondamentale l'intérêt de la révolution (alias du parti) ; la justice n'est qu'un instrument n'ayant donc ni finalité propre ni autonomie.

D'ailleurs dans cette matière les politiques et les juristes soviétiques n'ont contrairement à leur habitude recouru à aucune équivoque, alors pourtant, que dans les confrontations fréquentes entre la démocratie libérale et le système soviétique les tenants de celui-ci avaient, pour des raisons d'efficacité médiatique, adapté un discours à deux niveaux.

Au premier niveau, pour une rencontre avec leurs homologues ou sympathisants de l'étranger ou avec les " intelligentsias " toujours friandes d'explications abstraites, ils justifiaient leur système selon la dialectique marxiste, notamment par la négation du caractère démocratique des institutions de l'Ouest et l'exaltation de la " vraie " démocratie unanimiste et purgée de contradictions dans une société sans classes ennemies.

Mais à un second degré pour des destinataires moins proches ou plus simples se développait une propagande, naïve mais persistante, tendant à mettre en lumière les " signes extérieurs " de la démocratie soviétique voulus assez ressemblants à ceux des démocraties classiques. Que l'on se rappelle les récits et les images faisant admirer les exploits de hardis émissaire distribuait des bulletins de vote sur la banquise, performance hors de portée ailleurs. De même il fallait expliquer comment et pourquoi 99,98 % des suffrages se portaient sur le candidat unique du Parti. Alors la propagande soviétique bas de gamme expliquait que ce candidat était issu d'une longue procédure de discussions, de choix en escalade au sein des entreprises, des comités locaux, de toutes sortes de forum, tant et si bien qu'il aurait été peu sérieux de laisser courir leur chance à des concurrents sans références. Et la liberté de critique et d'expression trouvait son illustration dans le fait que le camarade Popov – pourquoi pas ? – avait porté une accusation publique contre les retards trop fréquents de son tramway habituel.

Mais s'agissant du contrôle de constitutionnalité la version enfantine de la propagande pouvait ne pas jouer. La version pour adulte était la seule présentable et reposait sur l'opposition classique entre démocratie formelle et démocratie réelle, entre vraie et fausse démocratie. La Cour suprême des Etats-Unis est un instrument aux mains des capitalistes monopolistes pour mettre à néant le peu d'aspirations populaires confiées au Congrès. En revanche, la vigilance du Présidium ou du Soviet suprême assure un respect religieux de la Constitution qui, en effet, comme le note J.-P. MASSIAS s'impose aux gouvernés sans s'imposer aux gouvernants.

C'est qu'en réalité le contrôle de constitution alité est un morceau rude et résistant des institutions politiques. Sauf naturellement à le confier à des compères, il comporte un certain nombre d'opérations intellectuelles et un certain nombre de résultats désobligeants pour le pouvoir qu'il n'est pas commode de simuler en paroles ou en images.

La compréhension du contrôle de constitutionnalité et de son évolution (bien que l'importance politique ou historique soit souvent secondaire) permet, comme une pierre de touche, comme une traduction symbolique, de remonter aux résistances, aux changements et aux effondrements du système soviétique global et des systèmes annexes des pays satellites. Le temps de la transition démocratique est celui d'interrogation fondamentales sur l'Etat et sur le droit.

C'est ce que l'auteur de notre livre a admirablement compris et mis en œuvre. Il l'a fait en satisfaisant à deux exigences dont le cumul conduit à une très belle réussite. Il s'agit tout d'abord d'un sujet fondamental, c'est-à-dire de la relation entre un système politique ne reconnaissant pas au droit le minimum d'autonomie par rapport au pouvoir et l'appareil juridique cependant instrumentalement inévitable. C'était le choix initial de l'auteur. Mais vint de l'extérieur la profonde crise, le cataclysme qu'elle engendra et l'ouverture à petits pas d'une voie vraiment démocratique. Au fur et à mesure que l'histoire bousculait les dogmes et les structures de l'Union soviétique et de ses vassaux, le problème du contrôle de constitutionnalité voyait ses données se transformer, se renouveler, basculer. Ce ne fut pas instantané. Patiemment l'auteur au prix d'additions incessantes à son dessein primitif a ainsi obéi à la double exigence de viser un sujet choisi par lui et de suivre le cours imprévu et parfois déconcertant de ce sujet en cette fin de siècle.

Ce que la fidélité à cette exigence impliquait était certes très difficile. Il fallait embrasser autour du point central toutes les données des satellites ; il fallait les mettre en relations avec l'environnement national et international ; le tout dans des séquences significatives. Il fallait chercher aussi la signification des jurisprudences, tisser des réseaux comparatifs au sein de l'espace historique et de l'espace géographique. Il fallait résoudre des problèmes de communication presque décourageants. : cueillette matérielle, traduction linguistique, connaissance des contextes. Mais cette érudition, si méritoire qu'elle fût, n'aurait servi à rien sans la finesse de l'analyse, la solidité des synthèses historiques, politiques ou juridiques.

En conclusion Jean-Pierre MASSIAS pose sans fausse pudeur mais aussi sans malice la question de savoir si la justice constitutionnelle a ou non servi la transition démocratique qui avait conditionné son existence.

L'on peut hésiter à répondre. L'ingénierie constitutionnelle subit des contraintes qu'il est difficile de concilier entre elles. D'un côté, s'agissant de construire, généralement sur une terre vierge ou naguère brûlée un édifice juridico-politique, l'ingénieur se reporte instinctivement à des modèles qui ont réussi en donnait d'ailleurs la préférence à son propre modèle national. D'autre part il sait qu'un système constitutionnel se bâtit rarement du premier coup ; qu'il s'agit de planter un arbre et non d'édifier une fabrique ; que les processus de la vie, fut-elle végétale, sont plus secrets que ceux de la matière inanimée.

Dans un pays qui veut prendre au sérieux sa Constitution toute neuve, l'ingénieur peut croire qu'il faut chasser du texte les clair-obscur et, dans le cas où cette chasse ne serait pas complète poursuivre l'extermination des incertitudes par le recours à la justice constitutionnelle. Mais ne faudrait-il pas aussi – et très contrairement – permettre au texte constitutionnel une brièveté et, une souplesse voire quelque équivoque qui sont comme ces fameux plis d'aisance que les tailleurs laissent dans les vêtements ? Ne faudrait-il pas encore que les controverses constitutionnelles ne soient pas tranchées initialement par des juges écrivant en lettres capitales et au contraire renvoyées à la lutte politique démocratique arbitrée par le suffrage universel ? En d'autres termes la justice constitutionnelle est-elle une poutre maîtresse de l'Etat de droit ou n'est-elle qu'un élément du confort ménager qui peut attendre tant que les gros travaux ne sont pas consolidés et vérifiés ?

Ainsi avec en mains ce livre savant, réfléchi et sûr, le lecteur conquerra de vastes espaces de savoir et au-delà verra s'ouvrir des horizons de nouvelles questions et donc des espoirs de découverte.

Georges VEDEL
Doyen Honoraire de la Faculté de Droit
et de Sciences économiques de PARIS,
Ancien membre du Conseil Constitutionnel

INTRODUCTION

1 L'étude des relations mutuelles de la justice constitutionnelle et de la transition politique survenue en Europe Centrale est d'autant plus complexe qu'elle associe des éléments très diversifiés. Comment mêler l'étude d'un mécanisme juridique et celle d'un événement politique si important ? La disparition des Etats socialistes en Europe, l'effondrement de ce contre monde érigé en 1917, symbole de tant d'espoir et de terreur, ne relègue t'il pas la création de quelques juridictions au rang de simples péripéties et le juriste ne doit il pas s'imposer un devoir de modestie et de retenue face à l'Histoire en marche ? Pourtant à regarder les choses de plus près le paradoxe n'est qu'apparent, et si le droit constitutionnel n'est pas à lui seule explicatif de ces immenses bouleversements, il reste certainement un des instruments les plus appropriés pour vérifier et étudier la portée de l'intensité des " révolutions de 1989 ". Placé à mi-chemin entre la volonté des détenteurs du pouvoir - qu'il est chargé d'exprimer - et la société où il est censé s'appliquer, il est un instrument fondamental permettant de mesurer la sincérité du discours des gouvernants et la capacité de soutien (ou de rejet...) des gouvernés vis à vis de ce discours.

2 Si la justice constitutionnelle, en tant que telle, n'est pas ni le but ni l'instrument de ces bouleversements, il n'en reste pas moins qu'elle en incarne une problématique primordiale : celle de définir les relations entre les gouvernants et les gouvernés et de fixer précisément les limites du pouvoir et les Droits des minorités. Cette relation, déjà vérifiée dans d'autres dictatures déchues (Allemagne nazie, Espagne franquiste..), se manifeste dans l'Europe post-communiste. La justice constitutionnelle y est apparue très tôt sous une forme dénaturée par la conception soviétique de l'Etat, puis, face aux crises rencontrées par ces régimes, sa dimension classique " Kelsenienne " est apparue pour se développer après 1989. Enfin aujourd'hui tous les nouveaux Etats ont mis en place une juridiction constitutionnelle ... qui a parfois du mal à imposer l'application du Droit aux nouveaux gouvernants. Dans ce cadre, elle reste donc un élément fondamental de la chute de la dictature et de l'émergence d'un nouveau régime : elle ne peut véritablement s'exprimer dans un régime totalitaire et reste indispensable pour mettre en place une véritable Démocratie

La transition politique est nécessaire pour l'émergence de la juridiction constitutionnelle

3 L'opposition entre socialisme et contrôle de constitutionnalité n'est que le reflet d'une opposition beaucoup plus radicale entre deux conceptions du pouvoir. Si le contrôle de constitutionnalité apparaît incompatible avec le socialisme, c'est parce qu'il est un aspect de la démocratie libérale, laquelle en tant qu'idéologie politique s'oppose à l'idéologie politique socialiste. Cette incompatibilité repose sur une approche totalement opposée du rôle de l'Etat et du Droit dans la société.

4 Dans le cadre de l'Etat démocratique occidental, la société est envisagée à la fois comme unitaire et diverse. Cette dualité est non seulement reconnue mais considérée comme essentielle. C'est au Droit qu'il revient d'en fixer les limites. En garantissant à chacun le minimum de liberté, il autorise l'expression de cette diversité. En imposant à tous un ensemble de contraintes, il contient les antagonismes nés de cette diversité et préserve ainsi l'unité. Le contrôle de constitutionnalité s'intègre totalement dans cette régulation. Il vise à contrôler la conformité des lois et des autres actes juridiques adoptés par les détenteurs du pouvoir avec le texte constitutionnel. Il est effectué par une autorité indépendante des organes contrôlés qui dispose du droit d'annuler toute loi non conforme à la Constitution. Inscrivant ses actions dans une perspective juridique, les conséquences de ses décisions sont également politiques. Comme l'a écrit H. KELSEN : "En assurant la confection constitutionnelle des lois et en particulier leur constitutionnalité matérielle, elle est un moyen de protection efficace de la minorité contre les empiétements de la majorité"[1].

5 Cette perspective est en totale opposition avec la conception socialiste de la société, de l'Etat et du droit. Dans cette conception tirée des théories marxistes-léninistes et appliquée dans les Etats d'Europe de l'Est [2], la notion de diversité sociale n'est connue que pour mieux être réduite. L'histoire du monde s'est résumée à un affrontement perpétuel au sein des sociétés entre des classes sociales antagonistes dont le paroxysme sera constitué par l'affrontement entre prolétaires et bourgeois qui aboutira au terme de la révolution socialiste à la dictature des premiers sur la bourgeoisie amenée à disparaître. L'unité sociale sera alors réalisée par la disparition de tout antagonisme économique. Il y a donc rejet du bien fondé de toute notion de diversité sociale et affirmation de la nécessaire identité d'intérêt entre toutes les composantes du corps social.

---

[1] - Hans KELSEN. La garantie juridictionnelle de la Constitution. RDP 1928 p. 252.

[2] - Nous faisons ici référence aux Etats qui, s'inspirant explicitement du marxisme léninisme, ont reproduit, à la suite de l'exemple soviétique né de la Révolution de 1917, un système constitutionnel, qui durant la période étudiée, repose sur un régime d'assemblée, sur le plan politique sur un parti politique dominant investi de la mission de représenter et de guider le peuple dont la fraction la plus importante est constitué par les prolétaires et sur le plan économique sur la mise en commun des moyens de productions. Ce système devant aboutir à la société communiste. Ont appartenu à cette catégorie durant la période étudiée: U.R.S.S., ALBANIE, HONGRIE, POLOGNE, ROUMANIE, BULGARIE, TCHECOSLOVAQUIE, YOUGOSLAVIE, République Démocratique Allemande.

6 Dans cette optique, l'Etat et le Droit ne sont pas analysés comme des phénomènes d'expression et de régulation des différentes composantes du corps social, mais au contraire comme des éléments coercitifs dont la seule finalité est d'assurer la domination d'une classe sociale sur une autre classe sociale. Le droit ne se voit pas attribuer une fonction d'arbitrage, mais une fonction instrumentale: être un moyen d'application de la politique décidée par les détenteurs du pouvoir dans l'Etat, qui sont les représentants des prolétaires réunis dans le Parti communiste.

Il y a donc une incompatibilité absolue entre la conception occidentale du contrôle de constitutionnalité (et sa logique d'arbitrage) et le droit socialiste (et sa logique instrumentale). Alors que dans le premier cas, la volonté politique doit s'intégrer et respecter le cadre posé par le droit, dans le second c'est l'inverse: c'est le contenu politique de la décision qui prime sur le cadre juridique.

7 Cette incompatibilité n'est d'ailleurs contestée par personne. Les juristes soviétiques ont rejeté en son nom toute référence au contrôle de constitutionnalité tel qu'il a été pratiqué à l'ouest et notamment aux U.S.A. Ainsi A. VICHINSKI écrivait en 1940 que les juges de la Cour Suprême des U.S.A. en s'opposant aux droits du Congrès représentant la volonté du peuple permettaient "à la clique des exploiteurs et des monopoles d'obtenir une déclaration d'inconstitutionnalité" pour les lois qui allaient contre leurs intérêts[1].

8 Toutefois, cette opposition, exprimée par le Professeur DAVID, n'a pas pour conséquence d'empêcher le contrôle de constitutionnalité d'exister dans l'Etat socialiste, mais au contraire d'impliquer qu'à ce cadre spécifique corresponde parallèlement une conception spécifique du contrôle de constitutionnalité.

Dès lors, tout à fait logiquement, les solutions occidentales qui prévoient que le contrôle de constitutionnalité sera effectué par une juridiction ne sont pas reproduites dans les Constitutions des Etats socialistes. Au contraire, l'analyse des premiers textes constitutionnels de l'URSS et des démocraties populaires fait apparaître que le contrôle de constitutionnalité appartient au Parlement et qu'il n'existe aucune règle spécialisée pour organiser cette activité. Si le contrôle s'exerce, ce sera au travers des compétences générales du Parlement tant en matière de contrôle des autres organes d'Etat que dans le cadre de son activité législative.

9 Il y a opposition totale: le contrôle de constitutionnalité, au sens défini par H. KELSEN n'existe donc ni matériellement (il y a opposition fondamentale entre les deux conceptions) ni organiquement (les organes de contrôle sont totalement différents). Le contrôle de constitutionnalité devient un instrument au service exclusif du Pouvoir et poursuit une mission particulière: assurer la reproduction de la politique décidée par les détenteurs du pouvoir dans les actes juridiques émis dans l'Etat. Cette organisation politico-constitutionnelle a connu à partir des années 60 une évolution très importante. Cette évolution a pris la forme, dans le domaine du contrôle de constitutionnalité, de profondes modifications des structures compétentes

---

[1] - A. VYSHINSKY. The law of the Soviet State. Edition The MAC MILLAN Compagny. NEW YORK. 1948. p. 339-340.

à partir de 1963. Ces modifications révèlent l'existence de crises qui ne sont pas uniquement celles du système de contrôle de constitutionnalité mais surtout celle de l'Etat socialiste. La réforme du contrôle de constitutionnalité est considérée alors comme un des moyen de résoudre cette crise idéologique. Son échec entraînera tout à la fois sa disparition et celle de l'Etat socialiste.

10 Un des aspects les plus remarquables de cette crise consiste en un rejet du modèle socialiste de contrôle par la création d'une Cour constitutionnelle seule compétente pour décider de la conformité des lois et des autres actes juridiques avec le texte constitutionnel. Initié en Yougoslavie dés 1963 il va s'étendre à la Tchécoslovaquie en 1968, à la Pologne en 1982 et enfin à la Hongrie en 1989.

11 Introduisant des éléments s'inscrivant dans la logique occidentale, ces réformes impliquent une rupture entre l'organisation du contrôle et la conception du Droit dans l'Etat socialiste. Alors que l'idéologie de l'Etat socialiste ne voit le Droit que comme un instrument de gouvernement, la nouvelle organisation du contrôle, au contraire, introduit l'idée qu'il peut servir de recours pour les gouvernés pour se protéger des actes des détenteurs du pouvoir.

12 En fait, les réformes sont le reflet d'une crise beaucoup plus grave au sein de l'Etat socialiste. A la suite de la déstalinisation, pour la première fois, est remis en cause le principe de l'identité absolue d'intérêts entre les gouvernants et les gouvernés dans l'Etat socialiste. Là où l'idéologie devait garantir l'unité, c'est au Droit désormais qu'il semble désormais être fait appel pour réprimer les abus du pouvoir. Apparaît alors une situation très ambiguë : en même que les textes constitutionnels socialistes célèbrent l'unité de classe et le rôle dirigeant du PC, ils légitiment la notion de conflit entre gouvernants et gouvernés et donc les antagonismes sociaux.

13 Au delà de leur impact idéologique, ces réformes n'ont eu que peu de conséquences matérielles. Le fonctionnement des juridictions constitutionnelles a été limité. L'exemple yougoslave est particulièrement significatif. Les Cours constitutionnelles yougoslaves, bien qu'ayant développé une très abondante jurisprudence, n'ont pas pu jouer un rôle d'arbitre au sein de l'Etat du fait du maintien du pouvoir exclusif de la Ligue Communiste yougoslave. Cet échec des réformes trouve son origine dans l'opposition signalée précédemment entre la conception du contrôle telle qu'elle devrait résulter de ces réformes et l'idéologie de l'Etat socialiste. La logique de l'idéologie marxiste léniniste de l'organisation du pouvoir va prendre le pas sur la logique de l'organisation du contrôle de constitutionnalité. Cet échec met en évidence la portée réelle de la crise rencontrée. L'introduction des cours constitutionnelles correspond à une remise en cause implicite des fondements de la théorie juridique socialiste. Pour la première fois, le besoin d'un mécanisme juridique de régulation des relations entre les gouvernants et les gouvernés est affirmé et légitime l'idée de leur possible antagonisme. Dès lors, au delà de la théorie du Droit "instrument au sein de la classe dirigeante", on rejette également le postulat de l'unité entre le pouvoir et le peuple et par là on conteste le rôle dirigeant du Parti communiste.

14 Cette incapacité [1]va déboucher sur les événements survenus durant la fin de l'année 1989. A la suite de divers processus (négociations entre le pouvoir et l'opposition, manifestations de rues ou même affrontements armés) le Parti communiste a été amené à abandonner le pouvoir à la fois juridiquement (toutes les Constitutions des Etats d'Europe de l'Est ont abrogé les dispositions constitutionnelles proclamant le rôle dirigeant du Parti communiste), idéologiquement (le marxisme léninisme n'est plus considéré comme doctrine officielle) et matériellement (dans de nombreux Etats les communistes doivent abandonner le pouvoir, le Parti communiste disparaissant même en tant que tel). Ces bouleversements qui ont donc entraîné la disparition de l'Etat socialiste, ont bien évidemment eu de profondes conséquences sur l'organisation du contrôle de constitutionnalité. Les bouleversements intervenus en 1989 vont lever l'obstacle rencontré par les réformes précédentes. La volonté affirmée par l'ensemble des nouveaux gouvernants d'établir un Etat de Droit permet dès lors d'envisager un tout autre développement du contrôle de constitutionnalité, les Cours constitutionnelles ainsi mises en place[2] pouvant espérer évoluer dans un environnement juridique plus proche de celui des démocraties d'Europe occidentale et donc favorable à leur développement.

La Cour constitutionnelle est nécessaire pour l'accomplissement de la transition Démocratique.

15 Si la transition entre l'Etat socialiste et la démocratie pluraliste est donc nécessaire pour autoriser le véritable développent de la Juridiction constitutionnelle, pour autant la relation entre ces deux concepts n'est pas si unilatérale et déséquilibrée. Le passage d'un régime politique à un autre n'est pas suffisant pour garantir le développement démocratique, bien au contraire, de nombreuses menaces pèsent sur les nouveaux Etats et face aux difficultés rencontrées la juridiction constitutionnelle peut se révéler être un puissant instrument pour assurer l'accomplissement d'une transition réellement démocratique.
La première difficulté rencontrée par le contrôle de constitutionnalité vient de la situation géographique de l'Europe de l'Est, notamment de l'absence totale d'unité à l'intérieur de la population de cette région du globe.
En effet, comme le relève H. BOGDAN, dans son histoire des pays de l'Est[3], sans même prendre en compte l'URSS, l'Europe centrale et orientale se distingue par une extraordinaire diversité linguistique et religieuse. Dans cet espace qui regroupe environ 140 millions d'hommes, on recense plus d'une douzaine de langues différentes, s'exprimant au travers de deux alphabets et qui sont le reflet du nombre très élevé de peuples aux origines diverses qui vivent sur cet ensemble de territoires[4]. Cette diversité, source d'antagonismes en Europe de l'Est, est aggravée par trois séries de phénomènes: la présence de fortes minorités qui se sont trouvées séparées de

---

[1] - Dont l'aspect juridique n'est bien évidement qu'un aspect parmi d'autres.
[2] - Telle que la Cour constitutionnelle hongroise créée par la loi 32/89 adoptée le 18 Octobre 1989.
[3] - Henry BOGDAN. Histoire des pays de l'est des origines à nos jours. Editions PERRIN. PARIS 1990.
[4] - Les analystes proposent une classification de l'Europe de l'est (sans l'URSS) en deux domaines linguistiques: le domaine indo-européen où l'on retrouve des langues slaves, baltes, illyro balkaniques et allemandes et le domaine finno ougrien, où sont principalement parlés le Magyar et l'Eesti.

leur nation d'origine et qui sont obligées de vivre dans un autre Etat, l'existence de nationalités éclatées dans toute l'Europe de l'Est et enfin l'opposition des religions[1]. Cette extrême diversité est un facteur très important d'oppositions au sein du corps social, d'affrontements violents tels que l'on a pu en voir dans les Républiques musulmanes soviétiques, en Roumanie entre la minorité hongroise et les partisans de la "pureté roumaine", ou en Bulgarie et sur les champs de bataille de l'Ex-Yougoslavie. Dès lors, la tâche du contrôle de constitutionnalité est extraordinairement complexifiée par la multiplication de ces antagonismes hérités de l'histoire et exacerbés par la très grande crise économique et les changements de régimes autorisant le défoulement de haines et de rancoeurs très longtemps étouffées. Si l'Etat socialiste avait nié cette diversité, empêchant ainsi la mise en place de garanties particulières pour ses minorités, leur reconnaissance place désormais les Cours constitutionnelles de ces Etats dans une situation délicate, le grand nombre de minorités risquant de se révéler une tâche ardue pour une juridiction constitutionnelle[2].

16 Mais le principal obstacle au développement de ce type de juridiction réside dans la conception des rapports sociaux au sein des Etats post socialistes. Il est évident que si ces multiples antagonismes ne sont pas intégrés dans un processus de régulation organisé autour de règles préétablies, acceptées par tous et garantissant à chacun un minimum de droits et libertés, incompressibles quelques soient les changements politiques, le contrôle de constitutionnalité ne saurait avoir la moindre chance de jouer le rôle que lui attribuait H. KELSEN. Pour atteindre cet objectif, il faut d'une part que les Etats post socialistes soient des démocraties et d'autre part, des démocraties dans lesquelles la majorité ne puisse pas tout faire, c'est à dire des Etats

---

1 - Le premier phénomène est surtout vérifié par l'exemple hongrois. On peut en effet estimer qu'en 1990, près de 30% des Hongrois ne vivent pas en HONGRIE; ils constituent de très fortes minorités notamment en ROUMANIE (ils sont près de deux millions) et en TCHECOSLOVAQUIE (600.000).
Le second phénomène est encore plus préoccupant. Comme le souligne H. BOGDAN, il existe en Europe de l'est des nationalités "étrangères à ces régions mais qui s'y sont fixées au cours de leur migration[1]. Ainsi parallèmment aux arméniens, des communautés tziganes existent en BULGARIE (environ 200.000), en YOUGOSLAVIE , en HONGRIE et en ROUMANIE.
Enfin,la diversité religieuse est le troisième phénoméne d'aggravation des antagonismes "géographiques. Toutes les grandes religions sont en effet représentées Dans ce domaine, la situation est encore plus diversifiées en URSS où, sans revenir sur tous les travaux consacrés à la composition géographique et ethnique de cet Etat, il faut relever l'existence d'au moins 53 peuples juridiquement constitués autour du cadre administratif de l' URSS en notant comme Roger CARATINIque cette structure "ne refléte en rien toute la réalité multinationale de l'URSS" et que c'est près de 97 peuples qui ont été officiellement recensés en 1979. Cette multitude reproduit et intensifie à l'échelle de l'URSS les divers phénomènes déjà relevés en Europe de l'Est.

2 - A ce titre l'exemple hongrois est particulièrement représentatif. Avec l'adoption de la loi 32/89,le nouveau gouvernement hongrois a mis en place une juridiction constitutionnelle extrémement développée, susceptible d'intervenir selon différentes techniquyes et à l'égard d'un ensemble très varié d'actes juridiques. Selon les projections réalisées lors de l'adoption de cete loi, la Cour constitutionnelle hongroise pourrait être amenée à s'occuper de près de 30 000 affaires par an (renseignements communiqués par le Professeur RACZ à l'Académie ds sciences de HONGRIE, octobre 1989). Il est bien évident que la Cour ne pourra jamais faire face à un tel flux et qu'au delà de tous les élèments déjà mentionnés, c'est l'encombrement, problème commun avec les juridictions constitutionnelles d'Europe occidentale, qui va constituer un obstacle sérieux à la crédibilité et donc au développement de cette juridiction en Hongrie.

où, à côté de la libre compétition pour le pouvoir, le Droit constitue un mode privilégié de régulation des antagonismes.

17 Il s'agit donc d'une démarche complémentaire au mouvement enregistré lors des années 1989 et 199O dans les Etats d'Europe de l'Est. Après la destruction de l'environnement socio-politique socialiste, obstacle absolu au développement du contrôle de constitutionnalité et de sa fonction arbitrale, il s'agit désormais d'intégrer le fonctionnement des juridictions constitutionnelles dans l'environnement spécifique d'un Etat de Droit, dont jusqu'à présent les fondations n'ont été qu'esquissées.
Robert BADINTER, intervenant lors d'un colloque organisé en février 1990, avait dressé une liste de cinq éléments conditionnant l'établissement de la notion d'Etat de Droit, la démocratie politique n'étant qu'un élément. A cette première condition, l'ancien Président du Conseil constitutionnel français associait l'établissement d'une constitution approuvée par référendum et qui respecte "la division et l'harmonie des pouvoirs exécutifs et législatifs", "la proclamation à valeur constitutionnelle d'une déclaration des Droits fondamentaux des citoyens", la création d'une autorité judiciaire indépendante et le pluralisme des moyens d 'expression[1].

18 La mise en place de ces conditions s'est longtemps heurtée à trois séries de difficultés. Celles-ci tenaient tout d'abord à des considérations purement techniques; aggravées par la situation des rapports politiques et parfois même par le faible développement de la culture juridique.

19 Difficulté technique tout d'abord. En effet, le "programme" proposé par Robert BADINTER représentait une telle rupture avec la situation passée qu'il nécessite l'adoption d'une quantité de réformes extraordinaires, dont la réalisation ne pouvait que s'étaler sur plusieurs années. Ce délai inévitable et nécessaire, si l'on veut pouvoir bâtir un ensemble durable, a généré une situation d'incertitude où les organes de contrôle de constitutionnalité sont placés dans un situation délicate, ne pouvant intervenir sans prendre en compte le caractère transitoire de la période (et donc des nécessaires bouleversements politiques et juridiques) et, dans certaines situations, ne disposant plus de normes de référence, une des tâches principales des nouveaux Parlements élus étant d'adopter une nouvelle Constitution.

20 Toutefois, la principale difficulté de mise en place de ce nouveau cadre ne se situe pas dans sa dimension temporelle, mais bien dans la situation des rapports politiques dans l' Etat.

21 Les conditions proposées en 1990 par Robert BADINTER ne sont pas que des étapes techniques à franchir, dont l'ensemble constitue une sorte de "check liste" de la démocratie et de l'Etat de Droit. Au delà de leur dimension juridique, elles correspondent à une philosophie des rapports entre les différentes forces politiques au sein de la société toute entière.

---

[1] - Robert BADINTER. Intervention lors du colloque "Où va l'est?". Quatrième table ronde: "Quel Etat de droit pour garantir les libertés fondamentales?". Texte publié par le Journal des élections et LIBERATION. Edition libération développement. Paris 1990 p.87.

22 La création d'un Etat de Droit suppose non seulement que "l'Etat lui même soit soumis aux lois et que le citoyen condamné au nom de l'Etat (...) puisse à son tour faire condamner l'Etat lorsque celui ci méconnaît ses droits"[1], c'est à dire qu'il existe un mécanisme juridique qui assure le respect d'un minimum de droits des individus, mais qu'au delà de la dimension contentieuse de ce phénomène, le respect de ce minimum de droits soit également présent dans les relations sociales et particulièrement les relations politiques. Pour que les Cours constitutionnelles puissent exercer un contrôle efficace des atteintes aux droits des individus et de l'ensemble des règles constitutionnelles, il faut que ces atteintes ne soient pas trop systématiques et donc que le corps social assure lui même une prévention satisfaisante de ce type de violations. Cette dimension sociologique de l'Etat de Droit est particulièrement importante dans le cadre des sociétés post socialistes. Adam MICHNIK, un des membres historiques du Syndicat Solidarité, a parfaitement posé les termes de ce problème:

"On obtient donc deux visions de l'Europe post totalitaire : ou l'Europe est démocratique et pluraliste ou elle est "natiocentriste" et autoritaire" [2], ces deux visions de l'Europe pouvant déboucher sur trois perspectives de transformation des sociétés post socialistes.

"La première, la voie espagnole (...), la seconde la voie iranienne la plus dangereuse mais qui n'est pas à exclure (...), la troisième est le modèle libanais, c'est la lutte fratricide , la balkanisation".

23 Au travers de cette analyse, c'est l'ensemble du problème des relations politiques au sein de la société qui est posé. Pour mettre en place l'Etat de Droit la société qui désire exprimer ses antagonismes doit également limiter cette expression à des domaines précis, dont la véritable garantie sera la conscience dans la société du bien fondé de ces limitations. Au delà du changement du titulaire du pouvoir et de son mode de désignation, **c'est bien du changement même de la conception du pouvoir qu'il s'agit.**
Dans les Etats post socialistes, ce problème a pris dès 1990 une dimension particulièrement importante. Alors que dans un premier temps, les tables rondes entre opposition et pouvoir avaient montré le visage d'une transition résolue mais tolérante, des phénomènes inverses sont apparus, d'abord isolés, puis reproduits dans le cadre même du pouvoir des nouveaux Etats.
Aux profanations des monuments soviétiques de la seconde guerre mondiale (peut être un peu trop rapidement et complaisamment assimilées à l'expression d'un défoulement salutaire après la chute du régime), sont venus s'ajouter les slogans antisémites en POLOGNE et en HONGRIE, les manifestations anti turques en BULGARIE, les bastonnades des hongrois en TRANSYLVANIE et enfin les pogroms anti arméniens en AZERBAÏDJAN.
Alors étrangères au fonctionnement même des institutions, ces pratiques se sont trouvées assez rapidement intégrées (à des degrés divers) dans le processus même

[1] - ibid p. 87.
[2] - Où va l'est? opus cité p. 61.

d'exercice du pouvoir d'Etat et particulièrement dans les relations entre les détenteurs du pouvoir et l'opposition. Ces phénomènes n'ont pas tous la même intensité et ont parfois revêtus des formes relativement limitées. On peut à cet égard citer le référendum qui a été organisé en Août 1990 en HONGRIE. Relatif au mode de désignation du président de la République et organisé à l'initiative d'une pétition de citoyen recueillie par les membres des l'ancien Parti communiste, il a eu lieu au mois d'Août, période de vacances et a donc suscité un taux d'abstention très fort, alors que justement le taux de participation est un élément fondamental dans le système hongrois puisque si 50% des électeurs ne se prononcent pas, le résultat de la consultation n'est pas pris en compte.

24 Parallèlement, des incidents beaucoup plus sérieux ont eu lieu dans d'autres Etats tels que la BULGARIE et surtout la ROUMANIE. La situation bulgare apparaît très spécifique: lors des élections qui ont eu lieu en Juin 1990, le Parti socialiste bulgare (ancien PCB) est sorti vainqueur des élections, alors que l'opposition avec à sa tête remportait un certain nombre de succès dans les grandes villes et notamment à Sofia. A la suite de ces élections, de vifs incidents se sont produits dans cette ville tout l'été (l'opposition remettant en cause le résultat des élections), une manifestation de l'U.D.F. ayant entraîné la mise à sac du siège du parti socialiste à la fin du mois d'Août. Toutefois, le paroxysme de la violence entre majorité et opposition a été atteint en Roumanie où après la très large victoire du Front de Salut National d'Ion ILIESCU, tant aux élections législatives que présidentielles, de très graves incidents ont éclatés entre l'opposition, qui a tenté à plusieurs reprises d'investir la télévision d'Etat et certains ministères, et le pouvoir, qui en réponse a procédé à une importante répression mobilisant à cette fin les mineurs dépêchés en masse dans la capitale.
L'Ex-Urss n'a pas été épargnée, loin s'en faut, par ces manifestations. En 1993, le président élu au suffrage universel et se présentant comme démocrate a fait bombarder son parlement, imposant une constitution, qui devait lui permettre quelques années plus tard d'écraser la Tchétchénie et ses revendications d'indépendance.
Au delà des particularismes de chaque situation, ces exemples mettent en évidence les dangers dénoncés par A. MICHNIK. Ils révèlent l'existence d'une tentation plus ou moins grande d'user des mécanismes démocratiques au bénéfice exclusif des vainqueurs : l'opposition ne respecte les élections libres que si le résultat lui est favorable. La majorité conçoit sa nouvelle légitimité populaire comme une autorisation d'agir comme bon lui semble sans aucune limite. Dans les deux cas, la notion d'antagonisme (qu'il soit politique, ethnique ou religieux) n'est vécue qu'en termes d'affrontement et jamais en terme de compromis, comme si les événements de 1989-1990 n'avaient servis qu'à changer les règles d'accession au pouvoir, permettant ainsi à la majorité d'exprimer sans pour autant changer fondamentalement les rapports entre ces deux blocs.
Cette attitude post totalitaire, impliquant finalement le maintien d'une vision quasi marxiste[1] du droit dans la société, est incompatible avec l'éclosion d'un véritable Etat de Droit. La mise en place des éléments énoncés par Robert BADINTER (et

[1] - Au sens d'un instrument de coércition au service des détenteurs du pouvoir.

notamment l'élaboration de la Constitution) serait sans effet si elle ne s'accompagnait pas de cette notion de compromis entre les divers intérêts au moyen du droit. C'est là tout le sens de l'interrogation d'Adam MICHNIK :
"Nous hésitons naturellement entre la voie purement démocratique et la tentation logique de l'épuration. Il faudra choisir." [1] Ces difficultés rencontrées pour bâtir un véritable Etat de Droit et pour assurer le développement du contrôle de constitutionnalité tirent leur origine de la combinaison d'un ensemble de phénomènes qui tiennent à la fois à l'héritage de l'Etat socialiste, à la renaissance de mouvements extrémistes et pour une très large part à une situation économique sinistrée dont l'histoire européenne de la première partie du vingtième siècle montre combien les conséquences peuvent être grandes dans l'éclosion de nouvelles dictatures.

25 Enfin, un autre obstacle important à franchir sera peut être (notamment dans les Etats d'influence russe et orthodoxe) l'absence de tradition juridique faisant du droit un élément distinct de l'exercice du pouvoir. La phrase prononcée par L. YAKOVLEV en Août 1988 à Riga prend ici tout son sens: "Pendant mille ans, ce sont des hommes et non des lois qui ont gouverné la Russie" [2].
Au delà de cet héritage culturel spécifique , il faut noter que le socialisme a produit pendant ces quarante années un ensemble de conséquences défavorables pour l'idée même de droit. Sa subordination à la volonté politique du parti a notamment conduit à abaisser considérablement son importance en tant que discipline scientifique. De ce fait, les pays socialistes et surtout l'URSS souffrent d'un manque criard de juristes formés pour pouvoir évoluer dans ce nouvel environnement juridique.
Le développement de la juridiction constitutionnelle dans les Etats d'Europe de l'Est et son évolution vers le modèle Kelsenien apparaît donc particulièrement complexe. Toutefois, au delà de la difficulté, il faut ici souligner l'extrême importance que peut avoir le contrôle de constitutionnalité dans le développement de ces régimes nouveaux. Autant le contrôle apparaît délicat à mettre en place, autant son développement apparaît fondamental dans ces Etats. C'est justement en raison des difficultés mentionnées du fait de ces antagonismes politiques et ethniques qu'il convient d'ériger un contrôle de constitutionnalité efficace. L'expérience a montré quelles pouvaient être les conséquences de cet établissement : pacification de la vie politique, régulation des changements de majorité, enracinement des Droits fondamentaux [3], autant de fonctions de nature à atténuer les problèmes rencontrés dans cette région de l'Europe qui apparaissent indispensable à promouvoir en raison de la situation décrite.
26 Ainsi, apparaît la double face du problème du développement du contrôle de constitutionnalité dans les Etats d'Europe Centrale et Orientale: composante de l'Etat de Droit dont il ne peut être dissocié, il constitue dans le même temps un des moteurs principaux de son émergence. Puisant sa raison d'être dans les obstacles à son développement, l'avenir du contrôle de constitutionnalité en Europe de l'Est

---

[1] Adam MICHNIK. Où va l'est? Opus cité
[2] Cité par Michel LESAGE. Où va l'est? opus cité p. 85.
[3] Voir Louis FAVOREU. Rapport sur l'Europe occidentale au colloque de l'association internationale de sciences juridiques. In : le contrôle juridictionnel des lois.UPPSALA 26 -28 juin 1984. Economica PUAM. 1986.. P.62 et s.

révèle la portée de ce paradoxe: **plus les conditions de sa mise en place apparaissent défavorables, plus son existence s'affirme comme nécessaire**.

Dés lors, c'est dans le cadre de cette dualité qu'il faudra envisager l'étude des relations entre la Justice constitutionnelle et la transition Démocratique de l'Europe de l'Est.

PREMIERE PARTIE: JUSTICE CONSTITUTIONNELLE ET ETAT SOCIALISTE

27 L'Etat socialiste n'a pas connu le contrôle de la Constitutionnalité des lois et des autres actes juridiques. Ce type de contrôle repose en effet sur une logique juridique et idéologique en totale opposition avec la conception soviétique de l'Etat et du Droit. En revanche dans l'ensemble des constitutions soviétiques et des Démocraties populaires s'est développée une autre forme de contrôle de " l'application de la constitution " qui semble avoir été la transposition du contrôle de constitutionnalité dans le monde socialiste. Mais tout comme pour l'ensemble des concepts du Droit public cette transposition ne peut se comprendre que dans la logique de l'Etat socialiste, c'est à dire dans le cadre d'un Etat ou le Droit n'est considéré que comme un instrument dans les mains des dirigeants politiques. C'est une véritable dénaturation du concept qui a été effectuée.
Ces mécanismes de contrôle de l'application de la Constitution se sont développés progressivement à partir des constitutions soviétiques de 1918 et 1924 (Chapitre 1) pour être ensuite repris dans l'ensemble des Constitutions socialistes d'Europe après 1945 pour former un modèle cohérent reposant sur un certain nombre de caractéristiques communes (Chapitre 2).
L'étude de ces procédures, confrontée à la réalité de leur fonctionnement, est révélatrice de la conception de ce type de contrôle dans l'Etat socialiste : loin d'être comme dans le modèle Kelsenien, un processus de limitation juridique de l'action gouvernementale, il est au contraire un instrument d'application et de soutien des décisions des détenteurs du pouvoir (Chapitre 3).

CHAPITRE 1
LA FORMATION DU MODELE SOVIETIQUE DE CONTROLE DE L'APPLICATION DE LA CONSTITUTION

28 Les premières manifestations constitutionnelles de cette forme d'organisation du contrôle de constitutionnalité sont apparues en U.R.S.S. dans le texte de la Loi Fondamentale de la République Socialiste Fédérative de RUSSIE adoptée par le V° Congrès Pan Russe des Soviets le 10 Juillet 1918 (Section 1) et dans celui de la Constitution de l'U.R.S.S. du 31 Janvier 1924 (Section 2). Dans ces deux textes, le pouvoir d'exercer le contrôle de l'application de la Constitution était confié à un organe parlementaire à compétence générale. Toutefois, si dans le texte de 1918 cet organe exerçait seul cette activité, dans celui de 1924, la Cour Suprême de l'U.R.S.S. était désignée pour l'assister dans cette mission, bien qu'elle ne dispose dans ce domaine d'aucun pouvoir de décision.

SECTION 1: La Loi Fondamentale de la République Socialiste Fédérative des Soviets de Russie du 10 Juillet 1918

29 La Constitution de 1918 est la première Constitution adoptée après une révolution par un Etat se réclamant de l'idéologie marxiste. De ce fait, elle présente certaines caractéristiques qui sont des conséquences de son caractère idéologique (c'est une Constitution révolutionnaire qui proclame que la RUSSIE est une "République des Soviets et des Députés ouvriers soldats et paysans" [1]) et du contexte particulier de la Révolution russe et de la Guerre Civile. La Constitution est en effet adoptée le 10 Juillet 1918 et a, pour une large part, institutionnalisé les différents organes du pouvoir révolutionnaire qui existaient depuis 1917 et qui avaient commencé à fonctionner depuis la Révolution [2].

---

[1] - Article 1 de la Loi Fondamentale de la République Socialiste Fédérative des Soviets de Russie du 10 Juillet 1918. Texte Français extrait de : Dominique COLAS. "Textes Constitutionnels Soviétiques" P.U.F. collection Que sais je ? Numéro 2364. Paris 1987.

[2] - Sur le plan institutionnel, ce texte est entièrement basé sur la notion de Soviets (Conseil regroupant des ouvriers et des soldats). Cette notion est apparue très tôt en RUSSIE.Dés les journées insurrectionnels de 1905, il s'était formé à ST-PETERSBOURG un Soviet dont les attributions étaient

30 Dans le texte constitutionnel de 1918, le contrôle de constitutionnalité n'est pas confié à un organe spécialisé qui serait exclusivement chargé de son exercice. Il est au contraire amalgamé dans un ensemble de compétences gouvernementales. De ce fait, il est confié aux institutions qui ont pour mission d'exercer le pouvoir dans l'Etat. Il s'intègre donc à l'ensemble structurel mis en place par la Constitution qui est formé de trois institutions : le Congrès Pan Russe des Soviets, le Comité Central Exécutif Pan Russe et le Conseil des Commissaires des Peuples. Ces trois institutions se partagent le pouvoir législatif et exécutif (le nouvel Etat ne reconnaissant pas la séparation des pouvoirs) et sont également concernés par le contrôle de constitutionnalité.
Les principales dispositions constitutionnelles relatives à ce sujet consacrent les compétences du Comité Central Exécutif Pan Russe. Défini par la Constitution de 1918 comme "l'organe suprême de législation, d'administration et de contrôle dans la République des Soviets de Russie"[1], il est investi (article 32) du droit de "veiller à l'application de la Constitution, ainsi que des arrêtés du Congrès Pan Russe des Soviets."

31 Le Comité Central Exécutif Pan Russe se voit donc confier une mission importante qui lui confère un très grand rôle dans le domaine de la surveillance de l'application de la Constitution et dans celui du contrôle des actes juridiques qui en découlent. Mais ces prérogatives, pour importantes quelles soient, ne sont pas sans bornes. De sérieuses restrictions limitent juridiquement la position du Comité Central Exécutif dans ce domaine. Ces restrictions tiennent principalement à la subordination de cet organe au regard du Congrès Pan Russe des Soviets.
C'est autour de cette dualité que va s'organiser le contrôle de constitutionnalité dans la Constitution Pan Russe de 1918. La fonction de contrôle de l'application de la Constitution appartenant au Comité Central Exécutif Pan Russe des Soviets (Paragraphe 1) est limitée par les Prérogatives du Congrès Pan Russe des Soviets (Paragraphe 2).

Paragraphe 1 : Le contrôle de l'application de la Constitution par le Comité Central Exécutif Pan Russe

32 Le contrôle de l'application de la Constitution (sur la base de l'article 32 de la Constitution) est donc confié au Comité Central Exécutif Pan Russe (C.C.E.). L'apport du texte constitutionnel de 1918 est double dans ce domaine. Le contrôle de l'application de la Constitution va être attribué à un organe politique à vocation générale et va témoigner d'une conception extensive à la fois des actes contrôlés et des procédures mises en place.

celles d'un comité de grève. Par la suite, cette forme organisationnelle a joué un très grand rôle dans le déroulement des révolutions de 1917.

[1] - Article 31 de la Loi Fondamentale de la R.S.F.S.R.de 1918.

A) Le Comité Central Exécutif Pan Russe des Soviets

33 La qualification du Comité Central Exécutif comme organe politique à vocation générale s'appuie sur l'étude de sa composition, de son fonctionnement et de ses compétences.

1) Composition

34 Le Comité Central Exécutif est un organe relativement lourd, composé de plus de deux cent membres désignés par le Congrès Pan Russe des Soviets sur une base politique [1].

35 D'après l'article 28 de la Constitution de 1918, les membres du Comité Central Exécutif Pan Russe des Soviets sont élus par le Congrès Pan Russe des Soviets. Toutefois, au delà de ces règles, il faut distinguer deux modes de formation de cet organe. Durant les cinq premiers Congrès Pan Russe des Soviets qui se sont tenus entre Juin 1917 et Juin 1918, le Comité Central Exécutif Pan Russe des Soviets a été désigné par de véritables élections au sein du Congrès dans lequel existait à cette époque un certain multipartisme : à coté des délégués du Parti bolchevique siégeaient également des représentants des groupes socialistes révolutionnaires, chaque Parti présentant une liste de candidats. La répartition opérée au sein du Comité Central Exécutif Pan Russe des Soviets permettait à tous les groupes au Congrès d'être représentés sur une base proportionnelle à leur importance numérique (la proportion était généralement d'un délégué au Comité Central Exécutif pour 6 à 10 représentant au Congrès[2]). La proclamation des résultats et de la composition du Comité Central Exécutif Pan Russe était effectuée par le Bureau du Congrès qui procédait à une répartition "arithmétique" des sièges.

36 A partir du Vème Congrès, qui a par ailleurs promulgué la Constitution de 1918, cette représentation pluraliste a cessé. Le Congrès est désormais entièrement composé de délégués du Parti bolchevique et de "sans Parti". De ce fait, la liste des membres du Comité Central Exécutif est alors entièrement proposée par le Bureau politique du Parti bolchevique et votée par le Congrès.
Le nombre des membres du Comité Central Exécutif est fixé par les dispositions constitutionnelles à 200 [3], chiffre qui va évoluer entre 1918 et 1924. Le VII° Congrès Pan Russe des Soviets décide en Septembre 1919 que le nombre des délégués au Comité Central Exécutif est porté à 300 [4]. Ce mouvement se poursuit au IXème Congrès Pan Russe des Soviets où furent élus 386 délégués [5] pour constituer le Comité Central Exécutif.

---

[1] - Comme toutes les autres institutions de la Constitution de 1918, le C.C.E. existait bien avant la promulgation de ce texte. En effet, le premier Comité Central Exécutif avait été formé en 1917 (avant la prise de pouvoir des Bolcheviques) dés la tenue du premier Congrès Pan Russe des Soviets.

[2] - BACH Lydia : Le Droit et les Institutions de la Russie Soviétique. PARIS L.G.D.J. 1923 page 33.

[3] - Article 28 de la Constitution de 1918. Il faut noter que le nombre des membres du C.C.E. a oscillé avant 1918 entre 100 et 400.

[4] - LESAGE Michel Le système politique de l'U.R.S.S. Collection THEMIS P.U.F. PARIS 1987 page 92.

[5] - BACH Lydia, opus cité page 34.

Cette évolution du nombre des membres du Comité Central Exécutif était significative de la volonté de la part du Congrès Pan Russe des Soviets (et donc du Parti Bolchevique) de modifier la composition sociologique du Comité Central Exécutif. Celui ci, durant les premières années de son existence, était composé surtout de représentants des différentes administrations centrales (notamment de membres du Conseil des Commissaires du Peuple) et faisait peu de place aux représentants des Soviets locaux. En mars 1919, le VIIIème Congrès du Parti Bolchevique a décidé que les membres du Comité Central Exécutif devaient être désignés désormais "à la base parmi les militants qui ont une activité permanente chez les ouvriers et les paysans."[1] Cette décision du Parti est à l'origine de l'augmentation du nombre des membres du Comité Central Exécutif décidée par le Congrès Pan Russe des Soviets à partir de 1919.

37 Ces évolutions numériques ont eu des conséquences importantes sur l'organisation et le fonctionnement du Comité Central Exécutif, notamment dans l'exercice de sa mission de contrôle de l'application de la Constitution (impliquant notamment une adaptation des procédures).

2) Fonctionnement

38 Tant que le Comité Central Exécutif était principalement composé de personnes qui vivaient et travaillaient à MOSCOU dans les administrations centrales, cet organe se réunissait d'une manière quasi permanente et pouvait être convoqué en réunion plénière très rapidement : il y avait alors deux réunions par semaine. Mais les augmentations du nombres total de délégués (et surtout la volonté de nommer au Comité Central Exécutif des membres qui étaient très éloignés de MOSCOU) ainsi que le fait que les Commissaires du Peuple, durant la période de la Guerre Civile, étaient régulièrement envoyés sur le front ou dans des services chargés d'organiser la défense [2], ont entraîné une importante modification du rythme des réunions du Comité Central Exécutif et la mise en place d'un régime de sessions.
A ce titre le VIIIème Congrès Pan Russe des Soviets a décidé que le Comité Central Exécutif se réunirait tous les deux mois durant des sessions d'environ dix jours. Le IXéme Congrès Pan Russe des Soviets (en décembre 1921) a réduit encore la fréquence de ces réunions en portant de deux à trois mois le temps qui devait s'écouler entre deux sessions. Bien que le droit soviétique de cette époque prévoyait la possibilité de sessions extraordinaires, ce rythme s'est encore ralenti puisqu'en 1922 il n'y eut que deux sessions du Comité Central Exécutif (en Mai et en Octobre Novembre, durant des périodes dépassant les dix jours initialement prévus).

39 Cette évolution modifiant le rythme des travaux du Comité Central Exécutif a eu une autre conséquence sur l'organisation de ce dernier puisqu'elle a conduit à la création d'un organe permanent au sein du Comité Central Exécutif

---

[1] - LESAGE Michel Le système politique de l'URSS , opus cité, page 92.

[2] - Durant cette période la fréquence des réunions du Comité Central Exécutif fut très irrégulière. Ainsi entre l'été et l'automne 1919 il n'y eu aucune réunion de cet organe.

pour assurer l'exercice de ses prérogatives entre les périodes de réunions. Cette mission a été confiée au Présidium du Comité Central Exécutif.
Le Présidium était composé de quinze membres (et de douze suppléants) élus par le Comité Central Exécutif qui procédé également à la désignation de son président. Le Présidium était à l'origine un simple organe administratif chargé de préparer les séances du Comité Central Exécutif. Du fait de la création du régime de sessions, son rôle va être totalement redéfini par les VII° et VIII° Congrès Pan Russe des Soviets. Ces aménagements ont eu de très profondes conséquences sur l'organisation du contrôle de l'application de la Constitution, puisque cet organe s'est trouvé investi de cette mission jusqu'en décembre 1988.
Du fait de cette évolution, c'est autour de ces deux organes (le Comité Central Exécutif et son Présidium) que va s'organiser le contrôle prévu à l'article 32 de la Constitution.

3) Compétence

40 L'étude des compétences du Présidium du Comité Central Exécutif va achever de montrer la nature de cet organe [1].
Il possédait en effet une compétence dépassant de beaucoup le contrôle de l'application de la Constitution. Désigné comme l'organe qui exerce entre les différentes sessions du Congrès Pan Russe des Soviets la plupart des pouvoirs du Congrès, il se voit reconnaître un très large éventail de pouvoirs. L'article 49 de la Constitution dresse une longue liste des prérogatives que les deux organes peuvent exercer en commun.
Le Comité Central Exécutif est un organe d'Etat qui le plus souvent dirige juridiquement la Russie soviétique. Organe éminemment politique, ses compétences appartiennent à la fois au domaine des relations extérieures (établissement et modification des frontières de la R.F.S.F.R.), de la politique interne tant en ce qui concerne l'organisation administrative que le budget et même le pouvoir constituant (l'article 49 précisant que "le Congrès Pan Russe des Soviets et le Comité Central Exécutif Pan Russe ont dans leurs attributions toutes questions d'intérêt général pour l'Etat... et notamment la ratification, les changements et additions à la Constitution de la R.S.F.S.R. "). Même si certains éléments [2] atténuent le pouvoir général du Comité Central Exécutif, il faut retenir l'importance que lui confère la Constitution de 1918 dans la direction générale de la RUSSIE [3]. Il est évident qu'un tel pouvoir et qu'une telle position politique sont révélateurs de la nature du contrôle de constitutionnalité qu'au titre de l'article 32 le Comité Central Exécutif est amené à exercer. Ce contrôle n'est plus qu'une prérogative parmi d'autres pour un organe dont le rôle et la vocation première sont de diriger la politique générale de l'Etat, ce qui va d'ailleurs se traduire dans l'organisation du contrôle.

---

[1] - D'après l'article 32 du texte constitutionnel, le Comité Central Exécutif "donne la direction générale de l'activité du gouvernement ouvrier et paysan et de tous les organes du Pouvoirs des Soviets,il unifie et coordonne les travaux en matière de législation et d'administration (...).

[2] - Par exemple, l'article 51 de la Constitution qui réserve au Congrès "la modification des principes fondamentaux de la Constitution des Soviets..."

[3] - Voir à ce sujet Article 49 paragraphe 2 de la Constitution de 1918.

B) L'organisation du contrôle de l'application de la Constitution par le Comité Central Exécutif Pan Russe des Soviets

41 L'article 32 de la Constitution de 1918 n'apporte pas une définition précise de la portée exacte du pouvoir de contrôle du Comité Central Exécutif. Cet article ne détermine en effet ni les textes qui vont y être soumis ni même si ce dernier doit porter exclusivement sur des actes juridiques ou également sur des opérations matérielles. Il ne précise pas non plus de quelle manière va s'effectuer ce contrôle (qui n'est d'ailleurs pas évoqué dans énumération de l'article 49 [1]). Enfin l'article 32 ne précise pas qui, au sein du Comité Central Exécutif (organe lourd dont la composition va osciller entre deux cent et trois cent quatre vingt six membres entre 1918 et 1924) est particulièrement désigné pour exercer cette mission de contrôle.
Cette imprécision ne doit pas être considérée comme une lacune du texte constitutionnel de 1918 mais comme une indication sur la conception extensive de cette activité par les soviétiques, tant dans la détermination des actes soumis au contrôle que dans celui des procédures d'exercice de ce dernier.

1) L'étendue du contrôle de l'application de la Constitution

42 L'analyse des dispositions constitutionnelles en vigueur en 1918 montre qu'un ensemble important d'actes juridiques sont expressément soumis au contrôle de constitutionnalité prévu à l'article 32.
En effet, de par les articles 33, 39 ,40 et 41 [2] de ce texte, tous les actes adoptés par le Conseil des Commissaires du Peuple doivent être agréés et entérinés par le Comité Central Exécutif Pan Russe.
Le Conseil des Commissaires du Peuple est le troisième organe du pouvoir d'Etat prévu par la Constitution du 10 juillet 1918 [3]. Il est défini comme devant assurer la direction générale des affaires de la RUSSIE des Soviets[4]. Il est composé de

---

[1] - Cet article 49 de la Constitution de 1918 dresse la liste des attributions communes du Congres et du Comité Central Exécutif.

[2] - Article 33: Le Comité Central Exécutif examine et ratifie les projets de décrets et autres propositions soumises par le Conseil des Commissaires du Peuple ou par les différents départements; il édicte également des décrets et des arrêtés en son propre nom.
Article 39: Le Conseil des Commissaires fait part immédiatement de ses arrêtés ou de ses décisions au Comité Central Exécutif.
Article 40: Le Comité Central Exécutif a le droit d'abroger ou de suspendre tout arrêté ou décision du Conseil des Commissaires du Peuple.
Article 41 : Tous les arrêtés ou décisions du Conseil des Commissaires du Peuple qui ont une importance capitale au point de vue de la politique générale sont soumis à l'examen et à la ratification du Comité Central Exécutif. *Remarque :* Les mesures qui exigent une exécution urgente peuvent être appliquées directement par le Conseil des Commissaires du Peuple.

[3] Tout comme le Comité Central Exécutif Pan Russe le Conseil des Commissaires du Peuple a été créé bien avant l'adoption de la Constitution de 1918.Le premier conseil des Commissaire du Peuple s'est réuni le 25 Octobre 1917, durant les journées révolutionnaires, cette création avait été décidée par le Comité militaire révolutionnaire du Soviet de Petrograd qui avait dressé une première liste des différents commissariats du Peuple devant exister. Cette liste va être ultérieurement ratifiée par le II ème Congres Pan Russe des soviets. Là encore la Constitution de 1918 a institutionnalisé un organe révolutionnaire dont la mission et l'organisation va toutefois se rapprocher d'un Conseil des ministres "classique".

[4] - Article 37 de la Constitution de 1918.

membres qui sont désignés et révoqués par le Comité Central Exécutif lors de la tenue de chaque Congrès des Soviets. Les Commissaires du Peuple sont nommés à la tête d'un Commissariat spécialisé dans une branche d'activité (affaires étrangères, Guerre...) dont le nombre est fixé à l'article 43 de la Constitution [1]. A la tête du Conseil des Commissaires du Peuple se trouve le bureau de ce Conseil qui est composé d'un président, de deux vice présidents et de deux secrétaires.
Chaque Commissariat est dirigé par un collège restreint qui est formé, outre le commissaire, d'un adjoint et de quelques collaborateurs dont le nombre varie selon les commissariats et qui sont nommés par le Conseil des commissaires du Peuple. Ce collège va diriger l'activité du Commissariat. Certains services peuvent se mettre en place pour structurer l'action du Commissariat dans ses différents branches d'activité. Jusqu'en 1921 ces différents services étaient dirigés par un ensemble collégial qui comprenait une direction technique mais aussi politique[2]. Cette dualité a disparu à la suite d'un décret du 17 mars 1921 qui ordonnait la mise en place d'une direction unique pour chaque service dans tous les commissariats du Peuple [3].
Pour pouvoir remplir sa mission d'administration générale, le Conseil des Commissaires du Peuple est investi d'une large compétence normative. Il peut prendre des décrets, des ordonnances, des instructions et "toutes mesures nécessaires pour assurer le cours régulier et rapide de la vie de l'Etat"[4]. C'est précisément l'exercice de ce pouvoir normatif qui va faire l'objet d'un contrôle du Comité Central Exécutif Pan Russe.

43 Selon les dispositions constitutionnelles (articles 33, 39, 40 et 41) les projets de décrets, les propositions d'arrêtés et de décisions peuvent être, à des degrés divers, contrôlés par le Comité Central Exécutif Pan Russe.
Il faut relever qu'il n'y a pas de relations explicites entre les dispositions de l'article 32 et le pouvoir de contrôle prévu dans les articles 33, 39, 40 et 41. Ces articles ne précisent pas que le Comité Central Exécutif Pan Russe annule ou refuse de ratifier les textes émis par le Conseil des Commissaires du Peuple pour non respect des dispositions constitutionnelles. Le Comité Central Exécutif jouit dans ce domaine de prérogatives qui ne sont pas enfermées dans le cadre contraignant d'une motivation précise et obligatoire. Toutefois, la relation entre l'article 32 (confèrent au Comité Central Exécutif Pan Russe le droit de surveiller l'application de la Constitution) et ces procédures de contrôle sur les actes du Conseil des Commissaires du Peuple, pour ne pas être exclusive et automatique, existe bel et bien. Même si l'article 32 ne limite pas le contrôle de l'application de la Constitution au seul contrôle sur les actes juridiques pour traiter également des activités matérielles et si les articles 33, 39, 40 et 41 n'opèrent pas la même limitation à l'usage des procédures de contrôle qu'ils prévoient, rien juridiquement n'empêche de considérer que le contrôle de l'application de la Constitution sur les actes juridiques ne puisse s'opérer par l'intermédiaire des procédures des articles

[1] - Au total il y a 18 Commissariats.
[2] - Cette répartition avait l'avantage d'associer (en les contrôlant politiquement) des spécialistes formés sous l'ancien régime à l'activité administrative du pouvoir des Soviets.
[3] - Cette mesure était effective dès 1922. Voir à ce sujet : BACH Lydia, opus cité page 46.
[4] - Article 38 de la Constitution de 1918.

33, 38, 39, 40 et 41. Au contraire, du fait de l'absence de précisions existant autour de l'usage de l'article 32, on peut penser que les articles 33, 38 39, 40 et 41 constituent au moins pour partie sa "matérialisation juridique". Le contrôle des actes pris par le Conseil des Commissaires du Peuple s'effectue donc par le biais des articles 33, 38, 39, 40 et 41, même si cela ne constitue la seule finalité de ces articles. Le contrôle de constitutionnalité est donc une partie d'un ensemble plus vaste qui intègre pour une large part des considérations d'opportunité politique. Ce mécanisme de désignation des actes soumis au contrôle de l'application de la Constitution est particulièrement significatif du modèle mis en place. L'absence de définition de l'étendue du contrôle, de limitation dans l'exercice des pouvoirs d'annulation et surtout de concordance absolue entre les deux sont reproduites d'une manière plus ou moins développée dans la quasi totalité des Constitutions des Etats socialistes européens.

2) La procédure de contrôle

44 Cette procédure témoigne du grand nombre de possibilités du Comité Central Exécutif dans ce domaine et du rôle toujours plus important joué par le Présidium du Comité Central Exécutif. La procédure envisagée dans les articles 33 39 40 et 41 de la Constitution met en place deux types de contrôle:
- un contrôle préventif sur les projets d'actes juridiques du Conseil des Commissaires du Peuple qui doivent être ratifiés devant le Comité Central Exécutif. La rédaction des articles 33 et 41 est sur ce point très claire.[1]
- un contrôle a posteriori, notamment sur la base de l'article 40 de la Constitution qui prescrit que le Comité Central Exécutif a le droit d'abroger (ou d'annuler selon certaines traductions [2]) et de suspendre tout arrêté ou décision du Conseil des Commissaires du Peuple. Dans ce cas, la Constitution envisage donc une action à l'encontre de textes déjà ratifiés et produisant des effets de droit.

45 Le premier type de contrôle s'exerce dans le cadre du mode d'élaboration et d'adoption du texte contrôlé. Cette procédure a évolué tout au long de la période 1918-1924 et on a assisté à certaines tentatives de rationalisation de celle ci.
Les textes soumis à ce type de contrôle sont le plus souvent élaborés soit par le collège du Commissariat concerné, soit par une commission qui est formée spécialement à cet effet par le Commissaire du Peuple et qui est composée de membres du Commissariat mais aussi des spécialistes extérieurs (le plus souvent issus des rangs de Intelligentsia de l'ancien régime). Une fois l'avant projet rédigé, le Commissaire du Peuple qui en est responsable va le transmettre pour examen, soit au Conseil des Commissaires du Peuple, soit au Comité Central Exécutif (ou à son Présidium, si le Comité n'est pas réuni). Le choix du Commissaire du

---

[1] - Article 33 : " Le Comité Central Exécutif Pan Russe examine et ratifie les projets de décrets et autres propositions soumis par le Conseil des Commissaires du Peuple ou par ses différents départements."
Article 41 : " Tous les arrêtés ou décisions du Conseil des Commissaires du Peuple qui ont une importance capitale du point de vue de la politique générale, sont soumis à l'examen et à la ratification du Comité Central Exécutif."

[2] - Voir par exemple Gérard DESOLRE. "Les quatre Constitutions Soviétiques". Editions SAVELLI Paris 1977.

Peuple est dans ce domaine limité, d'abord par le texte de l'article 41 de la Constitution mais aussi par un décret du 14 Septembre 1921 [1] qui prévoit que tous les avant projets doivent être introduits d'abord au Conseil des Commissaires du Peuple [2] et une fois la discussion achevée au sein de ce dernier au Comité Central Exécutif Pan Russe.
Le passage du texte devant le Comité Central Exécutif, qui matérialise le contrôle opéré par ce derniers sur les textes visés aux articles 33 et 41, est généralement effectué en deux temps. Tout d'abord le texte est examiné par une commission spécialisée [3] qui est réunie à l'initiative du Présidium du Comité Central Exécutif. La décision finale est ensuite directement prise par le Comité dans son ensemble. Cette décision peut soit rejeter le texte proposé soit au contraire le ratifier. Dans ce cas, le texte est promulgué au nom du Conseil des Commissaires du Peuple ou au nom du Comité Central Exécutif. Il faut en effet préciser que l'article 33 de la Constitution autorise cet organe à adopter des décrets ou des arrêtés. En décembre 1920, lors du VIIIème Congrès Pan Russe des Soviets, il a été décidé que "tous les décrets qui établissent des normes générales de la vie politique ou économique, ou qui apportent des changements fondamentaux à la pratique et au fonctionnement des organes d'Etat"[4] doivent être rendu au nom du Comité Central Exécutif.
Il faut mettre en évidence deux éléments de base quant au cadre juridique du contrôle préventif de ces actes juridiques par le Comité Central Exécutif. Remarquons tout d'abord le caractère extrêmement imbriqué des organismes qui travaillent au sein du Comité Central Exécutif et du Conseil des Commissaires des Peuple : il existe un parallélisme entre les Commissions de ces deux organes au point que nombre d'analystes de cette époque estiment qu'il est très difficile de les distinguer, leurs membres étant le plus souvent communs. Ensuite, et c'est le fait le plus important, il faut souligner le poids du Présidium du Comité Central Exécutif et de ses commissions dans ce processus de contrôle.

46 L'importance du Présidium dans l'activité de contrôle du Comité Central Exécutif ne cesse d'ailleurs de s'amplifier entre 1918 et 1924. Du fait de la réorganisation du mode de composition du Comité Central Exécutif, cet organe est passé de réunions quasi permanentes à un système de sessions de plus en plus espacées. Entre ces sessions, c'est le Présidium du Comité Central Exécutif qui assure l'essentiel de ses missions et qui a donc été de plus en plus amené à agir dans les mécanismes de contrôle. Alors que dans le schéma originel le Présidium ne jouait qu'un rôle de préparation de la décision du Comité Central Exécutif, à partir de 1919 il va être investi de pouvoirs de décisions dans le domaine de la ratification des décrets et autres arrêtés et décisions. Il y a donc attribution au Présidium de compétences propres dans ce domaine.

---

[1] - Cité par Lydia BACH opus cité page 37.

[2] - lors de la discussion devant le Conseil des Commissaires du Peuple se met en place une commission chargée d'améliorer la qualité de ce projet.

[3] - Il faut relever que la spécialisation de la commission concerne le fond du texte à examiner et non sa conformité constitutionnelle qui apparait n'être qu'un élément de cet examen.

[4] - Lydia BACH opus cité page 37.

47 Lors du VIIème Congrès Pan Russe des Soviets en décembre 1919 le Présidium a vu ses pouvoirs considérablement augmentés. Entre autres nouvelles compétences, le Présidium se voyait attribuer le droit de résoudre les problèmes d'administration et de ratifier les arrêtés pris par le Conseil des Commissaires du Peuple [1]. Ainsi, bien que les décisions prises par le Présidium devaient être ratifiées par le Comité Central Exécutif lors de sa prochaine session, le Présidium s'est vu accorder le droit de prendre lui même les décisions de ratification des textes émis par le Conseil des Commissaires du Peuple et de ce fait d'exercer au sein du Comité Central Exécutif une grande partie des prérogatives prévues aux articles 33, 39, 40 et 41.
Cette évolution a été accentuée lors du VIIIéme Congrès Pan Russe des Soviets qui a attribué au Présidium le pouvoir très important de suspendre les décrets du Conseil des Commissaires du Peuple et celui de prendre lui même un certain nombre de décisions. Ainsi, après avoir obtenu des compétences dans le cadre du contrôle préventif, le Présidium pouvait également agir dans celui du contrôle a posteriori (contrôle dont les conditions de réalisation ne sont pas précisées par le droit positif soviétique de l'époque).

48 Au terme de cette évolution, c'est donc le Présidium qui possédé les principales attributions du Comité Central Exécutif en matière de contrôle de l'application de la Constitution. Cette fonction du Présidium doit être rapproché de celle qu'il possédé déjà en matière de contrôle d'actes juridiques de rang inférieurs à ceux du Conseil des Commissaires du Peuple. Décrit comme "une sorte de Conseil d'Etat soviétique"[2], le Présidium devait aussi veiller à ce que tous les organes administratifs de l'Etat agissent conformément aux décrets et aux arrêtés du pouvoir central.
Les compétences du Comité Central Exécutif [3] et de son Présidium, bien que juridiquement très importantes, sont toutefois limitées par une série de phénomènes.

Paragraphe 2 Les limites du contrôle de l'application de la Constitution par le Comité Central Exécutif Pan Russe

49 La Constitution du 10 Juillet 1918 énonce un certain nombre de principes qui viennent juridiquement limiter les pouvoirs de contrôle du Comité Central Exécutif Pan Russe et de son Présidium. Ces limitations peuvent être classées en deux ensembles : les limitations "ordinaires" qui résultant de l'application de la Constitution et les limitations "extraordinaires" résultant de circonstances spécifiques et entraînant la modification du processus d'application des règles constitutionnelles. Il faut noter que ces limitations ne concernent toutefois que les pouvoirs du Comité Central Exécutif et de son Présidium. Elles ne remettent pas

---

[1] - Michel LESAGE Régimes politiques de l'U.R.S.S. et de l'Europe de L'Est.Collection THEMIS P.U.F. PARIS 1971 page 64.
[2] - BACH Lydia, opus cité page 40.
[3] - Il est délicat d'affirmer que ces compétences ont été ou non utilisées effectivement. Contrairement à la période suivante, les documents sont très rares et à la difficulté de détacher ce contrôle de l'ensemble de l'activité du Comité Central Exécutif et de son Présidium vient s'ajouter le contexte très troublé de cette période en URSS.

en cause les grandes orientations du contrôle de l'application de la Constitution évoquées précédemment.

A) Les limitations ordinaires des pouvoirs du Comité Central Exécutif

50 Ce premier groupe de limitations trouve son origine dans la position du Congrès Pan Russe des Soviets au sein de l'ensemble institutionnel soviétique de 1918. Le Comité Central Exécutif Pan Russe n'est pas l'organe juridiquement le plus élevé dans cet ensemble. Par contre le Congrès Pan Russe des Soviets, défini par l'article 24 du texte constitutionnel comme "l'autorité suprême en R.S.F.S.R.", peut en conséquence intervenir dans le processus de contrôle de l'application de la Constitution et ce de deux manières : tous les actes qui seront adoptés par le Congrès Pan Russe des Soviets vont échapper au contrôle du Comité Central Exécutif et toutes les décisions que ce dernier pourrait prendre (spécialement dans le cadre du contrôle de Constitutionnalité) peuvent être remises en cause par le Congrès Pan Russe des Soviets. Il y a en fait pratiquement reproduction des éléments existant dans le cadre du contrôle exercé par le Comité Central Exécutif. Un organe politique à vocation générale intervient en matière de contrôle de l'application de la Constitution dans le cadre de procédures qui ne sont pas exclusivement limitées à cette activité.

1) La position suprême du Congrès Pan Russe des Soviets

51 Le Congrès Pan Russe des Soviets est la manifestation en 1918 d'une vieille tradition politique russe :on trouve des Congrès dès les XVI et XVII ème siècles dans les régions septentrionales de la MOSCOVIE. Mis en place bien avant l'adoption de la Constitution de 1918, le premier Congrès Pan Russe des Soviets s'est ouvert le 4 juin 1917 en marge des institutions légales.[1]
Le Congrès Pan Russe des Soviets est composé de délégués élus au suffrage restreint, puisque conformément à la notion de dictature du prolétariat seuls les "prolétaires" sont autorisés à exercer leur droit de suffrage. L'article 6 de la Constitution énonce que peuvent voter:
"tous ceux qui gagnent leur vie par un travail productif et utile à la société, ainsi que ceux qui exécutent des travaux domestiques pour permettre aux premiers de se livrer à ces travaux (...) ainsi que les soldats et les marins de l'Armée Rouge et les citoyens qui appartiennent à ces deux catégories qui ont perdu leur capacité de travail."
52 Les délégués au Congrès ne sont pas tous élus de la même manière, selon qu'ils représentent un ensemble urbain ou rural. Ces distinctions tiennent à la fois compte de considérations démographiques (1 député pour 25 000 habitants en ville, 1 député pour 125000 habitants à la campagne) et de procédure (les élections en ville se déroulent à deux degrés et à quatre à la campagne). Le nombre

---

[1] - Le Congres est également une tradition dans le mouvement révolutionnaire russe, puisque c'est en 1877 que fut ouvert le premier Congres social démocrate russe. C'est d'ailleurs lors du second Congres à LONDRES en 1903 que se produisit la fameuse scission entre Bolchéviks et Mencheviks.

total des délégués élus a été en constante augmentation durant la période 1917 -1924. Le Congrès est un organe particulièrement lourd puisque si les premiers congrès comptaient environ 600 délégués, ce nombre a atteint lors du VIIIéme Congrès la somme de 2537 délégués.
Tout en excluant pas la possibilité de réunir des sessions extraordinaires, la Constitution soviétique a prévu que les Congrès devaient se réunir deux fois par an [1]. Cette fréquence de réunion est un phénomène important car elle va conditionner directement les pouvoirs du Congrès. Celui ci n'exerce en effet le pouvoir suprême que durant ses réunions. Entre celles ci, il "abandonne" ses pouvoirs au Comité Central Exécutif Pan Russe (à l'exception d'une très faible partie [2]). Toutefois il faut relever que ces procédures de transfert des compétences du Congrès vers le Comité Central Exécutif n'impliquent pas une égalité entre ces deux organes. Au contraire, le Comité Central Exécutif est subordonné au Congrès qui juridiquement n'exerce les pouvoirs de ce dernier qu'a titre provisoire et sous son contrôle. Le Comité Central Exécutif est responsable devant le Congrès et il doit présenter lors de chaque session un rapport complet sur ses activités.
Cette supériorité est porteuse d'importantes conséquences quant au pouvoir de contrôle de l'application de la Constitution appartenant au Comité Central Exécutif.

2) Les conséquences de la position suprême du Congrès Pan Russe des Soviets sur l'application de l'article 32 de la Constitution

53 Les conséquences de ce phénomène sont doubles: elles impliquent tout à la fois l'immunité des actes juridiques adoptés par le Congrès vis à vis du contrôle du Comité Central Exécutif et la relativité des décisions rendues par ce dernier du fait du pouvoir général de contrôle conféré au Congrès Pan Russe des Soviets à cause de sa position suprême.
Pour pouvoir exercer ses très larges compétences, le Congrès Pan Russe des Soviets peut matérialiser juridiquement ses décisions en édictant des arrêtés [3]. Du fait de sa supériorité (et de la subordination qui en découle pour les autres organes, notamment le Comité Central Exécutif), il apparaît impossible que ses actes puissent être contrôlés et annulés au titre de l'article 32. Au contraire, ils s'imposent au Comité Central comme des normes de référence dont l'article 32 lui impose de veiller (au même titre que les dispositions constitutionnelles) à leur bonne application.
54 Cette première conséquence de la position suprême du Congrès, très limitative quant aux pouvoirs de contrôle du Comité Central Exécutif, est accentuée par la relativité des décisions de ce dernier. En effet juridiquement la décision du Comité Central Exécutif, quel que soit son domaine d'application,

[1] - Ce rythme théorique ne fut pas toujours respecté.
[2] - Ainsi l'article 50 de la Constitution dispose que les modifications des principes fondamentaux de la Constitution et la ratification des Traités de paix sont de la compétence "spéciale et exclusive" du Congres Pan Russe des Soviets.
[3] - Voir article 32 de la Constitution.

n'est définitive qu'après avoir été ratifiée par le Congrès Pan Russe des Soviets. On peut dans le cadre spécifique de l'article 32 parler de propositions de ratification ou d'annulation avancées par le Comité Central Exécutif, le Congrès restant seul maître de la décision définitive [1].

55 Ces deux éléments sont particulièrement éclairant du système de contrôle mis en place par la Constitution de 1918. C'est un contrôle à deux vitesses: les décisions de l'organe chargé du contrôle ne sont pas définitive et doivent être confirmés par le "Parlement" suprême avant d'acquérir une force juridique définitive.

Si l'on voulait dresser la représentation de la hiérarchie implicite des actes juridiques du texte constitutionnel de 1918, il faudrait distinguer trois groupes d'actes :

- **Premier groupe** : les arrêtés du Congrès Pan Russe des Soviets
- **Second groupe** : les décrets et décisions du Comité Central Exécutif Pan Russe
- **Troisième groupe** : les décrets, décisions et ordonnances du Conseil des Commissaires du Peuple

56 Vis à vis de ces trois ensembles il existe deux niveaux de contrôle. D'une part, celui exercé par le Comité Central Exécutif sur la base de l'article 32. Il ne concerne directement que les actes du troisième groupe (et indirectement ceux du second groupe si l'on estime que le Comité Central Exécutif peut s'auto contrôler); mais la position de cet organe lui interdit tout contrôle des actes du Congrès.

D'autre part, celui exécuté par le Congrès Pan Russe des Soviets. Exerçant une surveillance sur l'activité des autres organes, il peut être amené à contrôler leurs actes juridiques, mais d'une manière indirecte. Ce n'est que par un contrôle sur l'activité qu'il peut espérer atteindre l'acte. Ainsi se trouve donc mis en place d'une manière parallèle un contrôle sur l'activité des organes d'Etat exercé par le Congrès (et pouvant être dirigé indirectement vers les actes juridiques des deuxième et troisième groupe) et un contrôle sur les actes eux même exercé par le Comité Central Exécutif sur la base de l'article 32 et dirigé exclusivement contre les actes du troisième groupe (voir tableau suivant).

B) Les limites extraordinaires de l'application de l'article 32

57 Le second groupe de limites apporté à l'intervention du Comité Central Exécutif en matière de contrôle de l'application de la Constitution est contenu dans l'article 41 de la Constitution de 1918. Cet article, bien qu'affirmant le caractère impératif de l'examen par le Comité Central Exécutif des projets d'actes juridiques du Conseil des Commissaires du Peuple quand ces actes ont "une importance capitale au point de vue de la politique générale", introduit une réserve qui constitue une forte limitation juridique des prérogatives du Comité Central Exécutif dans le cadre de l'article 32.

L'article 41 dispose que "les mesures qui exigent une exécution urgente peuvent être appliquées directement par le Conseil des Commissaires du Peuple". Cette

---

[1] - malgré une pratique démontrant l'absence totale de censure de la part du Congres.

disposition, confirmée en décembre 1920 par une décision du VIII° Congrès Pan Russe des Soviets [1], est extrêmement importante.
Cette réserve, qui semble laisser le Conseil des Commissaires du Peuple seul juge du caractère urgent de la mesure, va permettre de faire échapper au contrôle du Comité Central Exécutif un vaste éventail de mesures. Il est bien évident que dans une période comme celle que traversait la RUSSIE soviétique de 1918 (guerre civile, interventions militaires étrangères, famine) les mesures urgentes étaient nombreuses et que la réserve de l'article 4 s'est appliquée très souvent. Les conséquences de cette disposition sont doubles: sur le plan juridique, il va s'en suivre une très forte réduction des potentialités du Comité Central Exécutif dans le contrôle de l'application de la Constitution et sur le plan politique, le Conseil des Commissaires du Peuple (dirigé par LENINE) va s'affirmer comme l'organe d'Etat le plus actif et le plus important[2].

58 La Constitution de 1918 comprend donc certaines règles relatives au contrôle de constitutionnalité qui sont caractérisée par le fait que l'exercice de cette activité au sein de l'Etat est attribué à des organes parlementaires et intégré dans l'ensemble de leurs prérogatives. Parfois négligée, cette Constitution (malgré ses lacunes et la période troublée durant laquelle elle s'est appliquée) comporte certains éléments très importants pour l'étude du modèle socialiste de contrôle parlementaire, dont elle est sans conteste la première manifestation constitutionnelle.

SECTION 2 La Constitution de l' U.R.S.S. du 31 Janvier 1924

59 En 1924, le contrôle de constitutionnalité se présente à la fois comme la continuité des solutions ébauchées par le texte de 1918 mais aussi manifeste un certain nombre d'apports particulièrement importants.
Comme en 1918, c'est au Comité Central Exécutif et à son Présidium qu'est confié l'exercice du contrôle de constitutionnalité. Il faut noter que grâce au système de délégation de pouvoirs qui s'exerce dans le cadre de l'Etat soviétique, le contrôle de l'application de la Constitution est directement affecté au Présidium du Comité Central Exécutif. I l y a donc reproduction du même schéma qu'en 1918, à savoir un organe décideur qui agit directement dans ce domaine et un contrôleur qui pourra voir son activité contrôlée (et donc éventuellement annulée) par un autre organe d'Etat hiérarchiquement supérieur. Toutefois, si comme en 1918 ce

---

[1] - Voir à ce sujet, Patrice GELARD. Les Systèmes Politiques des Etats socialistes. Editions CUJAS. Tome 1:Le modèle soviétique. PARIS 1974. page 186.

[2] - Cette supériorité se caractérise par le nombre d'actes juridiques adoptés par le Conseil des Commissaires du Peuple en comparaison des autres organes d'Etat. De 1917 à 1921, ont édictés par :
Le Congres pan Russe des Soviets: 34 actes juridiques
Le Comité central Exécutif: 299
Le Présidium du CCE: 44
Le Conseil des Commissaires du peuple: 2386
Extrait de GELARD Patrice. Les systèmes politiques des Etats Socialistes. Editions CUJAS PARIS 1974. Tome 1: Le modèle Soviétique. Page 189

contrôle s'exerce autour des notions de contrôle sur l'acte et sur l'activité, il faut relever qu'en 1924 cette procédure est encore plus complexe du fait de l'existence d'un troisième niveau de contrôle.
Mais l'apport le plus important et le plus novateur de ce système de surveillance de l'application de la Constitution est illustré par l'article 43 de la Constitution de 1924 qui donne compétence à la Cour Suprême de l'U.R.S.S. pour intervenir dans ce processus de contrôle. Cette intervention de la Cour Suprême ne lui confère pourtant aucun pouvoir de décision : elle est un organe consultatif dont les avis sont communiqués au Présidium du Comité Central Exécutif qui ensuite décide seul. On ne peut donc pas parler de contrôle juridictionnel de la constitutionnalité en U.R.S.S. à partir de 1924. Toutefois le rôle de la Cour Suprême dans ce domaine est loin d'être négligeable car il semble que son activité a été quantitativement[1] et qualitativement très importante, la Cour Suprême ayant (notamment sur la base de son règlement) dépassée le cadre de ses attributions Constitutionnelles. Le système de 1924 se caractérise donc à la fois par la compétence des organes parlementaires (tout comme en 1918) et la compétence de la Cour Suprême.

Paragraphe 1 : La compétence des organes parlementaires

60 Parmi les organes parlementaires à vocation générale, le Présidium du Comité Central Exécutif est le principal dépositaire des compétences en matière de contrôle de constitutionnalité. Il "surveille l'application de la Constitution de l'U.R.S.S. et exécution de toutes les décisions du Congrès des Soviets et du Comité Central Exécutif de l'U.R.S.S. par tous les organes du pouvoir" (article 30 de la Constitution de 1924).
La Constitution de 1924 a donc institutionnalisé les aménagements du système de 1918, déjà entérinés par les décisions des différents Congrès Pan Russe des Soviets. Le Présidium du Comité Central Exécutif se voit largement confirmé dans son rôle de "Conseil d'Etat soviétique", selon l'expression de Lydia BACH. Plusieurs articles du texte constitutionnel lui ménagent de larges possibilités d'action envers les différents actes juridiques. De ce fait, c'est lui qui est investi dans ce domaine de la mission la plus homogène, l'article 30 étant complété par les articles 31,32 et 33 [2] de la Constitution qui définissent les principales procédures de contrôle. Toutefois, les compétence du Présidium du Comité

[1] - Selon l'étude du juriste soviétique Viktor DIABLO et du Professeur allemand SCHRODER la Cour Suprême aurait déclaré non conformes à la Constitution 97 actes juridiques entre 1918 et 1924. Ces études feront l'objet de larges développements dans le second chapitre de ce titre premier.
[2] - Article 30 de la Constitution de l'URSS de 1924 : Le Présidium du Comité Central Exécutif de l'URSS surveille l'application de la Constitution de l'URSS et exécution de toutes les décisions du Congres des Soviets et du CCE de l'URSS par tous les organes du pouvoir.
Article 31 : Le Présidium du CCE a le droit de suspendre et d'abroger les arrêtés du Conseil des Commissaires du Peuple de l'URSS et des différents commissariats du Peuple ainsi que ceux des CCE et des CCP des Républiques Fédérées.
Article 32 : Le Présidium du CCE de l'URSS a le droit de suspendre les arrêtés des Congres des Soviets des Républiques Fédérées en soumettant postérieurement ces arrêtés à l'examen et à l'approbation du CCE de l'URSS.
Article 33 : Le Présidium du CCE de l'URSS promulgue les décrets, arrêtés et ordonnances, examine et approuve les projets de décrets et d'arrêtés déposés par le CCP de l'URSS,par les CCE des Républiques Fédérées,par leur Présidiums et par les autres organes du pouvoir.

Central Exécutif ne sont pas totales. Tout comme en 1918, elles sont limitées par la subordination de cet organe au Comité Central Exécutif et au Congrès des Soviets.

A) Les compétences du Présidium du Comité Central Exécutif

61 Tout comme en 1918 c'est à un organe politique à vocation générale que va se trouver confié le contrôle de l'application de la Constitution, contrôle dont l'exercice s'intègre dans l'ensemble des compétences de cet organe.

1) Le Présidium du Comité Central Exécutif

62 Principal organe de contrôle, le Présidium du Comité Central Exécutif est un organe politique à vocation générale. Figurant pour la première fois dans la Constitution, il est (comme en 1918) l'organe permanent du Comité Central Exécutif et ne se réunit normalement aux termes de l'article 21 de la Constitution que trois fois par an [1]. Entre les différentes sessions du Comité Central Exécutif, c'est lui qui assure l'essentiel de ses pouvoirs et donc devient "l'organe suprême du pouvoir législatif et administratif de l'U.R.S.S."[2].

Il est composé à l'origine (en 1924) de 21 membres désignés par le Comité Central Exécutif. Parmi ces 21 membres se trouvent les Présidiums du Soviet Suprême fédéral et du Présidium du Soviet des nationalités c'est à dire les deux formations qui composent le Comité Central Exécutif. A ces 14 membres viennent s'ajouter sept autres membres qui sont choisi en une séance commune du Comité Central Exécutif réunissant à la fois le Soviet fédéral et le Soviet des nationalités.

Parmi ces 21 membres, le Comité Central Exécutif doit élire quatre présidents qui seront président du comité central exécutif et du présidium, chacun leur tour. Ce chiffre de quatre représentants (qui correspond en 1924 au nombre de républiques fédérées) ainsi que le nombre total des membres du Présidium du Comité Central Exécutif va augmenter en fonction de l'arrivée de nouvelles Républiques dans l'U.R.S.S.

Désignés parmi les membres du Comité Central Exécutif (et responsables devant lui) les délégués qui composent le Présidium possèdent les mêmes droits et protections que leurs collègues : ils ne peuvent pas être arrêtés et jugés sans l'autorisation prenable du Présidium dans son ensemble; ils peuvent pénétrer librement dans toutes les institutions soviétiques et recevoir les renseignements qui leur sont nécessaires; ils peuvent également participer à titre consultatif aux délibérations des Comités Centraux Exécutifs des Républiques Fédérées et de tous les Soviets de l'Union.

63 La Constitution fixe deux catégories d'actes qui peuvent faire directement l'objet d'un contrôle (et donc d'une annulation) de la part du Présidium du Comité

[1] - L'article 21 prévoit la possibilité de réunions extraordinaires.
[2] - Article 29 de la Constitution de l'U.R.S.S. de 1924.

Central Exécutif : ceux émanant des organes d'Etat de l'U.R.S.S. et ceux des Républiques Fédérées.
Pour bien comprendre cette dualité il faut situer la Constitution de 1924 dans l'évolution institutionnelle soviétique. Ce texte a été mis en place pour créer les conditions juridiques de la création de l'U.R.S.S., Etat Fédéral. L'adoption de ce type d'organisation Etatique entraîne la création de deux ordres juridiques, celui de l'U.R.S.S. et celui des Républiques Fédérées. C'est autour de cette dualité que va s'articuler la distinction entre les catégories d'actes juridiques faisant l'objet d'un contrôle, le Présidium du Comité Central Exécutif appréciant la constitutionnalité des actes des Républiques comme de certains organes soviétiques.

64 Le Présidium du Comité Central Exécutif peut (articles 31 et 32 de la Constitution) "abroger et suspendre les arrêtés des Comités Centraux Exécutifs et Conseils des Commissaires du Peuple des Républiques Fédérées. De plus, il "peut suspendre les arrêtés des Congrès des Soviets des Républiques Fédérées". Enfin, "il examine et approuve les projets de décrets déposés par... les Comités Centraux Exécutifs des Républiques Fédérées, les Présidiums de ces Comités Centraux et par les autres organes du pouvoir" (article 33).
C'est donc un très vaste ensemble d'actes émis à l'échelle des Républiques Fédérées qui est soumis au contrôle du Présidium du Comité Central Exécutif. Il est bien évident que les articles 31,32,33 (tout comme en 1918) ne concernent pas uniquement le contrôle de l'application de la Constitution. Ces différents articles doivent être appréciés comme des potentialités d'action envers des actes juridiques, pour appliquer les dispositions de l'article 30. Ils sont donc à la fois le moyen d'assurer exécution par le Présidium du Comité Central Exécutif des décisions du Congrès des Soviets et du Comité Central Exécutif de l'U.R.S.S. que celle des dispositions constitutionnelles.
Il faut noter que toutes les institutions des Républiques Fédérées sont concernées par ce contrôle, les organes "parlementaires" (Congrès et Comité Central Exécutif) comme les organes "administratifs"(Conseil des Commissaires du Peuple).

65 La seconde catégorie d'actes juridiques qui peuvent être contrôlés quant à leur conformité à la Constitution est composée de plusieurs types d'actes émis à échelle de toute l'Union, donc par des organes Fédéraux. Toutefois il convient de remarquer que si le contrôle du Présidium du Comité Central Exécutif concerne la totalité des actes émis par les Républiques Fédérées, la compétence est beaucoup plus réduite quant à la seconde catégorie d'actes[1].
En effet, les articles 31 et 33 de la Constitution ne lui donnent compétence que pour contrôler les actes normatifs émis par le Conseil des Commissaires du Peuple et plus particulièrement les arrêtés qui émanent de ce Conseil ainsi que des différents Commissariats du Peuple. Les projets de décrets et d'arrêtés sont également soumis à ce contrôle [2]. C'est donc exclusivement envers les actes pris par ces organes que va porter le contrôle du Présidium. Il va donc laisser de côté un très grand nombre de normes applicable à toute l'U.R.S.S.

---

1 - Ce déséquilibre sera particulièrement caractéristique de la situation soviétique jusqu'en 1988.
2 - Article 29 de la Constitution Soviétique de 1924.

2) Les Limites aux pouvoirs du Présidium du Comité Central Exécutif

66 De même qu'en 1918, les décisions prises par l'organe chargé du contrôle de constitutionnalité sont relativisées, un certain nombre d'organes pouvant les annuler et même reprendre la décision. Là encore comme en 1918, va s'exercer parallèlement aux décisions du Présidium du Comité Central Exécutif un double type de contrôle.
Tout d'abord, certains organes vont disposer d'un pouvoir de contrôle général sur le Présidium du Comité Central Exécutif ou sur des organes dont il contrôle les actes. Ce contrôle sur l'activité peut notamment conduire à l'annulation des décisions du Présidium du Comité Central Exécutif. De plus, il est également prévu dans la Constitution que certains organes du pouvoir puissent exercer leur contrôle directement sur les actes normatif émis en U.R.S.S. Ce contrôle étant exercé par des organes de rang supérieur au Présidium, il peut aboutir à une remise en cause juridique des décisions de ce dernier.
Les articles 36 et 4O de la Constitution prévoient que le Présidium du Comité Central Exécutif et le Conseil des Commissaires du Peuple de l'URSS sont responsables " de tout leur travail" devant le Comité Central Exécutif [1]. Cette responsabilité va entraîner de la part du Comité Central Exécutif un contrôle sur l'activité de ces deux organes.
Le plus souvent, ce contrôle s'exerce lors des différentes sessions du Comité Central Exécutif par l'audition d'un rapport d'activité prononcé par un représentant du Présidium du Comité Central Exécutif ou du Conseil des commissaires du peuple. Cette audition est suivie d'un vote où le Comité Central Exécutif se prononce globalement sur l'activité de l'organe en question. Cette responsabilité qui pèse sur le Présidium du Comité Central Exécutif peut bien évidemment entraîner une remise en cause de son action. Mais cette limite est finalement peu importante par rapport à la seconde, c'est à dire au contrôle sur les actes qui est également prévu par certaines dispositions constitutionnelles.

67 Pour étudier ce contrôle sur l'acte dans la Constitution de 1924 en dehors du champ d'application de l'article 3O, il est nécessaire de dissocier le contrôle des actes des Républiques et celui des actes pris au niveau de l'Union. Dans le premier cas, parallèlement aux dispositions de l'article 3O (et aux articles qui en découlent), l'article 1 (alinéa x) confère aux organes suprêmes de l'URSS "le droit d'abroger les arrêtés des Congrès des Soviets et des Comités Centraux Exécutifs des Républiques Fédérées contraires à la présente Constitution".
Cet article institue une compétence générale dans le domaine du contrôle de l'application de la Constitution pour les organes suprêmes du pouvoir d'Etat, définis par l'article huit de la Constitution comme le Congrès des Soviets et le Comité Central Exécutif.

---

[1] - Dont les actes comme ceux du Congres des Soviets ne sont soumis à aucun contrôle de constitutionnalité...

Il met en place un contrôle limité aux actes des Républiques Fédérées et confère ainsi aux organes du pouvoir soviétiques désignés un droit d'annulation des actes juridiques des Républiques Fédérées.

68 Ce pouvoir (attribué à l'ensemble des organes suprêmes du pouvoir d'Etat) qui représente un pouvoir concurrent à celui du Présidium du Comité Central Exécutif, est complété par une série de dispositions constitutionnelles qui attribuent des compétences similaires au Comité Central Exécutif.

Il s'agit des articles 16,17,18,2O [1] de la Constitution qui prévoient notamment que le Comité Central Exécutif contrôle et peut suspendre ou abroger les décrets, arrêtés et ordonnances des Congrès des Soviets et des Comités Centraux Exécutifs des Républiques Fédérées et des autres organes du pouvoir sur le territoire de l'URSS [2].

De plus le Comité Central Exécutif se voit également attribuer des compétences similaires vis à vis d'actes émis au niveau de l'URSS toute entière. De part les articles 2O et 41 de la Constitution [3], le Comité Central Exécutif de l'URSS peut suspendre ou abroger les décrets, arrêtés ou ordonnances du Présidium du comité central exécutif, ainsi que du conseil des commissaires du peuple. Ces contrôles peuvent s'effectuer a posteriori (le comité central exécutif décide de suspendre ou d'abroger un acte: article 2O) ou a priori (selon une procédure qui existait déjà dans le cadre de la Constitution précédente : tous les décrets et arrêtés qui définissent les règles générales de la vie politique ou économique de l'URSS, ou portant des modifications radicales dans la pratique existante des organes publics de l'URSS "doivent obligatoirement être soumis à l'examen et à l'approbation du Comité Central Exécutif de l'URSS" [4]).

Ainsi en 1924, la répartition des compétences en matière de contrôle de l'application de la Constitution au sein des organes "parlementaires" à vocation générale ne diffère pas de celle opérée en 1918. Elle s'inscrit dans le cadre classique du modèle soviétique. Mais la Constitution de 1924 a parallèlement

---

[1] - Article 16: Le Soviet Fédéral et celui des Nationalités examinent tous les décrets, codes et arrêtés qui leur sont présentés par le Présidium du CCE et du CCP de l'URSS, les divers commissariats du Peuple de l'Union, les CCE des Républiques Fédérées ainsi que ceux qui doivent leur origine à l'initiative du Soviet Fédéral et du Soviet des Nationalités.
Article 17: Le CCE de l'URSS publie des codes décrets arrêtés et ordonnances, concentre le travail de législation et d'administration de l'URSS et définit les cadres de l'activité du Présidium du CCE et du CCP de l'URSS.
Article 18: Tous les décrets et arrêtés définissant les régles générales de la vie politique et économique de l'URSS ou portant des modifications radicales dans la pratique existante des organes publics de l'URSS doivent obligatoirement être soumis à l'examen et à l'approbation du CCE de l'URSS.
Article 20: Le CCE de l'URSS a le droit de suspendre ou d'abroger les décrets, arrêtés et ordonnances du Présidium du CCE ainsi que des Congres des Soviets des Républiques Fédérées et des autres organes du pouvoir sur le territoire de l'Union.

[2] - L'interprétation de l'article 2O et de ses conditions d'application pose un certain nombre de problèmes. Pour le Professeur KOTOLAREWSKY, l'article 2O n'est, conformément à l'esprit général de la Constitution, que le développement de l'article 1 alinéa x. Pour ce juriste, il faut donc reconnaître au Comité Central Exécutif un pouvoir de contrôle suprême de la constitutionnalité. S.A. KOTOLAREWSKY - L'URSS et les républiques fédérées - MOSCOU 1924.
Très vivement contestée par certains juristes occidentaux, cette thèse ne peut toutefois être retenue que dans le cadre du contrôle des actes des républiques fédérées. Voir ainsi: O. NEUFEGLISE - les Pouvoirs publics dans l'URSS - Thèse PARIS 1928 pages 13O et 131. Librairie PICARD (235 pages).

[3] Article 41: Les arrêtés et les ordonnances du CCP de l'URSS peuvent être suspendus et abrogés par le CCE de l'URSS et par son Présidium.

[4] - Article 18 de la Constitution de l'URSS de 1924.

organisé pour la première fois la participation d'une juridiction dans ce processus de contrôle.

Paragraphe 2 : Les compétences de la Cour Suprême de l'U.R.S.S.

69 Le grand apport de la Constitution de 1924 est en effet d'avoir associé la Cour Suprême de l'U.R.S.S. (principale juridiction de l'Etat) à la procédure de contrôle de l'application de la Constitution.

A) La Cour Suprême de l'U.R.S.S.

70 Contrairement à celle du Présidium du Comité central Exécutif, l'institution d'une Cour suprême ou d'un Tribunal suprême en URSS, est récente. Le système judiciaire soviétique qui s'était mis en place après la révolution était divisé en deux branches : les tribunaux ordinaires (tribunaux populaires, conseil des tribunaux populaires) et les tribunaux extraordinaires (tribunaux révolutionnaires). Ce système a été unifié le 3O Octobre 1922 par une décision du Comité Central Exécutif. C'est à cette occasion qu'a été mise en place la Cour Suprême de la République Soviétique de RUSSIE qui, après la création de la Fédération et la transformation de la RUSSIE en URSS, deviendra la Cour Suprême de l'URSS.
Instituée selon l'article 43 de la Constitution pour "maintenir la légalité révolutionnaire sur le territoire de l'URSS", la Cour suprême était composée de 11 membres : quatre présidents des Cours Suprêmes des Républiques Fédérées, le Président de la Cour Suprême d'URSS, les quatre présidents des formations de jugements [1] et un représentant de l'administration unifiée politique d'Etat (l'OGPU). Hormis le représentant de l'OGPU, les cinq juges sont désignés par le Présidium du Comité Central Exécutif.
A ces onze juges, l'article 46 associe un Procureur général et son adjoint dont la mission est de donner ses conclusions sur toutes les questions du ressort de la Cour Suprême et, en cas de désaccord avec la décision prise par le plénum de la Cour, de porter ce désaccord devant le Comité Central Exécutif.

B) Les compétences de la Cour Suprême en matière de contrôle de constitutionnalité.

71 Selon l'article 43 point c de la Constitution, la Cour Suprême de l'URSS est compétente pour :
"donner ses conclusions à la demande du Comité Central Exécutif de l'URSS sur la légalité de tels ou tels arrêtés des républiques fédérées du point de vue de la Constitution." [2]

---

[1] - Il s'agit des collèges civil et criminel, du collège militaire et du collège militaire des transport.

[2] - Même si cette activité ne constitue pas le seul pouvoir de la Cour Suprême (elle peut notamment exercer la surveillance judiciaire sur les décisions des cours suprême des Républiques Fédérées sur les jugements de ses propres formations et même de l' OGPU) il semble bien que le contrôle de constitutionnalité ait constitué l'activité principale de la Cour Suprême de l'U.R.S.S. En effet lors de l'adoption de la Constitution de 1924 , le commissaire du Peuple à la Justice de la R.F.S.S.R. (D.I. KURSKI) avait déclaré que la fonction "la plus fondamentale de la Cour Suprême était évidement sa

Cette intervention de la cour suprême de l'URSS était relativement réduite puisque facultative (aucune disposition n'oblige le Présidium du comité central exécutif à demander ses conclusions à la Cour Suprême) purement consultative (aucune disposition ne confère aux conclusions de la Cour Suprême un caractère obligatoire) et limitée matériellement aux seuls arrêtés des Républiques Fédérées.
Dans ce cadre, on était donc en présence de deux procédures distinctes :
-au contrôle des normes juridiques de l'URSS se trouvaient associés les Comités Centraux Exécutifs et Présidiums des Comités Centraux Exécutifs des Républiques Fédérées (dans la saisine) en application de l'article 42 de la Constitution.
- dans le cadre du contrôle des actes juridiques Républicains, la Cour Suprême pouvait être amenée à donner un avis avant la décision du Comité Central Exécutif (ou de son Présidium) en application de l'article 29 de la Constitution.
Toutefois, les compétences de la Cour Suprême d'URSS vont être complétées dans ce domaine par d'autres actes juridiques soviétiques. En effet, les dispositions de l'article 43 ont été précisées et élargies par un certain nombre de textes et notamment le décret du 23 Novembre 1923 qui a très largement accru l'importance du rôle de la Cour Suprême dans ce processus d'assistance au Présidium du comité central exécutif dans le domaine du contrôle de l'application de la Constitution.

72 Ce décret [1] (article 2 point a) sans remettre en cause le caractère consultatif des compétences de la Cour Suprême va considérablement étendre le nombre des actes juridiques qui vont lui être soumis ainsi que ses potentialités d'intervention.
D'une part, la Cour Suprême a le droit de présenter ses conclusions à la demande du Présidium du Comité Central Exécutif non seulement (comme le prévoit la

---

fonction constitutionnelle." Cette orientation fut également reprise lors de la première session de la Cour Suprême du 18 au 24 Avril 1924 par H.N.SKRYPNIK représentant du Commissariat du Peuple de la Justice.

Ces deux citations sont extraites d'un article rédigé par H.SHEYNIN: "PERVYE GODY DEIATELJNOSTI VERHOVNOGO SUDA SSSR "(les premières années de la Cour Suprême de l'U.R.S.S. 1924 -1929). Extrait de: A. F. GORKIN - VERHOVNOMU SUDU LEM 40 (40 ans de la Cour Suprême) IIZDATELSTVO "Izvestia" MOSCOU 1965 p. 71 et s.

Pour H. SHEYNIN, l'activité de la Cour Suprême démontre cette part importante de la notion de surveillance constitutionnelle: Ainsi en 1925, pour 66 questions examinées par le Plénum de la Cour Suprême 36 concernaient la surveillance constitutionnelle; en 1926 34 sur 61; en 1927 46 sur 101 et en 1928 33 sur 63.

Toutefois, la doctrine soviétique est loin d'être unanime à ce sujet. Pour SMIRNOV le contrôle de constitutionnalité fut l'activité la plus importante entre 1923 et 1929, mais d'autres juristes tel KAREV ou même KULIKOV insistent sur les fonctions juridictionnelles de première instance. Voir : L.N.SMIRNOV - SOVETSKIJ SUD (les tribunaux soviétiques) MOSCOU 1977 page 12.

D.S.KAREV - ORGANIZACIJA SUDA I PROKURATURY SSSR. (L'organisation des tribunaux et de la Prokurature en U.R.S.S.) Université de MOSCOU 1961 page 169.

V.V.KULIKOV - L'organe suprême de la justice soviétique (article en russe) SOVETSKOE GOSUDARSTVO I PRAVO - 1964- N° 4 page 17.

Le professeur allemand SCHROEDER remarque que ces opinions exprimées par les juristes soviétiques sont parfois contradictoires, KULIKOV ayant par exemple à10 ans d'intervalle exprimé des positions différents sur ce sujet. Voir : Friedrich - Christian SCHOEDER. DAS OBERSTE GERICHT DER UDSSR (La Cour Suprême de l'URSS) Editions J.C.B.MOHR (Paul Siebeck) TUBINGEN 1983. pages 12 et 13.

[1] - Décret du 23 Novembre 1923 (qui a été adopté postérieurement à la Constitution laquelle a été ratifiée par le IIème Congres des Soviets le 31 Juillet 1924, a été adopté le 8 Juillet 1923 par le Comité Central Exécutif) sur la Cour Suprême de l'U.R.S.S.
Texte russe extrait de SOVETSKAJA PROKURATURA (la Procuratura Soviétique). Editions Godudarstennoe izdatel 'stvo Iuridiceskom Literatury. MOSCOU 1956 pages 28O à 288. Texte français en annexe.

Constitution à l'article 43 c) sur les actes juridiques émis par les organes des Républiques fédérées quant à leur constitutionnalité, mais également au sujet de l'annulation et de la suspension des arrêtés et ordonnances des institutions centrales et des divers Commissariats du peuple de l'URSS et du Conseil des Commissaires du Peuple, en raison de leur non conformité au texte de la Constitution.

D'autre part, la Cour suprême de l'URSS est autorisée à soumettre au Présidium du Comité Central Exécutif des avis sur les actes du conseil des commissaires du peuple de l'URSS de sa propre initiative. Ainsi grâce à ce décret (vraisemblablement inconstitutionnel....[1]), la Cour suprême est dotée de pouvoirs relativement étendus et dispose surtout d'une capacité d'action importante.

73 Ces apports sont extrêmement importants car ils lèvent la limitation matérielle de compétence de la Cour suprême qui peut présenter des conclusions sur les normes qui sont prises au niveau de toute l'U.R.S.S. C'est une extension importante de l'article 43 qui limitait la compétence de la Cour Suprême aux normes républicaines. Surtout le décret de 1923 introduit de nouvelles possibilités pour déclencher un recours contre une norme juridique pour inconstitutionnalité. Alors que la Constitution limitait cette possibilité (en dehors du Présidium du Comité Central Exécutif lui-même) aux Présidium du Comité Central Exécutif et au Comité Central Exécutif des Républiques Fédérées (article 42), l'article 2 du décret de 1923 autorise la Cour Suprême à présenter, de sa propre initiative, des propositions au Présidium du Comité Central Exécutif pour "suspendre ou annuler" des actes juridiques émis par les organes centraux de l'URSS (avec certes une limitation importante qui se manifeste par l'impossibilité de se prononcer sur des actes pris par le Comité Central Exécutif et le Présidium du Comité Central Exécutif). Enfin, ce décret fait de la Cour Suprême de l'URSS un élément déterminant du contrôle de l'application de la Constitution, car même si elle ne prend pas la décision de conformité ou de non conformité, elle joue un rôle fondamental dans la préparation de la décision: elle intervient soit à l'appel du Présidium du Comité Central Exécutif, soit à l'appel des organes des Républiques Fédérées, soit de sa propre initiative.

74 Cette capacité offerte par le décret de 1923 à la Cour suprême de "s'auto-saisir" en matière de contrôle, s'est révélée très importante [2]. Selon l'étude faite par le juriste soviétique V.K. DIABLO en 1928 sur le contrôle constitutionnel en URSS [3],"c'est la Cour Suprême qui a joué le rôle important à l'égard de la "protestation" des actes des institutions de l'URSS". Ainsi, de mai 1924 (date du début du fonctionnement de la Cour Suprême) au ler octobre 1926, la Cour a présenté 4O demandes visant à faire reconnaître la non conformité d'actes émanant d'organes de l'URSS. Cette pratique est d'autant plus importante que, dans le

---

[1] - car ne respectant pas les limitations imposées par l'article 43 c de la Constitution.

[2] - Cette capacité est d'autant plus importante que l'article 47 de la Constitution de 1924 dispose que le droit de soumettre les questions visées à l'article 43 à l'examen de la séance plénière de la Cour suprême revient exclusivement au Comité central exécutif de l'URSS, à son Présidium, au procureur général de la Cour suprême de l'URSS, à ceux des Républiques fédérées et à l'OGPU.

[3] V. DIABLO "SUDEBNAIA OHRANA KONSTITUCIJ " (la protection juridictionnelle de la Constitution). IURIDICESKOE IZDATEL' STVO M K JU RSFSR MOSCOU 1928. Voir le chapitre V - KONSTITUCIONNYJ KONTROL' V SSSR (le contrôle constitutionnel en URSS) pages 1O8-1O9.

même temps, très peu de démarches similaires ont été effectuées par d'autres organes.

75 Comme le relève le président de la Cour Suprême de l'époque A. VINOKUROV [1], un très petit nombre de protestation contre les actes fédéraux ont été transmis à la Cour Suprême par des organes d'Etat et cela a toujours été le fait d'organes fédéraux. A titre d'exemple en 1925, le Commissariat du peuple de la poste et des télégraphes (à propos de l'établissement par le commissariat du peuple des voies de communication d'un tarif particulier pour l'utilisation du réseau télégraphique) a demandé à la Cour Suprême de transmettre cet acte pour non constitutionnalité au Présidium du Comité Central Exécutif.
Il faut relever dans le même temps que les Républiques Fédérées n'ont jamais saisi la Cour Suprême et qu'elles ont directement porté leur contestation devant le Présidium du Comité Central Exécutif en application de l'article 35 de la Constitution [2]. Ainsi entre 1925 et 1926, il fut posé 33 questions de ce genre au Présidium du Comité Central Exécutif (dont 27 par la seule République Fédérée d'UKRAINE).
76 La Cour Suprême, du fait des dispositions de la Constitution, ne possédait pas le droit de déférer devant le Présidium du Comité Central Exécutif de sa propre initiative des conclusions quant à l'inconstitutionnalité des actes pris par des organes républicains. Toutefois, il semble qu'elle procéda à une analyse systématique de ces actes et qu'elle utilisa, pour les déférer au Présidium du Comité Central Exécutif, une procédure qui correspondait en pratique à une nouvelle extension de ses pouvoirs. En présence d'un acte républicain non constitutionnel, la Cour Suprême le défère à son procureur général qui, en application de l'article 22 point a du décret du 23 Novembre 1923, qui pouvait effectuer la saisine du Présidium du Comité Central Exécutif [3].

77 Ces compétences de la Cour Suprême d'URSS furent maintenues jusqu'en I929, date de l'adoption d'un nouveau texte sur cette institution.
Durant ces six premières années de fonctionnement, la Cour Suprême, en particulier son activité en matière de surveillance constitutionnelle, va faire l'objet de vifs débats. Deux tendances vont alors s'affronter: les partisans du maintien et même de l'augmentation de ses compétences et ceux favorables au contraire à leur suppression voire même à la disparition de la Cour.
Parmi les tenants de la première tendance, Viktor DIABLO [4] proposait deux modifications des règles en vigueur. Tout d'abord, l'extension du droit pour la Cour de présenter des avis au Présidium du Comité Central Exécutif quant à la

---

[1] A.N. VINOKUROV. "Le messager de la Cour suprême" n°1 -I925. Article : "le contrôle constitutionnel en URSS " (en russe) page 4. Cité par V.K.DIABLO ibid page IO9.

[2] - Article 35 - Le Présidium du Comité Central Exécutif de l'URSS décide les questions des rapports mutuels entre le conseil des commissaires du peuple de l'URSS et les différents commissariats du peuple d'une part et les comités centraux exécutifs des Républiques fédérées et leur présidium d'autre part.

[3] - Article 22 du décret du 23 Novembre 1923 : Le Procureur de la Cour suprême de l'URSS et son substitut ont le droit - dans le domaine de la surveillance de la légalité, de proposer l'examinent par le Présidium du Comité Central Exécutif de l'URSS et la Cour suprême des questions de la compétence de cette dernière.

[4] - V. DIABLO "la protection juridictionnelle..." déjà cité, page I44.

non constitutionnalité des actes des Républiques Fédérées. Pour DIABLO, la "souveraineté" des Républiques Fédérées ne justifiait pas la restriction existante dans la mesure où la Cour Suprême ne décidait pas elle-même de l'annulation de l'acte. Ensuite, la réorganisation interne de la Cour Suprême pour permettre à cette dernière "d'agir plus rapidement". Alors que le décret de 1923 disposait que la décision de "saisir" le Présidium du Comité Central Exécutif ne pouvait être le fait que du Plénum de la Cour Suprême, V. DIABLO proposait d'attribuer ce droit au président de celle-ci afin d'éviter "que les questions constitutionnelles à l'heure actuelle, ne puissent être résolues rapidement (...) et doivent attendre trois ou quatre mois jusqu'à la convocation du plénum "[1].

78 Toutefois, cette première tendance était compensée par un mouvement opposé. Le 2O Mars 1928, le président de la Cour Suprême de la République socialiste soviétique de GEORGIE adressa une lettre au Comité Central Exécutif de cette République afin qu'elle examine la question du maintien, dans l'appareil d'Etat soviétique, de la Cour Suprême de l'URSS, "organe coûteux constituant un grand fardeau pour son budget" [2]. Cette lettre fut alors diffusée au président de la Cour Suprême d'URSS, au président et au procureur des Cours Suprêmes des Républiques.

Au mois de Mai 1928, la Cour fut l'objet de nouvelles attaques. Après avoir pris connaissance du nouveau projet de décret sur la Cour Suprême, le commissariat du peuple à l'inspection ouvrière et paysanne prit position en faveur du refus de confier à la Cour Suprême de l'URSS le droit d'exercer la surveillance constitutionnelle.

79 Cette discussion, qui comme le note SKOMOROKHOV [3], se limitait aux seuls organes d'Etat, a connu un développement nouveau le 2 Juin 1928 dans le journal des IZVESTIA qui publia un article très virulent, rédigé par le représentant de l'inspection ouvrière et paysanne à la Cour suprême, condamnant cette institution : "l'idée de juger les conflits constitutionnels dans l'ordre judiciaire est étrangère à l'URSS, l'aspiration à fonder nos institutions sur celles de l'Ouest capitaliste et à devenir son égal n'est pas développée et nous n'y prétendrons jamais "[4].

80 Ainsi a donc existé (et a fonctionné!) en U.R.S.S. entre 1923 et 1933 un système de contrôle de constitutionnalité à participation juridictionnelle. Ce débat a été tranché dans un premier temps en faveur de la Cour suprême qui en 1929 s'est vue confirmée dans ses fonctions. Toutefois en 1933 la création de la Prokuratura en tant qu'organe autonome a coïncidé avec la disparition des compétences de la Cour Suprême en matière de surveillance constitutionnelle.

[1] -V. DIABLO "la protection juridictionnelle ..." déjà cité, page 144.

[2] - Le texte de cette lettre (extrait des archives de la cour suprême de l'URSS) a été publié dans un article de P. SKOMOROKHOV - "VERHONIJ SUD SSSR V GODY SOCIALISTICESKOGO PEREVCTPJSTVA STRANY " (la Cour suprême de l'URSS dans les années de la transformation socialiste du pays) publié en 1965 à l'occasion du 40° anniversaire de la Cour suprême dans un ouvrage collectif VERHOVNOMU SUDU SSSR 4O LEM (4O ans de la Cour suprême d'URSS) Edition GORKIN A.F.- ISDATELSTVO "Izvestija" MOSCOU 1965 pages 8O,81.

[3] - Article de P. SKOMOROKHOV.Déjà cité.

[4] - Citation extraite de l'article de P. SKOMOROKHOV.ibid.

Toutefois cette participation juridictionnelle [1] ne constitue pas un obstacle au rattachement de cette expérience au modèle de contrôle parlementaire. Quelque soit la teneur de l'avis rendu par la Cour Suprême de l'U.R.S.S., le pouvoir exclusif de décision appartient au Présidium du Comité Central Exécutif, la Constitution de 1924 assurant, par le jeu des délégations successives de pouvoir, la compétence de l'organe parlementaire suprême le Congrès des Soviets et le Comité Central Exécutif. C'est cette notion de compétence juridique du Parlement qui est déterminante pour estimer le rattachement au modèle socialiste de contrôle parlementaire. Pour le Professeur DIABLO, la Cour Suprême n'était dans ce cadre que "le bureau de consultation du Présidium du Comité Central Exécutif "[2]. Ces deux expériences furent la base de la formation du modèle socialiste de contrôle parlementaire.

Ces deux textes, bien qu'attribuant le contrôle de l'application de la Constitution à des organes politiques, avaient toutefois ménagé deux options. La première, tirée de la Constitution de 1918, consistait à confier exclusivement cette compétence aux organes parlementaires, alors que la seconde permettait d'associer d'une manière consultative un organe juridictionnel à ces organes parlementaires.

Le débat engagé en 1927 à ce sujet a été tranché avec l'adoption en 1936 de le troisième Constitution de l'U.R.S.S.. C'est la première option qui va être retenue. Dès lors le mode de contrôle de l'application de la Constitution mis en place dans tous les Etats socialistes après la seconde guerre mondiale va reproduire ce choix.

---

[1] - Au sens du droit soviétique.

[2] - V.K.DIABLO - " KONSTITUCIONNY KONTROL ZAKONOV ZA GRANICEJ V SSSR" (Le contrôle constitutionnel des Lois à l'étranger et en U.R.S.S.) Revue SOVETSKOE PRAVO N° 3 1925 page 87.

CHAPITRE 2
LA CONSECRATION DU MODELE SOVIETIQUE DE CONTROLE

81 La troisième Constitution de l'URSS adoptée le 5 Décembre 1936, en tranchant en faveur des solutions de 1918, donnait à ce modèle son aspect définitif (Section 1) qui allait être reproduit dans l'ensemble des Constitutions entrées en vigueur après 1946 dans les Démocraties populaires (Section 2).

SECTION 1 : La Constitution soviétique du 5 décembre 1936

82 La Constitution du 5 Décembre 1936 marque une étape importante dans l'histoire constitutionnelle soviétique. Faisant suite à une certaine instabilité constitutionnelle (la Russie des Soviets a connu deux Constitutions en moins de vingt ans), le texte adopté en 1936 met en place un ensemble institutionnel beaucoup plus stable et demeure à ce jour la Constitution soviétique la plus longtemps en vigueur puisqu'elle ne sera remplacée qu'en 1977. Très fortement marquée dans son contenu par les conceptions de STALINE [1] (alors premier secrétaire du Parti Communiste de l'U.R.S.S.) elle représente un véritable tournant en U.R.S.S.

En effet, beaucoup plus complète que ses devancières (et bien que manifestant une totale fidélité avec le régime de 1918 et 1924) elle se caractérise également par un certain nombre d'innovations tel que le retour au suffrage universel, une définition plus précise des différents actes juridiques [2] et la mise en place d'une procédure juridiquement plus contraignante de révision constitutionnelle. Considérée par ses auteurs et ses commentateurs soviétiques comme le bilan des réalisations de l'U.R.S.S., elle apparaît donc comme la consécration de "la victoire de la Révolution". De ce fait, c'est donc un texte plus achevé, destiné à s'appliquer dans un cadre plus stable.

83 Dans le domaine du contrôle de constitutionnalité, cette Constitution apparaît comme la confirmation des solutions de 1918, en les reproduisant dans un contexte sensiblement différent. La détermination de la compétence dans ce domaine pose d'ailleurs un certain nombre de problèmes.

---

[1] - Ce texte reflète la conception étatiste de STALINE qui considérait que l'Etat devait se renforcer avant de pouvoir dépérir conforment à la théorie Marxiste.

[2] - et notamment de la notion de loi (ZAKON).

Dans le texte de 1936, un seul article [1] fait mention de la notion de contrôle de l'application de la Constitution. Selon cet article :

> ***"Sont du ressort de l'U.R.S.S. en la personne des organes supérieurs du pouvoir et des organes d'administration d'Etat:...***
> ***Le contrôle de exécution de la Constitution de l'U.R.S.S. et les mesures assurant la conformité des Constitutions des Républiques fédérées avec la Constitution de l'U.R.S.S."***

84 Cet article pose certains problèmes et tout d'abord celui de déterminer l'organe compétent pour exercer ce contrôle. Comme l'article 14 est la seule disposition constitutionnelle relative à ce problème, la détermination de compétence devra se faire au travers de l'analyse d'autres dispositions du droit positif et des contributions de la doctrine soviétique.

Paragraphe 1 : L'analyse des textes

85 La première constatation qui s'impose à la lecture de l'article 14 (et de l'ensemble de la Constitution) est que le système antérieur qui faisait intervenir la Cour Suprême d'U.R.S.S. est aboli.
On ne trouve en effet ni dans la Constitution (notamment dans le chapitre IX qui traite des tribunaux et du Parquet) ni dans la loi du 16 Août 1938 et plus tard dans celle du 12 Février 1957 (qui organisent la Justice soviétique) aucune des attributions qui existaient en 1924. Celles ci, abolies par deux décrets de 1933, ne sont pas reproduites après l'entrée en vigueur de la nouvelle Constitution. Par la même, est consacré l'abandon de toute intervention d'une juridiction dans le processus de contrôle de constitutionnalité en U.R.S.S., ainsi que le souligne le Professeur MOUSKHELY [2] : " le silence des textes signifie l'abandon de cette ébauche de contrôle judiciaire qui existait auparavant". La Constitution de 1936 confirme donc le système adopté en 1918. Elle joue un rôle déterminant car finalement c'est elle qui représente l'orientation pour de nombreuses années de l'U.R.S.S. et des autres Etats socialistes dans le domaine du contrôle de l'application de la Constitution.

86 Le second élément de détermination de compétence est avancé par l'article 14 lui même. Cette disposition donne compétence aux "organes supérieurs du Pouvoir et des organes d'administration". Cette définition, qui montre le caractère politique des organes chargés du contrôle, est imprécise et rend délicate toute tentative de définition en matière de compétence. Néanmoins, deux éléments permettent de déterminer les organes potentiellement compétents.
Tout d'abord il faut considérer que l'article 14 est l'énoncé global des compétences qui appartiennent à l'U.R.S.S. par rapport aux Républiques Fédérées. Or, parmi les dispositions constitutionnelles relatives aux compétences de l'U.R.S.S, l'article 31 dispose que le Soviet Suprême de l'Union Soviétique "exerce tous les

---

[1] - Article 14 de la Constitution de l'U.R.S.S. de 1936.
[2] - M. MOUSKHELY et Z. JEDRYKA. "LE GOUVERNEMENT DE L'URSS"- Série Les Institutions Politiques. P.U.F. PARIS 1961 page 171.

pouvoirs attribués à l'U.R.S.S, conformément à l'article 14 et qui en vertu de la Constitution n'ont pas été attribués à d'autres organes d'Etat"
Cet article 31 éclaire donc l'interprétation à donner de l'article 14. Le contrôle de l'application de la Constitution n'ayant pas été attribué dans le texte de 1936 à un autre organe, du fait du jeu combiné des articles 14 et 31, il appartient au Soviet Suprême de l'U.R.S.S. de procéder à ce contrôle[1].
Toutefois, cette interprétation littérale des dispositions de la Constitution semble devoir être sinon contestée du moins complétée par toute une série d'éléments tirés de l'étude de la doctrine soviétique.

Paragraphe 2 : Les apports de la doctrine soviétique

87 La doctrine soviétique exprime un certain nombre d'avis quant à l'organe compétent dans ce domaine.
Si pour certain auteurs, c'est en fait au Peuple qu'il revient de procéder à ce contrôle[2] , la grande majorité des juristes soviétiques estiment que c'est au Présidium du Soviet Suprême que va revenir l'essentiel de cette mission. Cette détermination s'appuie sur des raisonnements parfois différents.
Pour un premier groupe d'auteurs, le premier élément qui motive la référence au Présidium du Soviet Suprême est constitué par l'article 49 alinéa e de la Constitution qui autorise ce dernier à :
"annuler les arrêtés et les ordonnances du Conseil des Commissaires du Peuple de l'U.R.S.S. et des Républiques Fédérées au cas ou ils ne seraient pas conforme à la loi"
Ce texte, qui pourtant ne fait pas référence à un contrôle direct de constitutionnalité, associe aux yeux de certains juristes soviétiques le Présidium du Soviet Suprême aux compétences de l'article 14 alinéa d en matière de contrôle de l'application de la Constitution.
Dans le très officiel ouvrage "The law of the Soviet State"[3] rédigé en 1947, Andrei VICHINSKI donne une telle interprétation de l'article 49 alinéa e:
"nous avons vu qu'il annule les arrêtés et les ordonnances du Conseil des Commissaires du Peuple de l'U.R.S.S. et des Républiques Fédérées si elles ne sont pas conforme à la loi. Le Présidium du Soviet Suprême de l'U.R.S.S. examine tous les arrêtés et ordonnances des organes exécutifs gouvernementaux quant à leur conformité avec la Constitution et les lois" [4].
Cette analyse amalgame donc le contrôle de la légalité et de la constitutionnalité. Elle émane d'un des juristes les plus officiels de l'URSS stalinienne et montre qu'il est possible d'associer le Présidium du Soviet Suprême de l'URSS aux

---

[1] - voir l'auteur soviétique JAMPOLSKAJA. ORGANY SOVETSKOGO GOSUDARTSVENNOGO UPAVLENIJA. Editions de Académie des Sciences. MOSCOU 1954 page 16.
[2] - Ainsi D. LEVIN dans la revue SOVETSKOE GOSUDARTSVO I PRAVO. Voir à ce sujet M.MOUSKHELY et Z.JEDRYKA opus cité page 172, note 1.
[3] - Nous faisons ici référence à la traduction anglaise de cet ouvrage proposée par les éditions MAC MILLAN en 1948. Andrei Y. VYSHINSKY THE LAW OF THE SOVIET STATE, traduit du russe par H.W.BABB. Ed. MAC MILLAN COMPANY NEW YORK USA 1948.
[4] - A.Y. VYSHINSKY-THE LAW OF THE SOVIET STATE ibid page 332.

dispositions de l'article 14 d. Cette association des deux articles 14 et 49 alinéa e a été récemment reproduite dans l'article de M. KUSS relatif au contrôle de constitutionnalité dans les pays socialistes (publié en 1986) [1] et par le chercheur polonais M. DOMAGALA[2].

88 Une autre opinion exprimée par la doctrine soviétique permet de retenir la compétence du Présidium du Soviet Suprême sur une autre base : celle de l'assimilation de cette compétence avec le pouvoir d'interpréter le contenu des lois, compétence prévue à l'article 49 alinéa b. VISHINSKI consacre une section entière de son volumineux ouvrage à cette question (alors qu'il ne consacre que deux allusions au problème général du contrôle de l'application de la Constitution) [3].

Dans un premier temps, M. VICHINSKI donne de l'interprétation des lois une définition relativement proche de celle d'un contrôle des textes par rapport à une norme juridique votée par le Parlement : "c'est déterminer ses buts et son contenu et les conditions de sa meilleure application, en conformité avec la notion de construction du socialisme."

Cette pratique de l'interprétation reproduit certes un schéma d'explication de la loi mais au moyen d'une confrontation avec, sinon une norme juridique précise, du moins un ensemble de valeurs supérieures. L'interprétation de la loi définie par VICHINSKI ne se limite pas à préciser le contenu de la loi pour en faciliter l'application, elle consiste aussi à faire en sorte que cette application soit conforme à certains principes sociaux qui s'imposent à la loi. Le Présidium du Soviet Suprême, par cette interprétation, se trouve bien dans la situation illustrée par la fameuse image d'une loi qui serait ainsi "vidée de son venin...anti socialiste."

89 Le second temps de l'argumentation de VICHINSKI confirme très nettement les relations existant entre le contrôle de l'application de la Constitution et l'interprétation des lois par le Présidium du Soviet Suprême. Dans une virulente critique contre la pratique de l'interprétation dans les pays occidentaux (notamment par la Cour Suprême des U.S.A.) il assimile explicitement les deux notions:

"aux U.S.A. en accord avec la théorie dite de la séparation des pouvoirs, les Cours de justice se voient offrir le droit d'interpréter les actes du Parlement ou pour parler plus simplement, de contrôler les actes du Congrès quant à leur conformité avec le sens de la Constitution". [4]

Cette assimilation est une troisième fois confirmée par A. VICHINSKI en analysant les institutions soviétiques de 1924 et en désignant comme recouvrant

---

[1] - K.J. KUSS- "NEW INSTITUTIONS IN SOCIALIST CONSTITUTIONNAL LAW: THE POLISH CONSTITUTIONNAL TRIBUNAL AND THE HUNGARIAN CONSTITUTIONNAL COUNCIL". Review of Socialist Law.1986 n° 12 p. 345. Ed. M NIJHOFF.

[2] - M. DOMAGALA : "KONTROLA ZGODNOSCI PRAWA Z KONSTYTUCJA W EUROPEJSKICH PANSTWACH SOCJALISTYCZNYCH" (Le contrôle de la conformité du Droit à la Constitution dans les Etats socialistes européens) Ed: Wydawnictwo Prawnicze -WARSZAWA (Varsovie) 1986 page 34.

[3] - A VYSHINSKY "THE LAW OF THE SOVIET STATE" opus cité pages 283 et 288.

[4] - A.Y.VYSHINSKY. "THE LAW OF THE SOVIET STATE" opus cité page 339.

la même opération les dispositions de l'ancienne Constitution, qui prévoyaient l'intervention de la Cour suprême dans le domaine de l'interprétation des lois (Art. 43-1) et du contrôle de constitutionnalité (Art. 43-3).

90 Au delà de ces arguments tirés de l'interprétation des dispositions de l'article 49, un autre ensemble de juristes soviétiques vont soutenir la même thèse des compétences du Présidium du Soviet Suprême de l'URSS en matière de contrôle de l'application de la Constitution de 1936. Cette argumentation repose sur des considérations de fait et non plus de droit. Pour ces juristes, l'affirmation de la compétence du Présidium repose sur la pratique, puisque entre 1936 et 1968 on peut observer une certaine activité de sa part dans ce domaine. F.I. KALINYCEV, dans son ouvrage consacré au Présidium du Soviet Suprême de l'URSS [1] en 1969, relève que le Présidium possède le droit de contrôler la bonne application de la Constitution, notamment vis à vis des actes juridiques des Républiques Fédérées. Ainsi entre Janvier 1938 et Février 1968, le Présidium du Soviet Suprême a rendu 4 décrets concernant la non conformité de certains articles des Constitutions des Républiques Fédérées avec la Constitution de l'URSS, ainsi que six décrets concernant la non conformité d'actes normatifs des Républiques Fédérées avec la Constitution et les lois de l'URSS.

91 Cette interprétation est reprise dans un article paru en 1969 dans la revue "SOVETSKOE GOSUDARSTVO I PRAVO" sous la signature de MM. ILYINSKY et CHETININ [2]. Pour ces auteurs, si lors de l'adoption de la Constitution de 1936:

"toutes les fonctions du contrôle constitutionnel se concentrèrent sur les institutions supérieures du pouvoir d'Etat de l'URSS et des Républiques fédérées et autonomes....Le Présidium du Soviet Suprême est l'institution effectuant le contrôle constitutionnel en URSS."

92 Dans cet article, les deux juristes soviétiques, tout en reprenant l'argumentation de KALINYCEV, développent l'ensemble des points déjà évoqués sur les relations entre les articles 14 et 49 du texte constitutionnel. Cette analyse est également (quoique plus succinctement) reprise dans un article de A. VENGEROV dans la revue juridique PRAVODENENIE, en 197O[3].

Ces trois séries d'arguments démontrent bien que le Présidium du Soviet suprême joue un rôle dans le système de contrôle de constitutionnalité. Investi juridiquement d'un pouvoir de contrôle sur les actes juridiques qu'il peut soit annuler (article 49 point e) soit interpréter pour favoriser une application conforme à un ensemble de valeurs socialistes; fonctionnant de plus d'une manière quasi permanente, le Présidium du Soviet Suprême est l'organe qui dispose de

---

[1] - F.I.KALINYCEV. "PREZIDIUM VERHOVNOGO SOVETA SSSR " (le présidium du Soviet Suprême de l'U.R.S.S.) Ed GOSUDARSTVO I PRAVO MOSCOU 1969 page 41.

[2] - J.P. ILYINSKI et B.W. CHETININ : "KONTITUCIONNYJ KONTROL I KONTITUCIONNOJ ZAKONNOSTI V SOCIALISTICEKIH STRANAH. (Le contrôle constitutionnel dans les Etats socialistes) SOVETSKOE GOSUDARTSVO I PRAVO. 1969, n°9 pages 40 à 48.

[3] - A.VENGEROV. KONTITUCIONNY KONTROL V SSSR (le contrôle constitutionnel en U.R.S.S.) PRAVOVEDENIE 1970 pages 33 à 42.

plus de potentialités juridiques pour mettre en pratique les dispositions de l'article 14.

93 Toutefois, il est difficile d'exclure totalement de cette compétence le Soviet Suprême lui-même. L'analyse basée sur l'application des articles 14 et 31 et sa position dans la théorie soviétique comme organe suprême du pouvoir d'Etat rendent délicate l'exclusion a priori de toute compétence dans ce domaine. Il semble que soit reproduite la situation (rencontrée déjà dans la Constitution de 1918) de la superposition d'un pouvoir de surveillance générale sur l'activité de l'organe chargé du contrôle de l'application de la Constitution par l'organe suprême du pouvoir d'Etat.

94 Ainsi, sans qu'il soit besoin de développer davantage les règles organisant le contrôle de l'application de la Constitution en URSS [1], on doit noter que la Constitution de 1936, outre la confirmation de la solution retenue dès 1918 en URSS dans ce domaine au détriment de la solution de 1924, présente l'intérêt d'adapter le mode de contrôle de 1918 à un cadre parlementaire plus classique, que l'on va retrouver dans l'ensemble des Etats socialistes qui vont apparaître après la seconde guerre mondiale. Alors que la première Constitution soviétique avait mis en place une structure à trois éléments (le Congrès Pan Russe des Soviets, le Comité Central Exécutif et le Présidium du Comité Central), la "Constitution stalinienne" va renouer avec un cadre parlementaire, certes spécifique à l'Etat socialiste, mais qui se veut tout de même plus classique, avec notamment une définition beaucoup plus précise du pouvoir normatif. En effet, pour la première fois depuis la révolution d'Octobre, est affirmée une hiérarchie formelle des actes juridiques basée sur la notion de suprématie de la loi votée par le Soviet Suprême [2] et sur celle de Constitution rigide [3]. Ainsi, se trouve adoptée dans un cadre juridique plus structuré une solution issue d'une Constitution révolutionnaire.

95 Le phénomène le plus important de cette Constitution de 1936 est de préciser ce type de structure de contrôle de constitutionnalité comme constitutif de l'Etat socialiste, non plus naissant et luttant pour sa survie, mais "triomphant". Pour STALINE, dans son rapport présenté au VIII° congrès (extraordinaire) des Soviets de l'URSS (le 25 Novembre 1936) "la Constitution est la consécration de la victoire du socialisme... Elle est comme le bilan de la lutte (des communistes), le bilan de leur victoire sur le front de la libération de l'humanité"[4].

Ce symbole attribué au texte constitutionnel confère donc à toutes les solutions retenues dans ses dispositions une valeur d'exemple des autres Etats socialistes. Le système de contrôle de constitutionnalité mis en place en URSS autour des Constitutions de 1918 et 1936 va être reproduit, du fait de l'arrivée au pouvoir

---

[1] - Pour la description de ce contrôle, outre les articles soviétiques déjà cités il convient de se référer quant à l'organisation et au fonctionnement du Présidium du Soviet Suprême à l'article du Professeur Michel LESAGE: "LE PRESIDIUM DU SOVIET SUPRÊME DE L'U.R.S.S." Publié à la <u>Revue de Droit Public et de Sciences Politiques en France et à l'Etranger</u> 1968 page 605 et suivantes.

[2] - L'article 32 de la Constitution confère au Soviet Suprême l'exercice exclusif du pouvoir législatif.Toutefois, dans la pratique, ce pouvoir va être très souvent exercé d'une manière indirecte par le Présidium du Soviet Suprême.

[3] - Le chapitre XIII et l'article 146 de la Constitution instaurent pour la première fois en U.R.S.S. une procédure juridique plus contraignante que pour l'adoption des autres actes juridiques.

[4] - J. STALINE- <u>QUESTIONS SUR LE LENINISME</u>. PARIS Editions Sociales 2 volumes 1947 page 236.

dans de nombreux Etats d'Europe de Partis communistes pro-soviétiques après la seconde guerre mondiale, dans les Constitutions de ces Etats. On peut dès lors parler de modèle socialiste car jusqu'en 1963, tous les Etats socialistes européens vont adopter ce mode d'organisation.

96 Toutefois, le fait d'intégrer la notion de contrôle parlementaire pour ces Etats n'a pas automatiquement signifié la reproduction totale des dispositions de la Constitution soviétique de 1936. Certaines variantes organisationnelles, selon les traditions juridiques et surtout le contexte national de l'Etat (fédéral ou unitaire) ont pu être apportées. La fidélité au système soviétique ne peut pourtant pas, dans la totalité des situation, être remise en cause. Bien au contraire la confrontation ultérieure des solutions adoptées sur la base du modèle soviétique de 1936 va permettre de dégager (au delà des spécificités nationales) les règles de base de ce modèle de contrôle de constitutionnalité au travers des structures parlementaires.

SECTION 2 : Le développement du modèle Soviétique en Europe de l'Est

97 Durant cette période de l'après guerre, les dispositions constitutionnelles soviétiques en matière de contrôle de l'application de la Constitution vont être reproduites dans les douze textes constitutionnels des Etats d'Europe orientale et des Balkans [1] ayant vu les communistes arriver au pouvoir, dans des circonstances diverses.

Cette reproduction ne sera toutefois pas absolument identique dans toutes les constitutions; plusieurs variantes se feront jour. On doit distinguer en conséquent trois modes d'organisation des structures de contrôle dans ces Etats.

Le premier (Paragraphe 1) va consister à la reproduction plus ou moins littérale de la structure soviétique inspirée de la Constitution de 1936. L'organe permanent du Parlement (le Présidium) est doté du droit d'exercer cette mission de contrôle sous l'autorité du Parlement qui conserve un pouvoir de décision supérieur.

Le second (Paragraphe 2) peut être présenté comme une "absolutisation" de la solution soviétique, le pouvoir de contrôle étant exclusivement réservé au Parlement.

La troisième solution (qui ne se trouve que dans une seule Constitution, celle de la République Démocratique Allemande du 7 Octobre 1949) tout en respectant le schéma de base confiant au Parlement la totalité des pouvoirs de l'Etat va, en matière de contrôle de la constitutionnalité des actes juridiques, associer à ce processus une commission parlementaire spécialisée (Paragraphe 3).

---

[1] - ALBANIE, REPUBLIQUE DEMOCRATIQUE ALLEMANDE, BULGARIE, ROUMANIE, TCHECOSLOVAQUIE, YOUGOSLAVIE et POLOGNE.

Paragraphe 1 : La reproduction du modèle soviétique

98 La première solution, consistant en une reproduction du modèle soviétique de 1936, va être adoptée dans 6 textes constitutionnels [1]. Dans les Etats qui ont adopté ce type de structure, le pouvoir de contrôle de l'application de la Constitution est confié à un organe de type Présidium du Soviet Suprême, organe permanent du Parlement. Toutefois, ses décisions ne sont pas définitives puisque soumises à l'approbation de l'Assemblée. Les dispositions adoptées dans les différentes Constitutions ne souffrent d'aucune équivoque[2].
A la lecture de ces différents articles, on doit tout d'abord s'interroger sur l'étendue de la compétence des organes de type Présidium en matière de contrôle de constitutionnalité. Les Constitutions étudiées confèrent-elles à ces organes une compétence générale de surveillance de la constitutionnalité, ou au contraire se limitent-elles à un certain nombre de situations? On doit également étudier la relation du Présidium avec le Parlement dans la sphère de cette activité.

A) L'étendue de la compétence des Présidiums en matière de contrôle de l'application de la constitution

99 Dans ces six textes, la compétence du présidium de l' Assemblée est envisagée de deux manières : soit les dispositions constitutionnelles lui reconnaissent une potentialité étendue (au sens du nombre des textes soumis à son

---

[1] - CONSTITUTION TCHECOSLOVAQUE du 9 MAI 1948
" HONGROISE du 18 AOUT 1949
" YOUGOSLAVE du 31 JANVIER 1946
" ALBANAISE du 15 MARS 1946 modifiée en 1954
" BULGARE du 4 DECEMBRE 1947
" ROUMAINE du 17 AVRIL 1948.

[2] - Article 53 alinéa 4 de la Constitution Albanaise de 1946: "Le Présidium de l'Assemblée Populaire.... 3- Fait des interprétations authentiques relatives à la conformité des lois avec la Constitution, interprétations qui sont présentées par la suite à l'approbation de l'Assemblée Populaire."
Article 58 alinéa 3 de la Constitution albanaise modifiée en 1954 : " Le Présidium de l'Assemblée Populaire...3- Décide de la conformité des lois avec la Constitution à la condition que cette décision soit approuvée par l'Assemblée Populaire."
Article 20 Alinéa 2 de la Constitution hongroise de 1948: "Le Présidium peut annuler ou modifier s'ils sont contraires à la Constitution ou s'ils lésent les intérêts du peuple travailleur tous décrets ordonnances ou décisions pris par les autorités."
Article 65 de la Constitution tchécoslovaque de 1948 : "Le Bureau de l'Assemblée Nationale fournit, si l'affaire est litigieuse, une explication obligatoire des lois et jouit du droit exclusif de décider si une loi ou une loi du Conseil National slovaque est contraire à la Constitution ou à une disposition de la loi."
Article 73 Alinéa 4 de la Constitution yougoslave de 1946: "Le présidium de la Skupstina Populaire de la R.S.F.Y....4- sur demande du gouvernement de la RSFY, des présidiums des Républiques Fédérées, de la Cour Suprême de la RSFY, du Procureur Public ou de sa propre initiative, apprécie la conformité des lois des Républiques Fédérées avec la Constitution et les lois Fédérales sous réserve de l'approbation ultérieure de la Skupstina de la R.S.F.Y."
Article 25 de la Constitution bulgare de 1947: "Seul le Narodno Sobranie a le droit de décider si toutes les conditions requises par la Constitution ont été respectées lors de la promulgation de la loi et si celle ci n'est pas inconstitutionnelle."
Article 35 Alinéa 13 : "Le présidium du Narodno Sobranie: abroge les arrêtés et les dispositions du Gouvernement qui ne seraient pas conforme à la Constitution et aux lois."
Article 72 Alinéa 6 de la constitution roumaine du 17 Avril 1948 : "Le présidium de la Grande Assemblée Nationale roumaine peut annuler les décisions du Conseil des Ministres non conformes à la Constitution. "

contrôle), soit cette potentialité est plus réduite et ne porte que sur un ensemble d'actes limitativement énumérés.

100 Les Constitutions albanaises de 1946 et 1954 et la Constitution yougoslave de 1946 appartiennent à la première catégorie. Les Présidiums des assemblées de ces deux Etats ont compétence pour contrôler un très grand nombre d'actes juridiques. Outre le contrôle sur les lois [1] reconnu par les articles 53 alinéa 4 et 58 des Constitutions albanaises et 73 alinéa 4 de la Constitution yougoslave, ils sont également compétents pour exercer le contrôle de la conformité à la Constitution et aux lois, décrets, instructions et décisions du gouvernement[2].
Par comparaison, les solutions hongroise, bulgare et roumaine adoptées en 1947, 1948 et 1949 sont beaucoup plus limitées. Les pouvoirs du Présidium du NARODNO SOBRANIE [3] bulgare sont, dans le domaine du contrôle de la constitutionnalité, limités aux actes du gouvernement, alors que son homologue hongrois "peut modifier ou abroger les décrets, ordonnances et décisions prises par les autorités". La compétence du Présidium roumain est plus réduite encore.
Ces deux types de rédaction témoignent d'une différence fondamentale quant à la compétence en matière de contrôle des lois qui échappe aux présidiums de HONGRIE, de BULGARIE et de ROUMANIE.
L'analyse du texte de la Constitution tchécoslovaque de 1948, au regard de cette notion de compétence, pose un certain nombre de problèmes car, s'il ne fait aucun doute de la possibilité pour le bureau de l'Assemblée Nationale de contrôler les lois, aucune mention dans ce texte n'est faite quant à son pouvoir vis à vis d'autres actes juridiques. On peut donc s'interroger sur la compétence du Présidium notamment vis à vis des actes du Gouvernement.
La pratique tchécoslovaque ne permettant pas de répondre à cette interrogation, il faut juste se limiter à remarquer que l'article 91 de la Constitution tchécoslovaque introduit la notion de responsabilité personnelle des Ministres en cas de violation de la Constitution, selon une procédure qui pourrait présenter un certain nombre de similitudes avec un éventuel contrôle des actes juridiques du gouvernement.

101 Cette diversité de compétences doit toutefois être relativisée. Les compétences exprimées dans les différents articles étudiés font référence aux pouvoirs propres des Présidiums. De ce fait, ils ne peuvent exprimer la totalité des pouvoirs de ces organes.
Cette notion de pouvoir propre du Présidium tire son origine de la nature de cet organe. La théorie de l'Etat socialiste battît le concept de système de gouvernement autour de trois organes : l'organe suprême représentatif (le Parlement), le Gouvernement et entre ces deux pôles le Présidium, composé de députés [4], qui est considéré comme l'organe permanent du Parlement. A l'intérieur de cet ensemble, les relations entre ces trois organes ne sont pas toujours les

---

[1] - Il faut relever toutefois que la compétence du Présidium du Parlement albanais est plus importante dans ce domaine que celle du Parlement yougoslave, car la compétence de celui ci se limite au contrôle des lois républicaines.
[2] - Article 89 de la Constitution albanaise de 1946; article 129 de la Constitution yougoslave de 1946.
[3] - Assemblée Populaire.
[4] - Cette conception a été totalement remise en cause avec l'adoption de la nouvelle Constitution soviétique de 1988.

mêmes selon les Etats socialistes. Si le Parlement et le conseil des Ministres constituent les éléments les plus stables du système socialiste, les plus grandes diversités viennent de l'organe intermédiaire, le Présidium. Ces derniers, que l'on retrouve sous diverses formes dans les Constitutions socialistes, ont la particularité de remplir deux grandes fonctions. Dans un premier temps, ils garantissent la continuité du travail du Parlement en assurant en dehors des sessions un certain nombre de pouvoirs lui appartenant, ce qui correspond à leurs pouvoirs de substitution. Dans un second temps, les Présidiums assurent des pouvoirs qui leur sont directement conférés par la loi ou par le texte constitutionnel en leur nom propre (comme par exemple toutes les fonctions appartenant traditionnellement au chef de l'Etat).

102 Les différences dans les Etats socialistes sont basées sur la proportion existante entre les deux types d'activité. Dans toutes les Constitutions étudiées ici, les compétences en matière de contrôle de l'application de la Constitution appartiennent à la seconde catégorie des pouvoirs autonomes du Présidium.

Toutefois, l'exemple hongrois doit être précisé. La HONGRIE en 1949 n'a pas suivi le modèle général des autres constitutions d'Europe de l'Est et a élaboré un schéma original de répartition entre les deux catégories de pouvoirs du Présidium. Dans le texte constitutionnel, la notion de pouvoirs de substitution est très étendue, car l'article 3O alinéa 5, dispose que quand le Parlement n'est pas en fonction, tous ses pouvoirs (à l'exception du pouvoir constituant) sont attribués au Conseil présidentiel (Présidium). Cette répartition va avoir des conséquences très importantes juridiquement car, comme le relève GEZA KILENYI[1], le Parlement hongrois disposant du pouvoir de surveiller l'application de la Constitution, le Conseil Présidentiel (de par le pouvoir de substitution général reconnu à l'article 3O de la Constitution) exerce entre les sessions les mêmes prérogatives. Ainsi, il convient de compléter les dispositions de l'article 2O et de considérer que le Conseil présidentiel hongrois, en vertu de son large pouvoir de substitution, dispose des mêmes prérogatives que ses homologues albanais ou yougoslave.

Toutefois, au delà de l'attribution de larges compétences aux Présidiums des assemblées, le pouvoir final dans cette matière appartient au Parlement, ce qui constitue la seconde caractéristique de cette organisation des structures de contrôle de constitutionnalité.

B) Les compétences du Parlement

103 Le Parlement, dans ces six Etats, dispose finalement du droit de contrôler les décisions prises en matière de contrôle général de l'application de la Constitution, soit directement, soit au travers de l'activité du Présidium. Dans un premier groupe de Constitutions, le Parlement contrôle directement les actes rendus en matière de contrôle de l'application de la Constitution par le Présidium. C'est notamment le cas en ALBANIE et en YOUGOSLAVIE, où la Constitution institue explicitement cette procédure dans le cadre du contrôle des lois.

---

[1] - G.KILENYI. "PARLEMENTARISM AND GOUVERNEMENT IN ONE PARTY SYSTEM. (Parlementarisme et gouvernement dans un système de parti unique). Collection "Studies on hungarian state and law". AKADEMIAI KIADO BUDAPEST 1988 page 78.

Toutefois, la technique de contrôle la plus répandue est moins spécifique: découlant de la position suprême du Parlement, elle s'exprime dans le cadre d'un contrôle sur l'activité du Présidium au moyen de l'approbation du vote d'un rapport annuel concernant son activité générale. Il faut d'ailleurs noter que les deux types de contrôle peuvent être associés dans un même Etat: le Parlement albanais contrôle les actes du Présidium, directement en matière de contrôle des lois, indirectement quant au contrôle des autres actes juridiques.
Enfin, il faut voir que dans les Etats où le Présidium du Parlement est investi d'une compétence limitée de par ses pouvoirs autonomes, le Parlement exerce alors "directement" les autres compétences en matière de contrôle de constitutionnalité.

104 Ainsi, par exemple dans la Constitution bulgare de 1947, bien que le présidium de l'Assemblée populaire dispose de compétences, le contrôle de la constitutionnalité des lois est exclusivement réservé à l'assemblée [1]. Il faut même relever que cette compétence, pour un certain nombre de juristes socialistes, n'a pas besoin d'être inscrite dans le texte constitutionnel: elle se déduit de la position suprême du Parlement. Ainsi, toute compétence en matière de contrôle de l'application de la Constitution qui n'est expressément pas attribuée à un autre organe d'Etat appartient exclusivement au Parlement.

Paragraphe 2 : L'"absolutisation" de la solution soviétique

105 La seconde solution adoptée dans les Etats socialistes entre 1945 et 1963 correspond à une "absolutisation" du système soviétique : le contrôle de constitutionnalité est confié directement et exclusivement au Parlement. Cette solution (au cours de la période étudiée) a été adoptée par quatre textes constitutionnels [2]. Dans ces quatre Constitutions, il convient toutefois, malgré l'unité du système choisi, de distinguer deux types de détermination de la compétence pour le Parlement.
Dans les textes adoptés en YOUGOSLAVIE, en TCHECOSLOVAQUIE et en ROUMANIE, le Parlement est explicitement compétent, alors que dans la Constitution polonaise de 1952, la compétence en cette matière de l'assemblée se déduit de la position suprême de cette dernière et du caractère rigide de la Constitution.

A) L'attribution explicite de compétence au Parlement

106 L'article 15 alinéa 10 de la Constitution yougoslave du 13 Janvier 1953 désigne comme faisant partie de la compétence exclusive de l'Assemblée populaire fédérale "l'appréciation de la conformité de la Constitution de la République Populaire, de la loi républicaine, de la loi fédérale avec la Constitution fédérale".
Des dispositions identiques sont reproduites dans l'article 41 alinéa 2 de la Constitution tchécoslovaque de 196O qui confère à l'Assemblée nationale le droit de "veiller" à ce que la Constitution soit observée. En cas de contradiction à la

---

[1] - Article 25 de la Constitution bulgare de 1947.
[2] - Constitution polonaise de 1952, tchécoslovaque de 1960, roumaine de 1952 et yougoslave de 1953.

Constitution et aux lois, l'Assemblée Nationale peut écarter une loi provenant du Conseil National slovaque, une décision gouvernementale et toutes dispositions générales en vigueur provenant du Comité National de l'Etat. Dans ces deux articles, le pouvoir de contrôler l'application de la Constitution est donc exclusivement attribué au Parlement.

107 Dans ces deux Etats, parallèlement à cette compétence de l'Assemblée, ont été mises en place des structures destinées à l'assister.

En TCHECOSLOVAQUIE, le règlement parlementaire du 12 Juillet 1960 avait prévu la création de huit commissions parlementaires dont une commission constitutionnelle et législative. Cette commission, composée de 31 députés, était un organe auxiliaire du Parlement dont la fonction était d'assister le Parlement au cours de sa mission de contrôle de l'application de la Constitution. Elle intervenait au moment de l'élaboration et du vote de la loi par le Parlement.

Un mouvement identique a été enregistré en YOUGOSLAVIE avec la création, à l'intérieur du Parlement, d'une "commission d'interprétation des lois". Cette commission[1], qui avait pour mission principale de procéder à l'interprétation des lois, avait aussi un grand nombre de compétence dans le domaine du contrôle de constitutionnalité. Organe d'assistance du Parlement, composée de neuf députés élus par les deux Conseils composant le Parlement yougoslave, elle se bornait à présenter des observations sur la constitutionnalité des projets de loi qui devaient ensuite être votés par le Parlement [2].

La Constitution roumaine, adoptée le 24 Septembre 1952, attribue également au Parlement le droit de contrôler l'application de la Constitution (l'article 2 alinéa J attribuant à ce dernier la compétence directe en matière de contrôle général de l'application de la Constitution). Toutefois, le Droit roumain n'a pas prévu, jusqu'en 1965, la mise en place d'une commission parlementaire spécialisée dans ce domaine.

B) L'attribution implicite de compétence au Parlement

108 Dans la Constitution polonaise, la détermination de la compétence du Parlement est implicite et se déduit de la position de ce dernier dans le système de gouvernement de l'Etat socialiste.

En République Populaire de POLOGNE, le texte de la Constitution de 1952 (promulgué le 22 Juillet) était discret sur ce problème, puisque il n'est jamais fait référence au problème de la garantie la constitutionnalité des actes normatifs. En fait, le seul élément affirmé en 1952 est la supériorité de la Constitution dans le système juridique socialiste polonais. Cette supériorité a à la fois un sens matériel et formel. Matériel, car le préambule du texte affirme que:

"fidèle à la volonté de la nation polonaise et conformément à sa mission, la Diète législative de la République de POLOGNE adopte solennellement la présente Constitution en tant que loi fondamentale de la nation polonaise et tous les organes du pouvoir du peuple travailleur polonais doivent observer...".

---

[1] - Article 69 de la Constitution yougoslave du 13 Janvier 1953.

[2] - Article 61 de la Constitution yougoslave du 13 Janvier 1953.

109 Ce passage démontre la place élevée de la Constitution et la position que doivent avoir les organes du pouvoir vis à vis de ses dispositions.
Formel, car l'article 91 du texte qui dispose que la procédure de révision de la Constitution doit être différente des autres lois:
"la modification de la Constitution ne peut avoir lieu qu'en vertu d'une loi de la Diète de la République Populaire de POLOGNE, adoptée à la majorité des deux tiers au moins et en présence de la moitié au moins des députés".
110 Cette double affirmation de la valeur supérieure de la Constitution est très importante dans le domaine du contrôle de la constitutionnalité. En effet, cette affirmation débouche sur un double postulat [1] : le devoir du législateur de mettre en oeuvre les dispositions de la Constitution et surtout l'interdiction d'édicter toutes lois ordinaires contraires à la Constitution.
Néanmoins, malgré cette affirmation, la Constitution du 22 Juillet 1952 ne prévoit pas d'organe particulier pour contrôler cette supériorité constitutionnelle et n'attribue pas explicitement la charge de le faire à un des organes en place. La détermination de la compétence en cette matière va donc s'effectuer en analysant dans l'ensemble des institutions polonaises quelles sont celles dont les compétences permettent d'opérer un tel contrôle. De cette analyse, il ressort que la Diète législative (le Parlement monocaméral polonais) est le seul organe du pouvoir d'Etat qui peut exercer cette compétence. Donc c'est à elle que, tacitement, la Constitution a confié cette tâche. Cette déduction s'appuie à la fois sur la position dominante de la Diète et sur l'impossibilité dans laquelle se trouve les autres organes du pouvoir de contrôler la constitutionnalité.

1) La position dominante de la Diète

111 La Constitution polonaise de 1952, fidèle à la doctrine en vigueur dans les pays socialistes, place la Diète à la tête de toutes les institutions de la République populaire de POLOGNE. L'article 15 de la Constitution affirme :

> ***" 1 - la Diète de la République populaire de POLOGNE est l'organe supérieur du pouvoir d'Etat,***
> ***La Diète en tant qu'expression suprême de la volonté du peuple travailleur des villes et des campagnes, réalise les droits souverains de la Nation".***

Cette affirmation est d'ailleurs reprise par toute la doctrine polonaise. "Selon la conception du système politique représentatif dont s'inspire la structure des organes du pouvoir d'Etat, le Parlement, qui porte en POLOGNE le nom traditionnel de Diète, constitue comme le sommet de la pyramide des organes représentatifs homogènes."[2]

---

[1] - S.ROZMARYN et P.BISCARETTI DI RUFFIA : LA CONSTITUTION COMME LOI FONDAMENTALE DES ETATS D'EUROPE OCCIDENTALE ET DES ETATS SOCIALISTES. LGDJ 1966 PARIS. 130 pages. (voir page 83)

[2] - STEFAN ROZMARYN. LA POLOGNE -Collection "Comment sont ils gouvernés" PARIS L.G.D.J. 1973. page 363.
M. JAROSZYNSKI. "LES INSTITUTIONS POLITIQUES FONDAMENTALES DE LA REPUBLIQUE POPULAIRE DE POLOGNE" in LE REGIME ET LES INSTITUTIONS DE LA R.P.P. Institut de Sociologie SOLVAY - 25 28 Mai 1959 BRUXELLES.

De cette position dominante va découler une supériorité sur tous les autres organes du pouvoir d'Etat polonais. Le Parlement étant considéré comme l'institution suprême polonaise, il est donc supérieur aux autres organes de l'Etat, le conseil de l'Etat et le gouvernement.[1]
Cette supériorité se matérialise à la fois dans la procédure de nomination de ces instructions et dans les relations qu'ils entretiennent avec la Diète.
Le Conseil de l'Etat, comme le Conseil des Ministres sont tous les deux directement nommés par la Diète [2]. Ils sont contrôlés et peuvent être révoqués par le Parlement.[3]

112 Ces dispositions, qui affirment cette supériorité, ont une très grande importance dans la détermination de la compétence de contrôle de la constitutionnalité. De par sa position, la Diète ne peut donc en aucun cas être contrôlée au cours de son activité (y compris législative [4]) par les organes du pouvoir d'Etat. Ni le Conseil d'Etat, ni le Conseil des Ministres ne peuvent s'opposer aux textes votés par la Diète et donc en aucun cas exercer de contrôle de la constitutionnalité des textes votés [5].

113 D'une manière générale, il n'existe donc pas de limite dans l'exercice de la compétence législative de la Diète. Nul domaine ne peut être interdit à la loi. Si la Constitution définit une série de matières où seule la loi peut intervenir (comme par exemple les droits et devoirs des citoyens), cela ne signifie pas que les autres cas non prévus n'appartiennent pas à la sphère de compétence législative, mais simplement que le conseil des Ministres peut produire des règlements dans cette matière tant qu'une loi n'est pas intervenue.
Dans le texte de 1952, il n'existe donc pas de veto applicable aux lois votées par la Diète. Ces lois sont donc juridiquement insusceptibles de recours dès leur vote. Toute procédure de contrôle de constitutionnalité ne peut se produire qu'en "amont" de ce vote, lors de la discussion du projet par la Diète.
Parallèlement à ce rôle dominant de la Diète, un autre élément milite pour la reconnaissance à la Diète du pouvoir d'auto contrôle de constitutionnalité. En effet, aucun autre organe politique en dehors de la Diète n'avait le pouvoir de contrôler la constitutionnalité des lois. L'étude du système juridictionnel polonais démontre qu'une telle impossibilité était également l'apanage des tribunaux, comme dans tous les autres Etats socialistes.

2) La position des tribunaux en République Populaire de POLOGNE

---

[1] - Le Conseil de l'Etat, élu par la Diète, est l'équivalent du Présidium du Soviet Suprême de l'U.R.S.S.
[2] - Articles 24 et 29 de la Constitution de 1952.
[3] - Articles 25 al 2, 30 al 2, 15 al 3 de la Constitution de 1952.
[4] - Activité définie à l'article 15 de la Constitution. La Diéte adopte les lois et exerce le contrôle de l'activité des autres organes d'Etat.
[5] - STEFAN ROZMARYN - LA POLOGNE -Collection "comment ils sont gouvernés". PARIS L.G.D.J. 1963 page 170 : "Le Président et le secrétaire du Conseil de l'Etat sont tenus de signer la loi votée par la Diète. Ils n'ont aucun droit de contrôler la constitutionnalité des lois votées par la Diète (....) L'ordre de faire publier une loi par le président du Conseil de l'Etat est une obligation constitutionnelle et (....) la publication au journal des lois fait partie des compétences du Président du Conseil des Ministres qui n'a cependant à ce titre, aucun droit de contrôle sur les lois."

114 Dans ce domaine également, la Constitution de 1952 ne fait aucune mention, négative ou positive, d'une éventuelle intervention des tribunaux polonais dans le domaine du contrôle de constitutionnalité (et ce, en rompant avec la pratique existant alors en POLOGNE qui interdisait explicitement aux tribunaux de contrôler les lois).

Néanmoins, il semble que malgré les pouvoirs importants dont sont dotées certaines juridictions polonaises et malgré l'absence de la mention qui interdit aux tribunaux de contrôler la constitutionnalité des lois, il ne faille pas attribuer aux juges polonais le droit d'exercer un tel contrôle.

En effet, au sommet de la pyramide judiciaire polonaise, la Cour suprême (définie par l'article 51 de la Constitution comme l'organe judiciaire suprême) est investie de pouvoirs très importants dans le domaine juridictionnel (recours contre des jugements de tribunaux inférieurs dans le but d'assurer l'uniformité de la jurisprudence) mais aussi extra juridictionnel avec un pouvoir de surveillance qui peut s'exercer de plusieurs manières: réviser des jugements définitifs (et qui ont force de chose jugée), arrêter des directives pour l'administration de la justice et donner des éclaircissements sur des points de droit.

115 Le Procureur général et tout le système de la Prokuratura se trouvent dans la Constitution de 1952 investis de la mission de "protéger la légalité populaire, veiller à la protection de la propriété sociale et assurer le respect des droits du citoyen"[1]. Dans le cadre de cette protection de la légalité, le Procureur général, sur une plainte d'un intéressé ou de sa propre initiative, peut saisir l'administration d'une "protestation" qui vise à lui indiquer qu'elle viole la légalité. Devant ces protestations, qui peuvent toucher jusqu'aux décisions individuelles des ministres, l'administration est tenue d'examiner la requête dans le délai d'un mois.

Néanmoins, malgré les pouvoirs importants dans le domaine de la légalité qui incombent à ces deux organes, on ne peut pas penser qu'ils peuvent exercer un contrôle de la constitutionnalité des lois votées par la Diète.

En effet, la Cour suprême comme le Procureur général, bien qu'indépendants vis à vis de l'Administration, sont, comme l'ensemble des organes juridiques ou politiques polonais, sous la dépendance de la Diète et donc subordonnés à ses décisions.

Cela est clair dans les dispositions constitutionnelles relatives à la nomination des membres qui composent ces deux organes. Les juges de la Cour suprême, comme le Procureur général de la République sont nommés et révoqués par le Conseil de l'Etat qui est lui-même sous la dépendance de la Diète [2]. De plus dans leur fonctionnement, ces organes doivent rendre compte de leur activité au Conseil de l'Etat [3]. Conjointement à ces dispositions, un autre article de la

---

[1] - Article 54 al 1 de la Constitution.

[2] - Article 51 al 3 : "la Cour suprême est élue pour 5 ans par le Conseil de l'Etat".
Article 55 al 1: "le Procureur général de la R.P.P. est nommé et révoqué par le conseil d'Etat."
Article 20 de la loi du 15 Février 1962 sur la Cour Suprême: "Le Conseil de l'Etat révoque un juge à la Cour Suprême en cours d'exercice dans les cas ci après: ...s'il n'offre pas la garantie d'exercer de façon satisfaisante les fonctions de juge à la Cour Suprême."

[3] - Article 55 al 3 : " Le procureur général rend compte devant le Conseil de l'Etat du fonctionnement du Parquet."
Article 13 de la loi du 15 Février 1962: "Le premier Président rend compte au conseil de l'Etat de l'activité de la Cour Suprême. "

Constitution de 1952 indique que les tribunaux sont subordonnés à la loi et donc ne peuvent que lui obéir [1].

116 La doctrine polonaise a d'ailleurs toujours refusé aux tribunaux polonais la possibilité d'exercer un contrôle de constitutionnalité. Pour le Professeur ZAKZREWSKA, il résulte sans équivoque de l'ensemble des dispositions de la Constitution de 1952 qu'elle n'accorde aucune prérogative de ce genre aux tribunaux[2].

De ces deux ensembles, il résulte donc que dans la Constitution de 1952 le seul contrôle de constitutionnalité possible appartiennent à la Diète ainsi que le souligne d'ailleurs un certain nombre d'auteurs polonais [3].

Paragraphe 3 : L'exception de la Constitution de la R.D.A.

117 La dernière solution retenue dans les Etats socialistes durant cette période de 1945 à 1963 en matière de contrôle de constitutionnalité, même si elle peut se rattacher aux exemples tchécoslovaque de 196O et yougoslave de 1953, mérite d'être étudiée d'une manière séparée à cause de son originalité et de son degré de développement juridique.

La Constitution de la R.D.A. du 7 Octobre 1949, tout en attribuant à la Chambre Populaire le droit de contrôler l'application de la Constitution, prévoyait que celle-ci serait assistée d'une commission constitutionnelle. Contrairement à ses homologues yougoslave et tchécoslovaque, cette commission était composée de députés, mais aussi de spécialistes juridiques non députés (trois juges de la Cour suprême, trois Professeurs de droit non députés et un peu plus tard d'un représentant du procureur général de R.D.A.).

Cette commission était initialement compétente pour contrôler les lois fédérales et républicaines [4]. Elle pouvait exercer un contrôle a posteriori sur la demande d'un tiers des députés de la chambre du Peuple, de son Présidium, du Président du Gouvernement et de la Chambre des Etats. Ses conclusions étaient ensuite transmises à la Chambre du Peuple pour approbation. Le processus de contrôle de l'application de la Constitution est donc comparable aux autres systèmes, le Parlement détenant toujours le pouvoir, mais il est (dans la situation de la RDA en 1949) assisté d'un organe dont la spécificité est beaucoup plus importante que dans tous les autres Etats socialistes européens.

L'analyse des éléments tirés des différentes Constitutions des Etats socialistes entre 1936 et 1963, sur la base des solutions soviétiques, va permettre, à l'intérieur de ce modèle, de mettre en valeur un certain nombre d'éléments communs qui vont constituer le "noyau central " des structures de contrôle de constitutionnalité dans les Etats socialistes européens, la combinaison de ces éléments constituant le véritable fondement interne de ce modèle.

---

[1] - Article 52: "Les juges sont indépendants et n'obéissent qu'à la Loi. "

[2] - J. ZAKREWSKA : LE CONTRÔLE DE LA CONSTITUTIONNALITE DES LOIS DANS LES ETATS SOCIALISTES. Revue RES PUBLICA. Institut Belge de Science Politique Bruxelles 1972 pages 771 à 783.
Voir aussi S. ROZMARYN. La POLOGNE . opus cité page 320.

[3] - Voir par exemple S. GEBERT "Le contrôle de la Constitutionnalité des lois dans la République Populaire de Pologne". Revue DROIT POLONAIS CONTEMPORAIN 1980 n° 1/2 pages 5 à 16.

[4] - La R.D.A. avait adopté dans les premières années de son existence une structure fédérale.

CHAPITRE 3
LA CONCEPTION DU CONTROLE DE L'APPLICATION DE LA CONSTITUTION DANS L'ETAT SOCIALISTE

118 Au travers de ses manifestations constitutionnelles, on peut préciser les principales caractéristiques de ce modèle. Il est bâti autour de deux notions, qui constituent en quelque sorte son "armature" :, le pouvoir du Parlement et l'absence de procédures spécifiques doivent, en effet, être considérés comme les éléments constitutifs du modèle socialiste de contrôle parlementaire de la constitutionnalité (Section1).
Ces deux éléments sont d'autant plus importants qu'ils ne sont pas que l'illustration d'un simple " particularisme technique ". En effet, leur positionnement dans le cadre spécifique de l'Etat socialiste et de son idéologie constitutionnelle démontre que s'intégrant parfaitement dans ce cadre, ils constituent l'expression de cette idéologie dans le domaine du contrôle de constitutionnalité. Ainsi, apparaît une conception spécifique à l'Etat socialiste du contrôle de constitutionnalité conçu, non comme un élément de limitation juridique du pouvoir politique, mais bien comme un instrument d'exercice de ce pouvoir d'Etat (Section 2).

SECTION 1 : Les éléments constitutifs du modèle soviétique de contrôle.

119 Le modèle soviétique de contrôle parlementaire de constitutionnalité, tel qu'il ressort de l'analyse des différents textes constitutionnels en vigueur dans les Etats Socialistes entre 1936 et 1963 [1], est constitué autour de deux notions clefs qui sont la compétence du Parlement en matière de contrôle de l'application de la Constitution (Paragraphe 1) et le rejet de toute notion de spécificité dans l'organisation de ce contrôle (Paragraphe 2).

Paragraphe 1 : La compétence exclusive du Parlement

120 La compétence exclusive du Parlement dans le processus de contrôle de constitutionnalité est le premier élément de base du modèle socialiste de contrôle parlementaire de la constitutionnalité. Quelque soit la procédure utilisée, toutes les Constitutions des Etats socialistes disposent (entre 1945 et 1963) que cette

[1] - Rappelons que cet ensemble constitue un échantillon très important de 14 Constitutions.

intervention du Parlement est possible dans toutes les situations de contrôle. Cette intervention est définitive puisque n'étant pas susceptible de modifications ultérieures qui pourraient être imposées au Parlement.

A) Les modalités d'exercice de la compétence parlementaire

121 L'étude des Constitutions des Etats socialistes (de la période 1945-1963) a montré que deux modes d'organisation de structures avaient été adoptées dans le domaine du contrôle de constitutionnalité. La compétence appartenait directement au Parlement (qui l'exerçait parfois avec l'assistance d'une commission parlementaire) ou bien son exercice était délégué à un organe de type Présidium du Soviet Suprême sous l'autorité du Parlement. Un certain nombre de textes constitutionnels associent ces deux modes organisationnels (le Présidium détenant des pouvoirs vis à vis des actes normatifs infra législatifs et le Parlement restant exclusivement compétent en ce qui concerne les lois). Quelle que soit la situation envisagée, le Parlement peut intervenir de deux manières, soit en statuant en dernier ressort sur l'acte contrôlé, soit en exerçant ses pouvoirs de contrôle sur l'activité d'un autre organe d'Etat.

122 Le contrôle sur l'acte apparaît comme la technique la plus directe. Dans l'ensemble des 13 Constitutions étudiées, elle peut s'exercer de deux manières.
Le Parlement peut directement contrôler la constitutionnalité de l'acte contesté. Dans cette situation, il va prendre sa décision d'une manière autonome sans avoir à se baser sur une décision antérieure prise par un autre organe. Toutefois, dans certains cas, il peut recevoir l'avis d'une commission spécialisée. Il peut aussi statuer directement sur un acte pris par le Présidium en matière de contrôle de constitutionnalité, un certain nombre de Constitutions (comme la Constitution albanaise de 1946) ayant conféré au Présidium du Parlement, un pouvoir d'annulation des lois, sous réserve d'approbation de la décision prise dans ce domaine par le Parlement.
Le contrôle de l'activité, apparu lui aussi en 1918, est le second type d'intervention du Parlement dans le domaine du contrôle de l'application de la Constitution. Par ce moyen le Parlement ne statue pas directement sur l'acte juridique émis, mais sur l'activité toute entière de l'organe subordonné (que cet organe ait ou non des compétences dans le domaine du contrôle de constitutionnalité).

123 La supériorité du Parlement à l'intérieur de ce modèle de contrôle de constitutionnalité repose donc sur ces deux techniques que l'on retrouve dans le texte de toutes les Constitutions, au delà des variantes constatées.
Dans toutes les situations, soit le Parlement est directement investi des compétences en matière de contrôle de l'application de la Constitution, (contrôle effectué au moyen de ces deux techniques), soit un organe subordonné de type Présidium est investi de tout ou partie de ces compétences. Mais, dans ce cas le Parlement (toujours par les mêmes moyens) contrôle son activité et les actes qu'il rend.

On va alors parler de système d'"auto contrôle"[1] car dans le cas du contrôle des lois et des autres actes adoptés par les Parlements, c'est à ces derniers que va revenir le droit de contrôler la constitutionnalité de leur propre production juridique.

B) La justification de cette compétence

124 Le modèle socialiste de contrôle parlementaire tire ses origines de la conception particulière du Parlement au sein de la société socialiste. Cette conception confère à cet organe la position "d'organe suprême du pouvoir d'Etat". Elle exclue que tout autre institution puisse être amenée à imposer sa volonté au Parlement.
Sur le plan du contrôle de constitutionnalité, cette position condamne l'organisation occidentale du contrôle et implique la mise en place d'un système où le Parlement sera titulaire du pouvoir suprême dans ce domaine.
En effet, l'ensemble des Constitutions des Etats socialistes définissent le Parlement comme l'organe suprême du pouvoir d'Etat. Ainsi parmi les autres organes d'Etat, la position du Parlement est déterminée comme souveraine et ne peut faire l'objet d'aucune limitation. Cette position découle du fait que le Parlement représente l'expression populaire, ce qui implique de ne pas la subordonner à un autre organe.

125 De cette conception vont résulter deux principes: le Parlement, organe suprême, est investi de la totalité des pouvoirs dans l'Etat et il ne peut être contrôlé par aucun autre organe. Ce second principe va avoir des conséquences très grandes sur l'organisation du contrôle de constitutionnalité, puisqu'il va déboucher sur un rejet des solutions occidentales considérées comme attentatoires à cette position suprême et sur la mise en place de structures de contrôle qui vont au contraire tenir compte de cette position du Parlement.
Cette conception, adoptée par l'ensemble de la doctrine socialiste, sert de base à l'organisation des structures de contrôle dans ces Etats après 1945 pour les Démocraties populaires, à l'exemple de la solution adoptée en URSS en 1918 et surtout en 1936.

126 La critique des systèmes occidentaux est élevée par un très grand nombre de juristes soviétiques et des autres Démocraties populaires. Pour VICHINSKI [2], le pouvoir que possède la Cour Suprême des Etats Unis d'Amérique d'annuler les actes du Congrès pour inconstitutionnalité revient à opposer "les droits de la Cour Suprême aux droits du Congrès représentant la volonté du peuple", ce qui confère au "contrôle de constitutionnalité de la Cour Suprême des USA le pouvoir de créer de nouvelles normes juridiques". Ainsi se met en place un organe sous l'inspiration du Président des Etats Unis, qui nomme ses membres, et qui limite très fortement les pouvoirs du Congrès. Ces limitations conduisent à l'annulation

---

[1] - Cette expression se rencontre dans la doctrine occidentale: voir H. ROUSSILLON. Le problème du contrôle de constitutionnalité des lois dans les Etats socialistes européens. RDP 1977 pages 55 à 127.
[2] - A. Y. VYSHINSKY THE LAW OF THE SOVIET STATE. Opus cité page 339.

"par la clique des exploiteurs" des lois allant contre leurs intérêts de classe" [1]. Formulées par d'autres juristes soviétiques, comme I.P. TRAININ et I.D. LEVIN [2] dans les années 1945-1955, ces critiques sont reprises par les juristes des Démocraties populaires [3] et étendues, au delà de la Cour Suprême des U.S.A, au contrôle juridictionnel de la constitutionnalité dans son ensemble et même à tout système de contrôle pouvant (selon expression utilisée par A. VICHINSKI) "opposer sa volonté à celle du Parlement".
Le juriste soviétique NUDEL synthétise ces critiques en 1968 en relevant que "si on reconnaît au Parlement la prééminence, on exclue la possibilité de création d'une institution extra parlementaire qui effectuerait le contrôle constitutionnel et par la même qui contrôlerait l'activité du Parlement"[4].
127 Ces remarques (exprimées par les juristes officiels soviétiques) sur l'incompatibilité entre la position suprême du Parlement dans l'Etat socialiste et l'existence d'un organe extra parlementaire de contrôle de constitutionnalité débouchent sur la notion de contrôle parlementaire. Puisque le Parlement ne peut faire l'objet d'aucun contrôle, c'est à lui que va revenir le droit d'effectuer le contrôle de l'application de la Constitution. Le Parlement exercé ce droit au travers d'une procédure plus ou moins directe. Mais en aucun cas, une décision prise en matière de contrôle de constitutionnalité (concernant notamment les actes qu'il adopte) ne pourra juridiquement lui être imposée. Par le fait qu'il représente l'expression de la volonté populaire, il va (entre autres pouvoirs) détenir un droit de regard sur les décisions prises dans ce domaine, aucun autre organe ne pouvant lui imposer ses décisions.

Paragraphe 2 : Le rejet de la notion de spécificité

128 Le second élément caractéristique du modèle soviétique de contrôle parlementaire découle du point précédent. En effet, l'intégration du contrôle de constitutionnalité au sein des compétences du Parlement ou du Présidium, organes politiques à vocation générale, a eu pour conséquences de lui denier toute

---

[1] - A.Y.VYSHINSKY THE LAW OF THE SOVIET STATE. Opus cité page 340.

[2] - I.P.LEVIN. "KRAKH BURZANOJ DEMOCRATII I SOVREMENNOE GOSUDARTSVENNOE PRAVO KAPITALISTICESKIK H STRAN". S.A. MOSKVA. 1951 page 106 et s.
I.P. TRAININ. "KONSTITUCII KAPITALISTA " (la Constitution capitaliste). Revue SOVETSKOE GOSUDARSTVO I PRAVO - 1946 n°2 pages 29 et 30.

[3] - Pour le juriste bulgare Boris SPASSOV , "l'exercice de ce contrôle... par des organismes spécialement institués à cet effet comme le Conseil constitutionnel français constitue une atteinte à la souveraineté du Parlement. " Voir : B. SPASSOV -LA BULGARIE - Collection "comment sont ils gouvernés". PARIS L.G.D.J. 1973 page 233.
Voir également les développements consacrés à ce sujet entre autres auteurs par:
S. ROZMARYN (POLOGNE) LA CONSTITUTION COMME LOI FONDAMENTALE DES ETATS D'EUROPE OCCIDENTALE ET DES ETATS SOCIALISTES . Ouvrage commun avec P.BISCARETTI DI RUFFIA. PARIS 1966 page108.
Cette question fait l'objet de larges développements dans la doctrine des Etats socialistes. On peut citer par exemple pour la ROUMANIE: I. BENDITER - LES JURIDICTIONS CONSTITUTIONNELLES DANS CERTAINS ETATS SOCIALISTES -ANNALE STIINFICE ALE UNIVERSITATE "AL I.CUZA " (série nova) Tomme XV 1969 page 23 (notes 1,2,3,4,5)

[4] - M.A. NUDEL: KONSTITUCIONNYJ KONTROL V KAPITALISTICESKIH STRANAH. (Le contrôle constitutionnel dans les Etats capitalistes). MOSCOU 1968 page 10 .

spécificité en matière de structures (spécificité structurelle) comme en matière de procédures de contrôle (spécificité procédurale) dans les Etats socialistes étudiés.

A) Le rejet de la notion de spécificité structurelle

129 Dans la quasi totalité des Constitutions précédemment évoquées, il n'existe aucun organe spécialisé en matière de contrôle de constitutionnalité, ni par sa composition ni par sa compétence. Les Présidiums et encore moins les Parlements ne peuvent être assimilés à ce type d'organes étant composés et fonctionnant sur des critères exclusivement politiques (leurs membres sont élus et répartis en groupe)[1].
Les organes d'Etat disposent d'une compétence étendue dans un grand nombre de domaines [2]. On ne peut pas, dans la très grande majorité des situations tirées des Constitutions composant ce modèle soviétique de contrôle parlementaire [3], trouver le moindre élément spécifique au contrôle de constitutionnalité dans la compétence et la composition des organes chargés d'assurer cette mission.

130 Dans les trois textes qui dérogent à ce principe (les Constitutions tchécoslovaque de 196O, yougoslave de 1953 et est allemande de 1949), si l'organe chargé de la décision finale dans ce domaine est également un organe politique à vocation générale (le Parlement), il existe à l'intérieur de chacun de ces Parlements une structure chargée de préparer la décision. Cette structure, qui prend la forme d'une commission parlementaire, est spécifiquement constituée autour de cette mission. Toutefois, il ne s'agit bien là que d'une spécificité très limitée (surtout dans les deux premiers exemples) car si la compétence de ces commissions laisse entrevoir une certaine évolution, les règles relatives à la composition de ces deux organes limitent d'une manière importante son caractère spécifique. Ni le droit yougoslave, ni le droit tchécoslovaque ne prévoient en effet la moindre spécialisation juridique comme condition d'accession au statut de membres de ces commissions, lesquels doivent être choisis parmi les députés.
L'exemple est allemand est de ce point de vue plus intéressant, dans la mesure où il introduit un double critère de spécificité de la commission constitutionnelle de la Chambre populaire. Certes, celle-ci ne dispose d'aucun pouvoir définitif, le Parlement statuant en dernier ressort, mais l'article 66 introduit deux séries de dispositions relatives à cette commission. Elle est constituée autour de la mission de contrôle des actes juridiques quant à leur conformité à la Constitution fédérale, mais (et ceci constitue une innovation au regard des solutions tchécoslovaque et

---

[1] - A titre d'exemple le Présidium du Soviet suprême de l'URSS élu le 3 août 1966 était composé des membres suivants (élus par le soviet suprême): L. BREJNEV (secrétaire général du parti communiste de l'URSS), les premiers secrétaires des régions de MOSCOU et LENINGRAD, les premiers secrétaires des P.C. des Républiques fédérées d'UKRAINE, BIELORUSSIE, KARBAKHSTAN et des comités de régions du Parti de BACHKIRIE, de TARTARIE et du DAGHESTAN, 2 anciens membres du bureau politique du PCUS (C. MIKOIAN et VORICHILOV), un vétéran de la guerre civile (le maréchal BOUDIENNY) et sept autres membres. Extrait de : Michel LESAGE - LE PRESIDIUM DU SOVIET SUPRÊME DE L'URSS. R.D.P. 1968 - pages 6O7, 6O8.

[2] - A titre d'exemple la Constitution hongroise du 18 Août 1949 dispose que l'Assemblée exerce tous les droits et définit toute l'organisation, la tendance et les conditions du pouvoir gouvernemental (art. 10).

[3] - 10 textes sur 13 attribuent le contrôle de la Constitutionnalité à des organes de type Parlement ou Présidium.

hongroise), elle va être composée de députés mais aussi de non députés choisis pour leur connaissance juridique. Ainsi le critère de l'appartenance au Parlement est associé au critère de la compétence juridique.

131 Toutefois, il convient là encore de noter les limites de cette spécialisation. Certes la commission constitutionnelle est un organe spécifique, partiellement composé de juristes, mais elle ne possède aucune autonomie vis à vis du Parlement est-allemand qui lui seul dispose du pouvoir de décision.

Il convient de relever encore que parmi ces trois "contre exemples" deux d'entre eux (les commissions yougoslave et tchécoslovaque) sont issus du deuxième texte constitutionnel adopté dans leur Etat après l'arrivée des communistes au pouvoir. Bien que s'inscrivant dans le modèle soviétique originaire, elles ne sont pas directement rattachées au premier mouvement constitutionnel de l'après-guerre dans ces Etats[1].

L'absence de spécificité des structures au sein du modèle soviétique de contrôle parlementaire se double d'un manque évident de spécificité procédurale.

B) Le rejet de la notion de spécificité procédurale

132 Il n'existe dans aucun des Etats socialistes envisagés entre 1945 et 1963 de règles de procédures complètes et spécifiques en matière de contrôle de constitutionnalité.

Certes là encore, l'exemple de la RDA est quelque peu particulier. Il est très difficile de déterminer selon quelle procédure va s'exercer le contrôle de l'application de la Constitution dans ce pays. Hormis l'article 66 de la Constitution de la RDA qui prévoit quelles sont les autorités qui peuvent provoquer l'intervention de la commission constitutionnelle, il n'existe aucune autre mention des règles de procédure.

Dans les autres Etats, certains textes prévoient que les décisions prises en matière de contrôle de constitutionnalité devront être approuvées par le Parlement. Mais il n'existe dans aucun Etat un ensemble complet de règles de procédure spécifiques au contrôle de constitutionnalité.

133 Déjà constaté lors de la description du système soviétique de 1918 (où la procédure en matière de contrôle de constitutionnalité se déduisait de la combinaison des compétences discrétionnaires d'annulation de certains actes juridiques du Comité Central Exécutif avec celles relatives au contrôle de l'application de la Constitution) ce phénomène de rejet de toute spécificité est encore plus marqué dans les Etats socialistes au cours de cette période 1945-1963. Il peut principalement revêtir deux aspects. Les règles de procédure sont incomplètes: un organe d'Etat se voit attribuer une mission de contrôle bien précise, mais n'a pas à sa disposition la totalité des moyens juridiques nécessaires pour la mettre en oeuvre et n'a donc dans ce domaine précis qu'un pouvoir limité pour agir. Ou bien, la mission de contrôle de constitutionnalité n'est assortie d'aucune procédure spécifique et doit s'organiser dans le cadre des règles générales de fonctionnement de l'institution concernée.

[1] - Ces textes pouvant être considérés comme les premiers signes de la crise du modèle socialiste.

1) Une procédure incomplète

134 Cette première situation peut être illustrée par la Constitution soviétique de 1936. L'étude de ce texte constitutionnel a montré que la détermination des compétences dans ce domaine était opérée par les articles 14 d et 49 e. Le premier donne compétence aux organes d'Etat de l'URSS pour effectuer le contrôle de l'exécution de la Constitution de l'URSS et les mesures assurant la conformité des Constitutions républicaines à la Constitution fédérale; le second confère au Présidium du Soviet Suprême le droit d'annuler les actes des Conseils des Ministres de l'URSS et des Républiques en cas de non conformité "à la Constitution et aux lois de l'URSS". Hormis les incertitudes déjà évoquées relatives à la détermination du titulaire des pouvoirs de l'article 14, ces deux dispositions soulèvent des problèmes procéduraux. Comment vont s'effectuer ces opérations de contrôle?

135 L'article 49e établit que le Présidium peut annuler un arrêté pris par le Conseil des Ministres fédéral et ceux des Républiques fédérées. Mais si la sanction du processus de contrôle ne fait aucun doute, comment ce processus va-t-il s'organiser? Quelles vont être les règles d'examen du texte et en premier lieu de déclenchement de la procédure? La réponse à ces interrogations est limitée et repose sur la combinaison d'un ensemble de normes juridiques soviétiques.
L'article 69 de la Constitution prévoit que le Conseil des Commissaires du peuple de l'URSS a le droit, pour les branches d'administration et d'économie qui sont de la compétence de l'URSS, de suspendre les arrêtés et les ordonnances des conseils de Commissaires du peuple des Républiques fédérées.
Cet article 69 nous fournit plusieurs informations. Tout d'abord, comme le note le Professeur MOUSKHELY [1], cette disposition permet au Conseil des Ministres de suspendre les arrêtés en attendant la décision du Présidium. De ce fait, on peut considérer que le Conseil des Ministres intervient dans le champ de l'article 49 et déclenche la procédure qui va conduire à la décision du Présidium en introduisant une sorte de "recours" suspensif contre un acte. A ce sujet, deux remarques s'imposent. La première concerne l'étendue du pouvoir du Conseil des Ministres. L'article 69 n'introduit aucun délai d'action au Présidium, l'acte peut donc rester suspendu très longtemps avant la décision du Présidium La seconde remarque concerne le caractère non exclusif de l'intervention du conseil des Ministres: rien n'indique en effet que la procédure de l'article 49 ne puisse se déclencher que de cette manière. Par contre, le champ d'application de l'article 69 semble bien, pour le contrôle des normes républicaines, concerner au moins en partie le contrôle de constitutionnalité. La formule que l'on trouve dans l'article 69 ("pour les branches d'administration et d'économie qui sont de la compétence de l'URSS") semble reproduire le même schéma que l'article 2O [2] vis à vis de lois des Républiques fédérées et se placer dans l'hypothèse où le Conseil des Ministres d'une

---

[1] - M. MOUSKHELI et Z. JEDRYKA : LE GOUVERNEMENT DE L'U.R.S.S. Bibliothèque de la science politique. P.U.F. PARIS 1961, page 416.
[2] - Article 20 de la Constitution soviétique de 1936: "En cas de divergence entre une loi fédérale et une loi Républicaine, c'est la loi républicaine qui prévaut. "

République fédérée aurait pris des mesures dans un secteur dont la compétence relève de l'URSS et qui de ce fait aurait violé la répartition des compétences fixée entre les Républiques fédérées et l'URSS dans la Constitution.

136 La Prokuratura peut également "impulser" une procédure de contrôle des actes du Conseil des Ministres des Républiques devant le Présidium du Soviet Suprême. L'article 113 de la Constitution prévoit :
"La surveillance suprême quant à la stricte exécution des lois, par tous les commissariats du peuple, ainsi que par les institutions qui leur sont subordonnées, et par les fonctionnaires publics et les citoyens de l'URSS incombe au Procureur de l'URSS."
Cette définition de compétence est proche de celle donnée par l'article 1 du décret du 17 décembre 1933 qui disposait que la tâche fondamentale de la Prokuratura était "l'affermissement de la légalité socialiste". Elle ouvre en fait un très vaste domaine de compétence aux services du Procureur Général de l'URSS, notamment des prérogatives qui dépassent très largement le simple contrôle de la légalité.
En 1955, lors de la rédaction du Règlement sur l'organisation de la Prokuratura (adopté par le Présidium du Soviet Suprême le 24 Mai 1955 et ratifié par le Soviet Suprême lors de sa 4ème session les 26 et 29 décembre 1955) cette notion de surveillance générale de l'exécution des lois a été précisé, en reprenant dans ce texte, le résultat de 2O ans de pratique.[1]
137 Par la notion de surveillance générale de l'exécution des lois, il faut entendre à la fois l'affermissement de la légalité socialiste (art. 2 alinéa l) et la nécessité de protéger "les droits ainsi que les intérêts légaux des citoyens, garantis par la Constitution de l'URSS et celles des Républiques fédérées", ainsi que "le régime politique et social de l'URSS, le système socialiste de l'économie et la propriété socialiste, établis par la Constitution de l'URSS et des Républiques fédérées et autonomes" (art. 2 alinéa 1 à 3). L'article 10 de ce même décret déclare enfin que:
"Le Procureur général et les organes qui relèvent de sa compétence surveille...la conformité des actes édictés par les ministères, les administrations et les institutions et entreprises de leur ressort, par les unions coopératives et les autres organisations sociales, à la Constitution et aux lois de l'URSS, aux Constitutions et lois des Républiques fédérées et autonomes, aux dispositions du Conseil des Ministres de l'URSS, des Conseils des Ministres des Républiques fédérées et autonomes".
Cette notion de haute surveillance de l'application des lois est donc extrêmement vaste et que selon cet ensemble de définition, il convient d'y inclure pour partie, certaines de prérogatives dans la surveillance de l'exécution de la Constitution.

138 Il faut noter que la compétence de la Prokuratura a été modifiée en 1955 puisqu'elle ne concerne après cette date que "les ministères et départements ministériels, les institutions et les entreprises qui leur sont subordonnées". Avant I955, ses prérogatives englobaient également les actes émis par les instances les

[1] - M. MOUSKHELY et Z. JEDRYKA opus cité page 345

plus élevées des Républiques: le Soviet Suprême et son Présidium et le Conseil des Ministres). Jusqu'à 1955, le Procureur général pouvait très bien exercer ses attributions de surveillance de l'application des lois (qui correspondaient en partie à un contrôle de la constitutionnalité) vis à vis de l'ensemble des normes juridiques émises par les Républiques fédérées, puisque pouvant contrôler toutes les institutions de ces Républiques. Cette compétence a donc été réduite par le décret de 1955 qui excluait de la juridiction de la Prokuratura toutes les décisions des organes délibérants ainsi que des conseils des Ministres des Républiques Fédérées et Autonomes.

139 Avant 1955 et la modification des compétences de la Prokuratura, le Procureur général pouvait intervenir dans le processus de contrôle de constitutionnalité, la notion de légalité socialiste et surtout de surveillance de la stricte exécution des lois lui ouvrant un nombre de potentialités importantes dans ce domaine. Mais il ne faut pas "surestimer" cette intervention car en aucun cas, juridiquement, la décision n'appartient au Procureur général. Il ne fait que proposer: "il lui incombe de porter devant le Présidium l'acte réputé inconstitutionnel"[1]. Les services du Procureur ne doivent en aucun cas s'immiscer dans les activités d'administration et de législation.

140 Vis à vis d'un acte juridique qui violerait la Constitution (et donc la légalité socialiste) et qui émanerait d'un organe du pouvoir d'Etat (ou d'une République Fédérée avant 1955) le Procureur de la République peut intervenir soit sur auto saisine, soit sur la plainte d'une organisation, d'un fonctionnaire ou d'un citoyen.

Une fois saisi, le Procureur peut adopter deux attitudes : soit il adresse à l'organe coupable d'un pareille violation une présentation ("Predstavelenie"), c'est à dire une recommandation pour le mettre en garde contre une violation éventuelle, soit (dans les deux cas d'ouverture de la procédure ou si l'organe n'a pas répondu à sa présentation) il élève une protestation ("protest") contre l'acte incriminé, ce qui constitue une sommation à l'organe concerné de retirer son acte juridique et de prendre toutes les mesures nécessaires au rétablissement de la légalité. Cette protestation est le plus souvent un acte écrit adressé à l'auteur de l'acte. Mais il faut noter que dans l'écrasante majorité des cas (dans tous vraisemblablement pour les actes des Soviets Suprêmes) la protestation n'est pas suspensive, et fixe un délai au delà duquel l'acte doit être retiré ou modifié. C'est bien là une des principales caractéristiques de ce système. En cas de rejet de la protestation ou de dépassement du délai fixé, le Procureur général ne peut pas lui-même annuler l'acte. Il ne peut, au nom du principe de non ingérence dans les affaires d'administration et de législation que faire appel du refus essuyé. Dans le cas d'un acte du Soviet suprême d'une République fédérée, c'est le Procureur général de l'URSS qui sera saisi. S'il donne suite à l'appel élevé par le Procureur de la République, il adresse une protestation à l'organe supérieur à celui qui a refusé de se soumettre précédemment. Dans ce cas, il appartiendrait donc au Soviet Suprême de l'URSS ou à son Présidium de statuer vis à vis de la loi incriminée. Il y a donc bien dans ce cas là, intervention de la Prokuratura et du Procureur

[1] - M.MOUSKHELY. "LA NOTION SOVIETIQUE DE CONSTITUTION" R.D.P.- 1955 page 908.

général dans le mécanisme de contrôle de l'explication de la Constitution. Mais comme le note M. MOUSKHLELY "il ne fait que déférer devant le Présidium, la loi réputée inconstitutionnelle"[1].
Là encore, comme dans l'hypothèse de l'article 69 pour les actes des Conseils des Ministres des Républiques fédérées, on se trouve dans la situation juridique d'une "saisine "du Présidium par un autre organe, au motif de l'inconstitutionnalité d'un acte juridique. Il convient de remarquer que cette saisine ne possède pas de caractère suspensif, contrairement à l'intervention du Conseil des Ministres.

141 Les dispositions de l'article 14 de la Constitution de 1936 sont également particulièrement obscures quant à leur procédure de réalisation. On peut notamment s'interroger sur les moyens dont dispose le Présidium du Soviet Suprême pour assurer le respect de la Constitution fédérale par les Constitutions des Républiques. Dispose t-il du droit d'annuler les Constitutions des Républiques fédérées si elles ne sont pas conformes avec la Constitution fédérale?
Le droit positif soviétique n'apporte aucune réponse précise car le Présidium ne semble pas dans ce domaine (comme dans aucun autre) être autorisé par le texte constitutionnel à procéder à l'annulation d'une Constitution ou même dune loi émise par le Soviet suprême d'une République fédérée.[2]
142 Devant ce vide procédural, le Présidium a donc dans la pratique organisé lui-même le processus de contrôle. F.I. KALINYCEV [3] révèle que le Présidium, dans un premier temps, portait à la connaissance de la République fédérée la révélation de la non conformité des actes en vigueur avec la Constitution et les lois soviétiques. Si les organes de la République fédérée ne mettaient pas les actes incriminés en conformité avec le droit fédéral, le Présidium du Soviet Suprême prenait une décision spéciale sur cette question sous la forme d'un décret. Cette procédure qui repose exclusivement sur la pratique et qui ne tire son origine d'aucun texte, n'est pas sans poser des problèmes d'interprétation. Comment doit se passer cette phase où le Présidium prévient la République fédérée? Quels sont les droits de cette dernière? Le décret prononce-t-il l'annulation du texte? N'est-il pris que si la République fédérée refuse l'interprétation du Présidium? [4]
Ces deux éléments illustrent donc la première situation d'imprécision des règles de procédure en matière de contrôle de constitutionnalité dans les Etats utilisant le modèle soviétique de contrôle parlementaire. L'URSS de 1936 démontre dans ce

---

[1] - M. MOUSKHELY. "LA NOTION SOVIETIQUE DE CONSTITUTION". R.D.P. 1955 page 908.

[2] - Une telle interprétation restrictive des compétences du Présidium du Soviet Suprême de l'U.R.S.S. a été défendue par certains juristes soviétiques. Ainsi en 1968, M. S. SHAFIR, lors d'une conférence prononcée à MOSCOU sur le thème de la compétence de l'U.R.S.S. et de la République fédérée, affirmait que "le Soviet Suprême de l'URSS n'est pas en droit d'annuler les lois adoptées par les Soviets Suprêmes des Républiques fédérées." Voir : SHAFIR . "KOMPETENCIIA SSSR I SOIUZNOJ RESPUBLIKI "(la compétence de l'URSS et de la République Fédérée) MOSCOU 1986. Cité par M.F. ORZIH, M.E. CERKES et A.S. VASILIEV: "PRAVOVAIA OHRANA KONSTITUCII V SOCIALISTICESKOM GOSUDARSTVE. (La protection juridique de la Constitution dans l'Etat socialiste) SOVETSKOE GOSUDARSTVO I PRAVO - 1988 N° 6 page 5.

[3] - F.I. KALINYCEV. "PREZIDIUM VERHOVNOGO SOVETA S.S.S.R." Opus cité pages 41, 42.

[4] - On peut raisonnablement s'interroger car KALINYCEV (ibid) prétend que le Présidium a pris 4 décrets entre 1936 et 1968. Comment imaginer que dans l'URSS de STALINE il y ait pu avoir refus des recommandations du pouvoir central de la part des organes des Républiques fédérées ?

domaine l'existence de vides procéduraux, des secteurs entiers d'une activité ne trouvant aucune concrétisation juridique[1].
Si cet exemple démontre l'absence de règles de procédure de contrôle dans certaines situations, l'étude des Etats appartenant au modèle de contrôle parlementaire permet également de relever un second aspect de ce problème: l'absence de toute spécificité des règles de procédure, le contrôle de l'application de la Constitution ne pouvant alors s'effectuer qu'au travers des règles générales de fonctionnement des organes compétents.

2) Une procédure inexistante

143 En POLOGNE, si le silence des textes (particulièrement la Constitution de 1952) pose le problème de la détermination de l'organe contrôleur, celui de la procédure de contrôle se fait immédiatement jour. Comment en effet décrire le fonctionnement d'une institution à vocation générale alors que ce rôle ne lui est accordé qu'implicitement par les textes et qui de ce fait n'est enfermé dans aucun cadre fixé par avance?
Le contrôle de constitutionnalité va donc se rattacher à l'ensemble des procédures qui régissent le fonctionnement de la Diète. Appartenant matériellement à la compétence de celle-ci, il peut intervenir à n'importe quel stade de la procédure législative. Son étude va révéler l'existence des "moments" susceptibles de permettre l'exercice du contrôle de constitutionnalité. La procédure législative en vigueur dans la Constitution de 1952 aboutissant à des lois parfaites (puisqu'à ce moment complètement incontrôlables par n'importe quel autre organe d'Etat), le contrôle vis à vis de leur conformité à la Constitution ne peut s'exercer que dans la période antérieure au vote, c'est à dire durant le travail législatif des parlementaires.
144 Au cours de ces différentes étapes de la procédure, il faut analyser les situations dans lesquelles le Parlement peut exercer une censure ou apporter des modifications au texte proposé et donc exercer un éventuel contrôle de constitutionnalité. C'est en effet la seule possibilité de décrire un type de contrôle très particulier (procédure non contentieuse avant la promulgation du texte) que de montrer les possibilités d'agir sur le texte qui appartiennent aux députés. La procédure législative polonaise est peu détaillée par la Constitution [2]. Pour la décrire, il faut combiner ces données avec les dispositions du Règlement de la Diète de POLOGNE [3].
Il convient de distinguer quatre étapes : la première lecture, le travail dans les commissions, la seconde lecture et le vote.

---

[1] - Outre les deux exemples cités, on pourrait également relever à l'intérieur de ce texte constitutionnel l'absence totale de procédure en matière de contrôle des actes pris par les organes d'Etat de l'URSS alors que ce contrôle est pourtant explicitement envisagé à l'article 14 du texte constitutionnel.
[2] - La Constitution déterminé qui possédé l'initiative législative (Art 20), qui vote les lois (Art 15), certains éléments concernant les débats à la Diète (Art 17 et 18), l'ordre des travaux de la Diète (Art 18) et la publication des lois (Art 20).
[3] - Il y a eu deux règlements : celui du 21 novembre 1952 et celui du 1er mars 1957.

145 Lors de la première lecture [1], le projet est soumis aux députés qui entendent l'exposé des motifs du texte par son auteur. Il s'en suit une discussion sur les grands principes du texte et un vote qui rejette le texte ou le dirige vers une des commissions spécialisées de la Diète. Sur cette première étape, qui pourrait théoriquement permettre aux députés de rejeter le texte (et donc éliminer un projet présentant de graves incompatibilités avec la Constitution) il faut faire plusieurs remarques.
Tout d'abord, cette possibilité de rejeter d'emblée un texte n'a évidement jamais été utilisée par les députés, comme le note le Professeur ROZMARYN: "à ce jour, il n'y a jamais de cas de rejet de projets *ad limine* en première lecture" [2]. Mais surtout l'article 53 du Règlement [3] prévoit la possibilité pour le bureau de la Diète d'envoyer directement le texte à une commission sans première lecture. Cette procédure a été extrêmement utilisée dans la pratique.[4]

146 Il apparaît que c'est la deuxième étape (le travail en commission) qui revêt la fonction la plus importante. C'est ici en effet que le texte est soumis à un examen approfondi et que les députés ont le plus de potentialités effectives d'agir sur lui. La première partie de ce travail consiste (après un exposé sur le contenu du projet effectué par un rapporteur désigné au sein de la commission, en une vaste consultation) de toutes les personnes qui peuvent être intéressées par le projet (Ministres, sous-secrétaires d'Etat, hauts fonctionnaires mais aussi représentants des organisations de masse, des syndicats et même des députés non membres de la commission).
147 La seconde partie de la procédure voit les membres de la commission proposer et rédiger des amendements qui seront discutés par la commission et proposés, s'ils obtiennent la majorité, au cours de la seconde lecture. Dans la pratique, ces amendements (votés par la majorité de la commission) sont généralement immédiatement acceptés par le gouvernement (avant la seconde lecture) et donc immédiatement intégrés dans le texte. Il semble bien en fait que la commission [5] soit le lieu idéal pour les députés pour agir sur le texte. En effet, s'il ne semble pas y avoir d'exemples dans la pratique de rejet de texte en séance plénière, les ouvrages polonais confirment qu'un certain nombre de projets auraient été enterrés en commission : "il arrive cependant, et cela n'est pas si rare, que le projet rencontre des doutes et des objections tellement importants, dans la commission, que le gouvernement abandonne tout simplement ce projet et ne l'appuie pas. Cela se passe en général officieusement, c'est à dire sans que le projet soit formellement retiré : tout simplement en accord avec le gouvernement qui en est le promoteur, un tel projet ne sort pas de la commission"[6].

---

[1] - STEFAN ROZMARYN "LA POLOGNE " opus cité page 171

[2] - STEFAN ROZMARYN. "LA POLOGNE"- opus cité page 171.

[3] - Article 53 du Règlement de 1957: "Le Bureau de la Diète peut envoyer directement à une commission les projets de loi présentés hors session ou dans des cas exceptionnels entre les séances. Cette procédure tient lieu de première lecture."

[4] - Andrej BURDA: "The fonction of the permanent parliamentary commission in législative process in the polish people republic". DROIT POLONAIS CONTEMPORAIN 1965 n° 5 pages 18 à 24.

[5] - Toutefois avant le 29 Mars 1972, aucune commission spécialisée dans cette matière n'avait été créée au sein de la Diète.

[6] - Stéfan ROZMARYN. "LA POLOGNE" , opus cité, page 171.

La troisième étape (la seconde lecture) consiste en le vote du projet en séance plénière [1].

148 Il convient de faire deux remarques concernant un éventuel contrôle de constitutionnalité au cours de la procédure législative en République Populaire de POLOGNE. Tout d'abord le travail en commission revêt, surtout dans le cadre du règlement parlementaire de 1957, une importance capitale. C'est le lieu de discussion par excellence qui permet aux parlementaires de pouvoir agir concrètement sur le texte. Mais le fait qu'il n'y ait pas de commissions spécialisées pour ce contrôle (le Parlement ayant la possibilité de créer des commissions extraordinaires) limite de beaucoup la portée d'un tel contrôle en l'enfermant dans un cadre informel qui nuit à son effectivité.

149 Cette situation n'est pas propre à la POLOGNE, dont la Constitution ne prévoyait qu'implicitement la compétence du Parlement en matière de contrôle de constitutionnalité. Dans le système en place en BULGARIE, où la Constitution (article 25) attribue cette compétence à l'Assemblée Populaire, le problème de l'autonomie et de la spécificité des règles de procédure est envisagé de la même façon. Ainsi le Professeur SPASSOV estime:
"La Constitution de la République Populaire de BULGARIE se limite seulement au fait qu'elle prévoit en principe la possibilité d'exécution du contrôle de constitutionnalité. Cependant la Loi fondamentale ne règle ni le régime de son application ni les règles d'adaptation après son exécution" [2].
Se pose donc ici le problème déjà constaté en République Populaire Polonaise: le contrôle de constitutionnalité est prévu par la Constitution qui désigne les organes titulaires de compétences dans ce domaine ainsi que les modes de subordination du Parlement. Mais aucune règle spéciale n'est envisagée pour organiser son déroulement. Là encore, cette situation entraîne l'application, dans ce domaine spécifique, des règles générales de fonctionnement des institutions (procédure législative ou, pour le contrôle des actes infra législatifs, procédure de contrôle de l'activité des organes auteurs des actes contrôlés).

150 Il n'y a donc pas d'exemples dans le droit positif des Etats socialistes entre 1945 et 1963 d'édiction d'un ensemble de règles complètes et spécifiques de contrôle de constitutionnalité. La réglementation à appliquer est contenue dans les règles générales de fonctionnement des organes chargés du contrôle. Sans pour autant méconnaître les conséquences du phénomène stalinien sur les institutions (le très grand décalage existant entre le droit écrit et la réalité), cette absence de spécificité est éclairante sur la conception des structures de contrôle de constitutionnalité dans ce modèle. Non seulement la compétence est intégrée dans

---

[1] - Il faut également noter qu'une procédure spéciale est prévue dans le cadre des votes concernant les décrets ayant force de loi, adoptés par le Conseil de l'Etat entre les sessions. Cette procédure prévoit l'envoi directement du texte en commission sans première lecture.
[2] - Boris SPASSOV : "KONTROL ZA KONSTITUTCIONNOSTIU PRAVOVYH AKTOV V BOLGARII" (Le contrôle des actes juridiques en Bulgarie) Extrait de : VOPROSY SOCIALISTICESKOJ KONSTITUCIJ (Questions sur la Constitution Socialiste) SOFIA 1969 page 237.

la sphère d'activité d'organes politiques à vocation générale composés selon des critères excluant toute spécificité dans le domaine du contrôle de constitutionnalité, mais la procédure de contrôle est elle-même intégrée dans les règles générales de fonctionnement de ces organes. Ainsi est mis en place un parallélisme entre la nature de l'organe et la nature de sa technique d'action.
L'organisation des structures et de la procédure de contrôle, très caractéristique du modèle socialiste, associe donc le bon exercice du contrôle de constitutionnalité au fonctionnement régulier des organes du pouvoir d'Etat. Il y a non seulement attribution de la compétence mais encore intégration de celle-ci au sein du fonctionnement régulier du Parlement et du Présidium, le modèle socialiste de contrôle parlementaire niant toute idée de spécificité et d'autonomie tant de l'organe que de la procédure de contrôle.

151 Ainsi les deux éléments constitutifs du modèle socialiste de contrôle parlementaire (la compétence finale du Parlement, l'absence de toute notion de spécificité) témoignent d'une cohérence et se rejoignent autour d'une même conception de l'organisation des structures de contrôle. Un pouvoir de contrôle général de l'application de la Constitution est attribué à un organe à vocation générale et est exercé au moyen d'une procédure générale. Cette organisation n'est en fait que l'expression de l'idéologie constitutionnelle de l'Etat socialiste en matière de contrôle de constitutionnalité.

SECTION 2 : La conception du contrôle de l'application de la Constitution dans le modèle soviétique

152 Le pouvoir absolu du Parlement et l'absence totale de toute procédure spécifique caractérisent le modèle socialiste de contrôle parlementaire de la constitutionnalité appliqué en Europe de l'Est entre 1945 et 1963 [1] (à partir de 1918 pour l'U.R.S.S.).
Ces deux éléments, bien plus qu'une technique particulière de contrôle de constitutionnalité, sont l'illustration d'une conception de cette activité totalement opposée à la conception occidentale [2]. Intégré dans un environnement idéologique particulier (le marxisme-léninisme) dont il est la représentation dans un domaine particulier, le modèle socialiste de contrôle parlementaire de la constitutionnalité est conçu comme un instrument d'exercice et de renforcement du pouvoir d'Etat. Cette conception repose sur deux fondements: l'unilatéralité et la finalisation de ce contrôle.
153 Le contrôle de constitutionnalité est tout d'abord conçu comme une activité unilatérale, c'est à dire exercée au bénéfice exclusif des gouvernants, ce qui témoigne d'une totale opposition avec la conception occidentale. Alors que dans cette dernière, gouvernants et gouvernés, majorité et opposition, personnes publiques et simples citoyens sont considérés comme également soumis aux

[1] - Cette date de 1963 correspond à l'adoption de la Constitution yougoslave qui prévoit la création d'une Cour constitutionnelle et qui constitue donc le premier rejet du modèle de contrôle parlementaire dans un Etat socialiste.
[2] - Laquelle implique que le contrôle de constitutionnalité soit un élément de limitation du pouvoir.

dispositions constitutionnelles, la conception socialiste révèle au contraire un très profond déséquilibre. Le contrôle de constitutionnalité ne peut opposer aux organes supérieurs du pouvoir d'Etat de limitations dans leur activité normative et s'impose exclusivement aux seuls gouvernés (Paragraphe 1).
Le contrôle de constitutionnalité ensuite n'est pas conçu comme une activité neutre, mais au contraire finalisée. Instrument aux mains du pouvoir, il poursuit un objectif particulier et constitue de ce fait un processus spécifique d'application de la politique gouvernementale (Paragraphe 2).

Paragraphe 1 : Le caractère unilatéral du contrôle dans le modèle soviétique

154 Le caractère unilatéral est le premier fondement de la conception du contrôle de constitutionnalité révélé par l'analyse des éléments constitutifs du modèle socialiste de contrôle parlementaire.
En effet, ce modèle ne peut être envisagé sans tenir compte de son environnement idéologique et politique. Etant un élément parmi d'autre du système constitutionnel de l'Etat socialiste, il évolue donc dans un cadre particulier reposant sur une approche idéologique du phénomène constitutionnel qui ne peut être ignorée. Le contrôle de constitutionnalité est indissociable de la notion de Constitution en vigueur dans les années 1936-1963 en Union Soviétique et dans les autres Etats socialistes. Comme l'a relevé le doyen VEDEL à propos de la Constitution de 1936, "la Constitution soviétique ne se voit reconnaître ni un caractère pleinement normatif, ni un caractère pleinement suprême" [1]. Ainsi, pour des raisons tenant à la nature même du régime soviétique, la Constitution ne constitue pas, contrairement aux Etats Occidentaux, la norme juridique suprême. Le contrôle de constitutionnalité doit donc s'intégrer dans cette conception et, tout comme le texte constitutionnel, être soumis à un certain nombre d'éléments supérieurs.
155 Toutefois, cette suprématie relative du texte constitutionnel ne constitue pas un obstacle à l'exercice de ce contrôle dans la mesure où, depuis 1918 et surtout 1936, la Constitution soviétique s'impose aux gouvernés, qui, contrairement aux organes supérieurs du pouvoir d'Etat, sont tenus de respecter ses dispositions. Tout en offrant des contours suffisamment "élastiques" pour autoriser le Pouvoir à agir sans limitation d'ordre juridique, la Constitution présente un caractère obligatoire vis à vis des gouvernés et joue également un rôle de renfort et de garantie du régime. Permettant aux détenteurs du pouvoir d'imposer aux gouvernés des dispositions constitutionnelles qu'ils sont dispensés de respecter, le contrôle de constitutionnalité, non seulement va devoir évoluer au sein de ce dualisme, mais va en constituer un de ses moteurs. Le reflet des exigences dans l'organisation et le fonctionnement des organes chargés du contrôle de l'application de la Constitution témoigne donc de l'unilatéralité du contrôle comme fondement même de cette activité.

---

[1] - VEDEL Georges -"Les Démocraties soviétiques et populaires"- Cours de l'Institut d'Etudes Politiques de PARIS- 1960 1961 -Fascicule 2, page 136 -Les Cours de droit.PARIS.

A) Les fondements idéologiques de la conception unilatérale du contrôle de l'application de la Constitution

156 L'approche marxiste léniniste du phénomène constitutionnel dans l'Etat socialiste entraîne le développement de deux idées: les détenteurs du pouvoir ne sont pas limités par les dispositions constitutionnelles, celles ci ne s'imposant qu'aux seuls gouvernés.

1) La Constitution ne s'impose pas aux gouvernants

157 Pour les auteurs soviétiques, fidèles en cela aux théories de K. MARX et aux apports de LENINE, la Constitution en tant qu'acte juridique écrit ne possède aucune valeur propre. Elle ne vaut que si elle reflète la situation réelle de la société, qui seule apparaît comme fondamentale. Cette distinction a été dans un premier temps opérée par LENINE qui a divisé la notion de Constitution en deux: la Constitution matérielle ("celle qui exprime la force réelle qui s'exerce dans l'Etat" [1], c'est à dire l'intérêt économique de la classe dominante) et la Constitution formelle (qui est la matérialisation écrite de cette situation, de ce rapport de force). Pour LENINE, la valeur propre de la Constitution formelle est nulle, celle d'une "simple feuille de papier" [2]. A partir d'une telle base idéologique, il n'est pas étonnant de constater chez les juristes soviétiques un rejet de la conception constitutionnelle occidentale qui, comme le relève Boris MIRKINE-GUETZEVITCH, confère à la Constitution une valeur indépendante et autonome[3]. S. GORVITCH (dans l'encyclopédie de l'Etat et du Droit) peut écrire en 1926 que la Constitution "telle la religion au Moyen-Age est un élément de dissimulation de la réalité politique", "un paravent juridique admirablement adapté à la mentalité mercantile et au climat juridique de la bourgeoisie" et "un rempart dont se sert la nouvelle classe dominante pour légitimer et consolider son pouvoir"[4].
Il existe donc, dans les conceptions alors en vigueur chez les soviétiques, un rejet de la Constitution en tant qu'acte juridique suprême et autonome.

158 Cette approche, qui tend à ne prendre en compte que la réalité matérielle, se révèle fondamentale dans la relativisation de la portée du texte constitutionnel au sein de l'Etat socialiste. Trois éléments doivent à ce propos être alors pris en compte.

---

[1] - LENINE. Oeuvres complétes. Cité par M. MOUSHKELY: La notion soviétique de Constitution. RDP 1955 pages 895 et 896.
[2] - ibid.
[3] - Boris MIRKINE GUETZEVITCH -"La Constitution de l'U.R.S.S. "- Editions Marcel GIARD page 5 -PARIS 1925.
[4] - S. GORVITCH: ENCICLOPEDIJA GOSUDARSTVA I PRAVA (Encyclopédie de l'Etat et du Droit), 3eme édition, Tome 2 - MOSCOU 1925 1926.

Tout d'abord, il découle des conceptions idéologiques marxistes léninistes que l'accord entre le fait et l'écrit dans le domaine constitutionnel doit être absolu. Pour Andréi VICHINSKI, c'est là le premier et le plus important des principes du droit constitutionnel soviétique [1].

159 Ensuite, la Constitution en URSS est conçue comme un bilan des réalisations, c'est à dire le reflet du stade de développement atteint par l'URSS, la consécration d'un certain niveau de relations économiques au sein du corps social. Cette idée, reprise par les juristes soviétiques officiels tel que VICHINSKI, a été formulée directement par le premier secrétaire du P.C.U.S. J. STALINE: "Un programme et une Constitution différent essentiellement entre eux: un programme traite de ce qui n'existe pas encore et qui doit être encore acquis dans le futur, une Constitution doit traiter de ce qui existe aujourd'hui et qui est déjà acquis"[2].

Enfin, l'Etat soviétique n'est pas une fin en soi, ce n'est qu'une étape qui doit conduire à sa disparition et à l'accession au communisme. Toutes les bases théoriques et idéologiques du régime soviétique, qu'elles proviennent des oeuvres de MARX, de LENINE ou même de STALINE[3], insistent sur le caractère provisoire et évolutif de l'Etat et de la société mise en place après la Révolution d'Octobre. Les auteurs marxistes considérant l'Etat comme la résultante répressive d'un antagonisme de classe, celui-ci doit se maintenir après la révolution, qui n'a fait qu'inverser le rapport de force dans la société mais pas disparaître l'antagonisme. Toutefois, à la fin de la dictature du Prolétariat, avec la disparition de l'ancienne classe exploiteuse bourgeoise, la cessation de tout antagonisme social entraînera la disparition de l'Etat en tant qu'appareil de domination d'une classe sur une autre et sa relégation, selon ENGELS, "à la place qui lui convient au musée des antiquités à côté du rouet et de la hache de bronze"[4]. La société accédera au stade suprême de son développement: le communisme. Inscrite dans ce processus, la société soviétique n'est pas une société figée, mais au contraire une société en mouvement. La seule présence d'un appareil d'Etat suffit à démontrer le caractère inachevé de son évolution (au sens marxiste du terme), chaque Constitution adoptée matérialisant l'accomplissement d'une nouvelle étape.

160 La combinaison de ces trois éléments va mettre en évidence la portée de la relativisation de la notion de Constitution en URSS et donc du caractère unilatéral du contrôle de constitutionnalité dont le modèle soviétique de contrôle parlementaire est le reflet. La Constitution matérialisant en URSS une étape déjà atteinte et consacrant juridiquement un degré de développement intermédiaire de l'évolution vers le communisme, elle va, dans la perspective de l'évolution permanente de la société soviétique, très vite être dépassée. Ainsi, pour respecter l'identité nécessaire entre le texte constitutionnel et la réalité des faits, la Constitution va devoir être en perpétuelle adaptation.

---

[1] - VYSHINSKY "THE LAW OF THE SOVIET STATE" opus cité.

[2] - cité par VEDEL Georges. Les Démocraties Soviétiques et Populaires, opus cité page 137.

[3] - Avec la nuance importante chez STALINE que l'Etat doit d'abord se renforcer avant de disparaître.

[4] - Cité par Charles DEBBASH, Jacques BOURDON, Jean-Marie PONTIER et Jean-Claude RICCI. Droit constitutionnel et institutions politiques. Economica. 2ème édition. 1986. p. 288.

De ce fait, il ne saurait être question pour les titulaires du pouvoir dans l'Etat d'être limités par ses dispositions. La Constitution écrite "formelle" ne peut en aucune manière être un obstacle à l'évolution de la Constitution matérielle. Il ne saurait dès lors être question d'annuler un acte du pouvoir d'Etat au motif de son non respect des dispositions du texte constitutionnel, puisque cet acte est un élément moteur de l'évolution de la situation sociale. Ce n'est pas l'acte juridique qui est inconstitutionnel mais la Constitution qui est non conforme à l'évolution sociale. Cette notion a de très profondes conséquences sur l'organisation du contrôle de constitutionnalité dans le modèle socialiste. Il est conçu comme ne pouvant pas s'opposer aux organes du pouvoir d'Etat, car non seulement la Constitution ne peut pas constituer une limite à l'évolution de la structure sociale et économique soviétique, mais elle ne peut non plus s'opposer aux actes pris par les détenteurs du pouvoir d'Etat considérés comme les instruments de cette évolution. Cette identification entre l'activité du pouvoir et le développement inéluctable de la société soviétique implique donc l'absolue insoumission des décisions prises par le pouvoir aux dispositions "formelles" de la Constitution et donc au contrôle de constitutionnalité.

161 L'existence de cette notion supra constitutionnelle d'identification des décisions du pouvoir au processus de transformation sociale primant la lettre de la Constitution n'est pas totalement explicative de la relativité de la Constitution socialiste. Cette notion soulève en fait un autre problème: celui de l'identification des organes supposés pouvoir exprimer par ses décisions cette évolution et qui donc ne sont pas soumis aux normes constitutionnelles.
Ce problème est d'autant plus important en U.R.S.S. et dans les autres Etats socialistes que, dans la théorie marxiste léniniste de la relativisation de la portée du texte constitutionnel au regard de la régulation de la situation économique et sociale de l'URSS, le pouvoir de décision dans ce domaine n'est pas attribué directement aux organes d'Etat mais au Parti Communiste, chargé d'impulser au sein de ces organes les décisions à prendre pour construire le communisme dans l'Etat. C'est à lui que revient de prendre les principales décisions. Cette position du P.C. (exprimée par MARX qui voyait dans les communistes "la fraction la plus résolue des partis ouvriers" et qui possèdent "sur le reste du prolétariat l'avantage d'une intelligence claire" [1]) a trouvé une consécration dans le texte des Constitutions soviétiques.
Cette consécration implicite mais réelle dans les deux premiers textes [2] est matérialisée par l'article 126 de la Constitution de 1936. Celui ci reconnaît explicitement le rôle attribué au PCUS: qualifié "d'avant garde des travailleurs dans leur lutte pour....le développement du régime socialiste", représentant le noyau dirigeant de toutes les organisations des travailleurs, tant sociales que d'Etat, le Parti communiste de l'Union soviétique se trouve donc placé dans une position particulière de "moteur" de la société soviétique.

---

[1] - K. MARX et F. ENGELS. Le manifeste du Parti Communiste. Editions Sociales PARIS 1976 page 48.

[2] - Les textes constitutionnels de 1918 et 1924 ne font pas mention du rôle du PCUS mais les références permanentes à la théorie marxiste (Dictature du prolétariat) et au mouvement communiste (III° Internationale) apparaissent indissociable de celui ci.

162 Cette position est par ailleurs affirmée par la doctrine soviétique. Andréi VICHINSKI place "le rôle de direction du Parti communiste" comme faisant partie des "bases politiques" de l'URSS [1]. Pour ce représentant de la conception officielle du Droit et de l'Etat en URSS, ce principe signifie que dans tous les domaines (économique, social et culturel) le parti doit servir de guide. J. STALINE a exprimé ce point de vue de la manière suivante:
"Le parti contrôle le travail des organes politiques et administratifs, corrige les erreurs, aide la diffusion des décisions gouvernementales, aide à leur assurer le soutien des masses, aucune décision importante des organes gouvernementaux ne pouvant être prise qu'en accord avec les décisions du parti" [2].
163 Ce rôle dirigeant du PCUS revient à lui attribuer une compétence supérieure aux organes d'Etat dans le domaine de l'orientation générale de la politique soviétique. De par sa position, le Parti avant garde de la société, devient comme le note le doyen VEDEL, "le moteur de l'Etat" et de ce fait "il commande à l'Etat". [3]
Dès lors, il apparaît simple de déterminer la relation à opérer entre le rôle dirigeant du P.C.U.S. et les dispositions constitutionnelles. Ces dernières, qui représentent le bilan des réalisations déjà acquises et donc par certains aspects dépassées, ne peuvent limiter les décisions du Parti communiste de l'URSS, maître de la dynamique sociale et politique dont les décisions sont orientées vers la construction du socialisme et la mise en place d'une société communiste, éléments représentant l'avenir de l'URSS. Le droit constitutionnel soviétique postule donc, fidèle à la théorie de LENINE[4], la primauté de ces même faits (la constitution matérielle) sur le Droit (la constitution formelle), le second phénomène ne constituant que la matérialisation juridique du premier. Il proclame en conséquence implicitement la supériorité des décisions du P.C.U.S sur les règles de droit.

164 Ce rapport de force ne va pas bien sûr se matérialiser (en URSS et plus tard dans les Démocraties populaires) par une opposition entre le Parti et les organes d'Etat chargés de produire des normes juridiques, mais par une totale soumission des seconds au premier. Les organes du pouvoir d'Etat sont principalement destinés à accepter et institutionnaliser les "propositions" avancées par l'avant-garde de la classe ouvrière: le PCUS. Ce principe est fondamental dans le cadre constitutionnel socialiste. Ce qui deviendra le "rôle dirigeant du Parti communiste" est l'élément principal du constitutionnalisme socialiste. Il est présent, implicitement ou explicitement, dans tous les textes constitutionnels des Etats socialistes et détermine leur interprétation. Il n'est pas possible d'envisager un problème quelconque dans un de ces Etats autrement que par rapport à cette

[1] - A. Y. VYSHINSKY. THE LAW OF THE SOVIET STATE , opus cité chapitre 3 page 159.
[2] - A.Y. VYSHINSKY. THE LAW OF THE SOVIET STATE, opus cité chapitre 3 page 160.
[3] - VEDEL Georges. Les Démocraties soviétiques et populaires , opus cité page 216.
[4] - "Mais nous devons savoir et ne jamais oublier que la Constitution juridique et pratique de la République des Soviets repose sur le fait que le Parti rectifie, prescrit et bâtit tout à partir d'un principe unique "- LENINE. Oeuvres Complètes (Edition française en 47 volumes) Tome 31 page 383.

notion, la seule logique et la seule réalité d'une institution ou d'un texte juridique étant de refléter ce rôle dirigeant.

165 On peut désormais déterminer quelles seront les décisions des gouvernants en URSS qui ne seront ni soumises aux normes constitutionnelles, ni aux rigueurs du contrôle de son application: celles qui témoigneront de la reproduction d'une décision du PCUS primant toute autre autorité existante en URSS quelque soit le rang de l'organe qui "exprime" cette volonté par rapport au rang de la norme juridique violée.
Ainsi va se mettre en place en U.R.S.S. un mécanisme qui va faire revêtir chaque acte juridique d'une double autorité. Une autorité formelle, qui témoignera du rang de son auteur étatique, et une autorité matérielle témoignant de son degré de reproduction d'une décision du PCUS et de l'importance de celle ci dans la politique générale de ce dernier.
Ce phénomène, rompant avec la logique occidentale qui postule pour une identité de l'autorité de la forme et du contenu de l'acte juridique, introduit une hiérarchie des actes qui ne repose pas réellement sur leur auteur mais sur leur contenu. Tout conflit éventuel entre les deux autorités formelle et matérielles des actes juridiques soviétiques serait marqué par la domination de la seconde sur la première. C'est toute la portée de l'approche idéologique du droit socialiste: il n'est qu'un moyen au service de la classe sociale au pouvoir qui s'exprime par la bouche de son "avant garde".
Cette organisation juridique est inhérente au marxisme léninisme. Dés lors, quelque soit le discours des dirigeants soviétiques, ce schéma est le seule à correspondre à la réalité du régime socialiste; il est consubstantiel à son existence. Tout élément constitutionnel qui s'opposerait à ce principe est voué par avance à la désuétude.

2) La Constitution s'impose aux gouvernés

166 Norme juridique à la portée relative vis à vis de l'expression de la volonté politique des gouvernants (qui trouve son origine dans le P.C.U.S.), la Constitution soviétique (et donc le contrôle de constitutionnalité) retrouve toute sa force juridique dès lors qu'elle se trouve "en contact" avec des organes qui n'expriment pas cette volonté ou qui expriment une volonté jugée discordante. Bien que ne symbolisant qu'une étape du développement de la Société soviétique, le texte constitutionnel ne représente pas moins un certain nombre d'acquis dont la remise en cause, par des éléments qui ne se trouvent pas investis (dans la conception marxiste-léniniste du pouvoir) de la possibilité d'exprimer la volonté de la classe ouvrière et d'impulser les mesures visant à la construction du socialisme, serait intolérable. C'est toute la portée du second aspect du droit constitutionnel soviétique, qui lui confère en réalité sa raison d'être: ne pouvant s'imposer aux gouvernants, le droit dans son ensemble n'existe que comme moyen d'expression et de réalisation du pouvoir. Fidèle en cela à l'approche marxiste, il n'existe qu'au bénéfice exclusif de ceux à qui la structure économique de la société a attribué le vrai pouvoir. La Constitution est donc dans cette optique à la fois la proclamation d'un acquis correspondant à une nouvelle "base de départ", mais aussi, de par sa force juridique, un moyen de garantie de irréversibilité de ces acquis et donc de leur mise en place en URSS. De témoin des réalisations du Pouvoir, la Constitution va se transformer en garantie de leur irréversibilité.

167 Ce second aspect du phénomène juridique est apparu très tôt en URSS. Toutefois, la Constitution de 1936 et les conceptions juridiques développées à cette époque en URSS, principalement par A. VICHINSKI, vont profondément accentuer ce phénomène.

168 La mission d'affermir et de renforcer le régime établi en URSS après la Révolution d'Octobre a très tôt été attribuée au Droit. Fidèles aux apports marxistes, les juristes soviétiques ont toujours analysé le droit comme une réglementation finalisée des relations sociales s'exerçant au bénéfice de la classe sociale au pouvoir. On le constate de STOUTCHKA (nommé Commissaire du Peuple à la Justice en 1918) qui a défini le Droit comme "un système de rapports sociaux qui correspondent aux intérêts de la classe dominante et dont le fonctionnement est garanti par la force organisée et donc matérielle de cette classe"[1] à VISHINSKI, qui en Juillet 1938 (devant l'Institut Juridique de l'Académie des Sciences de l'URSS) a décrit le Droit comme un ensemble de "règles de conduite qui expriment la volonté de la classe dominante et qui constituent un ordre juridique en même temps qu'il est un ensemble de coutumes et de règles de vie en commun confirmée par l'autorité étatique, l'un et l'autre ensemble étant garanti par la force coercitive de l'Etat (...)". Cette finalisation de la relation juridique affirmée par ces auteurs soviétiques (au delà de très importantes divergences existant entre eux [2]), est accompagnés de la notion d'application garantie par la "force organisée de la classe dominante"[3] ou "par la force coercitive de l'Etat" [4]. Non seulement la relation juridique est une relation finalisée, mais encore elle est assortie d'un phénomène de contrainte. Ainsi apparaît le second aspect de la Constitution soviétique (donc du contrôle de son application): bien qu'entièrement soumise à la volonté de la classe dirigeante (et de ce fait, ne s'imposant pas à celle ci), la Constitution, comme tout autre acte juridique soviétique, voit son application garantie (par la force, le cas échéant) et donc s'impose dans la société socialiste soviétique comme une règle de conduite obligatoire au moins envers ceux qui ne sont pas autorisés par le pouvoir soviétique à y déroger. De ce fait, le Droit soviétique (et le droit constitutionnel en particulier), bien que selon l'expression de PACHOUKANIS "en dessous de la politique, seule capable de faire aller la société soviétique vers l'avant"[5] s'impose au moins à une partie des composants de la société et se trouve ici assorti de processus matériels garantissant son application. Le contrôle de constitutionnalité qui trouvait

---

[1] - Pour une analyse des conceptions de P.I. SOUTCHKA et de l'ensemble des théoriciens juridiques de l'URSS de 1917 à 1953 : voir H. KELSEN "The communist théory of law"- Editions PRAEGER, publication in Russian history and World communist. n°12 -NEW YORK 1955. 203 pages et K. STOYANOVITCH. "La philosophie du Droit en URSS (1917-1953)" Bibliothèque de la philosophie du droit L.G.D.J. PARIS 1965. 284 pages. La citation de SOUTCHKA se trouve en page 43 de cet ouvrage.

[2] - L'intervention de A.Y.VICHINSKI s'inscrit comme une condamnation très ferme des théories des juristes soviétiques de la première période (1917- 1930) tel que STOUTCHKA mais aussi PACHOUKANIS et REISNER.

[3] - STOUTCHKA. Opus cité.

[4] - VYSHINSKY. Opus cité.

[5] - Cité par K. STOYANOVITCH. "La philosophie du Droit en URSS" , opus cité page 155.

totalement vidé de son contenu par le premier aspect de la conception soviétique de la Constitution, retrouve ici une certaine raison d'être.

169 S'affirmant comme une constante dans la théorie juridique soviétique, ce phénomène fût largement accentué par l'édiction entre 193O et 1938 d'une nouvelle théorie du Droit soviétique reproduisant fidèlement les conceptions de STALINE et introduisant l'idée d'un droit "authentiquement socialiste" en URSS.
Pour les juristes de la première période (1917-193O), le Droit comme l'Etat n'ont pas de valeur propre dans la société socialiste; ils ne sont en quelque sorte qu'un "mal nécessaire". Superstructure témoignant de l'expression économique d'une classe sociale sur une autre classe sociale, ils ne différent de la période pré révolutionnaire, que par le sens du rapport de force social. Antérieurement crées pour assurer la domination des bourgeois sur les prolétaires, ils se trouvent aujourd'hui chargés de reproduire le même mécanisme en sens inverse, c'est à dire la domination des prolétaires sur la bourgeoisie, afin d'assurer la liquidation de cette dernière en tant que classe et de permettre l'instauration d'une société sans classe, c'est à dire sans antagonisme et donc sans Etat ni Droit, instruments de domination au sein d'une relation antagoniste.

170 Pour ces auteurs, le Droit, qu'il soit appliqué dans une société socialiste ou capitaliste, n'a pas de valeur autonome. Il n'est qu'en tant qu'illustration de la politique suivie et est donc totalement soumis à celle-ci. De ce fait, si pour PACHOUKANIS [1], l'Etat bourgeois est un état qui exige stabilité juridique pour préciser la domination de la classe exploitante, l'Etat socialiste doit mettre en place un système juridique "élastique" pour permettre d'assurer tous les jours les transformations de la réalité matérielle des rapports de production. Le Droit doit exister, mais comme un accessoire de la politique. Cette situation est alors incompatible avec la constitution d'un système de Droit définitif et cohérent, puisqu'au contraire placé dans une perspective dynamique qui doit conduire à la mise en place de relations sociales faisant disparaître le concept même de droit. La disparition des antagonismes sociaux conduit les mécanismes coercitifs de régulation des relations sociales à n'avoir alors plus aucune raison d'être.

171 Cette optique (fidèle aux bases des théories marxistes) sur le rôle du Droit durant la période de transition, c'est à dire le passage du capitalisme au communisme, a été très vivement combattue par les auteurs juridiques de l'époque stalinienne représentés principalement par le Procureur général A.Y. VICHINSKI. Ce mouvement de remise en cause trouve son origine dès 193O, mais s'amplifie en 1937, avec la parution dans la revue théorique du parti "BOLCHEVIK" d'un article de YOUDINE : "Socialisme et Droit"[2]. Dans cet article, les théoriciens de la première école étaient très vigoureusement pris à partie et, conformément à la pratique en vigueur à l'époque, affublés de qualificatifs tels que "épaves", "crétins, "pseudo spécialistes du Droit", "anti marxistes et anti socialistes" et même "agents fascistes à la solde de l'Allemagne et du Japon". Toutefois, le réquisitoire qui entraîna la

---

[1] - Le plus illustre des juristes Soviétiques de cette période qui était alors président de l'Institut d'édification de la Science du Droit de l'Académie communiste de MOSCOU.
[2] - P. YOUDINE -Socialisme et Droit. (en russe) -BOLCHEVIK N° 17 MOSCOU pages 31 et 46.

condamnation définitive de ces apports théoriques [1] fut prononcé par A.Y. VICHINSKI lors de la conférence de la section juridique de l'Académie des Sciences de l'U.R.S.S. du 16 au 19 Juillet 1938 à MOSCOU [2]. Après avoir dressé la liste des principales critiques des théories soviétiques antérieures, VICHINSKI ébauche la définition d'une nouvelle approche socialiste du problème qui va tendre à conférer au droit soviétique une valeur quasi autonome.

172 Comme le relève Hans KELSEN [3], VICHINSKI considère que si le Droit est un instrument du gouvernement soviétique pour abolir le capitalisme et réaliser le socialisme, les théories développées durant la première période ont eu un effet inverse et ont servi au contraire "d'armes aux mains des ennemis de l'U.R.S.S". Aux yeux du Procureur général de l'U.R.S.S, ces théories présentaient deux défauts principaux: elles réduisaient la portée du phénomène juridique dans la société soviétique et n'avaient pas pris la mesure du caractère authentiquement socialiste du Droit durant la phase de transition. Pour VICHINSKI, la réduction du droit à la politique (comme l'avait fait PACHOUKANIS) ou à l'économie (comme le professait STOUTCHKA) a grandement réduit la portée du phénomène juridique en URSS. Ce phénomène, selon VICHINSKI, bien qu'instrument du pouvoir, possède une valeur propre. "La réduction du droit à la politique a dépersonnalisé le droit et la totalité des lois (...) et introduit la fausse idée que l'application de la loi est définie dans l'Etat soviétique par des considérations politiques et non par la force et l'autorité soviétique" [4]. Le même argument est utilisé vis à vis de l'assimilation droit-économie dans les théories de STOUCHKA, accusé de "s'être englué dans les marais du matérialisme économique"[5].

173 Pour VICHINSKI, ces critiques ne sont finalement que deux illustrations du même problème beaucoup plus important. Les auteurs de la première période n'ont pas su (ou pas voulu) apprécier la valeur du Droit dans la société socialiste lors de la phase de transition. Durant cette période, le Droit en vigueur est un droit d'une essence totalement différente du Droit bourgeois. Ce n'est donc pas une survivance du capitalisme et une utilisation par l'Etat socialiste d'un moyen coercitif d'essence bourgeoise appelé progressivement à dépérir, comme le soutenait PACHOUKANIS, mais bien un Droit authentiquement socialiste, conceptuellement différent de celui de la période bourgeoise. En s'appuyant sur la citation de MARX dans la critique de l'économie politique, qui prévoit que "chaque forme de production a crée son propre système juridique", VICHINSKI conclue (d'une manière contestable) qu'au regard de la philosophie marxiste, la période transitoire est une période autonome qui doit générer son système juridique propre [6].

---

[1] - et semble t-il celle de leur auteur. L'intervention prononcée par A.Y. VICHINSKI contient une phrase qui laisse subsister peu de doutes sur le sort de PACHOUKANIS et de ses collègues: "Nous avons estimé qu'il était nécessaire d'organiser ce congrès pour pouvoir aller de l'avant dans l'amitié sous le drapeau joyeusement déployé de notre Parti, le parti de LENINE et de STALINE, après avoir jeté la dernière pelletée de terre dans la tombe des traîtres qui ont mystifié notre Science". Cité par: K. STOYANOVITCH - La philosophie du Droit en U.R.S.S. (1917 1953) -page 155,156.

[2] - Rapport ayant pour titre: "Les tâches principales du Droit socialiste soviétique".

[3]- HANS KELSEN. The Communist Théory of Law- Chapitre 7 page 116.

[4] - VYSHINSKY -"Les nouvelles taches du Droit socialiste soviétique", cité par Hans KELSEN The Communist Théory of Law.pages 121,122.

[5] - ibid.

[6] - ibid.

174 Il ressort de ces différentes critiques que le Droit n'étant plus considéré dans la société soviétique comme une survivance de la période bourgeoise se voit conférer une valeur propre, quasi autonome. Dès lors, ces différents changements, loin d'affecter son applicabilité obligatoire, procèdent au contraire au renforcement de celle-ci. La règle de droit ne s'impose plus seulement en tant qu'expression de la volonté de la classe au pouvoir (ce caractère originaire est explicitement maintenu dans la définition donnée par VYCHINSKY [1]) , mais également en tant que norme de droit socialiste. Cette dualité, qui a pour but d'assurer au Droit une plus grande valeur en tant qu'instrument du gouvernement, s'inscrit dans un contexte de renforcement du pouvoir soviétique. Elle n'est que la traduction dans le domaine juridique de la conception stalinienne du renforcement préalable de l'Etat dans la phase socialiste devant précéder son dépérissement. Pour VICHINSKI, "le Droit comme l'Etat ne dépériront que dans la phase ultime du communisme, avec la disparition de l'encerclement capitaliste"[2].

175 Cette association du phénomène juridique avec le mouvement général de renforcement de l'Etat prôné par J. STALINE, a pour conséquence, en ce qui concerne le droit constitutionnel, d'introduire une série d'éléments visant à renforcer la valeur de la Constitution en tant qu'acte juridique [3]. Les auteurs soviétiques, partant de la notion développée par STALINE de "super légalité constitutionnelle" [4] , introduisent la notion de supériorité juridique du texte constitutionnel en Droit soviétique, notion trouvant dans le texte constitutionnel une illustration formelle avec le principe posé par l'article 146 qui institue une procédure particulière de révision.

176 Toutefois, il convient de bien apprécier la portée de cette innovation. Elle ne remet pas en cause la notion de Constitution bilan des réalisations. Le Droit est toujours considéré comme l'expression de la classe sociale au pouvoir et donc, de ce fait, ne peut pas constituer une limite à cette expression. Simplement cette expression en tant que norme juridique est revêtue d'une forme particulière qui renforce son caractère obligatoire. En s'inscrivant dans ce contexte, la Constitution a pu être définie en URSS comme "un ensemble systématisé de règles qui revêtues de la plus grande force juridique, établissant en fonction des intérêts de la classe dominante, les bases du régime économique, social et politique de la Société"[5]. Ainsi, en tant qu'"expression de la classe dominante" la Constitution soviétique ne s'impose pas aux gouvernants, mais de par cette expression elle est "revêtue de la plus grande force juridique", elle s'impose aux non gouvernants et ainsi, justifie la présence d'un contrôle de constitutionnalité orienté exclusivement et unilatéralement vers cet objectif.

---

[1] - Pour un étude critique des conceptions de VYSHINSKY, voir H. KELSEN. The Communist Théorie of Law -Pages 127 et suivantes.

[2] - Ibid page 124.

[3] - Hans KELSEN va férocement évoquer ce phénomène : "Maintenant le Gouvernement soviétique, comme celui des Etats bourgeois, veut inculquer aux citoyens l'idéal de la légalité."
In: H. KELSEN- "The Communist Théorie of Law", opus cité, page 122.

[4] - J. STALINE- "Questions sur le Léninisme"- Tome 2 page 233.

[5] - D. LEVINE. Article paru dans SOVETSKOE GOSUDARSTVO I PRAVO - MOSCOU 1948 Page 44. Cité par:

B) La reproduction de ces fondements théoriques dans le cadre du contrôle de l'application de la Constitution.

177 Cette conception du texte constitutionnel se révèle fondamentale quant à la conception du contrôle de l'application de la Constitution. Le modèle socialiste de contrôle parlementaire va non seulement évoluer dans ce cadre mais s'y intégrer totalement. Les éléments constitutifs mis en évidence précédemment vont se révéler être de puissants mécanismes de transmissions de la notion d'unilatéralité du texte constitutionnel vers le contrôle de constitutionnalité.
Dès lors, il n'est guère surprenant de constater que l'étude de la jurisprudence existant dans ce domaine fasse apparaître un total déséquilibre entre le contrôle des actes des organes suprêmes du pouvoir d'Etat et ceux des autres organes soviétiques.

1) Le modèle socialiste de contrôle parlementaire comme élément de reproduction de l'unilatéralité constitutionnelle.

178 Cette reproduction s'opère de deux manières. La combinaison des deux éléments constitutifs de ce modèle, en associant l'exercice du pouvoir constituant à celui de contrôle de l'application de la Constitution et en conférant aux organes suprêmes du pouvoir d'Etat une liberté et une immunité totale vis à vis de ce contrôle, contribue à faire de ce dernier un élément unilatéral, au bénéfice exclusif de s détenteurs du pouvoir.

a) L'association du contrôle de l'application de la Constitution et du pouvoir constituant.

179 L'association du contrôle de l'application de la Constitution avec le pouvoir constituant s'est matérialisé par deux éléments. Les organes suprêmes du pouvoir d'Etat (le Parlement et son présidium) investi du pouvoir constituant sont également investi du pouvoir soit de contrôler directement l'application de la Constitution soit de contrôler les actes des organes chargés de cette mission. Dés lors, leurs propres actes juridiques apparaissent exclus tant en droit qu'en fait du champ d'application d'un tel contrôle. Ainsi, le modèle socialiste de contrôle parlementaire constitue un des moteurs de l'unilatéralité. Pendant du pouvoir constituant qui interdit tout contrôle vis à vis des actes des organes suprêmes du pouvoir d'Etat, il apparaît comme un instrument exclusivement destiné à imposer les décisions de ces organes (dotés d'une valeur quasi constitutionnelle permanente).

180 Le premier phénomène se trouve illustré dans les dispositions des deux premières Constitutions de l'U.R.S.S. de 1918 et 1924. Dans ces deux textes, il n'existe aucune procédure spécifique de révision; au moins deux organes d'Etat sont explicitement désignés comme titulaires du droit de procéder à des modifications du texte constitutionnel. Il est en effet organisé un partage des compétences à cet égard. Dans le texte de 1918, le pouvoir suprême dans l'Etat est attribué à deux organes: le Congrès Pan Russe et le Comité Central Exécutif Pan Russe (le second exerçant le pouvoir dans l'Etat durant les périodes où le Congrès n'était pas réuni). Ces deux organes sont compétents dans le domaine de la "législation constitutionnelle, procédure, organisation de la justice " (article 49 point n). L'article 51 précise ces dispositions en disposant que le Congrès Pan Russe des Soviets est spécialement et exclusivement compétent pour "l'établissement, les modifications et additions aux principes fondamentaux de la Constitution des Soviets".

181 Un système identique a été mis en place dans la seconde Constitution soviétique de 1924. Il s'agissait là encore, d'une répartition du pouvoir constituant entre deux organes: le Congrès des Soviets de l'URSS et le Comité Central Exécutif. La nature de la répartition des compétences dans ce domaine entre les deux organes est en partie comparable avec celle en vigueur en 1918. L'article 2 du texte constitutionnel prévoit de comme étant de la seule compétence du Congrès des Soviets de l'URSS "l'approbation et la modification des principes fondamentaux de la présente Constitution". Au delà de ces principes fondamentaux, le Comité Central Exécutif est alors compétent du fait de son pouvoir général de substitution[1] pour prendre un certain nombre de mesures dans le domaine des révisions constitutionnelles.

Outre ces dispositions, aucun des deux textes constitutionnels soviétiques ne faisait mention des conditions d'exercice du pouvoir constituant. Devant l'absence de toute procédure spécifique de révision, on doit considérer que les modifications du texte constitutionnel pouvaient s'exercer au travers de n'importe quel acte des organes constitutionnellement désignés à cet effet. De ce fait, le caractère suprême de la Constitution était extrêmement atténué: ne s'imposant pas à tous les actes juridiques, elle ne représente pour les détenteurs du pouvoir dans l'Etat qu'une valeur indicative. Ce caractère indicatif se trouve consacré explicitement par la Constitution elle-même.

182 Vis à vis de la conception du contrôle de constitutionnalité, ces dispositions ne sont pas sans conséquences: elles signifient que les actes pris par le Congrès des Soviets et par le Comité Central Exécutif ne sont susceptibles d'aucun contrôle quant à leur constitutionnalité, puisqu'ils doivent être considérés comme l'expression potentielle du pouvoir constituant de leur auteur. Ainsi, d'une manière significative, tant en 1918 qu'en 1924, les organes chargés du contrôle de constitutionnalité sont hiérarchiquement inférieurs aux organes disposant du pouvoir constituant et donc insusceptibles d'exercer le moindre contrôle vis à vis de leur activité normative. A titre d'illustration, la Constitution soviétique de 1924 attribue cette compétence au Présidium du Comité Central Exécutif, organe qui n'est juridiquement que l'émanation du Comité Central Exécutif et responsable devant lui.

183 Cette situation est particulièrement caractéristique du caractère unilatéral du contrôle de constitutionnalité au sein du modèle socialiste de contrôle parlementaire puisque, outre la Constitution elle-même, deux autres catégories d'actes juridiques de première importance échappent également à ses éventuelles rigueurs.

---

[1] - Voir Article 8 de la Constitution de l'U.R.S.S. de 1924.

184 La Constitution de 1936 [1], au delà d'une apparente révolution dans ce domaine, confirme en fait cette situation et en révèle même la portée exacte. Formellement, les dispositions de l'article 146 du texte de 1936, qui prévoient que la Constitution ne peut être révisée que par une décision adoptée à la majorité des deux tiers par chaque chambre du Soviet Suprême de l'URSS, modifient très profondément les règles en vigueur auparavant. Selon cet article, il est procédé à la création d'une véritable Constitution rigide soumettant par la même l'ensemble des normes juridiques à la Constitution et créant les conditions de l'exercice d'un contrôle de constitutionnalité comparable au modèle occidental.
Dans la pratique, la situation n'a pas été modifiée. La Constitution soviétique est toujours extrêmement souple. La modification apportée par l'article 146 s'inscrit dans la volonté de réhabiliter la notion de Droit en URSS (opérée par VICHINSKI) en affirmant son caractère authentiquement socialiste et d'intégrer le Droit dans le mouvement général de renforcement de l'Etat prôné par STALINE (comme condition préalable obligatoire de son dépérissement). De ce fait, elle ne remet pas en cause les fondements du régime soviétique ni surtout le positionnement et l'exercice du Pouvoir. Cette disposition n'a qu'un but symbolique. Elle est chargée, pour reprendre l'expression utilisée par H. KELSEN, "d'inculquer, tout comme dans les Etats occidentaux, aux citoyens soviétiques l'idéal du Droit"[2]. Cette fonction de propagande pro-étatique, qui implique l'introduction d'un élément s'opposant à la philosophie même du régime soviétique, a une portée très réduite dans les faits [3] et ne va en aucun cas constituer une limitation sérieuse à l'exercice du pouvoir. Tout comme avant 1936 (et peut-être encore plus qu'avant), les détenteurs du pouvoir dans l'Etat ne vont pas être liés par le texte constitutionnel et ne vont donc pas être soumis au contrôle de constitutionnalité.

185 Au delà de l'apport de l'article 146 de la Constitution de 1936, il faut relever que, de toute façon, le mécanisme déjà étudié pour 1918 et 1924 était reproduit. L'organe disposant du pouvoir constituant (et ce en dépit de l'existence d'une procédure formellement contraignante) était également investi du pouvoir de contrôle de l'application de la Constitution ou du moins, selon les interprétations du texte constitutionnel, de celui de contrôler les actes de l'organe d'Etat (le Présidium du Soviet Suprême) compétent dans ce domaine.
Ainsi, l'association entre le pouvoir constituant et le contrôle de l'application de la Constitution illustre la relation extrêmement étroite entre cette dernière activité et la relativité du texte constitutionnel.

186 Toutefois au delà de ce premier phénomène, directement inscrit dans le texte constitutionnel [4], il faut également noter la totale liberté d'action conférée

---

[1] - Adoptée le 5 décembre 1936.

[2] - H. KELSEN- THE COMMUNIST THEORY OF LAW . Col: Praeger Publications in Russian History and World communism. Ed: F.A. PRAEGER NEW YORK 1955, page 122.

[3] - Tous les actes du Soviet Suprême étant adoptés à l'unanimité (et donc au delà de la majorité requise).

[4] - Une seconde manifestation de la relativisation de la notion de Constitution (et donc manifestation de la non soumission du pouvoir soviétique au contrôle constitutionnel) est contenue dans un ensemble de procédures dérogatoires qui permettent aux détenteurs du pouvoir en URSS de suspendre dans tel ou tel

par les deux éléments constitutifs du modèle socialiste de contrôle parlementaire qui va grandement contribuer à reproduire au sein du contrôle de l'application de la Constitution l'unilatéralité mis en valeur dans la notion de Constitution socialiste.

b) La liberté d'action des organes suprêmes du pouvoir d'Etat

187 L'analyse des deux éléments constitutifs du modèle socialiste de contrôle parlementaire montre en effet la totale liberté d'action dont vont disposer les organes suprêmes du pouvoir d'Etat dans l'exercice de l'application de la Constitution.

188 Le premier élément, la compétence du Parlement, qualifié par l'ensemble des Constitutions des Etats socialistes comme l'organe suprême du pouvoir d'Etat, garantit aux gouvernants la maîtrise du résultat du processus de contrôle. C'est donc à la fois une garantie négative, puisque grâce à cette compétence aucun acte du pouvoir ne pourra être annulé contre la volonté de ce dernier, mais également positive puisque le gouvernement pourra également exercer, au travers de ce pouvoir, un contrôle sur l'application de la Constitution, lui fournissant ainsi un instrument de renforcement de son autorité.

189 Le second élément (l'absence totale d'éléments spécifiques) manifeste d'une manière très caractéristique la non soumission des gouvernants dans la société soviétique au contrôle de constitutionnalité. Il s'agit, là encore, de la combinaison d'éléments positifs et négatifs fournissant au Pouvoir à la fois un instrument et une garantie. En effet, l'absence de toute notion de spécificité (qui se traduit le plus souvent dans le Droit positif des Etats socialistes par la présence dans la Constitution de la simple mention de la compétence d'un organe d'Etat sans qu'il existe aucune règle relative aux conditions de déclenchement d'exercice et de sanctions du contrôle) assure aux organes d'Etat (et par la même aux détenteurs du pouvoir) la totale main mise sur l'exercice du contrôle: comme il n'existe aucune règle concernant le déclenchement du contrôle, la décision leur appartient. De ce fait, personne ne peut ni leur imposer ce type de procédure, ni s'opposer à son déroulement. Comme il n'existe aucune règle relative à l'exercice de ce contrôle, ils peuvent utiliser tous les moyens, toutes les procédures qui leur apparaissent

---

domaine, l'application de la Constitution. Ces procédures, véritables "soupapes de sécurité", autorisent la non application des dispositions juridiques dans des circonstances souverainement appréciées par le pouvoir. Rapportées au Droit constitutionnel, ces procédures en Droit soviétique constituent une manifestation du caractère unilatéral du contrôle de constitutionnalité, ce dernier devant s'adapter à la situation donnée. Ces procédures apparaissent principalement dans les toutes premières Constitutions socialistes, celle de 1918 fournissant à ce sujet un grand nombre d'exemples dont certains concernent directement le contrôle de constitutionnalité. Ainsi, l'article 41 de ce texte dispose que les arrêtés ou décisions du Conseil des Commissaires du peuple de l'URSS, qui ont une importance capitale au point de vue de la politique générale, sont soumis à l'examen et à la ratification du Comité Central Exécutif. Ces dispositions, outre le fait de confirmer le pouvoir de contrôle de l'application de la Constitution du Comité Central Exécutif, introduisent un certain nombre de précisions quant à l'exercice de ce contrôle. Ainsi, tout acte du Conseil des commissaires du peuple jugé particulièrement important sera non seulement soumis au même contrôle que les autres actes juridiques soviétiques, mais également à une procédure de contrôle a priori plus contraignante. Toutefois, cette procédure de contrôle, pourtant constitutionnellement consacrée, peut être écartée en application de l'article 41 (second alinéa) qui autorise le Conseil des commissaires du peuple à appliquer directement la mesure décidée (sous le contrôle préalable du Comité Central Exécutif) "si elle exige une exécution urgente". La non soumission des gouvernants aux rigueurs du contrôle de constitutionnalité apparait là encore affirmée par la possibilité d'écarter certaines procédures de contrôle.

opportunes ou au contraire ne pas procéder à certains examens[1]. Comme il n'existe aucune règle fixée par avance relative à l'exécution des mesures décidées, ils peuvent là encore adopter n'importe quel type de décisions allant de l'annulation jusqu'au maintien en vigueur d'un acte pourtant déclaré inconstitutionnel. Non seulement il y a reproduction de l'immunité des actes juridiques des organes suprêmes du pouvoir d'Etat vis à vis des exigences de la Constitution, mais aussi garantie pour ces organes d'imposer ces dispositions constitutionnelles dans les circonstances où ils l'estimeront indispensable.

190 Par la relativité de la force juridique de la Constitution en tant que norme de régulation de la dynamique de l'évolution de la société soviétique, le contrôle de son application ne peut en aucun cas être considéré comme un moyen de limitation juridique du pouvoir d'Etat en URSS ou dans un autre Etat socialiste. Toutefois, l'existence de ce type de contrôle est justifiée par le caractère unilatéral de cette relativisation. Si la Constitution (et plus généralement le Droit) soviétique ne s'impose pas aux gouvernants, il n'en est pas de même vis à vis des gouvernés. Dans cette situation, l'appareil d'Etat soviétique conserve son potentiel coercitif et les normes juridiques produites par lui s'imposent à leurs destinataires. De ce fait, la Constitution de l'URSS, alors considérée comme la Loi Fondamentale, s'impose avec toute la force de son caractère juridique suprême retrouvé. Dès lors, le contrôle de constitutionnalité retrouve sa raison d'être dans le modèle soviétique de 1936: loin de pouvoir imposer à tous le respect des dispositions constitutionnelles, il est associé à l'exercice du pouvoir, afin de garantir ce respect par les gouvernés.

2) La jurisprudence soviétique entre 1923 et 1968 : illustration de l'unilatéralité du contrôle de l'application de la Constitution.

191 L'organisation du modèle socialiste de contrôle parlementaire agissant comme un mécanisme de transfert de l'unilatéralité constitutionnelle vers le contrôle de l'application de la Constitution, il n'est guère surprenant de relever que le fonctionnement des organes chargés de cette activité ait généré une "jurisprudence" dont l'une des caractéristiques est de refléter ce phénomène. Cette illustration de la cohérence existant entre l'idéologie et l'organisation du contrôle met en évidence à la fois la réalité et la spécificité du contrôle de l'application de la Constitution dans l'Etat socialiste.

a) La réalité du contrôle

192 L'étude du fonctionnement des organes de contrôle de constitutionnalité en Union Soviétique et dans les autres Etats socialistes révèle un très important problème de documentation qui est à la source (avec une certaine tendance à la confusion des concepts) de bons nombre d'opinions concluant à l'inexistence du contrôle de constitutionnalité dans les Etats socialistes.

Il est vrai que la plupart des documents qui pourraient laisser une trace de cette pratique (tel que les procès-verbaux des séances des Parlements ou du Présidium) ne

---

[1] - Tel que l'audition des auteurs des actes juridiques contrôlés.

sont pas toujours accessibles aux chercheurs occidentaux ni même à ceux issus des Universités des Etats socialistes. De plus, un dépouillement systématique de ces documents ne suffirait pas à donner une image suffisamment précise de cette pratique, la diversité des procédures de contrôle et des actes contrôlés posant là encore un très important problème d'orientation des recherches.

Toutefois, au delà de ces graves insuffisances, certains éléments laissent croire que non seulement ce contrôle a bien existé (notamment en U.R.S.S.) mais qu'il a eu parfois une importance numérique considérable[1].

Dans ce domaine, les années 1923-1929 ont été de très loin la période la plus importante. D'après le juriste soviétique Viktor DIABLO (qui a publié en 1925 une étude dans la revue SOVETSKOE PRAVO [2] sur le contrôle constitutionnel des lois à l'étranger et en U.R.S.S. et en 1928 un ouvrage de droit constitutionnel dont le chapitre V est consacré également à ce sujet[3]) , près d'une centaine d'actes juridiques émanant tant des organes d'Etat de l'U.R.S.S. que des organes d'Etat des Républiques Fédérées auraient été déclarés non conformes à la Constitution par décision du Comité Central exécutif ou de son Présidium. Bien que les chiffres donnés par DIABLO puissent apparaître contestables dans certains cas, ils sont le plus souvent confirmés par d'autres auteurs tant soviétiques [4] qu'occidentaux[5].

193 Dans son étude de 1925, Viktor DIABLO note qu'entre janvier 1924 et avril 1925, soit une période de plus d'un an, le Présidium du Comité Central Exécutif a examiné environ 300 "questions constitutionnelles" [6] (ce chiffre étant extrait du rapport relatif à l'activité du Comité Central Exécutif de l'U.R.S.S. concernant les questions constitutionnelles devant le Congrès des Soviets [7]). Ces 300 questions ont été soumises au Présidium du Comité Central Exécutif par le Présidium, la Cour Suprême ou les Comités exécutifs centraux des Républiques Fédérées de l'U.R.S.S. Sur ces 300 affaires, 58 concernaient des différents entre d'une part les institutions centrales de l'U.R.S.S. et des Républiques Fédérées et d'autre part entre les différentes Républiques Fédérées. Dans le même temps, la Cour Suprême d'U.R.S.S. a déclaré 281 actes non conformes à la Constitution (248 cas concernaient des actes pris par les organes de l'Union et 33 les actes des organes Républicains)[8].

---

[1] - Dès lors, on a du procéder à une étude des informations proposées par la doctrine des Etats socialistes dans ce domaine, en essayant de recouper le plus souvent possible, les informations détenues avec les données issues de certaines recherches faites en occident .

[2] - DIABLO VIKTOR - KONSTITUCIONNII KONTROL ZAKONOV ZA GRANICEI I V SSSR- (Le Contrôle constitutionnel des lois à l'étranger et en U.R.S.S.)- SOVETSKOE PRAVO (Le droit soviétique) - MOSCOU n° 3 (15) - 1925 pages 77 à 93.

[3] - VIKTOR DIABLO - "SUDEBNAJA OHRANA KONSTITUCII" -(La protection juridique de la Constitution)-Voir chapitre V - KONSTITUCIONNII KONTROL V SSSR (le contrôle constitutionnel en U.R.S.S.). Opus cité pages 94 à 116 .

[4] - On peut citer par exemple l'article de H. SHEININ "PERVYE GODY DEJATELNOSTI VERHOVNOGO SUDA SSSR (1924 -1929)"- (premières années de l'activité de la Cour Suprême de l'URSS). Extrait de "VERHOVNOMU SUDU SSSR 40 LET" (40 ans de la Cour Suprême de l'URSS). Ouvrage collectif- Editions IZDATELSTVO "IZVESTIA"-MOSCOU 1965, pages 66 à 78.

[5] - Voir F. Christian SCHROEDER- "DAS OBERST GERICHT DER UDSSR "(La Cour Suprême de l'U.R.S.S.). Editions J.C.B. TOHR - TUBINGEN 1983 pages 7 à 15.

[6] - Viktor DIABLO. Etude de 1925 - déjà cité, page 90.

[7] - Pages 126 et 137.

[8] - On pourrait voir une contradiction entre les chiffres avancés par Viktor DIABLO. Si l'on ajoute en effet les 58 affaires concernant les déclarations de non-conformité d'actes républicains avec les 248, on dépasse les 300 affaires évoquées. On peut toutefois avancer deux explications possibles à ce phénomène :

Les chiffres avancés par DIABLO en 1925 sont complétés en 1928. Dans sa seconde étude, il relève qu'entre mai 1924 et le 1er octobre 1926, la Cour Suprême d'U.R.S.S. a fait 40 recours devant le Présidium du Comité Central Exécutif [1] concernant la non-conformité d'actes émis par des organes d'Etat de l'U.R.S.S. Sur ces 40 recours, 30 furent confirmés par le Comité Central Exécutif, 4 furent rejetés et 6 directement transmis au Conseil des Commissaires du Peuple [2]. Dans le même temps, le Présidium du Comité Central exécutif examina 33 requêtes concernant des actes de l'U.R.S.S. ayant pour auteur les organes d'Etat des Républiques Fédérées dont 14 furent satisfaites et 19 rejetées. Enfin, entre 1925 et 1926, 32 actes émanant des organes des Républiques Fédérées furent transmis au Présidium du Comité Central exécutif qui en déclara 27 non conformes à la Constitution.

Il apparaît, à la simple lecture de ces chiffres, qu'il existe une contradiction entre les deux études au moins sur deux points :

- Tout d'abord le chiffre global de 300 affaires examinées par le Présidium du Comité Central exécutif pour la période de 1924 à 1925 s'oppose avec le total des affaires évoquées en 1928 qui est de 105 (40 recours de la part de la Cour Suprême, 33 de celle des Républiques Fédérées et 32 contre les actes des ces mêmes Républiques) pour une période plus longue : de 1924 à 1926 pour les recours de la Cour Suprême et de 1925 à 1926 pour les autres.

194 Même si DIABLO indique que durant les années 1925 et 1926, la pratique du contrôle constitutionnel s'est réduit, il y a là une différence très importante.

- Ensuite, il existe un autre décalage encore plus important entre l'activité de la Cour Suprême qui entre 1924 et 1925 avait, selon la première étude, examiné au moins 281 actes juridiques et qui dans une période plus longue (incluant cette première période) n'a dirigé que 40 actes devant le Présidium du Comité Central exécutif.

En fait, ces écarts peuvent juridiquement se justifier: le chiffre de 300 requêtes peut inclure toutes les affaires traitées par le Présidium du Comité Central exécutif alors que les données de la seconde étude ne semblent concerner que les saisines externes du Présidium et laisser de coté les affaires instruites sur initiative directe de cet organe. De plus la Cour Suprême ne peut saisir le Présidium que dans un nombre réduit de situations, notamment celles où sa propre déclaration de non conformité n'aurait pas suffit à entraîner la réparation avec la violation constitutionnelle. Il semble donc qu'il faille principalement s'attacher à la seconde étude de Viktor DIABLO.

- Tout d'abord, il faut considérer que le chiffre de 300 est approximatif, V.DIABLO le reconnaissant lui-même
- de plus, il faut savoir que la pratique de cette période montre que la totalité des actes déclarés non conformes par la Cour Suprême n'ont pas été transmis au Présidium du Comité Central, l'organe ayant adopté cet acte, en reconnaissant la sentence de la Cour, a pu dès lors prendre toute mesure pour faire cesser son application ou rétablir sa conformité.

1 - Voir DIABLO Viktor - étude de 1928 opus cité page 108. Ce chiffre est extrait d'un article relatif à l'activité de la Cour Suprême rédigé par son Président A.N. VINOKUROV "DEJATELNOST VERHOVNOGO SUDA SSSR "(activité de la Cour Suprême de l'URSS) "SOVETSKOE STROITELSTVO" (l'édification socialiste)- n° 1 - 1927, page 111.

2 - DIABLO Viktor - étude de 1928 - opus cité page 109.

195 En effet, si l'on compare ses travaux avec ceux du Professeur Allemand SCHROERDER [1], on constate que ce dernier avance pour la période globale 1924-1929, le chiffre de 86 actes d'organes d'Etat de l'Union reconnus non conformes par la Cour Suprême et déférés au Présidium du Comité Central Exécutif et de 11 pour ceux émis par les organes républicains. Ces éléments, bien que partiels sur l'évaluation de la totalité de l'activité du Présidium du Comité Central exécutif (et qui trouvent leur origine dans l'étude des travaux du Soviétique KULIKOV et surtout de P.A. KRASNIKOV dans son livre sur la pratique du Présidium du Comité Central Exécutif rédigé en 1931 [2]) confirment les données de DIABLO en 1928. Il est en effet tout à fait possible que la Cour Suprême ait entre 1924 et 1926 déclaré 40 actes non conformes à la Constitution et 97 entre 1924 et 1929.
Sur ces bases, c'est au moins 151 à 155 [3] actes (voir tableau page 150) qui furent, tout au long de cette période, examinés par le Comité Central Exécutif entre 1924 et 1929 (total obtenu en combinant les données fournies par DIABLO et le Professeur SCHROEDER) et dont la non conformité à la Constitution a été dans la plupart des cas, reconnue [4].

196 L'étude de la pratique effective du Présidium du Soviet Suprême de l'U.R.S.S. en matière de contrôle de l'application de la Constitution entre 1936 et 1968 est elle aussi extrêmement délicate à mener. Pour beaucoup d'auteurs, la plupart des mécanismes mis en place dans ce texte constitutionnel n'ont le plus souvent jamais été appliqués. Cette Constitution de 1936 apparaît pour certains comme le symbole même de "l'illusion constitutionnelle" [5]. Le contrôle de constitutionnalité prévu à l'article 14 point d de ce texte ne fait pas exception à cette règle. Pourtant, l'étude de la littérature juridique relative au problème du contrôle de

---

[1] - F. Christian SCHROEDER- "DAS OBERST GERICHT DER UDSSR "- (La Cour Suprême de l'U.R.S.S.). Editions J.C.B. TOHR - TUBINGEN 1983 pages 7 à 15.

[2]- P.A. KRASNIKOV : "PRAKTIKA PREZIDIUMA CIK SOJUZA SSR V OBLASI KONSTITUCIONNOGO NADZORA" (La pratique du Présidium du CCE de l'U.R.S.S en matière de surveillance constitutionnelle) MOSCOU 1931.
KULIKOV V.V. - VERHOVNYJ SUD SOJUZA SSR (La Cour Suprême de l'U.R.S.S.). Extrait de L.N. SMIRNOV - SOVESTKIJ SUD (Les Tribunaux Soviétiques) - Moscou 197.

[3] - Ce total s'obtient par l'addition des nombres communiqués par DIABLO (40 + 33 + 32) et ceux donnés par SCHROEDER dépassant le premier total de 40 actes déférés au Présidium du Comité Central Exécutif par la seule Cour suprême pour une période de référence plus longue (soit 40 +33+ 32 (=105) + 46 (86 - 40) soit 151. La différence entre les deux estimations est obtenue selon que l'on considère que les 11 actes des Républiques Fédérées examinés par la Cour Suprême l'ont été sur saisine du Présidium du Comité Central Exécutif ou directement sur initiative de la Cour. Dans ce cas il faut ajouter les 11 actes mentionnés par SCHROERDER et retrancher de ce total les 7 exemples de ce type mentionnés par DIABLO qui doivent donc être comptabilisés avec les 105 actes cités par cet auteur dans ce cas. Le total correspond à : 40 + 33 + 32 + 47 + 4 (11- 7) = 155. Bien que les projections soient dans ce domaine hasardeuses, les chiffres concernant les actes examinés autrement que sur requête de la Cour Suprême sont limités aux seules années 1925 - 1926. On peut estimer le nombre total à plus de 200.

[4] - Là encore, il apparaît délicat d'avancer un chiffre exact tant il faut distinguer entre les auteurs des saisines. Ainsi les affaires introduites par la Cour Suprême entraînent le plus souvent confirmation de la part du Présidium (77 %) alors que par exemple, les saisines effectuées par les organes des Républiques Fédérées conduisirent à un taux beaucoup moins élevé puisque sur 33 actes déférés entre 1925 et 1926, 19 furent rejetés soit 42,5 %

[5] - COLAS Dominique : TEXTES CONSTITUTIONNELS SOVIETIQUES - Collection que sais-je ? n° 2364 page 46 P.U.F. PARIS 1987.

constitutionnalité dans les Etats socialistes [1] montre que durant la période comprise entre l'entrée en vigueur de cette Constitution et 1968, on peut trouver un certain nombre d'exemples de déclarations de non-conformité à la Constitution de la part du Présidium du Soviet Suprême.
Ce phénomène tire son origine d'un livre publié en U.R.S.S en 1969 sur le Présidium du Soviet Suprême. Son auteur, F.I. KALINYCHEV [2] , indique qu'entre janvier 1938 et février 1968, le Présidium du Soviet Suprême a rendu 4 décrets concernant la non conformité de certains articles des Constitutions des Républiques Fédérées avec la Constitution de l'U.R.S.S. et dans le même temps, 6 décrets concernant la non conformité d'actes normatifs des Républiques Fédérées avec les constitutions et les lois de l'U.R.S.S (voir tableau page 150).
Cet apport très important de l'ouvrage de KALINYCHEV, bien que confirmé par des études soviétiques contemporaines [3], n'est pas toutefois irréfutable car bien que KALINYCHEV donne un certain nombre de précisions quant à ces décrets, aucune référence ne permet de confirmer leur existence et ce malgré une description très précise de ces affaires.

b) L'unilatéralité du contrôle.

197 L'unilatéralité du contrôle de l'application de la Constitution au sein du modèle socialiste de contrôle parlementaire se caractérise par deux éléments:
non seulement cette étude ne révèle l'existence d'aucune annulation d'actes adoptés par les plus hauts organes du pouvoir d'Etat, mais de plus, dans certaine circonstances, de tels actes ont été maintenus en vigueur à la suite d'une décision intervenue dans le domaine du contrôle de l'application de la Constitution bien que cette décision ait reconnu leur non conformité à la Constitution.
Si on analyse la jurisprudence existante, particulièrement la jurisprudence soviétique, on constate que l'organe de l'Union le plus élevé à avoir vu un certain nombre de ses actes juridiques déclarés non conformes à la Constitution, a été le Conseil des Commissaires du Peuple de l'U.R.S.S. en 1926. Il est important de relever qu'en 1926 cette institution pouvait juridiquement être considérée comme occupant le quatrième rang au sein des institutions soviétiques après le Congrès des Soviets de l'U.R.S.S, le Comité Central Exécutif et le Présidium du Comité Central Exécutif [4].
198 Ainsi, aucun acte juridique adopté par le Congres des Soviets, le Comité Central Exécutif et son Présidium n'ont jamais fait l'objet d'une telle sanction.
Au delà de cette limite, il faut remarquer que l'annulation d'une décision émanant du Conseil des commissaires du peuple est un phénomène limité qui va disparaître très

---

[1] - M. DOMAGALA- "KONTROLA ZGODNOSCI PRAWA Z KONSTYTUCJA W EUROPEJSKICH PANSTWACH SOCJALISTYCH" (Le contrôle de la conformité du droit à la Constitution dans les Etats socialistes européens) Ed WYDAWNICTWO PRAWNICE, VARSOVIE, 1986, page 34.
K.J. KUSS "New institutions in socialist constitutionnal law : the polish constitutional tribunal the hungarian constitutionnal council" Review of socialist law n° 12 , 1986, page 345.

[2] - F.I. KALINCHEV : PREZIDIUM VERHOVNOGO SOVETA SSSR (Le Présidium du Soviet Suprême de l'U.R.S.S.) Série GOSUDARTSVO I PRAVO 1969 MOSCOU, page 41.

[3] - ILYINSKI et CHETININ- "KONSTITUCIONNI KONTROL ..."-déjà cité.

[4] - Il faut relever que dans la pratique, le conseil des commissaires du peuple jouait un rôle plus important que son "rang" constitutionnel le laissait supposer.

rapidement en Union soviétique. En effet, si l'on se réfère à l'oeuvre de Viktor DIABLO et aux très nombreux exemples qu'il donne de la pratique du contrôle de constitutionnalité en U.R.S.S. entre 1923 et 1928, la déclaration de non conformité à la constitution de l'arrêté du 25 mai 1926 du Conseil des Commissaires du Peuple de l'U.R.S.S concernant "les droits de l'industrie commerciale médicale d'Etat pour les achats d'un contingent d'importations pour cause de santé publique" par le Présidium du Comité Central Exécutif, est le seul exemple de ce type [1]. Toutes les autres décisions adoptées par le Présidium du Comité Central Exécutif ne concernent que divers commissariats du Peuple et des organes qu'ils ont mis en place.
De plus, d'après Viktor DIABLO, "il est caractéristique de remarquer que les transgressions constitutionnelles des institutions de l'Union en 1926 ont diminué de moitié par rapport à 1925 (...) alors que dans le même temps les transgressions des Républiques Fédérées se sont beaucoup accrues"[2].

199 Ce phénomène s'amplifie, si l'on étudie la période postérieure. En U.R.S.S., il n'y a aucun acte juridique adopté par un organe d'Etat de rang supérieur qui ait fait l'objet d'une telle déclaration dans le cadre de la Constitution de 1936. La dernière décision de ce type semble être en U.R.S.S. la décision mentionnée plus haut relative à l'arrêté du 25 mai 1926.
Cette carence dans le contrôle des organes du pouvoir d'Etat est d'autant plus caractéristique qu'elle contraste avec un très grand nombre de violations du texte constitutionnel relevées par divers auteurs [3]. Cette disproportion entre les actes violant le texte constitutionnel et les actes effectivement déclarés non conformes illustre la non soumission de fait des détenteurs du pouvoir d'Etat à la Constitution. En effet, l'étude de la pratique étatique démontre que les très nombreuses modifications des textes constitutionnels intervenues de 1936 à 1977 [4] n'ont que très rarement été l'oeuvre du Soviet suprême. Celui-ci n'a le plus souvent qu'enregistré des révisions effectuées par le Présidium du Soviet Suprême ou même le Conseil des Ministres [5]. Il faut d'ailleurs relever que les modifications constitutionnelles effectuées par des organes et selon des procédures non reconnues par la Constitution ne sont pas l'apanage de la période de 1936. Les deux premières Constitutions pourtant fort peu rigides ont connu ce genre de phénomènes. V. DIABLO en présentant en 1929 un bilan du contrôle de constitutionnalité en URSS précisait que ce contrôle était réduit à cause "de la souplesse de la constitution de l'Union". Pour DIABLO, le "principe de délégation des pouvoirs des institutions supérieures allant même jusqu'à la délégation des pouvoirs constituants", avait été reconnu et accepté par les organes d'Etat soviétiques limitant ainsi l'exercice du contrôle de

---

[1] - V.DIABLO : Etude de 1928 , déjà citée ,page 105.

[2] - Etude de 1928 p. 113.

[3] - Voir par exemple pour l'URSS : Michel LESAGE. "Le présidium du Soviet Suprême"- RDP 1968.
Pour la POLOGNE : Z.C. SOCHACKI- "TRYBUNAL KONSTYTUCYJNY PRL"- (le Tribunal constitutionnel polonais) Editions INTERPRETACJE, VARSOVIE,1986.

[4] - M. Dominique COLAS auteur d'un recueuil des Constitutions soviétiques recence 36 modifications essentielles de ce texte. D. COLAS Textes Constitutionnels Soviétiques. Collection Que sais je N° 2364 P.U.F. PARIS 1987.

[5] - Voir à ce sujet parmi une très importante littérature, l'article de Michel LESAGE- "Le présidium du Soviet Suprême de l'URSS"- R.D.P. 1969 pages 619-625.

constitutionnalité [1]. Ainsi, sur la base de l'article 19 de la Constitution soviétique, le Présidium du Comité Central autorisa certains commissariats au Peuple à effectuer les modifications de structures de leur organisation au moyen d'ordre de département et à porter ces modifications ultérieurement à la connaissance du Comité Central Exécutif compétent pour procéder, avec le Congrès des Soviets de l'URSS, aux révisions constitutionnelles.

200 Il est donc dans la logique du régime soviétique (et du positionnement des pouvoirs au sein de l'Etat soviétique qui en découle) que la Constitution ne puisse pas être considérée comme une Constitution rigide, quelles que soient les dispositions se rapportant à l'organisation de sa révision. Tout comme l'ensemble du texte constitutionnel, ces dispositions, peut être encore plus que toutes les autres, n'ont qu'une portée indicative. Comme le soulignent les juristes soviétiques, en s'appuyant sur l'oeuvre de LENINE, si la rigidité des Constitutions des Etats bourgeois repose sur le fait que ces textes sont la matérialisation d'un compromis d'intérêts sociaux et économiques antagonistes (qu'il convient donc de "fixer"), la Constitution soviétique, en tant qu'expression de l'intérêt d'une seule classe sociale, est étrangère à cette notion. Il n'y a plus de compromis à garantir mais au contraire un intérêt unique qu'il ne faut pas limiter. Dans ce contexte, l'analyse des procédures de révision de la Constitution soviétique est un puissant révélateur à la fois de la relativité du texte constitutionnel et surtout des conséquences sur le contrôle de constitutionnalité. Non seulement ce dernier ne peut s'opposer aux révisions opérées par des organes d'Etat qui n'étaient pas investis de ce pouvoir par la Constitution, mais il doit intégrer ces actes dans leur activité au rang de normes de référence. A tel point que dans un rapport publié par le Comité central Exécutif en 1924 (relatif à l'exercice du contrôle de la constitutionnalité) au respect de la Constitution fut associé le respect "de ce qui est promulgué en développement de sa législation"[2]. Par cette extension, le contrôle de constitutionnalité apparaît donc comme totalement subordonné à l'expression de la volonté des détenteurs du pouvoir dans l'Etat. Son rôle ne peut excéder le contrôle de l'application dans les faits de cette volonté et ne peut pas constituer une opposition à ce pouvoir.

201 Ce phénomène apparaît d'autant plus important qu'il s'exprime parfois dans le cadre même de l'exercice du contrôle de constitutionnalité où, entre 1923 et 1929, un certain nombre de décisions montrent que le Présidium du Comité Central Exécutif et même la Cour Suprême de l'U.R.S.S. interprètent le texte constitutionnel de manière à soustraire les actes pris par les organes du pouvoir central à une obligation de conformité.

En effet, le contrôle de constitutionnalité permet aux organes suprêmes du pouvoir d'Etat d'agir hors du cadre constitutionnel. Ce paradoxe d'user du contrôle de constitutionnalité pour violer la Constitution est illustré par deux séries de décisions du Présidium du Comité Central Exécutif d'U.R.S.S. entre 1923 et 1929.

Ce fut le cas, notamment dans une première série de décisions relatives au problème de la délégation des pouvoirs au sein des organes d'Etat.

---

[1] - V. K. DIABLO - "SUDEBNAIA OHRANA KONSTITUCIJ " (La protection juridictionnelle de la Constitution) MOSCOU 1928 opus cité page 97 et 98.

[2] - cité par DIABLO, ibid page 97.

202 Sur la base de l'article 49 de la Constitution de l'U.R.S.S. de 1924, les commissariats du peuple sont organisés selon les actes promulgués par le Comité Central Exécutif de l'U.R.S.S. De ce fait, toute modification dans la structure de ces commissariats par eux-mêmes ne peut être autorisée sans la ratification du Comité Central Exécutif sous peine d'être considérée comme inconstitutionnelle. Ceci est illustré l'arrêté du Présidium du Comité Central Exécutif du 25 juillet 1924, par lequel fut déclaré non conforme à la Constitution l'ordre du Commissariat du Peuple des voies de communication concernant l'entrée en vigueur de la disposition sur la section centrale pour la construction des chemins de fer.

203 Toutefois le Présidium du Comité Central Exécutif, saisi dans ce domaine, autorisa certains commissariats du Peuple à effectuer les modifications de structure eux-mêmes sans obtenir la ratification du Comité Central Exécutif mais simplement en l'avisant ultérieurement [1]. Les travaux de DIABLO montrent par ailleurs que cette pratique n'a pas été limitée aux seuls organes du pouvoir d'Etat. En effet, par une décision inscrite au procès-verbal du Présidium du Comité Central Exécutif n° 43 de 1925, la Cour Suprême de l'U.R.S.S. a vu rejeté sa protestation contre la non conformité de suspension des actes du Conseil des Commissaires du Peuple de l'U.R.S.S. prononcée par les représentants des Républiques Fédérées auprès des Ministères. Pour le Présidium, si ce pouvoir de suspension (que les Républiques avaient conféré à leur représentant) était édicté en violation avec l'article 42 de la Constitution, il s'intégrait dans le droit de délégation des pouvoirs reconnus par le Présidium du Comité Central Exécutif [2].

204 Au-delà de cette première interprétation, le Présidium du Comité Central Exécutif utilise ses prérogatives en matière de contrôle de constitutionnalité pour limiter les droits reconnus par les Constitutions des Républiques Fédérées.
En effet le Présidium du Comité Central Exécutif d'U.R.S.S. a estimé que les institutions supérieures de la République Fédérée d'UKRAINE faisaient un usage abusif de l'article 59 de la Constitution Soviétique qui autorise ces organes à "suspendre les ordonnances des commissaires du peuples de l'U.R.S.S. en cas d'incompatibilité évidente avec la constitution fédérale"[3].

205 La motivation de cette décision est très intéressante, car pour le Présidium du Comité Central Exécutif, l'abus de la République d'UKRAINE [4] n'est pas constitué par des suspensions d'actes conformes à la Constitution mais par l'usage de l'article 59 vis-à-vis d'actes non conformes du Conseil du Travail et de la Défense (organe non prévu dans la Constitution et créé par décision du conseil des commissaires du peuple de l'U.R.S.S. et dont le rôle est tout à fait comparable à un commissariat du peuple). Ainsi, c'est au moyen du contrôle de constitutionnalité que l'on réduit la

---

[1] - Voir Viktor DIABLO. Etude de 1928, page 98. On peut citer l'exemple des transformations au sein du commissariat du peuple à l'inspection ouvrière et paysanne.

[2] - Ibidem.

[3] - Cette décision est évoquée par Viktor DIABLO, sans aucune référence de date, dans son étude de 1928 déjà citée , page 107.

[4] - Les organes de cette Républiques furent particulièrement actifs en matière de contrôle de constitutionnalité puisqu'ils furent les auteurs de la quasi totalité des requêtes déposées entre 1923 et 1929 devant le Présidium du Comité Central Exécutif, soit 27 demandes sur 33 pour toutes les Républiques.

possibilité de la République d'UKRAINE de se prémunir contre les actes inconstitutionnels [1] du pouvoir central.
Ainsi, le Présidium a "validé" indirectement ces diverses violations, en rendant une décision s'appuyant sur une analyse littérale des dispositions constitutionnelles. Mais le plus important est de remarquer que la méthode et le raisonnement utilisés par le Présidium relèvent une des constantes du contrôle de constitutionnalité (n'être qu'un instrument au bénéfice exclusif des gouvernants) la méthode pouvant dès lors être modifiée en fonction du but à atteindre.

206 Cela apparaît dans une seconde série de décisions où le Présidium du Comité Central va, contrairement à la solution précédente, se démarquer du texte constitutionnel pour interpréter l'acte incriminé en fonction de la notion du but révolutionnaire. Cette notion correspond au principe de supériorité de l'évolution de la société vers la mise en place d'une société socialiste sur les éléments juridiques statiques. Elle illustre parfaitement le positionnement du texte constitutionnel et du contrôle de son respect dans la société socialiste. L'organe chargé du contrôle doit non seulement confronter l'acte juridique incriminé avec la Constitution, mais également les dispositions de celle-ci avec le principe supra-constitutionnel que certains actes juridiques adoptés après l'entrée en vigueur de la Constitution, incarnant le développement des rapports sociaux, doivent être appliqués prioritairement. Cette problématique est illustrée par les décisions du Présidium du Comité Central Exécutif.

207 Le principe du rationnel révolutionnaire se trouve, dans une large série d'affaires, utilisé comme un complément au texte constitutionnel venant parfois même contredire ses dispositions. En août 1926, le Présidium du Comité Central Exécutif de l'U.R.S.S. a été saisi par le Comité Central Exécutif d'UKRAINE pour annuler un arrêté du Comité Central Exécutif et du Conseil des Commissaires du Peuple de l'U.R.S.S. adopté le 12 février 1926.

208 Ce texte, qui établissait le régime d'enregistrement et d'utilisation des marques de fabrique, contrevenait d'après le Comité Central d'UKRAINE à la répartition des compétences existant dans la Constitution soviétique entre l'U.R.S.S. et les Républiques Fédérées. Le Présidium rejeta cette argumentation en développant l'idée qu'au-delà de la Constitution, la centralisation de ce régime d'enregistrement était indispensable et s'imposait rationnellement [2].
En fait, cette décision, comme de nombreuses autres [3] intervenants en limitant la compétence des organes des Républiques Fédérées, est la conséquence du fait que le Parti communiste de l'U.R.S.S. a toujours considéré la Fédération soviétique "comme une forme de transition vers l'unité complète" [4].

209 Cette notion de but révolutionnaire révèle la véritable portée pratique du caractère instrumental du contrôle de constitutionnalité. Non seulement inopérant

---

1 - Dont personne ne conteste l'inconstitutionnalité.

2 - Voir à ce sujet, A.VINOKUROV. "L'activité du Présidium du Comité Central Exécutif ", déjà cité, page 117.

3 - Voir l'étude de Viktor DIABLO de 1928, notamment page 99.

4 - V. DIABLO. "Le développement de la Constitution de l'U.R.S.S. dans l'évolution de la pratique constitutionnelle"(Rapports réciproques des éléments statiques et dynamiques dans l'évolution de la Constitution Fédérale Soviétique) - SOVETSKOE PRAVO (Le droit soviétique) MOSCOU 1926 n° 3 page 21.

pour limiter l'activité des gouvernements, mais encore instrument de sa réalisation, il doit être considéré (avec d'autres) comme un élément permettant d'éviter les oppositions entre le texte constitutionnel et l'évolution socio-politique, afin que la seconde ne soit jamais limitée par la première. On trouver peut-être la meilleure illustration de ce phénomène sous la plume de Viktor DIABLO, à propos de la création du Conseil du Travail et de la Défense qui écrivait:
"quoique le statut de ce conseil ait été promulgué en violation formelle de la Constitution, il est évident qu'il est en parfaite concordance avec les principes fondamentaux de la Constitution mais aussi comme un instrument permettant d'assurer la traduction juridique de la volonté des détenteurs du pouvoir dans l'ordre constitutionnel de l'Etat socialiste " [1].
210 Ainsi le contrôle de constitutionnalité dans l'Etat socialiste dans le cadre du modèle socialiste du contrôle parlementaire, ne peut pas être envisagé autrement que comme un instrument au service du pouvoir dans l'Etat. S'appuyant sur une Constitution à force juridique unilatérale, limitée par l'autorité suprême du Parti communiste, la fonction unilatérale du contrôle de constitutionnalité, comme le note le doyen VEDEL, ne résulte pas "d'une espèce d'hypocrisie soviétique, qui tendrait à ce que les textes disent une chose et à ce que ces textes soient violés", mais bien "de la logique même de la conception Marxiste du Droit constitutionnel et correspondant aux affirmations officielles"[2].
211 De ce fait, la position du contrôle de constitutionnalité s'intègre parfaitement dans la conception finalisée du Droit, expression de la volonté de la classe dominante et instrument aux mains du Pouvoir pour construire la société socialiste. Pas plus que dans la doctrine soviétique les juges de la Cour suprême des Etats-Unis [3] sont considérés comme neutres, les titulaires du droit de contrôler la Constitution en URSS ne représentent autre chose que le Pouvoir soviétique réel auquel ils doivent être entièrement subordonnés et dont ils expriment la volonté.
Toutefois, le caractère unilatéral du contrôle de constitutionnalité en URSS ne suffit pas à rendre compte totalement de son intégration dans l'ensemble des instruments du pouvoir d'Etat.

Paragraphe 2 : Le modèle soviétique de contrôle comme processus spécifique d'application de la politique des gouvernants.

212 Alors que le premier fondement du contrôle de constitutionnalité au sein du modèle socialiste de contrôle parlementaire reposait sur l'unilatéralité du processus c'est sa finalisation qui va représenter son second fondement, c'est à dire constituer un processus spécifique d'expression et de mise en oeuvre de la volonté des gouvernants. Non seulement le contrôle de constitutionnalité n'est pas une

---

[1] - DIABLO Viktor. Etude de 1925, déjà citée, page 88.
[2] - Georges VEDEL - Les Démocraties Soviétiques et Populaires. Opus cité page 135.
[3] - Voir l'analyse de l'activité de la Cour suprême des U.S.A. faite par Viktor DIABLO "KONSTITUCIONNI'II KONTROL ZAKONOV ZA GRANCEJ I V SSSR"- (Le contrôle constitutionnel à l'étranger et en U.R.S.S.) SOVETSKOE PRAVO- 1925 N° (3) 15- pages 81 à 87.

limitation pour les détenteurs du pouvoir mais de plus il devient entre leurs mains un véritable "outil" pour mettre en place leurs décisions. Ainsi, le juriste DIABLO écrivait en 1929:

"Il faut mettre l'accent sur l'opposition complète du contrôle constitutionnel soviétique et bourgeois. Le contrôle constitutionnel dans l'Amérique bourgeoise sert les groupes sociaux qui ne peuvent obtenir la garantie de leurs intérêts dans la législation et c'est pourquoi ils opposent à la législation une politique judiciaire déterminée (...)

***Le contrôle constitutionnel en U.R.S.S., au contraire, est privé du caractère d'institution politique opposée aux institutions législatives, et bloquant la législation"*[1].**

213 Outre la confirmation de la spécificité de la conception du contrôle de constitutionnalité en U.R.S.S. et de son unilatéralité, l'analyse de DIABLO montre qu'il existe un parallélisme entre le contrôle de constitutionnalité et la politique appliquée dans l'Etat, le premier n'étant qu'un moyen (parmi d'autres) d'accomplissement de la seconde. Ainsi pour reprendre une expression employée dans la doctrine soviétique, le contrôle de constitutionnalité ne consiste pas en "un frein pour la législation mais en une assistance à la législation"[2].

Le contenu de cette fonction est double. Il consiste tout d'abord en une assistance directe à la législation, c'est à dire sanctionner toute violation éventuelle du texte constitutionnel au sein des actes juridiques adoptés par les différents organes chargés d'appliquer et de reproduire les principales décisions adoptées au plus haut niveau du pouvoir, et une assistance indirecte c'est à dire éviter que de tels manquements ne puissent se répéter en procédant à une véritable rééducation de leur auteur.

214 Par le premier élément on vise la réduction immédiate des divers obstacles pouvant empêcher une bonne application des mesures décidées, alors que par le second on tend a garantir cette application dans l'avenir en réduisant les causes de ces manquements au texte constitutionnel. Le contrôle de constitutionnalité dans l'Etat socialiste vise donc non seulement à la répression des manquements au texte constitutionnel [3] mais aussi à l'éducation des comportements. Le droit (et le contrôle de constitutionnalité) est alors outil d'éducation. Cette fonction, que l'on trouve indirectement dans la jurisprudence occidentale[4], s'inscrit dans un processus beaucoup plus volontariste dans l'Etat socialiste.

A) L'assistance directe à la législation : le contrôle comme garantie de l'application des décisions des gouvernants.

---

[1] - V. DIABLO, étude de 1928, page 111.

[2] - Ibid. Le terme de législation est entendu dans un sens très large, englobant Constitution et loi, pour signifier la politique soviétique exprimée par la voie des actes normatifs.

[3] - sous réserve des éléments précédemment développés.

[4] - Voir à ce sujet: L. FAVOREU - "Rapport général sur l'Europe occidentale". In: L. FAVOREU et J. A. JOLOWICZ. "Le contrôle juridictionnel des lois, effectivité, légitimité et développements récents". Actes du colloque de l'Association Internationale des Sciences Juridiques (UPPSALA 1984) Ed. ECONOMICA PUAM 1986, pages 64 et 65.

215 Intégrée dans un cadre idéologique ou le droit n'est considéré que comme l'instrument de la politique, le contrôle de constitutionnalité reflète directement cette relation.
Puisque le droit ne vaut que comme expression d'une politique, le contrôle de l'application de la Constitution ne vaudra qu'en temps que contrôle de l'application de cette politique au travers des actes juridiques. Cette notion éclaire la réelle portée des éléments constitutifs du modèle socialiste et met en évidence la encore leur cohérence avec le cadre idéologique dans lequel ils fonctionnent. En effet cette conception de la finalité du contrôle explique les choix faits en matière de d'organe et de définition de sa compétence: on désigne un organe politique pour appliquer une politique. Il n'y a pas de spécificité particulière au contrôle de constitutionnalité car sa fonction de contrôle ne révèle aucune différence fondamentale avec le mécanisme de décision politique (tant en ce qui concerne l'attitude du contrôleur que l'étendue de ses possibilités d'action).
Ainsi, tout comme pour le caractère unilatéral du contrôle la jurisprudence sanctionne la cohérence entre le cadre idéologique et l'organisation du modèle socialiste de contrôle parlementaire en même temps quelle précise le contenu de cette notion d'assistance directe.

1) La cohérence des éléments constitutifs avec le cadre idéologique.

216 La désignation du contrôle de l'application de la Constitution en tant qu'élément d'assistance de la législation repose sur deux notions: l'intégration du contrôle au sein du processus politique d'adoption de la législation et la possibilité pour l'organe chargé de ce contrôle d'intervenir dans tous les domaines concernés par l'application de la législation. Tout comme dans les situations précédentes, les deux éléments constitutifs du modèle socialiste de contrôle parlementaire, par le rejet de toute neutralité et par extension de la notion de contrôle de l'application de la Constitution, s'intègrent pleinement dans cette fonction, le premier élément se rapportant à l'esprit de cette assistance et le second à ses conditions de déroulement.

a) Le rejet de la neutralité

217 Les deux éléments constitutifs du modèle socialiste de contrôle parlementaire s'intègrent dans la fonction d'assistance directe à la législation: par leur rejet de toute notion de neutralité (tant organique que matérielle) ils inscrivent le contrôle de l'application dans une perspective identique à celle qui a prévalu lors de l'adoption de la législation que ce contrôle a pour mission d'assister. L'adoption et le contrôle ne sont que deux aspects d'un même processus, d'une même volonté. L'absence (le rejet?) de tout dédoublement fonctionnel prévu par les textes et a fortiori , l'absence de tout dédoublement organique ne sont pas exclusivement des choix opérés entre des techniques de contrôle. Ce sont surtout des choix entre des conceptions différentes: l'absence de neutralité de l'organe de contrôle et l'absence de règles spécifiques conduisent à intégrer le contrôle de constitutionnalité dans la dominante politique des décisions de l'organe de contrôle.

- *Le rejet de la neutralité organique*

218 L'organe chargé du contrôle n'est pas conçu comme neutre telles que peuvent l'être les juridictions occidentales. Il fait au contraire partie d'un tout. En tant qu'organe du pouvoir soviétique, il n'est que la traduction institutionnelle de la volonté politique de la classe ouvrière au pouvoir. Il est en quelque sorte dans son domaine l'instrument de cette volonté. De ce fait, que ce soit dans le cadre des Constitutions de 1918 et de 1924 ou de celle de 1936, il ne peut donc pas y avoir de neutralité dans ce genre d'organes. Bien au contraire, toute la logique de leur fonctionnement les conduit à reproduire dans leur domaine d'activité la volonté politique manifestée par les organes les plus élevés dans l'Etat. Ce caractère anti neutraliste n'est jamais remis en cause dans le système soviétique, quelle que soit la définition de l'organe compétent, les juridictions n'étant pas considérées comme devant faire exception à ce principe. Ainsi entre 1923 et 1929 (période pendant laquelle la Cour suprême de l'URSS a été très étroitement associée à l'exercice par le Présidium du Comité Central Exécutif du contrôle de constitutionnalité), l'intervention successive d'un organe juridictionnel et d'un organe politique ne signifiait pas deux examens basés sur des considérations fondamentalement différentes: "La Cour suprême d'URSS en tant qu'institution de contrôle constitutionnel ne mène aucune politique judiciaire particulière différente de la politique des institutions législatives, puisque toutes les institutions du pouvoir soviétique sont similaires par leurs éléments de classe et de parti"[1].

219 Ce rejet de la neutralité dans la conception même de l'organe de contrôle lui impose donc de refléter dans sa décision à la fois les considérations de Droit, c'est à dire les exigences des textes juridiques (principalement de la Constitution), mais aussi des considérations politiques, c'est à dire l'expression de la volonté exprimée par le Parti communiste au travers d'une institution publique. Les secondes, exprimant l'avenir, "dominent" les premières, qui ne reflètent que des décisions politiques déjà prises et donc fatalement dépassées par les nouvelles.

L'absence de neutralité organique n'est que le reflet du rejet de la neutralité matérielle.

- Le rejet de la neutralité matérielle.

220 L'absence de procédures spécifiques permet au Parlement d'intégrer le contrôle de constitutionnalité dans la totalité de ses pouvoirs. Il peut non seulement annuler (ou suspendre) l'acte juridique incriminé, mais surtout réformer le contenu de l'acte, du fait de son pouvoir normatif. Dans ce sens, il intervient directement dans le processus d'élimination de la non conformité. Ne pouvant fonctionner (du fait de l'absence de règles spécifiques) que selon les procédures générales de fonctionnement, sa compétence en matière de contrôle de constitutionnalité ne peut s'exprimer qu'au travers des règles de fonctionnement d'un organe politique à vocation générale, c'est à dire comme participant au gouvernement de l'U.R.S.S. Le droit soviétique n'introduit aucune idée de dédoublement fonctionnel entre les deux fonctions. Bien au contraire, elles forment un tout. Le contrôle de constitutionnalité n'est qu'un aspect de la compétence politique du Soviet Suprême ou de son Présidium, c'est à dire un aspect du gouvernement soviétique. Cette globalité des pouvoirs correspond à la

---

[1] - V. DIABLO, étude de 1928, page 111.

distinction évoquée précédemment entre les deux autorités des actes juridiques des Etats socialistes: autorité formelle juridique et autorité matérielle politique.
Par l'annulation, le Parlement sanctionne la dimension juridique (formelle) de l'acte; par la réformation il sanctionne la dimension politique de ce même acte.

221 Ce caractère actif a été particulièrement développé dans la doctrine des Etats socialistes. En effet, durant cette période (entre 1936 et 1963) la doctrine officielle exprimait l'idée que la logique de l'organisation du contrôle de constitutionnalité reposait sur le fait que c'est le socialisme qui garantissait le développement de la constitutionnalité. Sur cette base, c'est bien une conception volontariste qui est mise en place, le respect de la Constitution étant dépendant du degré de développement du socialisme dans l'Etat. De ce fait, l'organisation du contrôle de constitutionnalité est là encore non seulement soumise aux exigences de cette construction, mais aussi doit en constituer un des éléments moteurs. Ce phénomène est illustré par les définitions donnés par les juristes soviétiques de la notion même du contrôle constitutionnel. En effet dans la plus part des définitions avancées sont mis en avant deux éléments : la diversité des procédures mais aussi l'intégration de cette notion dans la fonction politique des organes d'Etat. Ainsi, EREMENKO [1]estime que doit être intégré dans cette activité "non seulement la mise en évidence des actes normatifs inconstitutionnels mais aussi celle des actions des individus jusqu'à l'adoption des mesures de contrainte d'Etat". De même pour A. BOBROVA et T D. ZRASEVSKAJA[2] le contrôle constitutionnel se présente comme la fonction " des institutions Supérieures représentatives effectuée en permanence dans le processus de réalisation de toute la compétence (sans exception) du Soviet Suprême et de son Présidium". Enfin la définition la plus intéressante du contrôle constitutionnel et de ses relations avec l'exercice du pouvoir politique est apportée par les Professeurs ILYINSKY et CHETININ [3] dans un article publié dans la revue SOVETSKOE GOSUDARTSVO I PRAVO (en 1969) proposaient une définition en cinq points. Le contrôle de constitutionnalité vise à:

-garantir le respect précis et permanent de la Constitution au sein de l'activité des institutions d'Etat,

-mettre en évidence et éliminer les actes et les normes de Droit contraires à la Constitution,

-prévenir de la non constitutionnalité des actes nouvellement adoptés,

-garantir la conformité des Constitutions Républicaines,

-résoudre les litiges concernant la compétence des institutions d'Etat.

L'ensemble des missions définies par les deux juristes soviétiques montrent bien, que la nature même du contrôle de l'application de la Constitution dans l'Etat socialiste est totalement intégré dans l'activité politique des organes d'Etat. Il ne s'agit plus de contrôler des actes mais bien de reprendre la décision.

---

1 - EREMENKO M. "SOVETSKAJA KONSTITUCIJA I ZAKONNOST"- (La Constitution Soviétique et la légalité) SARATOV 1982 pages 131 132 133.

2 - A. BOBROVA et T.D. ZRASEVKAJA "OTVETSTVEINOST' V SISTEME GARANTIJ KONSTITUCIONNYH" (La responsabilité dans le système des garanties des normes constitutionnelles), VORONEJ 1985 page 103.

3 - ILYINSKY et CHETININ. KONSTITUCIONNY I KONTROL ZA OHRANA KONSTITUCIONNOII ZAKONOSTI V SOCIALISTICESKIH STRANAH.(Le contrôle constitutionnel dans les Etats socialistes)- SOVETSKOE GOSUDARSTVO I PRAVO -1969 n° 9 Page 41 (souligné par nous).

222 La notion d'assistance à la législation se trouve également reproduite dans la notion de contrôle de l'application de la Constitution du fait de l'étendue des choix opérés (compétence du Parlement et rejet de la spécificité). En effet, la liberté d'action précédemment évoquée a également des conséquences importantes sur la nature de la mission de contrôle et ses différents domaines d'application.

b) L'étendue du contrôle de l'application de la Constitution.

223 N'étant enfermé dans aucune limite posée par un texte qui organiserait ses compétences et s'appuyant au contraire sur sa position d'organe suprême du pouvoir d'Etat, le Parlement va agir pleinement dans le cadre de cette fonction d'assistance à la législation qui pour être efficace exige d'être étendue à tous les domaines pouvant concerner les conditions d'application de la législation.
Cette extension va se manifester dans trois directions: les domaines concernés par le contrôle, les actes juridiques soumis à ce contrôle et la définition de la "norme de référence".

- Les domaines concernés par le contrôle

224 Pour monter l'étendue des domaines concernés par le contrôle constitutionnel on peut de nouveau se reporter aux définitions proposées par la doctrine soviétique et notamment à celle des Professeurs ILYINSKY et CHETININ[1]. D'après cette définition cinq domaines seraient particulièrement concernés par le contrôle constitutionnel:

-garantir le respect précis et permanent de la Constitution au sein de l'activité des institutions d'Etat,

-mettre en évidence et éliminer les actes et les normes de Droit contraires à la Constitution,

-prévenir de la non constitutionnalité des actes nouvellement adoptés,

-garantir la conformité des Constitutions Républicaines,

-résoudre les litiges concernant la compétence des institutions d'Etat.

225 Cette définition (dont le caractère large est confirmé par d'autres juristes soviétiques) [2] met en évidence la complexité du contrôle dans le modèle soviétique. Cette complexité se reflète dans le texte constitutionnel soviétique lui-même et dans celui des Etats socialistes européens entre 1945 et 1963. L'étude de l'ensemble des treize Constitutions des Etats socialistes à cette période démontre l'existence de deux types de dispositions attribuant compétence à un organe d'Etat dans ce domaine.

---

[1] - ILYINSKY et CHETININ. KONSTITUCIONNY I KONTROL ZA OHRANA KONSTITUCIONNOII ZAKONOSTI V SOCIALISTICESKIH STRANAH.(Le contrôle constitutionnel dans les Etats socialistes)- SOVETSKOE GOSUDARSTVO I PRAVO -1969 n° 9 Page 41.

[2] - Ainsi EREMENKO lors d'une conférence prononcée à SARATOV en 1982 propose de définir le contrôle constitutionnel comme la mise en évidence des "actes normatifs anti constitutionnels mais aussi la mise en évidence des actions et du rétablissement du droit transgressé par les individus jusqu'à l'adoption de mesures de contrainte d'Etat."- Extrait de ORZINH, CERKES et VASSILIEV- "PRAVOVAJA OHRANA KONSTITUCII V SOCIALISTICESKON GOSUDARTVE " (La protection juridique de la Constitution)- SOVETSKOE GOSUDARSTVO I PRAVO 1988 déjà cité page 6.

La première catégorie est constituée par des articles attribuant compétence au Parlement, ou le plus souvent au Présidium, pour contrôler et (souvent) annuler certaines catégories d'actes juridiques si ceux-ci ne sont pas conformes à la Constitution. Il s'agit dans ce cas d'un contrôle de constitutionnalité au sens strict, c'est à dire la confrontation d'un acte juridique avec une norme constitutionnelle en vue d'une vérification d'un lien de conformité entre les deux. Si cette conformité n'est pas établie, l'acte juridique de rang inférieur (selon une technique parfois différente selon les Etats et les types d'actes) disparaît [1].
La seconde catégorie de dispositions, que l'on ne retrouve pas explicitement dans tous les textes constitutionnels [2] et qui ne concerne que les Parlements, est de nature différente. Ces dispositions confèrent le pouvoir de contrôler l'application de la Constitution [3].
226 Dans cette seconde situation, il ne s'agit plus de l'examen d'un acte juridique déterminé en fonction de sa conformité au texte constitutionnel, mais d'une mission beaucoup plus large (définie par IYLINSKI et CHETININ) et qui concerne le contrôle des actes juridiques et des activités matérielles des organes d'Etat, quelque soit leur nature et leur auteur.

- *Les actes soumis au contrôle.*

227 Le second élément qui ressort de l'analyse des structures au sein du modèle soviétique de contrôle parlementaire de la constitutionnalité est le très grand nombre de textes qui sont soumis au contrôle de constitutionnalité. Alors que la conception occidentale s'attache le plus souvent au contrôle des lois votées par le Parlement, la conception soviétique ne coïncide pas avec cette notion. Les lois du Soviet Suprême sont le plus souvent insusceptibles de tout contrôle puisque adoptées par un organe de rang supérieur à l'organe principalement chargé en URSS de veiller à l'application de la Constitution[4] et exprimant la volonté politique du Pouvoir soviétique. Au contraire, dans la conception soviétique, un très grand nombre d'actes juridiques hormis les lois, mais aussi un certain nombre d'agissements matériels résultants de

---

1 - Cette première catégorie concerne les articles suivants:

Article 53 /4	de la constitution	Albanaise de 1946
Article 58/3	"	1954
" 20/2	"	Hongroise 1949
" 65	"	Tchécoslovaque 1948
" 73 /4	"	Yougoslave de 1947
" 72/6	"	Roumaine de 1948
" 35	"	Bulgare de 1947
" 49	"	Soviétique de 1936.

2 - Toutefois certains membres de la doctrine des Etats socialistes estiment que ce droit découlant de la position suprême du parlement se trouve implicitement contenu dans toutes les Constitutions socialistes. Pour la HONGRIE voir à ce sujet : Geza KILENYI "Parliamentarism and government in one party system" Studies on hungarian state and law, Academiai KIADO BUDAPEST 1968, page 78.
pour la POLOGNE: S.GEBERT "Le contrôle de constitutionnalité des lois dans la République Populaire de Pologne", Droit Polonais Contemporain, 1980, n°1/2 page 6.

3 - Dans le texte de trois Constitutions, c'est la même expression qui est employée:
Article 14 de la Constitution soviétique de 1936
Article 44 de la Constitution yougoslave de 1947
Article 23 de la Constitution roumaine de 1952.

4- Encore que la pratique soviétique de 1936 à 1977 a vu le Présidium prendre des décrets qui procédaient à la modification de lois.

l'activité des organes publics soviétiques pouvant être déférés devant le Présidium du Soviet suprême (dans le cadre de la Constitution de 1936) au motif de non respect des dispositions constitutionnelles. On peut donc à la fois parler d'une compétence plus réduite dans la conception soviétique que dans la conception occidentale puisque les lois sont virtuellement exclues de ce contrôle, mais aussi d'une compétence plus large, puisque un nombre beaucoup plus élevé d'éléments sont soumis aux exigences de ce contrôle.

228 L'étude des différentes catégories d'actes juridiques contrôlés par les organes du pouvoir d'Etat soviétique au regard de leur conformité au texte constitutionnel fait apparaître une extraordinaire diversité. Dans l'étude de Viktor DIABLO, on peut relever quatre catégories d'actes juridiques émanant des organes du Pouvoir d'Etat et cinq autres catégories émanant quant à elles des organes des Républiques Fédérées [1]. Cette diversité se retrouve dans la période 1936 - 1968 et dans la période postérieure avec, pour chaque période, trois catégories d'actes contrôlés[2]. Cette diversité, mais aussi la valeur de ces actes dans le système juridique soviétique, sont particulièrement caractéristiques du modèle soviétique et s'oppose aux exemples occidentaux. Contrairement à ces derniers, ils excluent les lois et les autres actes juridiques principaux du contrôle de la constitutionnalité et ils représentent un ensemble beaucoup plus diversifié.

Il faut noter que cette diversité , bien que n'ayant jamais été remise en cause durant la période étudiée a toutefois connu une évolution tant quantitative que qualitative.

Evolution quantitative d'une part car si la période 1923-1929 avait été marqué par une très importante pratique, la période suivante (correspondant à l'entrée en vigueur et à l'application de la Constitution de 1936) a vu une très nette diminution des décisions rendues dans ce domaine.

229 Evolution qualitative ensuite, En effet, très rapidement, alors que les premières années de fonctionnement du contrôle de constitutionnalité avaient vu un certain équilibre entre les déclarations de non-conformité des actes Fédéraux et Républicains, seuls les actes émanant des organes des Républiques Fédérées vont faire l'objet de telles procédures. Si ce phénomène apparaît sous la Constitution de

---

[1] - **<u>Période 1924-1929:</u>**

<u>Actes des Républiques Fédérées</u>

. Constitution
. Arrêtés des Comités Centraux Exécutifs
. Arrêté conjoint du Conseil des Commissaires du Peuple et du Comité Central Exécutif
. Instruction électorale d'un Comité Central du Peuple Exécutif
. Arrêté du Conseil de Commissaires du Peuple

<u>Actes des organes d'Etat</u>

. Actes des différents Commissariats du Peuple
. Arrêté du Conseil Supérieur de l'Economie Nationale
. Arrêté du Conseil Militaire Supérieur
. Arrêté du Conseil des Commissaires de l'URSS

(Source Viktor DIABLO, déjà cité , étude 1928)

[2] - **<u>Période 1936-1968:</u>**

Constitution des Républiques Fédérées
Lois des Républiques Fédérées
Codes pénaux des Républiques Fédérées
(Source: KALINYCEV- <u>"PREZIDIUM VERHOVNOGO SOVETA SSSR"</u>- Opus cité pages 41 à 43.

1936, il semble qu'il commence à devenir effectif dès 1926. A cette date, note Viktor DIABLO, "il est caractéristique de remarquer que la quantité des transgressions constitutionnelles des Institutions de l'Union en 1926 a diminué de 2 fois par rapport à 1925.. (...) alors que dans le même temps, les transgressions des Républiques Fédérées se sont beaucoup accrues". Ainsi, l'accent est mis dès 1926 sur le développement du contrôle des actes des Républiques Fédérées.

230 Toutefois, cette évolution ne doit pas être considérée comme une remise en cause du caractère instrumental du contrôle de constitutionnalité. Bien au contraire, elle démontre un phénomène inverse : en limitant de plus en plus son exercice aux seuls actes juridiques chargés finalement de reproduire une volonté déjà exprimée dans les actes du Pouvoir Central, elle s'intègre totalement dans la fonction de reproduction de la volonté politique des gouvernants. Là encore, c'est la distinction entre les actes "de volonté" et les actes devant reproduire cette volonté qui doit être retenue : le rejet du champ d'application des décisions du Conseil des Ministres se fonde sur l'importance de son rôle dans l'Etat soviétique en tant qu'organe chargé d'édicter les principales mesures d'application des décisions politiques adoptées par le Bureau Politique du P.C.U.S. et "enregistrées" par le Parlement. On se trouve toujours ici dans une tâche de création et non de reproduction.

231 Contrairement à l'occident où le rôle du contrôle de constitutionnalité est de limiter l'exercice du pouvoir (et les actes juridiques les plus importants), le contrôle exercé dans le modèle socialiste est d'assurer par tous la reproduction des décisions du pouvoir. Il apparaît donc normal qu'il se situe principalement aux "endroits" les plus éloignés du centre de décisions, puisque plus susceptible de générer des erreurs d'appréciation l'application des actes juridiques fondamentaux [1].

- *La définition de la norme de référence.*

232 L'analyse des décisions adoptées en U.R.S.S. montre que la définition de la norme de référence en matière de contrôle de l'application de la Constitution a toujours été conçue de manière très large, associant le plus souvent les lois soviétiques au texte constitutionnel. Par conséquent, il ressort de la rédaction des différentes décisions que l'acte juridique n'est pas seulement déclaré non conforme aux dispositions constitutionnelles mais à l'ensemble du système juridique soviétique. Cette extension a pris deux formes particulières.

Dans un premier temps, un très grand nombre de décisions vont considérer que la violation par des actes juridiques d'une loi soviétique sert de "révélateur" à la violation constitutionnelle.

233 Dans cette situation, on est en présence du raisonnement suivant: un acte juridique adopté par un organe du pouvoir d'Etat ou d'une République Fédérée s'oppose à une loi soviétique (ou à un autre type d'acte juridique adopté par un autre organe d'Etat), cette violation matérielle directe montre que l'un des deux organes a indirectement violé les dispositions constitutionnelles qui lui imposaient une

---

[1] - Il est d'ailleurs symptomatique de relever que, dés 1928 Viktor DIABLO en conclusion de son étude indiquait quelles devaient être les principales évolutions du contrôle constitutionnel en URSS et qu'il avait retenu le développement des moyens de contrôle des Républiques Fédérées. Ces demandes avaient déjà été faites en 1927 par M. I. VASSILIEV IOVJEIN dans la revue "VESTNIK VERHOVNOGO SUDA SSSR" 1927 n°1 page 7.

limitation de ses compétences au détriment du premier organe d'Etat. On pourra dès lors évoquer une inconstitutionnalité par "ricochet".

234 Ainsi, le 25 juillet 1924, le Présidium du Comité Central Exécutif reconnut inconstitutionnel l'ordre du Conseil Supérieur de l'Economie nationale de l'U.R.S.S. concernant la création de la direction administrativo-financière au motif de sa non-conformité avec la loi relative au Conseil Supérieur de l'Economie Nationale de l'U.R.S.S. Le Présidium du Comité Central Exécutif a statué, suivant ainsi l'avis de la Cour Suprême de l'U.R.S.S., en estimant qu'il devait faire observer le respect de la Constitution "et de ce qui est promulgué en développement de sa législation"[1]. Cette décision fixant le principe de l'extension du bloc de constitutionnalité va recevoir une application constante dans la "jurisprudence" du Présidium du Comité Central Exécutif. On peut citer, entre autres décisions, celle du 10 avril 1925 qui a reconnu un acte du Conseil Supérieur de l'Economie Nationale incompatible avec le décret du Conseil des Commissaires du Peuple de l'U.R.S.S. du 12 septembre 1924 et par la même la méconnaissance des articles 19 et 38 de la Constitution de 1924, articles introduisant une relation de subordination entre les actes du Commissariat du Peuple au regard de ceux adoptés par le Comité Central Exécutif.

235 Une telle relation entre la Constitution et les principales normes juridiques soviétiques a trouvé un large reflet dans tous les problèmes de répartitions des compétences entre l'Union et les Républiques Fédérées. De ce fait, on trouve une rédaction semblable dans la quasi-totalité des décisions de ce genre intervenues entre 1936 et 1968 [2]. Dans la quasi-totalité, des cas évoqués par F. KALINYCEV [3], on se retrouve dans une situation comparable. Ainsi, la déclaration de la non-conformité de l'article 21 de la loi sur le système judiciaire de la République d'ARMENIE s'appuie directement sur l'article 13 des fondements de la législation sur le système judiciaire de l'U.R.S.S. et des Républiques Fédérées et autonomes et indirectement sur l'article 14 alinéa U de la Constitution de 1936 [4].

236 Le second type de rédaction des décisions adoptées dans ce domaine par le Présidium du Comité Central Exécutif et plus tard par le Présidium du Soviet Suprême, bien que faisant directement intervenir la référence au texte constitutionnel comme motif unique de déclaration de non-conformité, tend toutefois à intégrer également les principales lois et autres actes juridiques principaux du système soviétique. Le schéma de la décision apparaît beaucoup plus classique puisque,

---

[1] - Voir V.DIABLO, étude de 1928, déjà cité, page 97.

[2] - Dans la période comprise entre 1926 et 1929, ces décisions sont particulièrement nombreuses et intéressent à la fois des déclarations de non-conformité pour des actes fédéraux et des actes des Républiques. Ainsi, la décision du Présidium du Comité Central Exécutif de 1927 a déclaré non conformes à la Constitution les actes adoptés par le Commissariat du Peuple du Travail, le 27 mars 1925. Cette circulaire fut reconnue non conforme car elle était en contradiction avec l'article 175 du Code des Lois sur le travail de la RFSFR. Pour la Cour Suprême de l'U.R.S.S. (qui a porté l'affaire devant le Comité Central Exécutif) des modifications du Code des lois sur le Travail ne peuvent être admises qu'après autorisation des Comités Centraux Exécutifs des Républiques Fédérées. La violation du Code du Travail de la RFSFR démontrait que l'acte adopté par le Commissariat du Peuple de l'U.R.S.S. méconnaissait les dispositions des articles 3 et 18 de la Constitution de l'U.R.S.S.- Voir : VESTNIK VERHOVNOGO SUDA SSSR ("Le Messager de la Cour Suprême ") n° 2,1926, pages 43, 44.

[3] - F. I. KALINYCEV- "PRESIDIUM VERHOVNOGO SOVETA SSSR"- (Le Présidium du Soviet Suprême de l'U.R.S.S.), MOSCOU 1969, pages 41 à 43.

[4] - Les autres exemples concernant cette catégorie de décisions, cités par KALINICEV, concernent le plus souvent les codes pénal et de procédure pénale des Républiques Fédérées.

contrairement à ce que l'on vient de voir, la référence au texte constitutionnel est directe: l'acte incriminé est directement comparé au contenu de la Constitution.
Ainsi, la décision du Présidium du Soviet Suprême de l'U.R.S.S. relative à la loi du 14 mai 1947, adoptée par le Soviet Suprême de la République Fédérée de MOLDAVIE, est déclarée constitutionnelle en raison de son opposition avec l'article 83 de la Constitution soviétique de 1936.

237 Cette définition de la norme de référence est très significative de la conception instrumentale du contrôle de constitutionnalité dans le modèle socialiste de contrôle parlementaire. Il s'agit d'assurer le respect de la volonté des détenteurs du pouvoir dans l'Etat au travers du système des actes normatifs. Cette volonté doit s'imposer car elle représente les mesures rationnelles voulues par tous dans le sens de la construction du socialisme.
Dans ce processus, la Constitution ne représente qu'un seul élément symbolisant cette volonté qui s'incarne dans l'ensemble des actes en vigueur et qui doit donc servir de référence. Il n'y a pas en URSS de "norme suprême unique", mais des normes suprêmes qui révèlent l'existence de cette volonté et qui s'imposent de la même manière à celles qui seraient en opposition avec cette volonté.

2) La jurisprudence, reflet de cette cohérence.

238 L'analyse du contenu des décisions rendues en matière de contrôle de l'application de la Constitution permet de révéler le contenu de la notion d'assistance à la législation et reflète la cohérence existant entre les éléments constitutifs et le cadre idéologique.
Cette fonction d'assistance directe à la législation, dans la jurisprudence soviétique, se limite à un ensemble précis de matières. D'après l'étude du contenu de ces décisions, le contrôle de constitutionnalité a principalement rempli une fonction de rationalisation en assurant, de la part des organes d'Etat, le respect d'un certain nombre de règles de fonctionnement, principalement dans le domaine de la répartition des compétences.

239 La rationalisation du fonctionnement des organes du pouvoir d'Etat au travers du contrôle de constitutionnalité est un élément qui est apparu très tôt dans la conception du modèle socialiste de contrôle parlementaire.
Dès 1925, Viktor DIABLO, en comparant les expériences soviétiques et américaines, pouvait écrire qu'une des tâches primordiales du contrôle constitutionnel en U.R.S.S. était d'éviter les conflits entre les sept organes du pouvoir qui pouvaient disposer de compétences normatives. Cette conception "organisationnelle" (qui va correspondre à la notion de constitution "norme d'organisation" définie par STOUCHTCKA en 1926 [1]) est illustrée en U.R.S.S. par une série de décisions qui concernent des problèmes de structures et de compétences des organes d'Etat.

240 Il ressort de ces éléments que si le contrôle de constitutionnalité constitue en U.R.S.S. et dans les autres Etats socialistes un moyen d'expression des gouvernants, c'est un moyen mineur, au sens qu'il ne met pas en cause des problèmes d'une

---

[1] - I. P. STOUTCHKA- "OCSENIE GOSUDARSTVA PROLETARIAT I KRESTYANSTVAIEVO KONSTITUCI"- (Enseignement de l'Etat du Prolétariat et de la paysannerie et de sa Constitution) MOSCOU, 1926, page 291.

importance politique fondamentale [1]. Il ne concerne en effet que les modalités techniques d'application des décisions du pouvoir en garantissant un fonctionnement des organes conforme à ce qui a été prévu par la Constitution.
Par conséquent il procède à une "coordination juste de l'activité des institutions supérieures de l'Union et des Républiques Fédérées"[2], mais sans trancher sur le fond des actes pris par ces institutions. C'est donc surtout la dimension "organisationnelle" qui est mise en évidence.

241 De ce fait, DIABLO distingue les violations de structures (c'est-à-dire la mise en place ou la modification de la structure d'un organe d'Etat par des organes non constitutionnellement investis de cette tâche), les violations de compétences ou de concordance (c'est-à-dire les relations entre les compétences des organes d'Etat et des Républiques Fédérées) et les violations du régime de promulgation des différents actes juridiques (catégorie principalement relative aux conditions de promulgation des actes).
Ainsi peut on distinguer deux types de violations, celles relatives à la structure des organes d'Etat posée par la Constitution et celles relatives aux règles de fonctionnement de ces organes d'Etat.

a) Les violations de la Constitution en matière de structure

242 Ce premier type d'affaire concerne à la fois les modifications intervenues dans la structure des organes d'Etat et les créations d'organes selon des procédures non conformes à la Constitution. Il s'agit donc d'une rationalisation "organique" de l'activité des institutions étatiques. Le contrôle de l'application de la Constitution vise non seulement dans cette circonstance à garantir la structure prévue par le texte constitutionnel mais aussi à faire en sorte que toute décision prise à l'avenir par le pouvoir soviétique soit exécutée dans un cadre institutionnel dont il conserve l'entière maîtrise. Ce type de décisions est intervenu tant vis à vis des actes émis par les organes d'état que par ceux des Républiques Fédérées.

- Les violations de structure émanant des organes du pouvoir central.

243 D'après les études de Viktor DIABLO, particulièrement celle de 1928, ce premier type de violation du texte constitutionnel de 1924 du fait de l'activité des organes d'Etat concerne à la fois les modifications intervenues dans la structure des organes d'Etat du fait de décision d'organes incompétents et les créations d'organes non prévus par la Constitution.
Le Présidium du Comité Central Exécutif a en effet à de nombreuses reprises sanctionné les modifications intervenues dans l'organisation des commissariats du peuple qui avaient eux-mêmes procédé à ces changements.

---

[1] - Voir A.N.VINOKUROV- "SOVETSKOE STROITEL'STVO" (L'édification soviétique), n°1, 1927, page 112.
[2] - V. DIABLO, étude de 1928, page 111.

Ainsi, les dispositions adoptées par le Conseil Supérieur de l'Economie Nationale concernant la création en son sein d'une direction administrativo-financière, d'une section étrangère furent déclarées non conformes à la Constitution [1] (procès-verbal n° 51 du 10 avril 1925). De même, fut déclaré inconstitutionnel l'ordre du commissariat du peuple des voies de communication relatif à la création d'une section centrale pour la construction des chemins de fer à l'intérieur même de ce commissariat.

244 Comme dans la première affaire, le Présidium du Comité Central Exécutif de l'U.R.S.S, dans un arrêté du 25 juillet 1924 justifia son raisonnement en s'appuyant sur l'article 49 de la Constitution disposant que toute modification dans la structure des commissariats du peuple doit être ratifiée par le Présidium du Comité Central Exécutif. Toutes les décisions dans ce domaine adoptées par les commissariats sans la ratification du Présidium sont prises en violation avec la Constitution.

Des décisions comparables sont intervenues vis-à-vis de créations de nouvelles structures. Ainsi, le Conseil Supérieur de l'Economie Nationale qui, en 1924, créa une commission d'arbitrage et le Conseil Militaire Révolutionnaire qui mit en place une "garde d'escorte de l'U.R.S.S." ont vu leur décision annulée par le Présidium du Comité Central Exécutif [2] après requête déposée par la Cour Suprême d'U.R.S.S. (procès-verbal de la Cour Suprême du 5 décembre 1924).

D'après DIABLO, de semblables affaires ont, à partir de 1926, diminué car les commissariats du peuple concernés ont obtenu du Comité Central Exécutif, une autorisation spéciale (ou même générale) de transformation des structures en cas de nécessité.

- Les violations de structures émanant des organes des Républiques Fédérées

245 L'étendue des pouvoirs du Présidium du Comité Central Exécutif en matière de contrôle de l'application de la Constitution ne permet pas de sanctionner les actes pris par les organes des Républiques Fédérées en matière de modifications structurelles d'une manière aussi complète que celles décidées par les organes du Pouvoir d'Etat. Toutefois, l'article 5 de la Constitution lui fournit une certaine potentialité d'action dans ce domaine.

Sur la base de cet article qui impose aux Républiques Fédérées d'introduire des changements dans leur Constitution en conformité avec ceux pouvant intervenir dans la Constitution soviétique, le Présidium du Comité Central Exécutif a pris un certain nombre de décisions.

Ainsi, la République Socialiste Fédérative Soviétique de TRANSCAUCASIE a, dans sa Constitution et dans les dispositions générales concernant les commissariats du peuple de la R.S.F.T.S. [3], introduit des éléments non-conformes à la Constitution de l'U.R.S.S. selon la Cour Suprême de l'U.R.S.S. et le Présidium du Comité Central de l'U.R.S.S.(Viktor DIABLO, dans son étude de 1928, signale un autre type de violations: la transformation par des décisions d'organes des Républiques Fédérées, d'organes relevant directement du Pouvoir Central).

---

[1] - Voir DIABLO, étude de 1928, déjà cité page 101 et notamment le rapport d'activité du Comité Central Exécutif présenté au IIIème Congres des Soviets pages 125 et 126.

[2] - Voir DIABLO, étude de 1925, déjà cité page 90.

[3] - Adoptées lors de la 2ème session du Comité Exécutif Central du 24 septembre 1924.

Des décisions de ce type sont également intervenues dans la période postérieure à 1936.

246 Pour KALINYCEV [1] , le Présidium du Soviet Suprême a établi que la loi adoptée par le Soviet Suprême de la République Fédérée de MOLDAVIE le 14 mai 1947 sur la formation du gouvernement de la République moldave, et qui concerne l'entrée dans le Conseil des Ministres de cette République du responsable de la direction générale de l'industrie des matériaux de construction, du responsable du Ministère délégué aux approvisionnements et du responsable du Ministère délégué à la communication, est contraire à l'article 83 de la Constitution soviétique qui ne prévoit pas ces autorités comme membres du Conseil des Ministres des Républiques Fédérées. Le Présidium du Soviet Suprême de l'U.R.S.S., en vertu des article 20 et 49 point C de la Constitution de l'U.R.S.S., a donc transmis au Soviet Suprême de la République Fédérée la déclaration de non-conformité de la loi du 14 mai 1947. Cette déclaration demandait au Soviet Suprême moldave de prendre toute mesure pour mettre en conformité la loi incriminée avec l'article 83 de la Constitution de l'U.R.S.S. Cette déclaration a été reconnue par le Soviet Suprême Moldave.

Toutefois, ce genre de décision a été relativement rare et la principale composante des décisions à l'égard des Républiques Fédérées correspond aux violations des règles de compétence.

b) Les violations de la Constitution en matière de règles de compétence.

247 Dans cette seconde catégorie d'affaire (numériquement plus importante si l'on se réfère aux travaux de DIABLO et de VINOKUROV) on ne peut plus parler de rationalisation organique de l'activité des institutions étatiques, mais de rationalisation "matérielle". En effet, les décisions qui sont intervenues dans ce domaine concernent la compétence des différents organes du pouvoir. Là encore, le Présidium du Comité Central Exécutif, puis à partir de 1936 le Présidium du Soviet Suprême, ont développé une jurisprudence visant à ce que toutes les décisions adoptés par ces organes le restent dans le champ des compétences qui leur ont été attribué par le texte de la Constitution. Ainsi, tout comme pour les violations de structures, l'assistance à la législation se caractérise par la volonté à la fois de garantir l'application des textes prévoyant la répartition des compétences au sein des institutions mais aussi de garantir que les mesures adoptées dans l'avenir seront exécutées dans le cadre prévu.

Dans cette seconde catégorie, on doit distinguer deux types d'affaires : les usurpations de compétence et les litiges en cas de partage de compétence.

- Les usurpations de compétence

[1] - F. I. KALINICEV- "PREZIDIUM VERHOUNOGO SOVETA S.S.S.R.", (Le Présidium du Soviet Suprême de l'U.R.S.S.) - MOSCOU 1968 - page 42.

248 L'usurpation de compétence, c'est à dire l'exercice par un organe de compétences qui apparaissent appartenir à d'autres institutions de par le texte constitutionnel, a été souvent sanctionnée, qu'elle proviennent des organes d'Etat ou de ceux des Républiques Fédérées.

249 Le Présidium du Comité Central Exécutif de l'U.R.S.S. a (entre 1924 et 1929) principalement sanctionné les arrêtés et ordonnances adoptés par les Commissariats du Peuple de l'U.R.S.S. au détriment des compétences des organes des Républiques Fédérées.
Le 27 mars 1925, le Commissariat du Peuple au Travail adopta un texte qui excluait des assurances d'Etat toute une série de travailleurs tels que les blanchisseuses domestiques, les couturiers ainsi que nombre d'autres professions "de courte durée" au motif que la perception de la part que devait verser leur employeur à l'Etat s'avérait techniquement délicate.
250 La Cour Suprême de l'U.R.S.S. se saisit de cette affaire et son plénum affirmait l'inconstitutionnalité de cette mesure en s'appuyant sur l'article 175 du code des lois sur le travail de la R.S.F.S.R. (et d'autres Républiques Fédérées). D'après cet article, "les assurances s'étendent à toutes les personnes qui sont salariées, indépendamment de leurs conditions de travail". Ainsi, pour le Plénum de la Cour Suprême, toute modification des dispositions législatives contenues dans les codes républicains non autorisée par les Comités Exécutifs Centraux des Républiques Fédérées doit être considérée comme violant l'article 3 de la Constitution qui reconnaît le droit à la souveraineté de chaque République fédérée. De plus, pour la Cour Suprême, le fait de priver de droits certaines catégories de travailleurs constitue également une violation de l'article 18 de ce même texte qui dispose que toute "règle qui introduit des changements radicaux dans la pratique existante des organismes publics de l'U.R.S.S. doit être obligatoirement soumise à l'approbation de l'U.R.S.S.".
251 Sur la base de cette argumentation, le Présidium du Comité Central Exécutif de l'U.R.S.S. confirma la décision de la Cour suprême et procéda à la suspension du texte du commissariat du Peuple au Travail.
Cet arrêté (qui venait préciser une autre décision du Présidium du Comité Central Exécutif de l'U.R.S.S. du 11 août 1924 concernant la déclaration de non-conformité à la Constitution d'un arrêté du Comité Central Exécutif de la R.S.F.S.R.) a été confirmé par une autre déclaration de non-conformité d'une instruction du Conseil Supérieur de l'Economie Nationale et du Conseil Central des syndicats de l'Union Soviétique. Ce texte, qui concernait le régime d'utilisation et de conservation des fonds pour l'amélioration des conditions de vie des travailleurs, en établissant que les constructions d'habitations collectives des travailleurs pouvaient être financées à 75 % par ces fonds, fut considéré par le Présidium du Comité Central Exécutif, le 26 février 1926, comme violant les droits reconnus aux comités centraux des Républiques Fédérées et de ce fait, en contradiction avec la Constitution de l'U.R.S.S. Là encore, il s'agissait de l'usurpation par les organes de l'U.R.S.S. des compétences appartenant aux Républiques Fédérées.

252 Cette usurpation a parfois revêtue une forme différente. En effet, la violation par les organes du Pouvoir central de compétences attribuées aux Républiques Fédérées a pris, dans de nombreux cas, la forme d'actes émis par les commissariats

du peuple de l'Union des R.S.S. qui étendaient les effets des ordonnances des Commissariats du Peuple de la République Socialiste Fédérative Soviétique de RUSSIE à l'ensemble de l'U.R.S.S.
Une des première décision à être intervenue dans ce domaine concerne la déclaration de non-conformité à la Constitution par le Comité Central Exécutif de l'U.R.S.S. de la circulaire du Commissariat du Peuple du Commerce Extérieur qui étendait sur le territoire des Républiques Fédérées un texte adopté par le Commissariat du Peuple aux affaires intérieures de la R.S.F.S.R. du 31 juillet 1924.

253 Là encore, c'est sur la base de la violation de l'article 3 du texte constitutionnel que se fonde la décision du Présidium. L'application à l'ensemble des Républiques Fédérées de mesures décidées à l'échelle de la RUSSIE par les Commissariats du Peuple de l'Union a été considérée par le Présidium du Comité Central Exécutif comme une usurpation des compétences des Républiques Fédérées (autre que la R.S.F.S.R.). De même fut annulée par le Présidium du Comité Central Exécutif, au motif du non-respect des dispositions de l'article 3 de la Constitution, la circulaire du Commissariat du Peuple du commerce extérieur du 31 novembre 1924 qui étendait la circulaire du commissariat au peuple des affaires intérieures de la R.F.S.S.R. concernant le régime de perception des amendes par la milice à tout le territoire de l'U.R.S.S, sans l'accord préalable des Républiques Fédérées [1].

254 Toutefois, l'usurpation des compétences des Républiques Fédérées n'a pas constitué l'intégralité des violations commises par les organes du pouvoir central. Outre les usurpations de compétence déjà mentionnées, le Présidium du Comité Central Exécutif a également sanctionné entre 1924 et 1929 deux autres comportements des commissariats du peuple de l'U.R.S.S: l'usurpation des compétences par un commissariat ou une institution centrale des compétences appartenant à d'autres commissariats de l'Union et même aux organes supérieurs tel que le Comité Central Exécutif ou son Présidium.

255 Ces problèmes mettant en relation exclusivement des organes du Pouvoir central peuvent être illustrés par deux décisions publiées au "VESTNIK VERHOVNOGO SUDA" en 1926 et 1927 [2].
Dans le premier cas, le Présidium du Comité Central Exécutif a reconnu inconstitutionnelle la formation d'une section d'assurance de la direction des Transports du Commissariat du Peuple des Transports par eaux. Cette section s'était vue confiée une série de fonctions qui mettait en place un régime déguisé d'assurance des marchandises. Pour le Présidium du Comité Central Exécutif, cette attribution était en opposition avec l'arrêté du Conseil des Commissaires du Peuple de l'U.R.S.S. du 12 novembre 1924 qui désignait l'assurance des marchandises comme un monopole du commissariat du peuple aux Finances et de sa direction générale d'assurance d'Etat. Cette décision n'est pas la seule à être intervenue dans ce domaine; V. DIABLO cite la décision du Présidium du Comité Central Exécutif du 28 juillet

---

[1] - Voir DIABLO, étude de 1928, déjà cité page 103. et étude de 1925 page 91. On doit également mentionner à ce sujet, l'arrêté du Présidium du Comité CentralExécutif du 28 janvier 1926 qui a reconnu inconstitutionnelle la décision du Commissaire du Peuple des Voies de communication d'étendre au territoire soviétique les circulaires adoptées par les Commissariats du Peuple de la justice et du travail de R.S.F.S.R.

[2] - "VESTNIK VERHOVNOGO SUDA" (Le messager de la Cour suprême) 1926, n°2 page 37 et "VESTNIK VERHOVNOGO SUDA" 1927 n°1 page 45.

1925 prise contre l'ordre du Commissariat du Peuple aux voies de communication du 7 avril 1924 "concernant l'établissement du tarif pour l'utilisation du réseau télégraphique" [1].
Dans le second cas, le Présidium du Comité Central Exécutif de l'U.R.S.S. a sanctionné les arrêtés des 7 et 12 juillet 1926 de la commission centrale des actes de naissance auprès du Conseil du Travail et de la Défense et du commissariat du peuple au commerce. Ces deux textes qui mettaient en place un régime de responsabilité pénale furent annulés par la Cour Suprême du fait de leur violation du principe selon lequel la responsabilité pénale ne peut être déterminée que par un acte d'un organe suprême du pouvoir central[2].

256 Enfin un troisième type d'usurpation de compétence de la part des organes du Pouvoir central a été causé par des violations de règles de compétences de la part d'organes du Pouvoir central constituées par le non-respect des procédures de promulgation des actes. Le présidium du Comité Central Exécutif a eu, dans la plupart des cas, à examiner des décisions prises par les commissariats du Peuple de l'U.R.S.S. en opposition avec les dispositions de l'article 54 de la Constitution. D'après cet article, les commissariats du peuple unifiés peuvent envoyer des ordres aux commissariats du peuple des Républiques Fédérées qui portent la même dénomination. Mais les commissariats du peuple de l'U.R.S.S. envoyaient également leurs indications aux autres organisations et au peuple directement. Par sa décision du 25 juin 1924, le Présidium du Comité Central Exécutif rejeta de telles pratiques et confirma son interprétation en juillet 1925.

257 De semblables violations ont été commises par les organes des Républiques Fédérées et sanctionnées par le Présidium du Comité central Exécutif.
En matière d'attribution par des organes des Républiques Fédérées de compétences appartenant exclusivement aux organes du pouvoir soviétique, une des plus importantes source des décisions du Présidium du Comité Central Exécutif a été constituée par la violation de l'article 1 point k de la Constitution soviétique de 1924. De nombreuses mesures adoptées dans les Républiques Fédérées en contradiction avec cet article concernant la compétence exclusive de l'U.R.S.S. en matière fiscale et budgétaire ont été annulées par décision du Présidium du Comité Central Exécutif.
De cette manière furent reconnus inconstitutionnels par le Présidium les arrêtés adoptés par le Comité Central Exécutif d'UKRAINE du 16 octobre 1924 qui concernaient l'introduction des perceptions particulières pour la lutte contre l'analphabétisme et par le Conseil des Commissaires du Peuple de cette même République qui étaient relatifs aux déductions des entreprises industrielles et commerciales pour les besoins culturels [3].
258 Ces deux textes, en s'opposant à l'article 107 de la disposition soviétique sur les finances locales, ont été considérés comme contrevenant à la répartition des compétences effectuée par l'article 1 de la Constitution.

---

[1] - Voir DIABLO, étude de 1928, déjà cité page 103.
[2] - Ibid page 103. Cette formulation semble faire référence à l'article 1 de la Constitution qui fixe la liste des matières exclusivement réservées aux organes suprêmes du pouvoir d'Etat de l'URSS.
[3] - Voir V. DIABLO, étude de 1928, précité, page 106.

Le Présidium du Comité Central Exécutif de l'U.R.S.S. a également déclaré non conforme à la Constitution, l'arrêté du Comité Central Exécutif et du Conseil des Commissaires du Peuple de la R.S.F.S de RUSSIE du 22 mars 1923 concernant l'instauration de perceptions sur le bétail pour l'organisation des industries vétérinaires de TURKMENIE. De même, l'arrêté adopté par le Comité Central Exécutif de la République de TRANSCAUCASIE du 19 janvier 1925 autorisant la perception d'un impôt spécial local dans la ville de BATUM fut déclaré non conforme pour les mêmes raisons.
La répartition des compétences en matière financière ne fut pas pour autant le seul domaine d'intervention du Présidium du Comité Central Exécutif.
On peut citer la déclaration de non-conformité à la Constitution de l'arrêté pris par le Comité Central Exécutif et le Conseil des Commissaires du Peuple de Transcaucasie du 15 mars 1926, concernant la lutte contre les accidents de chemin de fer [1].
Tout comme pour les organes du pouvoir central, le Présidium du Comité Central Exécutif eut à connaître de violations des règles de compétences comme le non-respect des règles de promulgation. Certaines Républiques Fédérées ont promulgué des lois fédérales sous la forme d'actes émanant de leurs institutions et se sont donc vu parfois contrôlées par le Présidium du Comité Central Exécutif de l'U.R.S.S. Ce fut le cas de la TRANSCAUCASIE dont certains actes furent déclarés non conformes à la Constitution, le 6 février 1925 [2] (procès-verbal n° 44).

- Les litiges en cas de partage de compétence

259 La seconde série de violations des règles de compétences concerne non plus l'attribution de compétence par un organe qui appartiennent constitutionnellement à un autre organe, mais le dépassement de compétences d'un organe d'Etat vis-à-vis d'un autre organe avec lequel il partage dans un domaine donné des pouvoirs. Il n'y a donc pas, dans cette situation, attribution de compétence dans un domaine ou l'on en possède aucune, mais dépassement des compétences que l'on possède.

260 Ce genre de violation de la part des organes du pouvoir central se produisit au détriment d'autres organes de ce pouvoir central, mais surtout à l'encontre des organes des Républiques Fédérées. On peut citer pour le premier cas la décision du Présidium du Comité Central Exécutif qui, sur requête de la Cour Suprême, déclara non conforme à la Constitution l'ordre du Conseil Supérieur de l'Economie nationale du 20 mai 1924 qui accordait à l'un des membres du Présidium de cet organe (T. BOGDANOV) le droit d'entériner les contrats d'entreprise et de fourniture de plus de 100 000 roubles. Cet acte étant en opposition avec la loi du 12 septembre 1924 du Comité Central Exécutif de l'U.R.S.S [3].

261 De même, furent reconnues inconstitutionnelles les règles adoptée en matière de production industrielle dans la commission de classement du conseil supérieur de l'économie nationale. Ces règles, qui prévoyaient une large compétence pour cette commission, étaient en opposition avec l'article 3 de la disposition régissant son activité et qui fixait avec précision la compétence de cette commission.

---

[1] - Voir DIABLO étude de 1928, déjà cité page 107.
[2] - Ibid page 108 (cette affaire est également évoquée dans l'étude de 1925 du même auteur page 91).
[3] - Procès verbal du Présidium du Comité Central Exécutif du 10 avril 1925.

Toutefois, la majorité des affaires de ce genre concernait les relations entre les organes du pouvoir soviétique et ceux des Républiques Fédérées. Ainsi, on peut avancer deux exemples qui relèvent des compétences en matière de fiscalité. Le Présidium du Comité Central Exécutif déclara ainsi non conforme à la Constitution la décision du commissariat du peuple des finances de l'U.R.S.S. du 12 février 1926 prise en contradiction avec le régime de la présentation des plaintes d'appel en matière fiscale de la plupart des Républiques Fédérées [1].
Des décisions identiques sont également apparues en matière d'assurance et d'importation. En 1926, le Présidium du Comité Central Exécutif de l'U.R.S.S. déclara non conforme aux règles de répartition des compétences dans la Constitution les décisions du Conseil Supérieur de l'Economie Nationale de l'U.R.S.S. du 27 février 1926 et du Conseil des Commissaires du Peuple de l'U.R.S.S. du 25 mai 1926.

262 Dans la première affaire, le régime général des opérations d'assurance adopté contredisait la législation des Républiques Fédérées à l'égard des entreprises d'importance républicaine et locale. Dans la seconde, l'arrêté du Conseil des Commissaires du Peuple concernait les droits de l'industrie commerciale médicale d'Etat pour les achats d'un contingent d'importation pour cause de santé publique [2].
Au-delà des problèmes économiques, d'autres domaines d'activité ont été concernés par des décisions comparables du Présidium du Comité Central Exécutif. A titre d'exemple, on peut citer la décision prise pour déclarer non conformes à la Constitution les mesures adoptées par le Conseil Supérieur de l'Economie Nationale de l'U.R.S.S dans le domaine des ordres concernant le régime de conservation et de systématisation des matériaux, des archives des entreprises dépendant de ce conseil à cause de leur méconnaissance de la législation des Républiques Fédérées et en particulier de la République d'UKRAINE qui avait saisi à ce sujet le Présidium du Comité Central Exécutif [3].

263 Dans cette seconde série de violations des règles de compétences qui concerne les matières où les deux niveaux du pouvoir de l'U.R.S.S. et les Républiques fédérées peuvent intervenir conjointement, le Présidium du Comité Central Exécutif eut également à intervenir entre 1924 et 1929 pour sanctionner de la part des Républiques Fédérées, l'adoption de mesures intervenant en opposition avec la législation soviétique en vigueur. Cette intervention eut lieu notamment sur la base des articles 19 et 38 du texte constitutionnel qui établissent la primauté des actes fédéraux sur ceux des Républiques [4].
Le Comité Central Exécutif de l'U.R.S.S, le 10 mai 1925, en suivant ainsi les conclusions du plénum de la Cour Suprême de l'U.R.S.S., annula pour inconstitutionnalité l'arrêté du Comité Central Exécutif de la République de RUSSIE du 22 septembre 1924 concernant les tribunaux militaires et le procureur militaire qui établissait la subordination ces institutions de contrôle à l'armée et à la marine militaire. En effet, cette disposition avait été prise en contradiction avec la loi sur la

[1] - DIABLO - étude de 1928 déjà cité, page 104
[2] - Procès verbal du Présidium du Comité Central Exécutif n° 52 (1926).
[3] - V. DIABLO, étude de 1828, page 105.
[4] - Article 19 : Tous les décrets, arrêtés et ordonnances promulgués par le Comité Central Exécutif doivent être exécutés obligatoirement et immédiatement sur tout le territoire de l'U.R.S.S.

Cour Suprême de l'U.R.S.S. qui est compétente pour la direction des juridictions militaires soviétiques.

264 De même, en 1926 et 1927, les arrêtés adoptés par le Comité Central Exécutif et le Conseil des Commissaires du Peuple de TRANSCAUCASIE (relatif à la gestion des livres commerciaux, aux droits de la population rurale en matière d'affaires locales) par le Commissaire du Peuple au voies de communication de cette même République (relatif aux sanctions disciplinaires à l'intérieur de ses services) et par le Comité Central Exécutif d'UKRAINE (relatif aux élections) furent reconnus par le Présidium du Comité Central Exécutif de l'U.R.S.S. comme transgressant la législation soviétique et de ce fait inconstitutionnel sur la base de l'article 19.

Il faut relever que ce contrôle ne s'est pas limité aux Républiques slaves et s'est notamment exercé à l'égard des actes adoptés par les Républiques orientales de l'Union. Trois exemples peuvent être donnés à ce sujet.

265 Dans les Républiques socialistes de BOUKARA, de TURKMENIE et en République OUZBEK, trois mesures furent ainsi déclarées non conformes à la Constitution[1].

Dans le cadre de la Constitution de 1936, le Présidium du Soviet Suprême de l'U.R.S.S. prit un certain nombre de décisions comparables. Ce dernier est notamment intervenu pour relever un certain nombre de non conformités dans les codes pénal et de procédure pénale de certaines Républiques avec les fondements applicables dans ce domaine dans toute l'U.R.S.S., constituant ainsi une violation du principe posé à l'article 14 point U de la Constitution de l'U.R.S.S. En l'espèce, on peut citer l'article 26 du Code pénal de la République Socialiste Fédérative Soviétique de RUSSIE qui déterminait que la déportation (au sens de déplacement de population) n'est pas applicable aux femmes enceintes et à celles qui sont en charge d'enfants de moins de huit ans. Pour le Présidium du Soviet Suprême, cette disposition s'opposait à l'article 24 des fondements de la législation pénale de l'U.R.S.S. qui ne prévoyait cette limitation que dans les situations de déportation coercitive (au sens de placement dans un camp de détention).

266 Un reproche identique a été fait aux articles 51 et 61 du Code de procédure pénale de RUSSIE et d'AZERBAIDJAN qui, en contradiction avec l'article 23 des fondements de la procédure judiciaire d'U.R.S.S., ont considérablement accrus les droits des avocats au cours de l'instruction préalable. L'article 372 du Code de procédure pénale de la R.S.F.S.R. avait réservé le droit aux substituts du Procureur et aux Présidents des Chambres de la Cour Suprême de cette République le droit de suspendre l'exécution d'un jugement. Cet article a été reconnu en opposition avec l'article 48 des fondements de la procédure pénale de l'U.R.S.S. de même que l'article 377 de ce même Code de procédure pénale qui disposait qu'un tribunal jugeant une affaire dans le cadre de la surveillance judiciaire pouvait appeler à l'audience, outre un condamné, une personne déjà disculpée et son avocat.

---

[1] - Introduction du 31 janvier 1925 de République de BOUKARA déclarée non conforme par le Présidium du Comité Central Exécutif le 8 janvier 1926
- Disposition relative aux délits militaires dans l'arrêté du 17 novembre 1926 de TURKMENIE déclarée non conforme en 1927
- Article 9 de la disposition relative à l'organisation des Commissariats du Peuple de la République OUZBEK déclarée non conforme par le Présidium du Comité Central Exécutif en 1927 (P.V. n° 77) - Source V. DIABLO - Etude de 1928, déjà cité, page 108.

Pour KALINYCHEV [1], ce ne sont là qu'une partie des non-conformités relevées dans les codes des Républiques Fédérées. Toutes ces divergences ont été notifiées par le Présidium du Soviet Suprême de l'U.R.S.S. aux Présidiums des Soviets Suprêmes des Républiques Fédérées concernés puis éliminées.

267 D'autres cas similaires mis en lumière par le Présidium du Soviet Suprême concernaient les lois adoptées par certaines Républiques en matière d'organisation judiciaire.
Ainsi, le Soviet Suprême de la République Fédérée d'ARMENIE avait adopté une loi de ce type dont l'article 21 contredisait l'article 13 des fondements de la législation sur le système judiciaire de l'U.R.S.S. en prévoyant la ratification du règlement de l'advokatura par le Présidium du Soviet Suprême de la République Fédérée (au lieu du Soviet Suprême).
Cet article 21 fut déclaré anticonstitutionnel par le Présidium du Soviet Suprême de l'U.R.S.S., ce qui conduisit le Soviet Suprême d'ARMENIE (le 7 mars 1961) à adopter une nouvelle loi sur l'organisation judiciaire.

268 Cette fonction d'assistance directe à la législation ne constitue pas, malgré son importance, l'intégralité de la mission du contrôle de l'application de la Constitution. Celui ci se voit attribuer une finalité éducative, dont le but sera de prévenir des violations futures du texte constitutionnel. Il ne s'agit plus d'une répression mais d'une éducation. On pourra alors parler d'une assistance indirecte à la législation, car le résultat de cette éducation sera de mettre en place dans le futur les conditions optimales à sa bonne application.

B) L'assistance indirecte à la législation : le contrôle en tant que processus éducatif du corps social.

269 Ce concept d'"éducation constitutionnelle" avancé par la doctrine soviétique repose, là encore, sur une approche idéologique du contrôle de constitutionnalité, et débouche sur un processus d'exécution très particulier des décisions rendues.
En effet, la nature de la relation entre l'Etat et le citoyen dans la théorie générale du Droit soviétique imprime une autre logique à la pratique du contrôle constitutionnalité. Alors que dans la conception occidentale, le déclenchement d'une procédure de contrôle de constitutionnalité repose presque toujours sur une relation conflictuelle (majorité-opposition) qui pour les auteurs socialistes témoigne d'un antagonisme de classe, la structure sociale unifiée en URSS et la symbiose d'intérêt existant le peuple et l'Etat, en modifiant le contexte occidental de déclenchement du processus de contrôle, a également des conséquences (au moins théoriques) sur son exercice en introduisant une notion d'éducation constitutionnelle au moyen du contrôle de constitutionnalité et en évacuant généralement tout élément conflictuel au sein de cette relation.

[1] - F. I. KALINYCEV, opus cité page 43.

1) Les fondations théoriques de cette relation

270 La nature des relations sociales dans les Etats occidentaux introduisant pour les juristes soviétiques une logique de répression dans la relation juridique existante dans le cadre du contrôle de constitutionnalité, la remise en cause du rapport de force social pré révolutionnaire et la progressive extinction des antagonismes sociaux (avec la disparition de la bourgeoisie en tant que classe sociale) devait entraîner une remise en cause, au moins partielle, de cette logique répressive.
Si le contrôle de constitutionnalité n'est que le processus de répression des lois inconstitutionnelles au bénéfice de la classe des exploiteurs, parce qu'impulsé par des groupes sociaux aux intérêts antagonistes (la lutte des classes jouant ainsi un rôle de moteur de la "production" d'actes juridiques inconstitutionnels) comment expliquer son maintien dans le cadre d'une société où la mise en commun des moyens de production après la révolution a dans un premier temps nié tout moyen d'expression politique[1] aux représentants de l'ancienne minorité exploiteuse et dans un second temps réalisé l'unité sociale et donc fait disparaître la principale cause de rupture avec le texte constitutionnel?
271 Ce problème est d'autant plus accentué à partir de 1936. Si les deux premiers textes constitutionnels reconnaissaient l'existence d'une classe sociale minoritaire antagoniste, la Constitution de 1936 fait disparaître les mesures discriminatoires adoptées par ses deux devancières avec la proclamation du suffrage universel, témoignant ainsi de l'unification sociale de l'URSS autour des deux classes des ouvriers et des paysans, dont les intérêts loin d'être hostiles selon STALINE, "sont au contraire basés sur l'amitié"[2].
Cette approche des relations sociales soviétiques pose certains problèmes quant au rôle de la relation juridique. VICHINSKI ayant défini en 1938 le rôle du Droit comme l'expression de la volonté de la classe dominante garantie par la force coercitive de l'Etat, on peut s'interroger sur le sens de cette définition dans une société soviétique sans antagonismes sociaux (donc sans classe dominante) et sur le besoin d'un élément coercitif, alors que le droit appliqué résulte de la volonté de ceux qui devront le respecter.
272 Cette opposition apparut rapidement aux juristes soviétiques. Dès 1939, le Président de la Cour Suprême soviétique GOLJAKOV [3], dans la revue SOVIETSKAJA JUSTICIJA (la justice soviétique) objecta à VICHINSKI de n'avoir pas pris en compte qu'il n'y avait plus d'opposition de classe dans l'Etat soviétique. A la suite de cela, d'autres définitions du Droit furent avancées pour adapter la proposition de VICHINSKI à la "réalité" sociale soviétique. Ce dernier a alors

---

[1] - Les deux premières Constitutions soviétiques vont exclure les représentants de l'ancienne "classe des exploiteurs" de toute participation au processus politique, notamment électoral où le droit de suffrage est limité par l'article 64 de la Constitution de 1918 à"ceux qui gagnent leur vie par un travail utile et productif à la Société" ainsi qu'aux soldats et aux marins de l'armée Rouge. L'article 7 de ce même texte dispose qu' "au moment de la lutte décisive du Prolétariat contre ses exploiteurs, il ne peut y avoir de place pour eux dans aucun des organes du pouvoir."

[2] - J. STALINE- "Sur le projet de Constitution"- Rapport présenté au VIII Congrès des Soviets de l'U.R.S.S. le 25 Novembre 1936. cité par Dominique Colas <u>Textes constitutionnels soviétiques</u> - Opus cité page 68.

[3] - GOLJAKOV - <u>SOVETSKAJA JUSTICIA</u> (La justice Soviétique)- N°1 1939 Problems of the Soviet law. Cité par R. SCHLESINGER - <u>"SOVIET LEGAL THEORY"</u>- Routledge et Keegan Paul LTD (2 Ed.) LONDRES 1951, page 243 et s.

proposé une autre définition dans son ouvrage "THE LAW OF THE SOVIET STATE" [1] :
"Le Droit soviétique est un ensemble de règles de conduite établies sous forme législative, sous l'autorité des ouvriers et exprimant leur volonté. L'effectivité de ces règles est garantie par la force coercitive de l'Etat soviétique dans le but de défendre, d'assurer et de développer des relations avantageuses et agréables pour les ouvriers et pour annihiler le capitalisme dans le domaine économique, la manière de vivre et la conscience humaine d'une manière définitive, dans le but de construire une société communiste".

273 L'intégration dans le schéma mis en place en 1938 de la notion d'unité sociale a posé le problème de la véritable nature de la relation juridique entre un Etat et une population qui sont les représentants de la même classe sociale.
Ce problème qui, rappelons le, existait depuis 1918 dans le droit constitutionnel soviétique avec l'exclusion de tout élément social antagoniste des organes d'Etat, implique de concevoir le contrôle de constitutionnalité d'une manière spécifique. A la répression nécessaire des normes juridiques violant la Constitution pour assurer l'effectivité de la volonté de la classe au pouvoir, il convenait de considérer que ces normes inconstitutionnelles ne résultaient pas de l'expression d'un antagonisme de classe, mais plus simplement d'erreur, de manque de conscience juridique[2].
Dès lors, le contrôle de constitutionnalité doit dépasser le simple stade de la répression de l'acte pour atteindre celui de rééducation de son auteur et constituer ainsi un instrument plus performant d'éradication non seulement de la manifestation de non respect au texte constitutionnel mais surtout de sa cause. Ainsi, sans rejeter le caractère instrumental du contrôle de constitutionnalité, il faut distinguer ses deux finalités. La première est répressive et porte sur la violation du texte constitutionnel; la seconde éducative et vise à la formation de son auteur (ce qui peut par ailleurs apparaître comme le degré ultime de la répression). Ainsi, selon l'expression extraite de l'ouvrage publié en 194O par S.A. GOLOUNSKI et M.S. STROGOVITCH "la théorie du Droit et de l'Etat", le droit apparaissait comme le moyen le plus approprié de "développement de la conscience juridique qui en même temps est un facteur de premier ordre dans la formation de ce droit"[3].

2) L'application de l'"éducation constitutionnelle"

274 Ce concept d'"éducation constitutionnelle"[4] est mis en valeur dans l'organisation du contrôle de constitutionnalité dans le modèle socialiste de contrôle

[1] - Edition en anglais de 1949, opus cité.
[2] - Le juriste DIABLO dans son analyse du contrôle de constitutionnalité en 1924 -29 en U.R.S.S. parle à ce sujet de fautes techniques et non d'actes politiques qui contredisent la ligne de la classe dirigeante. Voir: KONSTITUCIONNJ I KONTROL V SSSR (Le contrôle de constitutionnalité en U.R.S.S.) page 112. Extrait de SUDEBNAJA OHRANA KONSTITUCII (La garantie juridictionnelle de la Constitution) MOSCOU 1928.
[3] - Cité par STOYANOVICH."La philosophie du droit en U.R.S.S...", opus cité page 210.
[4] - Cette expression apparait notamment dans la littérature juridique soviétique de 1925. Ainsi dans l'article de DIABLO publié en 1925 dans la revue SOVETSKOE PRAVO

parlementaire par un certain nombre d'éléments relatifs à la sanction du contrôle. Cette procédure de sanction se distingue des procédures en vigueur en Europe occidentale et aux USA par le fait qu'elle associe dans une même démarche l'organe contrôleur et l'organe contrôlé autour de la notion de réduction de la non conformité constatée. Alors qu'en occident, l'auteur de l'acte inconstitutionnel est, dès lors que cette déclaration a eu lieu, le plus souvent totalement dessaisi et n'a plus aucun rôle à jouer dans la suite de la procédure d'annulation; en U.R.S.S. dans un but d'éducation, le plus souvent l'acte en question n'est pas annulé par l'organe contrôleur, mais c'est à l'organe contrôlé qu'il revient, sur la base de la décision prise, de prendre les mesures qu'il convient pour rétablir la conformité aux exigences du texte constitutionnel.

275 A titre d'exemple, on peut avancer la décision du Comité Central Exécutif de l'URSS du 1O Avril 1925 (procès-verbal n°51). Ce dernier a reconnu non conforme aux dispositions de la Constitution de 1924 la création par le Conseil supérieur de l'Economie Nationale et par le Commissariat du Peuple, du commerce extérieur du bureau d'exportation du bois. Toutefois, cette reconnaissance ne fut assortie d'aucune sanction directe. Le Comité Central Exécutif transmit sa décision et ses conclusions au Conseil des commissaires du peuple de l'URSS en lui laissant le droit de prendre toutes les mesures qu'il estimerait devoir adopter. Dans certains cas, l'intervention de l'organe chargé du contrôle de constitutionnalité peut être encore moins contraignante. V. DIABLO[1] rapporte que le Présidium du Comité Central Exécutif reconnut que la création de la Direction administrative financière du Conseil supérieur de l'Economie Nationale était en contradiction avec la Constitution. Mais la décision qui constatait cette non conformité ne prononça pas l'annulation. Mieux même, le Présidium ordonna au Conseil supérieur de l'Economie Nationale de soumettre simplement cette création à la ratification du Comité central exécutif.

Cette pratique importante [2] se retrouve dans les dispositions de la Constitution de 1936. Même si ce texte constitutionnel fait une part beaucoup moins importante à la notion de contrôle de constitutionnalité, même si la pratique après 1936 dans ce domaine est beaucoup plus limitée que dans la période 1923-1929, il est possible (avec l'étude de la doctrine soviétique) de mettre en avant quelques éléments relatifs à ce problème. Les exemples tirés de l'ouvrage consacré en 1969 au Présidium du Soviet suprême de l'URSS par F.I. KALINYCEV [3] montrent que la procédure utilisée par cet organe en matière de contrôle de respect de la Constitution intègre

("KONSTITUCIONNI I KONTROL ....") opus cité page 92: "Le contrôle constitutionnel chez nous sert surtout les buts d'éducation constitutionnelle et n'est pas comme cela a lieu aux U.S.A. un instrument de lutte politique."

[1] - V.DIABLO. Etude de 1928. Opus cité.

[2] - Ainsi de Mai 1924 au 1er Octobre 1926 sur proposition de la Cour Suprême ,le Présidium du Comité Central Exécutif considérait que 30 actes avaient été pris en contradiction avec la Constitution.Sur ces 30 actes ,5 seulement furent annulés les 25 autres ,le Présidium les transmis avec diverses propositions visant à faire rétablir la conformité.
Ces chiffres sont extraits d'un article publié en 1927 à la revue SOVETSKOE STROITEL'STVO "L'édification Soviétique " N°1 1927 et rédigé par A.N.VINOKUROV et relatif a l'activité de la Cour Suprême de l'U.R.S.S. (en russe) page 111.
Durant cet période cette notion d'éducation Constitutionnelle eut également pour conséquence que la Cour Suprême chargée de rendre un avis sur la Constitutionnalité de certains actes juridiques au Présidium du Comité Central Exécutif ,après un premier examen transmettait d'abord ses conclusions à l'auteur de l'acte de l'acte,celui ci procédant ainsi à la "réparation de la faute".
Voir à ce sujet les études de Viktor DIABLO déjà citées.

[3] - F.I.KALINYCEV- "PREZIDIUM VERHOVNOGO SOVETA S.S.S.R." -(Le présidium du Soviet Suprême de l'URSS). Opus cité page 41.

cette notion d'éducation constitutionnelle. Entre Janvier 1938 et Février I968, le Présidium du Soviet Suprême a rendu 1O décrets dont quatre concernant une incompatibilité entre des Constitutions des Républiques Fédérées avec la Constitution soviétique et six des lois des Républiques Fédérées en opposition avec la Constitution et les lois de l'URSS. Dans ces dix affaires, le Présidium "communique à la République Fédérée la manifestation d'une non conformité des actes normatifs de cette République Fédérée avec la Constitution ou la loi soviétique"[1]. Cette "manifestation" comporte deux éléments:
- la reconnaissance du caractère inconstitutionnel de l'acte normatif;
- l'obligation pour l'organe républicain concerné de procéder à la "réparation de sa faute" et de rendre conforme l'acte déclaré inconstitutionnel.

276 Le Présidium du Soviet suprême sanctionne cette procédure par un décret.
Ainsi, le 14 Mai 1947 le Parlement de la République de MOLDAVIE a adopté une loi sur "la formation du Gouvernement". Aux termes de cette loi, faisaient partie du Conseil des Ministres, le responsable du Ministère délégué des Télécommunications, le responsable du Ministère délégué aux approvisionnements et celui de la direction générale de l'Industrie des matériaux de construction. Ces dispositions législatives ont été déclarées non conformes avec l'article 83 de la Constitution soviétique par le Présidium du Soviet suprême de l'URSS, lequel sur la base des articles 2O et 49 de ce texte, ordonna de rendre conforme la loi du 14 Mai 1947 au Parlement moldave [2].

277 On retrouve le même processus basé sur une conception "éducative" du contrôle de constitutionnalité dans le modèle soviétique qui implique la reconnaissance mais aussi la réparation par l'organe concerné d'émission d'un acte inconstitutionnel.
Ainsi, sans pour autant mésestimer le caractère extraordinairement coercitif de cette procédure et l'absence de choix offert aux auteurs de l'acte déclaré non conforme, cet élément d'éducation constitutionnelle permet à la fois de mieux comprendre la "symbolique" des procédures de sanctions dans le modèle soviétique de contrôle parlementaire et d'illustrer une des principales différences entre les conceptions soviétiques et occidentales. De par sa soumission au pouvoir soviétique, le contrôle de constitutionnalité n'est qu'un instrument de ce pouvoir et non une limitation. De par la limitation de son champ d'application aux relations entre les organes publics et de par la nature politiquement non antagoniste de ces organes, il n'est qu'un élément d'éducation au sens de la rationalisation des comportements des organes publics soviétiques à l'intérieur du cadre constitutionnel. V. DIABLO écrivait en 1928 [3] qu'à la différence des USA, il n'y avait dans le contrôle constitutionnel en URSS ni opposition entre les intérêts socio-politiques du Parlement et ceux de l'institution de contrôle, ni opposition dans les actes juridiques contestés avec la ligne politique fondamentale de la classe dirigeante. Il résumait ainsi très précisément

---

[1] - F.I.KALINYCEV- ibid
Il faut relever que pour certains auteurs soviétiques le Présidium ne dispose pas juridiquement du pouvoir d'annuler les lois adoptés par les Soviets Suprême des Républiques Fédérées . Voir à ce sujet M.A. SCHAFIR "KOMPETENCIJA SSSR I SOJUZNOJ RESPUBLIKI" (La compétence de l' URSS et des Républiques Fédérées) MOSCOU 1968 Page 217.

[2] - ibid.

[3] - Voir DIABLO, étude de 1928 déja cité page 113.

la portée de cette notion. Il ne s'agit pas dans le modèle soviétique de réprimer une opposition politique radicale avec le régime politique (l'Etat stalinien dispose de beaucoup d'autres moyens dans ce domaine) mais de rationaliser le comportement d'institutions totalement fidèles au régime. Ces éléments recèlent deux séries de conséquences:

- les décisions prises dans son cadre sont "ouvertes", c'est à dire que si elles concernent une violation précise de la Constitution, elles sont également orientées vers l'ensemble des organes publics susceptibles de voir leur activité contrôlée. C'est la vraie nature des décrets du Présidium du Soviet suprême en fin de procédure. Bien plus que la sanction d'un très improbable désaccord, ils sont l'illustration pour tous de la vérité constitutionnelle soviétique, fixant la jurisprudence tant sur le plan du droit que celui de la politique.
- Le contrôle de constitutionnalité de par sa portée éducative ne peut être que sinon temporaire du moins de plus en plus inutile, puisque l'activité des organes de contrôle a pour but l'éradication tant immédiate que future de toute rupture avec le texte constitutionnel, les principales causes d'erreurs étant progressivement éliminées.

278 Ainsi, la théorie soviétique voulait voir dans la très nette diminution du nombre de cas d'annulation de normes inconstitutionnelles, constatés entre 1924 et 1929 d'une part et entre 1936 et 1968 d'autre part, une manifestation de l'efficacité du travail des organes de contrôle de constitutionnalité et de leur activité éducative. Là encore, on perçoit la totale opposition conceptuelle qui sépare les Juristes soviétiques et occidentaux. Alors que ces derniers voient dans la réduction de la pratique du contrôle de constitutionnalité en URSS une manifestation du caractère dictatorial du régime stalinien, les soviétiques, sur la base des théories marxistes léninistes peuvent célébrer cette "réduction" comme manifestant les progrès du socialisme.

DEUXIEME PARTIE
JUSTICE CONSTITUTIONNELLE ET TRANSITION POLITIQUE

279 A partir des années 60 les structures de contrôle vont connaître dans les Etats socialistes de profond bouleversements. Ceux ci vont déboucher sur la remise en cause du modèle soviétique et progressivement introduire des mécanismes inspirés des solutions occidentales. Cette crise du modèle soviétique de contrôle n'est en fait qu'un aspect de la crise globale que traversent ces Etats. Le choc de la déstalinisation amènent les dirigeants soviétiques à tenter de réformer le fonctionnement de l'Etat en introduisant un certain nombre de garanties pour les citoyens pour prévenir les pratiques liberticides antérieures. Dans ce cadre le respect de la "légalité constitutionnelle" trouve dans les discours officiels une certaine intensité et de nombreuse réformes seront mises en place.
Mais ces tentatives , et l'échec des mécanismes mis en place, ne feront qu'accentuer la réalité : l'Etat soviétique ne peut se réformer et le Droit ne peut y jouer qu'un rôle très réduit. Dés lors le contrôle de constitutionnalité n'est qu'un révélateur du besoin de transition politique. Les cours constitutionnelles qui apparaissent dans certain Etats ne font que confirmer ce constat : elles représentent autant de remises en causes des fondements du régime et leur position - ambiguë - se trouve renforcée à mesure que les changements politiques s'accentuent et que la notion d'Etat socialiste disparaît.

280 L'évolution des Etats socialistes européens révèle, en effet, l'existence d'une très grave crise du modèle soviétique de contrôle. Celle ci se manifeste à la fois par le rejet de ce modèle dans certains Etats et par l'adoption, dans ceux qui ont conservé ce mode de contrôle, de profondes réformes qui se révéleront être vouées à l'échec.
Le premier de ce phénomène intervient dès 1963. Cette année là, la Constitution adoptée en Yougoslavie ne contient plus les dispositions (auparavant reproduites dans l'ensemble des Constitutions des Etats socialistes) qui confient au Parlement l'exercice du contrôle de l'application de la Constitution. Pour la première fois est prévue l'existence d'une Cour constitutionnelle disposant de compétences et de pouvoirs étendus allant même jusqu'à la disparition d'une loi sans que le Parlement puisse s'y opposer. Ce phénomène s'est reproduit en 1968 en Tchécoslovaquie, en 1982 en Pologne et en 1989 en Hongrie et dans une certaine mesure en URSS. La disparition du modèle soviétique de contrôle, bien qu'étant la plus radicale, n'est pas la seule manifestation de cette crise.
281 Il n'y a pas durant cette période simplement partage à l'intérieur des Etats socialistes entre deux blocs, le premier maintenant les structures de contrôle parlementaire telles qu'elles existaient en 1946 et le second mettant en place une

juridiction constitutionnelle. En effet à l'intérieur de la catégorie d'Etats qui ont conservé ce modèle, seules la RDA et l'ALBANIE ont toujours reproduit l'organisation héritée de la Constitution soviétique de 1936. A la suite de la ROUMANIE dans tous les autres Etats des réformes parfois extrêmement importantes vont être entreprises.
Ces changements mettent en évidence à la fois l'échec de ce modèle tel qu'il apparaît dans sa forme originaire et l'échec du processus de réformes engagé à partir de cette date. Ainsi paradoxalement, cette évolution alors qu'elle avait pour objectif de pallier aux défauts de modèle soviétique de contrôle va accentuer son échec **(Chapitre 1).**

282 Le développement de la juridiction constitutionnelle dans les Etats socialistes européens s'inscrit dans la même perspective car un très grand nombre de juridictions constitutionnelles ont été mises en place à la suite du rejet des solutions antérieurement adoptées. Ainsi en Yougoslavie, la Cour Constitutionnelle crée en 1963 remplace le système précédent dans lequel le Parlement était investi de la totalité des pouvoirs dans ce domaine. Ce phénomène apparaît encore plus marqué dans les exemples polonais et hongrois. En effet, alors que dans les deux premiers exemples donnés il y avait rupture totale entre la forme originaire de ce modèle et la création de la juridiction constitutionnelle (aucun autre organe "intermédiaire n'avait été mis en place), en POLOGNE et en HONGRIE l'adoption de lois créant des Cours constitutionnelles en 1982 et en 1989 est intervenu après l'échec des profondes réformes du précédant modèle de contrôle [1]. Dans ces deux situations, la création de ces Cours a été considérée comme la continuation des réformes engagées au sein du modèle de contrôle parlementaire afin de les rendre effectives[2].

283 Toutefois si l'on peut constater une certaine continuité entre l'évolution des organes du modèle soviétique de contrôle et celle des Cours constitutionnelles, la crise rencontrée par les Etats socialistes qui va trouver sa consécration en 1989 a eu sur ces deux phénomènes des conséquences fondamentalement différentes.
Alors que cette crise a provoqué la disparition du modèle socialiste de contrôle parlementaire (dans les pays où il a subsisté jusqu'en 1989),elles a au contraire contribué au développement des juridictions constitutionnelles.
Ainsi après les différents bouleversements politiques de la fin de l'année 1989, le gouvernement de la R.D.A. (après l'arrivée au pouvoir d'Egon KRENZ) a fait élaborer un projet de loi relatif à la création d'une juridiction constitutionnelle. Dans le même temps, en décembre 1989, le Congrès des députés du peuple soviétique adoptait une loi constitutionnelle qui non seulement précisait les différents pouvoirs du Comité de surveillance constitutionnelle mis en place un an auparavant, mais encore conférait à cet organe un pouvoir de décision autonome qui bien que limité à un domaine restreint constituait la première étape dans la création d'une juridiction

---

[1] - Ces réformes consistaient d'une part en l'adoption de l'arrêté du 14 juillet 1979 sur la compétence du Conseil de l'Etat polonais et d'autre part en la création du Conseil de droit constitutionnnel hongrois.

[2] - Il n'est d'ailleur pas exclu que dans la situation hongroise la création du Conseil de droit constitutionnel ait été envisagée dés 1984 comme la mise en place dun élément intermédiare destiné à préparer la création d'une future Cour constitutionnelle. Voir à ce sujet G. KILENYI qui écrivait en 19878 dans "Parliamentarism and government in one party system",opus cité page 95: "Le Conseil de droit constitutionnel pourrait de ve nir une transition utile dans la création d'une cour constitutionnelle."

constitutionnelle en Union Soviétique[1]. Là encore cette réforme intervenait parallèlement aux changements politiques puisque deux mois après l'adoption de cette loi, le Comité Central du P.C.U.S. acceptait à la demande de son premier secrétaire de renoncer au rôle dirigeant que lui garantissait l'article 6 de la Constitution.

284 Ainsi apparaît toute la portée du développement de la juridiction constitutionnelle au sein de l'Etat socialiste. Se présentant comme la continuation du rejet du modèle soviétique, il s'inscrit donc totalement dans la remise en cause des fondements de ce modèle. Toutefois, contrairement aux réformes engagées dans les années 1960, la portée de ce développement est beaucoup plus importante. Alors que les premières réformes avaient consistées en l'introduction de quelques éléments rompant avec la logique de l'Etat socialiste, la création des Cours constitutionnelles est autrement plus considérable puisqu'il s'agit de l'introduction d'une structure spécifique de l'Etat de Droit et des démocraties occidentales au sein de l'Etat socialiste en proie à une crise profonde.

285 Ces événements permettent d'apprécier la dynamique du développement des juridictions constitutionnelles dans les Etats socialistes. Organisées selon des règles et une logique en rupture avec l'Etat dans lequel elles fonctionnent, ces juridictions constitutionnelles ont été placées dans une situation ambiguë où leur rôle a été très limité en comparaison de celui de leurs homologues occidentales du fait de cet antagonisme conceptuel fondamental, que seule une mutation politique profonde pouvait juguler (Chapitre 2).

---

[1] - Juridiction dont la création avait d'ailleur été réclamé par la doctrine soviétique et même par le journal "KOMUNIST" , JURIDICESKAJA NAUKA I PRAKTIKA V USLOVIJAH PERESTROYKA, (La science juridique et la pratique dans les conditions de la perestroika 1987, n° 14 page 44.

CHAPITRE 1
L'ECHEC DU MODELE SOVIETIQUE

286 A partir des années 1960-1965, une très importante évolution du modèle soviétique va se produire dans les Etats socialistes. Elle va aboutir à mettre en place des organes de contrôle de l'application de la Constitution différents de ceux qui existaient conformément à la Constitution soviétique de 1936 dans l'ensemble des Démocraties populaires depuis la fin de la seconde guerre mondiale.
Paradoxalement, cette volonté réformatrice apparaît comme une manifestation très importante de la crise du modèle socialiste de contrôle parlementaire. Révélant, par l'ampleur de ces changements, la volonté de rejet du système précédent, elle va, par son incapacité à modifier le fonctionnement des organes de contrôle de constitutionnalité, mettre en valeur l'échec de ce modèle. Trop intimement lié à la nature même de l'Etat socialiste marxiste-léniniste, il va se révéler non seulement inadapté (Section 1) mais surtout inadaptable et va donc être progressivement abandonné (Section 2).

SECTION 1 : L'inadaptation du modèle soviétique de contrôle

287 Première manifestation de l'échec du modèle socialiste du contrôle parlementaire, l'intensité des mutations intervenues dans l'organisation du contrôle de constitutionnalité à partir de 1965 (donc la volonté affirmée de changement) met en valeur l'inadaptation de ce modèle tel qu'il existait dans tous les Etats Socialistes depuis 1945. Cette inadaptation se caractérise par le rejet des éléments constitutifs de ce modèle et la recherche de solutions particulières pour chaque Etat.

288 Durant la période antérieure à 1965 était reproduit un système de contrôle de constitutionnalité constitué autour de deux éléments: la compétence absolue du Parlement et le rejet de toute procédure spécifique. Ces deux éléments étaient l'expression des deux fondements de ce modèle: le contrôle de constitutionnalité s'exerçait au bénéfice exclusif des gouvernants; il devait assurer le reproduction de leur volonté dans tous les actes juridiques et servir ainsi à enraciner celle ci au sein de la société.

A la suite de ces évolutions, les deux éléments constitutifs du modèle socialiste vont être profondément modifiés. Dés lors, c'est le fondement même de ce modèle qui est mis en cause (Paragraphe 1).
Ce phénomène de rejet débouche sur la démonstration de l'inadaptation de ce modèle et la recherche dans chaque Etat de solutions diverses dont la multiplication va altérer la cohérence du modèle socialiste de contrôle parlementaire (Paragraphe 2).

Paragraphe 1 : La remise en cause des fondements du modèle soviétique

289 L'étude des différents organes de contrôle de constitutionnalité mis en place à partir de 1965 et des règles régissant leur fonctionnement montre une importante évolution des éléments constitutifs du modèle socialiste de contrôle parlementaire. Celle ci peut être mesurée à l'aide de deux paramètres: l'autonomie et la spécificité.
Le premier permet d'évaluer la diminution du rôle du Parlement dans le processus de contrôle de constitutionnalité. Partant d'une autonomie quasi nulle (le contrôle est exercé par le Parlement qui possède la totale maîtrise de la décision dans ce domaine) on peut apprécier l'évolution intervenue au travers du développement de la notion d'autonomie. Celle ci peut revêtir deux aspects principaux: l'autonomie de l'organe chargé du contrôle de constitutionnalité et celle de son pouvoir de décision en matière de contrôle de constitutionnalité.

290 Le second paramètre permet quant à lui d'évaluer le développement de règles spécifiques à l'intérieur du processus de contrôle de constitutionnalité. Alors qu'initialement le contrôle n'était organisé par aucune règle spécifique, l'évolution intervenue entraîne l'adoption de dispositions juridiques propres au contrôle de constitutionnalité tant en ce qui concerne la création d'organes de contrôle qu'en ce qui concerne leur fonctionnement.
Si l'évolution du concept d'autonomie (permettant de mesurer les changements intervenus dans le domaine des pouvoirs du Parlement) a été relativement limitée (B), la période postérieure à 1965 a par contre été marquée par un développement très important du concept de spécificité qui représente un véritable bouleversement au regard de la période antérieure (A).
Ces différents éléments ont des conséquences sur les fondements du modèle socialiste de contrôle parlementaire de la constitutionnalité. Si juridiquement il n'y a pas remise en cause globale du pouvoir du Parlement en matière de décision dans ce domaine, il y a, du fait de cette évolution, introduction d'éléments incompatibles avec le caractère unilatéral et finalisé du contrôle de constitutionnalité dans ce modèle (C).

A) Le développement de la notion de spécificité

291 Le développement de la notion de spécificité au sein du modèle soviétique de contrôle parlementaire s'exprime de deux manières: par la création d'un organe spécifiquement compétent (le plus souvent une commission parlementaire permanente, mais d'autres types d'organes ont été mis en place) et (ou) par la création de règles de procédures spécifiques que devront respecter ces organes spécialisés ainsi

que les organes parlementaires à vocation générale dans le cadre de leur activité de contrôle de l'application de la Constitution[1].
Toutefois, ces deux éléments (bien que caractérisant globalement le mouvement général de cette évolution de la spécificité au sein du modèle socialiste de contrôle parlementaire) doivent être relativisés, le rythme et le degré d'évolution n'étant pas le même partout. Si on analyse sur ce point l'évolution enregistrée dans chaque Etat socialiste au moyen de représentations graphiques indiquant le degré de développement de la notion de spécificité, on constate à la fois ce développement inégal et on apprécie les grandes orientations de ce phénomène. Cette mesure va donc s'effectuer au moyen de deux tableaux qui illustreront le plus précisément possible le degré de développement de la notion de spécificité au sein du modèle socialiste de contrôle parlementaire de constitutionnalité.
292 Le premier de ces tableaux couvre la période 1936-1963 (tableau A) et correspond pour chaque Etat au degré de développement de la notion de spécificité dans le modèle socialiste de contrôle de constitutionnalité avant le déclenchement de la crise de ce modèle (c'est à dire durant la période d'adéquation entre l'idéologie et l'organisation du contrôle de constitutionnalité).
Le second de ces tableaux (tableau B) couvre la période 1965-1989 et correspond à la période d'expression de la crise au sein du modèle socialiste de contrôle parlementaire [2]. Dans ce second tableau, nous avons donc porté pour chaque Etat la structure de contrôle de constitutionnalité la plus récemment mise en place et caractérisant le mieux le stade le plus élevé de développement de la notion de spécificité au sein du modèle socialiste de contrôle parlementaire. De ce fait ont été éliminées la YOUGOSLAVIE et la TCHECOSLOVAQUIE qui ont abandonné la structure parlementaire en 1963 et 1968 et qui de ce fait n'appartiennent pas au modèle étudié. Par contre, la POLOGNE, la HONGRIE et l'U.R.S.S. ont été maintenues car ces pays ont opté pour le contrôle juridictionnel ou un autre type de contrôle extra parlementaire beaucoup plus tardivement (en 1982 et 1989) et ont participé durant de longues années au développement du modèle de contrôle.

293 Sur chacun de ces tableaux la notion de spécificité est divisée en deux composantes qui sont la <u>spécificité organique</u> (c'est à dire la création d'organes spécifiquement compétents dans le domaine du contrôle de constitutionnalité) et la <u>spécificité procédurale</u> (c'est à dire l'existence de procédures spécifiques dans ce domaine).
Chacune de ces deux composantes se divise elle même en plusieurs notions qui permettent de mesurer d'une manière plus précise son développement. Ainsi, par exemple, la mesure de la spécificité organique prend en considération deux éléments: la <u>spécificité de la compétence de l'organe</u> telle qu'elle apparaît dans le droit positif (cet élément va se résumer en une question : le contrôle de constitutionnalité est il la compétence principale, sinon unique, de l'organe étudié?) et la <u>spécificité du mode de</u>

---

[1] - Ces deux types de solution sont illustrès dans le même paragraphe.
[2] - Ce qui explique la non concordance des dates de fin de la première période représentée (1963) et de début de la seconde période (1965). Il s'agit dans le second tableau d'analyser la portée de la crise du modèle socialiste de contrôle parlementaire à l'intérieur de celui ci (avec l'adoption de réformes) et non pas son rejet par l'adoption de juridictions constitutionnelles comme en YOUGOSLAVIE en 1963.

composition (par exemple l'exigence de qualification juridique des futurs membres de cette institution)
De même pour ce qui concerne la spécificité procédurale, une division en trois éléments (saisine, examen de l'acte et décision) sera opérée. Elle permet de différencier le degré de développement des règles de procédure en la matière dans chaque phase de la procédure [1].

294 Ces deux ensembles ne sont pas dans tous les cas indissociables. Ainsi, la POLOGNE de 1976 bien que ne possédant pas d'organe spécifique en matière de contrôle de constitutionnalité (de ce fait, les cases "non" correspondantes vont être cochées) a, par l'arrêté du Conseil d'Etat du 14 juillet 1979, mis en place une procédure spécifique de contrôle qui va servir de base à l'activité du Conseil de l'Etat dans ce domaine (et donc être représentée ainsi sur le tableau B).
Sur ces tableaux, il est fait mention pour chaque élément de spécificité de trois qualificatifs :
- pas de spécificité : NON, spécificité partielle : P, spécificité totale : T.
Ces qualificatifs de spécificité totale et partielle (mis en place dans ces tableaux dans le but "d'affiner" la représentation et de retranscrire le plus possible la réalité juridique) sont représentatifs de la situations dans les Etats socialistes.
En matière de composition par exemple, on va parler après la réforme de décembre 1988 de spécificité totale du Comité de surveillance constitutionnelle soviétique, car l'article 125 de la nouvelle constitution soviétique précise que tous les membres de cet organe doivent être choisis sur la base de critères spécifiques à leur mission. Par contre pour le Conseil de droit constitutionnel hongrois ou la Commission constitutionnelle et juridique roumaine, on va parler de spécificité partielle car une minorité des membres devront être désignés selon des critères spécifiques.
Notons enfin que l'existence d'un organe spécifiquement compétent d'une manière partielle en matière de contrôle de constitutionnalité n'entraîne pas (voir ainsi l'exemple bulgare) automatiquement la présence d'éléments spécifiques en matière de composition.

295 De même en matière de spécificité procédurale, si la loi du 26 avril 1984 envisage l'ensemble de ces trois éléments pour l'activité du Conseil de droit constitutionnel hongrois, il n'est pas rare de rencontrer dans d'autres Etats, des réglementations beaucoup moins complètes. A titre d'illustration, l'arrêté du 14 juillet 1979 du Conseil d'Etat polonais n'envisage avec précision qu'une partie des décisions que peut prendre le Conseil d'Etat dans ce domaine (ce texte intégrant parfois la nouvelle compétence du Conseil d'Etat dans les règles générales de fonctionnement de cet organe). On va alors pouvoir parler dans cette situation de spécificité procédurale partielle dans le cadre des décisions en matière de contrôle de constitutionnalité.

---

[1] - Il est très important de noter que ces critères ont été établis au regard de l'évolution de ces Etats. De ce fait, ils ne correspondent pas à des modèles théoriques "idéaux". Ne reflétant que la réalité de l'évolution juridique des Etats socialistes, ils ne peuvent tels quel être dissociés de ce cadre.

Tableau analytique de l'évolution de la notion de spécificité dans les structures de contrôle de l'application de laConstitution dans les Etats socialistes européens avant 1963

Etats	Organes de contrôle	Spécificité Organique						Spécificité Procédurale								
	A	Organe			Composition			Saisine			Examen de l'acte			Décision		
		Non	Oui		Non	Oui		Non	Oui		Non	Oui		Non	Oui	
			P	T		P	T		P	T		P	T		P	T
URSS (1936)	Présidium du Soviet Suprême	X			X			X			X			X		
Bulgarie (1947)	Parlement	X			X			X			X			X		
Hongrie (1949)	Parlement	X			X			X			X			X		
Roumanie (1952)	Parlement	X			X			X			X			X		
Albanie (1946)	Présidium	X			X			X			X			X		
RDA (1949)	Parlement Com. Parl.			X		X				X		X			X	
Pologne (1952)	Parlement	X			X			X			X			X		
Yougoslavie (1963)	Cour Const.			X	X					X			X			X
Tchécos. (1968)	Cour Const.			X			X			x			?			X

Tableau analytique de l'évolution de la notion de spécificité dans les structures de contrôle de l'application de la Constitution dans les Etats socialistes européens de 1965 - 1990

Etats	Organes de contrôle	Spécificité Organique						Spécificité Procédurale								
	B	Organe			Composition			Saisine			Examen de l'acte			Décision		
		Non	Oui		Non	Oui		Non	Oui		Non	Oui		Non	Oui	
			P	T		P	T		P	T		P	T		P	T
URSS (1988)	Comité de surv constitutionnelle			X			X			X			?			?
Bulgarie (1971)	Parlement et com. parl.		X		X				X		X			X		
Hongrie (1984)	Conseil de droit const.	X			X			X			X			X		
Roumanie (1975)	Parlement com. parl.	X			X			X			X			X		
Albanie (1976)	Parlement	X			X			X			X			X		
RDA (1974)	Parlement Com. Parl.			X	X			X			X			X		
Pologne (1976)	Conseil de l' Etat (Présid.)	X			X			X			X			X		

296 La comparaison entre les deux tableaux démontre à la fois la considérable évolution entre la situation de départ et la situation actuelle (ou le degré ultime de développement du modèle soviétique de contrôle parlementaire dans l'Etat considéré) et l'extraordinaire diversité des résultats actuels en comparaison avec la période 1936 - 1963.

Alors que le tableau correspondant à la période 1936-1963 montre une absence quasi totale de toute spécificité à l'intérieur des structures de contrôle de constitutionnalité (seule la BULGARIE et surtout la R.D.A. dans le cadre de l'article 66 de la Constitution de 1949 font exception), le tableau B démontre à la fois le très fort développement de la notion de spécificité et aussi une très grande diversité puisqu'aucun Etat ne reproduit exactement la même association de critères. Sur les sept Etats étudiés dans ce tableau, deux ne possèdent pas d'organes spécifiques, trois ne possèdent pas de réglementations spécifiques et aucun [1] ne répond totalement à tous les critères de spécificité organique et procédurale. On est donc en présence d'une situation particulièrement diversifiée. Cette diversification est plus importante pour la notion de spécificité procédurale que pour celle de spécificité organique. Sur ces sept Etats, cinq ont mis en place un organe spécifique intervenant dans le processus de contrôle (même si trois seulement d'entre eux ont introduit partiellement ou totalement des conditions d'appartenance à cette structure en relation avec la nature de sa mission). Alors que dans le même temps, trois Etats excluaient toute notion de spécificité procédurale et seulement deux Etats (la HONGRIE et la POLOGNE qui n'a pas créé de structure spécifique en 1979) peuvent se voir reconnaître une spécificité partielle ou totale dans les trois catégories prévues. Aucun Etat ne remplit ces conditions de spécificité totale dans ces trois catégories [2].

Toutes les notions révélées par l'observation de ces mouvements d'évolution, représentés par les différents tableaux étudiés, se révèlent déterminantes pour apprécier le développement de la notion de spécificité au sein du modèle socialiste de contrôle parlementaire.

1) Le développement de la notion de spécificité organique

297 Le développement de la notion de spécificité organique à l'intérieur du modèle soviétique de contrôle parlementaire est l'élément le plus important de l'évolution des structures de contrôle de constitutionnalité.

L'origine de ce développement doit être trouvée dans le texte de la Constitution roumaine de 1965 et la création de la commission constitutionnelle qui (pour la

[1] - La situation soviétique est parradoxale. C'est la réforme de décembre 1988 qui est portée sur ce tableau, celle ci ne prévoyait pas de régles particulières d'examen de l'acte . Cette lacune a été comblée avec la réforme de 1989 mais du fait des évolutions entrainnées par cette réforme, le comité de surveillance constitutionnelle ne peut plus s'inscrire dans le cadre du modèle socialiste de contrôle parlementaire.

[2] - Quatre Etats possèdent un droit de saisir l'organe compétent d'une manière totalement spécifique au processus de contrôle de constitutionnalité.

Trois Etats possèdent des règles spécifiques d'examen du texte dans ce domaine (1 totalement et 2 partiellement).

Deux Etats possèdent des règles relatives à l'expression de la décision de l'organe partiellement spécifique au contrôle de constitutionnalité.

Les points relatifs à l'examen de l'acte et à la décision de l'organe ne sont pas encore connus en U.R.S.S.

seconde fois dans un système parlementaire de contrôle de constitutionnalité) met en place une structure spécialisée dans ce domaine [1]. Saluée également en Occident comme "la mise en place d'institutions susceptibles d'assurer un contrôle efficace de la constitutionnalité et de la légalité" [2] et qualifiée d'avenir du contrôle de constitutionnalité[3], cette solution va avoir un très grand retentissement dans les autres Etats socialistes.

Les apports de la Constitution roumaine de 1965 en matière de spécificité structurelle se caractérisent à la fois par la définition des compétences de la Commission constitutionnelle ainsi que par son ouverture à des juristes de profession.

298 Ce phénomène de la "prise en compte de la spécificité du problème de la constitutionnalité" relevé par le Professeur ROUSSILLON [4] et par la doctrine des Etats socialistes est extrêmement intéressant, d'abord par l'avancée de la notion de spécificité mais également par la reprise en compte de contrôle de constitutionnalité dans les ouvrages juridiques des Etats socialistes. Alors qu'un silence quasi-total avait été fait sur ce problème depuis 1945, de très nombreux articles et publications vont être édités dans chaque Etat socialiste [5]. L'exemple soviétique est très symbolique: alors que dans la bibliographie sur le Droit de l'Etat soviétique "SOVETSKOE GOSUDARSTVENNOE PRAVO" publiée en 1958 par l'Académie des Sciences de l'U.R.S.S. et couvrant la période 1917-1957, le chapitre consacré à la surveillance constitutionnelle (KONSTITUCIONNYJ NADZOR) ne propose que des références antérieures à 1931 [6], au moins six études traitant de ce problème vont être publiées [7] à partir de 1967.

---

[1]- Pour les détails sur l'organisation de cette solution, voir la partie de cette thèse. Ce système va souvent recevoir le qualificatif de "modèle roumain" dans la littérature socialiste et occidentale. Sans contester l'impact de cette solution auprès des autres Etats socialistes, il convient de mentionner que le texte roumain de 1965 reprend un grand nombre des solutions adoptées dans l'article 66 de la Constitution de R.D.A. de 1949

[2] - A. HAURIOU et L. SFEZ- "Institutions politiques et droit constitutionnel "- Editions Montchretien, 1972, page 359.

[3] - Voir l'étude de H.ROUSSILLON- "Le problème du contrôle de constitutionnalité des lois dans les pays socialistes"- RDP 1977, page108.

[4] - Ibid page 109.

[5]- Les références de ces articles et publications vont apparaître tout au long de ces développements. Pour une vision d'ensemble, se reporter à la bibliographie en fin de thèse.

[6] - principalement les oeuvres de Viktor DIABLO.

[7]- V.A. RIANZHIN: AKTUAL'NYE PROBLEMY SOVETSKOGO GOSODARSTAVA I PRAVA (Problèmes actuels du Droit de l'Etat Soviétique)- LENINGRAD 1967 - pages 207- 208.
- P. EREMENKO : NORMY SOVETSKIKH KONSTITUCII (La normativité des Constitutions Soviétiques) SARATOV 1968 - pages 19- 20.
M. SHAFIR : KOMPETENTSIIA SSSR I SOJOZNYKH RESPUBLIKI (la compétence de l'URSS et des Républiques Fédérées) MOSCOU 1968 - pages 219-220.
Ces trois références sont extraites de l'article de K. J. KUSS- "New Institutions..." déjà cité page 345.
Il faut ajouter à ces trois titres:
F.I. KALINYCEV - PRESIDIUM VERHOVNOGO SOVETA SSSR (le présidium du Soviet Suprême de l'URSS) MOSCOU 1969 - pages 41 à 43.
I.P. ILINSKY et B.V. CHETININ - KONSTITUTSIONNYI KONTROL I OKHRANA KONSTITUTSIONNOI ZAKONNOSTI V SOCIALISTICHESKIKH STRANAKH
(Le contrôle constitutionnel et la protection de la légalité constitutionnelle dans les Etats socialistes) - Sovetskoe Gosudartsvo i pravo 1969 - page 44.
- A. B. VENGEROV : KONSTITUCIONNYII KONTROL V SSSR (Le contrôle constitutionnel en U.R.S.S.) PRAVOVENIE -1970, pages 32 à 42

299 La grande majorité de ces études montrent l'existence d'une nouvelle approche des problèmes de constitutionnalité et expriment le souhait de la création d'un organe comparable à la Commission constitutionnelle roumaine dans leur Etat.
Ainsi, entre autres auteurs soviétiques à avoir exprimé ce souhait [1], les Professeurs ILINSKI et CHETININ demandent en 1969 la création d'une institution spécialisée pour le contrôle constitutionnel. Cette institution, qui prendrait la forme d'une "commission d'une institution supérieure représentative" serait composée de députés "mais aussi de spécialistes". Les questions soumises à ce comité "par une sphère déterminée d'institutions et d'organisations ainsi que de sa propre initiative" pourraient être traitées "avec l'application d'une procédure particulière" [2]. On retrouve également ce genre de demande sous la plume de la juriste polonaise J. ZAKREWSKA, en 1972 [3]. Selon elle il n'y a pas d'obstacles particuliers à l'introduction dans la législation polonaise d'un organe consultatif appelé à donner son avis sur la constitutionnalité de la législation ordinaire. C'est au contraire une solution opportune. Cette proposition ne fut d'ailleurs pas isolée en République Populaire Polonaise. Elle fut formulée par A. BURDA dès 1971 dans la revue PANTSVO I PRAVO [4] et par le Professeur ROZMARYN [5].

300 Enfin dernier exemple de cette attitude de la doctrine des Etats socialistes, le Professeur Boris SPASSOV, après avoir déploré l'inexistence en BULGARIE d'un régime "pré-établi correspondant à l'activité propre de l'institution de contrôle" qui réglerait le régime du contrôle et les conséquences des décisions prises par l'organe contrôleur écrit qu'il "serait bon que les fonctions de l'Assemblée Populaire concernant le contrôle constitutionnel soient allégées par une commission purement spécialisée dans ce but". Cette commission "serait composée de 2/3 députés et de 1/3 de spécialistes, c'est-à-dire des hommes de sciences, des juges de la Cour Suprême (...) ainsi que d'autres personnes ayant une qualification spécifique (juridique)". Selon le Professeur Boris SPASSOV, cette commission fonctionnerait sur la base d'un chapitre spécial du Règlement parlementaire [6].

301 Au-delà du contenu technique de ces différentes propositions et de l'influence réelle jouée par les solutions de la Constitution roumaine de 1965, il est fondamental de noter qu'à l'intérieur de ces articles, c'est le concept de spécificité qui est mis en évidence. C'est là le point commun à l'ensemble des articles cités que de demander la création d'un organe spécialisé en matière de contrôle. Il n'y a pas la

---

[1] - K.J. KUSS note que la création d'un organe spécialisé attaché au Soviet Suprême pour les problèmes de constitutionnalité est avançée par RIANZHIN (Création d'un Conseil Constitutionnel) par EREMENKO et SHAFIR. Michel LESAGE d'autre part souligne qu'une demande identique a été faite lors de rédaction de la Constitution de 1977 par V. SAVITSKI dans la revue Sovetskoe Gosudarstvo i Pravo (1977 n°8 page 18). Voir: M. LESAGE- "La Constitution de de l'URSS du 7 Octobre 1977. Textes et commentaires"- Notes et Etudes documentaires n° 4493-4494 (12 Décembre 1978) La documentation Française. PARIS 1978 page 82.

[2] - I. ILINSKI et B.V. SCHETININ- "KONSTITUTCIONNYI KONTROL ....." déjà cité page 48.

[3] - J. ZAKERWSKA- Le contrôle de la constitutionnalité des lois dans les Etats socialistes", déjà cité page 781.

[4] - A. BURDA : Instytucjonalne gwarancje prawozadnocsi i ich rola w pantswie sogalidycznyn PANSTVO I PRAVO -1971 - n° 8, 9 page 227.

[5] - Voir M. DOMAGALA- "KONTROLA ZGODNOSCI PRAWA..." déjà cité page 79.

[6] - B. SPASSOV- "KONTROL ZA KONSTITUCIONNOSTJU PRAVOVYH AKTOV V BOLGARII"- (Le contrôle de la constitutionnalité des actes juridiques en BULGARIE). Opus cité, pages 237, 239.

moindre volonté de remettre en cause le pouvoir du Parlement mais bien de constituer le plus souvent en son sein une entité spécifique. Les auteurs soviétiques et bulgares vont d'ailleurs relativement loin dans cette exigence de spécialisation: les propositions avancées relatives à la composition de cette entité (en reprenant les exemples est-allemand et roumain) introduisent, au-delà de la spécificité tirée la compétence de l'organe, la notion de spécificité partielle déduite de la qualification de ses futurs membres. L'analyse de la doctrine démontre donc qu'existe une volonté de réorganiser le contrôle de constitutionnalité. Cette réorganisation va s'opérer par l'introduction de la notion de spécificité. Ainsi que l'écrit en 1970 A. NASCHITZ, Professeur à l'Université de BUCAREST, "cependant que les attributions de contrôle de la constitutionnalité des lois appartiennent exclusivement au Parlement, l'existence d'une commission spéciale (...) représente un important et spécifique support pour cet aspect de l'activité parlementaire."[1]
Cette remarque, que l'on trouve également dans l'article des Professeurs ILINSKI et CHETININ (mais aussi implicitement dans toutes les autres références proposées) montre que pour une grande partie de la doctrine, la notion de spécificité ne doit pas être considérée comme une remise en cause du modèle socialiste de contrôle parlementaire, mais bien comme une des conditions de sa bonne réalisation.

302 Toutefois, il faut noter que si au cours de cette première période du développement des systèmes de contrôle de constitutionnalité dans le cadre du modèle socialiste de contrôle parlementaire, la doctrine va trouver dans la nouvelle Constitution roumaine un certain encouragement [2], la plupart des nombreuses réformes ne vont pas aller aussi loin et le concept de spécificité structurelle ne va recevoir que peu de développements dans la pratique. La nouvelle Constitution bulgare ne fait que confirmer, en des termes quasi identiques au texte de 1947, l'existence de la commission législative. En 1972 en POLOGNE, est créée une commission des travaux législatifs, à laquelle le nouveau Règlement parlementaire adopté le 29 mars ne conférait (malgré des propositions avancées durant le débat à la Diète) aucune compétence spécifique dans le domaine du contrôle de constitutionnalité [3].

---

[1] - A. NASCHITZ- <u>INTRODUCTION IN THE RULES CONCERNING THE CONTROL OF THE CONSTITUTIONNALITY AND LEGALITY IN THE ACTIVITY OF SOCIALIST STATE</u> (Introduction aux règles du contrôle de la constitutionnalité et de la légalité dans l'activité étatique socialiste). Cours polycopié pour la Faculté Internationale por l'enseignement du Droit comparé de STRASBOURG - n° 835. Association Internationale de Droit Comparé - STRASBOURG 1970 - page 23.

[2] - Certains auteurs avaient déjà formulé de telles demandes bien avant cette période , mais celles-ci ont été véritablement régénérées par la Constitution roumaine de 1965 et par la volonté de renforcer les systèmes existants dans la quasi-totalité des Etats socialistes durant cette période.

[3] - Une remarque identique peut être faite sur la compétence de la commission parlementaire soviétique des propositions législatives du Soviet Suprême. La rédaction du règlement parlementaire du 19 avril 1979 n'introduit que très peu de modifications par rapport aux deux rédactions précédentes du même texte. Voir l'article 1 de l'ordonnance relative à la Commission des propositions législatives au Soviet de l'Union du Soviet suprême de l'U.R.S.S. du 25 février 1947:
1. - La Commission des propositions législatives est une commission permanente du Soviet de l'Union pour l'analyse préliminaire et la préparation des projets de lois.
Article 10 du Règlement des Commissions du Soviet Suprême du 12 octobre 1967:
"La Commission des propositions législatives :
- Elabore des projets de lois et de décrets du Soviet Suprême et du Présidium relatifs au renforcement de la légalité socialiste,
- Examine préalablement les projets de lois et de décrets qui lui sont transmis (...)

303 L'introduction du concept de spécificité au sein du droit positif du modèle soviétique de contrôle parlementaire ne va véritablement avoir lieu que lors de la seconde période (de 1984 à 1988) avec la création en HONGRIE d'un conseil de droit constitutionnel, organe spécifiquement chargé de contrôler la constitutionnalité des actes juridiques, composé sur la base des solutions roumaines et est-allemande, c'est-à-dire accordant le statut de membres du Conseil à des personnes non députés choisies pour leur compétence. La solution adoptée en U.R.S.S., à la suite de la réforme du 1er décembre 1988 de la Constitution du 7 octobre 1977, va encore plus loin puisque l'organe créé (le Comité de surveillance constitutionnelle) est spécifiquement compétent en matière de contrôle de constitutionnalité, mais également totalement constitué à cet effet : tous les membres de ce futur organe doivent remplir les conditions que le constituant soviétique a entendu créer dans le cadre de leur mission. Il faut d'ailleurs noter qu'une proposition pour créer ce type de structure avait été avancée dès 1977 mais avait à l'époque été repoussée.
A la suite de ces évolutions, la notion de spécificité organique semble donc largement introduite à l'intérieur du modèle soviétique de contrôle parlementaire de la constitutionnalité. Selon le tableau B, parmi les pays étudiés[1] , doivent également être étudiés dans ce cadre cinq Etats sur sept qui ont mis en place une structure spécifique en matière de contrôle.

304 Il peut apparaître quelque peu curieux d'assimiler en matière de spécificité de l'organe de contrôle en une même catégorie les structures bulgare et soviétique, tant il semble y avoir de différences de conception entre la Commission législative et le Comité de surveillance constitutionnelle. Néanmoins, ce rapprochement mérite d'être effectuée car du simple point de vue du droit positif, nous sommes en présence de deux organes également spécifiques en ce sens que l'un et l'autre ont été constitués en vue de participer au contrôle de constitutionnalité. Toutefois, pour éviter que cette assimilation dépasse l'importance qu'elle possède, il a été placé à l'intérieur du même tableau plusieurs correctifs: celui de la notion de spécificité tirée de la composition de l'organe mais également (et surtout) celui de spécificité procédurale. Son étude permet notamment d'affiner d'une manière très importante les résultats dégagés par l'observation du développement de la spécificité organique.

2) Le développement de la notion de spécificité procédurale

305 L'étude du développement de cette seconde notion est fondamentale. Au delà des apports précédemment obtenus, elle va permet une plus grande précision de l'observation du degré de développement de la spécificité procédurale à l'intérieur du modèle socialiste de contrôle parlementaire. La lecture des deux tableaux A et B, outre la démonstration de la considérable évolution dans ce domaine, prouve

Article 10 du Règlement du 19 octobre 1979: même rédaction qu'en 1967.
Toutefois, ces commissions ont un certain rôle à jouer en matière de contrôle de constitutionnalité, l'article 2 du Règlement de 1979 dispose que dans leur ensemble, les Commissions permanentes du Soviet Suprême : "contrôlent le travail des ministères (...) et des organes et organisations d'Etat au niveau républicain et local concernant l'application de la Constitution de l'U.R.S.S.
De plus, certains actes du Présidium du Soviet Suprême portant annulation de dispositions inconstitutionnelles portent mention d'un avis de la commission des propositions législatives.

[1] - Il faut rappeler ici qu'il contient trois Etats (la POLOGNE, la HONGRIE et l'URSS) qui ont récemment adopté une structure juridictionnelle ou quasi juridictionnelle mais qui, du fait de leur participation au développement du modèle soviétique doivent être intégré dans ca tableau .

l'existence de résultats encore plus contrastés que dans le cas de la spécificité structurelle.
La notion de spécificité procédurale recouvre la mise en place de règles de procédures propres à l'exercice du contrôle de constitutionnalité. Elle doit être étudiée, dans la période envisagée, aux deux stades de son développement, c'est à dire soit en dehors de l'existence de toute structure spécifiques, soit en présence d'une telle structure.
306 En effet, notamment durant la première période évoquée (entre 1968 et 1977) certains Etats ont tenté d'introduire la notion de spécificité à l'intérieur du modèle socialiste en dehors de toute création d'organe spécifique, en adoptant des règles de procédures destinées à organiser l'exercice des compétences en matière de contrôle de constitutionnalité d'un organe à vocation générale. Il n'y a donc pas eu dans ce cas de création mais des tentatives de rationalisation des fonctionnements des structures parlementaires à vocation générale. Quatre des douze révisions constitutionnelles opérées à cette période ont été orientées dans ce sens[1]. Parmi ces quatre changements, qui ont tous constitué en une attribution (ou en une confirmation) de compétences dans ce domaine à l'organe de type Présidium du Soviet suprême, seul celui opéré en R.D.A. ne s'est pas accompagné de la mise en place de nouvelles règles de procédure. Limité en HONGRIE, ce phénomène de développement de procédure spécifique a été par contre relativement important en U.R.S.S. (avec les dispositions de l'article 64 du règlement parlementaire) et en POLOGNE [2] (avec l'adoption, le 14 juillet 1979, de l'arrêté du Conseil d'Etat) [3]. Ce processus d'intégration dans le modèle socialiste de procédure spécifique en dehors de toute introduction d'organe nouveau a été abandonné lors de la seconde période (1984-88).
Le second processus de développement de la spécificité procédurale (associé à la création d'organe et donc à la notion de spécificité structurelle) a également connu un développement différencié selon les Etats. Il n'y a pas eu relation automatique entre les deux phénomènes. Deux pays ont créé (ou maintenu) une structure spécifique (la R.D.A, la BULGARIE) et n'ont développé aucune procédure spécifique[4]. Il n'y a pas eu non plus, entre les trois Etats possédant une structure spécifique et ayant développé des règles procédurales équivalentes, d'égalité dans le degré de ce développement. Entre l'U.R.S.S., la ROUMANIE et la HONGRIE, il existe des différences importantes et aucun de ces trois systèmes n'a atteint un degré de développement équivalent.
Cette différence est illustrée par le fait que si l'on confronte les sept Etats étudiés en ne tenant pas compte de leurs conditions de développement, la séparation entre spécificité procédurale développée et non développée ne passe pas par la distinction opérée sur la base de l'existence d'un organe spécifique.

---

[1] - Constitution de la R.D.A de 1968, Constitution de l'U.R.S.S. de 1977, Amendement constitutionnel polonais de 1976, Amendement constitutionnel hongrois de 1972.
[2] - Pour l'étude du contenu de ces dispositions, se reporter aux développements les concernant dans cette partie de la thèse.
[3] - Les raisons du choix du Conseil d'Etat ont été exposées dans l'article de S. GEBERT : "Le contrôle de constitutionnalité en République Populaire de Pologne"- Droit polonais contemporain. 1980 déjà cité.
[4]- En République Démocratique Allemande, il s'agit même au regard des constitutions précédentes d'une régression dans ce domaine .

307 La lecture du tableau B permet de préciser le contenu de cette disparité. Si l'on se réfère aux subdivisions du tableau, on s'aperçoit d'un net déséquilibre en faveur de l'existence de règles relatives à la saisine des organes chargés du contrôle, qui sont précisément énoncées dans quatre Etats. Dans cette première partie du tableau, le positionnement de la République de BULGARIE est problématique, quelques éléments contenus dans les articles 40 et 43 du Règlement parlementaire publié au Journal Officiel n° 32. 1977 pouvant laisser supposer l'existence d'un embryon de règles spécifiques à la saisine de la commission législative en matière de contrôle de la constitutionnalité des projets de loi et de décrets du Conseil d'Etat). Leur caractère très réduit et pour l'article 43 non spécifique à la commission législative rend toutefois délicat toute reconnaissance, même partielle, d'une quelconque spécificité procédurale en République Populaire Bulgare dans le domaine de la saisine.

308 En matière de procédure d'examen du texte, seules les dispositions de la loi hongroise sur le Conseil de droit constitutionnel du 26 avril 1984 (et en l'attente de la loi soviétique) mettent en place un ensemble spécifique. En POLOGNE (dans le cadre de l'arrêté du 14 juillet 1979) et en ROUMANIE, il existe quelques éléments relatifs à la procédure d'analyse des actes contestés devant le Conseil d'Etat et la Commission constitutionnelle et juridique, mais l'ensemble de cette procédure s'intègre globalement dans les règles générales de fonctionnement du Conseil d'Etat ou de l'ensemble des Commissions parlementaires.

A titre d'illustration, seul l'examen préliminaire d'une requête dirigée contre un acte prévu à l'article 5 alinéas 4 et 5 de l'arrêté du Conseil d'Etat polonais du 14 juillet 1979 est spécifique à l'exercice des compétences du Conseil d'Etat dans ce domaine. Le reste de la procédure ne figure pas dans ce texte et se déduit des règles générales de fonctionnement de cet organe.

309 La détermination du degré de spécificité atteint dans le domaine des règles procédurales relatives aux décisions des organes chargés du contrôle et à leurs effets pose des problèmes plus complexes que les deux premières catégories. En effet, comment mesurer le degré de spécificité d'un mécanisme décisionnel en matière de contrôle de constitutionnalité? La combinaison de trois critères semble pouvoir suffisamment quantifier ce degré de développement :

- l'existence de règles relatives aux décisions des organes concernés explicitement rattachées à l'exercice du contrôle de constitutionnalité,
- l'adéquation quantitative de ces règles avec les actes juridiques soumis à l'examen de l'organe (la comparaison de la liste des actes soumis au contrôle de l'organe avec les règles relatives à sa décision dans ce domaine, ne devant faire apparaître aucun "vide": aucune catégorie d'actes ne doit pas être exclue du processus de décision). Ainsi, les effets des décisions sont souvent différents selon que l'acte contrôlé émane du Parlement et du Présidium ou d'autres organes d'administration. Les deux situations doivent alors être explicitement envisagées,
- la précision des règles et leur degré de spécificité au regard des autres solutions existantes dans le système juridique étudié. (Exemple: si l'organe est une commission parlementaire, la décision qu'elle va prendre sera-t-elle soumise aux mêmes règles que celles des autres commissions ou témoignera-t-elle de spécificités tenant à son domaine?).

310 Il faut remarquer que ces trois éléments (tout particulièrement le troisième) ne préjugent en rien de l'identité du titulaire du pouvoir juridique de décision. Ce n'est pas ici l'autonomie de l'organe contrôleur qui est mesurée par rapport au Parlement mais simplement l'existence de règles de procédures structurant la prise de décision et ses effets dans le cadre du contrôle de constitutionnalité [1].
La combinaison de ces trois critères "chronologiques"[2] permet de faire apparaître sur le tableau B le degré de développement de chaque Etat dans ce domaine. En 1989 du fait de la situation en U.R.S.S., seul le système hongrois existant entre 1984 et 1988 peut être considéré comme totalement spécifique car combinant les trois critères avancés. Inversement, les systèmes bulgare, albanais et est-allemand excluent toute spécificité procédurale en matière de décision. L'exemple polonais de 1979 est à mi-chemin entre ces deux situations. L'arrêté du Conseil de l'Etat du 14 juillet 1979, dans ses articles 1 et 2 alinéas 3 et 7 [3], envisage tous les actes soumis à son "examen" mais pour un certain nombre d'actes les règles applicables s'intègrent dans les pouvoirs généraux du conseil de l'Etat.
311 L'exemple roumain peut également se rattacher à cette situation. Tous les actes juridiques sont envisagés dans le cadre du contrôle de constitutionnalité. Toutefois, la classification dans la catégorie des systèmes de contrôle témoignant d'une spécificité procédurale totale en matière de décision apparaît là encore difficile à opérer du fait que ces règles ne diffèrent en rien (à de très rares exceptions près [4]) des règles correspondantes pour les autres commissions parlementaires et donc ne manifeste d'aucune spécificité vis-à-vis du contrôle de constitutionnalité.
La combinaison des résultats obtenus en matière de saisine, d'examen de l'acte et de décision démontre donc que seules la HONGRIE (au cours de la période 1984 - 1988) et l'U.R.S.S. après 1988 ont introduit à l'intérieur du modèle socialiste de contrôle parlementaire, la notion de spécificité procédurale d'une manière conséquente. Cette introduction a été très récente (1984 et 1988) et montre combien le développement de cet aspect du concept de spécificité a été plus laborieux que celui de la notion de spécificité organique.

B) Le maintien des compétences du Parlement en matière décision finale

312 Le premier (et principal) élément constitutif du modèle soviétique de contrôle parlementaire était à l'origine la compétence pour le Parlement de contrôler et de décider en dernier ressort de la conformité à la Constitution d'un acte juridique (ou de

[1] - Cette qualification qui pourrait paraître superflue au regard de la situation occidentale est un phénomène très important dans l'étude du contrôle de constitutionnalité dans les Etats socialistes.
[2] - Les régles existent elles? Concernent t-elles tous les actes juridiques? Sont elles suffisamment précises pour être applicables?
[3] - Arrêté du 14 juillet 1979 du Conseil de l'Etat polonais- A.1. - Le Conseil de l'Etat, conformément à la fonction qui lui est assignée (...) entreprend des mesures requises en vue d'assurer la conformité des dispositions du droit en vigueur en R.P.P. aux dispositions de la Constitution.
A.2 al.3 - Constatant au cours de son activité la non conformité d'un acte de rang inférieur à la loi (...) le Conseil de l'Etat le signale à l'organe compétent qui informe ce dernier, dans un délai de trois mois sur les mesures prises en vue d'éliminer ces irrégularités.
al. 7- En cas de reconnaissance de la disposition juridique comme non conforme à la Constitution, le Conseil de l'Etat entreprend des mesures adéquates visant à éliminer cette non-conformité.
[4] - Comme la possibilité pour la Commission de saisir la grande Assemblée Nationale en cas de désaccord avec le Conseil d'Etat sur la conformité d'un décret.

l'activité) d'un autre organe d'Etat. Ce pouvoir de décision, tiré de la théorie de l'unité du pouvoir et de la position conférée au Parlement (organe représentatif suprême) dans l'organisation étatique socialiste, s'exprimait par l'intermédiaire de deux techniques: le contrôle du Parlement pouvait à la fois porter sur l'acte juridique et sur l'activité d'un organe d'Etat ou d'administration.

Ce phénomène n'a pas été remis en cause par l'évolution constatée à l'intérieur des structures de contrôle de constitutionnalité dans le modèle socialiste de contrôle parlementaire. Les solutions adoptées à partir de 1965 n'ont entraîné qu'un aménagement de la répartition des compétences. Toutefois si à aucun moment il n'y a eu de remise en cause des prérogatives du Parlement en matière de décision, il y a eu développement d'organes de plus en plus autonomes intervenant dans la procédure de contrôle de constitutionnalité.

A l'intérieur des organes chargés du contrôle de constitutionnalité vis-à-vis du Parlement, il convient là encore de préciser l'observation du développement du concept d'autonomie au sein du modèle socialiste de contrôle parlementaire de constitutionnalité.

313 La situation du Parlement dans la période de 1936-1963 qui revenait à dénier toute autonomie en matière de contrôle de l'application de la constitution aux autres organes d'Etat ou d'Administration pouvait se caractériser de deux manières: soit le contrôle de constitutionnalité était attribué à une structure organiquement (relativement) autonome du Parlement [1] mais ne disposant d'aucune autonomie en matière de pouvoir de décision; soit le contrôle de constitutionnalité était attribué directement à un organe parlementaire. Ainsi au pouvoir de décision du Parlement venait s'ajouter le pouvoir de mener lui-même la totalité du processus de contrôle. Cette seconde situation était illustrée par exemple par la Constitution tchécoslovaque de 1960 ou est-allemande de 1949. Dans le premier cas, le Parlement partageait l'exercice du contrôle de constitutionnalité mais disposait de l'exclusivité des pouvoirs de décision dans ce domaine. Dans le second cas, c'est la totalité du processus qui était intégrée dans ses compétences.

314 Ainsi la mesure de l'évolution de ces phénomènes au sein du modèle socialiste de contrôle parlementaire peut être conduite au travers de la notion d'autonomie du processus de contrôle de constitutionnalité par rapport à la structure parlementaire. Cette notion, en conceptualisant les relations entre les différents organes du pouvoir en matière de contrôle de constitutionnalité, symbolise la place du Parlement dans ce processus. Elle se divise en deux éléments principaux: l'autonomie de l'organe chargé du contrôle de constitutionnalité et l'autonomie de son pouvoir de décision dans ce domaine.

315 Ces deux tableaux sont bâtis sur le même modèle que ceux étudiés précédemment en matière ce spécificité et correspondent aux mêmes périodes. Sur chaque tableau, les deux éléments principaux de la notion d'autonomie l'autonomie organique (c'est à dire l'autonomie de l'organe de contrôle) et l'autonomie décisionnelle (concernant le pouvoir final de décision) ont été également divisée en plusieurs éléments de manieré à affiner l'observation de leur développement.

---

[1] - La doctrine des Etats Socialistes considérant que certains aspects des compétences des organes de type Présidium du Soviet Suprême conduisaient à leur conférer une certaine indépendance organique malgré sa qualification constitutionnelle d'organe permanent du Parlement.

Cette notion d'autonomie organique est divisé en deux catégories visant à répondre à deux questions :
- l'institution désignée dans le droit positif comme compétente pour exercer le contrôle de constitutionnalité est-elle organiquement autonome de la structure parlementaire? [1] (autonomie de l'organe)
- Cet organe est-il entièrement composé de députés ou d'autres personnes peuvent-elles en faire partie ? [2] (autonomie de la composition)

316 Ces deux interrogations extrêmement caractéristiques de la situation dans les Etats socialistes ne sont d'ailleurs pas liées l'une à l'autre. Les organes autonomes organiquement vis-à-vis du Parlement (ou partiellement autonomes) sont très souvent dans ces Etats composés en totalité de députés désignés selon des critères politiques. Par exemple, le Présidium du Soviet suprême de l'U.R.S.S. par son statut et ses activités est un organe partiellement autonome vis-à-vis du Soviet suprême, mais cette autonomie partielle ne se retrouve pas dans son mode de composition. A contrario, certains organes strictement parlementaires (exemple: la Commission constitutionnelle de la Grande Assemblée Nationale roumaine) peuvent manifester une certaine autonomie par leur composition en incluant des non députés.
La première composante de la notion d'autonomie organique prend en compte l'organe lui-même dans sa globalité. Elle est divisée en trois éléments:
Non : l'organe n'est pas autonome du Parlement,
Oui : l'organe est autonome du Parlement, soit en partie (P), soit en totalité (T).
Si la qualification d'organe non autonome pose peu de problèmes et concerne les commissions parlementaires principalement, la détermination du degré d'autonomie est beaucoup plus délicate à opérer. Pour notre part, nous avons finalement retenu une série de critères pour tenter de la définir[3]:
- L'organe chargé du contrôle de constitutionnalité est il désigné par le droit positif expressément comme un organe parlementaire?
- Son rôle se limite t-il à exercer au nom du Parlement des compétences qui normalement appartiennent à ce dernier ? (ou dispose-t-il de compétences "propres" [4] lui conférant ainsi une compétence autonome ?),
- Est-il soumis tout au long de son activité au contrôle du Parlement et est il susceptible d'être révoqué par lui? [5]
L'autonomie en matière de composition repose également sur deux critères:
- les membres de l'organe chargé du contrôle de constitutionnalité sont-ils députés? (soit en totalité soit en partie)
- Leur appartenance à cet organe leur confère-t-elle un statut propre distinct de celui des parlementaires? De ce fait, sont-ils protégés d'une éventuelle décision de révocation ou de levée d'immunité de la part du Parlement?

317 Le deuxième élément (l'autonomie décisionnelle) est divisé en trois éléments. Le pouvoir de décision de l'organe de contrôle peut être autonome (ses décisions s'imposent et le Parlement ne peut s'y opposer), en partie autonome (seule une partie

[1] - Colonne 1
[2] - Colonne 2
[3] - L'analyse faite par la doctrine de chaque Etat est également intervenue dans notre classification.
[4] - Sans tenir compte de l'autonomie de son pouvoir de décision.
[5] - Si l'organe ne remplit aucun des critères, on peut le considérer comme totalement autonome.

de ses décisions s'imposent les autres peuvent être modifiées par le Parlement) ou conditionnées (c'est-à-dire que les décisions prises par l'organe désigné pour exercer le contrôle de la constitutionnalité peuvent être annulées par une décision du Parlement) [1].
Cette décision parlementaire peut intervenir directement (D) : l'organe chargé du contrôle de constitutionnalité ne peut que proposer de prendre une décision. Il va donc donner un avis au Parlement qui reste, non seulement maître de son contenu, mais également de son expression avant le vote. Il n'y aura juridiquement aucun effet produit, ni même dans certains cas, aucune décision juridique enregistrable.
La décision du Parlement peut également intervenir indirectement. L'organe chargé du contrôle est autorisé à décider lui-même, mais cette décision est susceptible d'être contrôlée ensuite par le Parlement avant tout pouvoir juridique pour l'annuler (I).
Si le pouvoir de décision du Parlement n'a pas été remis en cause durant cette seconde période (confirmant ainsi l'absence de toute autonomie de décision pour les autres organes impliqués dans cette activité) la notion d'autonomie organique a un peu évolué. Dans les Etats reproduisant le modèle soviétique de contrôle parlementaire, la tendance développée a été favorable à une (timide) autonomisation de l'organe de contrôle vis-à-vis de la structure parlementaire.

---

[1] - Soit par le biais d'un contrôle direct sur l'acte, soit par celui d'un contrôle sur l'activité.

Tableau analytique de la notion d'autonomie dans les structures de contrôle de l'application de l'application de la Constitution dans les Etats socialistes Européens de 1936 à 1963.

Etats	Organe de contrôle	Autonomie organique						Autonomie de décision			
	A	Organe			Composition			Pouvoir de décision			
		Non	Oui		Non	Oui		Conditionné		En partie autonome	Autonome
			Partiel	Total		Partiel	Total	Direct	Indirect		
U.R.S.S. (1936)	Présidium		X		X				X		
Pologne (1952)	Parlement	X			X			X			
RDA (1949)	Parlement Com.parlementaire	X				X		X			
Bulgarie (1947)	Parlement Com.parlementaire	X			X			X			
Roumanie (1952)	Parlement	X			X			X			
Albanie (1946)	Présidium		X		X				X		
Hongrie (1949)	Parlement	X			X			X			
Tchécos. (1960)	Parlement	X			X			X			
Yougos. (1953)	Présidium		X		X				X		

Tableau analytique de la notion d'autonomie dans les structures de contrôle de l'application de l'application de la Constitution dans les Etats socialistes Européens en 1989.

Etats	Organe de contrôle	Autonomie organique						Autonomie de décision			
B		Organe			Composition			Pouvoir de décision			
		Non	Oui		Non	Oui		Conditionné		En partie autonome	Autonome
			Partiel	Total		Partiel	Total	Direct	Indirect		
U.R.S.S. (1988)	Parlement Comité de surveil const.			X			X		X		
Pologne (1976)	Conseil d'Etat		X		X				X		
RDA (1974)	Parlement Com.parl	X			X			X			
Bulgarie (1971)	Parlement Com.parl.	X			X			X			
Roumanie (1975)	Parlement Com.parl.	X				X		X			
Albanie (1976)	Parlement	X			X			X			
Hongrie (1984)	Conseil de droit const.			X		X			X		

1) L'évolution de la notion d'autonomie organique au sein du modèle soviétique

318 L'étude de l'évolution des systèmes de contrôle de constitutionnalité fait apparaître trois phénomènes.
- Le premier élément constaté est la stabilité des situations entre les deux périodes. Contrairement aux observations faites pour la notion de spécificité, il n'y a pas de grands mouvements évolutifs qui ont considérablement modifié la structure originelle.

319 - De plus malgré cette stabilité, deux tendances (timides) doivent être relevées. Il y a tout d'abord, entre 1936-1963 et la situation actuelle, une tendance à la réduction de l'autonomie l'organe. Alors que dans le premier tableau, sur les neuf Etats comparés, la moitié avait conféré à un organe partiellement autonome la mission de contrôler l'application de la Constitution[1], en 1989 (ou pour certains Etats comme la POLOGNE au moment de leur degré ultime de développement au sein du modèle socialiste de contrôle parlementaire), il n'y a plus que deux Etats pour se trouver dans une situation comparable. Ce "recul" témoigne en fait de la réduction du rôle de l'organe de type présidium du Soviet Suprême dans le domaine du contrôle de constitutionnalité (et comme nous l'avons constaté plus haut, du développement des structures spécifiques). Il est d'autant plus important de noter que parmi les deux Etats évoqués, seule la solution polonaise concerne un organe de ce type et n'est plus en vigueur depuis 1982. De ce fait en 1989, le contrôle de constitutionnalité n'est plus attribué au Présidium dans aucun Etat socialiste.

320 Dans le même temps, la notion d'autonomie organique tirée de la composition de l'organe de contrôle subit une évolution inverse et donc tend à un léger développement. En 1963, l'unité est quasi-totale à l'intérieur du modèle socialiste de contrôle parlementaire: seule la Constitution de la R.D.A. de 1949, dont l'article 66 autorise quelques non-députés en vertu de leurs aptitudes juridiques à être membres de la Commission constitutionnelle du Parlement, déroge à la règle qui veut que tous les membres qui forment les institutions de contrôle de constitutionnalité soient des députés qui ne disposant d'aucun autre statut sont individuellement à la merci d'une décision de renvoi ou de levée d'immunité prise par le Parlement [2]. Durant la période postérieure à 1963, si les dispositions ont été abolies en R.D.A., trois autres systèmes de contrôle de constitutionnalité ont adopté des règles en matière de composition d'organe compétent, témoignant d'une certaine autonomie dans ce domaine. La ROUMANIE (en 1965) et la HONGRIE (en 1984) ont reproduit un processus de composition de la Commission constitutionnelle de la Grande Assemblée nationale roumaine et du Conseil de droit constitutionnel hongrois qui reprend l'essentiel du système de la R.D.A. et permet donc à une minorité de spécialistes non-députés de devenir membres de ces organes en tenant

---

[1] - La TCHECOSLOVAQUIE peut être classée à deux endroits du fait de l'évolution des solutions entre la Constitution de 1948 et celle de 1960.

[2] - Encore faut-il d'ailleurs noter que les quelques membres de la Commission constitutionnelle de la Chambre du Peuple de R.D.A disposent des mêmes prérogatives que les députés membres de cette Commission, mais sont désignés par le Parlement et soumis au même statut que les autres députés.

compte de considérations juridiques pour leur désignation [1]. La réforme de la Constitution soviétique de 1988 a mis en place un organe manifestant une grande autonomie dans ce domaine vis-à-vis du Parlement.

321 - Le troisième élément mis en valeur par cette analyse est l'importance de cette révision constitutionnelle Soviétique dans l'évolution des concepts d'autonomie organique au sein du modèle socialiste de contrôle parlementaire. Alors que jusqu'à une période très récente l'évolution dans ce domaine avait été extrêmement limitée, la création, le 1er décembre 1988 d'un Comité de surveillance constitutionnelle, a constitué une avancée très importante. Pour la première fois est créé un organe témoignant d'une autonomie organique totale vis-à-vis du Parlement, tant sur le plan du statut de ce Comité que sur celui de ses membres. Ainsi, le contrôle de la constitutionnalité va s'effectuer au-delà des limites organiques du Parlement (même si ce dernier possède lui aussi le droit de mener des investigations dans ce domaine).
La détermination de cette notion d'autonomie organique est basée sur la confrontation des critères évoqués plus haut et des dispositions du texte constitutionnel soviétique. A l'intérieur de l'article 125, il n'est jamais fait mention d'une quelconque intégration du Comité de surveillance constitutionnelle au sein du Congrès des députés du peuple de l'U.R.S.S. et d'une possibilité pour ce dernier de dissoudre ce Comité ou d'interrompre le mandat de ses membres. Au contraire, ce mandat est de 10 ans, c'est-à-dire deux fois plus long que celui des membres du Congrès des députés du peuple et du Soviet Suprême.
Malgré le fait que d'autres organes sont également compétents pour "veiller au respect de la Constitution de l'U.R.S.S." [2], il exerce ses compétences d'une manière autonome. Il n'y a pas dans ce nouveau texte constitutionnel de délégation de compétences en matière de contrôle au Comité de surveillance constitutionnelle de la part du Congrès et du Soviet Suprême, mais mise en place d'un association entre les deux groupes d'organes au sein d'un même système de contrôle. On ne se trouve pas dans la relation existant entre le Parlement et le Présidium où ce dernier exerçait certains pouvoirs entre les sessions du premier. Cette réforme soviétique constitue donc une évolution importante des structures au sein du modèle socialiste de contrôle parlementaire.
Introduisant et consacrant le concept d'autonomie structurelle au sein de ce modèle, elle semble consacrer également le possible développement d'une organisation à l'intérieur de ce cadre. Sa portée toutefois doit être limitée car elle ne remet pas en cause la répartition du pouvoir de décision au sein de ce modèle.

---

[1] - En Hongrie, les députés membres du Conseil de droit constitutionnel ont progressivement été désignés selon des critères identiques.
[2] - Le Congrès des Députés du Peuple (A. 73, Al. 8), le Soviet Suprême (A. 113, A. 18, 19 ET A. 73, al. 8), le Présidium du Soviet Suprême (A. 119, al. 5).

2) La limitation de la notion d'autonomie en matière de pouvoir de décision au sein du modèle soviétique

322 L'étude des tableaux relatifs à l'évolution de la notion d'autonomie dans les structures de contrôle de constitutionnalité au sein du modèle socialiste de contrôle parlementaire fait apparaître une absence d'évolution totale en matière de répartition du pouvoir de décision.
En 1989, comme en 1963 et en 1945, le pouvoir de décision définitif en matière de contrôle de constitutionnalité appartient juridiquement exclusivement au Parlement. Dans la partie du tableau consacrée à la mesure de ce phénomène, on est amené à constater que tous les systèmes existant se situent dans la colonne correspondant à un pouvoir de décision conditionné. Aucun organe ne dispose d'un pouvoir autonome (même partiel) de décision en matière de contrôle de constitutionnalité. Il ne peut prononcer la non conformité d'un acte juridique avec la Constitution sans courir le risque de voir cette décision annulée par le Parlement ou par l'auteur de l'acte sous l'autorité d'une décision définitive du Parlement. On constate même que le contrôle du Parlement n'a fait que se développer tout au long de la période postérieure à 1963. En effet, dans les tableaux apparaissent au sein de la colonne consacrée au pouvoir conditionné, deux éléments concernant la part prise par la décision parlementaire dans le processus de contrôle de constitutionnalité.
323 Au travers de ces notions de pouvoir conditionné direct et indirect, il apparaît qu'alors entre 1936 et 1963, sur les neuf systèmes de contrôle de constitutionnalité étudiés, la répartition entre décision parlementaire directe et indirecte s'opérait d'une manière relativement équilibrée (avec un léger avantage pour le contrôle indirect), en 1989, le "rapport de force" s'est complètement modifié avec une quasi-totalité de décision directe. Encore faut-il considérer que le système polonais mis en place en 1976 a été supprimé en 1982 et peut donc être assimilé à un "vestige" de la période précédente. L'augmentation de la spécificité et de l'autonomie structurelle (timide certes) des organes nouvellement créés à l'intérieur du modèle soviétique ne se matérialise donc pas par une augmentation de leurs pouvoirs de décision. Même s'ils disposent parfois du pouvoir de suspendre l'exécution de certaines catégories d'actes juridiques, ils ne possèdent pas le droit d'annuler les actes juridiques (quels qu'ils soient) dont ils vont prononcer la non-conformité avec la Constitution.
Ces modifications concernent les éléments constitutifs du modèle socialiste de contrôle parlementaire et vont avoir de profondes conséquences sur les fondements même de ce modèle.
324 Avant 1965, il existait une adéquation entre l'organisation du contrôle de constitutionnalité et l'idéologie marxiste léniniste. Après 1965 et l'introduction de ces changements, cet équilibre est rompu. Même si le pouvoir du Parlement (et donc des gouvernants) n'est pas remis en cause, ces évolutions vont avoir pour conséquence d'introduire des éléments a priori en totale opposition avec les fondements de ce modèle.

C) L'introduction d'éléments en opposition avec la logique instrumentale du modèle soviétique

325 L'importance des changements intervenus à partir de 1965 au sein du modèle socialiste de contrôle parlementaire de la constitutionnalité fait que l'on peut

s'interroger sur leur compatibilité avec le fondement même de ce modèle. Avant 1965, celui-ci reposait sur le fait que dans la société socialiste (caractérisée à la fois par son unité sociale et sa progression régulière vers le communisme) le contrôle de constitutionnalité ne pouvait pas jouer le même rôle que dans les sociétés occidentales. Ne pouvant limiter l'activité des organes d'Etat seuls capables d'impulser la marche du pays vers le communisme, ce contrôle était conçu comme une activité unilatérale, s'intégrant dans tous les aspects de l'action des organes d'Etat et qui rejetait ainsi le potentiel exclusivement répressif pouvant exister dans les Etats occidentaux.
Les évolutions étudiées à l'intérieur des éléments constitutifs du modèle socialiste de contrôle parlementaire de la constitutionnalité, bien qu'elles ne remettent pas en cause le pouvoir de décision de l'organe parlementaire et par la même le caractère unilatéral de la relation dans ce domaine, introduisent un ensemble d'éléments qui tendent à réduire la liberté d'action de celui-ci. De plus, révoquant certaines notions basées sur le caractère non répressif du contrôle de constitutionnalité dans l'Etat socialiste, les réformes génèrent une potentialité conflictuelle dans la relation existant au sein du processus de contrôle. Ces deux éléments conduisent à la limitation du pouvoir d'Etat du fait de l'exercice du contrôle de constitutionnalité qui s'oppose à la logique instrumentale dégagée précédemment.

1) La limitation de la liberté d'action du Parlement

326 La limitation de la liberté d'action du Parlement après 1965 s'exprime par la mise en place de règles de procédures spécifiques. Alors que dans la plupart des situations antérieures à 1965, le Parlement était totalement libre dans le déroulement du contrôle, il est après cette date amené à fonctionner dans un cadre unique et prédéterminé.
Cette situation est illustrée à des degrés divers par les règles mises en place en matière de déclenchement de la procédure, d'examen de l'acte et de sa sanction.

327 Ce phénomène s'exprime principalement dans le développement du droit de déclencher une procédure de contrôle.
Alors que dans la première période, du fait du sous-développement normatif qui régnait dans ce domaine, l'organe compétent (c'est-à-dire le Parlement ou son Présidium) était totalement libre d'accepter ou de rejeter le bien-fondé d'une requête, le développement de la réglementation de la saisine diminue très largement l'étendue de ce pouvoir discrétionnaire.
En 1969 [1], le Professeur bulgare Boris SPASSOV analysait les dispositions alors en vigueur en R.P. Bulgare comme d'une part limitant le droit de saisine du Parlement en matière de contrôle a posteriori d'une loi et d'autre part garantissant à ce dernier la totale maîtrise de ce processus. Pour Boris SPASSOV, les autres organes d'Etat "ne peuvent seulement que signaler à l'Assemblée Populaire mais ne disposent pas du

[1] - Il faut considérer que si la date de 1965 symbolise le début de la crise du modèle socialiste de contrôle parlementaire, cette date concerne surtout la situation roumaine. Ainsi, les manifestations de cette crise en BULGARIE ne vont débuter qu'en 1971.

droit d'initiative formelle concernant l'annulation d'un acte correspondant" [1]. L'intérêt de cette remarque est de montrer que n'existant pas d'une manière autonome, le droit de "saisine" du Parlement ou de son Présidium en matière de contrôle a posteriori ne peut, dans le meilleur des cas, qu'être assimilé aux dispositions en vigueur en matière de pouvoir de création d'un acte juridique: tout organe qui dispose du droit de proposer l'adoption d'un acte juridique pourra proposer l'adoption d'un nouvel acte juridique pour rétablir la conformité à la Constitution, ce qui revient le plus souvent en une "auto-saisine" pour le domaine des actes infra-législatifs [2]. Encore faut-il relever qu'en matière de contrôle de constitutionnalité des lois, il estime que cette faculté se réduit là encore à une auto-saisine puisque les autres organes d'Etat disposant du droit d'initiative législative ne peuvent pas tous proposer l'adoption d'une loi qui viendrait rétablir la conformité constitutionnelle.

Après 1965 et au vu des évolutions constatées, le changement apparaît très important, il y a en effet mise en place d'une véritable réglementation autonome du droit de saisine et un accroissement du nombre d'organes pouvant opérer cette saisine. Cet élément apparaît dans le tableau suivant:

Tableau comparatif de l'évolution de la saisine:

Constitution Polonaise de 1952: Néant		Amendement de 1976 et arrêté de 1979: Auto saisine Saisine directe:organes supérieurs de l'Etat (Président du Conseil des Ministres, Ministre de la Justice, Premier président de la Cour Suprême, Procureur Général) Conseil central des syndicats organes directeurs des organisations féminines coopératives Saisine indirecte:tous les autres organes d'Etat et les citoyens.
U.R.S.S.1936: Néant	U.R.S.S 1977: Auto saisine Conseil des ministres de l'U.R.S.S. Organes du pouvoir des Républiques Fédérées, Commissions du Soviet Suprême et de ses chambres, Comité de Contrôle Populaire, Députés du Soviets Suprême, Président de la Cour Suprême Procureur Général, organisations Sociales.	U.R.S.S. 1988: Auto Saisine Congrès des députés du Peuple, Soviet Suprême, Chambres du Soviet Suprême, Président du Soviet Suprême Conseil des Ministres de l'U.R.S.S., Organes du pouvoir des Républiques Fédérées.
Hongrie 1949: Néant	Réforme 1972: Néant	Réforme 1984: Auto Saisine Parlement,Commissions parlementaires,Conseil Présidentiel, Conseil des Ministres, Député, Dirigeant d'un organe de compétence Nationale,Président de la Cour Suprême, Procureur Général, Organisation Sociale et coopérative d'Etat, Conseil de Régions et de Budapest.

---

[1] - B. SPASSOV- "KONTROL ZA KONSTITUCIONNOSTJU PRAVOVYH AKTOV V BOLGARII"- (Le contrôle de la constitutionnalité des actes juridiques en BULGARIE), opus cité, page 246.

[2] - Ainsi par exemple, seul le Présidium peut proposer l'adoption des décrets qu'il émet.

328 De l'analyse de ce tableau, il ressort que suite aux évolutions intervenues à partir de 1965 dans les systèmes de contrôle de constitutionnalité, le développement des règles relatives à la saisine des organes compétents dans ce domaine est porteur d'une certaine limitation des pouvoirs du Parlement.

Cette limitation concerne la liberté d'action dont bénéficiait l'organe parlementaire avant 1965. Le développement d'une réglementation spécifique (notamment l'adoption d'une liste précise d'organes susceptibles de déclencher une procédure) limite la prérogative des Parlements du rejet a priori de toute initiative dans ce domaine, les nouvelles règles adoptées faisant obligation aux organes de contrôle d'examiner la requête présentée, du moment qu'elles remplissent les conditions posées par la Constitution ou la loi. Dans cette optique, l'arrêté adopté en République Populaire de POLOGNE, le 14 juillet 1979, est particulièrement significatif. Ce texte introduit l'idée de deux catégories d'organes disposant du droit de présenter une requête au Conseil d'Etat. La première pourra directement transmettre au Conseil d'Etat ses requêtes [1]; la seconde devra tout d'abord voir le bien-fondé des siennes préalablement confirmé par un des organes appartenant à la première catégorie [2].

La distinction entre ces deux catégories de requête est aussi caractérisée par l'alinéa 5 de cet article qui met en place une procédure d'examen de recevabilité de la part du bureau du Conseil d'Etat exclusivement dirigé contre les requêtes émanant de la seconde catégorie.

Ces dispositions, qui ont surtout été interprétées comme une limitation de l'exercice du droit de saisine des organes appartenant à la seconde catégorie, apparaissent également comme une limitation des droits du Conseil de l'Etat au regard de la situation antérieure. Ce dernier est obligé d'examiner les requêtes émanant de la première catégorie d'organe et ne dispose plus ainsi d'un pouvoir discrétionnaire absolu quant à l'opportunité du déclenchement de la procédure de contrôle.

Cette limitation s'exerce dans un deuxième temps par le fait qu'elle remet en cause le monopole de l'organe parlementaire à participer à cette procédure. Avant les évolutions, le rejet de toute règle spécifique et l'interprétation qui en a été donnée dans la doctrine des Etats socialistes, avait finalement conduit à exclure la plupart des organes d'Etat du processus de contrôle, ces derniers ne lui étant associés qu'en tant qu'organes contrôlés. Les réformes et surtout le développement des organes disposant du droit de saisine vont là encore modifier la situation, en associant les autres organes d'Etat à la procédure mais également en intégrant à celle-ci des institutions à vocation non gouvernementale, telles que la Cour Suprême, le Procureur Général mais aussi (et cela apparaît totalement novateur) les organisations sociales (telles que les syndicats, les organisations de jeunesse) et surtout dans certaines circonstances, les citoyens.

Ces deux éléments illustrent la portée des évolutions et leurs conséquences dans le domaine de la saisine, l'organe parlementaire peut se voir imposer une décision prise par un autre organe ou institution existant au sein de l'Etat.

---

[1] - Voir article 5 alinéa 1 de l'arrêté.
[2] - Voir article 5 alinéa 3 de l'arrêté.

329 Dernier élément relatif à la limitation du rôle du Parlement du fait des évolutions enregistrées à partir de 1965, le monopole du pouvoir de décision du Parlement sans avoir été remis en cause a subit un certain nombre d'aménagements. Là encore, les règles existant avant 1965 vont être modifiées. Le Parlement se retrouve associé juridiquement avec un autre organe pour rendre sa décision. Il n'intervient qu'après la première décision de l'organe chargé du contrôle. Même si cette évolution constitue dans certains Etats, comme en U.R.S.S., une transcription dans le droit positif d'éléments coutumiers, on doit y voir une limitation relative du rôle du Parlement, limitation encore accentuée par le développement du pouvoir des organes spécialisés.
Ainsi, même si le Parlement conserve le droit de prendre une décision définitive, ce droit doit se combiner, dans certains Etats, avec celui dont dispose l'organe spécialisé de suspendre dans certains cas, préalablement à toutes décisions du Parlement, l'application de l'acte incriminé. On retrouve donc ici la même limitation du pouvoir du Parlement qu'en matière de saisine: le Parlement ne se trouve plus dans une situation de monopole absolu. Il est associé à un autre organe et doit se prononcer sur sa décision et donc se fonder, même négativement, sur celle-ci. Il ne dispose pas là non plus de la maîtrise de la totalité du processus. Il n'est plus qu'un organe chargé de sanctionner une procédure de contrôle qui a été principalement menée par d'autres organes et auquel il n'a été jusqu'à présent pas associé.

2) L'introduction de l'idée de conflit

330 Alors que dans l'organisation du modèle socialiste de contrôle parlementaire de la constitutionnalité avant 1965, tout était mis en place (tant dans les règles en vigueur que dans leur justification doctrinale) pour nier tout caractère conflictuel à l'intérieur du processus de contrôle de constitutionnalité, les réformes intervenues après 1965 remettent en cause cette situation. Les nouvelles règles de procédure génèrent des situations potentiellement conflictuelles, tant en ce qui concerne les relations entre les organes d'Etat chargés de cette mission que celles existant entre les gouvernants et les gouvernés. Ce phénomène va se traduire juridiquement par la création de deux sources possibles de conflit, tant entre la structure étatique et les gouvernés, qu'au sein même de cette structure étatique.
Les évolutions constatées à partir de 1965 (caractérisées par le développement des concepts de spécificité et d'autonomie) ont entraîné la création de deux procédures permettant de prendre en compte, en tant que tel, une relation conflictuelle entre les gouvernants et les gouvernés. Ces procédures apparaissent comme un élément novateur car pour la première fois, elles autorisent les gouvernés à contester une mesure adoptée par les gouvernants dans le processus de contrôle de l'application de la Constitution.
331 Ceci se caractérise tout d'abord par l'extension du droit de saisine à un large cercle d'organes et d'institutions non étatiques, tels que les organisations sociales (syndicats, mouvements de jeunesse), les institutions administratives locales et même, avec des procédures plus ou moins directes, les citoyens. Cette extension (et le plus souvent cette création...) constitue un élément très important car elle représente la première possibilité offerte, dans le droit constitutionnel d'un Etat socialiste, d'intégrer la contestation d'une décision d'un organe du pouvoir d'Etat par un citoyen ou une entité non étatique, dans un processus de règlement juridique. Le

droit de saisine offre donc, d'une manière comparable aux Etats occidentaux, une possibilité de règlement juridique des conflits pouvant survenir entre gouvernants et gouvernés.

332 Le second élément qui va constituer un "espace de conflit", c'est-à-dire révéler là encore un processus de prise en compte d'une opposition entre gouvernants et gouvernés, est le développement du contrôle a posteriori des actes juridiques. Alors que jusqu'à présent (surtout sur la base de la Constitution soviétique de 1936), le contrôle de constitutionnalité avait été principalement vécu comme un contrôle des projets plutôt que des normes adoptées, les évolutions survenues à partir de 1965 vont introduire dans un certain nombre d'Etats des procédures de contrôle a posteriori. C'est notamment le cas en ROUMANIE avec la Constitution de 1965, en POLOGNE avec l'amendement constitutionnel de 1976, en HONGRIE avec la création en 1983 du Conseil de droit constitutionnel et en U.R.S.S. avec l'amendement constitutionnel du 1er décembre 1988. Combiné avec l'extension du droit de saisine, ce développement représente là encore la mise en place de mécanismes de prise en compte d'antagonismes entre gouvernants et gouvernés. En revenant sur la présomption de perfection juridique que confère la promulgation aux actes des organes supérieurs du pouvoir dans l'Etat socialiste, une procédure de contrôle est possible durant la période où l'antagonisme est susceptible de se déclarer, c'est-à-dire lors de son application (quand l'acte entre en contact avec les citoyens).

333 Ce phénomène de création d'espace à potentialité conflictuelle va se trouver également reproduit à l'intérieur des institutions étatiques.
En fait, dans tous ces exemples d'évolution des structures de contrôle de constitutionnalité s'opère une séparation à l'intérieur de la structure parlementaire entre un élément juridique et un élément politique. En effet, la plupart des Etats socialistes [1] qui vont continuer à reproduire le modèle de contrôle parlementaire vont mettre en place une structure bicéphale, associant au Parlement (conçu comme l'organe représentatif suprême siégeant en séances plénières) une structure spécifiquement orientée vers les problèmes de constitutionnalité. De ce fait, on assiste à une volonté de séparation des fonctions entre une structure à vocation politique et une structure à vocation juridique qui se caractérise par une fonction et des règles de composition et de fonctionnement spécifiques et autonomes, comme si au delà d'une apparence d'unité organique, on avait en fait voulu générer une dualité matérielle entre la fonction gouvernementale et la fonction juridique de contrôle de la constitutionnalité.

334 Ainsi, sont crées deux ensembles aux pouvoirs certes disproportionnés à l'intérieur du Parlement, ce qui là encore rend possible une opposition entre eux puisque les règles en présence soumettent les décisions de l'organe spécifiquement chargé du contrôle à l'approbation du Parlement statuant en séance plénière. On retrouve, tout comme en matière de saisine ou de contrôle a posteriori, l'idée que cet élément procédural peut être l'occasion de manifester une opposition entre ces deux éléments parlementaires et donc constituer un processus de règlement des conflits dans le cadre d'un antagonisme entre les contraintes juridiques et l'action politique.

---

[1] - Seuls l'U.R.S.S et la POLOGNE ne vont pas pouvoir, un certain temps, associer deux institutions politiques à vocation générale telles que la Diète et le Soviet Suprême avec le Présidium et le Conseil de l'Etat.

L'inadaptation du modèle socialiste de contrôle parlementaire de la constitutionnalité mis en évidence par l'évolution de ses éléments constitutifs va avoir pour conséquence la remise en cause de ce modèle.

Paragraphe 2) La remise en cause de la cohérence du modèle soviétique

335 La seconde conséquence des évolutions enregistrées dans certains Etats socialistes après 1965 est la remise en cause de la cohérence de ce modèle. Elle s'exprime autour de deux phénomènes.
D'abord, on constate qu'il y a rupture de l'unité de ce modèle d'une part du fait des évolutions évoquées précédemment, mais aussi à cause d'un autre mouvement parallèle et totalement opposé au premier et qui fait que certaines démocraties populaires se sont engagées dans une évolution inverse visant à renforcer les structures déjà existantes dans le sens du fondement original du modèle (A).
Il y a ensuite une remise en cause de l'originalité du modèle en ce sens que, contrairement à la situation antérieure à 1965, les solutions développées à l'intérieur de ce modèle tendent à ne plus témoigner l'originalité de cette première période, pour se rapprocher du modèle juridictionnel existant dans les Etats socialistes et même par certains aspects des solutions occidentales (B).

A) La remise en cause de l'unité du modèle

336 L'évolution constatée dans un certain nombre d'Etats socialistes dans l'organisation des structures parlementaires de contrôle de constitutionnalité ne s'est pas vérifiée dans la totalité de ces Etats. Bien au contraire, alors que se mettaient en place des structures de contrôle de plus en plus spécifiques en ROUMANIE, en HONGRIE, en POLOGNE ou en U.R.S.S., d'autres Etats sont allé à contre-courant de ces mouvements en maintenant leur organisation originelle ou même en réduisant et en faisant disparaître les quelques éléments de spécificité existant dans leur organisation étatique en matière de contrôle de l'application de la Constitution. Certains Etats n'ont pas évolué par rapport à la tendance constatée précédemment ou l'ont fait d'une manière limitée, alors que d'autres ont évolué dans le sens opposé à cette tendance.
En effet, on peut constater deux phénomènes qui constituent une double limite au développement des structures de contrôle parlementaire de contrôle de constitutionnalité. Dans un premier temps, on pourra donc parler de développement limité des structures de contrôle, alors que dans un second temps, il faudra évoquer la notion de développement inversé.

1) Le développement limité des structures parlementaires de contrôle

337 Ce premier phénomène se caractérise par deux tendances : l'interruption d'une évolution précédemment entamée et le maintien des structures de contrôle existant originairement dans l'Etat, lors de sa création.
Cette situation est illustrée par les deux Constitutions bulgares de 1947 et 1971. Dans ces deux textes, le même système de contrôle de constitutionnalité est

reproduit: le Parlement est toujours seul titulaire du droit de contrôler l'application de la Constitution et de celui de contrôler la constitutionnalité des lois, assisté en cela par une Commission parlementaire dont les compétences, les règles de composition et le statut n'ont pratiquement pas évolué entre 1947 et 1971.
De ce fait, est maintenu en BULGARIE un ensemble structurel très caractéristique du modèle originaire soviétique avec l'affirmation de la compétence absolue du Parlement, l'absence quasi totale de spécificité et d'autonomie tant organique que procédurale. Alors que la solution adoptée en République Populaire de BULGARIE pouvait apparaître en 1947 comme relativement développée en matière de contrôle de constitutionnalité (en comparaison avec les autres Etats socialistes) elle représente au contraire en 1971 le gel de toute évolution et la consécration du modèle originaire.

338 L'exemple roumain, bien que s'inscrivant dans le même processus, est de nature différente. Alors que la BULGARIE avait, malgré les limites évoquées, toujours constitué un exemple de reproduction fidèle du modèle socialiste, la République Populaire Roumaine avait joué en 1965 un rôle novateur en développant un système de contrôle de constitutionnalité original qui, bien que se situant dans le cadre du modèle parlementaire, constituait un "modèle roumain" capable d'assurer les conditions d'un exercice efficace du contrôle de constitutionnalité en ROUMANIE" [1].
Ces développements faisaient de ce pays l'Etat de référence en matière d'organisation de structures parlementaires de contrôle. Depuis 1965, deux phénomènes ont limité le développement des structures de contrôle en ROUMANIE. Tout d'abord, entre 1965 et 1975, la spécificité de l'organe chargé d'assister le Parlement dans l'exercice de ses compétences a été atténuée par la fusion de la Commission Législative avec la Commission Constitutionnelle de la Grande Assemblée Nationale. Ses pouvoirs ont été réduits avec l'abrogation de la disposition du Règlement parlementaire, autorisant de simples citoyens à saisir cette commission.

339 Alors que dans les années 1965-1970, le système roumain était à la pointe de l'évolution des structures parlementaires de contrôle, la ROUMANIE apparaît en 1989 totalement absente du mouvement intervenu durant les années 1980. Pour toute une série de motifs le développement des structures de contrôle de constitutionnalité a été interrompu totalement.

2) Le développement inversé des structures de contrôle

340 Contrairement à la BULGARIE et à la ROUMANIE, la République Démocratique Allemande et l'ALBANIE, tout en refusant de participer au mouvement de développement des structures parlementaires de contrôle de constitutionnalité, ne vont pas au cours des révisions constitutionnelles ayant eu lieu dans ces Etats depuis 1946, pérenniser les solutions précédemment adoptées. Ces deux Etats en effet vont modifier les règles relatives à l'organisation des compétences en matière de contrôle dans un sens tout à fait différent des autres Etats, puisque ces réformes vont faire disparaître toute notion de spécificité ou d'autonomie pour revenir au modèle soviétique de contrôle parlementaire. Dans une démarche

---

[1] - A. HAURIOU et L. SFEZ : "Institutions Politiques et Droit Constitutionnel" - Editions MONTCHRESTIEN 1972 p. 359. Cité par H. ROUSSILLON : le problème du contrôle de la constitutionnalité des lois dans les Etats socialistes- R.D.P. 1978 page 108.

quasi-intégriste, ces deux Etats vont progressivement attribuer toutes les compétences au Parlement.
L'évolution de l'ALBANIE a eu lieu en deux temps. Jusqu'en 1976, de par l'article 54, point 3 du texte constitutionnel originaire (après la réforme constitutionnelle de 1954 l'article 58, point 3 du même texte) le contrôle de la constitutionnalité des lois était confié au Présidium de l'Assemblée Populaire. Celui-ci exerçant ses activités sous le contrôle direct du Parlement[1]. Il y avait donc comme dans le texte soviétique de 1936 partage des compétences entre le Présidium et l'Assemblée. En 1976, une nouvelle Constitution a été adoptée qui, dans son article 67, disposait que: "L'Assemblée Populaire décide de la conformité des lois à la Constitution et procède à leur interprétation".

341 Cette modification, qui procède d'une absolutisation du modèle de contrôle parlementaire, correspond à un rejet de l'évolution enregistrée dans les autres Etats en Europe de l'Est. Alors que dans le même temps (en 1976 et en 1977), la POLOGNE et l'U.R.S.S. précisaient et renforçaient les compétences des Présidiums de leurs Assemblées respectives, l'ALBANIE, en transférant les compétences au Parlement au détriment du Présidium, est en opposition avec ce mouvement, en réduisant les faibles éléments de matérialisation de cette fonction constituée par la permanence du Présidium et le nombre réduit de ses membres.

342 Toutefois, si le caractère inversé de cette évolution par rapport au mouvement général constaté dans les autres Etats après 1963, bien que réel apparaît symbolique dans le cadre particulier de l'ALBANIE socialiste, le même phénomène peut être constaté en République Démocratique Allemande dans un contexte beaucoup plus significatif. Dans cet Etat, on doit distinguer trois phases d'évolution des structures de contrôle de constitutionnalité.
Lors de la première période (de 1949 à 1968), la R.D.A. faisait juridiquement figure dans ce domaine d'élément part dans l'ensemble des Etats socialistes. En plein "âge d'or" du modèle socialiste de contrôle parlementaire, la Constitution Est-Allemande de 1949 établissait que si le pouvoir de décision dans ce domaine appartenait au Parlement, il était assisté d'une commission constitutionnelle, qui bien que disposant d'une compétence exclusivement consultative était composée d'une manière lui conférant une très grande spécificité dans le contexte du premier mouvement constitutionnel des démocraties populaires, ce qui permettait de le comparer à la solution adoptée en ROUMANIE en 1965.
A partir de 1968 avec l'adoption de la nouvelle Constitution de la R.D.A., deux modifications très importantes ont été opérées dans le système de contrôle de la constitutionnalité qui vont profondément le transformer.
Tout d'abord, l'article 65 du nouveau texte constitutionnel conférait au Conseil d'Etat (organe de type Présidium) le droit de contrôler la constitutionnalité des lois. Ensuite, les textes d'"accompagnement" de la nouvelle Loi fondamentale ont modifié les règles concernant la compétence de la Commission constitutionnelle ainsi que son mode de composition.

343 En effet, bien que maintenue après 1968, celle-ci n'était plus compétente, aux termes du Règlement parlementaire du 12 mai 1969 et de son article 7, que pour

[1] - Les décisions du Présidium prises dans le cadre de cette compétence devaient être approuvées par l'Assemblée.

examiner les projets de lois déposés au Parlement quant à leur conformité avec la Constitution. C'est donc la moitié des compétences de cet organe qui disparaissent puisqu'avant 1968 il était compétent également pour apprécier la constitutionnalité des lois après leur promulgation. Il convient de noter que la Commission constitutionnelle n'exerçait pas seule cette compétence consultative. Elle partageait son exercice avec le Conseil d'Etat qui pouvait rejeter tout projet de loi réputé par lui non conforme à la constitution de R.D.A. (à l'exclusion des textes proposés par les députés eux-mêmes).
Cette réduction sensible de l'étendue des compétences de cette Commission se doubla d'une diminution encore plus importante des dispositions concernant sa composition qui lui conférait une certaine spécificité. En effet après 1968, cette Commission n'était plus composée que de députés. Les spécialistes (Professeurs, Juges) antérieurement admis en son sein et disposant du droit de vote étaient exclus. La Commission constitutionnelle fusionnait avec la Commission Législative du Parlement.

344 Le 7 octobre 1974, de nombreux amendements constitutionnels ont été adoptés. De part ces modifications, le Conseil d'Etat a vu sa compétence réduite en matière de contrôle de constitutionnalité. Issu d'une révision de la répartition des compétences entre les organes d'Etat, ce changement a deux conséquences :

- le Conseil d'Etat n'est compétent que pour contrôler la constitutionnalité des activités du Procureur général et de la Cour Suprême [1],
- de par sa position, l'Assemblée est donc le seul organe disposant du droit de contrôler la constitutionnalité des actes juridiques.

La Commission constitutionnelle et parlementaire est maintenue dans la forme prévue à partir de 1969. Cet exemple de développement des structures de contrôle de constitutionnalité visant à préserver au maximum les pouvoirs de décisions du Parlement et à détruire toute idée de spécificité de cette fonction est d'autant plus important que la R.D.A. a été pendant une longue période le système étatique où la notion de contrôle de constitutionnalité a été la plus développée[2].

B) La remise en cause de l'originalité du modèle

345 L'originalité du modèle socialiste de contrôle parlementaire de la constitutionnalité est (au moins en apparence) remise en cause: le développement de la notion de spécificité rapproche ce modèle des solutions mises en oeuvre dans d'autres Etats et notamment dans les Etats socialistes qui à partir de 1963 ont mis en place une structure juridictionnelle de contrôle de constitutionnalité.

---

[1] - Article 74 de la Constitution de R.D.A. adopté le 6 avril 1968 et modifié le 7 octobre 1974.

[2] - Pour une description plus détaillée de ce système de contrôle de constitutionnalité de la RDA après 1974, on peut se référer à la communication du professeur Gerhard SCHUESSLER lors du colloque d'UPPSALA en Juin 1984: "GARANTIES FOR CONSTITUTIONNALITY OF LEGISLATION THE EXPERIENCE OF GERMAN DEMOCRATIC REPUBLIC" in "LE CONTROLE JURIDICTIONNEL DES LOIS. Légitimité effectivité et développements récents"- Ouvrage collectif publié par L. FAVOREU et J. A. JOLOWICZ- Editions Economica PUAM PARIS 1984 ,pages 103 à 112.

Tableau analytique de l'évolution de la notion de spécificité dans les structures de contrôle de l'application de laConstitution dans les Etats socialistes européens .

Etats	Organes de contrôle	Spécificité Organique						Spécificité Procédurale									
		Organe			Composition			Saisine			Examen de l'acte			Décision			
		Non	Oui		Non	Oui		Non	Oui		Non	Oui		Non	Oui		
	A		P	T		P	T		P	T		P	T		P	T	
URSS (1936)	Présidium du Soviet Suprême	X			X			X			X			X			
Bulgarie (1947)	Parlement	X			X			X			X			X			
Hongrie (1949)	Parlement	X			X			X			X			X			
Roumanie (1952)	Parlement	X			X			X			X			X			
Albanie (1946)	Présidium	X			X			X			X			X			
RDA (1949)	Parlement Com. Parl.			X		X				X		X			X		
Pologne (1952)	Parlement	X			X			X			X			X			
Yougoslavie (1963)	Cour Const.			X	X					X			X			X	
Tchécos. (1968)	Cour Const.			X			X			x			?			X	

Tableau analytique de l'évolution de la notion de spécificité dans les structures de contrôle de l'application de laConstitution dans les Etats socialistes européens en 1989

Etats	Organes de contrôle	Spécificité Organique						Spécificité Procédurale								
	B	Organe			Composition			Saisine			Examen de l'acte			Décision		
		Non	Oui		Non	Oui		Non	Oui		Non	Oui		Non	Oui	
			P	T		P	T		P	T		P	T		P	T
Yougos. (1974)	Cour Constit.			X	X					X			X			X
Tchécos. (1968)	Cour Constit.			X			X			X			?			X
Pologne (1982)	Cour Constit.			X			X			X			X			X
Hongrie (1989)	Cour Constit.			X			X			X			X			X
Bulgarie (1971)	Parlement com. parl.			X	X				X		X			X		
Albanie (1976)	Parlement	X			X			X			X			X		
Roumanie (1975)	Parlement com.parl.			X		X				X		X		X		
RDA (1974)	Parlement com parl.			X	X			X			X			X		
URSS (1988)	Parlement com. surv.const.			X			X			X			?			?

1) L'évolution du concept de spécificité

346 La réduction des antagonismes existant entre les éléments constitutifs des modèles parlementaire et juridictionnel de contrôle tel qu'il existe en Europe est matérialisée par le développement de la notion de spécificité au sein du modèle parlementaire. Ce développement précédemment étudié s'inscrit parfaitement dans cette perspective de dépassement des antagonismes car il a pour conséquence de développer, au sein du modèle parlementaire, un des éléments qui constituait jusqu'à cette date une des principales différences avec le modèle juridictionnel. Le rapprochement est très important: non seulement il y a modification d'un élément constitutif du modèle socialiste de contrôle parlementaire, mais surtout alignement sur les solutions du contrôle juridictionnel. Si l'on analyse les deux tableaux relatifs à ce problème, au-delà de l'évolution elle-même, la portée du rapprochement apparaît très importante.

347 Le premier tableau (tableau A) reprend les dispositions qui ont été utilisées pour quantifier le degré de l'évolution de cette notion de spécificité dans chaque modèle. Il confronte les deux Etats socialistes constituant le modèle originaire de contrôle juridictionnel (la TCHECOSLOVAQUIE et la YOUGOSLAVIE [1]) et les autres Etats socialistes qui en 1963 ont continué à appartenir au modèle de contrôle parlementaire, au regard du développement de la notion de spécificité. Il reproduit pour ce second groupe d'Etat les solutions de la première période 1936-1963.
Cette confrontation entre les solutions "originaires" du modèle socialiste de contrôle parlementaire et des deux Etats socialistes ayant opté pour le contrôle juridictionnel fait apparaître combien la notion de spécificité est porteuse de division. Tant dans sa conception organique que procédurale l'antagonisme est total. Seule à l'intérieur du modèle parlementaire la solution de la R.D.A. (article 66 de la Constitution de 1949) comporte certains éléments communs avec le modèle de contrôle juridictionnel (spécificité de l'organe et de la procédure de saisine). Alors que les systèmes yougoslave et tchécoslovaque consacrent la notion de spécificité, elle est par contre totalement absente de la très grande majorité des Etats formant le modèle de contrôle parlementaire [2] et donc constitue un élément important de rupture entre ces deux systèmes.

348 La portée de l'évolution opérée après 1965 et la réduction de cet antagonisme apparaissent sur le second tableau (tableau B). Celui-ci opère la même confrontation entre le modèle de contrôle parlementaire et le modèle de contrôle juridictionnel en s'appuyant sur les dispositions constitutionnelles et législatives en vigueur après l'évolution évoquée précédemment (c'est à dire comme pour les tableaux relatifs à la spécificité la période de crise du modèle socialiste). Ce tableau, outre la progression numérique et la stabilité du concept de spécificité à l'intérieur du modèle juridictionnel, démontre le rapprochement opéré en matière de spécificité par le modèle de contrôle parlementaire vers les solutions du modèle de contrôle juridictionnel. L'écart entre les deux systèmes n'est plus ni aussi important ni aussi automatique que dans le premier tableau. Il y a donc globalement un rapprochement,

---

[1] - Dans l'Europe socialiste.

[2] - Outre l'exemple est-allemand, seule la BULGARIE possède une structure partiellement spécifique.

la notion de spécificité étant beaucoup plus présente au sein du modèle socialiste de contrôle parlementaire en 1989 qu'avant 1963.
Il faut toutefois sinon nuancer du moins préciser cette globalité. En effet, le développement de la notion de spécificité n'a pas été uniforme au sein de ce modèle. De ce fait le rapprochement est dans certains cas à relativiser.

349 En matière de spécificité organique, il convient de distinguer entre la spécificité de l'organe ou le rapprochement est particulièrement important puisque quatre Etats sur cinq ont mis en place un organe spécifique de contrôle de constitutionnalité (correspondant ainsi à la solution adoptée par le modèle juridictionnel) et la spécificité tirée de la compétence de ses membres, où le rapprochement a été moins important, puisque seulement deux Etats sur cinq ont adopté ce genre de règles [1].
De même, en matière de spécificité procédurale où le développement de la notion de spécificité (et donc le rapprochement des deux modèles) a été moins important qu'en matière de spécificité organique, on est en présence d'un déséquilibre entre les règles de saisine d'une part et celles relatives à l'examen de l'acte juridique contesté et au processus de décision dans ce domaine, les premières ayant été plus développées que les autres.
Toutefois, l'évolution de la notion de spécificité au sein du modèle socialiste de contrôle parlementaire malgré son caractère inégal contribue largement au rapprochement de ce dernier avec le modèle juridictionnel.

2) Les conséquences de cette évolution

350 Ce rapprochement des modèles, du fait de l'évolution des systèmes de contrôle, peut être symbolisé sur trois représentations graphiques (voir page suivante) qui ont pour objet de placer les systèmes de contrôle de constitutionnalité de chaque Etat socialiste à l'intersection de leur degré de développement de la notion de spécificité et d'autonomie. En combinant ainsi les deux principaux éléments constitutifs de chaque modèle de contrôle, ces représentations graphiques permettent à la fois de montrer l'évolution survenue dans chaque Etat, mais aussi (et surtout) de mesurer l'écart entre les solutions choisies entre différents Etats, différentes époques et différents modèles de référence.

351 Ces représentations sont bâties autour de deux axes: un axe horizontal symbolisant la notion de spécificité et gradué avec des éléments proches de ceux utilisés dans les tableaux précédemment étudiés et un axe vertical symbolisant la notion d'autonomie. Les points inscrits sur ces représentations indiquent la position au regard de ces deux éléments de chaque système de contrôle de constitutionnalité pour chaque Etat socialiste. Le premier tableau représente la situations des Etats socialistes durant la période 1936-1963, le second permet de mesurer la distance existante entre le modèle socialiste ce contrôle parlementaire dans sa forme originaire (telle qu'elle apparaît dans le premier tableau) avec le modèle juridictionnel (symbolisé par les Constitutions yougoslaves de 1963 et tchécoslovaques de 1969). Le troisième tableau enfin met en valeur les conséquences de la crise à l'intérieur du modèle socialiste de contrôle parlementaire en permettant de visionner sur la même

[1] - Il faut toutefois noter que cette disposition n'existe pas dans le droit positif yougoslave ni même dans le droit positif de certains Etats occidentaux.

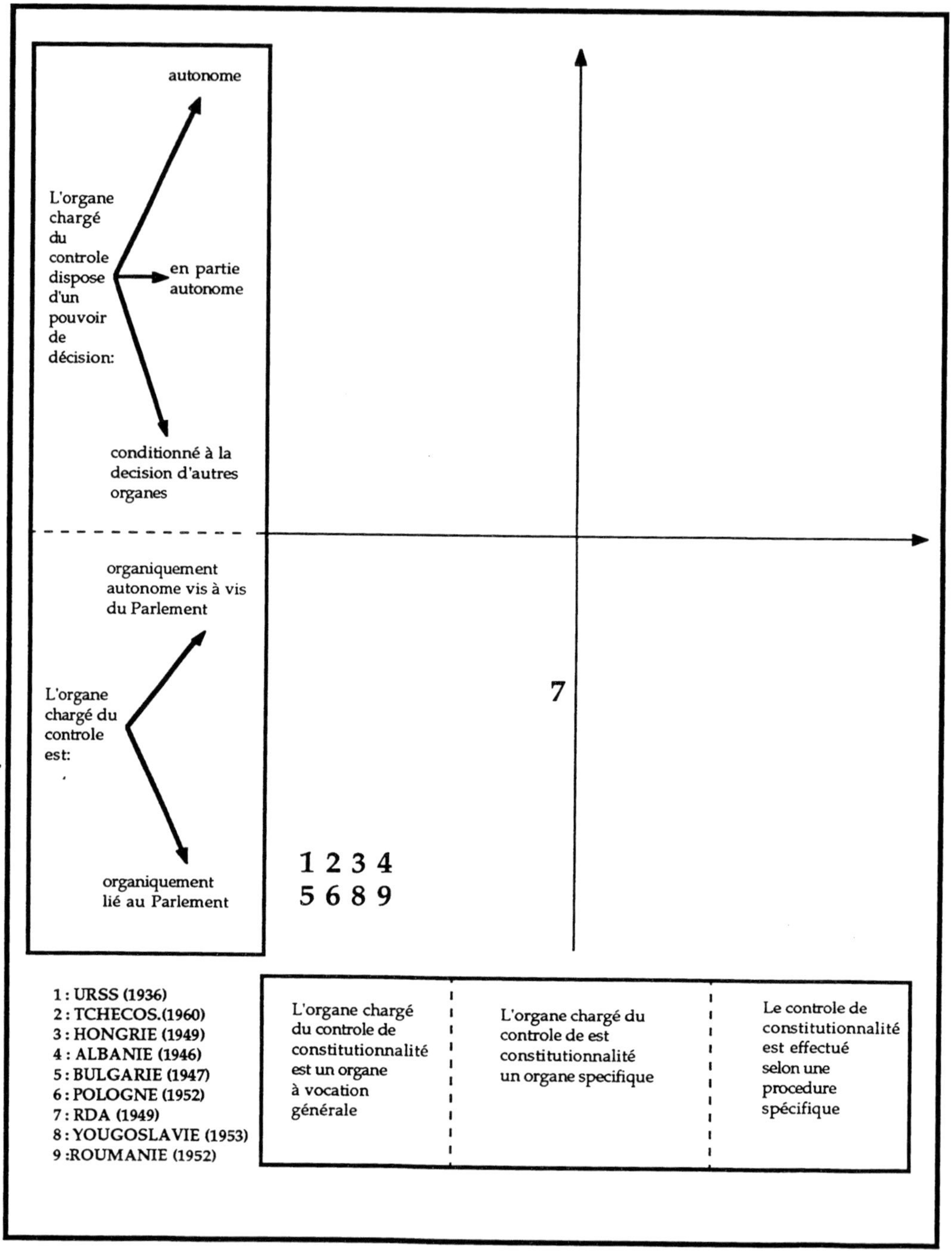
autonome
L'organe chargé du controle dispose d'un pouvoir de décision:
en partie autonome
conditionné à la decision d'autres organes
organiquement autonome vis à vis du Parlement
L'organe chargé du controle est:
organiquement lié au Parlement
7
1 2 3 4
5 6 8 9
1 : URSS (1936)
2 : TCHECOS.(1960)
3 : HONGRIE (1949)
4 : ALBANIE (1946)
5 : BULGARIE (1947)
6 : POLOGNE (1952)
7 : RDA (1949)
8 : YOUGOSLAVIE (1953)
9 :ROUMANIE (1952)
L'organe chargé du controle de constitutionnalité est un organe à vocation générale
L'organe chargé du controle de est constitutionnalité un organe specifique
Le controle de constitutionnalité est effectué selon une procedure spécifique

TABLEAU N°1

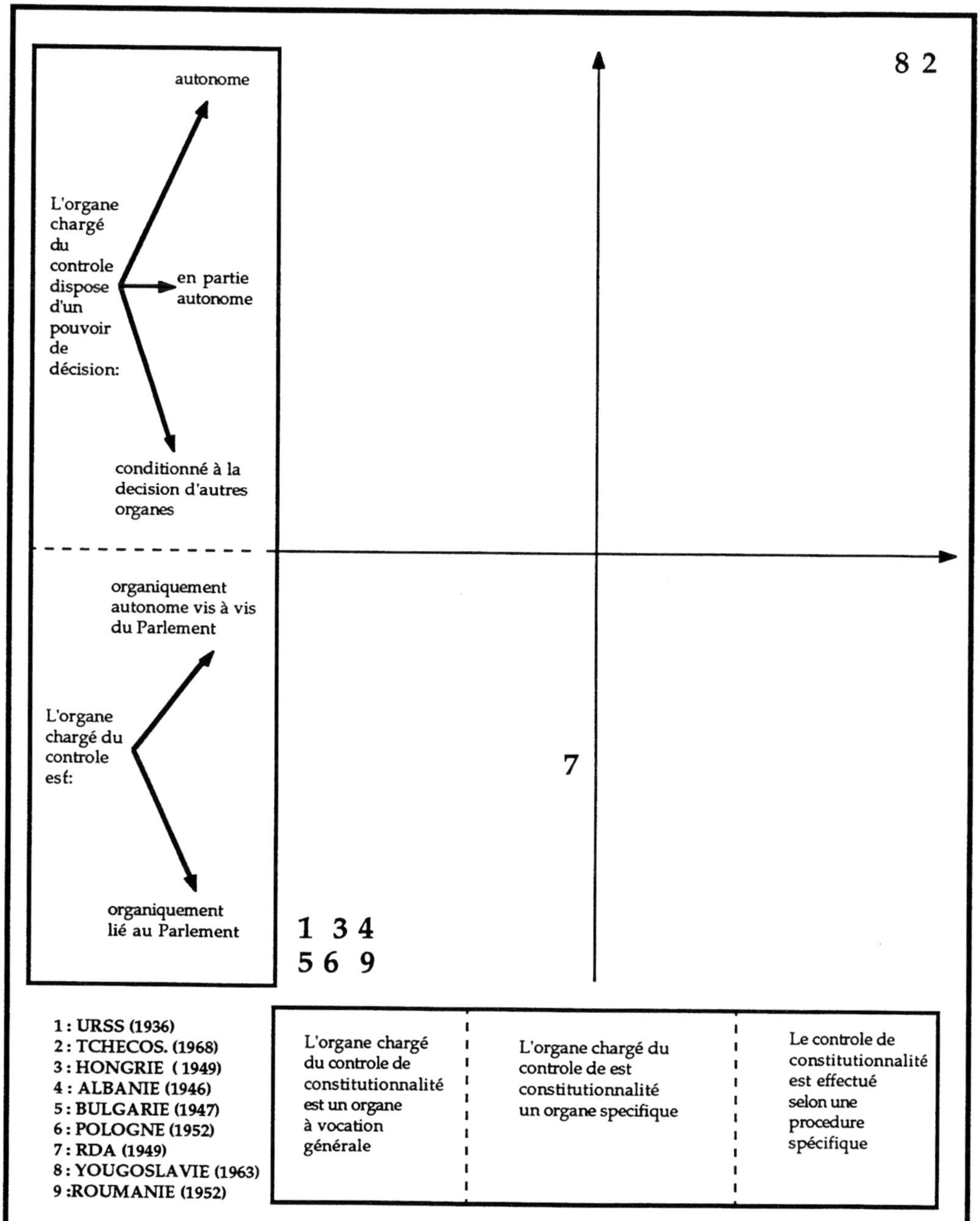
8 2
autonome
L'organe chargé du controle dispose d'un pouvoir de décision:
en partie autonome
conditionné à la decision d'autres organes
organiquement autonome vis à vis du Parlement
L'organe chargé du controle est:
organiquement lié au Parlement
7
1 3 4
5 6 9
1 : URSS (1936)
2 : TCHECOS. (1968)
3 : HONGRIE (1949)
4 : ALBANIE (1946)
5 : BULGARIE (1947)
6 : POLOGNE (1952)
7 : RDA (1949)
8 : YOUGOSLAVIE (1963)
9 :ROUMANIE (1952)
L'organe chargé du controle de constitutionnalité est un organe à vocation générale
L'organe chargé du controle de est constitutionnalité un organe specifique
Le controle de constitutionnalité est effectué selon une procedure spécifique

TABLEAU N ° 2

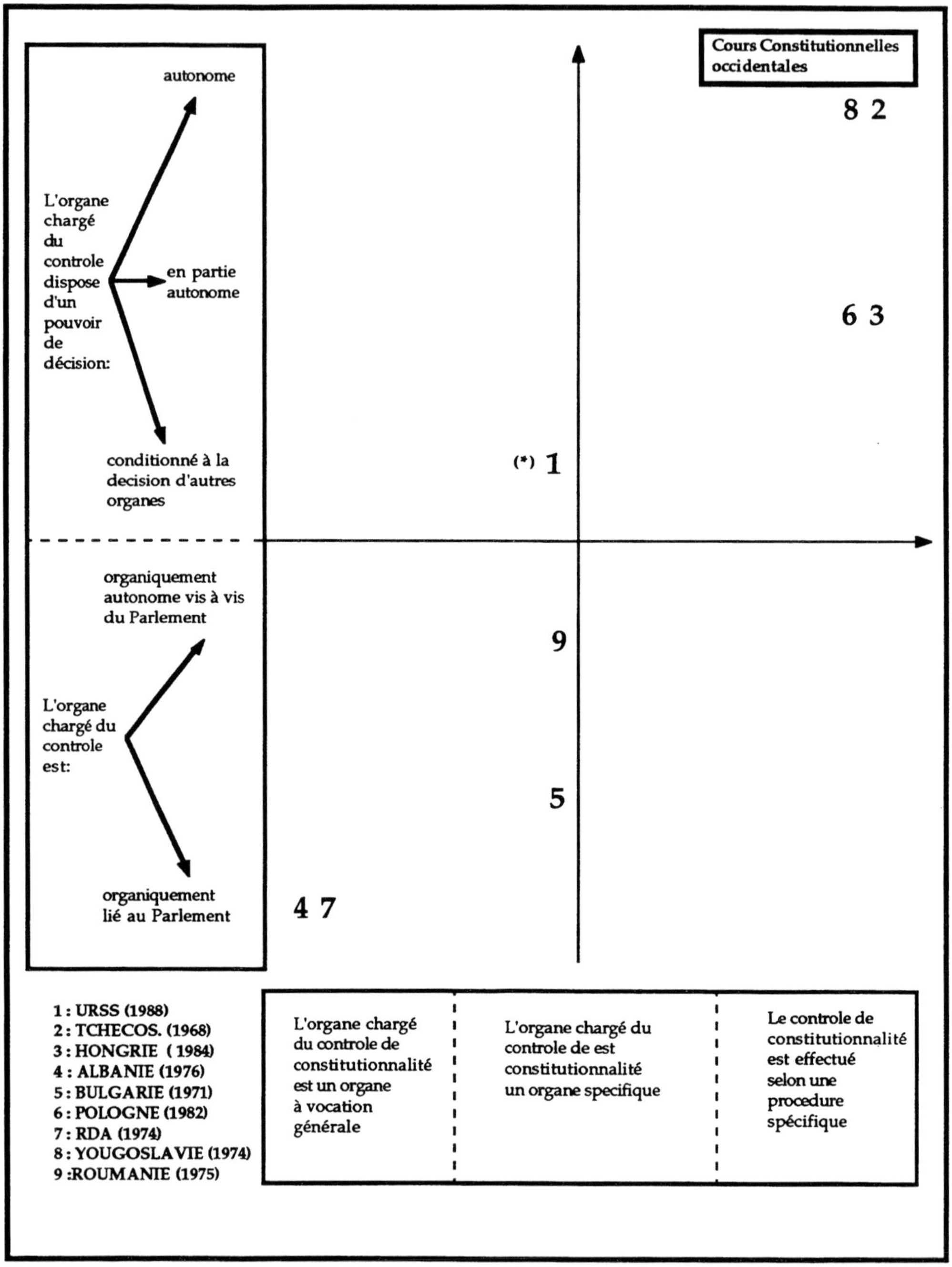
Cours Constitutionnelles occidentales
8 2
6 3
(*) 1
9
5
4 7
autonome
L'organe chargé du controle dispose d'un pouvoir de décision:
en partie autonome
conditionné à la decision d'autres organes
organiquement autonome vis à vis du Parlement
L'organe chargé du controle est:
organiquement lié au Parlement
1 : URSS (1988)
2 : TCHECOS. (1968)
3 : HONGRIE (1984)
4 : ALBANIE (1976)
5 : BULGARIE (1971)
6 : POLOGNE (1982)
7 : RDA (1974)
8 : YOUGOSLAVIE (1974)
9 :ROUMANIE (1975)
L'organe chargé du controle de constitutionnalité est un organe à vocation générale
L'organe chargé du controle de est constitutionnalité un organe specifique
Le controle de constitutionnalité est effectué selon une procedure spécifique

TABLEAU N ° 3

représentation graphique tous les systèmes de contrôle de constitutionnalité issus de la crise du modèle socialiste de contrôle parlementaire et les systèmes juridictionnels de contrôle tant occidentaux que socialistes [1]. Ainsi, plus le point se situe à droite du schéma, plus le système représenté aura atteint un degré de spécificité important. Plus il se situera en haut de ce schéma, plus l'organe chargé du contrôle de constitutionnalité bénéficiera d'un degré d'autonomie important vis-à-vis du Parlement.

352 L'étude de ces représentations met en valeur plusieurs phénomènes.

- Tout d'abord on note d'une part l'unité très forte existant entre 1936 et 1963 au sein du modèle socialiste de contrôle parlementaire et d'autre part la confirmation de l'extrême écart existant entre ce modèle et le modèle juridictionnel. Si l'on compare la position initiale sur ces graphiques de l'ensemble des Etats socialistes avec la position des systèmes yougoslave et tchécoslovaque, on peut mesurer l'importance "graphique" de la distance entre les deux modèles, et de ce fait l'originalité des solutions retenues au sein du modèle parlementaire au regard de l'organisation des juridictions constitutionnelles de l'Est Européen. Il faut noter que cette originalité peut être aussi relevée vis à vis des juridictions constitutionnelles occidentales.
- Le second phénomène mis en lumière par l'étude des graphiques est l'altération de l'originalité du modèle socialiste de contrôle parlementaire après 1965 (tableau 3). En effet, alors que les deux premiers graphiques montrent combien les solutions retenues sont parfaitement caractéristiques de chaque type d'organisation, le troisième graphique permet de mesurer les conséquences de l'évolution quant à l'originalité de la situation originaire. Les solutions adoptées par les Etats qui se situent toujours au sein du modèle de contrôle parlementaire se rapprochent, principalement en fonction du développement de la notion de spécificité, des solutions en vigueur au sein des systèmes juridictionnels de contrôle de constitutionnalité.

-Le troisième phénomène mis en lumière est l'extraordinaire remise en cause de l'unité de l'organisation "technique" du processus de contrôle de constitutionnalité dans le cadre du modèle socialiste de contrôle parlementaire. Ce phénomène, illustré par l'importance des évolutions et la diversité des solutions mises en place dans chaque Etat, révèle la profondeur de la crise de ce modèle à l'issue de cette période et donc de son inadaptation à la structure de la Société.

SECTION 2 : L'inadaptabilité du modèle soviétique de contrôle

353 Seconde manifestation de la crise du modèle socialiste de contrôle parlementaire de la constitutionnalité, l'échec du processus de réformes engagées à partir de 1965, met en évidence l'impossibilité de réformer le fonctionnement de ce modèle et va précipiter son déclin définitif.

Ce déclin doit s'analyser au travers de la disparition de la quasi totalité des régimes socialistes en Europe orientale à la suite des événements survenus tout au long de

[1] - Selon la même répartition que précédemment ont été intégrés dans la représentation du modèle socialiste de contrôle parlementaire les Etats qui ont participé à sa crise (même si ces Etats ont ensuite évolué vers le contrôle juridictionnel). Ont par contre été exclus la TCHECOSLOVAQUIE et la YOUGOSLAVIE qui se sont séparé très tôt de ce modèle.

l'année 1989, mais aussi au travers du rejet de ce système de contrôle de constitutionnalité tout au long des années 1980. Ainsi, dans la plupart des Etats le rejet du modèle socialiste de contrôle parlementaire est antérieur à la chute de l'Etat socialiste [1].

354 Cet abandon est la conséquence d'un échec. Alors qu'à partir de 1965 (pour la ROUMANIE) de nombreux changements étaient intervenus à la suite des réformes précédemment étudiées, l'étude du fonctionnement des organes chargés d'intervenir dans le domaine du contrôle de constitutionnalité ne met en évidence aucune évolution fondamentale de la conception du contrôle de l'application de la Constitution et démontre ainsi le non fonctionnement des nouveaux éléments mis en place et l'échec du processus de réforme.

Cet échec est extrêmement important car il montre qu'au-delà de tous les aménagements techniques possibles, l'intégration dans les compétences parlementaires du pouvoir de décider de la conformité à la Constitution des actes juridiques ne peut conduire, dans le cadre spécifique de l'Etat socialiste, qu'à la reconnaissance de la logique instrumentale, l'encadrement socio-politique de la structure parlementaire conditionnant son fonctionnement dans ce sens.

De par ces éléments, le modèle socialiste de contrôle parlementaire de la constitutionnalité, à la fois inadapté et inadaptable, ne peut qu'être amené à disparaître.

Paragraphe 1 : L'échec de l'évolution des structures de contrôle au sein du modèle parlementaire

355 L'importance des réformes opérées à partir de 1965 au sein du modèle socialiste de contrôle parlementaire de la constitutionnalité aurait dû générer une profonde évolution de la pratique dans ce domaine et être à l'origine d'une jurisprudence spécifique tant par sa quantité que par son contenu. L'étude du fonctionnement des organes mis en place dans ce cadre après 1965 [2] démontre qu'il n'en n'est rien et qu'au contraire le fonctionnement de ces nouveaux organes fut en tout point comparable à celui de la période précédente. Si l'on compare les décisions rendues dans ce domaine par les différents organes compétents jusqu'en 1965 et après cette date, on constate qu'il n'existe aucune différence fondamentale entre ces deux périodes. Les deux caractéristiques de la conception du contrôle de constitutionnalité existant durant la première période sont reproduite après les changements intervenus.

A) Le contrôle de l'application de la Constitution est toujours un phénomène unilatéral

356 L'étude du fonctionnement des organes de contrôle de constitutionnalité au sein du modèle socialiste de contrôle parlementaire révèle que comme durant la

[1] - On peut faire figurer dans ce groupe d'Etat l'URSS, la HONGRIE, la POLOGNE et même relever qu'en RDA un projet de loi sur la création d'une Cour constitutionnelle avait été élaboré dans les touts derniers jours du régime.

[2] - Cette date a une portée indicative: elle ne vaut que pour la ROUMANIE. Pour chaque Etat la date de la crise du modèle socialiste est différente.

période précédente ce fonctionnement a toujours manifesté un caractère unilatéral, c'est-à-dire qu'il n'a jamais constitué une limite dans l'action du pouvoir et qu'il s'est toujours exercé vis à vis des gouvernés.

1) Le contrôle ne s'impose pas au pouvoir

357 Ce caractère était régulièrement apparu dans la "jurisprudence" constitutionnelle des Etats socialistes avant 1965 et était illustré par l'absence d'exemples de déclaration d'annulation des lois (au sens d'acte normatif adopté par la structure parlementaire) ou d'autres actes juridiques importants adoptés par un organe supérieur du pouvoir dans l'Etat. Le contrôle de constitutionnalité n'a jamais empêché le pouvoir central de ne pas appliquer certaines dispositions constitutionnelles. Dans le même temps, le contrôle de constitutionnalité a même permis l'application de décisions manifestement inconstitutionnelles. Si cette seconde facette a été abandonnée [1], la première au contraire se retrouve dans la seconde période où malgré quelque timides évolutions les détenteurs du pouvoir sont toujours dispensés de respecter le texte constitutionnel.
Ce phénomène se perpétue et s'amplifie si l'on étudie la période postérieure. En U.R.S.S., il n'y a aucun acte juridique adopté par un organe d'Etat de rang supérieur qui ait fait l'objet d'une telle déclaration. La dernière décision de ce type semble être en U.R.S.S. la décision (mentionnée plus haut) relative à l'arrêté du 25 mai 1926.
La situation est identique dans les autres Etats socialistes où des structures spécifiques avaient été mis en place. Là encore, l'exercice du pouvoir politique n'a jamais fait l'objet d'une sérieuse limitation juridique malgré l'apparition çà et là de quelques éléments a priori en rupture avec cette unilatéralité. Il y a donc maintien de la relation unilatérale.

358 On relève toutefois quatre exemples au travers de l'activité du Conseil de droit constitutionnel hongrois (par deux décisions de 1984), de la Commission juridique et constitutionnelle roumaine et du Soviet Suprême soviétique.
Le Conseil de droit constitutionnel hongrois a un an après le début de son activité publié le texte de deux décisions par lesquelles il a proclamé que certaines dispositions de décrets ministériels étaient non-conformes aux dispositions de la Constitution. Ces décisions, communiquées par l'agence de presse hongroise, concernaient un arrêté du Ministre des finances portant sur la liquidation des entreprises (arrêté n° 37/1978) et un arrêté du Ministère du travail (n° 17.1979).
Dans le premier cas, le Conseil de droit constitutionnel avait été saisi par le Syndicat des travailleurs de l'industrie de métallurgie et de l'énergie électrique. Le 23 décembre 1984, le Conseil de droit constitutionnel, après examen de cet arrêté, a relevé que certaines de ces dispositions n'avaient pas suffisamment pris en compte le développement du Droit et des changements économiques qui étaient intervenus en HONGRIE et que par conséquent ces dispositions n'étaient pas en conformité avec les éléments relatifs dans le texte constitutionnel à l'autonomie et à l'indépendance des entreprises et avec l'exercice des droits syndicaux.

---

[1] - Déjà on ne trouve plus d'exemples de ce type à partir de 1936.

Sur cette base, le Conseil de droit constitutionnel a demandé au Ministre des finances d'adopter un autre arrêté conforme avec la Constitution, dans un délai de six mois.
Dans la seconde affaire, le Conseil de droit constitutionnel a été saisi par le Président de la commission de droit de l'administration et de la justice du Parlement (Istvan GAJDOCSI) le 8 décembre 1984. Dans l'arrêté incriminé, le Ministre du travail prenait des mesures visant à sanctionner les migrations de main d'oeuvre, en limitant par des réductions de salaires le droit de licenciement des entrepreneurs. Le Conseil de droit constitutionnel a estimé qu'une telle sanction n'était pas conforme à la Constitution et a donc demandé au Conseil des Ministres d'annuler cette mesure.

359 Ensuite, l'étude de la doctrine roumaine permet de dégager une illustration du fonctionnement des structures de contrôle en ROUMANIE. Le Professeur Tudor DRAGANU, dans son article publié en 1977 sur le contrôle de l'application de la Constitution [1], mentionne un exemple de décret annulé pour non-conformité à la Constitution. D'après lui, la Commission constitutionnelle et juridique a été saisie pour étudier le projet de décret n°96 relatif aux accidents nucléaires.
Dans ce texte, l'article 8 prévoyait que "le Comité du Plan d'Etat et le Ministère des finances assurent les fonds nécessaires aux Ministères". La Commission a estimé que cet article s'opposait à l'article 64 de la Constitution et a donc été modifié par le Conseil d'Etat.

360 L'exemple soviétique enfin concerne la réglementation en U.R.S.S. du droit de manifestation. Organisé par un décret du 28 Juillet 1988 et complété par une décision de la Cour suprême de l'U.R.S.S. du 27 avril 1989, le droit de manifester était soumis à une autorisation administrative préalable sans possibilité de recours devant une juridiction [2]. parallèlement à ce texte, le Présidium du Soviet suprême de l'U.R.S.S. avait adopté un second décret sur les "droits et obligations des unités armées du ministère de l'intérieur pour la protection de l'ordre public".
A la suite des événements survenu à TBILISSI en Avril 1990 et des nombreuses critiques à l'égard de ces textes [3], le Congrès des Députés du peuple de l'U.R.S.S. a décidé, le 24 Juin 1989, de transmettre le texte de ces deux décrets au Soviet Suprême de l'U.R.S.S. "afin d'examiner leur conformité à la Constitution".
Dans le texte de cette décision [4], le Congrès des députés du peuple estime que le développement démocratique de l'Etat socialiste peut être remis en cause par "l'arbitraire administratif, la limitation de la liberté d'expression de la volonté du peuple et par la violence".
La saisine du Soviet Suprême de l'U.R.S.S. pour ces deux décrets s'inscrit donc dans la volonté du Congrès de consolider "le régime de droit dans le pays" et s'accompagne d'un appel au conseil des ministres pour l'élaboration "d'un programme fédéral sur la lutte contre la criminalité"[5].

---

[1] - Tudor DRAGANU - "Le contrôle de l'application de la Constitution réalisé par la Grande Assemblée Nationale de la République Socialiste de Roumanie"- Revue Roumaine de Sciences Sociales- Série de SCIENCES JURIDIQUES, Tome 21 janvier juin 1977, pages 39 à 51.
[2] - Voir Michel LESAGE. "La crise du Fédéralisme Soviétique"- Opus cité page 94, 95.
[3] - Emanant notamment d'Andrei SAKHAROV et des organes d'Etat de certaines Républiques fédérées.
[4] - voir le texte dans la PRAVDA du 25 Juin 1989 page 2.
[5] - Citations extraite de la PRAVDA.

Le Soviet Suprême a finalement adopté en Avril 1990 une loi sur les obligations et droits des troupes armées du ministère de l'intérieur de l'U.R.S.S. pour la protection de l'ordre public, qui a remplacé les deux décrets.

2) Le contrôle s'impose aux gouvernés

361 Tout comme durant la première période, l'absence de toute limitation de l'activité des détenteurs du pouvoir ne va pas correspondre à une absence totale de fonctionnement des organes de contrôle de l'application de la Constitution, mais à la limitation de ce fonctionnement [1] vis à vis des actes adoptés par les actes des organes d'Etat des Républiques Fédérées.
Ainsi en U.R.S.S., toutes les décisions rendues d'abord par le congrès des députés du peuple de l'U.R.S.S. , le Présidium du Soviet Suprême et par le Président de l'U.R.S.S. vont avoir pour objet de statuer sur des actes et décisions adoptées par les organes du pouvoir des Républiques Fédérées.
On se trouve en présence là encore d'une jurisprudence tout à fait comparable avec celle de la période 1936-1968 (Voir tableaux suivants).

Sources	Nombre d'actes controlés			Sens de la décision	
F.I. KALINICEV "Présidium Verhovnogo Soveta SSSR" période de ref. : 1936 - 1968	Actes du pouvoir Central	Actes des Républiques Fédérées		Conformité	Non conformité
		Constitution	Lois		
	0	4	6	0	10

Sources	Nombre d'actes controlés				Sens de la décision	
Documents publiés dans le VVS SSSR les Nouvelles de MOSCOU et la PRAVDA Période de Ref. 1977 - 1990	Actes du pouvoir Central (*)	Actes des Républiques Fédérées			Conformité	Non conformité
		Cts.	Lois	Autres		
	1	17	5	7	15	29

(*) : La saisine n'a pas débouchée sur une décision.

[1] - A la réserve des quatre exemples donnés dans les développements précédents.

362 L'étude ces tableaux ne révèle que très peu de changements par rapport à la période précédente car il faut considérer que les quinze actes déclarés conformes à la Constitution s'intègrent tous dans la même décision du 16 Mai 1978 et ne constituent donc pas une remise en cause de l'unilatéralité. La quasi totalité des décisions rendues restent encore très défavorable aux organes des Républiques Fédérées: sur 10 décisions recensées, 9 vont conclure à la non conformité. Ce sont donc bien les mêmes éléments qui sont reproduits: d'une part la concentration de l'intégralité du "contentieux" sur les actes des Républiques Fédérées et d'autre part la très grande proportion de décisions défavorables à ces Républiques.
L'étude de ces tableaux ne révèle que très peu de changements par rapport à. la période précédente car il faut considérer que les quinze actes déclarés non conformes à la Constitution s'intègrent tous dans la même décision du 16 mai 1978 et ne constituent pas une remise en cause de l'unilatéralité. La quasi totalité des décisions rendues restent encore très favorables aux organes des Républiques fédérées: sur 10 décisions recensées 9 vont conclure à la non conformité. Ce sont donc bien les mêmes éléments qui sont reproduits: d'une part la concentration de l'intégralité du "contentieux" sur les actes des Républiques fédérées et d'autre part la très grande proportion de décisions défavorables à ces Républiques.
363 Le contrôle de l'application de la Constitution après les réformes intervenues demeure un instrument spécifique du pouvoir politique au sein de l'Etat socialiste. Tout comme avant 1965, il va avoir pour mission principale d'assurer l'application des décisions des gouvernants au sein des différents actes juridiques adoptés et de constituer un élément d'éducation constitutionnelle, même si la crise rencontrée par les Etats socialistes tout au long de 1989 atténue cette seconde caractéristique.

B) Le contrôle est toujours un moyen d'application de la politique des gouvernants

364 Cette seconde caractéristique s'exprime au travers de la relation unilatérale qui existe au sein du modèle parlementaire de contrôle de la constitutionnalité dans les Etats socialistes. Elle est illustrée par la jurisprudence antérieure et est reproduite par la jurisprudence de la seconde période.
Ainsi, l'étude de la situation soviétique révèle là encore une certaine continuité dans les formes revêtues par le contrôle de constitutionnalité et son contenu. Au delà de certaines évolutions vont se faire jour les deux types de missions étudiées avant 1977, c'est à dire l'assistance directe et indirecte à la législation.

1) L'assistance directe à la législation

365 La notion d'assistance directe à la législation s'exprime dans la jurisprudence soviétique postérieure à 1977 au travers d'éléments déjà évoqués pour la période précédente. Il faut relever toutefois que si l'étendue du contrôle de l'application de la Constitution est tout à fait comparable dans ces deux périodes de référence, on note dans les domaines concernés par les décisions qui ont été rendues (bien que s'inscrivant toujours dans le cadre de la répartition des compétences entre les organes d'Etat) l'émergence de problèmes beaucoup plus importants.

a) L'étendue de la notion de contrôle de l'application de la Constitution

366 Tout comme durant la première période étudiée la notion d'assistance directe à la législation est révélée par la définition très large du contrôle, ce dernier devant pouvoir non seulement s'exercer à tous les actes concernés par l'application de la législation [1]et selon des méthodes diversifiées, mais également en s'appuyant sur une définition large de la norme de référence, rejeter toute notion de neutralité.

- La diversité des méthodes de contrôle

367 Il est apparu que le contrôle de constitutionnalité au sein du modèle socialiste ne se limite pas à prendre un certain nombre de décisions relatives à la conformité d'actes juridiques. Après 1965, ce contrôle continue à s'exprimer par l'intermédiaire de décisions relatives à l'activité "globale" d'un organe d'Etat, de procédures informelles et même de propositions adressées à un autre organe d'Etat en vue de l'adoption d'un acte juridique considéré comme indispensable à la bonne réalisation des dispositions constitutionnelles.
Ces éléments, difficilement identifiables dans les matériaux disponibles pour la recherche, sont illustrés notamment dans l'exemple de la Commission Législative bulgare. Le Professeur Boris SPASSOV indique à ce sujet que cette commission compétente pour améliorer la conformité des projets de lois à la Constitution "aurait fait plus de 250 propositions" dans ce sens entre 1976 et 1982 [2], qui auraient été "pour la plupart" adoptées par le Parlement.
Le fonctionnement du Conseil de droit constitutionnel hongrois peut être également mentionné. Au-delà des deux décisions précitées, qui sont pour l'instant[3] les seules officiellement publiées par le Conseil de droit constitutionnel hongrois, il est possible d'avancer certains chiffres qui permettront d'avoir une idée plus complète du fonctionnement de ce Conseil durant les années 1984 - 1989.
D'après le directeur de l'Institut de l'Etat et du Droit de l'Académie des Sciences de HONGRIE, Monsieur Istvan KOVACS (par ailleurs membre du Conseil de droit constitutionnel), ces deux décisions ne sont pas les seules rendues. Dans un communication rédigée en 1989, il indique que "le Conseil de droit constitutionnel a pris plusieurs résolutions importantes et a plusieurs fois utilisé son droit de suspendre un acte non-conforme à la Constitution"[4]. Selon lui, le Conseil de droit constitutionnel aurait, en dix séances plénières et durant les cinq années de son

---

[1] - Cette notion est envisagée comme l'expression juridique de la volonté politique des gouvernants. Elle dépasse donc le simple cadre législatif pour recouvrir l'ensemble des actes juridiques émis par les organes supérieur du pouvoir d'Etat.

[2] - B. SPASSOV- "La Commission Législative de l'Assemblée Nationale en République Populaire de BULGARIE"- Déjà cité, page 103.

[3] - L'Académie des Sciences de HONGRIE préparait en 1989 un recueil de statistiques relatif à l'activité de ce Conseil.

[4] - KOVACS Istvan - "AZ ALKOTMANYJOGITANACSTOL AZ ALKOTMANYBIROZSAGIG"- (Du Conseil constitutionnel à la Cour constitutionnelle)- Communication pour l'Académie des Sciences de HONGRIE - BUDAPEST 1989 - page 36 édition française, page 630 édition hongroise.

activité, rendu environ 25 décisions dont le quart sous la forme de déclarations de non-conformité constitutionnelle[1].

368 Ces renseignements (difficilement vérifiables le Parlement hongrois ayant adopté en 1986, à l'initiative du Conseil des Ministres, une mesure interdisant la publication des travaux du Conseil de droit constitutionnel), sont corroborés par ceux avancés par M. Geza KILENYI, membre du Conseil de droit constitutionnel puis Vice-Ministre de la Justice. Ce dernier indique qu'à partir de 1987 (donc après les deux décisions mentionnées plus haut) cet organe, qui avait cessé pratiquement de fonctionner après 1984, a connu un regain d'activité et a rendu un certain nombre de décisions importantes[2].

Toutefois, au-delà de ces chiffres le Professeur Istvan KOVACS indique que l'activité du Conseil de droit constitutionnel ne s'est pas limitée à ces décisions. Pour lui, beaucoup d'affaires ont été traitées selon des moyens qui n'étaient pas toujours envisagés directement par la loi relative à ce Conseil. En effet, le Président du Conseil de droit constitutionnel, avant toute autre procédure, faisait parvenir la plainte à l'auteur de l'acte contesté et n'engageait la procédure que si cet organe ne modifiait pas de lui-même l'acte juridique contesté. Pour Istvan KOVACS cette procédure aboutissait le plus souvent à la correction des actes concernés avant la séance plénière du Conseil. Ainsi, il apparaît extrêmement difficile de juger l'activité du Conseil de droit constitutionnel au regard des seules déclarations d'inconstitutionnalité, tant son rôle de "conseiller", bâti sur ces procédures informelles, aura été important, assimilant le rôle du Conseil de droit constitutionnel à celui du Sénat conservateur français existant sous le régime de NAPOLEON Ier.

369 Ces exemples sont significatifs de la portée relativement réduite des évolutions survenues entre 1985 et 1989 à l'intérieur du modèle socialiste de contrôle parlementaire. La mise en place de structures plus spécifiques orientées vers un contrôle de constitutionnalité s'attachant, comme dans la conception occidentale, à sanctionner la non-conformité des actes juridiques avec la Constitution n'a pas fait disparaître les autres méthodes de contrôle existant dans les Etats socialistes, qui ne faisaient de cette sanction qu'un élément parmi d'autres. Il n'y a pas eu remise en cause de l'ancienne définition du contrôle de constitutionnalité mais simplement développement d'un institution principalement compétente pour assurer une partie de la mission de contrôle sans pour autant signifier que les autres éléments de cette mission ont pour autant disparus.

Au contraire, les nouvelles institutions de contrôle ont parfois été également investies de certains de ces éléments (voire même dans la situation soviétique ou polonaise, où le contrôle est effectué par des organes de type Présidiums, ces derniers ayant simplement conservé leurs anciennes prérogatives).

Cet élément se trouve d'ailleurs illustré dans le corps même des décisions prises dans ce domaine après 1977 en U.R.S.S. Dans les trois dernières décisions étudiées, outre la constatation de la concordance ou de la non-concordance de l'acte juridique contrôlé

---

[1] - Renseignements obtenus auprès de Mr Istvan KOVACS à l'Académie des Sciences de HONGRIE, le 4 octobre 1989.

[2] - Renseignements obtenus auprès de M. Geza KILENYI au Ministère de la Justice hongrois, le 5 octobre 1989.

avec le texte constitutionnel, est reproduit un élément qui dépasse le cadre de cette constatation.

370 Ainsi, dans l'arrêté du Présidium du Soviet Suprême du 16 mai 1978 "concernant l'achèvement du travail de préparation et d'adoption des constitutions des Républiques Fédérées", après avoir relevé "la conformité des Constitutions des Républiques Fédérées avec la Constitution fédérale", le Présidium du Soviet Suprême dépasse cette constatation et recommande l'adoption d'un certain nombre de mesures:
"lors des examens des projets des Constitutions des Républiques Fédérées, assurer pour toutes les institutions républicaines et locales du pouvoir d'Etat, un examen minutieux et la réalisation des propositions et remarques des travailleurs"[1] ...***"charger les ministères et les Comités d'Etat de l'U.R.S.S. d'examiner les propositions et remarques liées à leur activité de ces travailleurs"***[2] ... et ***"poursuivre dans les Républiques Fédérées, le travail de mise en conformité de la législation républicaine à la Constitution de l'U.R.S.S."***[3].

371 Le même phénomène se retrouve dans le texte de l'arrêté du Présidium du Soviet Suprême de l'U.R.S.S. du 18 juillet 1988 "sur les décisions des Soviets suprêmes des Républiques Socialistes Soviétiques d'ARMENIE et d'AZERBAÏDJAN au sujet du NAGORNY KARABAKH".[4]
Là encore, après avoir relevé l'inconstitutionnalité de la décision du Soviet suprême d'ARMENIE, il énonce une série de mesures visant à rétablir la légalité dans cette partie du territoire soviétique. Ces mesures se composent de deux éléments.
Tout d'abord, il reconnaît, au-delà du caractère "superficiel" de l'attitude des Soviets Suprêmes des deux Républiques et des acquis "pour les travailleurs du NAGORNY KARABAKH du Socialisme" l'existence de problèmes graves. Pour le Présidium du Soviet Suprême :
"les droits constitutionnels de cette région autonome ont été violés (...). La situation est venue à s'envenimer dans ces Républiques; un grand préjudice a été porté à leur économie, aux rapports entre les deux peuples".
372 Puis l'arrêté du Présidium du Soviet Suprême développe (en trois temps) les éléments destinés à régler le problème. Ainsi, rappelant que "des arrêtés du Comité central du Parti communiste de l'U.R.S.S., du Présidium du Soviet Suprême de l'U.R.S.S. et du Conseil des Ministres de l'U.R.S.S. ont tracé des mesures importantes visant à assurer le développement continu de l'économie, à élever le bien-être des travailleurs du NAGORNO KARABAKH, à consolider l'ordre public et la légalité socialiste, le Présidium appelle:
"Les travailleurs, les organismes du Parti et de l'Etat des Républiques Fédérées d'AZERBAÏDJAN et d'ARMENIE à tout faire

---

[1] - Article 2 du décret du 16 mai 1978.
[2] - Article 3 du décret du 16 mai 1978.
[3] - Article 4 du décret du 16 mai 1978.
[4] - Texte français en annexe.

pour que soient établies les bonnes relations de fraternité entre les peuples azerbaïdjanais et arméniens".
et
"trouve rationnel de confier l'étude des questions afférentes posées à la séance du Présidium du Soviet Suprême de l'U.R.S.S. à une commission spécialement instituée au Soviet des nationalités qui soumettra ses conclusions à l'examen du Présidium du Soviet Suprême".

373 Enfin, rappelant l'intérêt dans le domaine étudié des apports de la XIXème conférence nationale du Parti communiste de l'U.R.S.S. "en matière de resserrement et de développement continu des rapports inter ethniques", le Présidium du Soviet Suprême réaffirme "que les problèmes des rapports entre les nationalités doivent être résolus opportunément, avec une prise en considération totale tant des intérêts de chaque nation et de chaque ethnie, que toute notre patrie socialiste".

374 Le décret du 26 novembre 1988 comporte de semblables dispositions [1]. Après avoir "considéré comme non valables" les deux textes contrôlés, le Présidium du Soviet Suprême:
"juge rationnel d'élaborer, dans le cadre de l'étape suivante de la réforme politique et sur la base des normes constitutionnelles, en prenant en considération avant tout les possibilités du Soviet des nationalités ainsi que du Comité de surveillance constitutionnelle en voie de création, un système de mesures et de mécanismes juridiques étatiques garantissant les intérêts politiques et socio-économiques des Républiques Fédérées élargissant et protégeant leurs droits souverains en U.R.S.S."
Tout comme dans l'arrêté relatif au NAGORNO KARABAKH, le Présidium du Soviet Suprême (dirigé par M. GORBATCHEV [2]) charge les commissions parlementaires du Soviet Suprême de l'U.R.S.S. de soumettre à l'examen du Présidium du Soviet Suprême "les propositions élaborées".

375 Bien que les autres décisions adoptées en 1989 et 1990 ne reproduisent pas aussi systématiquement ce type de dispositions, on peut le relever dans le texte de l'arrêté du IIIème Congrès des députés du peuple de l'U.R.S.S. "en relation avec les décisions du Soviet Suprême de la République Socialiste Soviétique de LITUANIE du 15 Mars 1990".[3]
Dans ce texte, le Congrès des députés du Peuple, après avoir "considéré comme n'ayant aucune force juridique légale" les décisions du Soviet Suprême de LITUANIE énonce deux séries de mesures qui, en complétant la déclaration de non conformité, ont pour finalité de résoudre les problèmes posés par cette décision. Dans un premier temps il s'agit de mesures transitoires. Le Congrès charge "le Soviet Suprême de l'U.R.S.S., le Président de l'U.R.S.S. et le Conseil des ministres" de garantir "la défense des droits légaux des personnes vivant en LITUANIE et le respect dans cette

---

[1]- Texte français en annexe.
[2] - Pour les deux précédents décrets le Président du Présidium du Soviet Suprême était en 1978 L. BREJNEV et en 1988 A. GROMYKO.
[3] - Texte français en annexe.

République des intérêts et des droits de l'U.R.S.S. et des autres républiques fédérées". Il somme les organes du pouvoir en LITUANIE "de prendre toutes les mesures pour que la loi et le régime de droit soit respectés".
Dans un second temps, la mesure proposée a un caractère plus définitif. Le Congrès prévoit l'adoption d'une loi visant, sur la base de l'article 72 de la Constitution, à créer un régime de sortie de l' Union pour les Républiques Fédérées.

376 La rédaction de ces trois textes (et plus particulièrement l'adjonction à la décision d'éléments visant à produire des solutions au problème posé par la déclaration de non-conformité) démontre la relation existant entre la pratique du contrôle avant et après 1965. Dans les deux périodes, il est envisagé comme un processus non seulement de sanction des violations constitutionnelles mais aussi, et surtout, comme un facteur d'application de la Constitution et de reproduction de la volonté politique des détenteurs du pouvoir dans l'activité juridique des organes d'Etat. Ce double postulat exige donc, à côté des déclarations de non-conformité, des mesures "positives" visant à solutionner le problème dont l'adoption d'un acte non conforme à la Constitution n'aura été que le révélateur et qui de ce fait, constituent un véritable programme d'action politique.

- *La définition des actes juridiques contrôlés*

377 Tout comme durant la première période, les actes contrôlés vont être très diversifiés. Dans l'étude de Viktor DIABLO, on pouvait relever quatre catégories d'actes juridiques émanant des organes du pouvoir d'Etat et cinq autres catégories émanant des organes des Républiques fédérées [1] et dans la période 1936 - 1968 encore trois catégories d'actes contrôlés (Constitution des Républiques fédérées, lois et Code pénal). Cette diversité est confirmée en URSS après 1977. Bien que se limitant aux seuls actes juridiques des Républiques Fédérées, on ne recense pas moins de cinq types différents d'actes juridiques ayant fait l'objet d'un contrôle (voir tableau suivant).

---

1 - Actes des Républiques Fédérées:
. Constitution
. Arrêtés des Comités Centraux Exécutifs
. Arrêté conjoint du Conseil des Commissaires du Peuple et du Comité Central Exécutif
. Instruction électorale d'un Comité Central Exécutif
. Arrêté du Conseil de Commissaires du Peuple

Actes des organes d'Etat
. Actes des différents Commissariats du Peuple
. Arrêté du Conseil Supérieur de l'Economie Nationale
. Arrêté du Conseil Militaire Supérieur
. Arrêté du Conseil des Commissaires du Peuple de l'URSS

(Source Viktor DIABLO, déjà cité, étude 1928)

Décisions	Actes juridiques controlés					Sens de la décision
	Const.	Lois	Proclam.	Arrétés		
			Sov Sup.	SovSup	Présid.	
16/05/1978	X					Conformité
18/07/1988				X		Confirmation de la décision de l'Armenie
26/11/1988	X		X			Non conforme
10/01/1989 (*)					X	Non conforme
10/01/1989 (* *)				X		Non conforme
16/08/1989	X	X				Non conforme
10/11/1989		X				Non conforme
15/03/1990			X			Non conforme
14/05/1990			X			Non conforme
14/05/1990				X		Non conforme

(*) : décision relative à la décision de la RSS d'AZERBAIDJAN
(**): décision relative à la décision de la RSS d'ARMENIE

b) La définition des normes de référence

378 L'analyse des décisions adoptées avant 1977 en U.R.S.S. a montré que la définition de la norme de référence en matière de contrôle de l'application de la Constitution a toujours été conçue de manière très large, associant le plus souvent les lois soviétiques au texte constitutionnel. Ainsi, il ressortait de la rédaction des différentes décisions étudiées que l'acte juridique n'est pas seulement déclaré non conforme aux dispositions constitutionnelles mais à l'ensemble du système juridique soviétique.
Cette définition extensive de ce que l'on pourrait appelé selon l'expression de Louis FAVOREU "le bloc de constitutionnalité" persiste dans les décisions adoptées après 1977. En effet, même si la plupart des décisions adoptées dans ce domaine ne font explicitement référence qu'à des dispositions constitutionnelles, on note dans ce domaine des éléments de continuité avec la période précédente.
Le décret du 26 novembre 1988 est significatif de ce phénomène[1]. Dans l'ensemble de ces articles, et malgré le fait que toute cette décision s'appuie sur des articles de la Constitution, il est fait quatre fois référence à l'incompatibilité des deux textes adoptés par le Soviet Suprême de la République Fédérée d'ESTONIE avec "la Constitution et les lois de l'U.R.S.S."[2].
379 Il apparaît ainsi que le processus est inversé en comparaison avec la rédaction des décisions de la première période: la violation du texte constitutionnel est directe et semble entraîner indirectement la violation des lois de l'U.R.S.S.
On retrouve ce type d'association dans le texte des deux décrets du 14 Mai 1990 adoptés par le Président de l'U.R.S.S. concernant la déclaration d'indépendance de la LETTONIE et celle sur le statut d'Etat de l'ESTONIE[3]. Dans ces deux décisions, le président de l'U.R.S.S. décrète que les déclarations lettone et estonienne des 30 Mars et 4 Mai 1990 sont en contradiction avec les articles 70, 71, 73 et 75 de la Constitution pour le premier texte et 2, 70, 71, 73, et 75 pour l'autre, ainsi qu'avec la loi de l'U.R.S.S. sur le régime de sortie de l'Union adoptée le 3 Avril 1990.

380 Même si dans la période postérieure à 1977, ces exemples ont été plus réduits qu'auparavant, il ne faut pas pour autant conclure à l'abandon de cette conception extensive du "bloc de constitutionnalité" telle qu'elle apparaissait dans la première période. Cette définition de la norme de référence est en effet très significative de la conception instrumentale du contrôle de constitutionnalité dans le

---

[1] - Texte français en annexe.

[2] - Décret du Présidium du Soviet Suprême de l'U.R.S.S. sur l'incompatibilité avec la Constitution de l'U.R.S.S. et les lois de l'U.R.S.S., de la République Socialiste Soviétique d'ESTONIE.
A 1 - L'article 5 de la loi de la RSS d'ESTONIE prévoit l'enregistrement des lois de l'URSS par le Présidium du Soviet Suprême de la RSS d'ESTONIE comme condition préalable à leur entrée en vigueur sur le territoire de la République, ainsi que le droit du Soviet Suprême de la SSR d'ESTONIE, de suspendre ou de limiter, dans certains cas, l'action des actes législatifs et autres normes de l'U.R.S.S.
A.4. - L'article 2 de la loi de la RSS d'ESTONIE stipule qu'en RSS d'ESTONIE "la défense des droits constitutionnels par la justice est garantie aux personnes juridiques". Conformément à la Constitution de l'URSS et aux lois de l'URSS, la défense des intérêts des entreprises, des organisations et autres personnes juridiques est garantie tant par la justice que par l'arbitrage.
Voir le texte complet du décret en annexe.

[3] - Texte français en annexe.

modèle socialiste de contrôle parlementaire. Il s'agit d'assurer le respect de la volonté des détenteurs du pouvoir dans l'Etat au travers du système des actes normatifs. Cette volonté doit s'imposer car elle représente les mesures rationnelles voulues par tous dans le sens de la construction du socialisme.
Dans ce processus, la Constitution ne représente qu'un seul élément symbolisant cette volonté qui s'incarne dans l'ensemble des actes en vigueur et qui doit donc servir de référence. Il n'y a pas en URSS de "norme suprême unique" mais des normes suprêmes qui révèlent l'existence de cette volonté et qui s'imposent de la même manière à celles qui seraient en opposition avec cette volonté.

381 La dimension politique de ce processus de contrôle de reproduction de la volonté des gouvernants à travers l'ensemble des actes juridiques émis dans l'Etat se trouve même affirmé explicitement dans le texte de certaines décisions. Ce phénomène est particulièrement important en U.R.S.S.
Ainsi, dans la décision du 18 juillet 1988 relative au problème du NAGORNY KARABAKH [1], parmi les moyens proposés par l'arrêté du Présidium du Soviet Suprême de l'U.R.S.S. figure "le respect des arrêtés du Comité Central du P.C.U.S." De même, dans l'arrêté du 16 Mai 1978, il est affirmé que la conformité des Constitutions des Républiques Fédérées à la Constitution de l'U.R.S.S. apparaît comme le témoignage de "l'unanimité du soutien par le peuple de la politique du Parti communiste et de l'Etat soviétique".[2]

382 Il faut toutefois mentionner la survenance dans ce domaine d'un élément nouveau. Alors que dans la première période (et dans la majeure partie de la seconde période) seules des éléments strictement soviétiques venaient s'insérer dans la composition de la norme fondamentale, deux décisions rendues l'une le 16 Août 1989 et l'autre le 10 Novembre de cette même année vont intégrer au rang de norme de référence en matière de contrôle de l'application de la Constitution certains engagements internationaux contractés par l'Union Soviétique.
Le texte de l'arrêté du présidium du Soviet suprême du 10 Novembre 1989 [3] est relativement évasif se bornant à révéler sans apporter de précisions que:
"Il y a dans certains actes législatifs des RSS d'AZERBAIDJAN, de LITUANIE, de LETTONIE et d'ESTONIE des normes qui ne sont pas conforme à la Constitution et aux dispositions des accords internationaux de l'U.R.S.S."
Le décret du Présidium du Soviet Suprême du 16 Août 1989 [4] est beaucoup plus précis et fait référence "au Pacte international sur les droits civiques et politiques qui prévoit que chaque citoyen doit sans aucune discrimination, le droit et la possibilité de voter et d'être élu lors d'élections véritables, périodiques, effectuées sur la base du

---

[1] - Texte français en annexe.
[2] - Texte français en annexe.
[3] - Concernant la non conformité à la Constitution de l'U.R.S.S. de certains actes législatifs des Républiques Fédérées (texte français en annexe).
[4] - Concernant la non conformité à la Constitution de l'URSS de certaines dispositions de la loi de la République socialiste d'ESTONIE "sur l'introduction d'amendements et compléments à la Constitution (Loi Fondamentale) de la République SS d'ESTONIE" et de la loi de la République socialiste soviétique d'ESTONIE "sur les élections dans les soviets locaux des députés du peuple de la RSSE" (texte français en annexe).

suffrage universel égal à bulletin secret, garantissant la libre expression des volontés"

383 Au delà du paradoxe de voir un organe d'Etat soviétique faire référence aux principes de la démocratie pluraliste, cette intégration de normes internationales dans les textes des décisions rendues constituent un apport certain (bien que limité à deux décisions) de la jurisprudence de la seconde période. En effet, bien que l'on puisse considérer les traités signés par l'U.R.S.S. comme l'expression de sa souveraineté (et donc de la volonté des détenteurs du pouvoir) l'association de ce type de normes juridiques constitue un élément nouveau, visant à intégrer dans le droit soviétique un ensemble de principes universellement reconnus dans le monde et pas uniquement dans les Etats socialistes.

c) Le contenu des décisions

384 Durant la période précédente, la notion d'assistance directe à la législation avait été illustrée par le fait que la quasi totalité des décisions rendues concernaient la répartition des compétences au sein de l'Union Soviétique entre les différents organes d'Etat (les organes du pouvoir central et ceux des Républiques Fédérées). Le contrôle de l'application de la Constitution était un moyen d'application de la politique décidée par les gouvernants garantissant que cette application se ferait dans un cadre déterminé par avance, en limitant la compétence des autres organes d'Etat à des domaines précis et en empêchant que d'éventuels dépassements ne remettent en cause la politique décidée.
Cette limitation de la jurisprudence à la répartition des compétences est reproduite durant la seconde période et constitue un élément de continuité. Toutefois, le contenu des décisions révèle une différence qui, sans être de nature à remettre en cause la continuité globale de la jurisprudence [1], a des conséquences importantes.
Si durant la première période, le contenu des litiges entre les organes d'Etat n'avait pas montré directement l'existence de problèmes politiques fondamentaux, il n'en est pas de même pour ceux intervenus entre 1988 et 1990. En effet, dans ces litiges c'est le problème de la répartition globale du pouvoir en U.R.S.S. entre le pouvoir central et les Républiques qui est posé et même dans certain cas celui de l'appartenance à l'Union.

- Les éléments de continuité : la répartition des compétences entre les organes du pouvoir en U.R.S.S.

385 Tout comme durant la première période, les questions traitées par les différents organes chargés du contrôle de l'application de la Constitution concernent la répartition des compétences entre les organes d'Etat. Cette continuité peut se mesurer par l'étude des dispositions constitutionnelles invoquées à l'appui des décisions rendues qui permettent de reconstituer, pour la jurisprudence de la seconde période, la classification proposée par Viktor DIABLO en 1928.
L'analyse des décisions rendue dans le cadre du contrôle de l'application de la Constitution révèle que dans la plupart des cas ce sont les articles traitant de la

---

[1] - Au sens du maintien global de la conception instrumentale révélée durant la première période.

répartition des compétences des organes de l'Union et ceux des Républiques Fédérées qui sont le plus souvent invoqués.

386 L'analyse du contenu des décisions montre également un autre aspect de la continuité avec la première période: celui de s'intégrer en grande partie dans la classification proposée par Viktor DIABLO en 1928. Selon ce dernier, les violations de la Constitution de 1924 sanctionnées par des décisions du Présidium du Comité Central Exécutif pouvaient se diviser en deux catégories: les violations de structures et les violations de compétences.
Les violations constatées durant la seconde période peuvent en effet s'intégrer dans la seconde catégorie et concernent les deux sens donnés à ce terme par Viktor DIABLO, c'est à dire l'usurpation de compétences et le mauvais usage des compétences.
C'est dans la première catégorie que sont intervenues les décisions les plus nombreuses. Ainsi peut on citer l'exemple des décrets du 10 Janvier 1990 relatif l'un à la décision du Présidium du Soviet Suprême d'ARMENIE et l'autre à celle du Soviet Suprême d'AZERBAIDJAN [1].
Ces deux Républiques avaient adoptées en décembre 1989 un décret qui suspendait l'application sur leur territoire d'un arrêté du Soviet Suprême de l'U.R.S.S. adopté le 28 novembre 1989 et relatif aux mesures à prendre pour normaliser la situation au NAGORNY KARABAKH [2]. En outre, le Soviet Suprême de la République d'ARMENIE avait également (par un arrêté du 9 Janvier 1990) incorporé dans le plan d'Etat de développement économique et social arménien le plan de la région autonome du NAGORNY KARABAKH.
387 Le Présidium du Soviet Suprême de l'U.R.S.S. a décidé, en s'appuyant sur les articles 73 (fixant la liste des compétences appartenant exclusivement au pouvoir central), 76 (qui indique la position de la République Fédérée au sein de l'Union Soviétique) et 173 (affirmant l'autorité de la Constitution soviétique sur tout le territoire de l'Union) que ces décrets n'étaient pas conformes à la Constitution soviétique et de ce fait ne pouvaient agir sur le territoire de la République. La référence explicite à l'article 73 est caractéristique de la volonté du Présidium du Soviet Suprême de sanctionner l'usurpation par les Républiques des compétences appartenant au pouvoir central. Si ce type de mesures a été sanctionné également dans d'autres décisions , le pouvoir central n'a pas été la seule victime de ces usurpations. Certaines usurpations de compétences appartenant à une République Fédérée par une autre République Fédérée ont été constatées. Ainsi on peut mentionner l'arrêté du Présidium du Soviet Suprême de l'U.R.S.S. du 18 Juillet [3].
Par cet acte relatif aux "décisions des Soviets Suprêmes des Républiques Soviétiques Socialistes d'ARMENIE et d'AZERBAÏDJAN au sujet du NAGORNY KARABAKH", le Présidium du Soviet d'U.R.S.S. se prononce sur le vote (le 15 juin 1988 au Soviet Suprême d'ARMENIE) proclamant le rattachement à cette République Fédérée du territoire de la Région autonome de NAGORNY

[1] - Texte français en annexe.
[2] - Arrêté du Soviet Suprême de l'U.R.S.S. du 28 Novembre 1989 relatif aux mesures à prendre pour normaliser la situation du NAGORNY KARABAKH. Texte publié dans la PRAVDA le 29 Novembre 1989.
[3] - Texte français en annexe.

KARABAKH et sur le rejet (le 17 juin 1988) de cette proclamation par le Soviet Suprême d'AZERBAÏDJAN auquel est rattaché le NAGORNY KARABAKH.
En reconnaissant juridiquement fondée la décision adoptée par le Soviet Suprême d'AZERBAÏDJAN et donc en rejetant le transfert de la Région autonome concernée en ARMENIE, le Présidium du Soviet Suprême de l'U.R.S.S. annule la décision adoptée par les Députés arméniens comme non conforme à la Constitution soviétique et à son article 78.
L'arrêté du 18 juillet consacre l'intégralité de son second paragraphe à cette violation: ***"En prenant cette décision, le Présidium du Soviet Suprême de l'U.R.S.S. s'inspire de la clause de la constitution de l'U.R.S.S. (article 78) en vertu de laquelle le territoire de la République Fédérée ne saurait être modifiée sans son consentement".***
388 Au-delà de la confirmation de la décision du Soviet Suprême d'AZERBAÏDJAN, le Présidium, tout en tentant dans l'arrêté d'apporter un certain nombre de solutions politiques aux problèmes posés par les relations inter ethniques, rappel l'autorité du texte constitutionnel dans le processus de règlement de ces conflits:
"Le Présidium du Soviet Suprême de l'U.R.S.S. charge le Conseil des Ministres de l'U.R.S.S. (...) de prendre les mesures indispensables pour (...) assurer le respect absolu de la Constitution et des lois soviétiques".

389 Toutefois les usurpations de compétence n'ont pas été les seules situations d'intervention des organes chargés du contrôle de l'application de la Constitution en Union Soviétique. Ces organes ont été également amené à intervenir pour déclarer non conforme à la Constitution les dépassements de compétence des organes des Républiques Fédérées.
Durant la seconde période, ce type de violations constitutionnelles (c'est à dire la mauvaise utilisation des compétences appartenant aux Républiques Fédérées) est intervenue dans l'exercice du droit de sécession des Républiques reconnues par l'article 72 de la Constitution. Le raisonnement du Congrès [1] et du Président de l'U.R.S.S. [2] a été ici différent du fait de l'évolution de la situation soviétique.
Suite à la déclaration d'indépendance de la République de LITUANIE intervenue le 11 Mars 1990, le Congrès des Députés du Peuple de l'U.R.S.S. adopte un arrêté qui tout en reconnaissant l'existence du "droit constitutionnel de libre sortie de l'U.R.S.S. sur la base de l'article 72 de la Constitution" conclue à la nullité de la décision du Soviet Suprême de LITUANIE car cette décision "en raison de l'absence d'une loi établissant le régime de sortie de l'Union est contraire aux articles 74 et 75 de la Constitution soviétique". Donc, pour le Congrès, la non conformité de la décision de la LITUANIE n'est pas consécutive à une usurpation de compétences (le droit de sécession est reconnue par l'article 72) ni même à une violation des règles d'exercice de cette compétence mais à l'usage d'une compétence en l'absence de toute procédure prévue pour en user.
390 Le raisonnement du Président de l'U.R.S.S. dans ses décisions du 14 Mai 1990 est différent. Intervenant à la suite d'une décision du Soviet Suprême de

---

[1] - Arrêté du Congrès des Députés du peuple de l'U.R.S.S. du 15 Mars 1990.
[2] - Décret du Président de l'U.R.S.S. du 14 Mai 1990.

LETTONIE (intervenue le 4 Mai 1990) qui concernait le rétablissement de l'indépendance de cette République, le Président de l'U.R.S.S. a estimé que cette décision était prise en violation des articles 70, 71, 73 et 75 de la Constitution ainsi que de la loi de l'U.R.S.S. du 3 Avril 1990 "relative aux conditions de sortie de l'U.R.S.S."[1].

Dans cette décision, même si le problème posé par la déclaration lettone est tout à fait comparable et que la décision du Président de l'U.R.S.S. s'inscrit dans le cadre du "mauvais usage du droit de sécession reconnu par l'article 72", la motivation est tout à fait différente. Alors que dans l'arrêté du 15 Mars 1990 c'est l'absence de règles qui avait entraîné la déclaration de non conformité, dans le décret du 14 Mai 1990 c'est la violation de ces règles adoptées entre temps qui a conduit au même résultat.

391 On peut également classer dans cette catégorie (encore que le sens de la décision soit inversé [2]) l'arrêté du Soviet Suprême du 16 Mai 1978 [3]. Ce texte, qui concerne "l'achèvement du travail de préparation et d'adoption des Constitutions des Républiques Fédérées " intervient après l'adoption des nouvelles Constitutions des Républiques Fédérées pour sanctionner leur conformité avec la nouvelle Constitution Fédérale adoptée à la fin de l'année 1977. Il est donc la traduction positive de l'activité de contrôle du Présidium du Soviet Suprême de l'U.R.S.S. et consacre le respect des dispositions de l'article 76 de la Constitution qui impose que, si les Constitutions des Républiques Fédérées tiennent compte des particularités locales, elles doivent être prises en conformité avec la Constitution Soviétique (cette référence est d'ailleurs affirmée explicitement par l'arrêté du 16 mai).

Cet arrêté va au-delà du simple contrôle des Constitutions des Républiques Fédérées: il donne un certain nombre d'instructions afin d'améliorer le respect de la Constitution soviétique dans toute l'Union.

Ainsi, le Présidium du Soviet Suprême demande de poursuivre dans les Républiques Fédérées "le travail de mise en conformité de la législation Républicaine à la Constitution de l'U.R.S.S. et des Républiques Fédérées, d'accorder pour les Soviets des députés du peuple l'attention à la mise en pratique des dispositions de la Constitution de l'U.R.S.S. et des Républiques Fédérées"[4].

- Les éléments de rupture: l'intensité de la crise révélée par les décisions

392 Au delà des éléments étudiés précédemment, le contenu des décisions révèle une très profonde différence entre les deux périodes étudiées. Si le Président de la Cour Suprême (A. VINOKUROV) pouvait écrire en 1926 que le contrôle de l'application de la Constitution n'avait pas permis d'exprimer des problèmes

---

[1] - Un raisonnement identique a été reproduit dans le décret du 14 Mai 1990 concernant l'arrêté du Soviet Suprême de la RSS d'ESTONIE sur le statut d'Etat de cette République: "Par là même sont transgressès les articles 2, 70, 71, 73 et 75 de la Constitution de l'URSS et la loi de l'URSS sur le régime de résolutions des questions liées à la sortie de l'URSS d'une République Fédérée."

[2] - Bien que la décision soit positive, elle s'inscrit dans le cadre du contrôle de la bonne utilisation des compétences des Républiques Fédérées.

[3] - Publié au VEDMOSTI VERHOVNOGO SOVETA SSSR 1978 - n° 11 - article 326. Cité par Michel LESAGE "Le système politique de l'URSS "- opus cité page 339.

[4] Voir l'arrêté du 16 mai 1978 - points 4 et 5. Texte français en annexe.

politiques graves , la situation a radicalement évolué en 1989-1990. En effet, durant ces deux années particulièrement fertiles en décisions rendues dans ce domaine, la gravité des problèmes évoqués est beaucoup plus importante. Il s'agit le plus souvent de revendications de souveraineté de la part des Républiques Fédérées (voire même des proclamations d'indépendance), donc d'une remise en cause de l'appartenance à l'U.R.S.S. et du système socialiste [1].
La revendication d'un plus grand pouvoir et dans certain cas le rejet de l'appartenance à l'Union Soviétique se manifestent principalement dans les décisions relatives aux Républiques baltes.

393 A ce sujet, le décret du Présidium du Soviet Suprême de l'U.R.S.S. du 26 novembre 1988 [2] déclare comme non conforme aux dispositions constitutionnelles de l'U.R.S.S., la loi de la République Socialiste Fédérative d'ESTONIE "sur les modifications et amendements à la Constitution de la République d'ESTONIE" et la déclaration du Soviet Suprême de cette République "sur la souveraineté de l'ESTONIE" (ces deux textes ayant été adoptés le 16 novembre 1988). L'argumentation du Présidium du Soviet Suprême dans ce décret est divisée en quatre temps [3].
Tout d'abord, il détermine la base juridique de son intervention dans ce domaine: l'article 121 point 4 de la Constitution qui lui donne compétence en matière de contrôle de constitutionnalité.
Dans un second temps, le Présidium examine les dispositions de la loi sur les modifications constitutionnelles adoptées par le Soviet Suprême estonien et examine les violations de la Constitution qui sont au nombre de quatre.
L'article 5 de la loi qui prévoit l'enregistrement des lois de l'U.R.S.S par le Présidium du Soviet Suprême d'ESTONIE comme condition préalable à leur entrée en vigueur ainsi que le droit pour le Soviet Suprême de cette République de suspendre ou limiter, dans certains cas, l'application des lois soviétiques s'oppose pour le Présidium du Soviet Suprême de l'U.R.S.S. aux articles 73 et 74 de la Constitution soviétique qui prévoient l'application dans toutes les Républiques Fédérées des lois de l'U.R.S.S. et qui garantit l'unité législative du pays:
"Il en découle que l'action des lois de l'U.R.S.S. ne peut être suspendue ou limitée par une République et ne nécessite aucune confirmation de la part de ses organes supérieurs".
394 L'article 4 proclamant la propriété exclusive de la République d'ESTONIE "sur le sol, le sous-sol, l'eau, les forêts et autres ressources naturelles" ainsi que la propriété de la République sur "les principaux moyens de productions"[4] s'oppose à l'article 11 de la Constitution soviétique qui prévoit que ces biens sont la propriété

---

[1] - Pour une étude de cette période de crise, on doit se rapporter aux travaux du Professeur LESAGE et notamment: "La crise du fédéralisme soviétique"- Déjà cité. La documentation Française- NED 1990 n° 4905.

[2] - Le texte français de ce décret a été publié dans le supplément au numéro 49 des Nouvelles de MOSCOU - (décembre 1988) page 5.

[3] - On peut trouver un commentaire de ce décret dans: Michel LESAGE - La crise du fédéralisme soviétique- NED 1990- Opus cité.

[4] - Par principaux moyens de production, il faut entendre l'industrie, le bâtiment, l'agriculture, les moyens de transports et les communications, les banques d'Etat...

de l'U.R.S.S et à l'article 73 paragraphe 7 de ce texte qui donne compétence à l'U.R.S.S. pour la gestion des "groupements et des entreprises d'obédience fédérale".
L'article 3 qui indique que la propriété privée fait partie du système économique de la République n'est pas conforme aux articles 10 et 11 de la Constitution soviétique qui exclut cette forme d'organisation économique.
Enfin, l'article 2 constitue une violation du principe garanti par la Constitution et les lois soviétiques de la protection des personnes juridiques par la justice et l'arbitrage.
Dans un troisième temps, le Présidium du Soviet Suprême se livre à un examen identique vis-à-vis des dispositions de la déclaration du Soviet Suprême de la République d'ESTONIE sur la souveraineté de cette République. Le Présidium du Soviet Suprême de l'U.R.S.S. considère que ce texte comporte deux passages non conformes à la Constitution de l'U.R.S.S.
395 Tout d'abord, cette déclaration prévoit que pour entrer en vigueur en ESTONIE, les futurs amendements constitutionnels soviétiques devront être approuvés par le Soviet Suprême de la République et intégrés préalablement dans sa Constitution. Le Présidium du Soviet Suprême de l'U.R.S.S. considère que ces obligations violent l'article 174 de la Constitution soviétique qui, en fixant la procédure de révision de ce texte, ne prévoit aucune limitation de ce genre.
Ensuite, la déclaration proclame la prééminence sur son territoire des lois adoptées par le Soviet Suprême de la République Fédérée. Le Présidium du Soviet Suprême considère que ce passage n'est pas conforme aux articles 74 et 75 de la Constitution soviétique qui proclame la force obligatoire des lois de l'U.R.S.S. et l'exercice de sa souveraineté à l'ensemble du territoire soviétique.
Dans un quatrième temps, le Présidium du Soviet Suprême de l'U.R.S.S, sur la base de ces éléments, décrète "non valables" les articles et passages incriminés et juge rationnel à l'avenir de mieux garantir "par un système de mesures et de mécanismes juridiques"... "les intérêts politiques et socio-économiques des Républiques Fédérées... élargissant et protégeant leurs droits souverains en U.R.S.S.".

396 Cette décision illustre d'une part les revendications des deux Républiques soviétiques en matière de pouvoir. En effet, dans les deux textes se trouve contenue la volonté de limiter l'application des normes juridiques sur le territoire de la République et de disposer de ses ressources naturelles. D'autre part, dans le texte de cette décision on trouve pour la première fois exprimé depuis 1917 (dans la cadre du contrôle de l'application de la Constitution) une contestation de l'idéologie socialiste. La référence dans l'article 3 de la loi estonienne à la propriété privée comme faisant partie du système économique doit être considérée comme une remise en cause du système économique socialiste soviétique [1].
La gravité des problèmes posés dans le décret du Présidium du Soviet Suprême et l'intensité de la contestation qu'ils révèlent sont totalement nouveaux dans le cadre du contrôle de l'application de la Constitution en Union Soviétique et sont reproduits et même accentués dans d'autres décisions de ce type.
On peut en effet citer les décisions du Congrès des députés du peuple de l'U.R.S.S. et du Président de l'U.R.S.S. adoptés en 1990.

---

[1] - Voir à ce sujet M. LESAGE- "La crise du fédéralisme soviétique", opus cité pages 30 et 31.

397 Le problème posé dans ces deux décisions n'est plus une revendication de pouvoir d'une République dans tel ou tel domaine. Il s'agit d'indépendance pure et simple. Au delà de l'argumentation des auteurs des deux décisions se pose la question de la contestation de l'appartenance à l'Union par la République Fédérée de LITUANIE. Elle est d'autant plus importante que ces proclamations manifestent la volonté de rétablir la situation antérieure à 1940. Il y a donc non seulement volonté de quitter l'U.R.S.S. mais également de constituer en dehors un Etat non socialiste.

398 Toutefois cette contestation, pour révélatrice qu'elle soit de la crise de la société soviétique des années 1989-1990, ne nous parait pas remettre en cause fondamentalement la nature même du contrôle de l'application de la Constitution en U.R.S.S. Si le contenu des problèmes rencontrés à l'occasion de ce contrôle a été profondément modifié, le processus même du contrôle n'a pas changé: il s'agit toujours d'un contrôle unilatéral visant à permettre l'application de la législation en réduisant la portée des décisions jugées de nature à remettre en cause cette application. La crise de la société soviétique a de sérieuses conséquences sur le modèle socialiste de contrôle parlementaire, mais va être traité dans le cadre de ce modèle.

2) L'assistance indirecte à la législation

399 Le second élément qui soutient l'idée du parallélisme existant entre la pratique en matière de contrôle de constitutionnalité au sein du modèle socialiste de contrôle parlementaire est le rattachement des décisions adoptées dans ce cadre dans le concept d'éducation constitutionnelle.
En effet, alors que l'évolution des règles de procédure auraient pu faire évoluer les décisions prises en matière de contrôle de constitutionnalité vers des décisions d'annulations (sanction d'une approche contentieuse) on constate qu'il n'en est rien. Au contraire, on retrouve dans la jurisprudence postérieure à 1965 des décisions qui revêtent une forme extrêmement proche des décisions étudiées à partir de 1924.
La base de ces décisions est dès 1928 évoquée par Viktor DIABLO qui va désigner "l'éducation constitutionnelle" [1] comme un des fondements du contrôle constitutionnel en U.R.S.S. Il en tirer comme conséquence que la forme de la décision du Présidium du Comité Central Exécutif doit s'adapter à cet élément en ne revêtant aucun mécanisme de sanction.
400 De ce fait entre 1924 et 1933 puis après 1936, les décisions de ce genre qui concluaient à la non-conformité des actes juridiques étaient constituées par une reconnaissance de la non-constitutionnalité, l'organe chargé du contrôle laissant le soin à l'auteur de cet acte juridique de tirer les conséquences de cette reconnaissance et de prendre les mesures adéquates. Cette pratique est reproduite après 1977 en U.R.S.S. dans certaines décisions comme celle du 16 mai 1978 concernant "l'achèvement du travail de préparation et d'adoption des Constitutions des Républiques Fédérées" qui non seulement ne sanctionne aucun conflit, mais vient en

[1] - Viktor DIABLO. Etude de 1928. Déjà cité, page 96. Pour les fondements idéologiques de cette notion, voir dans cette première partie le titre I, chapitre 2, section 2, paragraphe 2.

quelque sorte célébrer un accord entre les textes constitutionnels Fédéraux et Républicains.
"Le Présidium du Soviet Suprême décrète: 1) prendre en considération que les Soviets Suprêmes des Républiques Fédérées, ayant accompli les exigences de l'article 76 de la Constitution de l'U.R.S.S. ont ratifié les nouvelles Constitutions des Républiques Fédérées, ces dernières étant conforme à la Constitution de l'U.R.S.S. et tenant compte de la particularité de chaque République".
Toutefois, là encore, le développement de la crise précédemment évoquée (comme le montre le tableau suivant) a entraîné dans ce domaine une évolution certaine.

CONSEQUENCES DES DECLARATIONS DE NON CONFORMITE		
Date	Mesures adoptées	Actes juridiques contrôlés
26/11 1988	Juge non valables les articles concernés	Constitution des RF Déclaration du Soviet Suprême de la RF
16/07 1989	Le Présidium du Soviet Suprême: Prend acte que le Présidium du Sov.Supr. de la RSS d'Estonie soumettra à l'examen du Sov. Supr. de la république avant le premier octobre la question de la mise en conformité des normes concernées de la RSSE à la Constitution de l'URSS et aux traités Inter.	Constitution des RF Loi des RF relative aux élections
10/11 1989	Le Présidium du Soviet Suprême: Sur la base de l'article 119 (al 5) de la Const. de l'URSS proposer aux Prés. des Sov. Supr. des RF citées de prendre selon l'ordre établi les mesures pour la mise en conformité des actes législatifs de ces RF à la Constitution	Actes législatifs des RF
10/01 1990	Le Présidium du Soviet Suprême: sur la base de l'article 119 (al.5) de la Const. de l'URSS ordonne au Prés. de la RF d' AZERBAIDJAN de rendre conforme à la Const. de l'URSS l'arrêté du Prés. du Sov.Sup. de cette RF du 4/12/1989	Arrêté du Soviet suprême de la RF
10/01 1990	Le Présidium du Soviet Suprême: sur la base de l'article 119 (al.5) de la Const. de l'URSS ordonne au Prés. de la RF d' ARMENIE de prendre les mesures pour rendre conforme à la Const. de l'URSS les actes législatifs de cette RF du 4/12/1989	Actes législatifs de la RF
15/03 1990	Le Congrés des Députés du Peuple décrète: Les décisions unilatérales du Sov. Supr. de la RF de LITUANIE contredisant les articles 74 et 75 de la Constitution de l'URSS sont nulles.	Proclamation d'indépendence
14/05 1990	Le président de l'URSS décréte: Sur la base des articles 127 (al.1 et 2) et des articles 74 et 173 de la Constitution de l'URSS la déclaration du Sov. Supr. de la RSS de LETTONIE du 4/05 1990 n'a aucune force juridique à partir du moment son adoption.	Proclamation d'indépendence
14/05 1990	Le président de l'URSS décréte: Sur la base des articles 127 (al.1 et 2) et des articles 74 et 173 de la Constitution de l'URSS l'arrêté du Sov. Supr. de la RSS d'ESTONIE du 30/03 1990 n'a aucune force juridique à partir du moment de son adoption.	Arrêté du Soviet Suprême de la RF

401 On peut en effet distinguer deux périodes dans cette jurisprudence. La première, qui va se terminer avec les décisions du 10 Janvier 1990, reproduit le même schéma (dans la rédaction des effets des décisions) que celui qui existait durant la première période.
Quand l'acte est déclaré non conforme, l'organe chargé du contrôle de l'application de la Constitution propose à son auteur de prendre diverses mesures pour rétablir la conformité avec le texte constitutionnel[1]. La rédaction de la décision ne donne que très peu de précisions sur le contenu ou à la date à laquelle devront intervenir les modifications. Toutefois, arrêté du présidium du Soviet Suprême de l'U.R.S.S. du 10 Novembre 1989 est plus précis: il indique à la fois la date avant laquelle doit intervenir l'adoption des nouvelles mesures et montre que ces mesures ont déjà été discutées avant l'adoption de cette décision puisque le Présidium se limite à "prendre acte" du fait qu'une telle mesure sera proposées au Soviet Suprême de la République par le Présidium du Soviet Suprême de cette République.
402 Ce premier type de décisions disparaît avec l'arrêté du Congrès des députés du peuple du 15 Mars 1990. Cette décision tout comme les deux suivantes (14 Mai 1990) ne contiennent plus la mention conférant à l'auteur de l'acte le soin de prendre lui même les mesures nécessaires pour rétablir la constitutionnalité. C'est un tout autre raisonnement qui est utilisé. Dans cette seconde série de décisions, l'organe chargé du contrôle déclare la nullité de l'acte (décision du 15 Mars 1990) ou estime qu'il n'a jamais produit d'effets juridiques (décisions du 14 Mai 1990). De plus, quand il est prévu l'intervention de l'organe ayant adopté ce texte, celle ci est très réduite. Ainsi dans le texte de l'arrêté adopté par le troisième Congrès extraordinaire des députés du peuple du 15 Mars 1990 ce type de mesures est partagé en deux groupes. Les premières visent à remédier aux causes même de la violation enregistrée (en l'espèce l'absence de toute procédure organisant la sortie des Républiques Fédérées de l'Union Soviétique) et sont de la compétences des organes de l'Union. Les secondes visent à prévenir les conséquences immédiates de la violation constitutionnel et sont partagées entre les organes du pouvoir central et ceux des Républiques:
"Le Congrès charge le Président de l'U.R.S.S. le Soviet Suprême, le Conseil des ministres de garantir jusqu'à l'adoption des résolutions conformes la défense des droits légaux de chaque personne vivant en LITUANIE ainsi que le respect sur le territoire de cette république des droits et intérêts de l'U.R.S.S. et des autres Républiques"
mais aussi pour une part très réduite les organes de la République fédérée:
"Aux organes du pouvoir d'Etat et de direction de la République socialiste soviétique de LITUANIE de prendre toutes les mesures pour que la loi et le régime de droit sur le territoire ne soient pas transgressés".

403 Il y a donc séparation très nette entre les deux types de rédactions. Cette séparation correspond selon nous à l'intensité de la crise évoquée plus haut. Devant la gravité des problèmes soulevés, la notion d'éducation constitutionnelle et son

[1] - Peuvent être intégré dans cette catégorie les décisions du 16 Juillet 1989, du 10 novembre 1989 et du 10 Janvier 1990.

fondement unanimiste (au moins de façade) ne pouvait plus être utilisé. Dans les dernières décisions, l'ampleur du conflit entre le pouvoir central et les Républiques Fédérées a largement prévalu et a conduit le pouvoir soviétique, devant une situation totalement nouvelle (l'usage de l'article 72), à rendre des décisions beaucoup plus impératives (au moins dans leur forme). Notons que là encore il ne s'agissait pas d'une volonté de changer de conception de contrôle de constitutionnalité mais bien de faire face à un problème grave.
Ce phénomène apparaît dans la décision du 26 Novembre 1988. Intervenant à la suite de deux décisions "éducatives"[1], ce décret du Présidium du Soviet suprême doit être rattaché à la seconde catégorie étudiée. Il organise son raisonnement en deux temps:

> Les actes adoptés par les Républiques fédérées sont déclarés non valables
> Il appartient aux organes du pouvoir central de prendre les mesures qui s'imposent. Pour la première fois en Union Soviétique, l'auteur de l'acte juridique considéré comme conforme à la Constitution se voit exclus du processus de rétablissement de la constitutionnalité [2].

404 L'utilisation de ce type de rédaction plus "coercitive" dès novembre 1988 et le retour par la suite à la forme "éducative" montre bien que ce choix n'a pas été dicté par un changement de conception du contrôle de l'application de la Constitution, mais bien par l'appréciation de la gravité des problèmes posés. Il faut en effet relever que le décret du 26 novembre 1988 intervenait à la suite des mesures adoptées en ESTONIE et en LETTONIE qui, sans proclamer l'indépendance de ces territoires, affirmaient pour la première fois en Union Soviétique la volonté d'une République de remettre en cause l'application sur son territoire des lois soviétiques et qui prévoyaient de profondes modifications dans le régime de l'économie et de la protection juridique des citoyens. C'est donc bien le degré d'intensité de l'antagonisme manifesté qui est générateur du type de décisions.
Les changements intervenus dans le texte des décisions rendues dans les deux périodes sont plus le reflet de la crise de la société soviétique que d'un éventuel changement dans la conception du contrôle de l'application de la Constitution. Ils sont révélateurs de l'inadaptabilité du modèle socialiste de contrôle parlementaire à la réalité conflictuelle de la société soviétique.

Paragraphe 2 : Les causes de cet échec

405 L'étude de la pratique postérieure à 1965 au sein du modèle socialiste de contrôle parlementaire de la constitutionnalité fait clairement apparaître l'échec du mouvement d'évolution qui s'était engagé à partir de cette date. Contrairement aux modifications apportées à l'organisation du processus de contrôle la logique instrumentale a perduré et même (dans un grand nombre de cas) s'est confortée.
Ce phénomène résulte tout d'abord d'éléments internes au processus de contrôle de constitutionnalité: l'existence et le fonctionnement (au sein de la procédure de contrôle) de mécanismes qui entraînent le rejet matériel des éléments relevant de la

---

[1] - Arrêté du Présidium du Soviet Suprême des 16 Mars 1978 et 26 Juillet 1988.
[2] - Le texte du décret "charge les commissions des propositions législatives su Soviet Suprême de l'Union et des Nationalités du Soviet Suprême de l'U.R.S.S. d'élaborer avec la participation des Républiques Fédérées les propositions appropriés et de les soumettre à l'examen du Présidium du Soviet Suprême de l'URSS".

logique arbitrale. Mais ce fonctionnement s'inscrit dans une perspective plus large: l'étude des textes constitutionnels des Etats socialistes après 1965 montre qu'aucun des éléments constituant les fondements de la logique instrumentale du modèle socialiste de contrôle parlementaire n'a été vraiment remis en cause. Bien au contraire, le développement du contrôle de constitutionnalité s'intègre dans un processus global de renforcement du pouvoir Socialiste.

406 Dès lors cet échec se révèle porteur de l'inadaptabilité du modèle socialiste de contrôle parlementaire. Malgré toutes les réformes engagées, il n'a pu produire autre chose qu'une fonction instrumentale. Toute modification de structure fût vaine. Au delà des commissions parlementaires mises en place, la logique même de l'existence du Parlement dans l'Etat socialiste (tant dans sa fonction de contrôle que dans sa fonction législative) est de transcrire sous une forme juridique l'expression de la volonté politique du Parti communiste.

Dans ces conditions, toute volonté de conférer un rôle de contre pouvoir à un organe parlementaire est immédiatement non seulement condamné par avance mais encore inconcevable.

Cette consubstantialité entre la logique de l'Etat socialiste et celle du modèle socialiste de contrôle parlementaire génère l'échec définitif de ce modèle. Analysé comme inadapté et démontré inadaptable, il va être définitivement rejeté non seulement lors des événements de 1989 (qui ont détruit l'Etat socialiste) mais aussi, avant ces même événements au travers de son abandon dans le cadre d'un Etat encore désigné comme socialiste.

A) Les causes internes aux structures de contrôle

407 La distorsion existante entre les règles en vigueur après 1965 au sein du modèle socialiste de contrôle parlementaire de la constitutionnalité et son fonctionnement a témoigné du déséquilibre à l'intérieur de ce modèle. Les innovations enregistrées lors de cette seconde période avaient pour conséquence d'associer dans la même procédure des éléments symbolisant la logique instrumentale du contrôle de constitutionnalité avec d'autres éléments caractéristiques d'une logique arbitrale. Mais la pratique a montré que ces éléments novateurs n'ont jamais réellement fonctionné, contrairement aux premiers éléments dont le rôle a été plus important.

Ce déséquilibre tire ses origines de la présence et du fonctionnement intensif de mécanismes qui ont joué un rôle de soupape de sécurité, permettant de réduire l'importance des éléments novateurs et le plus souvent de suspendre leur application. Présentés à la lecture des textes organisant la procédure de contrôle de constitutionnalité comme d'application exceptionnelle, ils ont fait l'objet d'un usage constant, à la fois dans le domaine du déclenchement de la procédure et dans celui de sa réalisation.

1) La limitation de la saisine de l'organe chargé du contrôle

408 Si l'un des principaux apports des réformes intervenues après 1965 avait été de multiplier les possibilités de déclenchement des procédures de contrôle de constitutionnalité, ces possibilités vont être limitées par la mise en place d'une procédure indirecte de saisine et par l'attribution au Président de l'organe compétent d'un pouvoir discrétionnaire absolu quant à la recevabilité des requêtes.

a) La procédure indirecte de saisine

409 Dans un certain nombre d'Etats, l'extension très importante du nombre d'organes compétents pour déclencher la procédure de contrôle de constitutionnalité s'est accompagnée de la mise en place d'un mécanisme particulier de saisine. Ce mécanisme reposait sur une distinction opérée entre les organes pouvant directement déclencher la procédure (sans qu'aucun examen de l'irrecevabilité puisse leur être opposé et avec l'assurance que leur démarche entraînera une décision de l'organe chargé du contrôle) et les organes dont le pouvoir de déclencher une telle procédure est suspendu à un examen préalable dont le résultat négatif peut entraîner le rejet de leur requête.
L'article 29 alinéa 2 du Règlement de la Grande Assemblée Nationale Roumaine du 18 mars 1975 est significatif de cette distinction. En effet si aux termes des dispositions de ce texte, le droit de déposer des observations relatives à la conformité d'une loi ou d'un autre acte juridique roumain appartient à la fois aux organes d'Etat (Grande Assemblée Nationale, Conseil de l'Etat, Conseil des Ministres), aux organisations sociales et même aux citoyens, il faut distinguer, pour la suite donnée à cette requête, deux catégories. Si la requête émane de la Grande Assemblée Nationale, du Conseil d'Etat ou de la Commission Constitutionnelle et Juridique elle même (au titre de son droit de s'auto-saisir) elle donne lieu de la part de cette Commission à la rédaction obligatoire d'un rapport relatif à la conformité ou à la non-conformité de l'acte incriminé. Si la requête a été déposée par un autre organe d'Etat, par une organisation sociale, par une organisation sociale ou par un citoyen, la Commission n'est pas tenue de rendre une décision; elle ne rédigera ses conclusions que si elle estime l'acte incriminé contraire à la Constitution.
On retrouve un mécanisme similaire en République Populaire de POLOGNE dans le cadre de l'article 5 alinéas 1, 2, 3 et 5 de l'arrêté du Conseil de l'Etat du 14 juillet 1979 relatif au respect de la conformité des lois à la Constitution et à l'établissement de l'interprétation des lois universellement obligatoire.
Cet article met lui aussi en place deux catégories de saisine devant le Conseil de l'Etat polonais. Il distingue les requêtes déposées par le Président du Conseil des Ministres (ou sur son autorisation par le Ministre de la Justice), le Premier Président de la Cour Suprême de POLOGNE, le Procureur Général ainsi que le Conseil Central des Syndicats et les organes directeurs des organisation féminines, de jeunesse et coopératives qui sont directement transmises au Conseil d'Etat [1] et celles émanant des autres organes d'Etat, d'organisations sociales ou de citoyens qui sont tout d'abord préalablement transmises aux organes désignés plus haut afin de procéder à un examen préliminaire.

410 La dernière illustration de ce mécanisme de saisine indirecte est fournie par la loi hongroise de 1984 relative au Conseil de droit constitutionnel. L'exposé des motifs précise que si l'article 13 du texte ne confère pas directement aux citoyens le

---

[1] - Article 5 alinéas 1 et 2 de l'arrêté du 14 juillet 1979.

droit de saisir le Conseil, une possibilité leur est offerte de procéder par voie de pétition (selon les dispositions de la loi n° 1/1977) en adressant à un organe compétent une pétition sur tout problème relatif aux illégalités et inconstitutionnalité des prescriptions juridiques ou encore en envoyant directement un tel document à un membre du Conseil de droit constitutionnel qui pourra procéder à la saisine [1].
Dans les deux situations, le schéma des systèmes roumains et polonais est reproduit puisque s'intercale, entre la demande exprimée et l'examen réel par le Conseil de droit constitutionnel, un degré supplémentaire selon la qualité de l'auteur de la requête.
Parallèlement à cette procédure de saisine indirecte, le droit de saisine est encore limité par le pouvoir discrétionnaire de rejet dont dispose le Président de certain organe de contrôle.

b) Le pouvoir de rejet du Président.

411 L'exercice du droit de saisine est ici limité par le pouvoir dont dispose le Président de l'organe de contrôle de rejeter toute requête qu'il estime infondée.
On peut citer à titre d'illustration les alinéas 4 et 5 de l'article 5 de l'arrêté polonais du 14 juillet 1979 selon lesquels le Président du Conseil de l'Etat peut, s'il l'estime nécessaire, ne pas appliquer les règles de l'alinéa 3 sur la saisine indirecte pour se prononcer directement sur le bien-fondé de la requête, le Conseil de l'Etat "déterminant les cas où les réponses aux motions (...) peuvent être accordées sur son autorisation par le bureau du Conseil d'Etat qui informe le proposant de la raison pour laquelle sa motion ne concerne pas la non-conformité des lois avec la Constitution ou bien pour quelles autres raisons elle n'est pas qualifiée pour qu'il y donné suite"[2].

412 De même, l'article 15 de la loi n° 1 de 1984 sur le Conseil de droit constitutionnel hongrois confère au Président de cet organe des pouvoirs tout à fait comparables.
Ces dispositions sont très importantes tant en matière de saisine indirecte que de pouvoir discrétionnaire du Président. Elles constituent un phénomène explicatif de la distorsion constatée entre les textes et la pratique, entre l'équilibre des éléments symbolisant les deux logiques du contrôle de constitutionnalité et le maintien de la logique instrumentale dans la quasi-totalité des décisions qui ont été rendues.
Présentées le plus souvent comme des mécanismes de filtrages destinés à éviter, sur la base des expériences occidentales, que les nouveaux organes mis en place ne soient submergés par les requêtes, ces procédures ont eu pour conséquence de vider de leur sens l'extension du droit de saisine et par là même le développement de la logique arbitrale, en réduisant à néant toute requête déposée par un citoyen, une organisation sociale, voire même un organe d'Etat.

---

1 - Voir: HONGRIE- Chronique rédigée par le Professeur BRUNNER. Annuaire Européen d'Administration Publique- Volume VII 1984 pages 674 ,675.

2 - Article 5 alinéa 5 de l'arrêté du 14 juillet 1979.

413 L'exemple des pouvoirs du Président est de ce point de vue significatif[1]. Ainsi pour le Professeur L. GARLICKI, une des principales raisons de l'absence totale de fonctionnement du Conseil d'Etat est l'attitude de son Président qui a rejeté toutes les requêtes qui lui ont été soumises. De même, le fonctionnement du Conseil de droit constitutionnel hongrois a été altéré dans des proportions importantes du fait des décisions de son Président qui a notamment, de l'aveu du Professeur I. KOVACS [2], rejeté la majorité des demandes déposées par ses collègues au titre de l'auto-saisine[3].

414 Le fonctionnement de ces mécanismes leur a donc conféré une importance beaucoup plus grande que ne pouvait laisser supposer leur place dans les textes. Ils ont en fait permis d'écarter en matière de saisine tous les apports des textes sur la logique arbitrale en réduisant à la fois l'autonomie de fonctionnement des nouveaux organes (en les privant de toute possibilité de saisines externes émanant d'organes non directement impliqués dans l'adoption d'actes juridiques) et le développement de toute notion de spécificité (en limitant, comme en HONGRIE, le droit d'auto-saisine du Conseil de droit constitutionnel, sur l'initiative des "membres juristes", au contrôle préalable que la qualification du Président tend à considérer comme essentiellement politique).

Ces mécanismes, constituant de véritables soupapes de sécurité pour le pouvoir politique, ont été également observés dans les procédures d'examen des actes juridiques.

2) La remise en cause de la logique arbitrale au sein de la procédure d'examen des actes

415 Un autre apport très important des réformes intervenues après 1965 avait été de développer les procédures de contrôle a posteriori, au détriment des procédures a priori. Cette évolution signifie à la fois la séparation dans les fonctions étatiques de l'activité de création des normes juridiques et de l'activité de contrôle de ces normes, mais surtout elle ouvre la possibilité de remise en cause d'un acte décidé et adopté par des organes d'Etat et introduit une potentialité de conflit entre les gouvernés et les gouvernants au sein de l'Etat socialiste.

Là encore, l'étude du fonctionnement des organes de contrôle révèle un grand déséquilibre avec le développement de procédures parallèles qui occultent, dans certaines circonstances, la procédure de contrôle a posteriori.

---

1 - Il faut remarquer que les conséquences de la saisine indirecte sont plus délicates à apprécier concrètement.

2 - Entretien avec l'auteur à l'académie des Sciences de HONGRIE, le 4 septembre 1989.

3 A ce sujet, il n'est pas sans intérêt de mentionner, à propos des grands pouvoirs du Président Hongrois, les faits suivants : Parmi les différents Présidents qu'a compté le Conseil de Droit Constitutionnel, le Premier qui fut désigné à cette charge fut R. BOGNAR, qui ne possède aucune formation juridique puisqu'il est titulaire de la chaîne de chimie organique de l'Université DECEBREN, ce qui, compte-tenu de ses pouvoirs (et semble-t-il de son utilisation), apparaît assez surprenant.
Mais, d'après les Professeurs KOVACS et RACZ, le fait peut être le plus significatif a été la nomination à ce poste de Président KOROM, ancien ministre, qui a aujourd'hui abandonné ses fonctions après sa destitution comme député par ses électeurs, et dont on a appris, par la suite, qu'il avait occupé de hautes responsabilités au sein du Parti Socialiste Ouvrier Hongrois, et surtout à l'A.V.H., c'est-à-dire de la Police Secrète après 1956

L'exemple roumain fournit une illustration particulièrement significative de ce phénomène. Avec l'adoption dans cet Etat de la Constitution de 1965, la Commission constitutionnelle devait exclusivement se prononcer sur des normes juridiques déjà adoptées par la Grande Assemblée Nationale. La rédaction des article 43 (point 14) et 53 de la Constitution du 21 août 1965 établissait une nette différence entre la Commission Constitutionnelle devant "préparer des travaux sur la constitutionnalité des lois" et les autres commissions rédigeant des rapports "sur les projets de lois"[1].

416 Cette première définition des compétences de la Commission Constitutionnelle roumaine a été rapidement modifiée. Après la tenue d'importantes réunions de la Conférence Nationale et du Comité Central du Parti communiste roumain en 1967 et en 1969 et l'adoption en ces occasions de motions visant à souligner le besoin d'améliorer le fonctionnement de la Grande Assemblée Nationale, une première réforme intervint avec le vote de la loi n° 1 du 12 mars 1969. Ce texte élargissait les compétences de la Commission constitutionnelle à l'examen des projets de loi. Enfin à la suite d'une troisième révision constitutionnelle, la loi du 21 mars 1975 organisait la fusion de la Commission Constitutionnelle avec la Commission Juridique du Parlement, ce qui eut pour effet d'étendre les pouvoirs de la Commission constitutionnelle au contrôle des projets de décrets et des décrets du Conseil d'Etat, des décisions du Conseil des Ministres et à l'activité d'un certain nombre d'organes d'Etat.

Ces deux révisions, qui n'ont fait apparemment qu'étendre les pouvoirs de la Commission compétente en matière de contrôle de constitutionnalité ont généré une remise en cause totale de la nature de sa mission. Alors que le texte de 1965 représentait une remise en cause importante de la notion de logique instrumentale, tous les éléments intervenus par la suite vont réintégrer cette logique.

417 L'association des deux processus de contrôle a priori et a posteriori permet de réintégrer toute l'activité de contrôle dans le domaine des activités exclusives des organes d'Etat. La doctrine roumaine justifie ainsi l'évolution de la situation et émet dès 1969 l'idée de l'absolue supériorité du contrôle a priori sur le contrôle a posteriori. Pour le Professeur Tudor DRAGANU, la pratique montre un contrôle a priori systématique de la Commission et le caractère tout à fait exceptionnel des interventions de cette Commission après l'adoption des lois ou des décrets. Pour Tudor DRAGANU [2], cette évolution est très favorable et "doit être considérée comme un trait positif du système roumain".

418 Il s'agit en fait d'un retour institutionnel vers la logique instrumentale. En rejetant le contrôle a posteriori du fait de la systématisation du contrôle à priori, bien plus que la liberté d'action du pouvoir au travers des organes suprêmes de l'Etat (qui est de toute façon garantie), c'est l'idée même de conflit entre gouvernants et gouvernés qui est éliminée. Il y a en fait retour à la volonté de faire du contrôle de

---

[1] - Pour la description de ce système, voir l'article I. BENDITER- "Les juridictions constitutionnelles dans certains Etats socialistes" (qui ne prend l'intervention de ce Professeur roumain lors de la réunion internationale concernant l'administration de la justice à PECS- HONGRIE- en octobre 1970) ANALELE STIINTIFICE ALE UNIVERSITATII "AL. I. GUZA" DIN IASI- Section 3 (Sciences sociales) - Science Juridique T. XV - 1969 pages 21 à 30.

[2] - DRAGANU Tudor : Le contrôle de l'application de la Constitution réalisé par la Grande Assemblée Nationale de la République Socialiste de ROUMANIE - Revue Roumaine des Sciences Sociales- Série des Sciences Juridiques - Tome 21 janvier juin 1977 - n° 1 page 50.

constitutionnalité un instrument du pouvoir d'Etat. Cette dualité de procédure permettant le contrôle avant et après la promulgation des actes juridiques offre un "choix" aux gouvernants et permet le déséquilibre de la procédure en faveur de la logique instrumentale[1], ce qui va constituer un des facteurs d'explication de l'échec de l'évolution enregistrée après 1965.

419 L'augmentation quantitative des compétences de la nouvelle Commission Constitutionnelle et Juridique constitue également un retour vers la conception instrumentale, en ce sens qu'elle associe au contrôle des lois prévu en 1965 le contrôle des actes infra-législatifs et en 1975 des activités des organes d'Etat. Ceci tend là encore à rapprocher la situation roumaine de 1975 de celle de la période originaire du modèle socialiste de contrôle parlementaire.

Ce rapprochement est explicitement consacré avec l'article 52 de la Constitution qui dispose que la Commission Constitutionnelle et Juridique, en contrôlant l'activité des organes d'Etat, contrôle "la traduction dans les faits de la politique du Parti communiste roumain".

420 Bien que montrant que c'est à l'intérieur même des textes organisant le fonctionnement des structures de contrôle qu'il faut chercher les causes de l'échec du développement de la logique arbitrale, ces exemples ne sont pour autant entièrement explicatifs. En effet, le fonctionnement de ces mécanismes qui ont entraîné le déséquilibre de l'ensemble des structures de contrôle de constitutionnalité repose sur des éléments extérieurs à ces structures qui constituent le fondement même du système socialiste mis en place dans ces Etats. Ce sont ces éléments qui, quelque soit le contenu des textes organisant le contrôle de constitutionnalité, font que cette activité ne peut que reproduire la logique instrumentale.

B) Les Fondements de l'échec des réformes du contrôle de constitutionnalité

421 Au-delà de tous les éléments internes aux structures de contrôle de constitutionnalité, qui ont entraîné le développement de la logique instrumentale au détriment des éléments symbolisant une conception plus arbitrale, la véritable clé du maintien de cette logique doit être cherchée dans une série d'éléments externes.

Les réformes intervenues à partir de 1965 s'inscrivaient en effet dans un contexte particulier, celui de la déstalinisation. Ce phénomène, introduit par N. KHROUCHTCHEV dans son célèbre rapport devant le XX Congrès du P.C.U.S. [2] en réaction aux pratiques de la période stalinienne visait à augmenter le rôle du droit dans la société socialiste. Mais cette revalorisation et surtout ses buts n'étaient pas dépourvus d'ambiguïtés.

422 L'exemple du contrôle de constitutionnalité est sur ce point significatif. S'agissait il de mettre en place un mécanisme de limitation de l'Etat ou un procédé visant à améliorer le fonctionnement de l'Etat socialiste.

---

[1] - Le caractère systématique de l'examen préalable a d'ailleurs été généré par "le programme du P.C.R. d'édification de la société socialiste multilatéralement développée et d'avance de la ROUMANIE vers le Communisme" (adopté par le XI Congrès du P.C.R.).

[2] - Texte français du rapport dans : Branko LAZITCH "Le rapport KHROUCHTCHEV et son histoire" , Points histoire, SEUIL PARIS 1976, 190 pages.

La première solution, à priori la plus logique au regard des textes adoptés dans ce domaine, implique que l'on considère l'abus de pouvoir de la période stalinienne comme un danger du mode d'exercice du pouvoir dans un Etat socialiste (le droit devant limiter à l'avenir l'exercice de ce pouvoir socialiste).
La seconde solution implique, au contraire, que les débordements staliniens trouvent leur origine dans l'absence du caractère socialiste du pouvoir (le droit visant alors au renforcement de ce caractère socialiste).
423 Si la nature des textes relatifs au contrôle de constitutionnalité pouvait laisser subsister cette ambiguïté, l'étude de la conception du pouvoir et du droit adoptée dans l'Etat socialiste parallèlement aux réformes du contrôle de constitutionnalité démontre que c'est la deuxième solution qui a été retenue.
Ainsi, toute potentialité de réforme de la conception du contrôle de constitutionnalité dans l'Etat socialiste apparaît vouée définitivement à l'échec si elle ne s'accompagne pas d'une évolution importante dans la conception du pouvoir et du droit au sein de l'Etat.
En effet, le maintien de la position dominante du Parti communiste est significatif que l'évolution enregistrée, si elle correspond à une redéfinition du rôle du Droit et de la Constitution dans la société socialiste post stalinienne, ne remet pourtant pas en cause les fondements de l'exercice du pouvoir soviétique, caractéristique de la logique instrumentale au profit de la logique arbitrale.

1) Le maintien de la position dominante du Parti communiste

424 On pourrait exprimer ce phénomène par deux questions: comment introduire un mécanisme de réglementation juridiques des antagonismes entre les différents organes d'Etat dans un système dont le fondement même est de nier la notion d'antagonisme? Comment introduire un mécanisme de limitation juridique du pouvoir dans un Etat où le pouvoir représente scientifiquement la volonté de tous et où le droit est appréhendé comme un instrument d'expression de cette volonté ? C'est là tout le problème posé par l'évolution engagée en 1965.
Le développement de structures de contrôle de constitutionnalité plus spécifiques, plus orientées vers une optique d'arbitrage entre l'Etat et les gouvernés (malgré le maintien de la compétence finale du Parlement) était voué à l'échec tant qu'autour de cet ensemble structurel était maintenu un des phénomènes consacrant la force de la volonté du Parti communiste, incarnant le peuple soviétique tout entier, comme moteur de l'Etat soviétique. Au-delà des discours et des apparences, le débat était resté le même qu'en 1918 - 1924 ou en 1936. Tant qu'une force politique unique possède le monopole de la décision politique, que son action s'inscrit dans la perspective dynamique de l'édification de la société communiste et que l'Etat et le Droit ne sont que les "instruments" de cette édification, aucune procédure de contrôle de constitutionnalité, la plus perfectionnée soit-elle, ne pourra jouer le rôle que l'on confère en occident aux juridictions constitutionnelles, c'est-à-dire, en annulant un acte du Pouvoir d'Etat non conforme au texte constitutionnel, de déterminer les limites juridiques de l'action du Gouvernement.

425 Cette logique de l'asservissement du droit à la volonté politique a des conséquences particulières en matière de rédaction du texte constitutionnel.

Pour le Professeur J.M. GILISON [1], il existe ainsi une différence fondamentale entre les conceptions occidentale et soviétique en matière de Constitution. En Occident "les Constitutions présupposent un certain ensemble de conflit entre des groupes et des individus qui s'affrontent dans la Société" et de ce fait "établissent et légitimement un ensemble d'institutions et de relations normatives qui servent à modérer et à contenir ces conflits".

426 Pour J.M. GILISON, alors que cette forme de constitutionnalisme est révélatrice d'une conception de la société où les conflits sont non seulement inévitables mais utiles pour l'amélioration de cette société s'ils sont bien maîtrisés, la Constitution soviétique à l'inverse repose sur une base différente visant à célébrer le rejet des conflits sociaux et la "perpétuelle harmonie existant entre deux classes fraternelles, les paysans et les travailleurs" conduit par le Parti communiste. "La théorie soviétique rejette toute possibilité de conflit car ces classes ont le même intérêt, le même but et la même vision Marxiste Léniniste du monde".[2]

427 Toutefois, il existe dans les Constitutions soviétiques, une contradiction fondamentale. Bien que visant la réalisation d'objectifs différents, elles sont bâties selon le même modèle que les Constitutions occidentales, reprenant parfois des dispositions similaires qui, du fait de la distorsion entre la forme constitutionnelle et le but, ne peuvent en aucun cas générer un fonctionnement comparable avec celui de leurs homologues occidentaux.

Si le Professeur GILISON prend pour exemple le Parlement et plus particulièrement le mécanisme de conciliation entre les deux chambres du Soviet Suprême, on pourrait intégrer les mécanismes de contrôle de constitutionnalité qui (à cause du but de la Constitution soviétique) ne peuvent pas matériellement jouer le même rôle qu'en occident.

428 Cette contradiction s'exprime dans le texte même des Constitutions soviétiques et des autres Etats socialistes. Elle a pris dans les textes constitutionnels qui ont été adoptés durant la période correspondant à l'évolution des structures de contrôle de constitutionnalité une coloration particulière du fait de cette évolution.

Deux phénomènes doivent être étudiés conjointement pour appréhender cette situation. Tout d'abord on trouve une série d'articles consacrant la position juridique du texte constitutionnel et qui organisent le contrôle de constitutionnalité.

Ces dispositions s'inscrivent incontestablement dans la dynamique de l'évolution des structures de contrôle de constitutionnalité. Elles sont, pour la plupart, absolument nouvelles. Les anciens textes constitutionnels des Etats socialistes n'avaient jamais accordé une telle place au contrôle de constitutionnalité et surtout n'avaient jamais affirmé la position dominante du texte constitutionnel dans le système juridique de l'Etat, l'exemple soviétique étant sur ce point significatif.

Toutefois, la vague constitutionnelle enregistrée à cette période correspond dans l'ensemble des Etats socialistes à l'introduction dans le texte constitutionnel d'un

---

[1] - Jérôme M. GILISON (Associate Professor de Science Politique à l'Université John HOPKINS-BALTIMORE - U.S.A.) - "KHRUSHEV, BREZHNEV AND CONSTITUTIONAL REFORM"- Problem of communism, Septembre Octobre 1972, pages 69 à 78 .

[2] - ibid.

autre type d'article consacrant le rôle dirigeant du Parti communiste dans la société socialiste [1].

429 Ces articles, même s'ils n'apportent pas des éléments fondamentalement nouveaux dans la réalité matérielle (le Parti communiste ayant de tout temps joué en URSS comme dans l'ensemble des autres Etats Socialistes, conformément à la doctrine marxiste léniniste, un rôle d'"avant-garde consciente") soulèvent toutefois deux problèmes. Ils matérialisent pour la première fois dans le texte de la Constitution le rôle du Parti communiste. De ce fait, ils posent le problème de compatibilité avec la première catégorie d'articles consacrant la position suprême de la Constitution et du contrôle de constitutionnalité.

430 En effet si l'on considère l'exemple de la Constitution de l'U.R.S.S. de 1977, les articles 173 et 6 introduisent deux éléments qui doivent orienter l'activité des organes d'Etat. L'article 173 pose que la conduite de ces derniers se fait sur la base de la Constitution et en conformité avec elle alors qu'au contraire l'article 6 établit que cette conduite devra suivre les orientations en matière de politique intérieure et extérieure telles qu'elles ont été définies par le Parti communiste dans le cadre de sa direction de la société soviétique. Dans l'article 173, c'est la force juridique suprême qui est mise en valeur. Dans l'article 6, c'est l'organisation scientifique de la lutte du peuple soviétique pour la victoire du communisme qui sert de fondation au rôle du PCUS.

431 Ce problème de compatibilité [2] est fondamental dans le domaine du contrôle de l'application de la Constitution. La dualité dans les fondements de l'activité des organes d'Etat implique une dualité de normes de référence en matière de contrôle de constitutionnalité. Le Présidium du Soviet Suprême de l'U.R.S.S. (comme l'ensemble des organes désignés par les Constitutions pour rendre des décisions en matière de contrôle de constitutionnalité) en tant qu'organe d'Etat, doit-il se fonder, dans le cadre de ses compétences de l'article 121 point 4, sur l'article 6 ou sur l'article 173?

Rien n'interdit en effet au vu de la pratique étatique soviétique d'imaginer une contradiction entre ces deux éléments de référence, une loi ou un décret pouvant être en contradiction avec le texte constitutionnel et s'inscrire dans la "perspective générale du développement de la société" définie par le Parti communiste. Dès lors, comment interpréter la présence de l'article 173 et à sa suite des développements dans le règlement parlementaire de l'article 64 de ce texte? Trois hypothèses peuvent être évoquées.

432 La première consiste à interpréter l'apport de l'article 173 (et l'ensemble des dispositions comparables dans l'ensemble de l'Europe socialiste) comme une véritable révolution juridique, illustrant un transfert du pouvoir du Parti vers l'Etat et génère donc une autre conception du droit. Selon cette interprétation, l'article 173 s'imposerait à l'article 6: le Parti ne pourrait s'exprimer qu'en respectant la Constitution. Cette hypothèse, qui pourrait trouver un certain écho dans la formule

---

1 - Même si l'article 126 de la Constitution soviétique de 1936 conférait au Parti communiste le rôle de "noyau dirigeant" de toutes les organisations de travailleurs tant sociales que d'Etat.

2 - GUEIT Jean- "Une nouvelle Constitution soviétique? l'impossible choix"- Revue de droit Prospectif -1976, n° 2, pages 48 à 54.

utilisée dans le dernier alinéa de l'article 6 [1], n'est pas totalement convaincante. Outre la démonstration inverse faite par la pratique, il existe dans le texte constitutionnel une notion qui s'oppose fondamentalement à cette interprétation. Contrairement aux Constitutions occidentales, le texte soviétique de 1977 s'inscrit dans une perspective différente: il symbolise une étape dans la construction du communisme. De ce fait on retrouve, comme en 1924 ou 1936, la même opposition entre les notions dynamiques de l'évolution et d'organisation du présent. Toutefois, la Constitution soviétique de 1977 témoigne dans ce domaine d'une certaine originalité. Alors que les trois premiers textes soviétiques pouvaient s'analyser comme des "bilans", la quatrième loi fondamentale de l'URSS intègre dans ses développements des éléments "programmatiques".

433 Cette nouvelle conception symbolise l'affrontement qui a opposé deux écoles juridiques au sein de l'Académie des Sciences de l'U.R.S.S. En effet, durant le long processus de rédaction de la Constitution de 1977 [2], un vif débat théorique opposa un grand nombre de juristes soviétiques de premier plan autour du contenu et de l'appellation du Droit public en URSS, qui a été désigné selon une première école par le terme de Droit de l'Etat (GOSUDARSTVENOE PRAVO). Pour la seconde école plus novatrice, c'est le concept de Droit constitutionnel qui devait être retenu (KONSTITUTSINOE PRAVO) [3].

A travers ce débat, c'est en fait le contenu même de la Constitution qui est en cause. Pour la première école (celle du Droit de l'Etat) la Constitution n'est que le reflet de l'organisation étatique à un moment donné. Elle doit perpétuellement être réajustée par des amendements. Pour les tenants du Droit constitutionnel au contraire, "la Constitution doit être conceptualisée à la fois comme un reflet acquis mais aussi comme un instrument programmatique."[4]

434 A la suite de cette opposition, le texte de la nouvelle Constitution a reproduit certaines dispositions projetant dans l'avenir l'application du texte constitutionnel. Toutefois, il faut relever que cet aspect programmatique, s'il apporte un changement certain par rapport au texte de 1936, ne remet pas en cause le rôle du Parti communiste et sa relation avec la Constitution. Par le préambule de cette dernière qui qualifie le Parti d'avant-garde de tout le peuple, c'est bien au PCUS que revient la mission de diriger l'évolution sociale et de donner un contenu aux dispositions constitutionnelles programmatiques. Dès lors, c'est toujours la même subordination qui est reproduite. Le Parti voit plus loin que la Constitution: il est seul capable d'analyser l'application dans l'avenir des normes constitutionnelles.

---

[1] - Article 6 - alinéa 3: "Toutes les organisations du Parti exercent leur activité dans le cadre de la Constitution de l'U.R.S.S."

[2] - Impulsée par N. KROUTCHEV, la réforme constitutionnelle a mis près de 20 ans pour être finalement concrétisée. Voir à ce sujet l'article consacré à la Constitution de l'U.R.S.S. par les Professeurs COMTE et LAVROFF à la R.D.P. de 1978.

[3] - Les deux écoles étant représentées l'une par le Professeur LEPESHKIN et l'autre par le Professeur V. KOTOK. Pour des renseignements plus approfondis, se reporter à l'article de Robert SHARLET- "THE NEW SOVIET CONSTITUTION"- (La nouvelle Constitution soviétique)- Problem of Communism Septembre Octobre 1977, pages 6 et 7 et notes 17 et 18.

[4] - Cité par Robert SHARLET. Ibid.

435 La seconde hypothèse, apparemment plus conforme à la pratique, consiste à considérer l'article 6 comme déterminant par rapport à l'article 173 et donc à n'accorder à ce dernier que très peu d'importance.
Même si cette seconde hypothèse est plus proche de la réalité, il ne faut pas pour autant négliger l'apport de l'article 173 qui joue un rôle important dans le texte constitutionnel soviétique quand sa mise en jeu ne touche pas des éléments directement concernés par l'article 6.

436 Ceci nous conduit à retenir une troisième hypothèse qui qu'interprète l'article 6 comme signifiant que si le Parti communiste, en tant que "force dirigeante de la société soviétique", possède le monopole de la prise de décision, il reste soumis pour l'application de cette décision à l'obligation de se référer à l'organisation mise en place dans la Constitution. Les décisions du Parti ne sont mises en relation avec les citoyens qu'après leur transformation en actes juridiques "adoptés" par les différents organes de l'Etat et de l'administration. C'est notamment le sens du 3ème alinéa de l'article 6. D'après le Professeur Michel LESAGE [1], un important débat eut lieu lors de la rédaction du texte constitutionnel en 1977 notamment au cours de la réunion commune de la chaire de la théorie de l'Etat et du Droit de l'Académie des Sciences Sociales près le Comité Central du PCUS et de la chaire de la structure étatique soviétique et du droit de l'Ecole Supérieure du Parti près du Comité Central du PCUS. Lors de ce débat, un intervenant[2] a souligné l'importance du système des Soviets et a proposé que les deux premiers alinéas de l'article 6 soient complétés par la formule suivante:
"Le Parti dirige l'activité des Soviets, mais ne se substitue pas à eux. Il met en oeuvre ses décisions par l'intermédiaire des organes soviétiques dans le cadre de la Constitution."
Cette volonté de clarification de la répartition des tâches entre le Parti et les Soviets a été reprise par le Premier secrétaire du Parti Communiste Léonid BREJNEV, ce qui eu pour conséquence la reproduction de cette idée dans la rédaction définitive de l'article 6 de la Constitution de l'U.R.S.S [3].
437 Cette action du Parti tel qu'elle ressort de l'analyse de la Constitution est parfois directe. C'est notamment le cas quant le P.C.U.S. intervient en tant que tel dans le processus normatif en apposant directement sa signature au bas d'un acte juridique. Ainsi, un certain nombre d'arrêtés et d'ordonnances du Conseil des Ministres de l'U.R.S.S. sont adoptés en commun par le Comité central du Parti communiste et le Conseil des Ministres. Le texte porte explicitement la mention de cette double origine. Ce phénomène est d'autant plus important que cette pratique concerne les mesures "auxquelles une valeur particulière est attachée" [4] et qui ont donc d'une importance fondamentale.

---

[1] - LESAGE Michel- La Constitution de l'URSS- Textes et commentaires"- Notes et études documentaires n° 4493 - 4494 - 12 décembre 1978- La Documentation française PARIS 1978.
[2] - V. A. PROKOCHINE.
[3] - Sous une forme, il est vrai, plus réduite. "Toutes les organisations du Parti exercent leur activité dans le cadre de la Constitution de l'U.R.S.S."
[4] - Valéry TOUMANOV - Le Droit dans la Société Socialiste - page 37. Extrait de: "Introduction au droit soviétique" - Ouvrage collectif publié par l'Institut de l'Etat et du Droit de l'Académie des Sciences de l'U.R.S.S. sous la direction de V. KOUDRIATSEV, M. KROUTOGOLOV et V. TOUMANOV- Editions du Progrès - MOSCOU 1987.

On peut également citer comme illustration de ce phénomène l'article 52 de la Constitution de ROUMANIE qui désigne comme faisant partie des attributions des Commissions parlementaires permanentes (donc de la Commission constitutionnelle et juridique chargée du contrôle de constitutionnalité) l'analyse de la façon dont les organes mentionnés[1] traduisent dans les faits la politique du Parti communiste roumain.
Bien que l'article 39 du texte constitutionnel affirme sa supériorité juridique, il met en place sa subordination vis à vis de la politique du Parti communiste.

2) L'évolution du rôle du Droit et ses conséquences sur l'évolution du contrôle

438 L'article 173 de la Constitution du 7 octobre 1977 est révélateur d'un autre phénomène qui tend à revaloriser le Droit dans la société soviétique. Beaucoup de commentateurs du texte ont insisté sur ce renouveau de la notion de légalité socialiste, proclamé par les plus hautes autorités de l'Etat soviétique et repris dans le texte même de la Constitution [2].
Mais là encore, les effets de l'article 173 de la Constitution de l'URSS (et à sa suite de l'article 121 alinéa 4) ne doivent pas être interprétés abusivement. Le développement de la légalité socialiste ne doit pas être envisagé comme une éventuelle relativisation du pouvoir du Parti mais simplement comme un facteur d'amélioration de la qualité du processus d'application de ses décisions. Le développement de la légalité socialiste et des processus de contrôle de constitutionnalité est donc conçu comme le meilleur outil pour appliquer les décisions du Parti. La légalité n'est finalement pas un but à atteindre, mais un simple moyen. Ce phénomène est particulièrement illustré par la mise en place de mécanisme de planification de l'activité normative des différents organes d'Etat et par le développement dans la doctrine de la notion de contrôle positif de la constitutionnalité qui démontrent l'association du contrôle de constitutionnalité au processus d'amélioration de la qualité juridique des actes.

439 Le premier élément est en fait caractérisé par une série de mesures adoptées dans les Etats socialistes dont le but est à la fois d'améliorer la qualité juridique des actes des organes d'Etat et de prévoir à l'avance leur date d'émission et d'entrée en vigueur. De tels mécanismes apparaissent dans la quasi-totalité des Etats socialistes. Le plus souvent, il voient la création d'organes directement rattachés au chef de l'Etat Collégial (organe de type Présidium du Soviet Suprême de l'U.R.S.S.).
Ainsi, dès 1971 (à la suite du VIème Congrès du P.O.U.P.) fut créé en POLOGNE un conseil législatif auprès du Président du Conseil des Ministres. Un organe comparable a été mis en place durant cette même année en ROUMANIE et a été

---

[1] - C'est-à-dire tous les organes d'administration d'Etat ainsi que le Tribunal Suprême et du Procureur Général.

[2] - Dès 1971, lors du XXIVème Congrès du Parti communiste de l'URSS, Léonid BREJNEV déclarait que "le respect du Droit et de la loi doit devenir la conviction de chacun. Cela concerne d'autant plus l'activité des fonctionnaires. Aucune tentative d'enfreindre la loi ou de s'y soustraire, quelqu'en soit la motivation, ne doit être tolérée". Cité par J. GUEIT- "Une nouvelle Constitution soviétique ? L'impossible choix"- Revue de Droit Prospectif, opus cité page 51.

rattaché au Conseil de l'Etat [1]. Ces deux conseils étaient chargés d'examiner les projets de lois, de décrets et de décisions du Conseil des Ministres afin de rédiger des rapports sur leur qualité juridique.

440 L'exemple le plus intéressant du développement de ces structures d'amélioration de la production normative et de ses relations avec le développement du contrôle de constitutionnalité est l'adoption par le Parlement bulgare (le 3 avril 1973) d'une loi sur les actes normatifs organisant un ensemble très complet de rationalisation juridique[2]. Cette loi s'inscrit dans le processus de renouveau du Droit. Le Professeur Yaroslav RADEV [3] insiste sur le rejet de la conception d'un "Droit reflet". En effet, le but affirmé de ce texte est de "perfectionner l'élaboration, l'édiction et l'application des actes normatifs afin que la législation puisse servir avec plus de succès au développement de la démocratie socialiste et à l'édification de la société socialiste avancée" [4]. La loi met en place une série de mesures de "rationalisation et d'amélioration de la qualité" des actes normatifs en BULGARIE qui associe des organes spécialement créés à cet effet à la Commission Législative du Narodno Sobranie. Ces organes spécialement mis en place interviennent à deux niveaux dans la préparation du projet: d'abord en assistant son auteur puis en contrôlant le résultat.

441 Le rédacteur du projet de loi peut pour l'aider dans sa tâche s'adjoindre un ensemble de conseils qui peuvent être différents selon l'auteur du projet. Tous les rédacteurs qui, au regard de la loi de 1973, ont soit proposé un texte, soit accédé à la demande du Conseil d'Etat qui les a contactés pour le faire, peuvent bénéficier de l'assistance de deux types d'organes. Il s'agit des organisations scientifiques du Droit (Centre des Sciences de l'Etat et du Droit, Institut des Sciences de l'Etat et du Droit et des Facultés de Droit) et du Conseil de législation, qui est un organe auxiliaire du Conseil d'Etat et qui peut (selon l'article 12 de l'ordonnance de 1974) "contrôler la préparation des projets de lois et donner des indications d'ordre méthodologique ou se rapportant à la technique législative".

A côté de cette assistance générale, le Conseil des Ministres (lequel est en BULGARIE l'organe qui prépare le plus de projets de loi) bénéficie en plus de deux autres "assistants": le département juridique du Conseil des Ministres et la direction législative auprès du Ministre de la Justice.

---

1 - Pour l'étude du Conseil Législatif roumain, on peut se reporter à l'article de Ioan CETERCHI- "L'organisation et le fonctionnement du Conseil Législatif" - Revue roumaine des Sciences Sociales, série de sciences juridiques n° 2 - 1977 page 191 et suivantes.

2 - Le texte français de cette loi est publié par la Revue Droit Bulgare (éditée par l'Union des Juristes de BULGARIE) n° 4 page 17- SOFIA 1974. Cette loi a été complétée par une ordonnance du Conseil d'Etat adoptée le 21 mai 1974.

3 - RADEV Yaroslav- Note introductive à la loi sur les actes normatifs - DROIT BULGARE 1974 n° 4 - page 11. "Le Droit ne surgit pas de façon mécanique et ne se présente pas comme un simple reflet des nécessités objectives se manifestant au sein de la Société. Selon les circonstances, la création de normes juridiques pourrait s'effectuer de façon plus ou moins satisfaisante. C'est justement pour cette raison que le droit devrait régir ce même processus de création des normes juridiques. Le processus en question revêtant ainsi le caractère d'un activité planifiée qui poursuit la réalisation d'objectif précis, se présenterait comme un facteur particulièrement important susceptible d'assurer à temps l'expression fidèle des rapports sociaux dans la loi".

4 Article 1 de la loi.

Cette assistance n'est pas le seul aspect de ce processus. En effet, une fois le projet de loi achevé par son auteur (sauf dans le cas où ce texte émane des commissions permanentes de l'Assemblée Nationale et des Députés), il doit être envoyé au Conseil de législation pour examen. Si cet examen entraîne des critiques du Conseil envers le texte, son auteur devra le modifier dans le sens souhaité par ces critiques. L'article 29 de la loi dispose que:
"Selon l'état où se trouve le texte, le Président du Conseil des Ministres peut le renvoyer directement aux fins de réexamen, le transmettre au Conseil de Législation en vue d'obtenir son avis sur les principales solutions".
L'article 30 poursuit:
"Après avoir obtenu l'avis du Conseil de législation, le Président du Conseil des Ministres saisit ce dernier pour approbation ou le renvoie pour réexamen"
Le projet définitivement approuvé par l'organe chargé de son élaboration est ensuite déposé à l'Assemblée Nationale. [1]

442 Dans ce processus de contrôle de l'élaboration des lois, ces organismes (particulièrement le Conseil de législation) ont donc un rôle particulièrement important. Le Conseil de législation, qui est la base de ce système, est défini à l'article 29 de la loi comme le gardien de la conformité des projets à la loi sur les actes normatifs et à son ordonnance d'application.
Mais pour le Procureur général de BULGARIE, le rôle du Conseil de Législation est encore plus étendu: "le Conseil de législation fut créé (...) pour assurer la concordance des lois avec la Constitution et les autres lois ainsi qu'une technique législative plus parfaite".[2]
A la lumière de ces informations, il est aisé de constater que les prérogatives de ce Conseil sont extrêmement proches de celles de la Commission législative du Parlement dont le but est de veiller à ce que les projets de lois soient conformes "à la Constitution et aux prescriptions sur les actes normatifs". En ce sens, il est possible de parler de contrôle parallèle de la constitutionnalité des lois. Le Conseil de législation qui n'est pas rattaché au Parlement effectue en amont le même contrôle que celui de la Commission parlementaire compétente, risquant de vider celui-ci de sa matière. Malgré une collaboration voulue par les textes qui prévoient une coordination entre les Commissions permanentes de l'Assemblée Nationale et les Conseils auprès du Conseil d'Etat [3] qui soulignée par la doctrine [4], il semble que les prérogatives du Conseil de législation soient les mêmes que celles de la Commission

---

[1] - La procédure ici décrite vis-à-vis du Conseil des Ministres est la même pour les autres organes. Voir A. 31 : Les autres organes ayant l'initiative législative (...) après avoir obtenu l'avis du Conseil de Législation, présentent le projet à l'Assemblée Nationale s'ils ne l'ont pas renvoyé aux fins de nouvel examen".

[2] - Kostadin LUTOV - L'élaboration des projets de lois en RPB. Opus cité page 75. L'auteur énumère une liste des tâches du conseil de législation : (...) d/ analyser les projets qui lui sont envoyés par les organes responsables de leur élaboration et exprimer son opinion sur les solutions fondamentales et sur la conformité des projets de loi à la constitution et à la loi sur les actes normatifs.

[3] - Article 19 du règlement des travaux de l'Assemblée Nationale.

[4] - Boris SPASSOV - La commission législative de l'Assemblée Nationale en République populaire bulgare"- Déjà cité page 104.

législative. Dès lors, il est permit de s'interroger sur l'action réelle de celle-ci, la plupart des projets de lois examinés par elle ayant reçu le visa du conseil et de ce fait, possédant une "puissance" symbolique. La pratique de cette dualité fait par ailleurs apparaître une grande interactivité entre les deux organismes. Les séances de ceux-ci ont lieu le plus souvent conjointement et un certain nombre de membres de la Commission sont également membres du Conseil de législation.

443 La deuxième conséquence de l'évolution de la conception du rôle du droit sur le contrôle de constitutionnalité est illustrée par le développement de la notion de contrôle positif dans la doctrine officielle et dans le droit positif des Etats socialistes. Cette notion s'intègre là encore tout à fait dans le renouveau du droit car elle tend à donner aux organes désignés pour exercer le contrôle de constitutionnalité non seulement le droit de se prononcer sur la conformité des actes juridiques avec le texte constitutionnel mais aussi celui de saisir l'assemblée (ou n'importe quel autre organe du pouvoir ou de l'administration d'Etat) pour lui demander d'adopter une loi ou un autre acte juridique nécessaire pour mettre en pratique les dispositions constitutionnelles.

1 A partir des années 1965 -1970, on assiste à un développement important de cette notion dans la doctrine socialiste. Selon Mme le Professeur NASCHITZ la constitutionnalité ne doit pas simplement s'entendre comme "l'annulation ou la modification de prescriptions légales qui seraient contraires à la Constitution" mais aussi comme "l'obligation du législateur d'adopter toutes les règles juridiques qui sont nécessaires pour rendre effectives les dispositions constitutionnelles" [1].
S'appuyant notamment sur les articles de la Constitution de ROUMANIE qui prévoient explicitement l'adoption d'une loi, le Professeur NASCHITZ distingue donc le contrôle de constitutionnalité négatif et positif.
Ce second aspect est au moins aussi important que le premier, car dans la période stalinienne, les plus graves et les plus nombreuses violations du droit n'ont pas été dues à des actes inconstitutionnels mais au fait que de nombreuses dispositions constitutionnelles n'ont jamais été véritablement appliquées. Cette théorie, reprise par de nombreux auteurs [2], a trouvé un large écho dans le droit positif des Etats Socialistes.

444 Ainsi, la rédaction de l'article 173 de la Constitution de l'U.R.S.S. illustre le contenu positif et négatif de la conception soviétique de la notion de supériorité constitutionnelle. Les dispositions de cet article fixent deux exigences pour les actes juridiques soviétiques qui découlent de la force juridique suprême de la loi fondamentale: ils doivent être adoptés sur sa base et en conformité avec elle.
Cette rédaction témoigne d'une double conception de la constitutionnalité ou plutôt d'une constitutionnalité à deux faces. L'une est négative: l'acte juridique, la loi doit être conforme à la Constitution; son existence juridique est directement conditionnée

---

[1] A. NASCHITZ -"INTRODUCTION IN THE RULES CONCERNING THE CONTROL OF THE CONSTITUTIONNALITY AND LEGALITY IN THE ACTIVITY OF THE SOCIALIST STATE"- (Introduction aux règles concernant le contrôle de constitutionnalité et de légalité dans l'activité des Etats socialistes)- Cours prononcé à la Faculté Internationale pour l'enseignement du Droit comparé de STRASBOURG - 1970 (cours n° 835) pages 18, 19 et 20.

[2] -Voir: G. KILENYI - Parliamentarism and Government in one party system- Akademiai KIADO, BUDAPEST 1988 page 79. Pour le Professeur hongrois GEZA KILENYI, la première loi hongroise sur la Procuratura a été adoptée en 1953 alors qu'elle était constitutionnellement prévue depuis 1949.

par cette conformité. L'autre est positive: la loi n'est pas considérée dans sa relation de conformité avec la Constitution mais comme un prolongement voir un accomplissement de cette dernière, la force juridique suprême de la Constitution exigeant l'adoption de cette loi.
Les deux aspects sont d'ailleurs repris par la doctrine soviétique. La première exigence débouche sur une approche négative de la constitutionnalité et est sanctionnée par l'annulation de l'acte juridique considéré comme inconstitutionnel. "Toutes les autres normes juridiques (autre que la Constitution) en application dans l'Etat doivent correspondre aux règles constitutionnelles et elles sont abrogeables dans le cas contraire"[1].

445 La seconde exigence (positive) s'intègre dans la problématique développée par A. NASCHITZ et s'appuie sur certains articles de la Constitution de l'U.R.S.S. Certaines dispositions de la Constitution de 1977 se limitent à une description générale et font en fait référence à une loi prochaine qui viendra les compléter et préciser leurs dispositions. La Constitution dans ce cas est le support de la législation. Elle se réduit à définir "les principaux axes de perfectionnement de la législation soviétique" [2]. Une quinzaine d'articles dans la Constitution soviétique de 1977 prévoient d'ailleurs l'adoption d'une loi.

446 Ce type de rédaction sert de base à la seconde conception de la force juridique suprême. Celle-ci exige non seulement que toutes les lois et tous les actes juridiques soient conformes à ses dispositions mais également que toutes les lois et actes juridiques prévus par la Constitution soient effectivement adoptés. Cette double conception implique une sanction à la fois pour un texte dont les dispositions violent la Constitution mais aussi pour la non adoption de textes prévus par la Constitution. Ce point de vue est exprimé par le Professeur TUMANOV [3].
C'est dans cette voie qu'il convient de placer les dispositions de l'article 173 qui assimile un contrôle positif ("Toutes les lois et les autres actes des organes d'Etat

---

[1] - V. TOUMANOV- "Le Droit socialiste soviétique", opus cité,page 28.

[2]- M. KROUTOGOLOV.Le Droit constitutionnel. Extrait de: Introduction au Droit soviétique - Ouvrage collectif publié sous la direction de V. KOUDRIATSTEV, M. KROUTOGOLOV et V. TOUMANOV - Publié par l'Institut de l'Etat et du Droit de l'académie des Sciences de l'U.R.S.S. - Editions du Progrès - MOSCOU 1987, page 51.
On peut à ce sujet, distinguer deux types de rédaction dans la Constitution Soviétique : une première catégorie d'articles prévoient "la prise de mesures appropriées par le Gouvernement Soviétique pou mettre en application le contenu des dispositions constitutionnelles. Ainsi l'article 35 prévoit-il :
A. 35 - la femme et l'homme ont en URSS des droits égaux
L'exercice de ces droits est garanti par l'octroi aux femmes de possibilité égales à celles de l'homme d'accéder à l'instruction et à la formation professionnelle, (...) il est également garanti par des mesures spéciales concernant la protection du travail et de la santé (...) il est garanti par la protection juridique, (...)".
Une seconde catégorie d'articles font directement référence à une future loi qui viendra compléter et préciser la portée de ces dispositions (par ex. A13, 17, 32, 33, 36, 56, 61, 86, 88, 96, 101, 104, 127, 136, 152, 153, 160; 163
A. 153 - La Cour Suprême de l'U.R.S.S. est l'organe judiciaire supérieur de l'U.R.S.S., elle exerce la surveillance de l'activité judiciaire des tribunaux de l'U.R.S.S. ainsi que celle des tribunaux des Républiques Fédérées dans les limites fixées par la loi (...).

[3] - TOUMANOV- "Le Droit dans la société socialiste"- page 29. Extrait de "Introduction au Droit Soviétique"- Ouvrage collectif rédigé sous la direction de V. KOUDRIAVTSEV, M. KROUTOGOLOV et V. TOMANOV. Editions du Progrès - MOSCOU 1987.

sont adoptés sur la base de la Constitution") et un contrôle négatif ("en conformité avec elle").

Cette conception a bien évidemment produit des effets importants quant à l'organisation des compétences des organes chargés d'assurer le contrôle de constitutionnalité.

Ce dualisme de la notion de constitutionnalité défini dans l'article 173 implique deux aspects dans la fonction de l'organe chargé d'assurer le respect de l'application de la Constitution et donc de garantir sa force juridique suprême. Il devra à la fois pouvoir annuler les actes normatifs pris en violation de la Constitution et mener une action pour faire en sorte que les lois qui sont prévues par la Constitution soient effectivement adoptées et que le système juridique, dont la loi fondamentale est le support, trouve sa réalisation. Le plus souvent, cette fonction trouve son expression dans le droit d'initiative législative accordé aux organes de contrôle [1], la constatation de l'absence d'une loi pouvant générer le dépôt d'un projet de loi visant à réparer cette absence.

447 Toutefois, d'autres modalités ont été mises en place dans le cadre du contrôle positif. Elles prennent le plus souvent deux formes: le droit de mener des investigations quant aux activités des organes d'Etat et le pouvoir de présenter au Parlement des rapports relatifs aux problèmes rencontrés dans l'activité du contrôle de la constitutionnalité. Ces deux prérogatives doivent permettre de déceler les carences du système des normes juridiques et de proposer un certain nombre de solutions. Les articles 21, 22 et 23 du règlement parlementaire bulgare [2] du 12 avril 1977 permettent d'illustrer ces prérogatives. Les Commissions parlementaires (donc la commission législative) peuvent de leur propre initiative entreprendre des études[3], élaborer des projets de lois, proposer aux divers organes d'Etat de procéder à cette élaboration[4] et présenter des rapports devant le Parlement ou le Conseil d'Etat [5]. De même, les articles 6 de la loi hongroise de 1984 et 2 de l'arrêté du 14 juillet 1979 du Conseil de l'Etat polonais prévoient la possibilité pour les deux organes, dans le cadre de leur mission de contrôle de constitutionnalité, de présenter des rapports "sur les expériences acquises et les problèmes surgissant au cours de leur activité"[6].

448 Ces développements illustrent donc les principales raisons de l'échec des changements intervenus dans l'organisation du modèle socialiste de contrôle parlementaire de constitutionnalité. Cet échec est d'autant plus profond qu'il démontre non seulement l'impossibilité de revenir sur la logique instrumentale de ce modèle (car trop intimement lié à la logique même de l'Etat socialiste tel qu'il est conçu en Union Soviétique), mais encore l'incapacité absolue de réformer la pratique du contrôle de constitutionnalité même dans le cadre de la nouvelle conception du droit socialiste, faisant du développement de la légalité un instrument de

---

[1] - Ce droit appartenait au Conseil d'Etat polonais, au Présidium du Soviet Suprême de l'U.R.S.S ainsi qu'aux commissions législatives bulgare et Constitutionnelle et Juridique roumaine.

[2] - Règlement publié au J.O. bulgare n° 32/1977.
Le texte français de ce document a été publié à la Revue Droit Bulgare 1980 n° 6 ,pages 13 à 27 .

[3] - Article 21 du règlement du 12 avril 1977.

[4] - Article 22 du règlement du 12 avril 1977.

[5] - Article 23 du règlement du 12 avril 1977.

[6] - La formule est extraite de l'article 6 (alinéa 2) de la loi hongroise de 1984.

rationalisation de l'Etat. En effet, cette nouvelle approche, symbolisée par l'article 173 de la Constitution de l'URSS, aurait du conduire à un accroissement du nombre des déclarations de non conformité. Or il n'en a rien été, comme si c'était la logique du contrôle des actes juridiques de haut niveau qui était rejetée.

CHAPITRE 2
L'AMBIGUITÉ DE LA POSITION DES JURIDICTIONS CONSTITUTIONNELLES

449 La création des juridictions constitutionnelles à partir de 1963 dans les Etats socialistes européens a souvent été présentée tant en Europe de l'Est qu'en Europe occidentale comme une véritable révolution. En effet, bien plus qu'un changement de structure et d'organisation technique du contrôle de constitutionnalité, cette création correspond à l'intégration d'un organe qui a priori caractérise une conception du contrôle de constitutionnalité totalement opposée avec les fondements de l'Etat socialiste. Alors que dans ce dernier, le Droit est toujours un Droit instrument d'une volonté politique, la Cour constitutionnelle représente au contraire un processus inverse, celui d'imposer les normes constitutionnelles comme autant de limitations de l'activité politique des détenteurs du pouvoir dans l'Etat.
Dès lors la rupture semble totale: comment concilier ces deux notions qui symbolisent des conceptions aussi radicalement opposées? Comment combiner les pouvoirs d'annulation d'une juridiction constitutionnelle avec ceux du parlement dans l'Etat socialiste? Comment concevoir la présence d'un juge neutre arbitre de conflit au sein d'une société dont le fondement est justement constitué par l'unité d'intérêt économique et qui de ce fait rejette à la fois la neutralité et le conflit? Comment enfin concilié la notion de suprématie constitutionnelle et celle de rôle dirigeant du Parti communiste?

450 Cette opposition fondamentale débouche sur une situation particulière. Alors que la mise en place (ou la volonté de mettre en place) de ces quatre Cours constitutionnelles en YOUGOSLAVIE, en TCHECOSLOVAQUIE, en POLOGNE et en HONGRIE constitue un rejet très net des solutions existant dans le modèle soviétique et de sa logique instrumentale (Section 1), ces créations ne vont pas pour autant entraîner l'intégration de ces juridictions au sein du modèle kelsenien de justice constitutionnelle. En effet en raison de l'antagonisme conceptuel existant qui limite leur pouvoirs, les Cours constitutionnelles "socialistes" se sont vu placer dans une position ambiguë, témoignage de leur inadaptation à fonctionner dans le cadre de l'Etat socialiste (section 2).

SECTION 1 : Le rejet affirmé de la logique instrumentale

451 Ces juridictions constituent donc une réaction de rejet vis-à-vis du modèle de contrôle parlementaire, et leur étude ne peut se comprendre qu'à l'intérieur du cadre de cet antagonisme. Celui ci est particulièrement bien illustré par le contexte de la création en 1963 en R.F.S.Y. des premières Cours constitutionnelles. En effet dans cet Etat plusieurs éléments montrent combien ce rejet a été un phénomène important.

- Le premier élément est tiré de la succession des deux modèles à l'intérieur du même cadre. Tant la YOUGOSLAVIE que la TCHECOSLOVAQUIE avaient adopté (en 1963 et 1968) le premier modèle de contrôle. L'adoption du second modèle ne correspond pas à un changement de régime. Le caractère socialiste de l'Etat n'est pas remis en cause. Il n'y a donc pas abandon des structures de contrôle parlementaire du fait de l'abandon de la référence au marxisme léninisme. Au contraire, les Cours constitutionnelles sont intégrées dans une structure socialiste. Certes, ces novations sont intervenues dans des périodes de profonds bouleversements et de remise en cause de l'Etat soviétique stalinien, mais pas de remise en cause de la référence au socialisme. Ainsi, c'est toujours à l'intérieur du même cadre idéologique que s'opère le passage entre les deux modèles de contrôle de constitutionnalité. La comparaison s'impose donc à ce titre.

452 - Le second argument en faveur de ce postulat est tiré de la position de la YOUGOSLAVIE vis-à-vis du modèle soviétique. Si le modèle juridictionnel prend la succession du modèle parlementaire, cette succession n'est pas présentée par la doctrine yougoslave comme "tranquille" mais comme conçue dans une volonté de rupture et d'opposition. Si les Cours constitutionnelles sont créées en R.S.F.Y., c'est en grande partie parce que le système précédent a échoué. L'exemple introduit en YOUGOSLAVIE est présenté comme une nouvelle solution intervenant après l'échec du modèle socialiste de contrôle parlementaire. Pour J. DJORDJEVIC, il s'agit là "dans son principe, d'une forme supérieure de protection qui doit contribuer à garantir et à affermir encore, la constitutionnalité et la légalité"[1], ce nouveau principe étant mis en place pour remédier "à la prudence, à la solidarité interne et à l'indifférence" du système de contrôle parlementaire. [2]

Même si cette cause n'est pas la seule avancée par la doctrine yougoslave pour expliquer la création des juridictions constitutionnelles, elle apparaît en filigrane de toutes les autres motivations exposées. Ainsi les auteurs yougoslaves J. DJORDJEVIC et R. MARKOVIC [3] ont énoncé que trois phénomènes étaient à l'origine de la création des juridictions constitutionnelles: le besoin de garantir l'autonomie et l'autogestion accordée par la nouvelle constitution à un certain nombre d'associations de travail, le besoin de garantir la répartition des compétences entre la fédération et les entités fédérées et la nécessité de garantir une limite dans le domaine des droits et libertés des citoyens en dehors de laquelle l'Etat ne peut intervenir.

---

[1] - J.DJORDJEVIC " La YOUGOSLAVIE" , collection "Comment sont ils gouvernés ?" LGDJ , PARIS 1967 , page 341.

[2] - DJORDJEVIC - "LA YOUGOSLAVIE" opus cité , page 341.

[3] - Cité par Michal DOMAGALA - "KONTROLA ZGODNOSCI PRAWA ..."- Opus cité page 87.

453 Dans toutes ces raisons apparaît une critique implicite du système soviétique estimé inefficace pour assurer cette garantie. La critique du système stalinien et sa remise en cause est d'ailleurs beaucoup plus globale et dépasse largement le simple cadre de l'organisation des organes de contrôle de constitutionnalité. Si le Professeur DJORDJEVIC peut parler à propos de la Constitution de 1963 d'un acte "de rénovation du constitutionnalisme" qui définit de façon nouvelle le rapport entre socialisme et constitutionnalité et qui ainsi s'oppose à "l'évolution politique et idéologique de l'Etat soviétique (qui a débouché) sur un régime étatico bureaucratique de type stalinien", il n'empêche que les Cours constitutionnelles en s'inscrivant dans cette rénovation du constitutionnalisme sont un élément visant à s'opposer à l'Etat stalinien et de ce fait doivent être analysées dans cette optique par rapport aux structures correspondantes dans ce type de régime[1].
D'après Michal DOMAGALA, la littérature tchécoslovaque des années 1967-1968 avance comme argument en faveur de la création des Cours constitutionnelles en République Socialiste Tchécoslovaque la volonté de garantir une bonne application de la Constitution dans le cadre d'un Etat fédéral (critique d'autant plus forte que l'URSS avait adopté depuis 1923 ce type d'organisation étatique) [2].
Cet ensemble de critiques implicitement ou explicitement adressées au système soviétique de contrôle parlementaire [3] démontre l'opposition existant entre ces deux modèles et la nécessité pour bien prendre en compte la portée du second, de l'étudier dans le cadre de cette relation.

454 - Un troisième phénomène permet de soutenir ce raisonnement et d'arriver à une conclusion comparable. En effet, la doctrine des autres Etats socialistes manifeste elle aussi de très sérieuses réserves vis-à-vis du choix opéré en YOUGOSLAVIE et plus tard en TCHECOSLOVAQUIE.
Ces réserves peuvent être classées en deux catégories: alors qu'un certain nombre d'auteurs se livrent purement et simplement à un rejet de la solution juridictionnelle, un second mouvement doctrinal tente de le présenter comme une solution limitée au contexte yougoslave.
Déjà très contestée dans les années 1950,la juridiction constitutionnelle alors présentée par le Professeur Polonais ROZMARYN comme une "institution réactionnaire et par suite incompatible avec l'Etat socialiste et populaire"[4], fait l'objet de critiques comparables après 1968.
455 A titre d'exemple, après le débat qui eut lieu dans les années 1969 - 1970 en TCHECOSLOVAQUIE, où furent étudiées les possibilités de mise en place d'une Cour constitutionnelle et du vote de la loi correspondante (conformément aux dispositions de la loi constitutionnelle du 27 octobre 1968) les Professeurs J.

---

[1] - J.DJORDJEVIC : "La fonction de la constitutionnalité dans le socialisme et le contenu du système constitutionnel yougoslave". Extrait de : "LA YOUGOSLAVIE"- Opus cité pages 23-34
[2] - M. DOMAGALA- "KONTROLA ZGODNOSCI PRAWA ...", opus cité, page 88.
[3] - J. DJORDJEVIC- "LA YOUGOSLAVIE " opus cité , page 339.
Ces critiques peuvent être synthétisées dans toute leur vigueur par la phrase du Professeur DJORDJEVIC qui à la première ligne de son manuel consacré aux Cours constitutionnelles yougoslaves affirmait que la Constitution de 1963 avait pour la première fois en Europe institué un système de contrôle de constitutionnalité dans un Etat Socialiste .
[4] - S. ROZMARYN : "KONTROLA KONSTITUCYJNOSCI USTAW" (Le contrôle de constitutionnalité des lois) , PANTSWO I PRAWO , 1946 n° 11, 12 page 866.

BLAHOZ et S. MATOUSEK ont écrit, dans la très officielle revue "PRAVNIK", que la Cour constitutionnelle était incompatible avec une organisation marxiste scientifique et figurait comme la "glorification sans critique d'une institution bourgeoise"[1].
D'autres auteurs plus nuancés considèrent la création de juridictions constitutionnelles dans les Etats socialistes comme une sorte de "mal nécessaire" résultant de existence de la structure fédérale de l'Etat. Ainsi, Stanislaw GEBERT, juriste polonais, écrit en 1980 [2] : "Dans la pratique, la jurisprudence de ces tribunaux se limite au contrôle des lois fédérales". Ce genre de propos avait déjà été avancés par J. ZAKREWSKA en 1972. Selon elle, la raison fondamentale de l'adoption de structures juridictionnelles est la "nature fédérative de l'Etat" [3].
Cette limitation conduit ces auteurs à rejeter en fin de compte ces nouvelles expériences. Evoquant la structure juridictionnelle, Mme ZAKREWSKA estime "qu'il semble peu opportun de transplanter dans un Etat socialiste des éléments de contrôle élaborés dans un Etat d'un autre type ou par un autre régime car ils ne sont pas valables dans notre Etat"[4].
456 La remise en cause à l'intérieur de l'Etat socialiste des éléments constitutifs du modèle soviétique a de très profondes conséquences sur la conception générale du contrôle de constitutionnalité. L'analyse des différents éléments constitutifs des juridictions constitutionnelles démontre que les deux fondements de la logique instrumentale ont été rejetés: non seulement cette activité est désormais envisagée comme l'arbitrage exclusivement juridique d'un conflit survenu entre gouvernants et gouvernés (A) mais encore, dans le cadre de cette relation conflictuelle, le contrôle de constitutionnalité s'inscrit comme un facteur juridique de limitation du pouvoir dans l'Etat (B).

Paragraphe 1 : L'arbitrage d'un conflit entre gouvernants et gouvernés

457 Contrairement à la logique illustrée dans le cadre du modèle socialiste de contrôle parlementaire, qui faisait du contrôle de constitutionnalité un instrument gouvernemental d'application de la Constitution, la création de juridiction constitutionnelle tend à concevoir le contrôle de constitutionnalité comme l'arbitrage d'un conflit entre gouvernants et gouvernés.
Ce phénomène est accrédité par la mise en place d'un ensemble d'éléments qui vont autoriser l'expression de ces relations conflictuelles mais qui de plus vont les "légitimer" en les intégrant dans le droit positif de ces Etats socialistes. Dans le modèle parlementaire, la contestation des actes des organes gouvernementaux exprimant la volonté de la classe ouvrière ne peut procéder que de comportements

---

[1] - J. BLAHOZ : "KRITIKA BURZOAZNICH TEGORII USTANIHO SOUDNICTVI"- PRAVNIK 1972 n° 10 page 873 et Sr MATOUSECK : "KNETERRYN IDEOLOGICKY MOTAZKAM VEDY STAT NIHO PRAVA CSSR "- PRAVNIK 1973 n° 8 page 736. Références citées par K. J. KUSS. New institutions in socialist constitutionnal law....- Opus cité.
[2] - S. GEBERT - Le contrôle de la constitutionnalité des lois dans la République Populaire de POLOGNE- Droit Polonais Contemporain - 1980 n° 1/2 page 7.
[3] - J. ZAKREWSKA : Le contrôle de la constitutionnalité des lois dans les Etats socialistes; RES PUBLICA Institut Belge de Science Politique BRUXELLES 1972 p. 781.
[4] - J. ZAKREWSKA, ibid page 783.

hérités de l'époque pré révolutionnaire, témoignant d'une mauvaise compréhension du texte constitutionnel. Cette contestation apparaît désormais légitime depuis la création des Cours constitutionnelles.
Ce développement d'espaces procéduraux à potentialités conflictuelles (qui s'était déjà manifesté au sein du modèle socialiste de contrôle parlementaire) est beaucoup plus accentué dans le cadre des juridictions constitutionnelles. Non seulement l'organisation de la saisine du Tribunal autorise l'expression de cette contestation, mais encore les règles de procédure permettent sa prise en compte tout au long du déroulement du contrôle de constitutionnalité.

A) Les règles en matière de saisines des juridictions constitutionnelles autorisant l'expression de conflits entre gouvernants et gouvernés

458 Les règles relatives à la saisine des juridictions constitutionnelles yougoslave, tchécoslovaque, polonaise et hongroise constituent une très large extension du droit de déclencher une procédure devant ces juridictions. Alors que dans le modèle socialiste de contrôle parlementaire, seuls les principaux organes du pouvoir d'Etat disposaient de ce droit, la création des juridictions constitutionnelles correspond au contraire à un développement très important du nombre des organes et institutions dont l'action peut désormais déclencher une telle procédure. Cette extension introduit un élément novateur au regard du modèle socialiste de contrôle parlementaire. En effet, elle correspond à la légitimation juridique de la contestation d'un acte du pouvoir d'Etat par les destinataires de cet acte et aussi, dans la pratique, à une multiplication des saisines des juridictions constitutionnelles.

1) L'ouverture du droit de saisine

459 L'analyse des règles concernant la saisine des juridictions constitutionnelles démontre deux orientations: un accroissement quantitatif du nombre des titulaires de ce droit et la volonté d'ouvrir cette compétence à de nombreuses composantes de la société.
L'accroissement du nombre des organes disposant du droit de saisir la Cour constitutionnelles au regard des règles existant au sein du modèle socialiste de contrôle parlementaire est le premier phénomène que l'on constate.
Cet accroissement [1] s'exprime dans les tableaux suivants:

[1] - déjà développé dans le chapitre premier de ce titre 2.

YOUGOSLAVIE

1953

1974

- Assemblée de la RSFY des Républiques des Régions autonomes et des autres communautés socio-politique
- Présidence de la RSFY des Républiques et de Provinces autonomes
- Conseil Exécutif fédéral, républicain ou de Province
- Cour constitutionnelle fédérale républicaine et de Province
- Tout Tribunal, Procureur Public fédéral républicain, de Province (si la question se pose dans leur exercice)
- Avocat social de l'autogestion
- Organisation de travail associé, la communauté locale, la communauté autogestionnaire d'intérêt ou tout autre organisation ou communauté autogestionnaire
- Le Secrétaire fédéral, républicain ou provincial qui dirige un organe administratif de la République ou de la Province
- Organe qui est autorisé en vertu de la Constitution à suspendre de l'exécution de la prescription d'une communauté sociopolitique et de l'acte autogestionnnaire en raison de sa non-conformité à la Constitution.

Clause générale de compétence

"Chacun peut prendre l'initiative d'engager la procédure".

TCHECOSLOVAQUIE

1960

Néant

1969

- chaque chambre de l'Assemblée fédérale
- Bureau de l'Assemblée fédérale
- le Gouvernement de la République Socialiste Tchécoslovaque ou un autre organe fédéral
- Le Conseil National Tchèque, sa présidence le Conseil National Slovaque, sa présidence ou le gouvernement d'une République
- un tribunal, le Procureur Général,
- la Cour constitutionnelle de sa propre initiative ou à la demande de citoyens

POLOGNE

1976 (et arrêté de 1979)

- Conseil de l'Etat
- Président du Conseil des Ministres (ou Ministre de la Justice ou Président de la Cour Suprême, Procureur Général de la République) de leur propre initiative ou sur propositions d'autres organismes ou de citoyens
- Conseil Central des syndicats
- Organes directeurs des organisations féminines, de jeunesses et coopératives

1985

- Tribunal constitutionnel
- Présidence de la Diète
  - Commissions parlementaires
  - Cinquante députés
- Le Conseil de l'Etat (ou son Président)
- le Conseil des Ministres (ou son Président)
- Tribunal d'Etat, Président de la Chambre Suprême de contrôle, Président de la Cour Suprême, Président de la Haute Cour Administrative, Président de l'arbitrage économique d'Etat Procureur Général sur leur initiative ou sur requêtes de citoyens
  - Comité de Défense
- Conseil du Peuple de Voivodes
- Organisations syndicales coopératives et socio-professionnelles
  - Mouvement patriotique pour la renaissance nationale.

460 L'analyse de ces différents tableaux démontre l'importance du phénomène. Il faut toutefois distinguer deux situations. Les règles adoptées en YOUGOSLAVIE en 1963 (confirmées en 1974) et en TCHECOSLOVAQUIE en 1969 opèrent une très importante extension. La situation polonaise analysée dans cette même optique quantitative est différente puisque si les règles relatives au déclenchement des procédures de contrôle mis en place en 1985 constituent bien une remise en cause du modèle socialiste de contrôle parlementaire tel qu'il était organisé en République Populaire Polonaise à partir de 1952, elles ne sont que le prolongement des innovations survenues depuis 1976 et 1979 avec l'adoption de l'amendement constitutionnel et de l'arrêté du Conseil d'Etat du 14 juillet 1979. En effet, ces innovations avaient déjà eu pour but de pallier un certain nombre de défauts dans le fonctionnement du système de contrôle de constitutionnalité tout en se maintenant dans le modèle socialiste de contrôle parlementaire. Ce phénomène spécifiquement polonais (la YOUGOSLAVIE et la TCHECOSLOVAQUIE n'ayant pas connu de réformes analogues) explique l'évolution différente de ces Etats. Toutefois, il faut relever que si l'évolution en R.P.Polonaise n'a pas été quantitativement aussi importante que dans les deux autres Etats, les apports de la loi du 29 avril 1985 sur le Tribunal constitutionnel sont tout de même conséquents. L'arrêté du Conseil d'Etat du 14 juillet 1979 prévoyait (toutes procédures confondues) que neuf catégories d'institutions ou de personnes pouvaient déclencher l'examen d'un acte juridique devant le Conseil d'Etat. Ce chiffre est amené à dix-sept dans les dispositions de la loi sur le Tribunal constitutionnel du 29 octobre 1985.
De plus, au-delà de l'accroissement du nombre des personnes habilitées à saisir les juridictions constitutionnelles, un autre élément doit être pris en compte: la multiplication des procédures de saisine. En effet, les règles yougoslaves [1] et polonaise introduisent deux types de recours: un recours abstrait et un recours concret, un certain nombre d'organes pouvant au cours d'un procès transmettre à la juridiction constitutionnelle une requête afin qu'elle procède à l'examen de la conformité d'un acte juridique évoqué au cours du procès.

461 Cette multiplication des possibilités de déclenchement de la procédure de contrôle de constitutionnalité a pour conséquence une profonde mutation. Alors que la logique du modèle socialiste de contrôle parlementaire de la constitutionnalité conduisait à réserver le droit de déclencher la procédure de contrôle aux titulaires du pouvoir (et très exceptionnellement à certains organes ne représentant pas directement le gouvernement central), les règles de fonctionnement des juridictions constitutionnelles vont étendre cette compétence à de très nombreuses composantes de la société. Le pouvoir exclusif des organes suprêmes du pouvoir d'Etat se justifiait par l'unité de volonté entre le peuple et les gouvernants (la contestation des actes juridiques ne pouvant dès lors qu'être l'oeuvre du représentant exclusif de cette volonté). L'ouverture de ce droit à des organes non directement gouvernants procède de la reconnaissance (implicite mais sans équivoque) d'une possibilité de contestation, par organes non gouvernementaux, d'actes juridiques émis par les organes gouvernementaux les plus élevés de l'Etat et par la légitimité d'une relation conflictuelle dans le sens gouvernant- gouvernés dans le cadre du contrôle de

---

[1] - Constitués par la Constitution yougoslave de 1974, plus particulièrement son titre VII et par le Règlement du Tribunal constitutionnel de YOUGOSLAVIE du 3 décembre 1974.

constitutionnalité (c'est à dire d'une rupture avec les fondements du modèle socialiste).
Ce phénomène se caractérise par l'émergence, après la mise en place des structures juridictionnelles de contrôle de constitutionnalité, de quatre groupes de personnes disposant du droit de saisine et qui révèlent l'existence d'un important potentiel d'antagonismes.

462 Le premier groupe, le plus classique dans les Etats socialistes, est composé par les organes du pouvoir politique à l'échelon central, c'est-à-dire principalement le Parlement, l'organe permanent de ce dernier et le conseil des Ministres.

POLOGNE	TCHECOS.	YOUGOSLAVIE
Présidence de la Diète, commissions parlementaires, 50 députés, Conseil de l'Etat (ou son président), Conseil des ministres (ou son président).	**Une chambre de l'assemblée fédérale, le bureau de l'assemblée fédérale, le gouvernement (ou un autre organe du pouvoir central).**	**Assemblée fédérale présidence fédérale Conseil Exécutif fédéral secrétaire fédéral dirigeant organe administratif**

463 Le second groupe est composé des organes politiques agissant à l'échelon d'entités réduites (le plus souvent fédérales) mais également dans l'exemple polonais locales et dans l'exemple yougoslave autogestionnaires.

POLOGNE	TCHECOS.	YOUGOSLAVIE
Conseil du peuple de Voivodes	**Conseil national tchéque Conseil national slovaque Gouvernement des deux Républiques**	**Assem. des Républiques et des Provinces autonomes et des autres communautés socio politiques. Présidence des Républiques et des provinces Organisation de travail associé, communauté locale et autogestionnaire secrétaire Républicain ou de province dirigeant un organe administratif.**

464 Le troisième groupe représente les organes juridictionnels et para-juridictionnels intervenant dans le domaine de la légalité.

POLOGNE	TCHECOS.	YOUGOSLAVIE
Cour constit. tribunal d'Etat Président de la chambre suprême de contrôle président de la Cour suprême président de Haute cour administrative Président de l' arbitrage d'Etat Procureur général	**Tout tribunal Procureur général Cour constitutionnelle**	**Tout tribunal procureur public fédéral républicain et de province Avocat social de l'auto gestion Cour constitutionnelle fédérale républicaine et de province.**

465 Le quatrième groupe enfin représente la possibilité offerte aux organes non étatiques de saisir les juridictions constitutionnelles.

POLOGNE	TCHECOS.	YOUGOSLAVIE
Directement: **Organisations syndicales coopé-ratives et socio proféssionnelles Mouvement patriotique pour la renaissance nationale** **Indirectement:** **les citoyens par le biais de pro- -positions.**	**les citoyens et les organisations par le biais de propositions**	**"chacun peut prendre l l'initiative d'engager la procédure".**

466 Même si à l'intérieur des groupes, on peut envisager des oppositions internes, en fait chacun de ces groupes représentent une composante de la société socialiste. Ainsi, à coté du premier ensemble constitué des organes d'Etat centraux (dont l'unité, assurée par le Parti communiste est très puissante et donc incapable de générer la moindre contestation interne contrairement aux Etats occidentaux) sont représentés les principaux facteurs de division de la société socialiste. Ainsi, les organes d'Etat représentant les entités fédérées en TCHECOSLOVAQUIE et (surtout) en YOUGOSLAVIE expriment les intérêts des différentes Républiques fédérées et Provinces autonomes susceptibles de s'opposer aux intérêts de l'Etat central.
De même, l'ouverture du droit de saisir le Tribunal constitutionnel à un certain nombre d'organisations non étatiques et (d'une manière indirecte) aux simples citoyens représente là encore l'expression d'une importante potentialité de conflits au sein de la relation entre le gouvernement l'administration et la population.
Le troisième groupe associant les organes judiciaires représente lui aussi une source de conflits pouvant survenir entre le droit et la politique [1].

---

[1] - A ce sujet, il convient de noter que la règle qui autorise les juridictions constitutionnelles, qui disposent toutes du droit d'"auto-saisine", de recevoir les plaintes des citoyens est très significative non

Le juge constitutionnel apparaît ici à la fois comme pouvant révéler directement une opposition entre le droit et la politique et également transformer une opposition d'ordre essentiellement politique entre l'administration et les citoyens dans un processus de conflit juridique. Ce type de dispositions, outre le fait qu'elles constituent également une mesure visant à éviter un engorgement de ces juridictions [1] à l'avenir incertain, démontre que la saisine dans ces Etats génère deux types de conflits: un conflit de type primaire (Etat/République fédérée ou Etat/citoyen) basé sur des considérations au moins en partie d'ordre politique ou économique et un conflit de type secondaire entre la décision politique et les exigences juridiques se développant à partir du conflit du premier type.

2) L'affirmation d'une relation conflictuelle

467 Ce double postulat (multiplier le nombre des organes disposant du droit de déclencher une procédure de contrôle et prendre en compte dans ses règles les principales "tensions" de la société socialiste) débouche dans les Etats dont les juridictions vont fonctionner, c'est-à-dire la POLOGNE et la YOUGOSLAVIE sur un très large usage des potentialités ainsi offertes.

468 La YOUGOSLAVIE illustre bien ce phénomène. Dès les premières années de son fonctionnement, la Cour constitutionnelle yougoslave et l'ensemble des Cours constitutionnelles ont connu un fonctionnement extrêmement important. Selon l'étude effectuée entre 1964 et 1967 par S. PAVICIC et N. SREZENTIC, juges à la Cour constitutionnelle de YOUGOSLAVIE [2], on peut dresser le tableau suivant de cette activité :

IMPORTANCE DU CONTROLE DES ACTES JURIDIQUES DANS L'ACTIVITE DES COURS CONSTITUTIONNELLES EN YOUGOSLAVIE DE 1964 A 1967

Nombre total d'affaires		Contrôle des actes juridiques	protection des droits individuels et d'autogestion
Yougoslavie	6884	1903	3243
Bosnie Hers.	917	248	378
Croatie	1378	263	932
Macédoine	592	229	255
Monténégro	537	158	130
Serbie	2417	525	1200
Slovénie	667	204	240
TOTAL:	13 212	3350	6378 (*)

seulement de ces potentialités de conflits mais aussi de la volonté manifestée de les intégrer dans un processus juridique.

[1] - spécialement en POLOGNE.

[2] - Stjepan PAVICIC et N. SRENTIC- "WORK OF CONSTITUTIONAL COURTS"- YOUGOSLAV SURVEY - Volume IX Août 1963 pages 1 à 14 .

469 Ces chiffres extrêmement élevés correspondent à 3303 affaires par an pour l'ensemble des juridictions constitutionnelles et à 1721 affaires pour la seule Cour constitutionnelle fédérale. Ils se sont globalement maintenus durant toute la période de fonctionnement des Cours constitutionnelles. Selon le Professeur Pavle NICOLIC [1], en 1985 les juridictions constitutionnelles ont été saisies de 2465 affaires dont 896 pour la seule Cour constitutionnelle fédéral.

470 Au-delà de cette première série d'éléments qui démontrent l'évolution enregistrée en comparaison avec la pratique très réduite dans le cadre du modèle socialiste de contrôle parlementaire, le classement de ces requêtes selon leur origine met en lumière que les règles relatives à la saisine ont permit d'exprimer concrètement une relation conflictuelle à l'intérieur de l'Etat entre les gouvernants et divers autres composantes de la société yougoslave. Ainsi, les études de Stjepan PAVICIC et de N. SRZENTIC et de Pavle NIKOLIC permettent de dresser les tableaux suivants:

REPARTITION DES REQUETES (dans le cadre du contrôle de constitutionnalité et de légalité) DEVANT LA COUR CONSTITUTIONNELLE FEDERALE EN FONCTION DE LEUR ORIGINE (entre 1964 et 1967).

Auteurs de la requête	Nombre de requêtes déposées
Assemblées d'unités socio politiques	75
Organes administratifs	11
Tribunaux	34
Membre de la Cour constitutionnelle fédérale	20
Cours constitutionnelles des républiques	23
Procureurs publics	9
Avocat social de l'autogestion	5
Citoyens	1287
Entreprises	365
Autres organes autogestionnaires	58

[1] - Pavle NICOLIC - Les protections et les garanties constitutionnelles des droits et des libertés. Rapport présenté pour le second Congrès mondial de A.I.D.C.tenu à PARIS et à AIX-EN-PROVENCE du 31 août au 5 septembre 1985.

REPARTITION DES REQUETES DEVANT LES COURS CONSTITUTIONNELLES EN YOUGOSLAVIE AU COURS DE L'ANNEE 1985

Auteurs de la requête	Nombre de requêtes déposées devant les Cours constitutionnelles :	
	Fédérales :	Autres (*) :
Travailleurs et citoyens	808	1188
Assemblées et autres organes d'Etat	-	38
Tribunaux	-	120
Procureur public	-	12
Avocat social de l'autogestion	-	34
Organisations et communautés autogestionnaires	75	106
Cours constitutionnelles	12	10

* : Cours constitutionnelles des républiques et des provinces.

Ces deux ensembles de données permettent de montrer deux phénomènes. Tout d'abord, il existe un très important déséquilibre dans la participation au déclenchement des procédures devant les juridictions constitutionnelles. Si l'on reprend la classification effectuée plus haut et la division des organes dotés du droit de saisine en quatre groupes, le premier de ces groupes composé des organes politiques à l'échelon central dans l'Etat ne représente entre 1964 et 1967 que 0,5% des requêtes déposées devant la Cour constitutionnelle (0% en 1985) et 1,6% des requêtes déposées devant l'ensemble des juridictions constitutionnelles yougoslaves en 1985. Le second groupe composé des organes politiques et administratifs à l'échelon des entités fédérées ou locales représente 26% des requêtes devant la Cour constitutionnelle fédérale entre 1964 et 1967 (8% en 1985) et 7% devant l'ensemble des juridictions constitutionnelles en 1985. Le troisième groupe, c'est-à-dire les organes juridiques est à l'origine d'environ 5% des saisines de la Cour constitutionnelle fédérale entre 1964 et 1967 (1,5% en 1985) et 7% devant l'ensemble des juridictions constitutionnelles en 1985.

471 Le quatrième groupe enfin représente à lui seul près de 70% des saisines pour la Cour fédérale entre 1964 et 1967 (plus de 90% en 1985) et 85% pour toutes les juridictions constitutionnelles de YOUGOSLAVIE en 1985.

Ce déséquilibre permet de relever deux éléments. Tout d'abord, la participation des organes centraux du pouvoir d'Etat est très faible; c'est là une différence fondamentale avec le modèle socialiste de contrôle parlementaire. Mais surtout il existe une très forte proportion de saisines ayant à leur origine des organes n'appartenant pas à ce premier groupe et émanant du quatrième groupe, c'est-à-dire les saisines individuelles. Ce phénomène est très important car il démontre l'importance numérique des procédures de déclenchement "ascendantes", c'est-à-dire des gouvernés vers les gouvernants et donc de l'importance la notion de relation conflictuelle telle qu'elle s'inscrit désormais dans le processus de contrôle de la constitutionnalité. L'élargissement de la saisine a donc généré une augmentation de leur nombre.

472 L'analyse des saisines de l'autre juridiction constitutionnelle ayant fonctionné dans le cadre d'un Etat socialiste, c'est-à-dire le Tribunal constitutionnel polonais, fait apparaître au-delà de spécificités dues notamment au contenu même de la réglementation polonaise le même phénomène qu'en YOUGOSLAVIE. En effet, si l'on se réfère aux trois premières années de fonctionnement du Tribunal constitutionnel polonais, on peut dresser le tableau suivant [1] :

[1] - Les données concernant les origines des saisines du Tribunal constitutionnel polonais sont extraites d'une publication éditée par cette juridiction: INFORMACJA O ISTOTNYCH PROBLEMACH WYNIKAJACYCH Z DZIALALNOSCI I ORZECZNICTNA TRYBUNALU KONSTITUCYJNEGO PRL W 1988- (Informations sur les questions essentielles résultant de l'activité et de la jurisprudence du Tribunal constitutionnel de la RPP en 1988) WARSZAWA (VARSOVIE) 1989.

An.	Art. 19 et 20	Art. 19 al.3	Art. 27 al.2	Art.20 al.3	Art. 10
1 9 8 6	PRON 1 Pdt de la Haute Cour Administrative 1 Organes locaux 1 Syndicats 1 Organisations Agricoles 2 Autres org. professionnelles 1		Conseil des ministres 1		Pdt de la Haute Cour Admin. 1
1 9 8 7	Autres org. professionnelles 4 Organisations agricoles 2	4		Autres org. Profess. 1	Pdt de la Haute Cour Adm. 5
1 9 8 8	Procureur 2 Pdt de la Cour Adminstrative 4 Ombusdman 5 Conseil Supérieur des Syndicats 1 Syndicats 5 Organisations agricoles 1 Autres org. professionnelles 1	7			Pdt de la Haute Cour Adm. 5

Il y a bien eu en POLOGNE reproduction des phénomènes déjà constatés en YOUGOSLAVIE. Là encore le déséquilibre dans le déclenchement de la procédure devant le Tribunal constitutionnel polonais entre les quatre groupes d'organes disposant de ce droit fait apparaître les mêmes phénomènes. Sur les 40 procédures engagées, aucune ne trouve son origine dans la démarche d'un organe d'Etat (Diète, Conseil de l'Etat et Conseil des Ministres) une seule se rattache au second groupe. Par contre, 21 affaires ont été directement impulsées par des organes appartenant aux 3ème groupe (composé des juridictions et des organes chargés du respect du droit) et 18 au quatrième groupe, c'est-à-dire les organes non étatiques. C'est bien le même phénomène que dans la pratique yougoslave: le Tribunal constitutionnel n'a finalement (et cela constitue une rupture avec le modèle socialiste de contrôle parlementaire) eu à connaître que des requêtes "ascendantes", c'est-à-dire dirigés par des organes non gouvernementaux contre des décisions de ces derniers. Il s'agit de l'intégration d'un phénomène de contestation, donc de conflit, au sein du processus de contrôle de constitutionnalité.

473 On doit toutefois relever un certain nombre d'éléments qui distinguent les trois premières années de fonctionnement du Tribunal constitutionnel polonais des Cours constitutionnelles yougoslaves. Le nombre des affaires traitées par les deux juridictions est extrêmement différent: la pratique polonaise est beaucoup plus réduite. Cela est principalement dû aux règles relatives à la saisine des deux juridictions, le Tribunal constitutionnel polonais ayant limité le nombre des organes disposant du droit de saisine, dans le but d'éviter au Tribunal d'être submergé par un grand nombre d'affaires alors que sa position apparaissait très fragile. Mais cette prudence n'empêche pourtant pas le Tribunal de recevoir un très grand nombre de lettres et plaintes de la part des citoyens. D'après les informations collectées dans la doctrine polonaise [1] et les renseignements fournis par les services du Tribunal constitutionnel, on peut estimer que chaque année près de 600 lettres sont expédiées au Tribunal Constitutionnel. Ainsi en 1988, le Tribunal a reçu 591 plaintes de citoyens et d'organisations diverses[2] (568 plaintes provenaient de personnes physiques et 23 d'entreprises ou d'organisations sociales et syndicales). Le point commun de toutes ces lettres est d'exprimer un conflit avec le gouvernement (ou l'administration) dans des domaines très variés. Cette contestation peut s'exprimer directement, (la lettre met directement en cause un agissement de l'administration; en 1988 cela concernait les deux tiers des lettres), ou indirectement (la lettre attire l'attention du Tribunal constitutionnel sur la mauvaise application de ses propres décisions par l'Administration; en 1988, cela représentait 177 lettres envoyées au Tribunal).

Au-delà du contenu de ces demandes, il faut relever qu'elles traduisent bien la nature conflictuelle du déclenchement du contrôle de constitutionnalité en R.P.P. Le Tribunal constitutionnel apparaît ainsi comme le lieu de convergence d'un ensemble de conflit entre les citoyens polonais et le Gouvernement.

---

[1] - Voir M. KRUK JAROZ : Conception du contrôle de la constitutionnalité de la loi dans le système Politique de la R.P.P. Communication prononcée pour le IIème Congrès Mondial de l'Association Internationale de Droit Constitutionnel - PARIS - AIX-en-PROVENCE - 31 août 5 septembre 1987, page 14.

[2] Toutes ces données sont extraites du recueil "informations sur les questions essentielles résultant de l'activité et de la jurisprudence du Tribunal Constitutionnel dans la R.P.P. durant l'année 1988 (déjà cité chapitre 6).

La légitimation de l'expression d'un conflit dans le cadre de la saisine de la Cour constitutionnelle n'est pas le seul apport de la création des Cours constitutionnelles dans ce domaine. Les lois en vigueur garantissent l'expression de ce conflit tout au long de la procédure de contrôle de constitutionnalité.

B) Le droit en vigueur tend à garantir l'expression du conflit entre les gouvernants et les gouvernés tout au long de la procédure de contrôle de constitutionnalité.

474 Second apport de la création de juridictions constitutionnelles, la création d'une procédure contradictoire est déterminante pour démontrer la prise en compte du caractère conflictuel de la relation dans le cadre du contrôle de constitutionnalité. De ce fait, les règles de procédure sont la continuation des éléments évoqués précédemment en matière de saisine. Ces derniers avaient permis au conflit d'apparaître dans le domaine du contrôle de constitutionnalité, les règles de procédure assurent son expression jusqu'à l'aboutissement du processus de contrôle.
Dans cette optique, les règles de procédure de contrôle vont tout à la fois garantir la participation de toutes les parties au conflit mais également déterminer leurs moyens de participation à cette procédure.

1) La présence des protagonistes du conflit tout au long de la procédure

475 De nombreuses dispositions extraites des différents textes yougoslaves et polonais qui organisent la procédure de contrôle de constitutionnalité garantissent la participation de tous les protagonistes au conflit. Cette garantie s'opère autour de deux éléments: la définition de la notion de parties et celle des principaux moments où ces parties sont obligatoirement présentes dans le cadre de la procédure.

476 La définition de la notion de parties est identique dans les droits yougoslave et polonais. De par l'article 53 de la loi sur les Cours constitutionnelles de YOUGOSLAVIE [1] de 1963 (et ensuite l'article 17 du règlement du Tribunal constitutionnel de YOUGOSLAVIE du 3 décembre 1974) et la décision du 30 août 1985 de la Diète polonaise, on peut définir la notion de "participants à la procédure" dans le cadre du tableau suivant:

[1] - Publiée au Journal Officiel Yougoslave n° 52/63

TABLEAU DES PARTICIPANTS A LA PROCEDURE DANS LE DROIT YOUGOSLAVE ET POLONAIS ENTRE 1963 ET 1985		
Yougoslavie (1963)	Yougoslavie (1974)	Pologne (1985)
-Organe organisation ou citoyen qui est habilité à présenter la proposition d'entamer la procédure . organe, organisation dont l'acte général fait l'objet de la requête. la collectivité socio-politique dont le droit ou le devoir fait l'objet du litige ou qui est concerné par le conflit le tribunal ou l'organe concerné par un conflit de compétence .	Le requérant (selon l'article 387 al.2 de la Const.) l'organe auteur de l'acte contesté.	Le requérant (selon les articles 19. 1 et 2 20 al.1, 22 al.1 de la loi sur le T.C.) l'auteur de l'acte (et si cet acte est un décret la Diète) le procureur général

477 Ce tableau, outre la spécificité de la situation polonaise (qui associe deux organes externes: la Diète et le Procureur général) met en évidence un élément totalement novateur par rapport au modèle socialiste de contrôle parlementaire et particulièrement significatif de l'orientation conflictuelle du contrôle de constitutionnalité devant les juridictions constitutionnelles. En effet, le grand apport de ses trois articles est de garantir la participation effective de l'auteur de la saisine et de l'auteur de l'acte contrôlé. Il y a donc continuation du processus introduit dans la réglementation sur le droit de saisine. Le conflit est toujours organisé (et donc légitimé). L'extension du nombre d'organes disposant du droit de saisir la juridiction constitutionnelle est confirmée, puisque ces organes se voient garantir le droit de participer à la quasi-totalité du processus de contrôle.

478 Les droits yougoslave et polonais prévoient (sur la base de ces définitions) que l'intervention des parties est juridiquement prévue à deux stades précis de la procédure: celui de l'analyse préalable de l'affaire et celui de l'audience devant la juridiction constitutionnelle.
Ainsi, les différents textes yougoslaves relatifs à la procédure devant le Tribunal constitutionnel assurent l'intervention des parties, tout d'abord lors de l'examen préliminaire de l'affaire qui consiste en la rédaction d'un rapport par un juge pour décider de la recevabilité en vue de préparer l'audience. Lors de cette première phase (selon les articles 57 de la loi de 1963 sur la Cour constitutionnelle yougoslave, l'article 10 du règlement de cette Cour adopté en 1964 et l'article 6 de ce règlement dans sa version actuelle[1]) les parties à la procédure interviennent à la fois sur leur initiative et sur demande expresse du magistrat (la réglementation yougoslave précise les conditions de cette intervention puisqu'elle prévoit le mode de transmission de cette demande du magistrat [2]). Il faut relever enfin que cette participation est obligatoire même si l'affaire est préalablement rejetée par la Cour constitutionnelle [3].

479 Des dispositions semblables sont reproduites dans les mêmes textes pour l'audience devant les Cours constitutionnelles. C'est le même mécanisme qui est reproduit. Les participants à la procédure sont obligatoirement convoqués pour assister à l'audience [4] et peuvent intervenir de leur propre initiative et à la demande du Président de la Cour constitutionnelle. Cette convocation obligatoire des parties est organisée là encore avec précision par le droit yougoslave. L'article 27 du règlement de la Cour constitutionnelle de 1963 détermine le délai devant s'écouler entre la date

---

[1] - Article 57 de la loi sur la Cour constitutionnelle de 1963: "Afin de mieux élucider l'état des choses, le juge désigné peut exiger au proposant et des autres participants à la procédure (...) qu'ils fournissent des avis... Le juge communique une copie de la proposition aux autres participants à la procédure, il fixe le délai dans lequel ceux-ci devront répondre."
Article 10 du règlement de 1964 : "La Cour peut convier le participant à la procédure à exposer à l'audience,sa position sur la question litigieuse, ou bien à fournir les informations nécessaires".
Article 6 du règlement de la Cour de 1974 : "S'il apparaît, lors de la vérification d'une requête ou d'un recours, qu'il manque des indications qui sont nécessaires pour l'engagement et la poursuite de la procédure, le requérant ou l'auteur du recours est invité à compléter la requête ou le recours."

[2] - Article 11 du règlement de 1964 : "Les convocations, décisions et autres actes sont transmis aux participants à la procédure ainsi qu'aux autres personnes par la poste.Dans les cas d'urgence, les convocations peuvent également être envoyées par télégramme ou téléphone."

[3] - Article 19 du règlement de 1964.

[4] - Voir par exemple article 65 de la loi de 1963 sur la Cour constitutionnelle yougoslave ou l'article 20 du Règlement de 1974.

de la convocation et la date de l'audience ainsi que l'organe devant convoquer les participants. L'article 20 de ce même texte prévoit que le Président de la Cour constitutionnelle est tenu de vérifier si tous les participants à la procédure ont été régulièrement convoqués.
Le droit polonais contient également une réglementation comparable quant au stade de la procédure où peuvent intervenir les parties. En effet selon la loi du 29 avril et la disposition du 30 août 1985, les participants à la procédure (tels qu'ils ont été défini plus haut) sont amenés à intervenir à la fois lors de la procédure préalable [1] sur intervention du Président du Tribunal et lors de l'audience [2], selon des règles très proches du droit yougoslave.
Toutefois, au-delà de la simple présence des différentes parties, les droits yougoslave et polonais prévoient une série d'éléments visant à assurer la participation effective de ces parties et donc à permettre au conflit de pouvoir réellement se manifester.

2) Les moyens de participations des protagonistes du conflit tout au long de la procédure

480 La participation des parties à l'affaire s'articule autour de deux séries de dispositions juridiques qui visent à donner à ces parties des moyens effectifs mais aussi à éviter que l'usage abusif du droit de participer à la procédure ne puisse constituer une possibilité d'interrompre la procédure et donc de n'apporter aucune solution au conflit. Les moyens de participation à la procédure sont de deux ordres. Ils consistent à autoriser les parties à être représentées et à disposer d'un instrument pour exposer leurs arguments.
Le droit de représentation est reconnu à la fois par le droit yougoslave et le droit polonais. Ainsi, l'article 52 de la loi yougoslave de 1963 sur la Cour constitutionnelle fédérale et l'article 17 du règlement de 1974 autorisent expressément les participants à se faire représenter devant la Cour. Une fois le mandat enregistré par la Cour constitutionnelle, le représentant jouit des mêmes droits que la partie qu'il représente. Cette réglementation est reproduites dans les dispositions de la décision de la Diète polonaise du 30 août 1985. L'article 10 de ce texte prévoit que les participants à la procédure peuvent se faire représenter par un fondé de pouvoir, notamment si la demande émane du Parlement (Présidence de la Diète, Commission parlementaire et groupe de cinquante députés).

481 Au-delà de ce droit de représentation, les participants se voient reconnaître le droit d'intervenir dans la procédure de leur propre initiative ou sur demande du juge. Il s'agit d'une procédure écrite. Les échanges contradictoires d'arguments s'opèrent au moyen de lettres. Le droit polonais accorde à cette possibilité une place très importante. Dans le chapitre 4 de la décision de la Diėt, se trouvent contenues des

---

[1] - Articles 21 et 23 de la décision de la Diète polonaise du 30 août 1985 relative à la procédure détaillée devant le Tribunal constitutionnel.
[2] - Voir par exemple l'article 23 alinéa 1 de la loi du 29 avril 1985 et les articles 30 et 31 de la décision de la Diète du 30 août 1985. Il faut relever que la réglementation polonaise est dans certains de ses aspects beaucoup plus contraignante que le droit yougoslave. Si en YOUGOSLAVIE, l'absence d'une des parties à l'audience n'est pas une cause automatique d'ajournement, en POLOGNE l'alinéa 1 de l'article 23 de la loi de 1985 impose la présence (sous peine d'ajournement de l'affaire) de l'auteur de la requête.

dispositions relatives à la fois au contenu des lettres et à la procédure de dépôt de ces dernières au Tribunal.
Aux termes de l'article 12 de ce texte, toutes les lettres doivent comporter les éléments suivants :

- l'identification de l'auteur de la lettre (ou de son représentant),
- l'objet de la lettre et les bases juridiques des éléments développés,
- l'identification de l'acte juridique auquel se rapporte la procédure.

Le contenu de ces obligations est significatif de la nature conflictuelle de cette relation. L'article 13 de ce texte fait obligation pour chaque lettre déposée après le début de la procédure de répondre aux arguments de l'adversaire. Est également présente la volonté d'encadrement juridique de ce conflit. En effet, le détail de la réglementation polonaise témoigne de la volonté de contrôler juridiquement le conflit et d'imposer son expression dans un cadre préétabli. De très nombreuses dispositions de cette décision attribuent au juge un pouvoir très étendu dans le cadre de cet échange contradictoire. C'est notamment au Président du groupe de juges qu'il appartient de veiller au respect des délais pour ces échanges, à la transmission des lettres à toutes les parties et à la prolongation du délai dans certaines circonstances [1].

482 A côté de ces procédures positives, on doit mentionner l'existence d'éléments qui visent à interdire un usage abusif des moyens accordés aux parties dans le but de ne pas bloquer la procédure. Ils correspondent à la volonté de préserver l'expression du conflit jusqu'à son aboutissement juridique. Ainsi, l'absence d'un des participants ne peut pas faire obstacle au bon déroulement de la procédure. L'article 20 du règlement du 3 décembre 1974 de la Cour constitutionnelle fédérale yougoslave dispose ainsi que "la non-comparution d'un intéressé ou d'autres personnes invités à l'audience publique n'empêche pas la Cour de tenir l'audience et de statuer sur l'affaire."
On trouve un contenu comparable dans le texte de l'alinéa 31 de la décision de la Diète polonaise du 30 août 1985. Sur la base de ce texte, le défaut d'une partie (autre que l'auteur de la requête) n'arrête pas le traitement de l'affaire par le Tribunal. La philosophie de cette disposition apparaît clairement à la lecture de la décision de la Diète. Il ne s'agit pas de s'opposer à la participation de personnes ou organes concernés par l'affaire mais d'éviter que l'une d'entre-elle, principalement l'auteur de l'acte contesté, devant le caractère manifestement inconstitutionnel de son argumentation, puisse, en s'abstenant volontairement de siéger, paralyser l'action du Tribunal et maintenir, par une "politique de la chaise vide", les choses en l'état. Ainsi l'article 32 de la décision de la Diète dispose que les possibilités d'ajournement de l'audience en cas d'absence d'une partie tiennent principalement à un défaut de convocation ou un empêchement insusceptible d'être surmonté.
Même si l'alinéa 2 de cet article réserve au Tribunal un pouvoir d'ajournement pour d'autres causes "importantes en cas d'absolue nécessité", l'esprit du texte est évident: tout en assurant le maximum de garanties d'intervention aux participants à la procédure, il s'agit bien de sanctionner toute absence volontaire dont le but serait de

[1] - Chapitre 4 de la décision du 30 août 1985. Pour l'analyse détaillée de ces dispositions, voir la section I paragraphe 2 de ce chapitre.

retarder voire d'ajourner définitivement l'audience [1]. Il s'agit de garantir l'expression du conflit tout au long de la procédure de contrôle de constitutionnalité.

483 Alors que le modèle socialiste de contrôle parlementaire intégrait le contrôle de constitutionnalité dans l'ensemble des pouvoirs appartenant aux organes du Pouvoir d'Etat en en faisant un élément d'exercice et de renforcement de ce pouvoir, la création des juridictions constitutionnelles correspond au contraire à la volonté de faire de ce contrôle un élément de limitation de ce pouvoir.

Paragraphe 2: Le contrôle de constitutionnalité comme facteur de limitation du pouvoir d'Etat

484 Conséquence du développement de la notion d'autonomie de pouvoir de décision des Cours constitutionnelles, la fonction de limitation du pouvoir dans l'Etat est le facteur principal de la remise en cause de la logique instrumentale s'exprimant au travers du modèle socialiste de contrôle parlementaire. Cette fonction représente la négation même de la logique instrumentale qui fait du contrôle de constitutionnalité un élément d'exercice du pouvoir politique au bénéfice exclusif des titulaires de celui-ci. Le contrôle de constitutionnalité s'impose désormais à ces titulaires. Il apparaît donc comme l'arbitrage d'un conflit à l'intérieur duquel tous les protagonistes sont strictement à égalité et soumis aux rigueurs des dispositions constitutionnelles. Pour le Professeur yougoslave Pavle NIKOLIC, "il est bien connu que le principe de constitutionnalité et le principe de légalité en tant que principes démocratiques constituent un important moyen pour limiter le pouvoir, empêcher les abus de pouvoir et l'arbitraire pour éliminer l'existence de droits discrétionnaires" [2].
Cet élément, en remettant en cause la relation existant entre le pouvoir politique et la constitution dans l'Etat, correspond en fait au rejet de ce qui était le fondement théorique principal de la conception du contrôle de constitutionnalité dans le modèle socialiste de contrôle parlementaire, c'est-à-dire l'identité existant entre la volonté du peuple et celle des organes d'Etat qui reposait sur l'identité d'intérêt entre le peuple et les organes d'Etat.
485 Dans ce schéma, où il n'existe aucun antagonisme entre le peuple et les organes d'Etat, la Constitution (qui est le plus haut reflet juridique de la volonté populaire) ne peut limiter l'activité des organes d'Etat qui expriment justement cette volonté sous l'autorité du Parti communiste. L'introduction dans le droit yougoslave et tchécoslovaque d'une série de mécanismes tendant à soumettre les organes du pouvoir politique aux dispositions constitutionnelles remet en cause cette unité. Si la Constitution qui dans l'exemple yougoslave est toujours considérée comme

---

[1] La limitation, introduite par l'article 23 alinéa 1 de la loi (que l'on ne retrouve pas dans les textes Yougoslaves, où aucune absence n'entraîne automatiquement de suspension des séances de la Cour Constitutionnelle) qui considère l'absence du requérant pour quelque motif que ce soit, comme a priori insusceptible d'arrêté le bon déroulement de la procédure, est significative du destinataire réel de l'article 31 de la décision de la Diète. Toute cette réglementation a pour but d'empêcher l'auteur de l'acte contesté (c'est-à-dire les détenteurs du pouvoir dans l'Etat au travers de l'assemblée, du Conseil de l'Etat ou du Gouvernement) de se soustraire à la rigueur du Tribunal.

[2] - Pavle NIKOLIC- "Les protections et les garanties constitutionnelles des droits et libertés"- Communication présentée lors du IIème Congrès Mondial de l'A.I.D.C. (PARIS - AIX- EN-PROVENCE) 31 août - 5 septembre 1987, page 2).

l'expression juridique de la volonté populaire s'impose aux gouvernants, c'est que ces derniers sont susceptibles d'exprimer par leur activité des intérêts antagonistes avec ceux exprimés dans le texte constitutionnel. Il y a donc dans l'exemple juridictionnel yougoslave l'idée de la supériorité du texte constitutionnel et donc de la soumission des gouvernants au Droit et à la Constitution.
Cette fonction de limitation, qui tire son origine des mécanismes juridiques qui assurent aux décisions des Cours constitutionnelles une autorité supérieure à la volonté des auteurs des actes juridiques contrôlés [1], s'exprime à l'intérieur de nombreuses décisions des juridictions yougoslaves et surtout polonaises générant une véritable relation conflictuelle entre le Tribunal constitutionnel polonais et certains organes d'Etat.

A) L'expression de la fonction de limitation

486 Cette fonction de limitation va s'exprimer dans un très vaste ensemble de décisions rendues par les juridictions constitutionnelles qui, en déclarant la non-conformité d'actes juridiques aux dispositions constitutionnelles, vont par la même, s'opposer aux décisions prises par le pouvoir politique.
Pour la première fois dans l'histoire des Etats socialistes (notamment depuis 1936) des actes juridiques de haut niveau, c'est-à-dire adoptés par le Conseil des Ministres, l'organe de type Présidium et même le Parlement vont être considérés comme ne produisant plus d'effets juridiques du fait de leur violation des dispositions constitutionnelles.

487 En effet, si l'on se réfère aux données chiffrées qui sont à la disposition des chercheurs occidentaux, la pratique du contrôle de constitutionnalité de la part des juridictions yougoslave et polonaise a généré un grand nombre de déclarations de non-conformité.
Ainsi, d'après l'étude de Stjepan PAVICIC[2] entre 1964 et 1967 (période qui correspond aux quatre premières années de fonctionnement des juridictions constitutionnelles en YOUGOSLAVIE) sur cent décisions prononcées par la Cour constitutionnelle fédérale, cinquante cinq prononçaient la non-conformité d'une loi fédérale avec la Constitution (pour quatre affaires) d'une loi républicaine avec la Constitution et les lois fédérales (pour deux cas) et l'annulation d'autres actes juridiques en raison de leur inconstitutionnalité et leur illégalité (pour les quarante neuf autres jugements).
Ainsi pour la première fois (notamment avec les décisions de la Cour constitutionnelle fédérale du 22 septembre 1966, du 20 décembre 1966 et du 26 juillet 1967) une juridiction constitutionnelle (de même que n'importe quel autre organe chargé de cette mission) estimait qu'une loi adoptée par le Parlement d'un Etat socialiste, "organe suprême du pouvoir d'Etat", n'était pas conforme avec le texte constitutionnel et devait par la même être modifiée par le Parlement sous peine de ne plus produire d'effets juridiques.

---

[1] - avec d'importantes variantes entre les Etats. Se reporter aux développements contenus dans la première section de ce chapitre.

[2] - Stjepan PAVICIC- "WORK OF CONSTITUTIONAL COURTS" (L'activité des Cours constitutionnelles)- Yougoslav Survey 1968 (volume IX août) pages 1 à 14.

488 Les chiffres communiqués par le Tribunal constitutionnel polonais vont dans le même sens.
En 1986, ce dernier a rendu 7 décisions dont 5 relevaient la non-conformité d'actes juridiques émanant du Conseil des Ministres [1].
En 1987, sur les trois décisions rendues par le Tribunal, toutes concluaient à la non-conformité des actes juridiques attaqués [2].
Enfin en 1988, sur les huit jugements prononcés, tous relevaient la non-conformité des dispositions juridiques à la Constitution et aux lois de la République Populaire Polonaise[3].

489 Dans le rapport d'activité destiné à la Diète polonaise concernant le Tribunal constitutionnel en 1988, il est procédé à une classification des effets des décisions de cette juridiction en se basant sur les articles des actes normatifs qui ont fait l'objet d'un examen (PRZEPISY AKTOW PRAWNYCH) de la part du Tribunal [4].
Cette classification démontre que du fait de l'activité du Tribunal constitutionnel, directement ou indirectement, près de cinquante cinq articles de différents textes juridiques polonais ont cessé de produire des effets juridiques[5].

Au-delà de ces chiffres, le contenu de ces décisions est lui aussi très significatif de cette fonction de limitation. En effet, les décisions rendues par les juridictions yougoslaves et polonaises peuvent s'appuyer sur deux séries de motifs.

490 Tout d'abord, l'acte de l'organe d'Etat peut être déclaré non conforme au motif de son adoption par une autorité incompétente.
Annoncée dès la première année de son fonctionnement, le Tribunal constitutionnel polonais [6] a développé en 1987 et en 1988, une jurisprudence importante en ce qui concerne la compétence du Conseil des Ministres polonais et la répartition des compétences existant entre la loi et les actes infra-législatifs en République Populaire de POLOGNE. Comme le relève le Professeur Léonard LUKASZUK (Vice-Président du Tribunal constitutionnel) dans le rapport qu'il a prononcé le 1er mars 1989 lors de l'Assemblée des juges du Tribunal [7], en 1988 (comme en 1986 et

---

[1] - Arrêts des 28 mai 1986, 16 juin 1986, 20 octobre 1986, 29 octobre 1986, 5 novembre 1986. Seule la décision du 14 juillet 1986 relevait la conformité de la loi sur le calcul des rémunérations des employés des restaurants et d'organismes assimilés à la Constitution.

[2] - Décisions du 3 mars 1987, 22 avril 1987, 10 juin 1987.

[3] - Décisions du 9 mars 1988, 7 septembre 1988, 20 septembre 1988, 5 octobre 1988, 19 octobre 1988, 30 novembre 1988, 14 décembre 1988, 20 décembre 1988.

[4] INFORMACJA O ISTOTMYSCH PROBLEMACH WYNIKAJACYCH Z DZIALALNOSCI I ONZECZNICTWA TRYBUNALY KONSTYTUOJNEGO PRL W 1988 R
(Information sur les questions essentielles résultant de l'activité et de la jurisprudence du Tribunal Constitutionnel en R.P.P. en 1988
VARSOVIE 1989 - page 27

[5] - Ce tableau, comme l'ensemble des informations contenues dans ces documents, figure en annexe de cette thèse.

[6] Voir à ce sujet l'analyse du Professeur L. GARLICKI, Annuaire International de Justice Constitutionnelle -1986 pages 592 et suivantes.

[7] - ISTONE PROBLEMY WYNIKAJACE Z DZIALALNOSCI I ORZECZNICTWA TRYBUNALU KONST YTUCY JNEGO (questions importantes résultant de l'activité et de la jurisprudence du Tribunal constitutionnel) VARSOVIE 1989 page 16. On trouvera des extraits traduits en français de ce

1987) les violations consistaient en des interventions dans des domaines réservés à la loi ou dans des contradictions entre les lois et les actes du Conseil d'Etat.
On peut citer ici la décision du 19 octobre 1988 du Tribunal constitutionnel polonais. Ce dernier avait, en usant de son droit d'auto-saisine, à contrôler la conformité de l'arrêté du Conseil des Ministres du 18 novembre 1985 (relatif à la fixation des taux en matière fiscale et aux les principes relatifs à l'établissement des montants exonérés) avec les articles 30, 31 et 32 de la loi du 26 février 1982 ainsi que la conformité des dispositions de l'arrêté du Ministre des Finances du 2 mai 1988 avec les articles 3, 34 et 54 de cette même loi de 1982. Le problème de cette décision [1] était de savoir si les textes du Conseil des Ministres et du Ministère des Finances n'avaient pas été pris dans un domaine réservé à la loi. Pouvait-il y avoir notamment délégation et quelle était la limite de cette délégation ?
Pour le Tribunal constitutionnel, la réglementation fiscale qui concerne l'exonération d'une partie des contribuables polonais appartient exclusivement au domaine légal car elle concerne les droits et obligations des citoyens. Toute délégation doit réunir deux conditions pour le Tribunal: ne porter que sur des matières réduites très spécifiques et particulièrement instables et être préalablement définie et limitée dans le texte de la loi, ce qui n'était pas le cas en l'espèce. Dans cette affaire, le Tribunal constitutionnel a estimé que le Conseil des Ministres avait non seulement outrepassé son droit en statuant dans ce domaine, mais aussi qu'il avait adopté toute une série de mesures en opposition directe avec les dispositions de cette loi quant au seuil minimum d'imposition. Enfin, le Tribunal a estimé que la subdélégation n'était pas possible dans cette affaire et que le Conseil des Ministres n'avait pas le droit de déléguer une partie de l'application de la loi du 26 février 1982 au Ministre des Finances en dehors de toute habilitation expresse de la loi à ce sujet [2].
Dans cet arrêt apparaît donc l'illustration de l'attitude du Tribunal polonais qui impose une première limitation aux titulaires du pouvoir politique quant à la répartition des compétences entre les différents organes d'Etat. Si l'arrêt du 19 octobre 1988 illustre principalement le problème du domaine légal et de la délégation législative, on peut également citer une autre décision du Tribunal constitutionnel du 5 octobre 1988 [3] qui illustre le problème de l'opposition entre les dispositions légales et celles issues d'un acte infra-législatif.
Là encore, comme dans la décision du 19 octobre, le Tribunal agissait de sa propre initiative. Il examinait la conformité du paragraphe 27 alinéa 4 du décret du Conseil des Ministres du 28 mars 1983 qui organisait l'exécution de certaines dispositions de la loi sur les assurances sociales des agriculteurs ayant une exploitation privée aux dispositions de la loi du 14 décembre 1982.
Pour le Tribunal, l'article 27 alinéa 4 de ce décret, en définissant la notion d'exploitation agricole, s'oppose à la définition de cette notion qui avait été avancée par la loi elle-même. L'article 27 alinéa 4 du décret est alors "rentré dans la sphère

---

texte dans le rapport présenté par le Professeur LUKASZUK lors du colloque organisé par le Conseil constitutionnel français sur le Bicentenaire de la déclaration des droits de l'homme de 1789, les 25 et 26 mai 1989 à PARIS.

1 - Publiée dans le journal "DIARIUSZ SEJMONY" n° 13/88.

2 - Ce faisant, le Tribunal constitutionnel polonais ne fait que confirmer un principe qu'il a très tôt affirmé (dès 1986) et qui sera envisagé plus loin.

3 - Décision publiée sous la côte Uw 3/88 au Journal DIARIUZS SEJMOWY" 12/88.

légale en modifiant la définition d'exploitation agricole, ce qui entraîne son illégalité" [1].

491 Cette première série de décisions du Tribunal constitutionnel polonais, même si elle représente une part très importante numériquement de l'activité de cette juridiction et par la même de la fonction de limitation, n'en est pourtant pas l'élément le plus significatif. En effet, dans le cadre de son activité, le Tribunal est amené à s'appuyer également sur certaines dispositions constitutionnelles relatives aux droits des citoyens polonais. Cette référence apparaît beaucoup plus significative encore pour évoquer la limitation de l'exercice du pouvoir politique et la remise en cause de la logique instrumentale du contrôle de constitutionnalité telle qu'elle existait dans le cadre du modèle socialiste de contrôle parlementaire.
La première catégorie de décisions du Tribunal constitutionnel, il se prononçait sur l'acte juridique contesté exclusivement en vertu de la compétence de son auteur et renvoyait la mesure vers le Parlement. Dans la seconde partie de la jurisprudence du Tribunal, c'est directement la relation entre le pouvoir politique et les citoyens qui est évoquée: les motifs de déclaration de non-conformité à la Constitution ne sont plus tirés de la réglementation des relations entre les organes d'Etat mais entre le Pouvoir et les citoyens, expression directe d'un arbitrage juridique entre les gouvernants et les gouvernés.
A cet égard, on peut évoquer la décision du 3 mars 1987 [2]. Elle faisait suite à une question juridique (posée dans le cadre de l'article 10 de la loi de 1985 sur le Tribunal constitutionnel) par le Président de la Haute Cour Administrative portant sur la conformité du paragraphe 1 alinéa 2 de l'arrêté du 31 décembre 1985 du Ministre de la Santé Publique et de la population qui établissait des limites d'admission au concours d'entrée dans les facultés de médecine et qui réglait les modalités d'attributions des points supplémentaires dans les écoles supérieures de médecine pour l'année universitaire 1986/1987 avec l'article 84 de la loi du 4 mai 1982 sur l'enseignement supérieur et les articles 67 alinéas 2 et 78 de la Constitution de R.P.P. L'intérêt de cette question juridique était double. Il s'agissait à la fois pour le Tribunal constitutionnel de réaffirmer sa jurisprudence sur les relations existant entre la loi et les textes ministériels infra-législatifs mais surtout d'intégrer dans son contrôle les dispositions de l'article 67 et 78 de la Constitution (relative à l'égalité des citoyens) comme normes de référence[3].

---

[1] - Rapport du Professeur LUKASCHUK- "Informasja o...", opus cité page 33.

[2] - Publié dans le recueil des décisions du Tribunal Constitutionnel ORZENCZNICTWO TRYBUNALU KONSTYTUCY JNEGO 1987 page 20 - P.P.N. "RZECZPOSPOLITA" NARSZANA 1988. Des extraits de cet arrêt ont été publiés en français dans l'Annuaire Européen de Justice Constitutionnelle de 1987 dans le cadre de la chronique du Professeur L. GARLICKI, pages 715 - 727.

[3] - Article 67 alinéa 2 : "Tous les citoyens de la République Populaire de POLOGNE ont les mêmes droits, sans distinction de sexe, de naissance, d'instruction, de profession, de nationalité, de race, de religion ainsi que d'origine et de position sociale."
Article 78 : En République Populaire Polonaise, la femme a les mêmes droits que l'homme dans tous les domaines de la vie publique, politique, économique, sociale et culturelle".
Ce n'est pas la première fois que le principe d'égalité apparaît dans la jurisprudence du Tribunal constitutionnel puisque c'est au nom de ce principe que furent rendues les décisions des 28 mai et 5 novembre 1986. Voir à ce sujet: L. GARLICKI - Annuaire international de justice constitutionnelle 1986 - pages 589 et 594.

492 Le Tribunal constitutionnel, tout comme dans sa décision du 28 mai 1986, reconnaît la violation de ce principe constitutionnel (ainsi que des articles 5 et 84 alinéa 2 de la loi du 4 mai 1982) et décide que les dispositions des arrêtés ministériels devaient être annulées dans un délai de trois mois sous peine de perdre toute valeur juridique.
A l'appui de sa question, la Haute Cour administrative [1] avait affirmé que la répartition existant en R.P.P. de 50 % de places pour les candidats masculins et 50 % pour les candidates féminines "n'était pas conforme à la loi sur l'enseignement supérieur". En effet, si les articles 84 et 85 de ce texte autorisent des dérogations au principe d'égalité absolue entre tous les candidats, justement dans le but de pallier à une différenciation accidentelle qui pourrait être causée par des circonstances particulières, la distinction basée sur le sexe n'entre pas dans ce cadre.
Toutefois, pour le Président de la Haute Cour Administrative, dont l'argumentation est reproduite dans les motifs du jugement du Tribunal, la solution du Ministre de la Santé est en opposition non seulement avec les dispositions constitutionnelles polonaises mais également avec l'article 26 du Pacte international relatif aux droits civils et politiques, à l'article 13 du Pacte International relatif aux droits économiques, sociaux et culturels, ainsi qu'à l'article 10 de la convention pour la liquidation de toute forme de discrimination envers les femmes [2].
Lors de la procédure, le Ministre de la Santé avait présenté, pour justifier la formation de quotas, une série d'arguments juridiques et d'autres basés sur des considérations d'opportunité. Pour le Ministre, ces quotas reposaient sur l'idée que certaines spécialités de la médecine (et surtout de chirurgie) nécessitaient des aptitudes propres aux hommes, que certaines spécialités telles que la radiologie présentaient des incompatibilités avec la maternité, que les fonctions médicales dans les hôpitaux exigent une disponibilité parfois totale et que la position de la femme, notamment vis-à-vis de ses enfants, risque de se révéler délicate dans ces circonstances et qu'enfin le nombre minimum d'hommes était justifié par le besoin de médecine militaire.
493 Juridiquement, le Ministre soutenait d'une part que les dispositions constitutionnelles n'étaient pas violées car le principe d'égalité ne remettait pas en cause "les différences psychiques et psychologiques" et que d'autre part, l'article 3 alinéa 4 de la loi autorisait le Ministre à déterminer les principes et les limites relatifs à l'admission dans la première année d'étude[3]. Donc toutes les limitations sont, selon cette argumentation, de la compétence du Ministre.
Ces arguments ont été contestés par l'auteur de la question juridique et par le Procureur Général. Par une lettre du 20 février 1987, tout en reprenant l'argumentation du Président de la Haute Cour Administrative quant à la notion de délégation, il a considéré que l'arrêté du Ministre était en opposition avec les deux dispositions constitutionnelles évoquées. Pour le Procureur Général, le principe de répartition arithmétique entre les candidats des deux sexes n'est pas conforme avec le principe d'égalité devant le droit du libre accès aux études pour les hommes et les

---

[1] - Tout en faisant remarquer que de la réponse à la question dépendait le règlement d'un procès entre une candidate qui bien qu'ayant obtenu le nombre de points suffisant n'avait pas été admise à l'Académie de Médecine de CRACOVIE du fait du quota féminin de cette Académie.
[2] - Ces textes ayant été ratifiés par la R.P.P.
[3] - Tous les extraits sont tirés des motifs du jugement tel qu'il a été publié au Recueil des décisions du Tribunal constitutionnel.

femmes.

494 La séance du Tribunal constitutionnel s'est tenue le 3 mars 1987 [1]. Après audition des parties et d'un certain nombre d'experts [2], le Tribunal a développé une double argumentation s'appuyant à la fois sur le principe général de la délégation législative et de ses limites (notamment en matière de droits fondamentaux [3]) et sur les dispositions constitutionnelles du principe d'égalité.
Le Tribunal relève tout d'abord l'importance du principe d'égalité: "L'article 67 alinéa 2 de la Constitution dispose que tous les citoyens de la R.P.P. jouissent de droits égaux, sans distinction de sexe, de naissance. "Ainsi, les droits de l'homme et de la femme sont les mêmes.
En ce qui concerne les femmes, ce principe est précisé et développé dans d'autres règles constitutionnelles. En effet, l'article 78 de la Constitution prévoit que la femme jouit de droit égaux avec l'homme dans tous les domaines de la vie nationale, politique, économique et culturelle. Dans cette disposition constitutionnelle, il est expressément indiqué dans l'alinéa 2 que "l'égalité des hommes et des femmes dans le domaine du travail, de la rémunération, du repos, des assurances, de l'éducation, des dignités et décorations, ainsi que le droit d'occuper les emplois publics constitue la garantie des droits égaux des hommes et des femmes."
Après avoir fait ce rappel, le Tribunal constitutionnel relève dans un second temps que les dispositions attaquées s'opposent à ces principes. Cette argumentation est intéressante car non seulement elle assure la supériorité du principe d'égalité dans le cadre de l'action administrative, mais elle sous-entend que ce principe pourrait s'imposer au législateur lui-même.
Le Tribunal rappelle l'importance du principe d'égalité dans la doctrine constitutionnelle polonaise qui fait de ce principe "une des garanties principale du régime d'Etat de la R.P.P. [4]. "Le principe fondamental d'égalité des droits constitue les fondements de l'institution socialiste des droits et des devoirs fondamentaux des citoyens".

---

[1] Il faut relever que le Tribunal, à la suite de la première partie de la procédure, avait décidé d'étendre son examen aux dispositions de l'article 1 alinéas 2 et 3 de l'arrêté du Ministre du 30 décembre 1986 qui, pour l'année universitaire 1987/88, prévoyait notamment dans le domaine de la stomatologie, une répartition inégalitaire : 30 % d'hommes et 70 % de femmes.

[2] Trois experts ont été auditionnés, il s'agissait de:
- Professeur WOJCIECH NOSZCZYK, Chef de clinique de la IIème Faculté de Médecine dans l'Académie de Médecine de VARSOVIE,
- Professeur TADEUSZ TOPELIA, Titulaire de la chaire I de chirurgie générale de la Faculté de médecine de CRACOVIE,
- Professeur MICHAL TROSZYNSKI, Président du Groupement national des spécialistes, dans le domaine de la gynécologie de l'institut de la mère et de l'enfant de VARSOVIE.

[3] - Cette partie de l'argumentation du Tribunal sera plus amplement développé plus loin dans cette thèse.

[4] - Le Tribunal constitutionnel cite certaines études:
- E. WIEROSZENSKI - "ROWOROSC KOBIET I MEZCZYZN W POLSCE LUDOWYE"- POZNAN 1975 page 97 et s.
- F. SIEMIENSKI -"PODSTAWOWE WOLNOSCI PRAWA I OBOWIAZKI OBYWATELI W. P.R.L.- VARSOVIE 1979, pages 71 - 73.
- L. WISNIENSKI- "GWARANCJE PODSTAWOWYCH PRAW I WOLNOSCI OBYWATELI P.R.L."- VARSOVIE 1981 - page 57.
- DUBROWSKI- "KONSTYTUCYJENE PRAWA I OBOWIAZKI OBYWATELI P.R.L"- VARSOVIE 1979 - page 128

Le Tribunal relève ensuite que toutes les interventions du législateur dans le domaine de l'égalité des sexes ont eu pour conséquence d'étendre cette égalité, que les différents Pactes Internationaux qui ont été ratifiés par la POLOGNE (cités par le Président de la Haute Cour Administrative) tendent eux aussi à garantir et à conforter cette égalité:

"Vu les observations ci-avant et tenant également compte de la législation actuelle et de l'orientation du législateur, il faut constater que toutes activités dont le résultat consiste à limiter l'égalité des sexes est à rejeter"[1].

495 Même si, comme le relève le Professeur L. GARLICKI, l'interprétation du principe d'égalité tel qu'il ressort de la jurisprudence constitutionnelle polonaise introduit la notion de "discrimination positive" [2], il faut noter que cette décision du Tribunal constitutionnel indique que des actes du gouvernement peuvent être annulés s'ils ne sont pas conformes au principe d'égalité des citoyens posés par la Constitution. Cet enseignement présente deux intérêts. Tout d'abord, il symbolise l'abandon de la logique instrumentale en matière de contrôle de constitutionnalité et l'émergence de la fonction de limitation des actes du pouvoir. Non seulement cette décision reconnaît la rupture de l'unité d'intérêt entre les gouvernants et les gouvernés mais elle consacre dans ce type de conflit la fin du monopole de la vérité juridico-politique des actes du gouvernement dans un Etat socialiste. Il n'y a plus référence au "rationnel du but révolutionnaire" pour justifier la violation par le pouvoir de règles juridiques dépassées, mais au contraire, obligation pour ce pouvoir de se conformer aux exigences du droit et de la Constitution, quelque soit l'organe d'Etat qui s'exprime.

496 Ainsi apparaît le second intérêt de cette décision. En effet, le Tribunal montre que sa jurisprudence en l'espèce n'est pas limitée aux actes du seul gouvernement polonais. Non seulement dans la formulation de la décision et de ses motifs, le Tribunal prend soin de ne pas justifier l'annulation des dispositions des arrêtés matériels exclusivement sur la base de l'absence de délégation législative mais en s'appuyant sur la Constitution, mais encore il étend cette solution à l'ensemble des actes juridiques polonais:

"Le principe constitutionnel d'égalité des citoyens, tel qu'il est rédigé à l'article 67 alinéa 2, impose entre autre <u>l'interdiction de rendre des lois</u> et d'autres actes réglementaires pour fonder la situation privilégiée ou justifier la discrimination des citoyens basées sur le sexe, la nationalité." [3]

---

[1] - Texte de l'arrêt publié dans le Recueil des décisions du Tribunal constitutionnel, (ORZECZNICTWO TRYBONALU KONSTYTUCYJNEGO) 1987, page 29.

[2] - L. GARLICKI- "La jurisprudence du Tribunal constitutionnel"- <u>Annuaire International de Justice Constitutionnelle</u> - 1987 page 713.

[3] - Décision du 3 mars 1987 - Recueil des décisions 1987- <u>Opus cité</u> page 30 (souligné par nous).

497 L'annulation de l'arrêté ministériel du Ministre de la Santé sur ce motif n'est pas un exemple isolé dans la jurisprudence du Tribunal constitutionnel Polonais: un grand nombre d'affaires ont entraîné cette juridiction à se prononcer sur la conformité d'actes du gouvernement polonais avec des principes constitutionnels.
L'analyse de cette jurisprudence démontre qu'en 1988 à sept reprises le Tribunal constitutionnel a été amené à procéder à un tel contrôle. Par deux fois, le Tribunal constitutionnel a prononcé la non-conformité d'un acte juridique avec une disposition constitutionnelle relative aux droits des citoyens polonais. Ainsi, dans une décision du 9 mars 1988 (décision U7/87), il a déclaré l'article 3 alinéa 1 de la résolution n°108 du Conseil des Ministres du 17 juillet 1987 sur "la réglementation de fourniture et de consommation des combustibles utilisés par la population en 1987 - 1990" non conforme aux principes posés par l'article 67 alinéa 2 de la Constitution (concernant l'égalité entre les citoyens) et à l'article 5 point 5 du même texte[1] qui établit le principe de l'égalité sociale.
Toutefois, la décision la plus importante dans le domaine de la fonction de limitation est sans nul doute la décision du 30 novembre 1988 (K1/88)[2]. En effet pour la première fois, le Tribunal constitutionnel a jugé certaines dispositions législatives non-conformes aux articles 5 point 5, 8 alinéa 1 [3], 67 alinéa 2 et 70 [4] alinéas 1 et 2 de la Constitution. Ainsi, pour la première fois en POLOGNE une loi, expression juridique suprême de la volonté du détenteurs du Pouvoir dans l'Etat, est remise en cause au nom du non respect des dispositions constitutionnelles relatives aux droits des citoyens. Cette décision "symbole" montre à la fois la remise en cause de la logique instrumentale par l'introduction de la fonction de limitation, mais aussi le développement de cette fonction au travers du contrôle des actes du pouvoir d'Etat par rapport aux droits constitutionnels des citoyens. L'analyse du fonctionnement du Tribunal permet de montrer que ce type de contrôle se développe régulièrement.(voir tableau suivant)

---

[1] - Article 5 de la Constitution de la R.P.P: "La R.P.P.... 5 - Met en oeuvre le principe de justice sociale, liquide l'exploitation de l'homme par l'homme et agit contre la violation des règles de vie en société."

[2] - Ces deux décisions étant publiées dans le journal <u>DIARIUSZ SEJMONY</u>: décision du 9 mars 1988 - DS 7/1988; décision du 30 novembre 1988 - DS 1/1989.

[3] - Article 8 alinéa 1 de la Constitution : les lois de la R.P.P. traduisent les intérêts et la volonté du Peuple travailleur.

[4] - Article 70 : 1/ Les citoyens de la R.P.P. ont droit à la protection de la santé et à l'assistance en cas de maladie ou d'incapacité de travail; 2/ La réalisation de ce droit est assurée par: 1. Le développement de l'assurance sociale en cas de maladie de vieillesse ou d'incapacité de travail, ainsi que par l'extension de certaines assurances sociales".

date	acte controlé	dispositions constitutionnelles invoquées	décision
1986:			
28/05	réglement du CM	Art. 67 al. 2	non confor.
5/11	réglement du CM	Art. 68 al.1	non confor.
14/07	Loi	Art. 68	conforme
1987:			
3/03	arrété du ministre de la santé	Art. 67 al.2 Art. 78	non confor.
22/04	Loi Décret du CM	Art. 41 point 8 Art. 8 al.2 Art. 90	conforme conforme
1/04	Décret du CM Loi	Art. 41 point 8 Art 41 point 8	classement retrait
30/09	Article 421 du code du Travail	Art. 67 al.1 Art. 83 al.1 Art. 84 al. 1 et 2 Art. 65	rejet
28/10	Arrété des ministres des transports et de l'économie locale	Art.67 al.2	classement (A 4 al.2)
14/12	Article 241 du code du Travail	Art. 76 al.2 Art. 83 al; 1 et 2 Art 84 al. 1et 2 Art. 85	rejet

date	acte controlé	dispositions constitutionnelles invoquées	décision
1988			
2/03	Décret du CM	Art. 19 al. 3 Art. 68 al. 1	classement (Art. 4 al.2)
9/03	Résolution du CM	Art. 67 al. 2 Art. 5 point 5	non conf.
17/08	Acte du ministre du travail	Art. 67 al.2 Art. 5 point 5	classement (art. 4 al.2)
16/11	Résolution du CM	Art.83 al.1 Art. 87 al.2	classement (art. 4 al.2)
30/11	Loi	Art. 5 point 5 Art. 8 al. 1 Art. 67 al.2 Art. 70 al. 1 et 2	non conf.
13/12	Arrété du CM	Art. 83 al.1 Art. 87 al. 2	classement (art. 4 al.2)

B) Les conséquences de la fonction de limitation: le conflit entre le Tribunal constitutionnel et les organes du pouvoir d'Etat.

498 La pratique développée par le Tribunal constitutionnel polonais qui a eu pour conséquence de prononcer des décisions sanctionnant la non conformité à la Constitution d'actes juridiques émanant des organes du pouvoir d'Etat (principalement du Conseil des Ministres) entraîne des réactions négatives de la part de ce dernier et génère une relation conflictuelle avec le Tribunal constitutionnel. Ce conflit s'exprime par un usage répété des articles 27 (et surtout) 4 alinéa 2 de la loi du 29 avril 1985 et a une des conséquences néfastes quant à l'activité du Tribunal.

1) L'usage de l'article 27 de la loi du 29 avril 1985

499 Par cet article est organisée une procédure de contestation de la décision du Tribunal constitutionnel. En effet, si le Tribunal a rendu une décision constatant la non-conformité d'un acte émanant d'un organe supérieur ou central de l'administration d'Etat, le Conseil des Ministres peut "dans un délai d'un mois à compter de la notification de l'arrêt, adresser une requête pour un nouvel examen de l'affaire"[1]. Ce deuxième examen de l'affaire est réalisé par le Tribunal statuant au complet et ne peut par contre plus faire l'objet de contestation. Cette procédure de confrontation directe entre le Tribunal et le Gouvernement n'a pas été beaucoup appliquée.
Toutefois, d'une manière symbolique, le Gouvernement polonais lors de la première décision du Tribunal constitutionnel utilisa l'article 27 alinéa 2. Le Tribunal constitutionnel déclara un règlement du Conseil des Ministres (modifiant la réglementation en matière de taxe versée par des particuliers ayant acheté des appartements dans des locaux appartenant à l'Etat [2]) non conforme à la loi et à l'article 67 alinéa 2 de la Constitution. Ce verdict a été vivement contesté par le Conseil des Ministres Polonais, peu habitué à ce genre de censure. Un second examen fût demandé sur la base de l'article 27 alinéa 2 de la Constitution. Le Tribunal statuant au complet, par sa décision du 5 novembre 1986 (U/5/86), confirma la première solution.
Cette affaire, outre l'illustration de la difficulté déjà constatée pour les gouvernants des Etats socialistes à accepter l'idée d'un contrôle d'un organe juridictionnel, démontre le caractère conflictuel qui s'instaure dans ses relations avec le Gouvernement polonais [3].

500 Toutefois, ce premier type de confrontation n'a pas été réutilisé par la suite. Malgré des oppositions parfois vives lors de certaines affaires entre le Tribunal et le

---

[1] - Article 27 alinéa 2 de la loi du 29 avril 1985.
[2] - Décision du 28 mai 1986 (V1/86).
[3] - Il faut relever que celui-ci ne s'est pas avoué vaincu et a fait voter par la Diète lors de la session parlementaire suivant la seconde décision du Tribunal une loi allant dans le sens de son règlement.

représentant du Gouvernement [1], ce dernier a adopté une nouvelle stratégie: il s'appuie désormais sur l'article 4 alinéa 2 de la loi du 29 avril 1985.

2) L'usage de l'article 4 alinéa 2 de la loi du 25 avril 1985

501 A priori cet article, destiné à désengorger le Tribunal de dossiers concernant des actes qui auraient cessé de produire des effets juridiques avant la décision du Tribunal, n'apparaissait pas devoir servir d'arme gouvernementale à l'encontre du Tribunal. En effet cet article dispose: ***"lorsqu'un acte faisant l'objet d'une procédure devant le Tribunal constitutionnel cesse d'être en vigueur avant que le Tribunal n'ait statué la procédure sera annulée".***
Sur la base de cet article d'apparence anodine, le Gouvernement polonais a le plus souvent abrogé ou modifié les actes déférés avant que le Tribunal ait pu statuer. Cette pratique qui à première vue pourrait apparaître comme une victoire du Tribunal (l'acte incriminé, le plus souvent par voie d'auto-saisine, disparaît) constitue en fait une gêne très importante pour la juridiction, car elle l'empêche de développer sa jurisprudence. Le Tribunal, alors que le nombre de saisine ne cesse d'augmenter, se trouve contraint le plus souvent de prononcer des décisions de classement de l'affaire. Cette pratique, du fait de l'échec de l'opposition directe avec le Tribunal sur la base de l'article 27, a commencé à se développer dès 1986. En effet, lors de la première année de fonctionnement du Tribunal, le Conseil des Ministres avait déjà retiré un règlement qui faisait l'objet d'une procédure devant le Tribunal constitutionnel, ce qui avait conduit ce dernier à classer l'affaire (décision U 4/86).
Cette pratique, isolée en 1986, ne cesse de se développer en 1987 et 1988. En effet en 1987, sur sept affaires traitées par le Tribunal constitutionnel, quatre ont fait l'objet d'une procédure de classement sur la base des dispositions de l'article 4 alinéa 2. Ce chiffre a encore augmenté en 1988 puisque le Tribunal a pris vingt et une décisions dont onze sur la seule base de l'article 4 alinéa 2[2]. Dans chacune de ces affaires, le Tribunal n'a pu que constater l'abrogation de l'acte. Ceci apparaît dans la décision du Tribunal du 28 octobre 1987 (P5/87):
"Vu l'abrogation de ladite disposition de l'arrêté des Ministres des transports et celui de l'économie locale et de la protection de l'Environnement du 31 juillet 1972 qui conditionne l'arrêté du Ministre des transports du 28 janvier 1986 et donc de la perte de

---

[1] - qui se sont parfois traduit par l'introduction, lors de l'audience devant le Tribunal, d'une argumentation gouvernementale nouvelle et totalement différente de celle avancée lors de l'instruction.
[2] - Cette procédure concernait les décisions suivantes :

En 1986	En 1987	En 1988	
décision du 4 décembre 1986	décisions du :	décisions du :	
(U 4/86)	2 8 octobre (P5/87)	20 janvier	(U 21/87)
	21 septembre (P3/87)		(U 6/87)
	13 octobre (P4/87)	29 janvier	(U2/87)
	1er avril (K1/87)	2 mars	(U4/87)
		29 juillet	(P1/88)
		17 août	(U3/87)
		11 octobre	U5/87)
		16 novembre	(U11/88)
		13 décembre	(U12/88)
		31 décembre	(U5/88)
			(U13/88)

validité de cet acte réglementaire dans ce domaine, le Tribunal constitutionnel ne peut pas répondre à la question juridique posée par le Président de la Cour Administrative Suprême, car conformément à l'article 4 alinéa 2 de la loi du 29 juillet 1985, la perte de la validité d'un acte réglementaire avant la décision prise par le Tribunal entraîne l'annulation de la procédure".

502 Cette décision est significative. En effet, sur la base de l'article 10 de la loi sur le Tribunal constitutionnel, le Président de la Haute Cour Administrative avait adressé au Tribunal constitutionnel la question juridique suivante:
"L'article 16 alinéa 1 point 2 C de l'arrêté du Ministre des Transports et de l'Economie Locale et de la Protection de l'Environnement du 31 juillet 1972 sur le Transport routier national, qui est conditionné par l'arrêté du Ministre des Transports du 28 janvier 1986, est-il conforme aux dispositions de l'article 9 alinéa 3 de la loi du 28 novembre 1961 relative au transport routier et à l'article 67 alinéa 2 de la Constitution de la R.P.P.?" [1].
Une procédure avait donc été introduite par le Tribunal constitutionnel et un échange contradictoire d'arguments avait eu lieu. Le Ministre des transports, par une lettre du 7 septembre 1987, avait répondu aux arguments relevés par le Président de la Haute Cour Administrative. S'appuyant sur l'avis exprimé par le Procureur Général de POLOGNE, il avait défendu la conformité constitutionnelle de son texte. Dans un second temps, le Ministre des transports, s'appuyant sur des considérations d'opportunité (principalement l'état de crise du transport Routier en R.P.P.), a adopté, le 11 septembre 1987, un autre arrêté qui entraînait l'abrogation de la disposition incriminée.

503 De même, dans l'affaire close le 13 octobre 1987 par la décision de classement du Tribunal constitutionnel (P4/87), c'est un processus identique qui a été reproduit. Là encore, la requête avait été introduite par le Président de la Haute Cour Administrative sur la base de l'article 10 de la loi sur le Tribunal constitutionnel.
Dans cette affaire, il s'agissait de savoir si l'article 4 du décret du Conseil des Ministres du 16 septembre 1985, qui prévoyait l'interdiction d'acquérir une maison de l'Etat pour une certaine catégorie de personnes, était compatible avec les dispositions de l'article 26 et 36 de la loi du 29 avril 1985. Outre le requérant, d'autres organes sont intervenus dans la procédure. L'argumentation développée par le Président de la Haute Cour Administrative fut confirmée par le Procureur Général de la R.P.P. (lettre envoyée au Tribunal constitutionnel le 24 mai 1987). En réponse à cette argumentation, le représentant du gouvernement concerné par l'affaire (le Ministre de la Construction) a présenté [2]une argumentation visant à faire reconnaître la conformité du décret du 16 septembre 1985 avec les dispositions juridiques en vigueur. Ce n'est qu'après que le Tribunal constitutionnel ait procédé à l'audition d'un

---

[1] - Voir le Recueil des décisions du Tribunal constitutionnel 1987
[2] - Le 15 juin 1987.

expert [1] que le Conseil des Ministres a fait parvenir[2] au Tribunal constitutionnel le décret suivant:
"Le paragraphe 4 du décret du Conseil des Ministres du 16 septembre 1985 sur les principes particuliers de vente des immeubles nationaux ainsi que la gestion de ces immeubles est abrogé".
L'étude de la décision du 13 octobre 1987 met en valeur que la première attitude du Conseil des Ministres n'a pas été de retirer le texte soumis à l'examen du Tribunal constitutionnel mais de produire une argumentation juridique en faveur de la thèse de la conformité du décret du 16 septembre 1985 et que la décision d'abroger n'est intervenue qu'après le début de la procédure et l'audition des experts et des autres participants à cette procédure. Ceci montre le véritable sens de l'action du Conseil des Ministres. La décision d'abroger l'article 4 du décret apparaît comme le moyen ultime pour le Gouvernement de s'opposer au Tribunal constitutionnel et d'éviter l'annulation de l'acte.

504 La fréquence et le développement de cette pratique montre qu'il s'agit pour le Conseil des Ministres d'une stratégie conflictuelle intervenant après l'échec de l'opposition directe par le biais de l'article 27. Cette stratégie qui pourrait au premier abord apparaître comme ne remettant pas en cause la position du Tribunal constitutionnel (les actes juridiques ne produisant plus d'effets juridiques) a toutefois de très sérieuses conséquences sur la portée de l'activité de cette juridiction.
Ces conséquences sont de deux ordres. Elles constituent une profonde limite à l'activité du Tribunal en obligeant ce dernier à adopter une attitude particulière devant ces décisions d'abrogation.
En effet, comme le souligne le texte du rapport publié par le Tribunal constitutionnel sur son activité au cours de l'année 1988, cette pratique constitue une double limitation de l'activité du Tribunal: elle interdit l'application de l'article 28 de la loi du 29 avril 1989 et empêche au Tribunal de développer sa jurisprudence.
De par l'article 28, toute procédure "judiciaire ou d'arbitrage" rendue en application d'une disposition juridique qui aurait été par la suite annulée par le Tribunal constitutionnel peut être reprise selon la même procédure si elle est intervenue dans un délai d'un maximum cinq années avant la décision du Tribunal constitutionnel. Cette possibilité de revenir sur l'application d'une disposition juridique inconstitutionnelle avant son annulation, qui vise à éliminer les conséquences dommageables de l'application d'actes non conformes à la Constitution, est totalement remise en cause du fait des abrogations d'actes par le Conseil des Ministres. En effet, et l'article 28 est très précis à ce sujet, la reprise de la procédure ne peut avoir lieu qui si l'acte juridique qui lui sert de base est déclaré inconstitutionnel par le Tribunal. Au contraire, l'abrogation de l'acte par son auteur ne peut générer les mêmes effets. Cette abrogation ne vaut que pour l'avenir et aucun des effets dommageables dus à l'application de cette disposition antérieurement à son abrogation ne peut être réparé.
505 De plus devant cette pratique du Conseil des Ministres polonais, le Tribunal constitutionnel ne peut développer sa jurisprudence. Le plus souvent, les décisions

[1] - Dans la présente affaire, il s'agissait du Professeur Andrzej WASIEWICZ.
[2] - Le 23 juillet 1987.

prises sur la base de l'article 4 alinéa 2 de la loi du 29 avril sont beaucoup plus courtes que les autres décisions du Tribunal et se bornent à mentionner l'argumentation présentée par les différentes parties à la procédure, mais le Tribunal ne peut pas lui-même se prononcer.
Celui ci a notamment exprimé cette impossibilité dans une décision rendue le 21 septembre 1987 (P. 3/87). Composé des juges Adam JOZEFOWICZ et Maria Labor SOROVA, présidé par A. KABAT et statuant sur une question juridique posée par le Président de la Cour Administrative Suprême [1], il a constaté , après audition des parties et des experts, l'abrogation de ce paragraphe [2] et a déploré cette situation:
"Il n'y a pas dans la résolution du Conseil des Ministres (qui prononce l'abrogation de l'acte juridique contesté) une disposition transitoire portant sur les contrats conclus avant son entrée en vigueur.... De ce fait, la nécessité de répondre à la question juridique III S.A. 1580/85 traduite devant la Cour Administrative Suprême de VARSOVIE persiste."
Malgré cela, il ne peut que faire application de l'article 4 alinéa 2 de la loi du 29 avril 1985 et renvoyer l'affaire devant la juridiction initialement saisie.
Le Tribunal constitutionnel rappelle que conformément à l'article 4 alinéa 1 de la loi sur ce Tribunal, celui-ci ne se prononce que sur:
"La conformité d'un acte législatif à la Constitution et d'un autre acte réglementaire à la Constitution ou à un acte législatif en vigueur le jour où le Tribunal rend son verdict.... Ainsi, l'abrogation d'un acte réglementaire durant la procédure engendre l'effet d'élimination de l'une des conditions de la poursuite de la procédure. Par conséquent... les effets (de cette abrogation) sont déterminés par l'article 4 alinéa 2 de la loi sur le Tribunal constitutionnel."[3]

506 Le rejet, avec le développement des juridictions constitutionnelles dans les Etats socialistes européens avant 1989, de l'ensemble des composantes du modèle socialiste de contrôle parlementaire de la constitutionnalité est à ce point important que l'on pouvait s'interroger, avant les événements survenus en 1989 et la chute de la plupart des gouvernements communistes en Europe de l'Est, sur la possible intégration de ces nouvelles Cours constitutionnelles au sein du modèle européen de contrôle de constitutionnalité.

SECTION 2 L'impossible intégration dans le modèle juridictionnel Européen

[1] - Relative à la conformité du 4ème paragraphe de la résolution n° 187 du Conseil des Ministres du 19 décembre 1983 aux articles 2 et 384 du Code Civil et à l'article 5 de la loi du 8 février 1979.
[2] - La décision d'abroger a été publiée au MONITOR POLSKI 1987 n° 21 p. 183.
[3] - Le texte de cet arrêt est publié au Recueil des décisions du Tribunal constitutionnel polonais 1987 pages 61 à 67.

507 On peut en effet, devant l'importance de la remise en cause du modèle socialiste antérieur, s'interroger sur la nature des juridictions constitutionnelles mises en place en YOUGOSLAVIE,
TCHECOSLOVAQUIE, HONGRIE et POLOGNE entre 1963 et 1989 et sur leur éventuel rattachement au modèle européen de la Cour Constitutionnelle. Cette idée serait aussi tentante que paradoxale.
Tentante d'abord car de toute évidence, ces Tribunaux Constitutionnels présentent au moins, au premier abord, de sérieuses similitudes avec leurs homologues occidentaux (tant sur le plan de la composition de ces Cours que pour un certain nombre de leurs attributions).
Paradoxale, car il s'agirait bien là d'un phénomène exceptionnel d'intégration d'une institution dont la logique et les fondements théoriques apparaissent a priori totalement opposé avec ceux du système politique et constitutionnel à l'intérieur duquel elle se trouve introduite. Cet élément apparaît d'autant plus important qu'au regard des événements survenus dans ces Etats au cours de l'année 1989 et du renversement du régime socialiste, on pourrait analyser cette introduction des juridictions constitutionnelles comme un des premiers signes de ces profondes mutations.

508 La vérification de ces phénomènes passe par une approche très stricte de cette hypothèse et nécessite d'établir le plus précisément possible sur quels éléments on pourrait fonder l'affirmation de l'intégration des Tribunaux constitutionnels des Etats socialistes au modèle kelsenien.
Le modèle européen de la Cour constitutionnelle a été élaboré sur la base de la Haute Cour constitutionnelle autrichienne mise en place en 1920 sous l'impulsion d'Hans KELSEN. Il peut être défini par la présence d'une Cour constitutionnelle, "juridiction créée pour connaître spécialement et exclusivement du contentieux constitutionnel, située hors de l'appareil juridictionnel ordinaire et indépendante de celui-ci comme des pouvoirs publics"[1]. Ce processus de contrôle de constitutionnalité "abstrait et concentré" par opposition au modèle américain "concret et diffus" [2], a connu un très important développement après la seconde guerre mondiale et se trouve représenté dans la quasi-totalité des Etats d'Europe occidentale.

509 L'étude de ces éléments constitutifs et leur comparaison avec la situation dans les Etats socialistes fait apparaître la présence à la fois d'éléments communs aux juridictions constitutionnelles de l'Est et de l'Ouest, mais aussi la subsistance de profondes divergences résultant de l'incompatibilité entre la logique du contrôle de constitutionnalité en Occident et celle de l'Etat socialiste. Cette incompatibilité va donc déboucher sur une situation particulière : les Cours constitutionnelles des Etats socialistes bien que rejetant la conception instrumentale et présentant certaines similitudes avec leurs homologues occidentales (paragraphe 1) révèlent de profondes différences avec le modèle occidental qui témoigne de l'opposition entre deux

---

[1] - Louis FAVOREU - Les Cours Constitutionnelles - PUF "collection Que sais-je ? " n° 2293 PARIS 1986 page 3.
[2] - Dominique TURPIN - Contentieux constitutionnel - Collection Droit Fondamental - PUF 1986 page 27.

logiques. Longtemps limité du fait de cette opposition le rôle des Cours constitutionnelles va toutefois se développer dans les années 1980 l'exemple polonais révélant une évolution significative dans ce domaine (paragraphe 2). Ainsi alors même que toute la pratique analysée conduise à considérer ces juridictions comme ne s'intégrant pas dés leur création dans le modèle européen de la Cour constitutionnelle, l'évolution enregistrée amène à les envisager dans la dynamique de leur développement comme des "pré Cours constitutionnelles"[1] au sens d'organes intermédiaires, constituant une étape dans le processus de mise en place de véritables juridictions de ce type.

Paragraphe 1: Une apparente intégration au sein du modèle européen de contrôle juridictionnel de constitutionnalité

510 En s'appuyant sur les études occidentales qui visent à reproduire les principales caractéristiques des Cours constitutionnelles européennes, il est possible d'observer des éléments dont l'existence tend à accréditer l'idée d'une possible intégration des Cours constitutionnelles des Etats socialistes dans le modèle européen. Cette apparente intégration s'appuie à la fois sur les conditions de mise en place de ces Cours constitutionnelles que sur leur organisation. Toutefois, il faut noter que si ces éléments constituant bien "globalement" des éléments de rapprochement entre les Cours yougoslave et polonaise et le modèle kelsenien de justice constitutionnelle il faut relever que cette intégration (même dans ces domaines) n'est pas totalement absolue. C'est peut être ici qu'est le mieux mis en valeur la notion de position ambiguë de la Cour constitutionnelle dans l'Etat socialiste ou la logique de ce dernier intervient pour limiter la portée du rapprochement constaté.

A) Les conditions de mise en place des juridictions constitutionnelles dans les Etats Socialistes comme facteur d'intégration au sein du modèle de la Cour constitutionnelle

511 Le premier élément qui tend à accréditer l'idée que les juridictions constitutionnelles des Etats socialistes peuvent s'intégrer au modèle européen est que ces juridictions, tout comme leurs homologues occidentales, émergent dans des circonstances comparables et s'intègrent dans le même mouvement historique de limitation d'un gouvernement en réaction à une période de pouvoir absolu.
En effet la plupart des auteurs occidentaux, quand ils étudient le modèle de la Cour constitutionnelle, relèvent que ce dernier s'est formé et s'est développé en deux étapes. Les premières juridictions constitutionnelles de ce type sont apparues dans les années 1920 - 1930 sous l'influence de la Haute Cour constitutionnelle autrichienne et de son rapporteur permanent HANS KELSEN. Elles se sont multipliées après 1945. Ce développement a été relancé après 1970 en Europe avec la création des Cours espagnole et portugaise.
Au-delà de la Cour constitutionnelle tchécoslovaque de 1920 qui montre que certains de ces Etats ont également participé avant la seconde guerre mondiale à la genèse du

[1] - Cette notion s'applique principalement aux Cours polonaise et hongroise.

mouvement constitutionnel engagé par HANS KELSEN, le contexte de création de ces juridictions à partir de 1963 présente certaines similitudes avec l'évolution qui a débuté en 1945 en Europe occidentale. Toutefois la portée de cette assimilation est limité et illustre bien l'ambiguïté de la position des Cours constitutionnelles dans les Etats socialistes, car la référence à la Cour de 1921 en TCHECOSLOVAQUIE n'a jamais été directement opérée et que si les périodes de création des Cours correspondent bien incontestablement à des périodes de libéralisation elles n'ont jamais coïncidé comme en occident avec un changement total de régime politique

1) Le Tribunal constitutionnel tchécoslovaque de 1920

512 Redevenue indépendante le 28 octobre 1918, la TCHECOSLOVAQUIE a très vite mis en place (dans une loi antérieure à la Constitution) un système institutionnel qui prévoyait un Tribunal chargé de contrôler la conformité des lois à la Constitution, l'article 1 de la loi du 29 février 1920 affirmant le principe de la supériorité du texte constitutionnel sur les lois adoptées par la République Tchécoslovaque.
Ce Tribunal constitutionnel, qui constituait l'organe principal de contrôle de la constitutionnalité, a été très largement influencé par la Haute Cour constitutionnelle autrichienne. Les auteurs contemporain à cette mise en place[1] estiment qu'il tire ses origines du droit constitutionnel autrichien et plus particulièrement de la Constitution entrée en vigueur le 1er octobre 1920 (dans laquelle était prévue aux articles 137 et suivants l'institution de la juridiction constitutionnelle). En effet, même si ce texte n'est pas le premier qui en AUTRICHE a prévu un organe de ce type (par exemple, à la chute de la Monarchie des HABSBOURG, la Constitution autrichienne provisoire du 14 mars 1919 prévoyait un tel organe) [2], il est certain que la nouvelle juridiction "kelsenienne" a joué un grand rôle dans le développement de la juridiction tchécoslovaque.
Ce Tribunal constitutionnel (chargé de décider si les lois votées par l'Assemblée nationale tchèque et le Parlement du territoire des RUTHÈNES du Sud des CARPATHES sont conformes à la Constitution) était composé de 7 membres. Deux étaient désignés par la Cour administratives suprême et la Cour suprême de justice, les 3 autres par le Président de la République tchécoslovaque. Ces trois membres étaient, d'après la loi du 9 mars 1920, respectivement proposés par l'Assemblée Nationale, le Sénat et la Diète de la RUSSIE SUBCARPATHIQUE, le Président choisissant un élément dans chaque groupe et désignant le Président du Tribunal. La durée du mandat était de dix ans. Une procédure prévoyait la désignation de membres suppléants.

---

[1] - Voir notamment: Otakar FLAUDERKA- "Le contrôle de constitutionnalité des lois en TCHECOSLOVAQUIE" - Thèse pour le Doctorat présentée et soutenue le 7 juin 1926. Editions JOUVE PARIS 1926.
Cet ouvrage contient en annexe le texte français de la loi du 29 février 1920 et du 9 mars 1920 sur le Tribunal Constitutionnel.

[2] - De même, la loi sur la représentation nationale autrichienne de cette même date prévoit dans son article 15: "les décisions des Assemblées provinciales peuvent être attaquées pour inconstitutionnalité par le Gouvernement d'Etat devant la Cour de justice constitutionnelle."

513 Le contrôle exercé par ce Tribunal pouvait être déclenché par un recours contre la loi estimée inconstitutionnelle, dans un délai de trois ans après la promulgation.
Ce recours pouvait être formé par le Tribunal judiciaire suprême, la Cour administrative suprême, le Tribunal électoral, la Chambre des Députés, le Sénat et la Diète des RUTHÈNES. Une fois saisi, le Tribunal constitutionnel devait rendre sa décision dans un délai de 10 mois. Cette sentence devait être envoyée par le Président du Tribunal constitutionnel au gouvernement et faire l'objet d'une double publication: au Journal Officiel et au Recueil des lois et décrets. Ces deux publications avaient en effet pour but d'imposer immédiatement la décision du Tribunal constitutionnel à l'Assemblée, à la Diète des RUTHÈNES, au gouvernement ainsi que les différents bureaux officiels et les tribunaux.
Outre le contrôle normal des lois élaborées par le Parlement et promulguées, le Tribunal constitutionnel se voyait confier par la Constitution un ensemble de compétences exceptionnelles dans des circonstances énoncées à l'article 54 de la Constitution.
Durant les périodes où les Chambres ne pouvaient se réunir un comité permanent (VIBOR) composé de 24 membres (16 élus par l'Assemblée nationale et 8 par le Sénat) est constitué et (article 54 de la Constitution) "prend les mesures urgentes, même dans le cas où une loi est normalement nécessaire et surveille les pouvoirs gouvernementaux et exécutif".
Malgré cette affirmation du principe de la compétence de ce comité dans ces matières, un certain nombre de restrictions sont apportées dans son action par l'alinéa 8 de cet article 54:
"Le comité est compétent dans toutes les affaires ressortissant aux fonctions législatives et administratives de l'Assemblée Nationale mais il n'est pas autorisé à modifier les lois constitutionnelles ni changer les compétences des administrations".
Le Tribunal constitutionnel était compétent pour statuer sur les mesures prises par ce comité dans le domaine législatif intervenant en application de l'article 54 alinéa 13 de la Constitution [1].

514 Dans le système de la République tchécoslovaque de 1920 le Président de la République possédait lui aussi, dans une portée moindre que le Tribunal constitutionnel, un pouvoir de contrôle des lois [2]. Conformément aux articles 64, 47, 48 et 51 de la Constitution, le Président de la République tchécoslovaque doit

[1] - Article 54 alinéa 13 : "les pouvoirs du Tribunal constitutionnel s'étendent aux mesures prises par ce comité pour lesquelles une loi serait normalement nécessaire. (...) Il appartient au Tribunal constitutionnel de décider si les mesures qui lui sont soumises satisfont à l'alinéa 8 lettre b."

[2] - Il faut néanmoins pour prendre en compte correctement les pouvoirs du Président de la République envisager plusieurs cas de figures. L'article 64 de la Constitution énonce que le Président de la République "a le droit de faire retour, avec ses observations, des lois votées et signe les lois de l'Assemblée Nationale de la Diète du territoire des Ruthènes Sudcarpathiques et pareillement les décisions prises par le Comité selon le paragraphe 54".
A cette pluralité de cas correspond une pluralité de pouvoir de contrôle du Président vis-à-vis du texte envisagé. Dans un premier temps, vis-à-vis des lois ordinaires, il ne peut que retarder l'adoption du texte par l'Assemblée Nationale alors que dans une seconde catégorie de normes, il possède un pouvoir plus important.

signer les lois qui émanent de l'Assemblée Nationale[1]. De ce fait il pouvait retourner la loi que l'on avait proposée à sa signature avec des observations, mais si l'Assemblée confirmait son intention première, le Président était tenu de signer la loi[2]. Par contre, il disposait d'un pouvoir plus étendu vis à vis des lois adoptées par la Diète du territoire des RUTHÈNES SUBCARPATHIQUES et des actes adoptés par le VIBOR.
En effet pour produire des effets juridiques et être considérées comme des lois provisoires (selon l'expression utilisée dans article 54) elles doivent être signées par le Président qui peut leur refuser ce visa. La rédaction de l'article 54 ne laisse subsister aucune équivoque sur ce plan: "Les mesures auxquelles le Président de la République refuse son consentement ne peuvent être promulguées".
Ainsi apparaît bien l'apport de la référence à la Cour constitutionnelle de 1921. Elle constitue incontestablement un élément de rapprochement des juridictions des Etats socialistes avec le modèle kelsenien car cette juridiction a été formé sur ce modèle et donc constitue un précédent intéressant. Mais cet apport est également très ambigu dans la mesure ou cette référence a durant de longues années été rejetée en TCHECOSLOVAQUIE socialiste.

515 Au-delà de cette expérience du Tribunal constitutionnel tchécoslovaque dans les années 1920 (donc de la tradition existante dans certains des futurs Etats socialistes avant 1945 en matière de justice constitutionnelle) les conditions de mise en place des Cours constitutionnelles dans les Etats Socialistes, à partir de 1963 pour la YOUGOSLAVIE, présentent des similitudes avec celles qui ont conduit à des créations de ce type en Europe occidentale et permettent donc d'établir une relation avec le modèle de la Cour constitutionnelle.

2) Les conditions de mise en place des Cours constitutionnelles

516 En effet comme le souligne le Doyen Louis FAVOREU, "le succès du modèle kelsenien après la seconde guerre mondiale tient à plusieurs causes (dont)... les terribles leçons des expériences nazies et fascistes qui sont directement à la source des créations des Cours constitutionnelles en ALLEMAGNE et en ITALIE et du rétablissement de la Cour autrichienne [3]. Après la chute de régimes dictatoriaux qui se sont caractérisés par une absence totale de limitation du pouvoir de quelque nature qu'elle soit, les constituants de ces Etats (tant après la seconde guerre mondiale qu'après la chute du Général FRANCO en Espagne et de SALAZAR au Portugal) ont tenu à instituer une juridiction spéciale qui, en vérifiant la conformité des actes du pouvoir (spécialement des lois votées par le Parlement), obligerait ce dernier à respecter les dispositions constitutionnelles et donc limiterait son pouvoir en

[1] - Toute loi est signée par le Président de la République, le Président du Conseil et le ministre chargé de son exécution.
[2] - A 47 : Le Président de la République a le droit de renvoyer avec ses observations, une loi dans un délai d'un mois à compter du jour où le vote de l'Assemblée a été communiqué au gouvernement.
A 48 : Si les deux chambres, après un vote nominal, maintiennent à la majorité absolue de tous leurs membres, une loi renvoyée par le Président, la loi doit être promulguée.
[3] - Louis FAVOREU- "Les Cours Constitutionnelles" - PUF collection Que sais-je ? n ° 2293 PARIS 1986, page 11.

établissant une frontière juridiquement infranchissable [1]. Ces deux juridictions et notamment le Tribunal espagnol constituent, selon l'expression du Professeur TURPIN, "une synthèse exemplaire du modèle européen de la Cour constitutionnelle, y compris en ce qu'il symbolise le retour à l'Etat de droit (...) après une période de dictature"[2].
La création des Cours constitutionnelles dans les Etats socialistes (en POLOGNE, en YOUGOSLAVIE, en HONGRIE et en TCHECOSLOVAQUIE) n'est pas sans rappeler la situation occidentale. En effet, même si aucune des dates de création des juridictions constitutionnelles ne correspond à un changement de régime (ce sont les titulaires du pouvoir qui ont le plus souvent impulsé ces réformes), les Cours ont été créées lors d'époques et après des événements qui ont amené les titulaires du pouvoir à annoncer des modifications dans le fonctionnement du régime, notamment une augmentation des garanties des citoyens en face de l'exercice du pouvoir.
L'exemple polonais est significatif. Alors que la première Constitution socialiste adoptée en R.P.Polonaise en 1952 consacrait le modèle socialiste de contrôle parlementaire, l'évolution vers la juridiction constitutionnelle se déroula en trois étapes. Entre 1952 et 1982 malgré la persistance d'une situation délicate, on peut distinguer trois crises politiques en POLOGNE qui ont entraîné de profonds bouleversements dans l'appareil étatique et qui ont relancé la proposition de créer un tel organe.

517 La première crise (en 1956) permit à W. GOMULKA d'être nommé premier secrétaire du P.O.U.P; la seconde en 1970 entraîna sa démission; enfin, à partir de 1980, des grèves très importantes dans les chantiers navals LENINE à GDANSK ont déclenché un processus de contestation du pouvoir polonais particulièrement virulent et entraîné une série d'événements d'apparence contradictoire permettant à la fois la signature d'un accord entre le syndicat indépendant SOLIDARITE et le Pouvoir polonais, mais aussi la proclamation le 13 décembre 1981 de l'état de guerre par le Général JARUZEWSKI. Lors de ces trois crises, le débat sur la création d'une juridiction constitutionnelle a été introduit et relancé et c'est au plus fort de l'état de guerre que la Diète a adopté l'amendement constitutionnel introduisant le Tribunal constitutionnel.

a) La crise de 1956

518 En fait, le débat sur le respect des dispositions constitutionnelles a débuté avant 1956. Dès 1955, deux ans après la mort (le 5 mars 1953) de STALINE et dans le climat qui a conduit NIKITA KHROUTCHEV, alors premier secrétaire du Parti communiste de l'U.R.S.S., à dénoncer, dans son désormais célèbre rapport devant le XXème Congrès du P.C.U.S. "le culte de la personnalité", on peut déjà déceler les prémisses de ce débat. En 1955, le Ministère de la sécurité polonaise, qui symbolisait les pratiques policières du stalinisme polonais[3], était dissout et son

---

[1] - Sur les conditions de la création de la Cour constitutionnelle fédérale de R.F.A., voir l'étude de J.C. BEGUIN. "Le contrôle de la constitutionnalité des lois en République Fédérale d'Allemagne" - ECONOMICA, PUAM 1982.

[2] - Dominique TURPIN - Contentieux Constitutionnel - Collection Droit Fondamental PUF PARIS 1986 page 42.

[3] - Sur ce sujet, on ppurra se reporter par exemple à: " La période stalinienne en POLOGNE à la lumière des écrits Polonais- (1949 - 1956)"- Notes et Etudes Documentaires, n° 2306, 3 juillet 1957.

directeur le Ministre RADKIWICZ déplacé au poste de responsable des fermes d'Etat. Ce phénomène fut amplifié par la défection d'un colonel des services de sécurité (J. SWIALTO) dont les confessions atteignirent les polonais par le canal de Radio Free Europ. Ces événements combinés avec la mort de B. BIERUT (alors premier secrétaire du P.O.U.P) ont généré une atmosphère de réforme. Deux événements au cours de cette année 1956 servirent de détonateurs: les 28 et 29 juin 1956, les ouvriers des chantiers ZISPO (à POZNAN) ont déclenché une grève qui a pris très vite des allures insurrectionnelles[1]; à la suite de ces événements, les VIIe et VIIIe Plénum du Comité central du POUP ont rétablit GOMULKA dans ses fonctions de secrétaire général du Parti.

Ces événements eurent du point de vue institutionnel une grande importance. Ils entraînèrent un mouvement destiné à rétablir la Diète dans son rôle constitutionnel, et donc à lui donner la possibilité d'exercer le pouvoir de contrôle que la Constitution lui attribuait. Le principal constat effectué en 1956 était que la Diète avait été effacée et n'avait jamais pu jouer son rôle.

Le Président du Conseil des Ministres, M. Joseph CYRANKIEWICZ, lors de son discours inaugural à la Diète polonaise du 23 avril 1956, dressait un tableau de cette situation [2] :

"La Diète n'a pas joué jusqu'ici son rôle constitutionnel, ou l'a joué d'une manière minime (...) l'activité législative s'effectuait dans une trop grande mesure au moyen de décrets. La Diète, convoquée rarement en sessions trop brèves devait de ce fait, se borner à confirmer les décrets (...). Il faut mettre fin à la pratique en cours qui faisait que les actes législatifs entraient en vigueur sans être préalablement discutés par les Commissions parlementaires."

519 Dans le domaine du contrôle de constitutionnalité, de nombreuses critiques se firent jour. La Diète reconnu avoir voté des textes réglementaires "contra legem fondamentalem" [3]. Un exemple nous en est donné dans un article paru dans le journal TRYBUNA LUDU:

"La même assemblée (la Diète) à confirmé entre autres le décret, entré d'ailleurs en vigueur plusieurs mois auparavant qui autorisait les ministres à prolonger la durée du temps de travail dans l'industrie et le commerce. Qu'un tel décret fut contraire à la Constitution garantissant la journée de 8 heures de travail, nul n'y a pensé, nul non plus a pris la parole à ce sujet y compris les députés représentants les syndicats." [4]

---

[1] - Les grévistes avaient attaqué l'immeuble de la sécurité publique. Au cours de ces affrontements, il y eu plus de cinquante morts. Voir NED 1er décembre 1956 n° 2237, "Les émeutes de POZNAN".

[2] - NED 28 juillet 1956 - n° 2200 "La huitième session de la Diète polonaise" et NED 3 juillet 1957 - 2306 "La période stalinienne en POLOGNE" page 8 et plus particulièrement l'article de J. HOCHFELD : "Nous connaissons maintenant le prix d'un pouvoir incontrôlé".

[3] - NED 3 juillet 1957 - 2306 (déjà cité) page 8.

[4] - G. RAWICZ- "Résultats de quatre années d'une législature"-TRYBUNA LUDU; 22 novembre 1956. Cité dans NED, ibid.

520 Cet ensemble de critiques déboucha sur des propositions émanant à la fois d'organisations politiques et universitaires pour créer une juridiction constitutionnelle mieux à même d'éviter de tels excès.
En effet, une partie de la classe politique polonaise avait régulièrement formulé ce genre de demandes après la seconde guerre mondiale. La Parti démocrate (un des petits partis composant la coalition dominée par le Parti Ouvrier Unifié Polonais) avait dès 1946, lors de son congrès, formulé la demande de créer une Cour constitutionnelle en R.P.Polonaise. Cette demande fut réitérée par ce même parti le 10 octobre 1956 et au congrès de janvier 1958.
Cette demande fut également formulée par une partie de la doctrine polonaise. Longtemps rejetée par les juristes "officiels" polonais, la notion de Tribunal constitutionnel était jugée attentatoire aux pouvoirs du Parlement et à la nature socialiste de l'Etat [1]. L'idée d'une telle création se développe progressivement au début des années 1960 Lors de la conférence scientifique des titulaires de chaires en Droit de l'Etat [2] fut avancée l'idée que le contrôle juridictionnel pouvait, après de nombreuses adaptations être utilisé dans un Etat socialiste en le limitant aux problèmes exclusivement juridiques[3].
Toutefois, le premier auteur polonais à demander explicitement la création d'un tel Tribunal fut Félix SIEMIEWSKI en 1964, imité la même année par le Professeur A. BURDA de l'Université CURIE SKLODOWSKA de LUBLIN (membre du POUP). Ce dernier n'était "plus sûr de reconnaître le dogme selon lequel dans un Etat socialiste, on ne puisse pas introduire un contrôle juridictionnel des lois, sans abaisser le rôle et l'autorité de l'organe représentatif"[4].
Toutefois, malgré un certain nombre de mesures visant à restaurer la Diète polonaise dans son rôle constitutionnel, aucune décision concrète ne fût adoptée quant au contrôle de constitutionnalité.

La seconde crise intervenant en 1970, dont le déroulement est très proche de celle de 1956, devait par contre se révéler génératrice d'innovations.

b) La crise de 1970

521 C'est également à la suite de grèves et de manifestations très dures dans les centres industriels polonais [5] que W. GOMULKA dut quitter le poste de premier secrétaire du Parti Ouvrier Unifié Polonais pour être remplacé par Edward GIEREK. Tout comme en 1956, une atmosphère de réformes a régné en POLOGNE et a eu des conséquences dans le domaine des institutions et du droit.

---

[1] - Se reporter par exemple à l'opinion de S. ROZMARYN, déjà citée dans cette thèse sur le "caractère réactionnaire de ce genre de juridiction" incompatible avec le caractère socialiste de l'Etat polonais.
[2] - Les 25 et 26 juin 1961 à KAZIMIERZ.
[3] - Revue PANTSVO I PRAVO, 1961 n° 12 pages 1053- 1064.
[4] - F. SIEMIENSKI- ORGANY PRZEDSAWICIELSKIE W SYSTÈMIE ORGANOW PANSTWA SOCJALISTYSZNEGO- LUBLIN 1964 ,pages 265 et 271.
A. BURDA, cité par Z. CZESZEJKO SOCHACKI: "TRYBUNAL KONSTY TUCYJNY PRL", opus cité page 30.
[5] - notamment à SZCZECIN, LODZ et GDANSK.

En effet, le VIe Congrès du POUP [1] a dans sa résolution appelé à une rationalisation et à une amélioration du processus législatif et à une modification de la Constitution. Dans sa résolution finale le VIe Congrès a estimé qu'il fallait perfectionner le droit polonais:
"Il est nécessaire de procéder à la mise en ordre du système de droit et de supprimer les actes juridiques et les décisions qui ne correspondent pas aux tâches de l'Etat socialiste contemporain." [2]
A la suite de ces conclusions, une série de rapports furent effectués sur l'état du droit en République Populaire de POLOGNE par l'Académie des Sciences (Institut de l'Etat et du Droit), le Ministère de la Justice et l'association polonaise des juristes. Ces différents rapports allaient déboucher sur un "programme de perfectionnement du droit" [3].

522 Ce programme s'appuyait sur deux bases: une planification à long terme des activités législatives du gouvernement (en février 1974, le Conseil des ministres a adopté un programme allant jusqu'en 1980 et prévoyant l'adoption de 106 lois) et une participation plus importante des milieux scientifiques à l'élaboration de la loi. C'est dans cet esprit que se mit en place auprès du Conseil des Ministres un conseil législatif qui est un organe consultatif spécialisé. La Diète a créé dans le même temps une commission extraordinaire des travaux législatifs qui, dans le processus législatif décrit plus haut, devait automatiquement discuter du projet de loi parallèlement à la commission compétente au fond et avant la discussion en séance plénière[4]. Enfin, le Ministre de la justice eut l'obligation de tenir un registre des actes normatifs pris par chaque ministre et d'en vérifier la légalité.
Ces diverses mesures ont une certaine importance dans le domaine du contrôle de constitutionnalité. La commission extraordinaire de la Diète représente une ébauche de garantie dans le processus de l'auto-contrôle du Parlement. Certes, la Commission des travaux législatifs n'est pas uniquement chargée du contrôle de constitutionnalité, mais cette notion de contrôle de constitutionnalité sera une préoccupation plus forte chez des spécialistes de droit que chez des députés peu formés au maniement de ces notions.

523 L'autre conséquence de ce VIe Congrès dans le domaine du Droit et de l'Etat est un mouvement visant la révision de la Constitution de 1952. La résolution du Comité central du POUP du 4 septembre 1971 prévoyait déjà cette évolution et le Congrès avait conclu:
"La Constitution de 1952 a rempli son rôle aujourd'hui. Certaines déclarations de cette Constitution ne correspondent plus au niveau actuellement atteint des relations sociales, économiques et de la conscience sociale. Il est donc nécessaire de faire refléter ces transformations durables dans le projet d'une nouvelle Constitution."

---

[1] - Du 6 au 11 decembre 1971.

[2] - VIe Congrès du POUP - 6 au 11 décembre 1971 -Matériaux et documents fondamentaux - WARSZAWA 1972 p. 264.

[3] - Adam LOPATKA. La science du droit et le programme de perfectionnement du droit en R.P.P. - Droit polonais contemporain. 1979 N° 1/2 pages 23 à 33.

[4] - S. GEBERT. Le contrôle de constitutionnalité des lois en R.P.P.- Droit polonais contemporain; 1980 - n° 1/2 pages 5 à 16 (voir page 9).

D'une nouvelle Constitution on passera néanmoins assez vite (dès 1972) à la volonté de modifier celle de 1952 [1]. A partir de l'été 1971 et jusqu'en 1976, différents groupes de travail ont rédigé des projets de modifications constitutionnelles. Ces différents projets, analysés au sein de la Diète par une commission constitutionnelle durant un an, ont abouti le 10 février à la promulgation du texte amendé de la Constitution. L'importance de cette réforme dans le domaine du contrôle de constitutionnalité n'est pas négligeable puisque si aucune Cour constitutionnelle n'est constituée, c'est au Conseil de l'Etat que l'on attribue désormais cette activité. Trois ans plus tard, le Conseil de l'Etat adoptera un arrêté qui organisera sa nouvelle compétence.

c) La crise de 1980

524 La troisième crise, qui comme les deux précédentes trouve son origine dans une vague de grèves ouvrières, entraîna la démission d'E. GIEREK puis de S. KANIA du poste de Premier Secrétaire du P.O.U.P. et la signature d'accords entre le syndicat indépendant SOLIDARITE et le pouvoir (permettant notamment la légalisation de ce syndicat [2]). A la suite de ces accords, tout comme en 1956 et en 1970, la POLOGNE a connu une période où de nombreux projets visant à améliorer la protection des individus et le respect du droit par l'Etat furent avancés. En mars 1981, le XIIème Congrès du Parti démocrate réitérait sa demande (déjà formulée en 1956 et 1958) de créer une juridiction constitutionnelle. Dans les résolutions adoptées à la fin de ce congrès, on peut noter:
"qu'il est tout à fait nécessaire de créer un Tribunal constitutionnel dont le devoir serait de défendre la conformité des lois à la Constitution. Nommé par le Parlement, il devrait se composer de juristes professionnels qui ne seraient pas députés; cette composition représenterait proportionnellement toutes les forces politiques et sociales siégeant au Parlement." [3]

525 Mais l'événement le plus important dans ce domaine se produisit lors du IXème Congrès du P.O.U.P. qui se déroula du 10 au 24 juillet 1981. Dans ses résolutions finales, le Congrès a demandé au Comité central de ce Parti et au club des députés membres du POUP de "s'occuper des demandes faites par de nombreuses cellules en faveur de la création du Tribunal constitutionnel ou de confier cette fonction au tribunal suprême."
A la suite de ce congrès, lors d'une réunion [4] de l'ensemble des députés (toutes formations confondues) était prise la décision de constituer un groupe d'experts dans le but d'élaborer un projet de création d'un Tribunal constitutionnel [5]. Ce comité a dirigé son activité autour de trois problèmes: le Tribunal d'Etat, le Tribunal constitutionnel et la création d'un poste de Président de la République.

---

[1] - Discours d'Eward GIEREK à KATOWICZE en 1972 (21 février) qui parle du besoin de compléter ou modifier certaines dispositions constitutionnelles.

[2] - Cette légalisation fut reconnue par la décision de la Cour suprême polonaise du 10 novembre 1980.

[3]- Il faut relever qu'à la suite de cette demande, durant l'été 1981 le Congrès des avocats polonais à POZNAN avait lui aussi soulevé le problème de la création d'un Tribunal constitutionnel.

[4] - Le 14 août 1981.

[5] - La liste de ces experts est reproduite dans le premier chapitre du titre 2. Ce comité était composé exclusivement d'universitaires représentant tous les partis politiques officiels en R.P.Polonaise.

Un moment freiné par la déclaration de l'Etat de guerre le 13 décembre 1981, le projet de création d'un Tribunal constitutionnel a été relancé dès janvier 1982 par un discours du général JARUZEWSKI qui, s'adressant au Parlement, a demandé à ce dernier de créer une telle juridiction[1]. Les travaux du Comité d'experts furent en partie concrétisés le 5 février 1982 avec l'adoption d'un amendement constitutionnel constituant officiellement le Tribunal constitutionnel. Dans le projet déposé à la Diète, il était prévu un article 36 b qui disposait:
" Le Tribunal constitutionnel décide de la conformité à la Constitution des actes normatifs créés par les organes d'Etat et peut les annuler, s'il constate une inconformité. Le Tribunal constitutionnel est nommé par le Parlement".
Dans les motivations de ce projet était inscrite la formule suivante:
"Les Présidiums des clubs (groupes parlementaires) du POUP, du Parti démocrate et du Parti paysan ont été guidés par la volonté de perfectionner le système du régime de protection de la légalité et d'envisager l'utilité de créer des institutions juridiques, qui avec les garanties sociales et politiques, assureraient la conformité des actes juridiques à la Constitution." [2]

526 La première lecture de ce projet a eu lieu le 27 février 1982 et fut ensuite dirigée devant la Commission des travaux législatifs. Celle-ci a constitué une sous-commission à cet effet qui s'est réunie le 4 mars 1982 pour discuter des amendements à apporter au projet déposé. Ont été décidé la création du Tribunal constitutionnel, du Tribunal d'Etat et le vote de la loi relative à cette seconde juridiction. Le Tribunal constitutionnel fut inscrit dans la Constitution dans le chapitre 4 relatif (après la réforme) au "Tribunal constitutionnel, au Tribunal d'Etat et à la Chambre Suprême de contrôle"[3] (article 33).
Cet article [4], en regard au projet initial consacrait une régression de ses pouvoirs en instituant une limitation sérieuse du droit du Tribunal d'annuler un acte normatif non conforme à la Constitution. Alors que l'article 36 du projet prévoyait ce droit d'annulation du Tribunal pour l'ensemble des actes normatifs, l'article 33 finalement adopté excluait les lois votées par la Diète. Outre cette restriction, l'article 33 prévoyait que les compétences, l'organisation et la procédure du Tribunal seraient réglées par une loi qui devait être adoptée par la Diète.
La rédaction et l'adoption de cette loi furent particulièrement délicates. Ce n'est que 4 ans après que ce texte fut voté par le Parlement. Il fut rédigé sur la base des travaux du comité d'experts formé en 1981 et de la commission des travaux législatifs (qui tout au long de cette période avait collaboré avec ce comité). La rédaction de ce texte a fait l'objet de nombreux et vifs débats. Pas moins de 14 avant-projets ont été

---

1 - Z. CZESZEJKO-SOCHACKI- "TRIBUNAL KONSTYTUCYJNY PRL", opus cité page 47.
2 - Z. CZESZEJKO-SOCHACKI- "TRIBUNAL KONSTYTUCYJNY PRL", opus cité page 47.
3 - Cet amendement constitutionnel fut adopté le 26 mars 1982.
4 - Article 33 al. 1 de la Constitution polonaise: Le Tribunal constitutionnel statue sur la conformité à la Constitution des lois et autres actes normatifs des organes supérieurs et centraux d'Etat. Les décisions du Tribunal constitutionnel sur la non-conformité à la Constitution des lois sont examinées par la Diète. Les décisions du Tribunal constitutionnel sur la conformité à la Constitution ou aux lois d'autres actes normatifs sont obligatoires.

présentés et examinés au sein de la commission[1]. La loi sur le Tribunal constitutionnel a été finalement adoptée le 29 avril 1985. Le Tribunal constitutionnel a commencé à fonctionner à partir du 1er janvier 1986.

527 Ce processus, qui peut également se vérifier dans les trois autres Etats Socialistes qui ont adopté une juridiction constitutionnelle, fait de ce type de juridiction une réponse à une situation de crise et surtout un instrument destiné à garantir les abus de pouvoir de la part des gouvernements. Ainsi le Professeur Viktor KNAPP déclarait, au sujet de la Cour constitutionnelle tchécoslovaque adoptée dans le cadre du Fédéralisme impulsé durant la période du Printemps de PRAGUE:
"Pour respecter les droits fondamentaux et les libertés individuelles, j'estime qu'il est nécessaire de créer une Cour constitutionnelle et d'installer un système de juridiction administrative et qu'il faut régler définitivement la question du droit de la presse et celle du droit de réunion et de coalition"[2].
Cette assimilation de la Cour constitutionnelle à une garantie future de protection des droits des citoyens, visant à remédier à des excès survenus durant la période précédente, autorise à associer dans un même processus[3] la création des juridictions constitutionnelles en occident et dans les Etats socialistes. Même si par la suite les juridictions socialistes ne pourront pas jouer le même rôle que les juridictions occidentales, cet esprit commun qui a prévalu lors de leur création apparaît comme un élément incontestable de rapprochement entre elles et donc d'intégration des juridictions des Etats socialistes au modèle occidental de la Cour constitutionnelle. On mesure donc bien la portée du rapprochement avec le modèle kelsenien mais aussi l'ambiguïté de ce phénomène: contrairement aux exemples occidentaux (RFA, ITALIE) la création de la juridiction constitutionnelle ne s'est pas accompagnée d'un changement de régime politique. Ce sont le plus souvent les mêmes forces politiques qui sont restées au pouvoir et surtout les principes fondamentaux du régime politique ont été maintenus. L'exemple polonais est particulièrement significatif. Le Tribunal constitutionnel est introduit par le vote d'un amendement constitutionnel en 1982 c'est à dire non seulement à la suite d'une période de "libéralisation" (marquée par la reconnaissance du syndicat Solidarité et la signature des accords de GDANSK) mais aussi après la proclamation de l'état de guerre (qui a vu la suspension de toutes les mesures précédemment adoptées). Cette ambiguïté est d'autant plus grande que c'est le même homme, le général JARUZWSKI, qui a impulsé conjointement les deux mesures l'état de guerre et la création du Tribunal constitutionnel. De même qu'en TCHECOSLOVAQUIE où la Cour constitutionnelle a été mise en place à la suite de la période du "printemps de PRAGUE" par le gouvernement installé par les troupes du Pacte de VARSOVIE après leur entrée dans PRAGUE en Août 1968, l'exemple polonais illustre bien l'ambiguïté de la création des Cours constitutionnelles en Europe de l'Est. Tirant leur origine d'une période de contestation de la situation antérieure, les Cours

---

[1] - La section de droit constitutionnel de l'Académie des sciences et le Conseil législatif auprès du Conseil des Ministres sont également intervenu dans ce processus de rédaction.
[2] - Viktor KNAPP - MLADA FRONTA - n° 6- 8 janvier 1969.
[3] - Qui est particulièrement évident dans les exemples hongrois et yougoslave.

constitutionnelles ont été mises en place par les représentants du régime préexistant et ont du fonctionner dans le cadre de ce régime.

528 Au-delà de ces éléments extérieurs, l'analyse de l'organisation interne des Tribunaux constitutionnels des Etats socialistes montre qu'elle comporte un certain nombre de points communs avec les Cours constitutionnelles occidentales et donc introduit l'idée d'une intégration au moins partielle, dans le modèle européen de contrôle de constitutionnalité.

B) L'organisation interne des Tribunaux constitutionnels dans les Etats socialistes comme facteur d'intégration au sein du modèle de la Cour constitutionnelle

529 Si l'on reprend la classification des "caractéristiques communes des Cours constitutionnelles européennes" telle qu'elle est proposée par le Doyen Louis FAVOREU [1], on peut conclure que les Tribunaux mis en place en POLOGNE, HONGRIE, TCHECOSLOVAQUIE et YOUGOSLAVIE présentent de nombreuses caractéristiques communes avec leurs homologues occidentales. Tout comme ces dernières, ils apparaissent comme des Tribunaux en dehors de l'appareil juridictionnel, ils sont composés de magistrats désignés d'une manière comparable à celle en usage en occident et enfin, ces Tribunaux constitutionnels possèdent la même compétence que leur homologues occidentaux dans le domaine du contrôle de constitutionnalité [2].
La encore, tout comme pour les éléments tenant au contexte de création des Cours, on va constater le même phénomène: dans certains cas les éléments étudiés vont, au delà du rapprochement étudié, révéler l'existence d'une certaine ambiguïté de la juridiction constitutionnelle dans les Etats socialistes.

1) Des tribunaux en dehors de tout appareil juridictionnel

---

[1] - Louis FAVOREU- "Les Cours Constitutionnelles" - Collection Que sais-je?- N° 2293 P.U.F. pages 16 à 31 - PARIS 1986.

[2] - Il faut d'ailleurs remarquer que dans la classification que le Doyen FAVOREU établit, un autre élément semble également militer pour cette intégration. En effet, l'étude des juridictions constitutionnelles d'Europe occidentale montre que celles-ci sont implantées dans un milieu particulier, c'est-à-dire un régime parlementaire et une dualité de juridiction. Même s'il paraît évident que les Tribunaux des Etats socialistes ne remplissent pas la condition du régime parlementaire, cela ne nous semble pas pour autant condamner par avance toute intégration dans le modèle Européen. Par contre, il apparaît que l'autre condition, celle de la dualité de juridiction se trouve par contre remplie, au moins en POLOGNE où fonctionne depuis 1981, une Cour administrative suprême.
En effet, longtemps considéré comme un vestige du droit bourgeois (le juriste soviétique ABRANOV n'avait-il pas estimé ce type de juridiction incompatible avec le droit soviétique? [2]), le contrôle juridictionnel de l'administration va progressivement se développer dans les Etats socialistes. Outre la POLOGNE, la HONGRIE et la YOUGOSLAVIE ont également mis en place des éléments spécifiques au contrôle de l'administration par les Tribunaux. La HONGRIE a notamment procédé, le 16 avril 1981, à l'adoption d'une loi sur la procédure administrative contentieuse.
Voir N.S. ABRAMOV " V SOVETSKOM PRAVE NOZHET BYT ADMINISTRATIVNOGO ISKASZ " (1947) cité par K.J.KUSS : "JURIDICIAL REVIEW OF ADMINISTRATIVE DECISIONS IN SOVIET UNION AND OTHER EAST EUROPEAN COUNTRIES in German year book of international law volume 31 1988, page 516 note 31.

530 Tout comme dans les Etats européens occidentaux, les Cours et Tribunaux constitutionnels des Etats socialistes sont formés en dehors de l'appareil juridictionnel et de ce fait ne s'intègrent pas dans son processus de fonctionnement. En effet, sans vouloir trop développer la description du système juridictionnel des Etats socialistes, on doit retenir qu'il est formé autour de deux principes qui sont le double degré de juridiction et l'autorité de la Cour suprême, juridiction compétente pour surveiller l'activité de tous les Tribunaux et assurer l'uniformité de leurs décisions [1].
Sur cette double base, il existe donc dans les Etats socialistes un ensemble de Tribunaux (en République Populaire de POLOGNE, les tribunaux de VOIVODIES, les tribunaux régionaux et les tribunaux d'exception [2], en TCHECOSLOVAQUIE, tribunaux militaires, de district, tribunaux régionaux et tribunaux suprêmes des Républiques [3], en HONGRIE, tribunaux de départements et de districts [4] qui rendent des décisions susceptibles d'être annulées par la Cour Suprême. Cette juridiction peut intervenir de trois manières : elle peut statuer "en connaissant des voies de recours dirigées contre les décisions définitives des tribunaux de première instance, en connaissant des révisions extraordinaires des décisions judiciaires passées en force de choses jugées et en fixant des directives à l'administration de la justice"[5].
Il faut également relever que ce principe de la supériorité de la Cour Suprême n'a pas été remis en cause quand, à partir des années 1970, fut introduit une juridiction administrative. Ainsi en R.P.P, l'adoption de la loi du 31 janvier 1980 instituant une Cour administrative suprême n'a pas dérogé à l'article 61 de la Constitution polonaise qui prévoit le contrôle de la Cour suprême sur l'ensemble des juridictions. L'article 5 de cette loi du 31 janvier 1980 dispose que "la Cour Suprême assume le contrôle de l'activité juridictionnelle de la Cour administrative suprême" (ce contrôle étant assuré d'une manière comparable aux autres juridictions).
531 Il est donc significatif de relever qu'il n'existe aucune disposition de ce type dans le cadre des juridictions constitutionnelles. Ni le Tribunal polonais ni les autres juridictions constitutionnelles ne sont soumis à une quelconque surveillance de la part de la Cour Suprême et donc doivent être appréhendés comme ne faisant pas partie de l'appareil institutionnel. Cet élément a pour conséquence de placer ces

---

[1] - Cette formulation se retrouve dans l'ensemble des Etats Socialistes évoqués. Ainsi par exemple, Article 99 de la loi constitutionnelle du 17 décembre 1969 portant modification du chapitre 8 de la Constitution tchécoslovaque: "... Le Tribunal Suprême de la République Socialiste Tchécoslovaque est l'organe juridictionnel suprême en République Socialiste Tchécoslovaque, il suit l'activité des tribunaux suprêmes des Républiques, surveille la légalité de l'activité de tous les tribunaux et assure l'uniformité de leur décision.
Article 61 de la Constitution polonaise: la Cour Suprême est l'organe judiciaire suprême et assure le contrôle juridictionnel de tous les autres tribunaux.

[2] - article 56 de la Constitution de la RPP de 1952 modifiée en 1976.

[3] - Article 81 de la loi constitutionnelle du 17 décembre 1969.

[4] - Article 45 de la Constitution hongroise de 1949.

[5] - Cette formulation est tirée de l'article 24 de la loi polonaise du 15 février 1962 sur la Cour Suprême, publiée en français dans la revue Droit Polonais Contemporain 1972 n° 17/18 pages 113 et suivantes. Toutefois, ces pouvoirs de la Cour Suprême sont comparables dans l'ensemble des Etats socialistes. Sur le rôle et l'activité de la Cour Suprême dans les Etats socialistes, il existe une très importante littérature. Outre les nombreuses publications des auteurs français, on pourra se reporter au numéro spécial qu'avait consacré la Revue Internationale de Droit Comparée sur ce problème (Revue Internationale de Droit Comparé 1978 n° 1) avec notamment un article des juges KAZIMIERZ PIASECKI et Z. WASILKOWSKA sur la Cour Suprême Polonaise.

Tribunaux dans une position comparable à celles des juridictions constitutionnelles d'Europe occidentale. Il faut relever également que comme dans ces Etats, l'indépendance par rapport à l'appareil juridictionnel n'implique pas pour autant une absence de collaboration. Tout comme, le Tribunal constitutionnel espagnol ou la Cour constitutionnelle de R.F.A., qui peuvent se voir saisis par des organes juridictionnels, les Cours constitutionnelles des Etats socialistes sont également susceptibles de se voir déférer un certain nombre d'affaires par certaines juridictions telles que la Cour suprême ou en République Populaire de POLOGNE, par le Président de la Haute Cour Administrative. Mais comme le souligne le Doyen FAVOREU [1], ces relations fonctionnelles ne remettent pas en cause la totale indépendance organique des juridictions constitutionnelles par rapport à l'appareil juridictionnel.

2) Des juges désignés par une autorité politique

532 Second point qui va permettre "d'associer" les Tribunaux constitutionnels des Etats Socialistes et ceux des Etats d'Europe occidentale, le mode de désignation des juges qui présente une certaine similitude dans ces deux groupes d'Etats.
Tout comme en occident, les magistrats qui composent ce type de juridiction n'accèdent pas à cette charge par la voie d'une promotion régulière au sein de leur carrière de juge. Au contraire, il font l'objet d'un nomination par un organe politique qui peuvent (dans certaines situations qui varient d'un Etat à l'autre) disposer d'une très large faculté de choix, selon les exigences requises pour exercer la fonction de juge au sein du Tribunal constitutionnel.
Si on intègre les éléments qui concernent ce sujet dans les Etats socialistes, dans le cadre du tableau publié par le Doyen Louis FAVOREU[2] pour les juridictions constitutionnelles d'Europe de l'ouest, la similitude apparaît très importante (voir tableau page suivante). Les magistrats qui composent ces juridictions sont désignés, tout comme en occident, par un organe politique, en l'occurrence le Parlement.

TABLEAU COMPARATIF DES REGLES DE COMPOSITION DES JURIDICTIONS CONSTITUTIONNELLES DANS LES ETATS SOCIALISTES EUROPEENS ENTRE 1936 ET 1986

	Yougoslavie	Tchécoslovaquie	Pologne	Hongrie
Nombre de juges	14	12 (8 juges + 4 supl.)	12	11
Autorité de désignation				
des juges	Assemblée Fédérale	Assemblée Fédérale	Diète de Pologne	Assemblée Nationale
du président	"	"	"	"
Durée du mandat	8 ans	7 ans	8 ans	? (*)
Qualification juridique	aucune	formation juridique supérieure et dix ans d'expérience prof.	identiques que celles requises pour sieger à la Cour suprême ou à la HCA	? (*)
Exigences géogra phiques	chaque RF : 2 juges chaque PA : 1 juge	chaque RF: 4 juges et 2 supl.	aucune	?

[1] - Louis FAVOREU- "Les Cours Constitutionnelles", opus cité page 24.
[2] Voir Louis FAVOREU et John Anthony JOLOWICZ "Le contrôle juridictionnel des lois...", opus cité , page 58 et 59 .

1 Les éléments qui viennent limiter le choix du Parlement, notamment les exigences dues aux qualités universitaires ou juridiques des futurs membres de la Cour constitutionnelle apparaissent, en comparaison avec les démocraties européennes, plus nuancés. L'exigence d'une qualification juridique qui est retenue en TCHECOSLOVAQUIE et en POLOGNE constitue là encore un incontestable rapprochement avec les solutions occidentales où l'appartenance à toutes les Cours constitutionnelles, à l'exception (regrettable) du Conseil constitutionnel français, est subordonnée à un certain niveau de connaissances juridiques.
Ainsi par exemple, il existe une similitude très importante entre les conditions fixées par la loi polonaise du 29 avril 1985, qui exige pour les futurs juges au Tribunal constitutionnel le même niveau de qualification que pour les juges de la Cour Suprême ou de la Haute Cour Administrative, et la disposition allemande de 1961 qui, en modifiant l'exigence existant dans le texte initial de la loi sur la Cour constitutionnelle fédérale de 1951, a fixé comme condition à la nomination à la Cour constitutionnelle l'aptitude à exercer la fonction de juge en R.F.A.[1].
Par contre, les dispositions contenues dans le texte des constitutions yougoslave et tchécoslovaque, qui posent l'appartenance à une entité fédérée comme condition préalable pour être élus à la charge de juge à la Cour constitutionnelle, ne se retrouvent pas dans les principales juridictions constitutionnelles en Europe Occidentale, notamment en République Fédérale Allemande, alors que cet Etat est, comme la YOUGOSLAVIE ou la TCHECOSLOVAQUIE, basé sur une structure fédérale. Cette approche des relations entre le problème de la fédération et celui du contrôle de constitutionnalité, tel qu'elle est pratiquée en YOUGOSLAVIE et en TCHECOSLOVAQUIE (qui apparaît extrêmement révélatrice de l'importance du problème de la répartition des compétences entre l'Etat Fédéral et les entités fédérées) ne se retrouve pas dans l'exemple fournit par la Cour d'arbitrage belge.

533 Cette juridiction, instituée par la réforme constitutionnelle du 8 août 1983 et par la loi du 28 juin 1983, se compose de deux groupes de juges désignés, au moins pour partie, sur des considérations géographiques puisque sur les douze juges de cette Cour, la moitié doit appartenir à la communauté francophone et l'autre moitié à la communauté d'expression néerlandaise, ces deux ensembles formant deux groupes distincts au sein de la cour d'arbitrage[2].
Toutefois, au-delà de la dimension "fédéraliste" des Cours tchécoslovaque et yougoslave, le processus de désignation des membres de la Cour constitutionnelle en Europe occidentale et socialiste présente un très grand nombre de caractéristiques communes et semble donc postuler pour une intégration des juridictions de l'est européen au sein du modèle de la Cour constitutionnelle.

534 Malgré ce rapprochement d'avec les Cours constitutionnelles occidentales, l'analyse de ces règles révèlent une certaine ambiguïté. On pourrait voir, en effet, dans le fait que tous les juges de ces Cours sont exclusivement désignés par un seul organe, une certaine opposition avec les solutions occidentales, où dans la plupart des cas, plusieurs autorités prennent part à cette désignation (tel que le Congrès, le

---

[1] - Ce qui, comme le souligne J.C. BEGUIN, revient à exiger d'avoir suivi le cycle complet d'études de droit. Voir: J.C. BEGUIN- "Le contrôle de constitutionnalité des lois en R.F.A." ECONOMICA PUAM (collection Droit public positif) - PARIS 1982 page 28.

[2] - Chacun de ces deux groupes élit un Président qui alternativement avec le Président de l'autre groupe, dirigera pendant un an la Cour d'arbitrage belge.

Sénat, le Gouvernement ou le Conseil National Judiciaire Espagnol qui proposent chacun un certain nombre de candidats au Roi pour qu'il procède à leur nomination). Bien que l'on puisse relever que la nomination de l'ensemble des juges d'une juridiction constitutionnelle par le Parlement existe en Europe occidentale (c'est le cas en République Fédérale d'Allemagne où se sont les deux chambres du Parlement allemand, le Bundestag et le Bundesrat qui nomment à égalité les seize juges de la Cour constitutionnelle fédérale) cette opposition est révélatrice de la nature constitutionnelle particulière de l'Etat socialiste qui est un régime d'assemblée, alors que les Démocraties occidentales, du fait de la séparation qu'elles imposent entre les différents pouvoirs dans l'Etat sont des régimes parlementaires où un équilibre doit régner entre le pouvoir législatif et le pouvoir exécutif. Ce phénomène est révélateur d'une différence importante : alors qu'en Europe occidentale la diversité des organes disposant du droit de nommer les juges de la Cour constitutionnelle apparaît comme une reconnaissance de la diversité sociale s'exprimant dans le cadre institutionnel, l'attribution de cette compétence au seul parlement dans l'Etat socialiste illustre le caractère unitaire de la société qui est reproduit dans les institutions publiques. Ce phénomène est important car si tant à l'Est qu'à l'Ouest, c'est bien le même processus qui est reproduit: les juges sont nommés par le (ou les) organes constitutionnels disposant des pouvoirs les plus élevés dans l'Etat, dans le cas des Etats socialistes cela débouche sur une situation paradoxale : alors qu'en Europe occidentale toutes les composantes sociales dont les conflits sont susceptibles d'être arbitré par le juge constitutionnel peuvent envoyer des représentants siéger en son sein, en Europe de l'Est les règles de nomination des juges sont confondues avec le mécanisme institutionnel de représentation de l'unité sociale.
Toutefois, cette tentation d'intégrer les Cours polonaise et yougoslave dans le modèle kelsenien est d'autant plus forte que les attributions de ces juridictions, dans les Etats socialistes comme en Occident, sont relativement proches, les Cours de l'Est se voient notamment attribuer, selon l'expression du Doyen FAVOREU, le "monopole du contentieux constitutionnel".

3) La compétence des Cours constitutionnelles.

535 Cette troisième caractéristique des juridictions mises en place en Europe socialiste est un puissant facteur de rapprochement avec les Cours constitutionnelles européennes. La plupart des auteurs occidentaux relèvent et soulignent que le caractère concentré [1] du contrôle exercé est un élément déterminant de définition du modèle européen (notamment vis-à-vis du modèle américain de la Cour Suprême).
En Europe socialiste, dans les quatre Etats dont les Constitutions mettent en place une Cour ou un Tribunal constitutionnel, on retrouve la même organisation des compétences: une seule juridiction spécialisée se voit attribuer la quasi-totalité du contrôle de constitutionnalité des actes juridiques (notamment l'exclusivité du contrôle de la constitutionnalité des lois).

536 L'analyse des dispositions juridiques relatives aux juridictions constitutionnelles d'Europe de l'Est entre 1963 et 1986 met en évidence deux

[1] - Voir par exemple : Dominique TURPIN - Contentieux constitutionnel - Collection Droit Fondamental- P.U.F. - PARIS 1986 page 24.

phénomènes: dans les quatre Etats concernés, le Tribunal se voit investi d'une mission de même nature que celle existant en Europe occidentale tant par son contenu que par son caractère exclusif, aucune des particularités relevées ne conduisant à relever de sérieuses contradictions avec les systèmes occidentaux.
En effet, si l'on compare la définition apportée par le droit des Etats socialistes et des Etats occidentaux [1] le rapprochement dans ce domaine est certain, (voir tableau suivant).

TABLEAU COMPARATIF DE LA DEFINITION DES COMPETENCES DES COURS CONSTITUTIONNELLES EST ET OUEST EUROPEENNES EN MATIERE DE CONTROLE DE CONSTITUTIONNALITE

EST	OUEST
- <u>YOUGOSLAVIE</u> A. 375 de la Constitution de 1974 "La Cour constitutionnelle de Yougoslavie: . statue sur la conformité des lois à la Constitution (...)" - <u>TCHECOSLOVAQUIE</u> A.87 de la loi constitutionnelle du 27 octobre 1968 "La Cour constitutionnelle de la R.S.T. statue : a/ Sur la conformité des lois de l'Assemblée Fédérale et des décrets-lois de son bureau à la Constitution de la R.S.T. - <u>POLOGNE</u> Article 1 de la loi du 29 avril 1985 Le tribunal constitutionnel statue sur la conformité : . Avec la Constitution des actes législatifs lois ou décrets entérinés par la Diète. - <u>HONGRIE</u> Article 32 de la Constitution de 1949 (modifié par la loi 1/89) . La Cour constitutionnelle contrôle la constitutionnalité des règles et directives juridiques.	- <u>FRANCE</u> : article 61 de la Constitution de 1958 "les lois organiques, avant leur promulgation, et les règlements des Assemblées Parlementaires, avant leur application, doivent être soumis au Conseil Constitutionnel afin que celui-ci se prononce sur leur conformité à la Constitution. De même, les lois ordinaires peuvent être déférées au Conseil Constitutionnel (...)" - <u>ITALIE</u> : Article 134 de la Constitution du 27 décembre 1947 "La Cour constitutionnelle se prononce : . sur les controverses relatives à la légitimité constitutionnelle des lois et des actes ayant force de loi..

Au delà de ce parallélisme, il convient de préciser deux éléments à propos de la compétence des juridictions constitutionnelles dans les Etats socialistes, tant en ce qui concerne le caractère exclusif que l'étendue de cette compétence.

---

[1] - Pour une description plus complète des compétences des Cours constitutionnelles des Etats socialistes, se reporter au premier chapitre de ce titre 2.

a) Le monopole de la compétence en matière de contrôle de constitutionnalité des lois.

537 Le premier élément de rapprochement dans ce domaine est constitué par l'attribution aux Cours constitutionnelles des Etats socialistes du monopole du contentieux constitutionnel. En effet, au delà des différences pouvant intervenir quant à la définition des différentes facettes du contrôle exercé par chaque juridiction, on doit relever qu'à l'Est comme à l'Ouest, selon l'expression employée par H. KELSEN que "ce sont les lois arguées d'inconstitutionnalité qui forment le principal objet de la justice constitutionnelle" [1]. Le noyau dur de la compétence de ces juridictions est donc de statuer sur la constitutionnalité des lois.
Le caractère exclusif de cette compétence de la juridiction en matière de contrôle de constitutionnalité ne pose également pas de problèmes : l'adoption des dispositions constitutionnelles précitées a entraîné l'abrogation de l'ensemble des dispositions relatives au modèle socialiste du contrôle parlementaire. De ce fait, dans ces quatre Etats, il n'existe aucun autre organe juridique (ni politique ni juridictionnel) investi du droit de contrôler la constitutionnalité des lois.
538 Là encore, on doit toutefois relever un élément spécifique des Cours "socialistes" qui se traduit par l'attribution d'un nombre limité de compétences à des organes politiques en matière de contrôle de constitutionnalité. Il faut toutefois relever que cette solution qui existe en YOUGOSLAVIE et en TCHECOSLOVAQUIE ne remet pas en cause le monopole de la juridiction constitutionnelle. En effet, en Yougoslavie, ce pouvoir se résume à la possibilité, par exemple, pour la Présidence de la République Yougoslave de suspendre les actes normatifs ayant une portée générale émanant du Conseil Exécutif fédéral jusqu'à ce que la Cour constitutionnelle fédérale ait définitivement tranché le problème. La situation tchécoslovaque est beaucoup plus complexe. Dans le texte originel de la loi constitutionnelle, la Cour possédait le monopole du contentieux des lois adoptées par le Parlement fédéral et les Parlements des Républiques. Toutefois, de par l'article 36 de cette même loi constitutionnelle, l'Assemblée fédérale pouvait annuler les actes normatifs émanant du gouvernement, d'un ministère ou de l'administration centrale "s'ils ne sont pas conformes à la Constitution". Là encore se trouvait reproduit une situation comparable à la situation yougoslave: un organe politique dispose de compétences pour intervenir dans le cadre du contrôle de constitutionnalité des actes administratifs, avec en TCHECOSLOVAQUIE un pouvoir non plus de suspension mais d'annulation. Cette situation a rapidement évolué du fait de la renonciation assez rapide à créer véritablement une Cour constitutionnelle en Tchécoslovaquie et du fait de la limitation des droits accordés aux entités fédérées. En effet, à la suite de la réforme opérée par la loi constitutionnelle n° 38 du 22 décembre 1970, le gouvernement fédéral s'est vu confier le droit d'annuler les décisions des gouvernements nationaux non conformes à la répartition des compétences existant entre l'Etat central et les Républiques. Cette réforme, si importante soit-elle [2], ne nous semble pas remettre en cause le fait qu'en Europe socialiste tout comme en

[1] - H. KELSEN : "La garantie juridictionnelle de la Constitution"- R.D.P. 1928, page 227.

[2] - Cette réforme sera l'objet de développements ultérieurs.

Europe occidentale, les juridictions constitutionnelles disposent du monopole du contentieux constitutionnel, car la disposition de la loi de 1970 ne concerne pas les lois, et elle intervient dans un contexte de rejet de la Cour constitutionnelle. N'ayant été adopté que parse que la Cour constitutionnelle n'existait pas, elle ne correspond pas à la conception qui avait prévalu lors de l'adoption de la loi constitutionnelle de 1968, et surtout de la période antérieure à l'intervention des troupes du Pacte de VARSOVIE.

b) L'étendue de la compétence des Cours constitutionnelles des Etats socialistes.

539 L'étendue de la compétence des Cours constitutionnelles des Etats socialistes européens apparaît également comme constitutive d'un rapprochement avec le modèle kelsenien de justice constitutionnelle.
Ce rapprochement s'effectue tant par la définition des actes soumis à la Cour constitutionnelle que par celle de l'étalon de contrôle.

- *Les actes soumis à la Cour constitutionnelle*

540 Au-delà du "noyau dur" commun aux juridictions constitutionnelles de l'Est et de l'Ouest constitué par le monopole du contrôle de constitutionnalité des lois, il convient de relever que l'étendue de la compétence en Europe socialiste présente un certain nombre de caractéristiques qui, sans remettre en cause le rapprochement avec les solutions occidentales, ont pour conséquence de mettre en lumière la spécificité et parfois les ambiguïtés des solutions socialistes.

Cette spécificité qui s'exprime dans la définition de l'objet du contrôle de constitutionnalité peut revêtir deux formes différentes.

541 Dans un premier temps, si le contrôle de constitutionnalité est effectivement l'attribution centrale en matière de contrôle de constitutionnalité des actes juridiques, il ne s'applique qu'aux seules lois et excluent une partie des actes juridiques adoptés par le Parlement [1] (tel que par exemple les résolutions ou le règlement parlementaires). Cette limitation de l'activité du Tribunal constitutionnel, même si elle ne remet pas en cause le monopole de ce dernier en matière de contrôle des lois, s'oppose à la doctrine et à la pratique occidentale. En effet, dès 1928,
KELSEN écrivait que "même la constitutionnalité d'autres actes du Parlement, qui ont d'après la Constitution, caractère obligatoire sans pour autant revêtir nécessairement la forme de lois constitutionnelles, doit pouvoir être vérifiée par la juridiction constitutionnelle" [2]. Cette exigence qui visait à empêcher de soumettre aux rigueurs du contrôle de constitutionnalité, les "actes qui prétendent à ne pas être des lois, mais qui auraient dû l'être d'après la Constitution et qui (...) ont été inconstitutionnellement revêtus d'une autre forme" [3] a trouvé en occident un écho

---

[1] - Voir à ce sujet les développements consacrés au Tribunal constitutionnel polonais.
[2] - H. KELSEN. La garantie juridictionnelle de la Constitution - R.D.P. 1928, page 228.
[3] - H. KELSEN, ibidem - page 228.

favorable [1]. Elle constitue une limite certaine des pouvoirs des juridictions constitutionnelles dans certains Etats socialistes[2].

542 Par contre, la définition de l'objet du contrôle par le droit socialiste tend au contraire à étendre cette définition et à faire entrer dans le champ du contrôle de constitutionnalité exercé par le Tribunal constitutionnel, toute une série d'actes juridiques que ne connaissent pas les juridictions occidentales. En effet, alors que la plupart de ces juridictions occidentales concentrent leurs activités autour du contrôle de constitutionnalité des lois et des autres actes votés par le Parlement, les juridictions constitutionnelles des Etats socialistes sont compétentes pour contrôler l'ensemble des actes juridiques législatifs et infra-législatifs émis dans l'Etat tant par le Parlement que par le Conseil des Ministres. Comme le montre le tableau suivant, cet élément génère une compétence en matière de contrôle des actes juridiques beaucoup plus importante dans les Etats socialistes que dans les Etats occidentaux. (voir tableau suivant)

TABLEAU COMPARATIF DE L'ETENDUE DE LA COMPETENCE DES JURIDICTIONS CONSTITUTIONNELLES EN MATIERE DE CONTROLE DES ACTES JURIDIQUES	
FRANCE	**POLOGNE**
Le Conseil constitutionnel statue: **- obligatoirement** **sur les lois organiques avant leur promulgation, le réglement parle--mentaire avant leur application** **-en cas de saisine des autorités compétentes** **sur les lois ordinaires avant leur promulgation** **sur les lois promulguées afin de statuer sur leur conformité avec les dipositions de l'article 34 de la Constitution**	**Le Tribunal constitutionnel statue sur la conformité:** **1) avec la Constitution des actes législatifs, lois et décrets entérinés par la Diète** **2) avec la Constitution ou avec les actes énumérés à l'art.1 des actes normatifs édictés par le Conseil d'Etat, les organes supérieurs et centraux de l' administration d'Etat et par d'autres organes supérieurs et centraux.**

[1] - Avec la compétence pour le Conseil constitutionnel français de contrôler obligatoirement le règlement des assemblées, ou de la Cour constitutionnelle italienne de contrôler "les actes ayant force de lois".

[2] - Pour une partie de la doctrine des Etats socialistes l'exclusion de ces actes de la compétence du Tribunal constitutionnel polonais est une violation de la Constitution.

543 Cette différence, n'est toutefois pas de nature à nier le rapprochement entre les deux ensembles.
Il existe en Europe occidentale un certain nombre d'exemples de juridictions constitutionnelles compétentes pour statuer sur des actes infra-législatifs. Ainsi par exemple, la Cour constitutionnelle de R.F.A., dans le cadre du recours constitutionnel (Verfassungsbeschwerde), peut être amenée à vérifier que "la puissance publique n'a porté atteinte aux droits fondamentaux de quiconque" au travers de lois, mais aussi d'actes administratifs individuels de règlements et de décisions juridictionnelles[1].
De même, la Cour constitutionnelle autrichienne peut lors d'un recours exercé par un particulier dont un droit fondamental aurait été violé, être amenée à statuer sur un acte administratif [2].
De plus comme le relève Monsieur CARDOSO da COSTA, au Portugal la compétence de la cour constitutionnelle s'étend au contrôle abstrait et concret de toutes les normes juridiques[3].Il faut remarquer que la compétence des Cours constitutionnelles des Etats socialistes pour ces actes administratifs apparaît plus étendue dans la mesure où elles peuvent exercer à leur égard un contrôle de constitutionnalité ne se limitant pas au simple domaine de la protection des droits fondamentaux, mais faisant intervenir une vérification beaucoup plus complète de sa conformité à la Constitution et aux lois.
Cette spécificité des juridictions des Etats socialistes n'est d'ailleurs pas de nature à remettre en cause la possible intégration de ces dernières, du fait de leur compétence, dans le modèle européen. H. KELSEN notait que "il y aurait lieu d'attribuer également à la juridiction constitutionnelle le contrôle de la constitutionnalité de simples règlements complémentaires" car il existe "une affinité intime entre le contrôle de constitutionnalité des lois et celui de la légalité des règlements du fait de leur caractère général"[4].

- *l'étalon de contrôle*

544 Les normes de référence en matière de contrôle de constitutionnalité ne constituent pas globalement un élément de rupture entre la compétence des Cours constitutionnelles des Etats socialistes et celles des Etats occidentaux.
La encore on se trouve dans la situation décrite par le juge Manuel CARDOSO da COSTA dans le rapport général de la VII conférence des cours constitutionnelles européennes [5]: "Naturellement c'est la Constitution qui doit fournir l'étalon de la décision de constitutionnalité"

---

[1] - Cette dénomination est tirée de la classification des compétences proposée par M. Jean-Claude BEGUIN dans sa thèse sur Le contrôle de constitutionnalité en R.F.A., opus cité pages 37 et suivantes.
[2] - On peut également évoquer ici le recours d'"Amparo" devant le Tribunal constitutionnel espagnol.
[3] - José Manuel CARDOSO da COSTA. "La justice constitutionnelle dans le cadre des pouvoirs de l'Etat."- Rapport général prononcé lors de la VII° conférence des Cours constitutionnelles européennes (LISBONNE 26 - 30 Avril 1987). Texte français publié à Annuaire international de justice constitutionnelle, 1897 page 21.
[4] - H. KELSEN. La garantie juridictionnelle de la Constitution. Opus cité pages 229 - 230. Il faut noter que l'on verra plus loin que cette "affinité intime" dont parlait KELSEN est encore plus grande dans un Etat socialiste.
[5] - Opus cité page 21.

Il n'y a pas finalement que très peu de différences avec la situation d' Europe occidentale: la Constitution est bien le fondement principal des décisions des Cours constitutionnelles.
Cette activité présente dans le droit des Etats socialistes des caractéristiques tout à fait semblables à celles existantes en occident. Il s'agit de vérifier une relation de conformité totale (formelle et matérielle). Cette mission appartient exclusivement au Tribunal ou à la Cour constitutionnelle. On peut en effet déduire le contenu de la notion de "conformité à la Constitution dans les Etats socialistes" de deux types de rédaction des dispositions juridiques relatives à ce sujet. Dans les Constitutions yougoslave, tchécoslovaque et hongroise (voir tableau précédent), il n'est apporté aucune mention limitative à la compétence de la Cour: rien n'indique donc que les juges doivent se limiter au simple aspect formel, au simple respect des règles fixant la procédure d'adoption des lois (comme c'est par exemple le cas en BELGIQUE depuis 1983). Bien au contraire, et la pratique en vigueur en YOUGOSLAVIE le montre, le caractère relativement large de la définition tend à montrer l'étendue de cette notion.

545 Dans la situation polonaise, la notion de conformité reçoit une définition juridique explicite. L'article 2 de la loi du 29 avril 1985 précise que le Tribunal doit examiner "aussi bien le contenu d'un acte que la compétence et l'observation de la procédure légale pour édicter l'acte".
Au delà de cette identité les lois relatives à l'organisation de la Cour constitutionnelle si elles instituent la Constitution comme norme principale de référence lui associe les lois pour le contrôle des actes juridiques infra législatifs. Cette situation n'apparaît pas de nature à remettre en cause le rattachement au modèle européen des cours constitutionnelles des Etats socialistes dans la mesure où dans certain Etats d'Europe occidentale d'autre juridictions remplissent également de telle fonctions de contrôle de légalité et que d'autre part ce contrôle peut indirectement être assimilé à un contrôle de constitutionnalité.
En effet ce type de contrôle indirect de la constitutionnalité a été décrit par Hans KELSEN [1] qui estime que l'on doit distinguer les situations d'inconstitutionnalité immédiate, c'est à dire la violation par une loi d'une disposition constitutionnelle et les inconstitutionnalités indirectes c'est à dire les cas dans lesquels la Constitution introduit le respect des lois par les actes administratifs [2]. Ainsi en cas de violation d'une loi par un acte administratif celui ci doit être directement considéré comme illégal et indirectement considéré comme inconstitutionnel car ne respectant pas le principe de légalité posé par la constitution.
Dès lors pour Hans KELSEN "dans de telles situations on comprendrait que l'on mit en mouvement contre les actes illégaux de cette nature une institution qui sert à la garantie de la Constitution" [3].

---

[1] - Hans KELSEN- "La garantie juridictionnelle de la Constitution"- RDP 1928 page 208.

[2] - "Lorsque la Constitution pose expressément le principe de la légalité de l'exécution (VOLLZIEHUNG) en général et des règlements en particulier". Dans certain cas KELSEN estime que les deux violations sont trop intimement liées pour être réellement dissociées. H.KELSEN- " La garantie juridictionnelle de la Constitution"-Opus cité page 209.

[3] - Ibidem page 210.

546 Cette notion de constitutionnalité indirecte a d'ailleurs été reprise par la doctrine polonaise qui a apporté à ce problème un certain nombre de précisions.
La plupart des auteurs soutiennent que si le contrôle effectué par le Tribunal est authentiquement un contrôle de la conformité à la Constitution, la loi de 1985 a opté pour une définition "large" de ce problème. Le Professeur K. DZIALOCHA (qui est également membre du Tribunal constitutionnel depuis 1986) estime "que le contrôle des actes normatifs par le Tribunal est basé sur leur conformité avec la Constitution. Conformité devant être comprise comme une conformité directe à la Constitution (Constitutionnalité) ou avec un acte du Parlement (Légalité); les critères relatifs à la constitutionnalité étant opérant dans le cas du contrôle d'un acte législatif alors que les critères de constitutionnalité et de légalité se réfèrent au contrôle des actes normatifs autre que celui des actes "législatifs"[1].
Ainsi, pour le Professeur DZIALOCHA, le contrôle de la conformité à la Constitution envisagé au sens large représente la mission du Tribunal; mission qui est composée de deux aspects, la constitutionnalité et la légalité, le premier s'appliquant exclusivement en cas de contrôle des lois et se cumulant avec le second en cas d'un contrôle des actes infra-législatifs.
Ce problème est beaucoup développé chez d'autres auteurs polonais. Ainsi, Z. CZESZEJKO-SOCHACKI[2], y consacre d'assez longs développements en se posant la question de la norme de référence en Pologne. Selon lui, certaines situations comme les recours dirigés contre des actes infra-législatifs qui seraient soit conformes à la Constitution mais illégaux soient inconstitutionnels, mais conformes à une loi, pourraient causer des difficultés.
547 Ainsi, le problème est posé de deux manières : d'un point de vue théorique, quant à la compatibilité des deux normes de référence dans le cadre d'une même mission, et d'un point de vue pratique, quant à l'affrontement de ces deux normes de référence.
Dans son ouvrage, M. CZESZEJKO SOCHACKI reprend et développe la notion de conformité à la Constitution au sens large, déjà évoquée par M DZIALOCHA. Selon lui, il existe une inconstitutionnalité directe qui consiste en la violation d'une disposition de la Constitution dans un acte normatif et une inconstitutionnalité indirecte qui consiste en une violation d'un principe contenu dans la Constitution (par exemple, tout acte infra-législatif qui viole une loi, constitue une violation du principe de la hiérarchie des normes contenu dans la Constitution qui dispose que les actes pris par le Conseil des Ministres doivent être conformes aux lois).
Ayant institué la Constitution comme norme de référence principale dans tous les cas, les problèmes pratiques évoqués sont résolus : le Tribunal doit faire prévaloir la Constitution et dispose pour cette mission de deux instruments. Selon l'article 2 de la décision du Parlement du 31 juillet 1985 "concernant la procédure détaillée devant le Tribunal Constitutionnel", il peut se "baser d'office sur des preuves qu'il jugera nécessaires (...) et n'est pas lié aux preuves présentées par les participants à la procédure". Il peut également s'auto-saisir sur la base de l'article 19, alinéa 3 de la loi

[1] - K. DZIALOCHA- "The role of the constitutional tribunal in garantees of citizen rights in Poland", Rapport prononcé à l'occasion du II° Congrès de l'Association Internationale de Droit Constitutionnel. PARIS- AIX - EN PROVENCE (31 AOUT 5 SEPTEMBRE 1987),page 4.
[2] - Z.CZESZEJKO SOCHACKI- "TRYBUNAL KONSTYTUCYJNY PRL" (Le Tribunal constitutionnel polonais), opus cité .

du 29 avril 1985. La "légalité" d'un acte infra-législatif inconstitutionnel ne peut donc empêcher le Tribunal d'invoquer la Constitution pour l'annuler. De plus, à la suite de cette annulation, le Tribunal peut lui-même se saisir de l'examen de cette loi.

548 Toutefois, même si les éléments précédemment décrit constituent de réels facteurs d'intégrations des Cours constitutionnelles mis en place en Europe socialiste dans le modèle kelsenien, il n'empêche que cette intégration est délicate du fait de la persistance d'obstacles fondamentaux.

Paragraphe 2: La persistance d'éléments s'opposant au rattachement des juridictions constitutionnelles des Etats socialistes au modèle de la Cour constitutionnelle.

549 Au-delà de tous les éléments précédemment décrits, une série de phénomènes tendent à s'opposer au rattachement des juridictions constitutionnelles des Etats socialistes au modèle de la Cour constitutionnelle existant en Europe occidentale. Ces phénomènes sont de deux ordres structurel et conceptuel.
Ils s'attachent tout d'abord à l'organisation même de ces Tribunaux et ensuite, dont l'analyse montre qu'existe des élément qui font que ces Cours ne peuvent pas totalement être assimilés à de véritables juridictions indépendantes, au sens que la doctrine occidentale confère à cette notion.

550 Mais cette absence de caractère juridictionnel n'est en fait que la conséquence d'un élément beaucoup plus important. Le rattachement entre les Tribunaux constitutionnels ainsi crées et le modèle kelsenien est impossible car il existe une incompatibilité absolue entre la conception du contrôle de constitutionnalité qui est à la base du modèle occidental et les fondements idéologiques de l'Etat socialiste. Ce phénomène est fondamental car il constitue la clef de toute l'ambiguïté de la position des Cours constitutionnelles dans l'Etat socialiste tant dans son organisation que dans son fonctionnement.

A) Les Cours constitutionnelles ne sont pas de véritables juridictions indépendantes

551 L'étude de l'organisation des quatre Cours constitutionnelles des Etats socialistes fait ressortir que ces tribunaux ne peuvent être totalement assimilés à leurs homologues d'Europe de l'ouest en raison de leur caractère insuffisamment juridictionnel et de leur manque d'indépendance.

1) Un caractère juridictionnel insuffisant

552 La doctrine occidentale, quand elle définit la notion de justice constitutionnelle, est unanime pour affirmer qu'une des premières caractéristiques de cette notion est que le contrôle de constitutionnalité doit être confié à une véritable juridiction. Pour définir la notion même de juridiction constitutionnelle, sans tenir compte des classifications pouvant intervenir à l'intérieur de cette notion, ou dans un cadre plus limité de la Cour constitutionnelle de type kelsenien, le caractère juridictionnel de l'organe apparaît déterminant. Ainsi, le Doyen FAVOREU relève que "pour admettre la qualité de Cour constitutionnelle, il faut aussi que l'institution soit une véritable juridiction" [1]. De même M. BOUVIER estime que "pour qu'il y ait juridiction constitutionnelle, il faut dans un premier temps admettre qu'il y a juridiction" [2].

a) La définition de la juridiction

553 La définition de la juridiction dans la doctrine française fait apparaître malgré de profondes divergences, l'existence d'un ensemble minimum de critères de l'organe juridictionnel. Ce "noyau dur" de la notion semble devoir se constituer autour de la définition suivante : la fonction juridictionnelle est de dire le droit *(juri - dictio)* avec autorité de chose jugée. Ces éléments, notamment avancés par le Professeur WALINE et analysés par le Professeur LUCHAIRE [3], représentent en quelque sorte le plus petit dénominateur commun de cette notion. Ils sont repris dans la plupart des définitions données de cette notion. Toutefois certains auteurs y intègrent d'autres éléments. Ainsi par exemple, les Professeurs L. HAMON et P. JUILLARD estiment que la présence d'une contestation est nécessaire et doit être associée aux deux premiers critères pour déterminer la nature juridictionnelle d'une activité[4]. Jacques CHEVALLIER juge [5] qu'à l'autorité de chose jugée déterminant la fonction juridictionnelle, il faut également adjoindre d'autre critères, tenant à l'existence d'un litige et à la présence d'éléments relatifs à la composition et au fonctionnement de l'organe remplissant cette fonction [6].
En fait, devant cette diversité, à peine évoquée ici, et sans vouloir trancher le débat, il nous semble délicat de dégager le critère de la fonction juridictionnelle dans l'absolu pour tous les types de juridictions, et plus rationnel de se situer dans le cadre de la juridiction constitutionnelle. Le caractère spécifique de ce type de juridiction fait que l'on ne doit pas, ainsi que l'écrit le Doyen FAVOREU, apprécier ce caractère "au regard des définitions du droit privé ou même du droit administratif"[7].

---

[1] - Louis FAVOREU - "Les Cours constitutionnelles", opus cité page 22.

[2] - Vincent BOUVIER. La juridiction constitutionnelle -DROITS - n° 9 (la fonction de juger) 1989 page 120.

[3] - Voir F. LUCHAIRE - Le Conseil Constitutionnel - pages 33 et suivantes, ECONOMICA 1980.

[4] - Cité par François LUCHAIRE, ibid.

[5] - Jacques CHEVALLIER - Fonction contentieuse et fonction juridictionnelle. Mélanges STASSINOPOULOS, LGDJ 1974, page 284.

[6] - Il faut toutefois relever que certains auteurs présentent des définitions très différentes, en ce sens qu'elle rejette l'intérêt de la notion d'autorité de chose jugée. Pour le Professeur Stéphane RIALS: "Bien que la doctrine lui accorde une place centrale (...), il nous semble annexe dans la définition théorique de la fonction juridictionnelle et pour tout dire liée à la phase légiscentriste assez française de l'ère étatique du Droit". In: S. RIALS, "L'office du juge". DROITS 1989 - n° 9 page 9

[7] - Louis FAVOREU - "Les Cours constitutionnelles" - Opus cité page 22. Développée en FRANCE par le Doyen Louis FAVOREU, cette notion est reprise dans d'autres Etats Européens. Ainsi peut on lire dans le rapport espagnol présenté lors de la conférence de LISBONNE: "Lorsque le constituant s'est servi de l'expression de "chose jugée" on ne peut ignorer qu'il a souhaité faire référence à une institution bien identifiée dans notre culture juridique. Mais de telles catégories doivent être adoptées à un cadre institutionnel spécifique - celui de la juridiction constitutionnelle - qui a ses exigences propres". Annuaire international de justice constitutionnelle- 1987

554 Ainsi, en s'attachant aux principales contributions consacrées aux juridictions constitutionnelles [1], il est possible de dégager trois critères. La juridiction se prononce sur une question juridique (M.M FAVOREU, LUCHAIRE, BOUVIER GENEVOIS), elle rend des décisions revêtues de l'autorité de chose jugée (MM. FAVOREU, LUCHAIRE, BOUVIER GENEVOIS) et ses déclarations aboutissent à des annulations "ERGA OMNES" (M.FAVOREU). A partir de ces trois critères, nés de la rencontre de la théorie générale de la juridiction et du comparatisme appliqué aux Cours constitutionnelles européennes, il est nécessaire de dégager deux étapes dans la vérification du caractère juridictionnel d'un organe présumé être une juridiction constitutionnelle: quelle est la nature des questions qu'il doit résoudre et comment qualifier les décisions qu'elle adopte.

b) L'inapplicabilité de cette définition aux Cours constitutionnelles des Etats socialistes

555 Le caractère juridictionnel des Cours constitutionnelles des Etats socialistes, principalement dans le cadre du contrôle de constitutionnalité des actes juridiques (législatifs et infra-législatifs), ne peut être contesté au regard du premier critère. Les dispositions constitutionnelles qui mettent en place ces organes apparaissent sans équivoque: la base de leur activité est la Constitution, leur mission est une mission de vérification de conformité entre deux actes juridiques ou, pour reprendre le mot du Professeur GARLICKI, "de mettre en contact différentes normes juridiques et de décider de leurs relations réciproques" [2].
Le caractère juridique des questions traitées par les Cours constitutionnelles dans l'Est européen a d'ailleurs été réaffirmé par le Tribunal constitutionnel polonais en de nombreuses occasions, en indiquant qu'"il fondait son appréciation sur la conformité de l'acte contrôlé à la Constitution et non sur des considérations tenant à l'opportunité sociale et économique de l'acte"[3].

556 Par contre, c'est au regard des exigences relatives à la portée de la décision que le caractère juridictionnel des tribunaux des Etats socialistes est très largement contestable.
L'analyse comparative de l'ensemble des juridictions constitutionnelles d'Europe occidentale fait apparaître une unité en matière d'effet des décisions rendues particulièrement dans le cas des décisions de non conformité.

---

[1] - Louis FAVOREU - Les Cours Constitutionnelles - opus cité.
F. LUCHAIRE - Le Conseil constitutionnel, opus cité.
Vincent BOUVIER - La juridiction constitutionnelle - DROIT - opus cité
Bruno GENEVOIS "La jurisprudence du Conseil constitutionnel principes directeurs" Editions STH Paris 1988 page386 .

[2] - L. GARLICKI - "CHARAKTER NOWYCH TRYBUNALOW" (Le caractère du nouveau Tribunal), PANSTWO I PRAWO 1983 n° 3 page 30.

[3] - Voir notamment la décision (U2/86) du Tribunal constitutionnel polonais publiée au Recueil des décisions du Tribunal constitutionnel polonais de 1986 ORZECZNICTWO TRYBUNALU KONSTYTUCYJ NEGO (1986) PPW "RZECZROSPOLITA"-VARSOVIE 1987 page 77.

Ces décisions sont toutes revêtues d'une force juridique obligatoire générale[1]. Cette force juridique confère aux décisions rendues par les Cours constitutionnelles une autorité absolue de chose jugée[2].
Ainsi la décision de la Cour constitutionnelle s'impose à toutes les autres autorités qui ne peuvent ni la remettre en cause, ni même la contester. Cette caractéristique est d'ailleurs reproduite dans le droit positif de nombreux Etats[3].
La comparaison des effets des décisions des Cours constitutionnelles des Etats socialistes et de celles des Etats occidentaux révèle une profonde différence, dont l'exemple polonais est particulièrement significatif. Dans cet Etat les décisions rendues par le Tribunal constitutionnel sont susceptible d'être contestées et de faire l'objet d'un autre procès, dans certains cas d'être annulées par d'autres organes d'Etat mais encore elles n'entraîne pas directement l'annulation de l'acte déclaré non conforme à la Constitution.

557 Dans le texte de la loi du 29 avril 1985 relatif à l'organisation du Tribunal constitutionnel, deux articles montrent qu'une partie des décisions rendues par ce tribunal, dans le cadre du contrôle de constitutionnalité des actes juridiques, ne sont pas revêtues de cette force juridique obligatoire générale.
L'analyse montre en effet que toutes les décisions du Tribunal polonais ne s'imposent pas à "toutes les autorités". Les décisions concernant la constitutionnalité des lois ne s'imposent pas au Parlement[4]: juridiquement elles constituent de simples propositions pour déclarer la loi non conforme à la Constitution. Ces propositions ne constituent d'après la doctrine polonaise qu'un "signal"[5] vis-à-vis du Parlement et ne peuvent donc être considérées comme des actes juridictionnels au sens que lui donne la doctrine occidentale. Cette limitation de la portée des décisions même si elle n'a pas fait l'objet de la moindre pratique depuis 1986, n'en constitue pas moins une sérieuse limite au caractère pleinement juridictionnel du Tribunal constitutionnel polonais par rapport au modèle de la Cour constitutionnelle prôné par H. KELSEN qui, déjà en son temps, rejetait la valeur de ces "demandes en annulation dépourvues de force obligatoire"[6]. Ce type de décisions n'a toutefois pas été reproduit dans les quatre Constitutions des Etats socialistes et si le texte hongrois de 1989 établissait une distinction dans les pouvoirs de la Cour constitutionnelle entre les lois et les autres actes juridiques, ce type de solution ne figure ni dans la Constitution tchécoslovaque, ni dans celle de YOUGOSLAVIE.

---

[1] - Cette notion est confirmé par de très nombreux auteurs. Voir, outre les différentes références déjà proposées: A.WEBER- "Le contrôle juridictionnel de la constitutionnalité des lois dans les pays d'Europe occidentale"- Annuaire international de justice constitutionnelle 1985 page 55. On peut toutefois avancer une définition minimale: ce sont des décisions "finales, non succeptibles de recours qui excluent la possibilité que le problème qu'elles résolvent viennent à se reposer sous n'importe quelle forme durant le même procès". Citation extraite du rapport général de M. CARDOSO da COSTA opus cité page 33.

[2] - On peut citer deux exceptions principales: les décisions rendues par les Cours constitutionnelles portugaise et belge en matière de contrôle concret produisent des effets limités aux parties.

[3] - Tel que la R.F.A. ou la FRANCE avec l'article 62 alinéa 2 de la Constitution de 1958. Cela a d'ailleurs été souligné par le Professeur LUCHAIRE,opus cité .

[4] - Article 6 de la loi du 29 Avril 1985.

[5] A. GWIZDZ - Le modèle polonais de contrôle de constitutionnalité - Droit Polonais Contemporain 1986 n° 1/2 page 12.

[6] - H. KELSEN - La garantie juridictionnelle de la Constitution - R.D.P. 1928 - page 220.

558 Il existe également dans le droit polonais une remise en cause de l'autorité de chose jugée des décisions rendues par le Tribunal constitutionnel à travers l'article 27 de la loi du 29 avril 1985 qui autorise le Conseil des Ministres, dans un délai d'un mois, à contester une décision du Tribunal constitutionnel constatant la non-conformité d'un acte normatif émanant d'un organe supérieur ou central de l'administration d'Etat. Cette procédure, qui contrairement aux dispositions précitées de l'article 62 alinéa 2 de la Constitution française, permet de faire un recours à l'encontre d'une décision rendue en matière de contrôle de constitutionnalité, ne produit pas le même effet. Le Tribunal constitutionnel conserve la maîtrise de sa décision puisque la réponse à la contestation soulevée appartient au Tribunal statuant en formation plénière. On ne peut pas parler de remise en cause de l'autorité de chose jugée mais cette procédure apparaît comme une "fragilisation" de la portée des décisions du Tribunal. Ne se retrouvant dans aucune disposition juridique européenne, tant à l'Ouest qu'à l'Est cette procédure est là encore un obstacle à la reconnaissance du caractère pleinement juridictionnel du Tribunal constitutionnel polonais et de ce fait, de son intégration dans le modèle kelsenien.

559 Un autre critère a été dégagé par la doctrine occidentale pour définir le caractère juridictionnel des Cours constitutionnelles. D'après le Professeur FAVOREU les décisions rendues par ces dernières sont caractérisées par le fait qu'elles prononcent (en cas de non-conformité) l'annulation erga omnes de l'acte juridique incriminé.
En effet, au-delà de certaines particularités que l'on retrouve notamment dans le droit ouest-allemand, le schéma d'une décision rendue par une juridiction constitutionnelle est clair. L'acte juridique déclaré non conforme à la Constitution est abrogé dès la publication de l'arrêt rendu par la juridiction constitutionnelle si celui ci constate la non conformité de cet acte avec le texte constitutionnel. Sans qu'il y ait besoin d'autres procédures l'arrêt du tribunal génère la disparition de l'acte non conforme. Pour KELSEN, il s'agit là d'un des éléments nécessaire pour la garantie de la Constitution : "l'arrêt doit avoir force annulatoire" [1].
Cette force "annulatoire" fait là encore défaut, dans la plupart des cas, aux décisions rendues par les juridictions constitutionnelles des Etats socialistes. En cas de déclaration de non-conformité, l'acte juridique n'est pas directement annulé.
Il reste en vigueur durant un certain délai, à l'intérieur duquel son auteur doit procéder à sa réformation sur la base de la décision du Tribunal. Si au-delà du délai prévu, l'acte n'a pas été modifié, il cesse de produire des effets juridiques. Cette procédure d'exécution des décisions d'inconstitutionnalité se trouve dans les Etats socialistes qui ont adopté une Cour constitutionnelle, encore que l'on doive parfois établir une distinction, ainsi que le montre le tableau suivant entre les décisions relatives aux lois et celles aux actes infra-législatifs. Ainsi, le tribunal polonais connaît il plusieurs voies de recours contre ses décisions.(Voir tableau suivant).

---

[1] - H. KELSEN - La garantie juridictionnelle de la Constitution - R.D.P. 1928 - page 242: "Il résulte de nos précédentes explications qu'il est nécessaire, si on veut que la Constitution soit efficacement garantie, que l'acte soumis au contrôle du Tribunal constitutionnel soit directement annulé par son arrêt même, au cas où il est reconnu irrégulier."

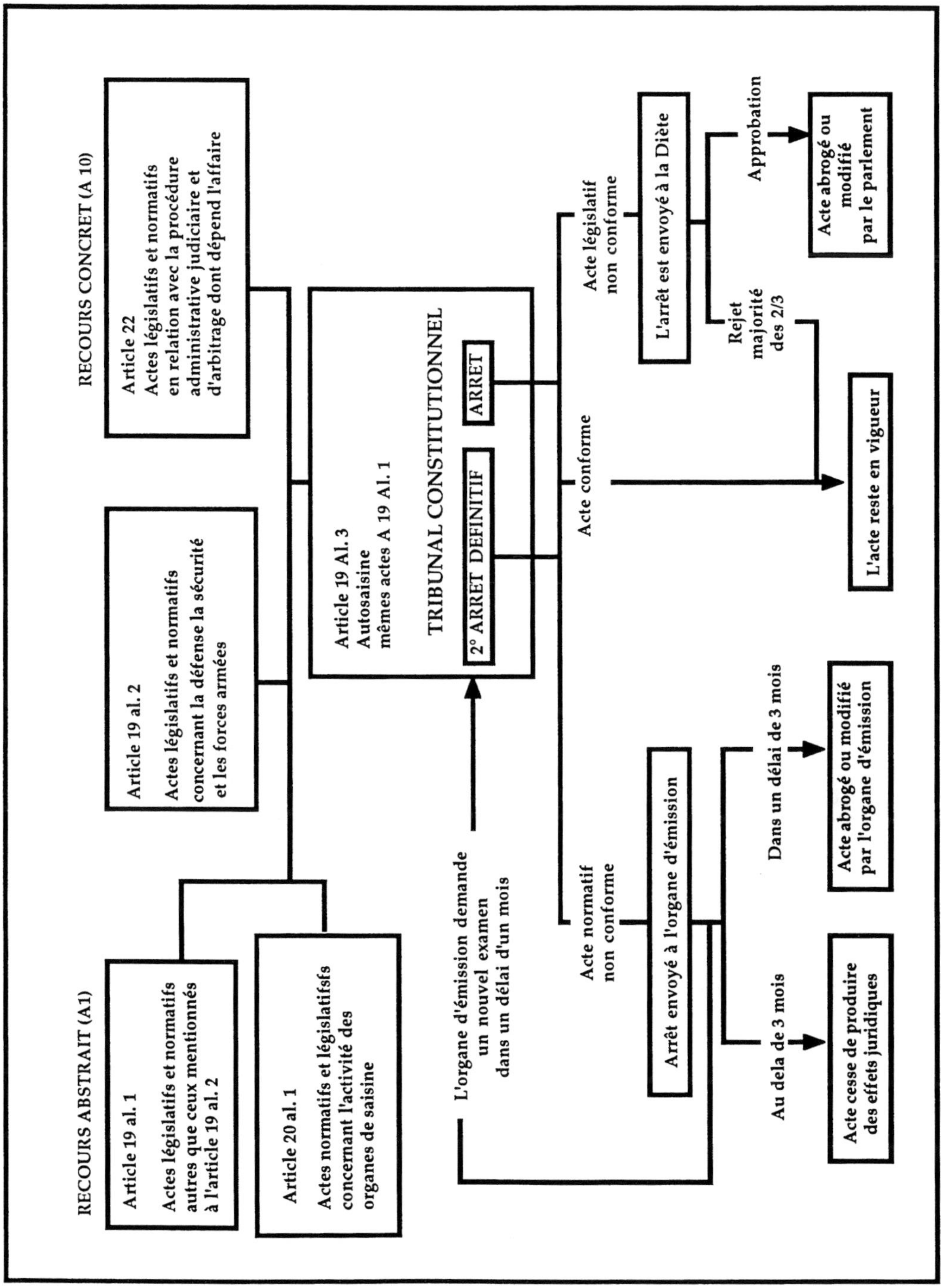
RECOURS ABSTRAIT (A1)
Article 19 al. 1
Actes législatifs et normatifs autres que ceux mentionnés à l'article 19 al. 2
Article 20 al. 1
Actes normatifs et législatifsfs concernant l'activité des organes de saisine
Article 19 al. 2
Actes législatifs et normatifs concernant la défense la sécurité et les forces armées
RECOURS CONCRET (A 10)
Article 22
Actes législatifs et normatifs en relation avec la procédure administrative judiciaire et d'arbitrage dont dépend l'affaire
Article 19 Al. 3
Autosaisine
mêmes actes A 19 Al. 1
TRIBUNAL CONSTITUTIONNEL
2° ARRET DEFINITIF
ARRET
L'organe d'émission demande un nouvel examen dans un délai d'un mois
Acte normatif non conforme
Acte conforme
Acte législatif non conforme
Arrêt envoyé à l'organe d'émission
L'arrêt est envoyé à la Diète
Au dela de 3 mois
Dans un délai de 3 mois
Rejet majorité des 2/3
Approbation
Acte cesse de produire des effets juridiques
Acte abrogé ou modifié par l'organe d'émission
L'acte reste en vigueur
Acte abrogé ou modifié par le parlement

Ce type de procédure, déjà envisagé par KELSEN en 1928 qui y voyait des considérations de "prestige"[1] pour le parlement et qui la considérait comme n'offrant plus de garantie suffisante, indique une différence importante entre les juridictions constitutionnelles occidentales et les tribunaux des Etats socialistes. En effet il existe des procédures qui sont sur certains points comparables en Europe Occidentale et notamment les déclarations de non conformité prononcées par la Cour constitutionnelle de RFA [2] où le tribunal se borne à constater la non conformité de l'acte juridique sans annuler pour autant et en laissant à son auteur le soin de sa réformation, mais on doit relever que ce type de procédures intervient en Occident comme un complément à la décision d'annulation qui subsiste dans tous les ordres juridiques des Etats appartenants au modèle de la Cour constitutionnelle.

2) Une indépendance insuffisante

560 Pour la Doctrine, l'indépendance doit être apanage de la juridiction, a fortiori de la juridiction constitutionnelle.
Il n'est donc pas étonnant de retrouver cette condition posée dans les travaux de KELSEN sur le modèle de la Cour constitutionnelle mais aussi concrétisée dans l'ensemble des dispositions juridiques relatives au statut des juridictions constitutionnelles en Europe occidentale. Dans l'oeuvre de KELSEN, cette indépendance se caractérise de deux manières: par l'impossibilité pour le Parlement et les organes politiques de pouvoir d'exercer une quelconque pression sur l'activité du Tribunal et par la séparation des deux fonctions de création et d'annulation du droit. Pour KELSEN, la fonction du Tribunal constitutionnel ne peut être considérée comme empiétant sur la fonction législative [3] parce qu'elle se limite en une démarche négative. KELSEN ne nie pas que la fonction du juge, contrairement à ce qu'affirment un certain nombre d'auteurs [4], comporte une part de création et pas uniquement de connaissance, mais il estime qu'entre cette fonction et celle qui appartient au Parlement dans son pouvoir d'adopter les lois, il existe une profonde différence:
"Alors que le législateur n'est lié par la Constitution que relativement à sa procédure, d'une façon exceptionnelle seulement quant au contenu des lois qu'il doit édicter et seulement par des principes ou directions générales, l'activité du législateur négatif au contraire de la juridiction constitutionnelle est absolument déterminée par la Constitution" [5].
561 Pour KELSEN c'est la "libre création" (notion qui caractérise l'activité du Parlement législateur positif) qui fait défaut dans le cas du législateur négatif. La théorie du législateur négatif dégagée par H. KELSEN, en même temps qu'elle éclaire la distinction entre l'activité du Parlement et celle de la juridiction, affirme la nécessaire indépendance devant exister entre ces deux activités. Si le juge constitutionnel peut être considéré comme un véritable juge quand il participe à la

---

[1] - H. KELSEN - La garantie juridictionnelle de la Constitution - opus cité page 220.
[2] - On pourrait également citer les décisions d'appel au législateur de cette juridictions constitutionnelle.
[3] - Et donc ne remettent pas en cause la séparation des pouvoirs.
[4] - dont MONTESQUIEU dans l'Esprit des Lois (chapitre VI - livre II).
[5] - HANS KELSEN - La garantie juridictionnelle de la Constitution, R.D.P.,1928 - page 226.

fonction législative, ce n'est que parce qu'il y participe en tant que législateur négatif. S'il advenait qu'il outrepasse cette limite, la nature de son activité s'en trouverait par la même modifiée. La théorie du législateur négatif, outre la justification de la justice constitutionnelle au regard de la théorie de la séparation des pouvoirs, implique également à côté de l'indépendance des membres du tribunal, l'indépendance de la fonction du tribunal au regard par rapport à celle du Parlement.

L'analyse des quatre Cours constitutionnelles mises en place dans les Etats socialistes montrent qu'aucune de ces deux composantes de l'indépendance de la juridiction ne se trouvent la encore totalement vérifiées.

a) l'indépendance des membres du Tribunal

562 L'indépendance du Tribunal constitutionnel, au sens de l'impossibilité pour les autorités publiques de pouvoir exercer une influence quelconque sur l'activité du Tribunal, suppose notamment que ses membres ne puissent être l'objet d'aucune pression.
Ce problème a été traité de manière différente dans les différents Etats socialistes concernés si la YOUGOSLAVIE semble avoir globalement respecté, cette exigence, la POLOGNE a mis en place un système plus ambigu.
Les juges se voient certes attribuer un certain nombre de garanties matériellement comparable à celles accordées aux juges constitutionnels européens, le niveau juridique des textes qui leur attribue ces droits fait qu'ils sont pour la plupart soumis à la volonté du Parlement.
Des mesures protègent tout magistrat de sanctions éventuelles et réglementent très strictement le cas d'interruption de son mandat. Dans cette dernière situation, si en R.S.F.Y. et en R.P.P. le Parlement peut dans certains cas, prononcer l'interruption du mandat, dans la quasi-totalité des cas, sa décision est subordonnée à une décision préalable de la Cour elle-même (voir tableau suivant).

REGLES RELATIVES A L'INTERRUPTION DU MANDAT DE JUGE	
Le Parlement prononce la cessation du mandat du juge (*) dans les cas suivants:	**Cette décision doit elle trouver son origine dans une décision préalable du juge ?**
Yougoslavie: (Art. 382 de la Constitution de 1974)	
- Si le juge est condamné pour un acte criminel à une peine de privation de liberté	**OUI**
- si le juge perd de façon durable sa capacité de travail nécessaire à l'execice de sa fonction.	**OUI**
Pologne: (art. 14 de la loi du 29/05/85)	
- à la suite d'une condamnation du juge par un tribunal	**OUI**
- s'il fait l'objet d'une sentence disciplinaire passée en force de chose jugée	**OUI**
- s'il manque à son serment	**NON (**)**

*** : Outre le décès, la démission et la maladie du juge.**

****: le droit polonais est totalement silencieux sur ce point.**

L'existence de ce genre de règles n'est qu'un élément de l'indépendance des juges. Au-delà de cette apparence, pour le Doyen FAVOREU [1], une des caractéristiques au modèle européen est d'accorder aux juridictions un statut constitutionnel, c'est-à-dire d'inscrire dans la Constitution les principales dispositions relatives à l'organisation, à la composition et aux compétences de cette juridiction. Si cette exigence est remplie dans la situation Yougoslave [2], le Droit polonais connaît de sérieuses lacunes dans ce domaine.
En effet, la disposition constitutionnelle relative au Tribunal constitutionnel est relativement succincte. Dans le domaine des garanties accordées aux juges, se borne à indiquer que ces derniers sont "indépendants et sont subordonnés à la Constitution", renvoyant à une loi pour définir les compétences, l'organisation et la procédure.
Ce renvoi est un élément très important car tous les éléments qui concernent le Tribunal constitutionnel polonais, sont contenus dans la loi du 29 avril 1985 et la décision de la Diète de POLOGNE du 30 août de cette même année. Si le contenu de ces textes semble accorder au tribunal constitutionnel une indépendance comparable aux juridictions occidentales, il n'en est en fait rien puisque la position juridique de ces textes fait que l'indépendance est entièrement conditionnée à la volonté du Parlement. De plus, si une modification de la loi du 29 avril peut faire l'objet d'un éventuel contrôle du Tribunal sur la base de sa faculté d'auto-saisine, la décision de la Diète ne figure pas au rang des actes du Parlement soumis au contrôle de constitutionnalité du tribunal. Par ce biais, on peut imaginer que le Parlement dans une situation de conflit avec le Tribunal, pourrait réduire la compétence de ce dernier , au moyen d'une résolution. Sans même aller jusqu'à cette situation extrême, on peut penser, que le Tribunal ne se trouve pas placé, vis-à-vis du Parlement, dans la même situation que ses homologues d'Europe de l'ouest d'autant plus que la compétence du tribunal et la procédure de traitement des affaires sont presque totalement réglementées par des textes adoptés par le Parlement, c'est-à-dire par l'organe qui est soumis au contrôle du Tribunal.

b) L'indépendance de la fonction juridictionnelle

563 Outre l'indépendance de l'organe, l'indépendance entre les fonctions du Tribunal et du Parlement peut également être remise en cause dans les Tribunaux constitutionnels des Etats socialistes.
En effet, il est intégré dans la liste des compétences de chacune de ces Cours, qu'elles peuvent non seulement réprimer les manquements au texte constitutionnel du Parlement et du Gouvernement dans leur activité normative, mais aussi les enjoindre d'adopter un certain nombre d'actes juridiques prévus par la Constitution. Cette compétence, que l'on trouve désignée par la doctrine des Etats socialistes comme un contrôle positif "est exprimé par un ensemble de dispositions constitutionnelles qui autorisent le Tribunal constitutionnel"[3] à soumettre au Parlement ses observations

[1] - L. FAVOREU : Les Cours constitutionnelles - Opus cité, page 17.
[2] - Dans le texte de la Constitution de 1974, le titre VII est entièrement consacré à la Cour constitutionnelle de YOUGOSLAVIE. Les articles 375 à 378 sont relatifs aux compétences de cette Cour, la composition et les garanties des magistrats sont traités aux articles 381, 382 et 383 et les pouvoirs de la Cour constitutionnelle ainsi que la procédure aux articles 384 à 396.
[3] - Cette formule est extraite de l'article 5 de la loi du 29 avril 1985 sur le Tribunal constitutionnel polonais. On retrouve une rédaction comparable dans l'article 376 de la Constitution de

sur les défauts et les lacunes juridiques constatés dont l'élimination est nécessaire pour assurer la cohérence du système juridique. On peut dés lors s'interroger sur la compatibilité de ce contrôle positif avec la théorie du législateur négatif de KELSEN: le pouvoir dont sont investies les Cours constitutionnelles des Etats socialistes ne revient il pas à leur conférer un pouvoir normatif positif et par la même à leur attribuer une fonction incompatible avec l'exercice d'un pouvoir juridictionnel dans la mesure ou la cour constitutionnelle est totalement libre d'user ou de ne pas user de ce pouvoir qui s'inscrit à l'intérieur même du contrôle de constitutionnalité?

564 Ce problème se pose avec d'autant plus d'acuité qu'il n'existe aucune procédure totalement comparable dans le modèle kelsenien de justice constitutionnelle.

Il existe en effet, dans l'organisation des juridictions occidentales deux types d'activités qui, sans reproduire la notion de contrôle positif, présentent un certain nombre de points communs avec ce type de contrôle, il s'agit du contrôle des omissions du législateur et de l'introduction dans un certain nombre de décisions rendues par les Cours constitutionnelles d'éléments destinés au Parlement relatif aux moyens de remédier à une inconstitutionnalité[1].

Par la première activité, la cour Constitutionnelle statue sur l'inexistence (totale ou partielle) d'un acte juridique, alors même que son adoption est requise par la Constitution. Par la seconde la décision, de la Cour outre l'appréciation de la conformité de l'acte, comporte également (en cas de non conformité) un certain nombre d'indications destinées à l'auteur de l'acte et ayant pour but de lui indiquer les mesures à prendre pour rétablir la constitutionnalité.

L'existence d'une procédure spécifique du contrôle des omissions du législateur est un phénomène très réduit en Europe occidentale puisque seule la Constitution portugaise a prévu ce type de mécanisme [2]. Toutefois, d'autres juridictions ont introduits dans leur jurisprudence la notion de contrôle des omissions du législateur, certains telle que la Cour constitutionnelle Autrichienne ou même le Conseil constitutionnel français[3] considérant qu'il s'agit d'un motif d'annulation de l'acte concerné.

565 L'introduction dans le texte de la décision d'éléments destiné à l'auteur de l'acte pour lui indiquer par quels moyens il doit remédier à la non conformité constaté est par contre une pratique que l'on retrouve dans de nombreux Etats d'europe occidentale notamment en République Fédérale Allemande ou elle intervient dans le cadre des décisions d'"appel au législateur" et de "déclaration d'inconstitutionnalité" (au travers desquelles la Cour constitutionnelle fédérale peut ne pas déclarer la nullité d'un acte juridique tout en introduisant dans sa décision un

---

YOUGOSLAVIE de 1974 : "La Cour constitutionnelle de YOUGOSLAVIE suit les faits intéressant l'observation de la constitutionnalité, de la légalité, informe l'Assemblée de la R.S.F.Y. des avis et des propositions en vue de l'adoption ou de la révision des lois et de la prise d'autres mesures pour assurer la constitutionnalité et la légalité, et protéger les droits d'autogestion et les autres libertés et droits des citoyens et des organisations et communautés autogestionnaires".

[1] - Selon l'expression employée dans le rapport français lors de la VII conférence des Cours constitutionnelles européennes de LISBONNE .Voir Annuaire international de justice constitutionnel 1987 opus cité page 153.

[2] - Article 283 alinéa 10 de ce texte.

[3] - Voir les décisions suivantes : n° 6731 DC du 26 Janvier 1967 , n° 83 168 DC 20 Janvier 1984 et n° 84 173 du 26 Juillet 1984.

appel au législateur pour qu'il procède à la réformation de l'acte dans un certain délai) mais aussi en ITALIE en ESPAGNE et dans d'autres Etats d'europe [1].
Ces pratiques rejoignent toutes deux partiellement la notion de contrôle positif, l'une par le fait qu'elle s'appuie sur une carence de l'activité du législateur, et l'autre car elle implique de la part de la Cour une démarche positive ou "constructive" selon l'expression employé dans le droit espagnol[2].
En fait l'usage de cette compétence dans les Etats socialistes a généré une pratique qui bien que ne remettant pas en cause les limites posées par KELSEN exprime toutefois de sérieuses différences avec les solutions Occidentales.

- l'usage de cette compétence

566 Les propositions concernant l'amélioration de la constitutionnalité et de la légalité ont pris deux formes. Soit le Tribunal dépose un texte visant à montrer que tel ou tel principe constitutionnel n'est pas respecté dans un grand nombre de situations (ou qu'une activité révèle la violation de plusieurs grands principes contenus dans la Constitution), soit son intervention est beaucoup plus précis: elle désigne un acte juridique parfaitement identifié et en propose soit la réformation soit en cas de carence l'adoption.
Dans la première situation, on peut citer les propositions faites par la Cour constitutionnelle de YOUGOSLAVIE au Parlement yougoslave de prendre toutes mesures afin "que les organes politiques et administratifs de la Fédération, ainsi que les assemblées républicaines accordent plus d'attention au principe contenu dans l'article 152 de la Constitution et qui commande que toutes les lois et autres actes juridiques doivent être publiés avant de rentrer en vigueur, ainsi qu'au principe contenu à l'article 154 qui prohibe l'effet rétroactif des actes juridiques" [3]. De même, la Cour constitutionnelle yougoslave fit parvenir une demande comparable au Parlement Fédéral afin de l'informer du manque de cohérence dans la réglementation des secteurs d'utilité publique et du prix exigé pour les services dans le cadre de ces activités. La Cour avait remarqué que pour des activités comparables le prix pouvait différer selon les Républiques et les communes et que cette diversité était de nature à remettre en cause l'égalité entre les citoyens.
567 Il faut aussi relever les Cours constitutionnelles des diverses Républiques ont également fait usage de cette procédure. Ainsi, l'ensemble de ces Cours (à l'exception de celle de CROATIE) a demandé le respect du principe selon lequel toutes les taxes locales devaient être approuvées par un vote des électeurs. Parmi les autres propositions de ce type, faites par les Cours constitutionnelles des Républiques Yougoslaves, on peut également relever la demande faite par la Cour de SLOVENIE

---

[1] - Voir à ce sujet les rapports nationaux présentés à la conférence de LISBONNE de 1987 publiés à l'AIJC 1987. Pour une étude plus approfondie de l'exemple allemand, se reporter à la thèse de Jean Claude BEGUIN- "Le contrôle de la constitutionnalité des lois en République Fédérale d'Allemagne", opus cité, page 233 et s. et 266 et s.

[2] - Les deux éléments contrôle de l'omission et appel pouvant parfaitement se combiner au sein de la même décision.

[3] - Voir S. PAVICIC et N. SRZENTIC - "WORK OF CONSTITUTIONAL COURTS". Extrait de YOUGOSLAV SURVEY - volume IX - août 1968 page 10.

et par celle du MONTENEGRO de respecter dans la législation et les autres actes juridiques le respect de l'égalité des langues dans la République Yougoslave [1].
Cette première type de propositions peut prendre un autre aspect. Il ne s'agit plus de demander l'application d'un principe constitutionnel dans un ensemble d'actes juridiques mais de l'ensemble de ces principes dans un secteur particulier de l'activité étatique. Dans ce cadre, on peut citer une démarche faite par la Cour constitutionnelle de YOUGOSLAVIE demandant à l'Assemblée Fédérale d'accorder une grande attention au processus de création des normes juridiques des organes politiques et administratifs. La Cour constitutionnelle de YOUGOSLAVIE avait exprimé l'idée que ces organes ne devaient jamais dépasser le cadre de leur compétence, et notamment ne pas empiéter sur celles du Conseil Exécutif Fédéral, et a fortiori sur celle du Parlement [2].
Cette demande de la Cour constitutionnelle fédérale yougoslave peut être rapprochée de celle opérée par le Tribunal constitutionnel polonais,
dans son rapport à la Diète en 1988 [3]. Le Tribunal constate que son expérience "démontre que l'état actuel du processus de création du droit n'est pas satisfaisant". Cette insuffisance s'exprime par le non-respect des dispositions constitutionnelles concernant notamment le rôle de la loi.

568 Toutefois, ce premier type de propositions n'est pas le plus utilisé par les Tribunaux constitutionnels des Etats socialistes, qui le plus souvent adoptent une démarche plus directe, c'est-à-dire proposent l'adoption d'une nouvelle disposition juridique, légale ou constitutionnelle. Ces propositions peuvent être observées tant en YOUGOSLAVIE qu'en POLOGNE et peuvent revêtir deux formes différentes.
Le Tribunal constitutionnel demande l'annulation ou la modification d'un acte. On se trouve alors dans une situation assez proche du contrôle négatif de constitutionnalité: le Tribunal estimant qu'un acte juridique est non-conforme et met en cause la cohérence du système juridique mis en place par la Constitution, il demande à l'auteur de l'acte de prendre des mesures adaptées pour rétablir la cohérence du système juridique.

569 La seconde procédure est plus originale. Le Tribunal estime que la constitutionnalité est violée non pas par un acte juridique, mais par l'absence d'un tel acte. Il va donc entamer une démarche auprès de l'auteur "potentiel" de cet acte pour qu'il l'adopte.
La contestation et la demande de réformation d'un acte juridique au travers de la procédure de contrôle positif a fait l'objet en POLOGNE et en YOUGOSLAVIE

---

1 - S. PAVICIC et N. SRZENTIC - ibid. page 12

2 - ibidem page 12. Cette demande de la Cour constitutionnelle s'appuyait sur l'article 228 et sur l'article 237 de la Constitution fédérale concernant la répartition des compétences dans l'exécution des normes juridiques. A.228 point 4 - le Conseil Exécutif Fédéral: ... adopte les ordonnances, décisions et instructions nécessaires à l'exécution des lois fédérales et autres actes généraux de l'Assemblée Fédérale, s'il y est habilité par la loi.
A. 237 : Les fonctionnaires fédéraux qui dirigent les organes de l'administration fédérale peuvent édicter des règlements, des arrêtés et des instructions pour l'exécution des lois et des prescriptions du Conseil Fédéral s'ils y sont habilités par une loi ou une prescription du Conseil exécutif fédéral.

3 - "INFORMACJA, O ISTOTNYCH PROBLEMACH WYNIKAJACYCH Z DZIALALNOSCI I OZECZICTWA TRYBUNAL KONSTYTUCYJENEGO P.R.L. W 1988 " (Information sur les questions essentielles résultant de l'activité et de la jurisprudence du Tribunal Constitutionnel en R.P.P. en 1988) - pages 14, 15 et 16. VARSOVIE 1989 - Rapport édité par le Tribunal constitutionnel.

d'une pratique assez importante. Elle peut tout d'abord trouver son origine dans une violation directe de la relation de conformité des actes juridiques inscrit dans la Constitution.

570 Ainsi, la Cour constitutionnelle yougoslave a-t-elle proposé de reformer la législation sur les locaux commerciaux, certaines parties de la loi sur les locaux à usage commerciaux et la loi sur le commerce immobilier étant considérées par elle comme non conformes à la Constitution [1]. Le Tribunal Constitutionnel polonais a également utilisé cette forme de proposition. Ainsi, en 1988, par deux fois, il a fait parvenir à la Diète et au Conseil des Ministres une proposition visant à obtenir le rétablissement de la relation de conformité entre deux actes juridiques de niveaux différents.

571 Dans la première affaire qu'il a eu à traiter, le Tribunal constitutionnel polonais a relevé la non-conformité des articles 4 alinéa 2 de la loi du 13 février 1984 (loi relative aux élections aux Conseils Populaires) et de l'article 5 alinéa 2 de la loi du 28 mai 1985 (relative aux élections à la Diète) avec l'article 99 de la Constitution [2]. Ces deux articles des lois électorales établissaient la liste des personnes dépourvues du droit de vote en reproduisant l'article 99, mais aussi en créant de nouvelles catégories de personnes exclues. Notamment ne pouvaient voter tous les électeurs détenus en prison, tant après une condamnation ou en détention préventive.

572 Dans le seconde affaire, le Tribunal constitutionnel a relevé la non-conformité des articles 12 et 19 du décret du Conseil des Ministres du 27 décembre 1974 à différents articles du code du travail et aux articles 67 alinéa 2 et 69 alinéa 2 de la Constitution de la R.P.P. [3]. Le décret ne déterminant aucune limite dans le temps de travail des médecins et des personnels hospitaliers était en opposition avec ces deux articles de la Constitution, aucune considération de profession n'étant en mesure de justifier la non application du droit au repos prévu pour l'ensemble des travailleurs.

Il faut noter que dans la pratique polonaise, le contrôle positif s'est exercé également dans des situations non plus d'inconformité entre deux normes mais d'incohérence entre deux actes juridiques de rang équivalent. A ce titre, le Tribunal constitutionnel de POLOGNE a fait parvenir au Président de la Diète une demande pour remédier à la non-conformité des articles 961 du Code Civil et 677 du Code de Procédure Administrative. De même peut être mentionné, au sein d'une pratique relativement abondante [4], l'incohérence relevée par le Tribunal constitutionnel entre l'article 96

---

[1] - S. PAVICIC et N. SRZENTIC - Work of Constitutional Courts, déjà cité,page 14.

[2] - Ces informations sont extraites du rapport précité de Tribunal constitutionnel polonais à la Diète. Article 99: les droits électoraux n'appartiennent pas aux malades mentaux ni aux individus déchus des droits civiques en vertu d'un jugement.

[3] - Article 67 alinéa 2: Tous les citoyens de la R.P.P. ont les mêmes droits, sans distinction de sexe, de naissance, d'instruction, de profession, de nationalité, de race, de religion, ainsi que d'origine et de position sociale.
Article 69 - alinéa 2 - Le droit au repos est garanti aux travailleurs par la diminution de la durée de travail, grâce à l'application de la journée de huit heures et la durée réduite du travail dans les cas prévus par la loi ainsi que par des jours fériés fixés par la loi et les congés payés annuels.

[4] - Le rapport du Tribunal constitutionnel mentionne que sur 9 rapports présentés par le Tribunal constitutionnel polonais en 1988 sur la base de l'article 5 de la loi du 29 avril 1985, 5 étaient relatifs à cette situation.

alinéa 2 de la loi du 29 avril 1985 (sur la gestion et l'expropriation des immeubles) et les articles 8 alinéa 16 et 110 du Code de procédure administrative.
La demande d'adoption d'un acte juridique qui n'existe pas encore, et dont la carence apparaît à la Cour constitutionnelle comme un phénomène constituant une atteinte à la bonne application de la Constitution, est également une pratique très souvent employée dans le cadre du contrôle positif. On la retrouve à la fois en YOUGOSLAVIE et en R.P.P. Ainsi, la Cour constitutionnelle yougoslave a-t-elle formulé entre 1964 et 1967 huit demandes pour adopter de nouveaux actes juridiques (tant sous la forme d'adoption de nouveaux articles au sein d'un acte existant que de création "ex nihilo" d'un nouvel acte juridique). Ainsi, la Cour yougoslave a demandé l'adoption d'une loi sur les droits de propriété des personnes privées (pour régler les problèmes posés par les relations contractuelles) alors que toutes les dispositions juridiques avaient cessé d'être en vigueur dans ce domaine après 1945 et n'avaient jamais été remplacées[1].

573 De même le Tribunal constitutionnel polonais en 1988 a également utilisé par trois fois ce type de procédure, en réclamant par exemple que soient comblées les lacunes causées par l'absence, dans la résolution du Conseil des Ministres n° 108 du 17 juillet 1987 (sur la réglementation en matière de vente de combustibles aux particuliers entre 1987 et 1990), de dispositions relatives à la situation particulière des agriculteurs en considération du principe constitutionnel de la justice sociale [2].
Un autre exemple particulièrement caractéristique de ce type de démarche est donné par l'article 17 point 2 de la loi du 28 juillet 1983. Dans ce texte, il est mentionné que le Ministre des Finances doit procéder à un réajustement des biens servant de base au calcul de l'impôt si l'inflation augmente de plus de 10%[3]. Ce taux a été dépassé dès février 1987 et le Ministre n'a pas adopté les mesures prévues. Sur cette base, le Tribunal constitutionnel a donc demandé au Ministre d'adopter l'arrêté prévu par la loi du 28 juillet 1983.

- La compatibilité de cette compétence avec le statut de juridiction

574 Pour vérifier que le contrôle positif n'excède pas les limites de la fonction juridictionnelle telles qu'elles sont posées dans l'oeuvre de KELSEN (et spécialement par la théorie du législateur négatif), il convient de comparer la pratique résultant du contrôle positif avec d'une part les éléments apportés par KELSEN et d'autre part la pratique des juridictions constitutionnelles occidentales dans les domaines pouvant se rattacher partiellement au contrôle positif déjà évoqués.
Ainsi, pour que le contrôle positif remette en cause ces limites il faudrait que cette compétence manifeste deux caractères : la libre création et la production d'effets juridiques comparables à ceux d'une loi.

---

[1] - S.PAVICIC et N. SRZENTIC. "Work of Constitutional Courts" - déjà cité page 11.
[2] - "INFORMACJA. O ISTOTNYCH PROBLEMACH WYNIKAJACYCH Z DZIALALNOSCI I OZECZICTWA TRYBUNAL KONSTYTUCYJENEGO P.R.L. W 1988 "(Information sur l'activité au Tribunal constitutionnel polonais en 1988) - page 14.
[3] - Inflation calculée sur l'augmentation des prix de détails des marchandises non alimentaires d'usage permanent acheté sur le marché socialisé.

Malgré l'existence d'éléments a priori discordants avec cette théorie, il semble bien que le contrôle positif, tel qu'il est pratiqué dans les Etats socialistes, ne soit pas opposé à la limite fixée par la théorie du législateur négatif. Si le juge se trouve dans la mesure d'exprimer une "libre création" l'absence de force juridique de ce type de décisions rend compatible cette activité avec les exigences posées par KELSEN.

- *La manifestation de la libre création*

575 La comparaison entre les éléments précités fait apparaître que le contrôle positif des Etats socialistes constitue dans certain cas une manifestation de libre création se distinguant des procédures existant en Europe occidentale, tant en ce qui concerne les possibilités d'actions que le degré de précision de la rédaction des demandes du Parlement.
Si l'on compare le contrôle de l'omission et les recommandations avec le contrôle positif il apparaît que ce dernier témoigne de la part de son auteur d'une manifestation plus importante de libre création du fait qu'il peut être déclenché directement par la Cour constitutionnelle alors qu'en occident l'omission ou les recommandations ne peuvent s'exercer que dans le cadre d'une affaire qui tire son origine dans une saisine effectué par d'autres organes. Ainsi au PORTUGAL cette procédure ne peut se déclencher que sur intervention du Président de la République, du procureur (Provedor) de justice ou des présidents des Assemblées régionales (si la violation des Droits des régions autonomes est évoquée). De même dans les autres ordres juridiques où le contrôle de l'omission est pratiqué en dehors de toute procédure spécifique, ce type de contrôle ne peut intervenir que dans le cadre d'une affaire dont la maîtrise du déclenchement n'appartient pas exclusivement au juge. Même si cette condition peut dans les exemples où les recours individuels génèrent un afflux très important d'affaires et donc confèrent au juge un large éventail de possibilités être relativisée, il n'empêche qu'elle confère aux juridictions des Etats socialistes une liberté plus importante, aucune limitation dans le choix des domaines et des motifs ne pouvant intervenir dans le cadre du contrôle positif.

576 La libre création des juges se manifeste également dans le contenu des propositions effectuées. Les juridictions occidentales font le plus souvent preuve de retenue, se limitant a des principes généraux en se gardant bien de "réécrire " le texte que le législateur devrait adopter les juridictions des Etats socialistes adoptent parfois une démarche différente et déterminent non seulement quels principes le législateur devra mettre en oeuvre, mais aussi quel devra être le contenu du texte à adopter.
En effet, la libre création, au sens que KELSEN accordait à cette expression, n'est pas totalement absente de l'activité du contrôle positif. Le juge se trouve dans ce cas placé dans une position assez proche de celle du législateur : bien que lié par la Constitution, il dispose d'un large pouvoir de choix. Toutefois cette liberté n'est pas automatique dans le cadre du contrôle positif. Dans un grand nombre de cas, le juge s'appuie sur l'exigence du rapport de conformité entre deux normes de rang différents. Ainsi, même quand il demande au législateur de modifier un acte existant, voir même de créer un acte nouveau, il est absolument lié par la Constitution. Quand le Tribunal constitutionnel polonais demande au Ministre des Finances d'édicter le décret sur la modification des éléments pris en compte pour le calcul de l'impôt, il se trouve placé en fait dans la même situation que le Ministre: il est lié par l'article 17

point 2 de la loi du 28 juillet 1983 qui rend obligatoire l'édiction de cet acte. Il se limite donc (au-delà de la technique particulière du contrôle positif) à être selon l'expression de MONTESQUIEU "la bouche qui prononce les paroles de la loi". En fait, au-delà de ce cadre strict, la libre création ne se trouve ni contenue dans la faculté pour le Tribunal de proposer des mesures sans y être invité par un tiers [1], ni même dans le fait de répondre à un problème de conformité au texte constitutionnel par un élément de construction plutôt que de répression (même dans ce cas, c'est la Constitution qui lie la proposition), mais dans le degré de développement et de précision atteint par la proposition. La manifestation de la libre volonté n'est pas de demander au législateur d'adopter un texte sur la base de tel ou tel principe posé par la Constitution, mais d'écrire ce texte à la place du législateur [2].

577 Dans ce domaine, la pratique des Tribunaux constitutionnels socialistes fait apparaître trois types de situations qui s'expriment dans trois types de rédactions des propositions transmises par les juridictions constitutionnelles au Parlement et au Gouvernement.

Dans un cas, il n'y a aucune manifestation de libre création. Le Tribunal se borne à indiquer que le Parlement doit adopter une loi dans tel domaine pour respecter telle disposition constitutionnelle. Ainsi la Cour constitutionnelle yougoslave a-t-elle demandé au Parlement d'adopter une loi sur la responsabilité des détenteurs de fonction juridique ou sociale, comme le prescrit l'article 86 de la Constitution. La Cour constitutionnelle n'a manifesté aucune liberté de création, et n'a donné aucune directive quant au contenu de la loi [3].

578 Dans un second type de rédaction, le Tribunal va plus loin: il ne se limite pas à recommander l'adoption d'une loi, mais précise au moyen de quelques principes quel devra être le contenu de cette loi. On peut citer à titre d'illustration la demande faite par la Cour constitutionnelle de R.S.F.Y. au Parlement de modifier la législation sur les assurances en vue de respecter le principe constitutionnel d'unité du système d'assurance yougoslave sur l'ensemble du territoire. La Cour a précisé que ces modifications devaient porter sur la détermination de la pension de base (notamment) et les conditions d'octroi et de perte de la pension. Dans ces deux premières situations la jurisprudence des juridictions constitutionnelles des Etats socialistes est comparable à celle des Cours Occidentales spécialement en R.F.A.

Ainsi dans la décision du 20 Décembre 1961 concernant la taxe sur le chiffre d'affaire[4], la Cour de KARLSRUHE, tout en ne déclarant pas non conforme à la Constitution la loi portant imposition sur le chiffre d'affaire, a adressé dans sa décision des recommandations au législateur.

Le législateur doit poursuivre la réforme de l'impôt sur le chiffre d'affaire et "sans autres délais que ceux qui résultent de la nature des choses" doit la terminer à brève échéance.

---

[1] - Tant KELSEN qu'EISENMANN indiquent que l'auto-saisine n'est pas incompatible avec la notion de juridiction constitutionnelle. voir par exemple: Charles EISENMANN, "La justice constitutionnelle et la Haute Cour Constitutionnelle d'AUTRICHE - Thèse PARIS 1928 - LGDJ page 107.

[2] - Notons qu'ainsi, la libre création se manifeste dans le contrôle positif à la fois dans le cadre d'une demande de création d'un acte, mais aussi de modification d'un acte.

[3] - Cette situation, relevée tant en R.S.F.Y. qu'en R.P.P. apparaît de loin la plus fréquente.

[4] - Pour une analyse complète de cette décision voir J.C.BEGUIN "Le contrôle de constitutionnalité en République Fédérale Allemande" opus cité page 273 et s.

579 Cette décision qui détermine seulement la tache à accomplir en termes généraux (c'est à dire le but de la réforme et son échéancier) peut se rattacher au premier type de rédaction usité dans le cadre du contrôle positif, comme l'ensemble de cette jurisprudence de la Cour de KARLSRUHE [1].
Dans certains cas les juridictions constitutionnelles ouest européennes adoptent une position plus active en indiquant quel devra être le fondement du futur texte. Ainsi dans sa décision du 22 Juillet 1986 relative à la loi organique sur le pouvoir judiciaire (notamment quant à la conformité du mode de désignation du conseil judiciaire avec l'article 123 alinéa 3 de la Constitution), le Tribunal constitutionnel Espagnol a estimé que l'article 112 de ce texte rendait possible le risque (sans pour autant qu'il soit inéluctable) d'un comportement contraire à l'esprit de la Constitution. Pour le Tribunal pouvait impliquer le remplacement de l'article 112 par une disposition plus en rapport avec la finalité de l'article 122 alinéa 3 de la constitution qui est de "garantir que la composition du conseil reflète le pluralisme existant au sein de la société"[2].
580 La prudence des Cours constitutionnelles a été justifiée par le fait qu'il n'appartient pas à une juridiction mais au législateur de prendre la décision politique[3]. Par contre, dans les Etats socialistes, en matière de contrôle positif cette prudence n'a pas toujours été respectée.
En effet, dans une troisième situation, on assiste à une véritable réécriture de la loi par le juge. Celui ci, dans ce cas, va directement indiquer au Parlement quel doit être le texte de la future loi. Ainsi, le Tribunal constitutionnel polonais a-t-il, en relevant la mauvaise rédaction de l'article 25 du décret du Conseil des Ministres du 16 septembre 1985, demandé à celui-ci de changer l'expression d'aliénation des immeubles par celle des vente des immeubles.
581 La compatibilité de cette pratique avec les limites posées par KELSEN apparaît d'autant plus douteuse que dans les situations où les Cours constitutionnelles occidentales génèrent une jurisprudence comparable, celle ci est critiquée au motif de sa non compatibilité avec la fonction juridictionnelle.
L'exemple le plus significatif est extrait de la jurisprudence du Tribunal constitutionnel espagnol avec l'arrêt 53/85. Dans cette affaire relative au contrôle du projet de loi sur la dépénalisation partielle de l'avortement, le Tribunal constitutionnel espagnol a indiqué dans sa décision [4] que le projet de loi organique introduisant dans le Code pénal un article 417 bis est non conforme à la Constitution, non à raison des hypothèses dans lesquelles il déclare que l'avortement n'est pas punissable, mais parce qu'il ne satisfait pas dans le règlement de ces hypothèses aux exigences constitutionnelles déduites de l'article 15 de la Constitution. Cette décision "constructive" a fait l'objet en ESPAGNE d'un vif

---

[1] - Voir J.C.BEGUIN opus cité et le rapport de la Cour Constitutionnelle de R.F.A. pour la conférence de LISBONNE AIJC 1987 opus cité, pages 44 à 50.

[2] - Toutes les citations sont extraites du rapport espagnol pour la conférence de LISBONNE AIJC 1987 opus cité page 109.

[3] - Voir par exemple le rapport de la RFA lors de la conférence de LISBONNE. AIJC 1987,page 44.On peut également consulter le rapport français rédigé lors de la conférence d'ANKARA (7 - 10 Mai 1990) Revue Française de Droit Administratif, n° 6 mai juin 1990 page 322.

[4] - Traduction extraite du rapport espagnol à la conférence de LISBONNE de 1987. AIJC 1987 p. 107-108.

débat. Adoptée d'extrême justesse [1], elle fut très critiquée par une partie des juges au motif que "la juridiction constitutionnelle est essentiellement négative et qu'il lui est interdit de modifier ou d'ajouter au texte qui lui est déféré" [2]. Pour les adversaires de cette décision en agissant ainsi le Tribunal Constitutionnel a dépassé les limites de sa propre fonction "en envahissant des compétences qui appartiennent au pouvoir législatif" [3].

582 Ce problème, dans lequel pourrait s'intégrer la décision polonaise précitée, est en fait résolu pour les Etats socialistes car les décisions adoptées dans ce cadre ne satisfont pas la seconde condition posée par KELSEN.

Bien que manifestant dans certain cas une libre création importante, le contrôle positif ne remet pas en cause la théorie du législateur négatif car les décisions adoptées dans ce cadre ne disposent d'aucune force obligatoire.

Toutefois, même dans les (rares) situations où l'on peut considérer qu'il y a manifestation de libre création, celle-ci n'est pas de nature à dépasser la limite de l'activité juridictionnelle posée par la notion de législateur négatif, car cette manifestation est juridiquement dépourvue de tout caractère obligatoire. Dans le cadre du contrôle positif, les Cours constitutionnelles ne peuvent rendre que des avis, des propositions dépourvues de toute force obligatoire, et qui ne s'imposent en rien à leur destinataire[4].

583 Pour KELSEN, l'annulation d'une loi est une norme juridique admissible de la part d'une juridiction en ce sens qu'elle ne manifeste aucune libre création. Dans le cadre du contrôle positif, il y a certes (parfois...) manifestation d'une libre création, mais l'absence de toute normativité interdit de considérer que le juge, en faisant parvenir au Parlement ses propositions, édicte la moindre norme juridique [5]. Il n'y a donc pas incompatibilité totale entre la théorie du législateur négatif de KELSEN et la notion de contrôle positif, cette compétence ne conduisant pas les Cours constitutionnelles à empiéter sur les fonctions normatives du parlement.

Toutefois, cette compatibilité ne doit pas pour autant clore toute réflexion quant aux conséquences du contrôle positif sur la conception des juridictions constitutionnelles dans les Etats socialistes. La part très importante de libre création, non pas de normes juridiques mais de propositions vis à vis du Parlement, tend à assimiler les juridictions à des conseillers autant qu'à des contrôleurs du législateur [6].

---

[1] - Six voix contre six, la voix prépondérante du Président faisant la différence.

[2] - On retrouve également en ITALIE des décisions "qui manipulent les normes" (sentenze constitutionali -manipolative) selon l'expression de Mr A.GARINO cité dans le rapport Italien à la conférence de LISBONNE , AIJC 1987 page 178 et 179.

[3] - Extrait des opinions dissidentes produites après cette décision.

[4] - Le caractère non obligatoire n'empêche pas le Parlement de tenir compte de ces avis. Ainsi, en 1988 en POLOGNE, à la suite de l'application de l'article de la loi du 29 Avril 1985, le Conseil des ministres a modifié dans le sens souhaité par le Tribunal l'arrêté du ministre des finances du 12 novembre 111983 ainsi que le décret du 27 décembre 1974 sur les obligations en matière d'horaires des employés des hopitaux. De son coté la Diète a modifié l'article 96 de la loi.

[5] - Dans cette optique les cours constitutionnelles des Etats socialistes sont placé dans une position qui les place en retrait par rapport a leurs homologues d'Europe Occidentale.

[6] - Une partie importante de la doctrine polonaise a reconnu le Tribunal Constitutionnel comme un conseiller juridique du Parlement:Ainsi Witold ZAKREWSKI, alors président de la commission législative du Parlement a déclaré en 1985 lors de l'adoption de la loi sur le T.C.C :
" Le Tribunal constitutionnel est sans doute un organe qui se trouve hors du Parlement (...)mais en réalité il assiste ce dernier dans tous les problèmes juridiques"
cité par Z.CZESZEJKO-SOCHACKI " TRYBUNAL KONSTYTUCYJNY PRL", opus cité.

Il en résulte une position ambiguë et cette ambiguïté est particulièrement significative du principal obstacle à l'intégration des Cours constitutionnelles des Etats socialistes dans le modèle européen: l'intégration d'un organe dont la logique est en totale opposition avec celle de son environnement juridico-politique.

B) La logique de l'Etat socialiste s'oppose à la logique de la Cour constitutionnelle

584 En fait, la principale cause du difficile rattachement des Cours constitutionnelles des Etats socialistes au modèle kelsenien se situe dans l'antinomie de la logique de ce modèle et de celle de l'Etat socialiste. Pour pouvoir fonctionner et jouer le rôle que KELSEN leur assignait, les Cours constitutionnelles doivent évoluer dans un environnement juridique et politique compatible avec ce rôle. Or cette condition n'est pas remplie dans l'Etat socialiste. Au contraire, ce sont deux logiques qui s'affrontent. Cette opposition a de très importantes conséquences sur le fonctionnement et l'organisation des Cours constitutionnelles dans les Etats socialistes. Si les exemples yougoslave et tchécoslovaque montrent que cette incompatibilité va très fortement limiter le développement de la jurisprudence de la Cour (et lui interdire de jouer le même rôle qu'en Europe Occidentale) l'analyse des trois premières années de fonctionnement du Tribunal polonais donne lieu à une situation plus nuancée.

1) La logique de l'Etat socialiste limite le développement de la justice constitutionnelle

585 L'opposition entre les deux logiques a longtemps limité le développement de la Cour constitutionnelle dans l'Etat socialiste. A priori absolu, l'antagonisme entre ces deux notions n'a pu être mis en sommeil que par un aménagement de la Cour constitutionnelle pour la rendre acceptable en régime socialiste, mais qui constitue alors un obstacle à son rattachement au modèle kelsenien.
Sans vouloir reproduire ici les développements consacrés à la notion soviétique de Constitution, au rôle dirigeant du Parti communiste et à leurs conséquences constitutionnelles il convient de rappeler que ces notions ont généré un modèle de contrôle de constitutionnalité, instrument du pouvoir dans l'Etat, absolument incompatible avec la conception qui sous-tend le modèle kelsenien de contrôle. Au contraire du modèle socialiste de contrôle parlementaire, seul compatible avec la théorie de l'Etat et du Droit dans l'Etat socialiste, le modèle kelsenien s'appuie sur une tout autre conception du contrôle de constitutionnalité. Visant à faire respecter les dispositions de la Constitution, "principe où s'exprime juridiquement l'équilibre des forces politiques au moment considéré" [1], par un organe "dont l'indépendance est un postulat évident" [2], disposant du droit d'annuler directement dans son arrêt même l'acte qui lui est soumis [3], le contrôle de constitutionnalité apparaît dans l'oeuvre

---

[1] - H. KELSEN "La garantie juridictionnelle de la Constitution", déjà cité page 204.
[2] - H. KELSEN - Ibidem page 225.
[3] - H. KELSEN - Ibidem page 242.

d'H. KELSEN comme la garantie du caractère obligatoire de la Constitution à l'égard de tous et donc comme "un moyen de protection efficace de la minorité contre les empiétements de la majorité"[1]. Ainsi, on pourrait présenter la logique du modèle occidental de la Cour constitutionnelle en deux points: l'existence d'une juridiction unique spécialisée, structurée par des règles spécifiques, agissant en tant qu'arbitre pour trancher dans un cadre juridique les conflits pouvant exister entre les détenteurs du pouvoir et les autres composants de la société. Le modèle proposé par H. KELSEN (et repris dans la plupart des Etats d'Europe occidentale) est donc une réponse particulière (l'existence d'une juridiction spécialisée, contrairement à la réponse américaine de la Cour Suprême) au problème de la garantie de la force obligatoire de la Constitution en tant que compromis accepté et s'imposant à tous les composants de la population dont le but est de préciser (et par la même de limiter) les modalités d'expression des conflits dans cet Etat. Ainsi, comme le relève le Professeur J.CHEVALLIER [2] le contrôle de constitutionnalité (et donc l'établissement des Cours constitutionnelles) n'est qu'un aspect du perfectionnement de l'Etat de Droit. Cette notion selon laquelle "les divers organes de l'Etat ne peuvent agir qu'en vertu d'une habilitation juridique"[3] ,repose sur "un ensemble de valeurs, de représentations qui traduites dans le droit positif donne au principe de hiérarchie des normes sa véritable portée"[4]. L'Etat de droit apparaît donc comme intimement lié au principe de limitation du pouvoir et selon l'expression du professeur CHEVAILLER au" culte du droit".

586 On voit bien dès lors à quel degré se situe la difficulté du rattachement des juridictions constitutionnelles polonaise et yougoslave au modèle kelsenien: ces organes apportent plus ou moins le même type de réponse que les Cours occidentales mais le problème n'est juridiquement pas reconnu ni comme existant, ni même comme légitime, les Etats socialistes ne reconnaissant ni l'existence d'intérêts économiques antagonistes et par là de relations conflictuelles dans l'Etat, ni l'intervention du droit en tant que processus arbitral de ces antagonismes et donc la limitation du pouvoir politique au nom de considérations juridiques. D'où l'existence entre les deux logiques d'un antagonisme absolu dont la résolution ne peut passer que dans l'effacement de l'une ou de l'autre des logiques.
De ce fait, cette rupture entre la Cour constitutionnelle et son environnement juridico-politique dans l'Etat socialiste a généré deux types deux phénomènes : la disparition pure et simple de la Cour ou son adaptation aux exigences de l'Etat socialiste.

a) La disparition de la Cour constitutionnelle

587 Ce phénomène est la résultante d'une rupture. La greffe d'un organe de la démocratie occidentale sur un corps socialiste a provoqué un phénomène de rejet. La Cour, bien qu'inscrite dans la Constitution, n'a jamais été créée dans la réalité.

---

1 - H. KELSEN - Ibidem page 253.
2 - J. CHEVAILLER L'Etat de Droit , Revue de Droit Public 1988 pages 313 à 380.
3 - Ibidem page 318.
4 - Ibid. page 364.

Ceci est illustré par la situation tchécoslovaque. La loi constitutionnelle, adoptée le 27 octobre 1968, qui a créé la Fédération Tchécoslovaque, prévoit dans son chapitre VI la création d'une Cour constitutionnelle disposant du pouvoir d'entraîner la disparition de toutes les dispositions juridiques non conforme à la Constitution[1]. Cette loi constitutionnelle du 27 octobre 1968 était prévue non pas pour remplacer mais pour compléter la Constitution tchécoslovaque du 11 juillet 1960 [2]. De ce fait, les nouvelles institutions fédérales devaient s'intégrer dans le cadre fourni par la Constitution de 1960 notamment son article 4 affirmant:

"La force dirigeante dans la société et dans l'Etat et l'avant-garde de la classe ouvrière, le Parti communiste de TCHECOSLOVAQUIE, union volontaire de combat des citoyens les plus actifs et les plus conscients des rangs des ouvriers des paysans et des intellectuels".

588 Cette disposition [3] illustre l'opposition évoquée plus haut avec la logique décrite par KELSEN. Celle ci est d'autant plus radicale qu'elle tire ses origines d'une situation historique particulière : le mouvement du printemps de PRAGUE.

Engagé officiellement le 5 janvier 1968 avec l'arrivée à la tête du Parti communiste tchécoslovaque de M. Alexandre DUBCEK (arrivée consécutive à la démission de M. NOVOTNY deux jours auparavant) ce mouvement de libéralisation du régime tchécoslovaque entraîna la multiplication des projets de réformes.

Dans le domaine constitutionnel, une large réflexion sur le fédéralisme et la Cour constitutionnelle a été engagée. Sur la base du programme adopté le 5 avril 198 par le Parti communiste tchécoslovaque, la préparation d'une nouvelle Constitution fédérale fut mise en chantier. Elle fut adoptée le 28 octobre 1968, malgré l'intervention (le 21 août 1968) des troupes du Pacte de VARSOVIE, qui brisa net cette tentative de libéralisation de l'Etat socialiste tchécoslovaque.

589 Si les nouveaux dirigeants mis en place par les soviétiques ont accepté de faire voter la Constitution élaborée par les collaborateurs d'Alexandre DUBCEK, il est certain que cette réforme ne s'inscrivait plus dans le même contexte idéologique. En effet, le programme du P.C.T. du 5 avril 1968 ne se limitait pas à la création d'un Etat fédéral. Il visait également (et surtout) à réviser la place du Parti dans la société tchécoslovaque pour en réduire le rôle dirigeant. Ce programme affirmait notamment que:

"Le rôle dirigeant du Parti a souvent été compris, dans le passé, comme une concentration monopolistique du pouvoir dans les organes du Parti. Cela correspondait à la thèse énoncée que le Parti est l'instrument de la dictature du prolétariat".

Le but du Parti n'est pas de devenir

"l'administration universelle de la société, de subordonner toutes les organisations et tous les pas de la vie à ses directives" [4].

---

[1] - Voir article 90 de la loi constitutionnelle du 27 octobre 1968.

[2] - L'article 143 de la loi constitutionnelle du 27 octobre 1968 prévoyait quels articles de la Constitution de 1960 étaient abrogés.

[3] - dont on retrouve partout l'opposition dans le texte constitutionnel.Ainsi,tandis que l'article 142 de la loi constitutionnelle du 27 octobre 1968 affirme la supériorité de la Constitution ("la Constitution de la République Socialiste Tchécoslovaque ne peut être modifiée que par une loi constitutionnelle"), le préambule en vigueur de la Constitution de 1960 s'oppose nettement à cette perspective statique : "Pour corroborer l'ensemble des résultats acquis jusqu'à présent par les luttes et par le travail de notre peuple (...), nous codifions aujourd'hui cette Constitution socialiste de notre République".

[4] - Cité dans: <u>Notes et Etudes Documentaires</u> n° 3551,page 9.

Il y avait dans l'esprit des promoteurs du "socialisme à visage humain" une véritable unité entre la fédéralisation et la révision du rôle du Parti, à tel point que dans les projets de loi sur le fédéralisme élaborés avant le 21 août 1968, il était également prévu de fédéraliser le Parti communiste en deux entités distinctes: le Parti communiste tchèque et le Parti communiste slovaque.

590 Si cette réforme avait vu le jour, elle aurait eu des conséquences très importantes en matière de contrôle de constitutionnalité: la Cour constitutionnelle fédérale aurait alors pu jouer véritablement son rôle d'arbitre puisque aucun des organes d'Etat n'auraient désormais été censé posséder le monopole de la légitimité socialiste.

L'adoption de la Constitution Fédérale, en dehors de ce contexte de révision totale des relations de pouvoirs dans l'Etat et hors du cadre de la TCHECOSLOVAQUIE d'avant 1968 [1], a vidé cette réforme de la quasi totalité de son contenu.

Entre autres conséquences, cette évolution en associant deux logiques dans le même ensemble institutionnel a mis en valeur leur irréductible antagonisme, ainsi après plusieurs tentatives infructueuses [2] de rédaction et d'adoption d'une loi sur la Cour constitutionnelle, cet organe a été rejeté par la doctrine tchécoslovaque comme étant une "glorification aveugle d'une institution bourgeoise imaginée sans préparation marxiste scientifique", selon les Professeurs BLAHOZ et MATOUSEK[3].

b) l'adaptation de la Cour constitutionnelle

591 L'adaptation de la Cour constitutionnelle est apparue comme la seconde résultante de l'antagonisme entre la logique de l'Etat socialiste et celle de la justice constitutionnelle. La démarche, adoptée principalement en R.P. de POLOGNE, tire les enseignements de l'échec tchécoslovaque. Puisque l'introduction d'une Cour constitutionnelle de type occidental s'est révélée impossible dans un Etat du Pacte de VARSOVIE, c'est-à-dire un Etat socialiste qui à la suite de l'U.R.S.S. a reproduit dans son texte constitutionnel le rôle dirigeant du Parti communiste, on va donc procéder à un aménagement de cette Cour constitutionnelle afin qu'elle puisse se couler dans le moule de l'Etat socialiste.

Cette adaptation prend une double forme. En effet, si le principe de l'existence d'une juridiction constitutionnelle n'a pas été remis en cause, c'est que cette création à été accompagné d'éléments de nature à réduire la portée de l'opposition entre les deux logiques et à rapprocher le fonctionnement de cette Cour le plus possible des fondements du modèle socialiste de contrôle parlementaire de la constitutionnalité. Ce modèle socialiste reposait sur deux idées: le contrôle s'exerçait au bénéfice exclusif du pouvoir et sous des formes extrêmement diversifiées. Sur cette double exigence, des aménagements vont être opérés.

---

[1] - La référence à l'article 4 de la Constitution de 1960 apparaît symptomatique.

[2] - On peut trouver trace de ces tentatives dans:
P. PESKA - PRAVNIK 1969 n° 7 pages 543 et suivantes.
J. ELIAS et V. Steiner PRAVNIK 1969 n° 8 - p. 569 et suivantes.
L. KACER - "PRAVNY OBZOR" 1969 n° 5 page 400

[3] - J. BLAHOZ - "KRITIKA BURZOAZNICH TEORII USTAVNIHO SOUD NICTVI" , PRAVNIK 1972 - n° 10 page 873.
S. MATOUSEK - "KREKTERYM IDEOLOGICTYM OTAZ KAN VEDY STATNIHO PRAVA C SSR", PRAVNIK 1973 n° 8 page 730.

592 Dans les compétences du Tribunal vont être intégrés des éléments comparables à ceux du modèle socialiste de contrôle parlementaire, les pouvoir du Tribunal étant également organisés de manière à laisser, en dernier ressort, la maîtrise du processus de contrôle de constitutionnalité aux détenteurs du pouvoir.
Dans le domaine de l'organisation de la compétence, l'adaptation au modèle socialiste de contrôle parlementaire est réalisée par l'étendue de la compétence des juridictions et par l'existence d'une procédure de contrôle positif [1]. Ces deux éléments sont les héritiers du modèle socialiste de contrôle parlementaire en ce sens que le contrôle de l'application de la Constitution ne se limitait pas à un processus répressif vis-à-vis des lois, mais à la réalisation d'un processus constructif s'intégrant à l'intérieur de l'activité normative de la plupart des organes du pouvoir et de l'administration d'Etat dans une double direction: répression des actes jugés non conformes mais aussi mise en place de mesures destinées à assurer le développement du socialisme. Au-delà du contrôle positif en tant que procédure distincte et autonome, cette survivance de l'ancien modèle peut s'analyser au travers d'un certain nombre d'éléments procéduraux tel que l'auto-saisine.

593 De même, le mode particulier d'exécution des décisions des juridictions constitutionnelles qui prévoit l'écoulement d'un délai entre la déclaration de non-conformité et la cessation des effets juridiques, trouve ses origines dans une double volonté: assurer au contrôle une mission d'éducation constitutionnelle (et ainsi de nier l'existence de conflits) et assurer aux organes politiques parlementaires et gouvernementaux le monopole de la décision.
Le modèle socialiste de contrôle parlementaire de la constitutionnalité était également basé sur la notion d'unilatéralité. Celle ci suppose que le pouvoir de décision appartient en dernier ressort aux titulaires du pouvoir d'Etat. Elle apparaît la plus opposée avec la logique de la justice constitutionnelle qui s'appuie sur une juridiction indépendante des organes politiques et disposant du droit d'annuler les actes de ceux-ci. Là encore, l'exemple polonais apparaît comme une bonne illustration de la combinaison de ces deux logiques. Pour éviter le phénomène de rejet, connu en TCHECOSLOVAQUIE, une sorte de partage va être opéré. Le Tribunal se voit reconnaître une indépendance certaine, jamais atteinte dans cet Etat (à titre de comparaison, la situation des juges du Tribunal constitutionnel apparaît beaucoup plus favorable que celle des juges de la Cour Suprême de POLOGNE, le Conseil de l'Etat disposant à leur égard de pouvoirs de sanctions beaucoup plus importants [2]). Mais les textes qui vont accorder ce statut sont dans la hiérarchie juridique soumis au Parlement et (surtout) pour la décision du 30 août 1985 ne pas subordonnés à un éventuel contrôle de la part du Tribunal quant à leur conformité à la Constitution.
On arrive donc à une situation d'indépendance conditionnelle que le Parlement (et juridiquement seulement lui) peut remettre en cause.

---

[1] - Il faut noter que ces deux aménagements ont été réalisés dans les trois Cours constitutionnelles des Etats socialistes.

[2] - Article 20 de la loi du 15 février 1962 sur la Cour Suprême de POLOGNE: 1 - Le Conseil d'Etat révoque un juge à la Cour Suprême (...), 2 - La révocation a lieu sur la proposition du Ministre de la Justice et avis du Président de la Cour Suprême. Extrait de Droit polonais contemporain 1972 - n° 17/18

594 C'est le même processus qui aboutit à la répartition des pouvoirs entre le Parlement et le Tribunal constitutionnel pour déclarer un acte juridique non conforme à la Constitution et par la même entraîner sa disparition sans qu'il soit possible pour son auteur de s'y opposer définitivement.
Là encore, la logique du modèle socialiste de contrôle de constitutionnalité et celle de la justice constitutionnelle apparaissent inconciliables. La solution adoptée en POLOGNE qui consiste à différencier les actes votés par le Parlement (en ne conférant au Tribunal le droit que d'émettre un avis à leur sujet) et les actes du Conseil des Ministres et des autres organes de l'Administration (à propos desquels le Tribunal dispose de pouvoirs beaucoup plus importants) démontre encore que l'arbitrage entre les deux logiques s'est effectué en amputant la logique occidentale de la justice constitutionnelle d'une partie de son contenu, pour autoriser la cohabitation avec celle de l'Etat socialiste.
595 Cet arbitrage en matière de répartition des pouvoirs est apparu fondamental à la doctrine des Etats socialistes. Pour les Professeurs DZIALOCHA et PATRAZALEK [1], bien que très audacieuse dans un Etat socialiste, la solution polonaise n'est "pas en contradiction avec les fondements du système socialiste, en particulier avec le principe de l'unité du pouvoir d'Etat et du principe qui en est issu, celui de la suprématie du Parlement dans le système de l'appareil d'Etat" [2]. Cette compatibilité est aussi soulignée par le Professeur soviétique VALERI TOUMANOV qui écrit à propos du Tribunal constitutionnel polonais:
"Cela signifie-t-il qu'il s'agit d'un contrepoids au Parlement, quelque chose d'opposé à lui comme cela à lieu dans les pays de l'Ouest? Non, bien sur le principe de la prééminence de l'institution supérieure représentative est garantie par le fait que le tribunal ne résout pas directement une question concernant la non-constitutionnalité des actes de la Diète" [3].

2) Les conséquences de cet antagonisme

596 La principale conséquence de cet antagonisme entre la logique de l'Etat socialiste et celle de la justice constitutionnelle est l'impossible rattachement des Cours constitutionnelles des Etats socialistes au modèle kelsenien. Même si ces juridictions présentent de nombreux points communs avec les Cours occidentales, elles recèlent un ensemble de différences, qui tirent toute leur origine de cet antagonisme entre les deux logiques et qui font que c'est la position même de la Cour constitutionnelle dans l'Etat qui est modifiée.
Alors que dans les Etats d'Europe occidentale, la Cour constitutionnelle exerce un contrôle juridictionnel à l'encontre de l'ensemble des organes d'Etat (principalement le Parlement) et à l'égard des principales normes juridiques (principalement législatives), dans les Etats socialistes, la position de la Cour est différente: elle

---

[1] - Professeurs à la Faculté de droit et d'administration de WROCLAW.

[2] - K.DZIALOCHA- Al. PATRAZALEK- "Le Tribunal constitutionnel de la R.P.P."- Journées de la Société de législation comparée 1988 - PARIS page 140.

[3] - Valery TOUMANOV - SUDEBNYI KONTROL ZA KONSTITUCIONNOSTJU NORMATIVNYX AKTOV (Le contrôle juridicaire de la constitutionnalité des actes normatifs) - SOVETSKOE GOSUDARSTVO I PRAVO 1988 - n° 3 page 16.

n'exerce une activité comparable à celle des juridictions occidentales que dans le cadre du contrôle des actes des organes de l'administration et exerce vis-à-vis du Parlement une mission de conseiller et d'assistant. On se trouve donc dans le cas d'un organe à deux visages: bien que le droit positif n'établisse pas cette différence de nature entre les missions de la Cour qui se situent toutes deux dans le cadre du contrôle de constitutionnalité, celle ci voit la nature de son activité varier selon l'organe auquel elle est confrontée.

597 Cette dualité va bien évidemment avoir des conséquences importantes sur le fonctionnement de ces Cours et sur leur jurisprudence. Le plus souvent celle ci , malgré les exemples cités plus haut va se limiter principalement au contrôle des actes juridiques de faible importance et ne va pas constituer un réel contre pouvoir juridique en produisant une jurisprudence qui bien que différente de celle observée en Union Soviétique ne va pas notamment produire des effets comparable aux exemples occidentaux notamment en matière de protection des droits fondamentaux.

Toutefois, il convient de nuancer ces conclusions. Il faut notamment relever que la situation n'est pas uniforme. Si les phénomènes déjà évoqués ont conduit en YOUGOSLAVIE la Cour constitutionnelle à avoir une pratique qui fait apparaître, après près de vingt-six années d'existence, un bilan assez décevant, le Tribunal polonais a eu un rôle semble t-il différent. Alors qu'à l'origine il apparaissait comme la principale victime de cet antagonisme en étant la Cour constitutionnelle des Etats socialistes aux pouvoirs les plus limités, sa jurisprudence montré une évolution vers une situation plus proche du modèle occidental.

a) La YOUGOSLAVIE

598 Le bilan que l'on peut tirer de la pratique yougoslave est décevant en comparaison avec le modèle kelsenien. La Cour constitutionnelle fédérale et les autres Cours constitutionnelles n'ont semble-t-il pas joué un rôle de contrôleur du pouvoir. Bien au contraire le plus souvent, comme le montre le bilan de son activité et comme le relève la doctrine occidentale, ce sont des actes juridiques de faible importance qui font l'objet de contrôle. Ces actes émanent "des autorités municipales et des organisations de travail"[1]. Pour Marc GJIDARA, cette attitude de la Cour constitutionnelle yougoslave ne résulte pas d'un meilleur respect de la Constitution de la part des organes centraux du pouvoir d'Etat; "simplement il n'y a pas de volonté politique de les soumettre strictement au droit (...), le juge constitutionnel adoptant à leur égard un profil bas" [2].

599 Cette attitude de la Cour constitutionnelle a été analysée par les juristes yougoslaves qui avancent un certain nombre d'explications. Ainsi, le Professeur DJORDJEVIC estime que le peu d'importance de la Cour constitutionnelle a été

---

[1] - Marc GJIDARA- "Le contrôle de constitutionnalité en YOUGOSLAVIE. Aspect de la quête de l'Etat de droit dans le Socialisme"- Annuaire International de Justice Constitutionnelle - 1986 (volume II) page 632.

[2] - ibidem page 632.

causé par le manque de qualité des juges: "l'autorité et la force et la valeur d'institutions comme la Cour dépendent directement de ceux qui y travaillent"[1].
Toutefois, cette première cause de l'effacement de la Cour constitutionnelle n'est en fait que la résultante d'un autre phénomène: "l'état du système politique yougoslave et des rapports existant en son sein... L'importance des appareils de parti et du pouvoir exécutif est exagérée (...) ce qui ne peut contribuer à ce que la magistrature (...) soit indépendante et pas seulement un dénombrement autonome du centre décisionnel politique"[2].
Au-delà de toutes les causes dues à la spécificité de la situation yougoslave, de l'extraordinaire complexité du texte constitutionnel, de la notion d'autogestion, des tensions nationalistes affirmées avec de plus en plus de force depuis la mort du maréchal TITO, c'est bien de la logique même de l'Etat socialiste et de la place du droit dans les rapports de pouvoir dans l'Etat que vient cette incompatibilité entre la Cour constitutionnelle occidentale et la Cour constitutionnelle socialiste.
Sortie de son contexte, la Cour constitutionnelle yougoslave apparaît relativement proche des juridictions occidentales de même type, mais sa réalité au sein de l'Etat yougoslave est toute autre car elle n'évolue pas dans un Etat de Droit mais dans une société "où le sens du droit a disparu chez nombre de gouvernants et de gouvernés"[3].

b) la Pologne

600 La situation polonaise est paradoxalement différente. Bien que le Tribunal constitutionnel dans son organisation même (beaucoup plus qu'en YOUGOSLAVIE) soit fortement marqué par la logique de l'Etat socialiste, il a développé une jurisprudence sinon totalement immédiatement assimilable à la fonction arbitrale occidentale, toutefois susceptible d'introduire des éléments caractéristiques de l'Etat de droit au sein de l'Etat socialiste.
Il s'est trouvé ainsi placé entre 1986 et 1988 dans une position très ambiguë. Alors qu'il avait pris naissance et qu'il évolue dans le carcan de l'Etat socialiste, il a rendu un ensemble de décisions constituant un rejet de la théorie de l'Etat et du Droit socialiste. De plus, bien que son organisation montre que toute sa construction reposait sur la nécessaire adaptation aux exigences de l'Etat socialiste, il s'inscrit dans une perspective évolutive de rapprochement avec le modèle kelsenien.

- La jurisprudence du Tribunal constitutionnel polonais en matière de hiérarchie des normes juridiques.

601 L'ambiguïté de la position du Tribunal constitutionnel polonais s'exprime par le grand nombre d'arrêts rendus par ce Tribunal qui tout en respectant formellement le dogme de l'impossible contrôle des actes du Parlement (expression

---

[1] - J. DJORDJEVIC- "Politika Sistem" 1980 BELGRAD page 723; cité par Marc GJIDARA - Opus cité page 634.
[2] - ibid.
[3] - Marc GJIDARA- "Le contrôle de constitutionnalité en YOUGOSLAVIE..." - opus cité page 633.
Pour une analyse détaillée du bilan de la Cour constitutionnelle yougoslave voir:
Marc GJIDARA, "Aspects de la quête de l'Etat de droit en Europe de l'Est en matière de contrôle de constitutionnalité à la veille des mutations récentes." Quotidien Juridique, n° 85 (pages 2 à 7), 86 (pages 2 à 9) et 87 (pages 4 à 9) Juillet 1990.

juridique supérieure de la volonté populaire exprimée par le Parti Communiste) introduisent deux éléments totalement en opposition avec la logique de l'Etat socialiste. En effet, par ces décisions, d'une part le Tribunal constitutionnel a jeté les bases d'un rétablissement de la notion de hiérarchie des normes juridiques, d'autre part il a introduit indirectement un contrôle important sur la volonté des gouvernants.

602 Tout d'abord, le Tribunal constitutionnel polonais a rendu de nombreuses décisions visant à rénover la notion de loi dans le système juridique Polonais.
Cette jurisprudence concerne le contrôle des actes rendus par le Conseil des Ministres et par les Ministères et vise à limiter l'usage de ces actes dans certains domaines que le Tribunal estime être réservé à la loi. Ainsi, le Tribunal constitutionnel entend donner à cette notion une place déterminante dans la hiérarchie des normes en POLOGNE. De ce fait, cette jurisprudence apparaît être une étape vers l'établissement en POLOGNE d'un système de normes juridiques hiérarchisées, qui se rapproche beaucoup de la situation de l'Europe occidentale et des principes dégagés par Hans KELSEN. Par là, le Tribunal constitutionnel polonais s'est attaché à structurer l'ordre juridique polonais en distinguant entre divers normes juridiques en organisant leurs rapports autour d'un concept de hiérarchie juridique (tant formelle que matérielle) et non politique (conformité au but).

603 En effet, si juridiquement tant dans le droit positif (eu égard aux dispositions constitutionnelles conférant au Parlement le statut "d'organe suprême du pouvoir d'Etat") que dans les écrits de la doctrine, la loi était dans cet Etat un acte juridique de haut rang, la pratique (héritée de la conception marxiste du droit et du rôle du parti) était tout autre. L'étude des lois votées (sinon discutées) par la Diète faisait apparaître une rédaction parfois très générale et renvoyant aux actes du Conseil des Ministres pour édicter les mesures[1] à prendre. Ces actes du Conseil des ministres devenaient de ce fait des actes juridiques essentiels, développant et parfois modifiant très largement le contenu des lois. Cette logique qui s'opposait à la valeur de la loi en tant qu'acte juridique était tout à fait conforme à celle de l'Etat socialiste.
Ainsi les actes du Conseil des Ministres n'étant pas considérés comme "légitimes" car reproduisant des dispositions issues de normes supérieures mais parce qu'exprimant la volonté du P.O.U.P: ils symbolisaient la rupture entre la logique statique du droit "contenant" de la décision et celle dynamique de la politique "contenu" de cette décision.

604 L'activité du tribunal Constitutionnel dans les trois premières années de son existence a été dans une large mesure [2] orientée vers la réduction de ce phénomène. Elle repose sur la volonté de réduire les interventions du Conseil des Ministres dans l'activité normative à la seule exécution des lois au sens strict du terme. Mis en place dans les premières décisions rendues[3], cette jurisprudence s'est trouvée confirmée de nombreuses fois au cours des deux années suivantes.

---

[1] - Ainsi, le T.C.P. dans le cadre de son activité de signalisation (basé sur l'article 5 de la loi du 29 avril 1985) relève que la loi du 26 février 1982 contient au total 15 procurations sur 58 articles au total. Dans le domaine de l'impôt sur les salaires (soit 9 articles de la loi), le Conseil des Ministres reçoit 7 procurations pour adopter les mesures générales dans ce domaine.

[2] - On peut même parler à propos de ce type de jurisprudence d'activité principale du Tribunal constitutionnel polonais car en 1986, sur les 7 arrêts rendus par le Tribunal, 5 concernaient ce problème; en 1987 et en 1988,11 décisions sur 19.

[3] - Pour une analyse de l'activité du tribunal dans ce domaine, voir la chronique du Professeur

Dans ce cadre deux principes ont été posés par le Tribunal constitutionnel. Ils visent à interdire toute modification unilatérale d'une disposition législative par le Conseil des ministres (ou par un ministère) et toute délégation abusive du Parlement en faveur du Conseil des ministres dans son activité législative.
On peut citer à titre d'illustration trois arrêts rendus en 1987 et qui ont réaffirmé les principes dégagés en 1986 [1]. La décision du 10 juin 1987, rendue par le Tribunal constitutionnel en formation plénière revêt à ce sujet une importance fondamentale. Dans cette affaire, il s'agissait pour le Tribunal constitutionnel de répondre à une question juridique posée par le Président de la Haute Cour Administrative:
"Les dispositions du paragraphe 5 alinéas 1 et 2 du Décret du Conseil des Ministres promulgué le 16 septembre 1985 sur l'imputation de la valeur des biens immobiliers laissés à l'étranger sur les frais d'usufruit perpétuel ou sur la couverture du prix de vente de la parcelle à bâtir et des bâtiments qui y sont situés est-elle conforme à la procuration comprise dans l'article 88 alinéa 5 de la loi du 29 avril 1985 sur la gestion des fonds et l'expropriation ainsi qu'à sur l'article 75 du code de procédure administrative?"

605 Selon le Président du Tribunal Administratif Suprême, il existait une incompatibilité entre l'article 88 de la loi qui accordait au Conseil des Ministres le droit de fixer par décret le mode de détermination de la valeur des biens des citoyens polonais qui se trouvaient sur des territoires qui avaient cessé d'être polonais après 1945, et l'article 5 du texte adopté par le Conseil des Ministres sur la base de l'article 88 qui énumérait limitativement les moyens laissés aux citoyens polonais pour prouver l'appartenance de ces biens (dérogeant ainsi aux dispositions de l'article 75 du Code Procédure Administrative). Le Président du Tribunal Administratif Suprême soulignait que la décision antérieure du Tribunal constitutionnel du 28 mai 1986 rendait impossible de telles dérogations, sans autorisation expresse contenue dans le texte même de la loi.
Le Tribunal repris cette argumentation et réaffirma les principes de sa jurisprudence dans ce domaine. Pour le Tribunal, le problème se résumait à la question suivante:
"Doit-on considérer l'existence d'un abus par le Conseil des Ministres de la procuration contenue à l'article 88, ou au contraire peut-on considérer comme légitime l'introduction par décret de modifications de règles déjà posées d'une manière générale, par des lois" [2].

606 Au delà du problème posé par la question du président de la Haute Cour Administrative et qui consistait en l'interprétation de l'article 88 et de la notion de mode de détermination de la valeur des biens [3], cette affaire est l'occasion pour le

L. GARLICKI, Annuaire International de Justice Constitutionnelle - 1986 pages 592 à 594

[1] - Décision du 10 juin 1987 (P.1.87), du 3 mars 1987 (P.2.87), décision du 22 avril 1987 (K. 1.87).

[2] - Extrait de la décision citée.

[3] - Pour le Tribunal, les dispositions de l'article 88 concernaient uniquement que le mode de détermination de la valeur des biens et pas le mode de preuve. Ainsi, le Tribunal va rejeter les arguments présentés par les représentants du Conseil des Ministres, qui estimaient que l'on devait faire une interprétation extensive de la notion de "mode" en incluant le "régime" juridique.

Tribunal constitutionnel polonais de réaffirmer à la fois les principes de la répartition entre la loi et le règlement et les règles en matière de procuration législative. Ainsi:
"Il est impossible d'admettre des situations où les droits des citoyens résultant de dispositions législatives soient limités en vertu de dispositions réglementaires s'appuyant sur une interprétation quelconque. L'absence de toute délégation expresse contenue dans le texte même de la loi, interdit donc au Conseil des Ministres d'adopter toute mesure venant réduire les droits des citoyens, garantis par les lois"[1].
Ce raisonnement n'est que l'application de la jurisprudence précédente du Tribunal qui avait établi trois principes de base (qui sont rappelés dans le texte de la décision):
"Les décrets du Conseil des Ministres Polonais, ne peuvent être considérés comme validés que :
a/ - s'ils sont adoptés par un organe qui a reçu procuration légale pour régler les problèmes expressément mentionnés dans le texte de la procuration ;
b/ - s'ils sont promulgués dans les limites de la procuration ;
c/ - et s'ils ne contredisent pas un acte législatif (l'acte qui a accordé procuration au Conseil des Ministres, ou bien tout autre acte législatif) sauf si la loi les y autorise expressément".

607 On retrouve une rédaction comparable dans les décisions rendues par le Tribunal Constitutionnel le 3 mars 1987 et le 22 avril 1987:
"Les règlements qui procèdent à des modifications des règles légales ne sont admissibles qu'au cas où ils auraient le caractère strictement exceptionnel et seraient "expressis verbis" autorisés dans la procuration et non basés sur une présomption" [2].

608 La décision du 22 avril 1987 développe non seulement la même argumentation vis à vis des pouvoirs du conseil des ministres mais encore limite les prérogatives du Parlement en indiquant dans quel cadre celui ci pouvait déléguer ses pouvoirs au Conseil des ministres.
Dans cette affaire le Tribunal constitutionnel avait à se prononcer sur la requête déposée par deux organisations syndicales visant (entre autres) à faire reconnaître la non-conformité de l'article 11 du décret du Conseil des Ministres du 20 février 1987 avec l'article 15 de la loi du 14 décembre 1982 sur les assurances sociales des agriculteurs.
Dans cette très longue décision, le Tribunal établit les bases de l'activité du Conseil des ministres en matière d'exécution des lois et sanctionne le Conseil des Ministres pour avoir dépassé par voie de décret, la délégation que lui donnait la loi. Cette décision du Tribunal Constitutionnel répond donc à deux questions: dans quelle mesure le Parlement peut-il par une loi déléguer ses pouvoirs au Conseil des Ministres et comment le Conseil des Ministres peut-il agir dans le cadre de cette délégation?

---

[1] - Extrait du texte de l'arrêt.
[2] - Là encore dans la première affaire, le Tribunal constitutionnel se prononçait sur une question juridique soulevée par le Président du Tribunal Administratif suprême.

Si la réponse à la seconde question ne présente aucune originalité et confirme la jurisprudence déjà citée [1], les éléments correspondant à la première développent des nouveautés.

609 Le Tribunal Constitutionnel a été amené à se prononcer sur la conformité de l'article 43 alinéa 3 de la loi (prévoyant la possibilité de régler par voie de décret "le principe et le mode de l'évolution du montant des cotisations des agriculteurs") à l'article 41 point 8 de la Constitution polonaise qui fixe les conditions d'adoptions d'actes juridiques en matière d'exécution des lois.

Le Tribunal constitutionnel relève qu'en vertu de cet article 41 point 8, on doit distinguer trois critères:

- l'organe qui peut prendre un décret n'est que le Conseil des Ministres;
- le décret sera rendu "en vertu de la loi",
- le décret sera rendu pour "assurer l'application de la loi".

Si le premier critère ne pose pas de problème (pour qu'il soit satisfait, il faut que le Conseil des Ministres soit expressément mentionné), les deux autres ne peuvent être envisagés que sur la base de l'interprétation. Le Tribunal constitutionnel estime que cette interprétation doit s'appuyer à la fois sur les dispositions de l'article 41 mais aussi un autre ensemble de dispositions constitutionnelles qui définissent les relations entre le Conseil des Ministres "en tant qu'organe principal, exécutif, et administratif (article 38 de la Constitution) chargé d'assurer l'exécution des lois (article 41 point 4), la Diète et le Conseil d'Etat".

610 Sur cette base, le Tribunal Constitutionnel tente de définir chacun des critères posés par la Constitution. Le critère de l'exécution "au fond" implique que la procuration légale précise son contenu et ses limites, et que par la procuration soient traités des éléments homogènes avec le contenu de la loi, mais qui ne revêtent pas un intérêt primordial.

Cette association du pouvoir d'édicter des règles sur la base de l'article 41 de la Constitution avec le cadre général des relations entre les différents organes d'Etat est très importante car elle commande l'interprétation de nombreux éléments.

Ainsi, le Tribunal constitutionnel a reconnu la conformité de l'article 43 alinéa 3 de la loi de 1982 à l'article 41 point 3 de la Constitution en estimant que le domaine des cotisations annuelles destinées aux assurances sociales appartenait au domaine prédéfini. Mais le Tribunal a entendu apporter une réserve à l'utilisation par le législateur de la notion de "principe", notion trop imprécise. Tant que cette notion se trouvera reproduite dans des textes de loi, le tribunal indique qu'elle ne pourrait être interprétée que sur la base des relations entre les organes d'Etat [2].

---

[1] - Dans ce cadre, le problème était le suivant: la loi du 14 décembre 1982 sur les assurances des agriculteurs dans son article 15 alinéa 1 prévoit que le bénéfice d'une retraite pour les agriculteurs est conditionné à l'exercice de cette profession durant une période de 25 ans si durant chaque année, il a été vendu aux unités d'économie socialisée des produits agricoles une certaine quantité de produits. L'article 15 alinéa 6 de ce texte prévoit que le Conseil des Ministres détermine les principes et le mode de l'imputation aux périodes de référence de l'article 15 alinéa 1, les années où le taux de produits vendus n'a pas été atteint pour cause de catastrophe naturelle." Sur cette base, le Conseil des Ministres a adopté un décret le 20 février 1987 dont l'article 11 dispose que "les années durant lesquelles la valeur des produits agricoles vendus aux unités d'économie socialisées peuvent être rattachées à la période de 25 ans dans une limite de 5 ans maximum pour le calcul de la retraite."
Le Tribunal constitutionnel a estimé que cette limitation de 5 ans n'était pas contenue dans la procuration de l'article 15 alinéa 6: "Cette nouvelle restriction ne pouvant être introduite que par la loi."

[2] - Ce faisant, le Tribunal constitutionnel reprend à son compte l'avis rendu par le Professeur de l'Université de LODZ J. WROBLEWSKI. Pour lui, "la notion de "principe" (...) ne signifie pas la

La notion d'exécution, contenue dans l'article 41 point 8 de la Constitution de la R.P.P. et interprétée dans le cadre prédéfini, s'articule autour de deux éléments: le décret ne doit contenir que des éléments traités dans la loi et servant à sa réalisation et cette limitation doit être contenue dans le texte de la loi de procuration.

611 Cette jurisprudence du Tribunal constitutionnel s'oppose à la conception de l'Etat et du Droit tout d'abord parce qu'elle rétablit la hiérarchie des actes juridiques telle que la définissait KELSEN et parce que cette rénovation du rôle de la loi par rapport aux actes des ministres représente un contrôle indirect mais très important de la volonté des gouvernants.
Cette jurisprudence, témoignant d'une sévérité certaine vis-à-vis des actes du gouvernement, peut en fait être également analysée comme une attitude pragmatique de la part du Tribunal constitutionnel dans le cadre de la mise en place progressive d'un contrôle de constitutionnalité comparable avec celui existant dans les Etats occidentaux. Une des principales différences entre ces derniers et les Etats socialistes est que le contrôle de constitutionnalité est en occident un moyen de limitation du pouvoir par le biais du contrôle des actes juridiques les plus importants (les lois) alors qu'il ne remplissait pas ce rôle dans les Etats socialistes notamment en raison de l'exclusion de fait des lois du contrôle de constitutionnalité.
Or, même si ce phénomène existe en R.P.Polonaise, sa portée doit être nuancée en raison de la situation spécifique du Parlement. En effet, si le droit positif consacre la Diète comme l'organe suprême du pouvoir d'Etat, il est acquis que le Parlement polonais (tout comme celui de chaque Etat socialiste) ne joue pas réellement ce rôle, de nombreux auteurs ayant en s'appuyant notamment sur la durée des sessions parlementaires , montré que ces Parlements étaient des "chambres d'enregistrement", le véritable rôle décisionnel étant rempli par le bureau politique du Parti communiste.
1 Dans cette situation, si les organes d'Etat juridiquement investis de la prise de décision se trouvaient être de fait réduit à de simples "passages obligés", l'organe chargé de l'application de ces décision (le Conseil des Ministres) était sous la conduite du Parti communiste amené à prendre un certain nombre de mesures et dans ce cadre à être l'organe d'Etat dont le rôle effectif était finalement le plus important [1].
Si l'on retient cette approche, l'attitude du Tribunal constitutionnel revêt un intérêt nouveau. En contrôlant beaucoup plus sévèrement le Conseil des Ministre que la Diète, le Tribunal va, tout en respectant le postulat théorique de la supériorité du Parlement, exercer un contrôle sur les actes juridiques revêtant la plus grande importance dans la réalité. Pour le juriste polonais J. MAZUR[2], "la voie principale (...) d'application de la politique du P.O.U.P. est l'action directement exercée sur le gouvernement".
Contrôler le gouvernement revient à contrôler directement la politique du P.O.U.P. Au-delà des apparences juridiques s'établit une réalité pratique du contrôle du "pouvoir" par le Tribunal constitutionnel polonais.

---

détermination arbitraire de ses dispositions (...). Les relations entres les dispositions appartenant aux échelles hiérarchiques différentes du système de droit sont applicables à la notion de principe."

1 - C'est dans ce cadre qu'il faut comprendre la nomination de LENINE et de STALINE comme Président du Conseil des Commissaires du Peuple.

2 - JACEK MAZUR - "Le rôle de la Diète polonaise" -Document publié par l'U niversité de VARSOVIE - Février 1984 page 33.

612 Cette idée, bien que devant être nuancée notamment au regard de la portée des décisions prises par le Tribunal et sa marge de manoeuvre très limitée en cas de conflit avec le P.O.U.P., doit être envisagée à la fois dans le domaine juridique mais aussi et surtout, psychologique. L'action du Tribunal a surtout comme conséquence d'introduire l'admissibilité d'un contrôle des organes d'Etat après des années de négation même de cette idée. Cette dimension psychologique n'est pas à négliger au regard des difficultés rencontrées par le Conseil de droit constitutionnel hongrois après 1986. Ces deux phénomènes sont d'autant plus significatifs de l'introduction par la jurisprudence du Tribunal constitutionnel d'une logique comparable à la logique occidentale que celui ci à semblé se positionner dés sa création dans un processus évolutif, visant de plus en plus à le rapprocher des juridictions occidentales.

- *La perspective évolutive du Tribunal constitutionnel polonais*

613 L'ambiguïté de la position du Tribunal constitutionnel polonais résulte également de la perspective évolutive évoquée par une grande partie de la doctrine et même des gouvernants. Cette perspective peut se résumer en trois points: le Tribunal constitutionnel polonais se rattache originellement au modèle européen et s'il ne peut s'y intégrer totalement, c'est que pour des raisons circonstancielles; un développement dans le sens de l'intégration totale n'est cependant pas exclue.

614 La littérature juridique polonaise fait référence, pour justifier la création du Tribunal constitutionnel aux théories d'H. KELSEN et aux expériences des juridictions constitutionnelles ouest-européennes. Ce phénomène, déjà constaté épisodiquement dans certains articles rédigés par des juristes socialistes [1] de 1960 - 70, est extrêmement marqué dans le cadre de l'expérience polonaise de 1982. Dans de nombreuses publications relatives à la création et à l'organisation du Tribunal constitutionnel, d'éminents auteurs associent cette création au mouvement de développement des juridictions constitutionnelles occidentales depuis 1945. Pour A. GWIZDZ (qui a participé au comité d'experts chargé de la rédaction du projet de loi constitutionnelle sur le Tribunal constitutionnel en 1982) l'origine du développement des idées (notamment à l'intérieur du Parti Démocrate) ayant conduit à la création du Tribunal se trouve dans la pensée juridique d'Hans KELSEN et dans le développement après la seconde guerre mondiale des juridictions constitutionnelles en Europe occidentale.

615 Exprimée par de très nombreux auteurs polonais, cette idée a été synthétisée par Z. CZEZJECKO SOCHACKI. Selon lui, l'idée d'Hans KELSEN est toujours actuelle et le Tribunal constitutionnel s'inscrit dans cette logique. Il y a non

[1] - Voir par exemple l'article de Mme NASCHITZ (écrit dans un contexte particulier puisque destiné aux étudiants de la Faculté de Droit comparé de STRASBOURG): Introduction in the Rules concerning the control of the constitutionality and légality in the activity of socialist states (opus cité). Dans cet article, Mme NACHITZ' n'opère pas un revirement de la doctrine des Etats socialistes vis-à-vis de la Cour constitutionnelle occidentale, mais concède qu'il y a plusieurs conceptions de l'Etat de Droit, dont celle qui consiste à créer une juridiction constitutionnelle, sans prendre parti pour une de ces formes et surtout sans reprendre les arguments développés par VICHINSKI sur le caractère "'de classe" de l'activité d'organes comparables.

seulement reconnaissance de l'intérêt des idées d'H. KELSEN et du développement de la notion de Cour constitutionnelle mais aussi de l'influence qu'ont pu avoir de telles juridictions dans la création du Tribunal constitutionnel polonais.
Pour Z. CZEZJECKO SOCHACKI:
"On doit souligner que le modèle polonais d'un Tribunal constitutionnel a été formé de façon originale...; mais il est vrai que l'on a profité de l'expérience du modèle européen de contrôle de constitutionnalité.... Il y a en fait adaptation aux conditions polonaises." [1]

616 Cette position doctrinale régulièrement exprimée est confirmée par un certain nombre d'activité du Tribunal constitutionnel depuis sa mise en place en 1986. D'après son secrétaire général M. BABINSKI, un très grand nombre de contacts ont été nouées entre le Tribunal polonais et la plupart des juridictions occidentales. Evoquant les relations déjà mentionnées plus haut avec quelques organes comparables des Etats socialistes, M. BABINSKI insiste sur le fait que ces relations sont tout aussi importantes avec les juridictions occidentales :
"En occident, nous avons d'excellentes relations avec le Conseil constitutionnel français, avec les Tribunaux autrichien et portugais. Nos relations sont par contre plus froides avec la R.F.A. et quasi inexistantes avec l'ESPAGNE et la TURQUIE." [2]
Ce mouvement de rapprochement se concrétise par de nombreux échanges avec les juridictions occidentales. A titre d'illustration, des juges du Tribunal constitutionnel polonais ont participé au colloque organisé en juin 1989 à PARIS par le Conseil constitutionnel sur la place de la Déclaration des Droits de l'Homme et du Citoyen de 1789 dans la jurisprudence de ce dernier. Il est également prolongé par la volonté des plus imminents membres de la doctrine polonaise de participer à des publications regroupant en Europe occidentale les spécialistes des problèmes de la juridiction constitutionnelle[3].

617 Sur le plan interne, la doctrine polonaise insiste sur le caractère évolutif des solutions mises en place en 1986. Pour les auteurs polonais, la juridiction constitutionnelle mise en place en 1986 n'est pas figée et doit être considérée comme étant au premier stade de son évolution. Ainsi pour Z. CZESZEJKO-SOCHACKI, le Tribunal constitutionnel a été formé pour tenir compte des exigences de l'Etat socialiste mais aussi sur la base du modèle européen tel qu'il existe en AUTRICHE et en République Fédérale Allemande. Selon cet auteur[4]:
"C'est un modèle qui n'est pas fermé, la pratique démontrera comment ce modèle sera développé et dans quelle direction. C'est une solution optimale eu égard à la situation qui a été retenue, et non la solution "maximale" que l'on peut souhaiter."

---

[1] - Z. CZEZSJECKO-SOCHACKI- "Trybunal Konstytucjny PRL", déjà cité page 37.
[2] - Entretien avec M. BABINSKI, avril 1989.
[3] - Voir par exemple la participation du Professeur GARLICKI à l'Annuaire International de Justice Constitutionnelle.
[4] - CZESZEJKO- SOCHACKI, Opus cité.

De l'avis d'un très grand nombre de juristes et même de personnes impliquées directement dans le processus de fonctionnement du Tribunal constitutionnel polonais [1], les solutions adoptées dans tous les domaines de la loi concernant le Tribunal ne sont pas définitives. Cela apparaît notamment dans les articles de M. GWIZDZ [2], DZIALOCHA [3] (juge au Tribunal constitutionnel).
Ce caractère évolutif (s'appuyant sur le fait que la POLOGNE n'avait jamais eu par le passé d'institutions comparables et sur une certaine prudence) est quasi-institutionnalisée. Pour M. BABINSKI est prévu le 1er janvier 1990 le remplacement de la moitié des juges du Tribunal (conformément aux dispositions de la loi de 1985). A cette date les propositions sur l'évolution du Tribunal seront examinées au regard de la pratique et juridiquement entérinées[4].

618 La situation polonaise démontre à elle seule toute l'ambiguïté de la position du Tribunal constitutionnel dans l'Etat socialiste. Il semble a priori condamné à ne pas jouer le même rôle que les Cours constitutionnelles d'Europe occidentale, comme le montre l'exemple yougoslave, du fait de l'antagonisme idéologique ou même à ne pas pouvoir exister comme en TCHECOSLOVAQUIE.
L'ensemble de ces éléments peut conduire à une interrogation: le Tribunal constitutionnel polonais, qui semblait plus fortement marqué dans son organisation par les impératifs de l'Etat socialiste et donc plus éloigné du modèle kelsenien que la Cour fédérale yougoslave, doit il cependant être considéré comme plus proche de ce modèle et s'y intégrant sinon totalement du moins progressivement? Tel qu'il a été créé en 1986 et tel qu'il a fonctionné entre 1986 et 1988 le Tribunal constitutionnel polonais constitue t- il le précurseur d'une Cour constitutionnelle dont le développement est primitivement limité mais qui s'engage dans une perspective orientée vers l'émergence du modèle kelsenien en POLOGNE?
Si tel est le cas, se trouverait alors mis en place à l'intérieur de l'Etat socialiste une dynamique de développement d'institutions juridiques dont la finalité s'oppose aux fondements mêmes de l'Etat. Ce n'est pas la première fois que dans un Etat socialiste se met en place une institution a priori incompatible avec le caractère socialiste de l'Etat, mais c'est la première fois que ce type d'institutions fonctionne dans ce sens réputé incompatible.
619 Il semble que ce phénomène ne se soit pas limité en POLOGNE au Tribunal constitutionnel. En fait, pour prendre en compte la réalité de cette possible évolution, il faut situer ce dernier dans une dynamique qui a débuté à partir des années 1980 et qui a conduit à la mise en place d'un certain nombre d'organes tels

---

[1] - Outre les exemples qui vont être cités tout au long du développement à venir, on peut se reporter utilement sur le problème de l'évolution future du Tribunal constitutionnel polonais à l'ensemble des sources citées sur ce sujet dans cette thèse, qui toutes développent plus ou moins cette notion d'évolution, ainsi qu'à tous les développements de la première partie concernant l'organisation, la compétence, la composition et la procédure ainsi qu'à celles concernant la jurisprudence du Tribunal qui toutes développent l'idée que le choix fait en 1982 et en 1985 ne sont pas définitifs.

[2] - A. GWIZDZ - Le contrôle de constitutionnalité... déjà cité page 15

[3] - K. DZIALOCHA- The role of the constitutionnal tribunal in garanteeing citizen rights - déjà cité page 9.

[4] - Cette élection a eu lieu en Novembre 1989 mais à la suite des changements politiques survenus durant cette année au dela de quelques changements apportés à l'organisation du Tribunal (qui seront étudiés dans le chapitre suivant) cette reflexion globale sur la juridiction constitutionnelle en POLOGNE a été reporté à la redaction de la Constitution qui devra être adopté en 1991.

que, outre le Tribunal Constitutionnel, la Cour administrative suprême en 1981 et le protecteur des droits fondamentaux en 1987. Ce mouvement, même si chacun de ces organes a vu ses pouvoirs adaptés aux nécessités de l'Etat socialiste, a conduit à la mise en place d'un ensemble dont la logique de fonctionnement s'est révélée progressivement en rupture avec l'ancienne logique de l'Etat socialiste. Ce phénomène a été notamment illustré par une sorte de rupture: les relations entre ces trois nouveaux organes se sont multipliées alors qu'au contraire les anciennes institutions ne s'inscrivaient pas dans ces nouveaux mécanismes.
Ce phénomène s'illustre particulièrement dans le processus de saisine du Tribunal constitutionnel. Alors que le texte de la loi du 29 avril 1985 autorisait (parmi les organes d'Etat) le Parlement, le Conseil d'Etat, le Gouvernement, le Président de la Chambre Suprême de contrôle, le Tribunal d'Etat, le Procureur Général, le Président de la Cour Suprême, de la Haute Cour Administrative et plus tard le défenseur des droits fondamentaux à saisir le Tribunal Constitutionnel, seul le défenseur des droits fondamentaux (à cinq reprises) en 1988 et surtout le Président de la Haute Cour Administrative (à quatorze reprises entre 1986 et 1988) ont réellement participé à ce processus, alors que parmi les organes "traditionnels" seul le Procureur Général a saisi à deux reprises en 1988 le Tribunal constitutionnel [1].

620 Ce phénomène illustre donc bien à notre sens la dynamique de la Cour constitutionnelle dans l'Etat socialiste à partir des années 1980. Alors qu'avant cette date ces juridictions placées dans une position ambiguë au sein de l'Etat socialiste, avaient connu un développement limité, l'exemple polonais montre que leur rôle va au contraire se développer tant quantitativement que qualitativement, non seulement plusieurs Cours constitutionnelles vont être crées entre 1982 et 1989 mais elles vont développer une jurisprudence de plus en plus conforme aux impératifs de la conception du rôle du droit qu'elles sous tendent. ce phénomène, encore limité en Pologne en 1988, va connaître une impulsion considérable avec la chute des régimes socialistes durant l'année 1989.

---

[1] - Ce phénomène a été relevé et contesté par le Tribunal constitutionnel dans son rapport annuel de 1988 (chapitre V).

TROISIEME PARTIE JUSTICE CONSTITUTIONNELLE ET ETAT POST SOCIALISTE[1]

621 Avec la disparition des Etats socialistes, non seulement de nouvelles Cours constitutionnelles ont été mises en place mais surtout elles vont évoluer dans un environnement idéologique beaucoup plus favorable à leur développement. L'adoption de nouvelles constitutions reproduisant les principes de la Démocratie pluraliste et de l'Etat de Droit vont inscrire l'action de ces nouvelles juridictions dans une perspective comparable à celle que connaissent leurs homologues occidentales et vont ainsi lever les obstacles constatés dans les Etats tel que la Pologne d'avant 1989. La Cour constitutionnelle va pouvoir désormais s'appuyer sur un texte constitutionnel " norme juridique suprême dans l'ordre juridique interne " , elle dispose du droit de prononcer l'inconstitutionnalité définitive des lois et saisie par l'opposition,.ou par toute personnes s'interrogeant sur la constitutionnalité de telle ou telle norme juridique, exercer un contrôle sur les décisions des détenteurs du pouvoir (Chapitre 1).

622 Toutefois, si les cours constitutionnelles bénéficient des mutations politiques intervenues et peut fonctionner pleinement, il serait erroné de ne plus s'interroger sur ses relations avec la notion de transition. Les Etats d'Europe de l'Est après 1989 sont des démocraties en formation, secouées par des soubresauts post-totalitaires et qui connaissent encore bien des difficultés de nature même à remettre en cause les acquis de 1989. Les manifestations du printemps 1997 en Bulgarie, en Serbie et en Albanie, toutes trois dirigés contre des pouvoirs élu au suffrage universel, révèlent bien la fragilité de la construction démocratique. Les cours constitutionnelles, dans ce contexte particulier, sont donc encore très fortement marquées par ce concept de transition qui va nécessairement influencer leur jurisprudence et les amener à jouer un rôle important.

---

[1] Il ne s'agit évidement pas ici d'étudier la totalité du développement des juridictions constitutionnelles aprés 1989 mais simplement de soulever un certain nombre d'interrogations et de prolonger la réflexion sur le rôle des cours dans le déroulement de la transition. Ainsi, certains développements de cette troisième partie vont reprendre des notions déjà envisagées pour les intégrer dans cette troisième phase de reflexion.

La cour constitutionnelle depuis 1989 va entretenir une relation particulière avec l'Etat post-totalitaire. Elle va être pleinement associé au processus de transition jusqu'à en devenir un des acteurs sans qui cette transition ne pourrait pas être totalement démocratique, mais aussi prise dans la tourmente de cette transition et face au terribles difficultés rencontrées elle va parfois, par des décisions audacieuse imposer sa propre vision de la transition jusqu'à se voir reprocher de devenir un obstacle à celle ci (Chapitre 2).

CHAPITRE 1
LA CREATION ET L'ORGANISATION DES NOUVELLES COURS CONSTITUTIONNELLES EN EUROPE DE L'EST

623 Suite aux événements survenus en Europe de l'Est au cours de l'année 1989 et à l'évolution de la conception du pouvoir dans ces Etats, la justice constitutionnelle a connu un développement important au cours de cette période.
Ce développement peut être analysé autour de deux approches.
Tout d'abord une approche quantitative: la période 1989-1990 a vu la création (ou la tentative de création) de trois juridictions constitutionnelles nouvelles. Dans ce domaine, il existe en fait une très grande diversité de situations. Ces créations peuvent apparaître comme des transformations de Cours constitutionnelles existant déjà avant 1989. En POLOGNE tout d'abord la réforme, en matière de contrôle de constitutionnalité n'a été que de faible amplitude, le développement de la juridiction constitutionnelle étant déjà relativement avancé. C'est une situation identique que l'on peut observer en HONGRIE: l'organisation de la Cour constitutionnelle prévue depuis février 1989 par l'article 32 de la Constitution a été très largement modifiée par la loi n°32 de 1989.
Après 1990 la mise en place de juridictions constitutionnelles chargées de sanctionner les actes juridiques s'est accélérer. Ainsi, a t-on vu notamment en 1990 la création des Cours constitutionnelles de Serbie et de Croatie; en 1991 celle de Slovénie de Bulgarie de Roumanie de Macédoine et de Russie et en 1993 celle de la République tchèque.

624 Toutefois, cette approche quantitative n'est ni la seule, ni surtout la plus éclairante de ce phénomène. La meilleure technique d'analyse de ce phénomène s'appuie sur un élément qualitatif. En effet, la caractéristique principale des réformes intervenues se situe dans le rapprochement opéré avec le modèle Kelsenien de contrôle de constitutionnalité.
Les règles structurant l'exercice du contrôle de constitutionnalité vont donc refléter les divers changements intervenus dans la conception du pouvoir dans l'Etat et mettre en place des solutions se rapprochant des expériences occidentales et du modèle Kelsenien de contrôle de constitutionnalité.
Cette évolution, qui consacre le développement des solutions occidentales dans des domaines jusqu'à présent sensibles, n'a pas connu la même intensité selon les Etats. On est, après les changements politiques intervenus, en présence de deux types de situations.

625 Dans une première hypothèse, que l'on trouve en POLOGNE mais surtout en U.R.S.S. et en R.D.A., l'intégration n'est pas aussi achevée.
Ainsi, en U.R.S.S., on a assisté au passage d'un organe s'intégrant dans le modèle socialiste de contrôle parlementaire à une situation l'assimilant par certains aspects à une position quasi-juridictionnelle. Avant 1989, de par la réforme constitutionnelle du 1er décembre 1988, l'article 125 de la Constitution avait créé un Comité de surveillance constitutionnelle dont les compétences consultatives l'apparentaient au modèle socialiste de contrôle parlementaire. Les réformes intervenues à l'extrême fin de 1989 ont entraîné à la fois un développement de la législation dans ce domaine (puisque la loi sur la surveillance constitutionnelle en U.R.S.S. a été adoptée par le Soviet Suprême le 23 décembre 1989)[1] mais surtout une évolution dans la conception de cette notion. En effet, les articles 19, 20 et 21 de cette loi ont conféré au Comité de surveillance constitutionnelle un pouvoir d'annulation des actes juridiques infra-législatifs dans le domaine de la protection des droits et des libertés comparable à celui dont disposait le Tribunal constitutionnel polonais entre 1986 et 1989 et donc intégrant, au moins partiellement, le Comité de surveillance constitutionnelle dans une logique de contrôle juridictionnel.
Enfin, la République Démocratique Allemande (sous l'impulsion d'Egon KRENZ nommé Secrétaire Général du S.E.D.) qui pour tenter de faire face à l'afflux de réfugiés est-allemands en HONGRIE et en Occident avait (entre autres mesures) proposé pour "améliorer notre Etat de Droit" de "développer le contrôle de l'application de la Constitution par l'extension des pouvoirs de la Commission constitutionnelle et juridique de la Chambre du Peuple[2] et de mettre en chantier la création d'une juridiction constitutionnelle. Cette création n'a aboutit qu'à la rédaction d'un projet par l'Académie des Sciences de République Démocratique Allemande. Emporté par la tourmente des événements de la fin de l'année 1989 en R.D.A. et dans la logique de la réunification avec la R.F.A., ce projet ne vit jamais le jour mais constitue toutefois une illustration intéressante de développement de la juridiction constitutionnelle dans les Etats qui furent socialistes lors de cette phase de bouleversements politiques.

626 Ces exemples révèlent un certain nombre de convergences avec les solutions occidentales, mais il subsiste encore des éléments de différenciation. Il apparaît toutefois possible de parler, de rapprochement avec le modèle Kelsenien : l'évolution constatée en 1989 n'est en fait qu'une étape (importante) dans un processus qui, bien qu'inachevé doit conduire à l'adoption de structures beaucoup plus proches du modèle de la Cour constitutionnelle occidentale. Déjà amorcée dans les années antérieures à 1989, cette évolution a trouvé à la fois une impulsion et une consécration dans les événements de 1989 (Section1).
Dans une seconde situation, illustrée notamment par la loi hongroise 32/89, l'évolution technique a atteint un degré de développement si important que l'on doit aujourd'hui la considérer comme quasi achevée. Les solutions adoptées sont dans tous les domaines comparables (et assimilables) aux solutions occidentales. La Cour

---

1 - Texte de la loi en annexe.

2 - Discours de M. Egon KRENZ devant le Comité Central du S.E.D. - 18 octobre 1989. Texte français dans Documents d'actualité internationale - Ministère des Affaires Etrangères, n° 1 (janvier 1990) page 7.

constitutionnelle mise en place ne présente aucune caractéristique importante lui permettant de se distinguer des Cours constitutionnelles occidentales (Section 2).

SECTION 1 : Le rapprochement avec le modèle Kelsenien.

627 Dans cette situation, les éléments permettant d'affirmer le rattachement des juridictions constitutionnelles issues des événements de 1989 en U.R.S.S. en POLOGNE et en R.D.A., sont beaucoup moins développés qu'en HONGRIE. En effet, dans ce groupe d'Etats, l'analyse des nouveaux textes ou des projets ne permet pas de constater la disparition totale des oppositions entre l'organisation des Cours constitutionnelles dans les Etats socialistes et celle des juridictions se rattachant au modèle Kelsenien. En effet dans l'exemple polonais et encore plus dans l'exemple soviétique, le caractère obligatoire des décisions et l'indépendance des membres de l'organe de contrôle de constitutionnalité ne sont pas totalement assurés. On se trouve donc apparemment dans une situation de non rattachement au modèle Kelsenien, les évolutions constatées n'apparaissant pas de nature à procéder à une reclassification du Tribunal constitutionnel polonais et du Comité de surveillance constitutionnelle soviétique ou de ce qui aurait pu devenir le Tribunal Constitutionnel de la R.D.A.

628 Toutefois, cette approche "statique" ne prenant en considération que les textes en vigueur ne permet pas de rendre compte de la réalité du processus de création (ou de développement) de ces organes. Bien au contraire, cette réalité n'apparaît que si l'on éclaire la situation actuelle par une analyse à la fois comparative et chronologique du processus de mise en place de ce type d'organe dans l'Europe orientale avant et après 1989. Sur cette base, en comparant notamment le Comité de surveillance constitutionnelle soviétique, le Tribunal constitutionnel polonais et le projet de Tribunal constitutionnel de R.D.A. avec la Cour constitutionnelle hongroise, il apparaît que les lois soviétiques, polonaises et le projet de la R.D.A. correspondent en fait à une étape vers la Cour constitutionnelle, étape qu'a rencontré et déjà dépassé la HONGRIE.

Dès lors, on doit envisager l'analyse des textes de 1989 dans une perspective dynamique. Les innovations enregistrées même insuffisantes pour rattacher définitivement ces organes aux juridictions constitutionnelles européennes sont toutefois porteuses de ce rattachement définitif car elles constituent autant d'éléments de rapprochement avec le modèle Kelsenien. L'évolution au cours de l'année 1989 du Comité de surveillance constitutionnelle soviétique présente une configuration comparable à celle de la Cour constitutionnelle hongroise.

629 En effet, le Comité de surveillance constitutionnelle a été juridiquement mis en place avec la réforme constitutionnelle du 1er décembre 1988. Toutefois l'article 125 de la nouvelle Constitution relatif à ce Comité prévoyait l'adoption d'une loi sur le contrôle constitutionnel qui devait préciser les principales attributions du Comité de surveillance constitutionnelle et permettre la désignation de ses membres. Tout comme en HONGRIE, la loi finalement adoptée (le 23 décembre 1989) a reflété une sérieuse évolution dans la conception même de cet organe au point que si le Comité de surveillance constitutionnelle, tel qu'il apparaissait dans le texte de l'article 125 de la Constitution[1], s'intégrait dans le modèle socialiste de contrôle parlementaire, celui issu de la loi du 23 décembre 1989 (du fait de l'évolution de ses pouvoirs) peut être désormais, pour certain éléments, comparé au Tribunal constitutionnel polonais et donc figurer au rang des Cours constitutionnelles à décision partiellement conditionnées à la volonté du Parlement.

630 Le texte est-allemand ne revêt pas un caractère officiel. En effet, les éléments relatifs à la création et à l'organisation d'un Tribunal constitutionnel en R.D.A. sont extraits d'un rapport prononcé par le Professeur MOSCHÜTZ devant la section de l'Etat et du Droit de l'Académie des Sciences de R.D.A. en janvier 1990 à POTSDAM lors d'une réunion sur l'évolution du droit et des institutions socialistes dans le processus de transformation de la R.D.A.[2].

Ce texte n'a donc pas de valeur juridique: il représente une illustration des mutations envisagées par les juristes est-allemands dans la perspective de l'évolution du régime socialiste de la R.D.A. et de ce fait s'inscrit dans la même perspective que l'évolution de l'U.R.S.S.

Dès lors, en l'état actuel du développement des textes, il est possible d'affirmer d'une part que le degré de développement des règles concernant la compétence (A) et la composition (B) du Comité de surveillance constitutionnelle soviétique et de celles envisagées en R.D.A. et du Tribunal constitutionnel polonais est comparable à celle des juridictions d'Europe occidentale [3]. D'autre part si ce même degré de développement n'est pas atteint en ce qui concerne la procédure de contrôle et principalement l'autorité des décisions rendues, l'apport de 1989 constitue une évolution importante vers le modèle Kelsenien (C).

Paragraphe 1 : Les compétences du Comité de surveillance constitutionnelle de l'U.R.S.S. et du Tribunal constitutionnel de R.D.A. [4] et du tribunal constitutionnel polonais

631 La définition des compétences du Comité de surveillance constitutionnelle de l'U.R.S.S. et du Tribunal constitutionnel de R.D.A. ainsi que celle de la juridiction constitutionnelle polonaise s'inscrit dans une position comparable à celles des juridictions constitutionnelles de l'Europe occidentale et ne constitue pas un obstacle à leur intégration au sein du modèle Kelsenien.

---

1 - Cette évolution apparaît en dehors du texte de la loi de 1989 dans la nouvelle rédaction de l'article 124 de la Constitution, adopté à la suite des révisions constitutionnelles du 23 décembre 1989 et du 14 mars 1990 (voir le texte de cet article en annexe).

2 - Professeur H.D. MOSCHUTZ - Uberlegungen zur Enichtung und Tätigkeit eines verfassungsgerichtshofes der D.D.R. (Réflexions sur la création et le fonctionnement d'un tribunal constitutionnel de la R.D.A.)- Extrait de :Uberlegungen und Vorschläge zur enneverong des Sozialismus in der D.D.R. durch die Reform des politischen Systems einschlieBlich Verwaltungs und justiz reform und wirtschaftsreform (Diskussions materialien von Wissenschaftlean der Akademie für Staato und Rechtswissenschaft des D.D.R.) AKADEMIE FUR STAATS UNE RECHTSWISSENSCHAFT DER D.D.R. POTSDAM 1990 (JANVIER).

3 - Le Tribunal constitutionnel polonais n'a pas connu d'évolution dans ce domaine depuis 1989.

4 - Ce terme va désigner tout au long de ces développements le projet élaboré par l'Académie des Sciences de la R.D.A.

A) Les compétences du Comité de surveillance constitutionnelle de l'U.R.S.S.

632 Défini à l'article 1 de la loi du 23 décembre 1989 comme un organe mis en place en U.R.S.S. pour "garantir la conformité des actes des organismes d'Etat et des organisations sociales à la Constitution de l'U.R.S.S. et aux Constitutions des Républiques fédérées et autonomes, pour protéger les droits constitutionnels et les libertés des individus, les droits des peuples de l'U.R.S.S., les principes démocratiques de la société soviétique", le Comité de surveillance constitutionnelle [1] est investi de très nombreuses compétences.

On peut classer ces compétences en trois groupes, selon la norme servant de référence au contrôle: le Comité de surveillance constitutionnelle vérifie la conformité de certains actes juridiques exclusivement par rapport à la Constitution, par rapport à la Constitution et un premier ensemble de lois, et enfin par rapport à la Constitution et toutes les lois soviétiques.

Dans le cadre de cette première catégorie, le Comité de surveillance constitutionnelle "examine les questions liées à la conformité avec la Constitution de l'U.R.S.S.":

- des lois de l'U.R.S.S. et des autres actes adoptés par le Congrès des Députés du Peuple de l'U.R.S.S.,
- des projets de ces lois et des autres actes du Congrès des Députés,
- des Constitutions des Républiques Fédérées[2].

633 Le deuxième ensemble d'actes soumis à l'activité du Comité de surveillance constitutionnelle est défini de la manière suivante: le comité assure le contrôle de la conformité avec la Constitution de l'U.R.S.S. et des lois de l'U.R.S.S. adoptées par le Congrès des Députés du Peuple de l'U.R.S.S., des lois de l'U.R.S.S. et des autres actes adoptés par le Soviet Suprême de l'U.R.S.S., des arrêtés du Soviet de l'Union et du Soviet des nationalités, ainsi que des projets d'actes soumis à l'examen de ces organismes [3].

---

1 - Une polémique existe en France quant à l'appellation de cet organe. Si pour le Professeur M. LESAGE, la traduction de "Comité de surveillance constitutionnelle" doit être conservée, le Professeur P. GELARD penche pour l'utilisation de l'expression "Comité de contrôle constitutionnel". Sans vouloir nous poser en arbitre entre ces deux conceptions, nous avons pour des raisons de simplicité adopté la traduction littérale de KOMITET NADZORA KONSTITUCII, c'est-à-dire Comité de Surveillance. Il faut toutefois noter qu'au-delà de l'intérêt linguistique, le choix des mots dans le contexte soviétique a une certaine importance, car comme le relèvent dans la revue SOVETSKOE GOSUDARSTVO I PRAVO les juristes ORZIH, CERKES et VASILIEV (1988, n°1, opus cité) la distinction entre contrôle et surveillance a été apportée par LENINE en personne: selon lui, un organe de contrôle constitutionnel devait pouvoir sanctionner le manquement aux exigences de la Constitution en annulant l'acte incriminé, alors qu'un organe chargé de surveillance constitutionnelle ne pouvait se borner qu'à signaler de tels manquements sans pouvoir les sanctionner (Voir LENINE. Oeuvres complètes. Tome 45 p. 198 et 427. Edition en russe).
Toutefois, cette typologie léniniste qui impliquerait que l'on parle jusqu'au 23 décembre 1989 de Comité de Surveillance et après l'adoption de la loi (et évolution des pouvoirs de l'article 21 de ce texte) de Comité de Contrôle, n'est pas toujours appliqué en U.R.S.S. même. Ainsi Viktor DIABLO en 1928, à propos de la Cour Suprême, parlait de contrôle constitutionnel, alors que cet organe ne disposait d'aucun pouvoir d'annulation dans ce domaine (se reporter aux études citées dans la première partie).

2 - Article 10 alinéa 1 de la loi sur le contrôle constitutionnel du 23 décembre 1989.

3 - Article 10 alinéa 2 de la loi du 23 décembre 1989.

634 Enfin, le troisième ensemble est constitué par le contrôle de la conformité avec la Constitution de l'U.R.S.S et des lois de l'U.R.S.S. adoptées par le Congrès des Députés du peuple de l'U.R.S.S. et le Soviet Suprême de l'U.R.S.S.
- des décrets et des arrêtés pris par le Présidium du Soviet Suprême de l'U.R.S.S.
- des ordonnances du Président du Soviet Suprême de l'U.R.S.S.
-des lois des Républiques Fédérées, des arrêtés et des ordonnances du Conseil des Ministres de l'U.R.S.S., des conventions internationales de l'U.R.S.S et des Républiques Fédérées présentées à la ratification ou à l'approbation,
- des circulaires directives émises par le Plénum de la Cour Suprême de l'U.R.S.S.,
- des actes du Procureur Général de l'U.R.S.S. et du Président du Comité d'arbitrage d'Etat qui revêtent un caractère normatif ainsi que par les organisations sociales qui conformément à la Constitution de l'U.R.S.S. ne sont pas soumis au contrôle du Procureur" [1].
- A la suite de la révision constitutionnelle de mars 1990 et de la création de la fonction de Président de l'URSS, les décrets du Président de l'URSS sont contrôlés par le Comité de surveillance constitutionnelle quant à leur conformité à la Constitution et aux lois de l'URSS [2].

635 Cette énumération de l'article 10 de la loi du 23 décembre 1989 met en évidence à la fois l'évolution enregistrée dans la définition des compétences en comparaison avec l'article 125 de la Constitution adoptée le 1er décembre 1988 et la très large étendue des compétences du Comité de surveillance constitutionnelle.
L'évolution de l'étendue des compétences du Comité de Surveillance entre décembre 1988 et décembre 1989 apparaît principalement dans le premier groupe. Ainsi dans le texte de 1988, le Comité de surveillance n'était compétent en matière de contrôle des actes du Congrès des Députés du Peuple que pour les projets de loi, alors que depuis décembre 1989 cette compétence s'est étendue aux actes adoptés.
Au-delà de la simple extension du nombre d'actes soumis au contrôle, il faut également relever l'évolution de la mission. L'article 125 utilisait deux techniques pour désigner les actes juridiques soumis au contrôle: une énumération pour les actes juridiques les plus importants [3] et une clause générale de compétence pour les autres actes [4].
636 La technique contenue dans la loi, qui consiste à énumérer limitativement les actes soumis au contrôle du Comité de surveillance constitutionnelle est beaucoup plus précise, particulièrement en matière de contrôle des actes des Républiques fédérées.
Dans ce domaine, l'article 125 de la Constitution avait en 1988 repris la formule que l'on pouvait déjà trouver dans le texte de 1977 et même dans la Constitution

1 - Article 10 alinéa 3 de la loi du 23 décembre 1989.

2 - Article 124 de la Constitution issu de la loi constitutionnelle du 14 mars 1990. Texte français cité par Michel LESAGE. La crise du fédéralisme soviétique. Notes et études documentaires, déjà cité, 1990, p. 141.

3 - C'est à dire: projet de loi du Congrès des Députés du Peuple, acte et projet d'acte du Soviet Suprême et de ses chambres, Constitution et loi des Républiques Fédérées, arrêtés et décisions du Conseil des Ministres de l'U.R.S.S. et des Républiques Fédérées.

4 - L'article 125 de la Constitution mentionne que le Comité de surveillance constitutionnelle "présente des conclusions sur la conformité à la Constitution et aux lois de l'U.R.S.S, des actes des autres organes d'Etat et des Organisations Sociales".

stalinienne de 1936. Ainsi, le Comité de Surveillance "assurait le respect de la conformité à la Constitution et aux lois de l'U.R.S.S., des Constitutions et des lois des Républiques Fédérées"[1].Cette formule caractéristique du modèle socialiste de contrôle parlementaire a disparu du texte législatif: le Comité de surveillance constitutionnelle contrôle désormais la conformité des Constitutions et des lois des Républiques Fédérées sans pour autant "assurer cette conformité".

637 Enfin, la loi du 23 décembre 1989 attribue au Comité de surveillance constitutionnelle une mission de contrôle positif de la constitutionnalité: ***"Si le Comité découvre que l'absence d'un acte législatif adéquat empêche le respect des dispositions de la Constitution de l'U.R.S.S.", il fait part au Congrès ou au Soviet Suprême de la nécessité de préparer et d'adopter un tel acte"*** [2].
Toutefois, ce pouvoir que l'on retrouve dans la totalité des Cours constitutionnelles des Etats socialistes ou ex-socialistes ne s'organise pas comme en POLOGNE, où il prend la forme du dépôt de rapport, ou comme en HONGRIE, où la demande de la Cour constitutionnelle est obligatoire. En U.R.S.S., c'est sous la forme du dépôt d'un projet de loi que cette démarche est réalisée, le Comité de Surveillance Constitutionnelle se trouvant investi du droit d'initiative législative.

638 Il faut également relever que l'adoption de la loi du 23 décembre 1989 et de l'article 124 de la constitution de l'URSS après la réforme du 14 mars 1990 n'ont pas entraîné l'abrogation des dispositions constitutionnelles qui attribuaient des compétences dans le domaine du contrôle constitutionnel aux organes d'Etat soviétiques. Ainsi, sont maintenues les compétences du Congrès des Soviets de l'URSS [3] et du Soviet Suprême [4]. Les compétences du Présidium du Soviet Suprême ont été toutefois remplacées par celles du Président de l'URSS[5].

B) Les compétences du Tribunal constitutionnel de la R.D.A.

639 Les principaux éléments sur la compétence du Tribunal constitutionnel de la R.D.A. permettent de dresser un tableau assez complet des compétences qui auraient pu être conférées à ce Tribunal, d'après le Professeur MOSCHÜTZ et les autres juristes ayant participé à la réunion de POTSDAM de janvier 1990. Cette compétence avait été définie d'une manière très large, dépassant le cadre du contrôle de constitutionnalité. Une place particulière était réservée à la protection des droits fondamentaux des citoyens.

---

1 - Cette formule est tout à fait comparable avec celle de l'article 121-4 de la Constitution de l'U.R.S.S. de 1977 ("Le Présidium du Soviet Suprême de l'U.R.S.S.... 4/ ... assure la conformité des Constitutions et des lois des Républiques fédérées avec la Constitution et les lois de l'U.R.S.S.") et avec l'article 14-d de la Constitution de 1936 ("Sont du ressort de l'U.R.S.S. ...
d- ... les mesures assurant la conformité des Constitutions des Républiques fédérées avec la Constitution de l'U.R.S.S.).

2 - Article 23 de la loi du 23 décembre 1989.

3 - Par application de l'article 73 alinéa 11 de la Constitution.

4 - Article 113 al. 18 et 19.

5 - Article 127-3: le Président de l'URSS est le garant du respect des droits et des libertés des citoyens soviétiques, de la Constitutions et des lois soviétiques, (voir le chapitre 2 du titre 1er de cette thèse).

Outre le contrôle de constitutionnalité, les membres de l'Académie des Sciences de R.D.A. avaient attribué au Tribunal Constitutionnel une double fonction: celle d'un tribunal d'Etat qui aurait eu à juger des abus de pouvoir des membres des principaux organes d'Etat [1] et celle d'un juge des conflits de compétence entre le Conseil des Ministres et les Conseils de districts, d'arrondissement, de villes et de communes.

640 Dans le cadre du contrôle de constitutionnalité, le Tribunal constitutionnel aurait pu se prononcer sur la conformité à la Constitution des actes suivants:
- lois et autres actes du Parlement [2],
- actes du Conseil d'Etat [3],
- actes du Conseil des Ministres, des Ministères et des services administratifs centraux,
- des actes normatifs des organes locaux,
- des directives du Procureur Général [4] et de la Cour Suprême.

641 Ce contrôle aurait du s'exercer au moyen de trois types de procédure: un recours abstrait ouvert à certains organes d'Etat [5], un recours concret qui serait accessible dans toute procédure judiciaire de première instance ainsi que dans toute procédure administrative, ce type de recours entraînant la suspension de la procédure. Enfin, la troisième procédure de contrôle aurait été ouverte à tous les citoyens dans le cadre d'un recours constitutionnel. Chaque citoyen, s'il estime que ses droits constitutionnels ont été violés par une loi ou tout autre acte juridique (ou que ce type d'acte tend à augmenter ses obligations au-delà de ce que prévoit la Constitution) aurait pu, après avoir épuisé sans résultat toutes les autres procédures existantes en R.D.A., saisir le Tribunal constitutionnel. Il faut enfin relever que le contrôle exercé par le Tribunal constitutionnel de la R.D.A. aurait été un contrôle a posteriori, le contrôle a priori continuant d'incomber à la Commission constitutionnelle et juridique de la Chambre du Peuple[6].

C) L'évolution de la compétence du Tribunal constitutionnel polonais

---

1 - Cette compétence fait à la fois référence à des réglementations adoptées dans d'autres Etats socialistes tel que la POLOGNE où un tribunal comparable avait été créé en 1982 à la même date que le Tribunal constitutionnel (en 1990, on parle d'ailleurs de fusionner ces deux institutions) mais aussi à un problème spécifique de la R.D.A. où dès sa mise à la retraite, des poursuites ont été engagées contre le Président H. HONECKER et d'autres hautes personnalités de l'Etat de R.DA. D'ailleurs, le texte de l'Académie des Sciences prévoit explicitement que pourront être concernés par cette compétence du Tribunal Constitutionnel est-allemand:
- Le Président et les membres du Conseil d'Etat,
- Le Président et les membres du Conseil des Ministres,
- Le Président et les membres du Comité de Défense Nationale,
- Le Président et les Juges de la Cour Suprême,
- Le Procureur Général de R.D.A.

2 - Article 49 de la Constitution de 1974.

3 - Articles 66, 70 et 73 de la Constitution.

4 - Article 89 de la Constitution.

5 - La liste de ces organes sera étudiée dans le cadre de la procédure de contrôle de constitutionnalité du Tribunal est-allemand.

6 - Le Professeur MOSCHUTZ note toutefois que des propositions pour attribuer ce contrôle (a priori) au Tribunal constitutionnel ont été avancées dans la doctrine en R.D.A.

642 En POLOGNE, malgré l'importance de la révision constitutionnelle de 1989 (consécutive à la table ronde) les règles concernant le Tribunal constitutionnel n'ont guère subi de modifications. D'après le texte de la révision de la Constitution adoptée en décembre 1989, deux innovations concernant le Tribunal constitutionnel ont été introduites. La première (prévue à l'article 4 de ce texte) prévoit que la non conformité à la Constitution des buts et des activités des partis politiques est jugée par le Tribunal constitutionnel.
La seconde innovation concerne le contrôle de constitutionnalité des lois. D'après l'article 27 de ce texte, les lois votées par la Diète (sauf le budget) sont envoyées au Sénat qui doit procéder à leur examen. Le Sénat dispose alors d'une période d'un mois afin de proposer des amendements que la Diète peut rejeter par un vote à la majorité des deux tiers.
Une fois cette procédure accomplie, la loi est envoyée au Président qui procède à sa promulgation. Toutefois ce dernier peut, dans un délai d'un mois, introduire un recours devant le Tribunal constitutionnel pour que ce dernier statue sur la conformité du texte à la constitution. Si le Tribunal constitutionnel estime que la loi n'est pas conforme à la Constitution, elle est renvoyée devant les députés.

Paragraphe 2 : La composition et le statut des membres du Comité de surveillance constitutionnelle de l'U.R.S.S. et du Tribunal constitutionnel de R.D.A.

643 Les règles de composition adoptées tant en Union Soviétique qu'en R.D.A. représentent également une évolution importante vers l'introduction du contrôle juridictionnel dans les Etats d'Europe de l'Est[1].

A) La composition et le statut des membres du Comité de surveillance constitutionnelle de l'U.R.S.S.

644 La loi du 23 décembre 1989 et l'article 124 de la Constitution de l'U.R.S.S. permettent de préciser les principales règles relatives à la composition du Comité de surveillance constitutionnelle et au statut de ses membres. Ces éléments ne remettent pas en cause les orientations de l'article 125 du texte constitutionnel de 1988. Reproduisant le même processus de désignation des membres du Comité, la loi de 1989 va toutefois apporter un certain nombre de précisions visant à leur garantir un statut particulier.

1) Le processus de désignation des membres du Comité de surveillance constitutionnelle

---

[1] - Il faut noter que si les régles de composition du Tribunal polonais n'ont subi aucune modification, l'évolution du contexte politique de cet Etat a conduit à l'election des 6 membres présentés par le syndicat Solidarité et les partis paysan et démocrate contre les candidats communistes lors du renouvellement de la moitié des juges du Tribunal en Novembre 1989.

645 Les vingt-cinq membres du Comité de surveillance constitutionnelle soviétique ainsi que son Président et son Vice-Président sont désignés par le Congrès des Députés du Peuple de l'U.R.S.S. sur proposition du Président du Soviet Suprême de l'URSS [1]. Ils sont élus pour une durée de dix ans. Leur candidature doit être proposée par le Président du Soviet Suprême et doit réunir la majorité absolue des députés. Cette élection a lieu tous les cinq ans et assure donc un renouvellement par moitié du Comité de surveillance constitutionnelle [2].
Tout comme en décembre 1988, la loi conditionne l'accession à cette fonction à deux exigences. La première est d'ordre géographique. Le Comité de surveillance constitutionnelle doit contenir un représentant de chaque République fédérée (les vingt-sept sièges disponibles permettant de désigner plusieurs représentants d'une même République si leurs qualités juridiques l'imposent)[3]. La seconde est d'ordre professionnel: les membres doivent être des "experts juridiques et politiques" (article 5 de la loi du 23 décembre)[4].

646 Parallèlement à l'adoption de la loi du 23 décembre 1989, le Congrès des Députés du peuple de l'U.R.S.S. a adopté deux arrêtés concernant l'election des membres des de ce Comité et le régime de mise en application de cette loi[5]. Selon ces deux textes la présidence du Comité de surveillance constitutionnelle est confié à Serguei ALEXEEV député désigné par l'Académie des Sciences de l'U.R.S.S. [6]
Arrivé en seconde position lors des élections à l'Académie des Sciences[7] , il devait ensuite être élu au Soviet Suprême puis au Comité de surveillance constitutionnelle. Membre du Parti communiste de l'U.R.S.S.[8] M. ALEXEEV est diplômé de la

---

1 - Article 108 alinéa 9 de la Constitution issu de la réforme constitutionnelle du 14 mars 1990.

2 - Articles 5 et 6 de la loi du 23 décembre 1989.

3 - L'augmentation du nombre des membres du Comité de surveillance constitutionnelle est à ce point de vue significative. Déjà en 1988, le problème avait été posé. Selon le Professeur Patrice GELARD, "l'avant-projet constitutionnel prévoyait que le Comité de surveillance constitutionnelle ne comptait qu'un Président, un Vice-Président, et treize membres (donc le même nombre que de Républiques représentées). Au cours du débat public, il a semblé nécessaire d'accroître le nombre des membres pour garantir à chaque République au moins un représentant, sans pour autant exclure des personnalités indiscutables issues de la même République".
L'augmentation constatée entre 1988 et 1989 apparaît donc comme le refus de limiter le critère juridique par rapport au critère géographique. Voir: Patrice GELARD. La réforme constitutionnelle soviétique. R.D.P. 1989 n° 2 page 338.

4 - L'article 125 de la Constitution posait déjà, un an auparavant, cette même exigence: "Le comité de surveillance de l'U.R.S.S. est élu par le Congrès des Députés du Peuple de l'U.R.S.S. pour une durée de dix ans par les spécialistes de la politique et du droit".

5 - Textes publiés dans la PRAVDA le 26 décembre 1989 (textes français en annexe)

6 - Selon l'article 109 de la Constitution de l'U.R.S.S., le Congrès des Députés du Peuple de l'U.R.S.S. est composé de députés élus selon trois procédés; le premier groupe par circonscriptions électorales composées sur une base démographique égale pour toutes ces circonscriptions, le second par des circonscriptions territoriales nationales et enfin le troisième au titre des organisations sociales fédérales. C'est dans ce cadre que M. ALEXEEV a été désigné parmi les soixante-quinze sièges réservés aux travailleurs scientifiques unis.

7 - Il fut devancé par l'Académicien GAPONOV-GREKHOV.

8 - Cette appartenance au P.C.U.S. doit toutefois être relativisée. La presse soviétique (plus particulièrement l'hebdomadaire Les Nouvelles de MOSCOU et les publications de l'Agence de Presse NOVOSTI) présentent M. ALEXEEV (dont le père a purgé 10 de camps de travail entre 1937 et 1947) comme un "réformateur" favorable à une profonde restructuration de la société soviétique. Ainsi, dans le programme électoral de Sergvei ALEXEEV, on peut relever les phrases suivantes: "Il faut que nous nous définissions effectivement de façon très claire du point de vue idéologique. Le socialisme est un système social démocratique qui doit s'inscrire dans la tradition de la civilisation

Faculté de Droit de SVERDLOVSK. Il dirigeait avant sa nomination l'institut de philosophie du droit de la section de l'OURAL de l'Académie des Sciences de l'U.R.S.S., le poste de vice président étant attribué au Professeur LAZAREV.
La première élection des membres du Comité de surveillance a eu lieu le 26 avril 1990[1], le Soviet suprême (à qui le Congrès avait confié le soin de désigner les membres du Comité) n'a pu toutefois désigner les vingt-sept membres de cet organisme: les Républiques baltes ont refusé de présenter des candidats et les députés du Congrès ont rejeté deux des candidatures proposées. La composition de ce Comité reproduit bien les conditions posées par les textes adoptés en 1989 puisque parmi les 21 membres désignés figurent 12 Professeurs de droit, 4 docteurs en Droit et 4 candidats en Droit. Si comme le relève le Professeur GELARD, il faut donc noter "l'écrasante majorité des juristes de très haut niveau", la représentation des différentes Républiques Fédérées est également assurée puisque hormis les Républiques baltes, toutes les autres sont représentées dans cet organe où siègent notamment 10 représentants de la RUSSIE[2].

2) Le statut des membres du Comité de surveillance constitutionnelle

647 L'apport principal de la loi du 23 décembre 1989 est de définir le statut des membres du Comité de surveillance constitutionnelle, tout comme dans les autres Etats étudiés. Visant à garantir son indépendance, affirmée notamment dans l'article 3 de la loi du 23 décembre ("les organismes de contrôle constitutionnel en U.R.S.S. sont indépendants et sont uniquement subordonnés à la Constitution de l'U.R.S.S., aux constitutions des Républiques Fédérées et Autonomes"), ce statut est bâti autour des dispositions de la loi déterminant les principales règles de comportement des membres du Comité de surveillance constitutionnelle ainsi que les garanties de l'indépendance de ce dernier par la réglementation de la cessation anticipée du mandat de ses membres.
La définition des règles de comportement des membres du Comité de surveillance constitutionnelle telle qu'elle est opérée dans la loi du 23 décembre 1989 est surtout une définition négative. On trouve dans ce texte un certain nombre d'interdictions mais très peu d'obligations. Seul le serment contenu à l'article 7 de la loi fait

humaniste et aucunement se distinguer par sa "singularité" dans l'histoire des systèmes politiques. Tout ce qui fait l'acquis le plus précieux de la civilisation doit se refléter dans ce système social sans y être perverti. L'économie de marché, la justice sociale et les principes d'égalité, la protection sociale des plus démunis font partie de ces acquis... Le pluralisme politique est lui aussi indiscutablement nécessaire.... On ne peut entendre ce pluralisme autrement que comme un système politique à plusieurs partis".Citations extraites de "Un programme social démocrate". Nouvelles de MOSCOU - numéro 6 (9 au 15 février 1990) page 20. Pour mieux appréhender la personnalité de M. ALEXEEV, on peut se reporter à l'article qui lui est consacré dans LES NOUVELLES DE MOSCOU (numéro 6 - 9 au 15 février 1990) page 20 "ALEXEEV et l'Esprit des Lois". On pourra également lire l'entretien accordé par M. ALEXEEV (alors qu'il était président du Comité pour la législation, la légalité et l'ordre juridique du Soviet Suprême de l'U.R.S.S.) à Léonid CHINKAREV dans "Le Parlement soviétique: les premiers pas - Entretien avec les Présidents des Comités et des Commissions du Soviet Suprême de l'U.R.S.S." MOSCOU 1989 - Editions de l'Agence de Presse NOVOSTI - pages 50 à 54.

[1] - PRAVDA 27 Avril 1990 .

[2]- Voir la liste des membres du Comité de surveillance constitutionnelle dans l'article du Professeur Patrice GELARD ("actualité constitutionnelle") dans la Revue Française de Droit Constitutionnel n°: 3 Décembre 1990 page 530.

exception. D'après cet article, le Président du Soviet Suprême de l'U.R.S.S. fait obligation aux membres du Comité de Surveillance Constitutionnelle de prêter le serment suivant:
"Je jure solennellement d'assumer consciencieusement les obligations qui sont miennes en tant que membre du Comité de surveillance constitutionnelle de l'U.R.S.S., de me soumettre ce faisant à toutes les dispositions de la Constitution de l'U.R.S.S. et à rien d'autre".

648 Mais au-delà de ce texte à la formulation peu précise, ce sont surtout les interdictions qui ressortent de la loi du 23 décembre 1989. Au cours de son activité, le membre du Comité ne peut par exemple ni solliciter, ni recevoir de directives de la part de n'importe quel organe d'Etat ou d'organisations sociales[1]. De plus, il ne peut appartenir à un autre organe d'Etat: l'article 25 de la loi, reprenant les dispositions de l'article 124 de la Constitution, fait interdiction aux personnes élues au Comité de surveillance d'être membre soit du Congrès ou du Soviet Suprême, soit de tout autre organisme dont les décisions sont soumises au contrôle du Comité de Surveillance constitutionnelle. De même le membre du Comité ne peut faire aucune déclaration publique quant à son activité au sein de ce comité [2].
La cessation anticipée du mandat de membre du Comité de surveillance constitutionnelle est subordonnée à une double exigence. C'est au Congrès des Députés du Peuple de l'U.R.S.S. (durant ses périodes d'intersessions au Soviet Suprême de l'U.R.S.S.) qu'il revient de prononcer l'interruption du mandat, cette décision devant être précédée d'un vote à l'intérieur même du Comité de surveillance constitutionnelle. La loi a donc entendu mettre en place un système qui, bien qu'assurant au Congrès des Députés du Peuple le droit de renvoyer un membre du Comité (parallèlement à son pouvoir de nomination) soumet l'intervention du Congrès à une démarche préalable de la part du Comité, dans le but de garantir la protection des membres de ce Comité.
Le principe de base de ce mécanisme est souligné dans l'article 27 de la loi:
"La personne élue au Comité de surveillance constitutionnelle de l'U.R.S.S. ne peut voir sa responsabilité engagée pour une opinion qu'elle aurait exprimée ou pour un vote lors de l'examen des affaires au sein du Comité".

649 Sur cette base, la loi établit la liste des situations qui peuvent générer une interruption anticipée des membres du Comité. Selon l'article 8 de la loi du 23 décembre 1989, le mandat peut expirer avant le terme des dix ans, dans quatre cas:
- si le membre présente sa démission,
- si son état de santé l'empêche de satisfaire à ses obligations,
- lorsqu'est exécutée une condamnation pénale prononcée à son encontre par un tribunal,

---

[1] - Article 24 de la loi du 23 décembre 1989.
[2] - Article 15 alinéa 2 de la loi du 23 décembre 1989: "Le membre du Comité de surveillance constitutionnelle n'a pas le droit d'exprimer publiquement son opinion sur la conformité ou la non-conformité à la Constitution de l'U.R.S.S. et aux lois de l'U.R.S.S., des actes et des projets d'actes qui sont soumis à l'examen du Comité, tant que le Comité n'a pas statué sur la question".

- quand il ne respecte pas le serment prêté".
La cessation définitive du mandat des membres du Comité de surveillance constitutionnelle ne peut être prononcée qu'après un vote du Congrès des Députés du Peuple de l'U.R.S.S., sur proposition du Président du Soviet Suprême de l'U.R.S.S. Toutefois, les pouvoirs du Soviet Suprême de l'U.R.S.S. sont plus réduits que ceux du Congrès des Députés du Peuple: la mesure prononcée n'est pas une mesure définitive; elle ne peut intervenir que dans les deux dernières situations mentionnées à l'article 8.
Afin de garantir l'indépendance des membres, l'article 27 de la loi dispose:
"La personne élue au Comité de surveillance constitutionnelle de l'U.R.S.S. ne peut être passible de poursuites pénales, arrêtée ou soumise à des sanctions administratives, décidées par un tribunal sans l'accord du Comité".
Cet accord du Comité résulte d'un vote à l'intérieur même de cet organe, la décision de levée de l'immunité devant recueillir une majorité des deux tiers. De ce fait, l'article 27 prend une importance considérable: en soumettant l'autorisation de poursuivre un membre du Comité de surveillance constitutionnelle devant un tribunal à un vote du Comité, il soumet la décision du Congrès des Députés du Peuple à ce même vote, dans la mesure où la condamnation par un tribunal est une des causes de renvoi du membre du Comité de surveillance constitutionnelle.
Toutefois au-delà de la garantie apportée par ce mécanisme, on peut noter qu'il n'intervient que dans une seule des quatre hypothèses de l'article huit le Congrès des Députés du Peuple conservant un pouvoir autonome dans les trois autres situations. En effet si en cas de démission du membre du Comité le Congrès ne peut que constater la vacance, le départ pour raison de santé et surtout la notion de manquement aux obligations du serment[1], autorisent le Congrès à jouer un rôle décisionnel beaucoup plus actif dans le prononcé de l'interruption du mandat.

B) La composition et le statut des membres du Tribunal constitutionnel de R.D.A.

650 Parmi les éléments fournis par le rapport présenté par le Professeur MOSCHÜTZ, le Tribunal constitutionnel de R.D.A. devait être composé d'un Président, d'un vice-président, d'un secrétaire et de douze autres juges (soit quinze membres).
Ces juges auraient du être nommés [2] et destitués par la Chambre du Peuple. Selon les indications qui ressortent du texte élaboré par l'Académie des Sciences (section de l'Etat et du Droit), ces juges auraient été nommés pour dix ans (comme dans la plupart des autres juridictions constitutionnelles des Etats de l'est européen). La première vague de nomination se serait faite en deux temps, une partie de l'effectif étant élue pour la totalité du mandat et l'autre partie pour la moitié, en l'occurrence cinq ans (afin de permettre la continuité des travaux lors des renouvellements), sans pouvoir briguer un second mandat.

---

1 - Déjà rencontrée dans la loi polonaise du 29 avril 1985.
2 - Afin de garantir le "pluralisme des juges", tous les groupes parlementaires devraient avoir le droit de proposer des candidats.

Un certain nombre de conditions auraient été exigées pour remplir la fonction de juge, fonction dont l'indépendance (rappelée tout au long du rapport de l'Académie des Sciences) aurait été garantie par un statut protecteur. Les juges, âgés d'au moins trente cinq ans, auraient du posséder un niveau juridique équivalent à celui des autres magistrats de R.D.A. et n'auraient pu exercer aucune autre activité professionnelle durant leur mandat. Durant cette période, l'appartenance au Parlement, au Conseil d'Etat, au Conseil des Ministres, à un Conseil Communal ainsi qu'à un Comité de direction d'un parti politique ou d'une organisation de masse aurait été incompatible avec la position de juge qui aurait donc été automatiquement suspendu dès l'élection.
Sous réserve du respect par les juges de ces obligations, il leur aurait été accordé le même statut protecteur que celui des députés[1] pendant leur mandat et (ce qui un élément original) cinq ans après la fin de celui-ci.

Paragraphe 3 : La procédure de contrôle de constitutionnalité devant le Tribunal constitutionnel polonais, le Comité de surveillance constitutionnelle de l'U.R.S.S. et le Tribunal constitutionnel de R.D.A.

651 Si l'étude de la compétence et de la composition précédemment effectuée n'a pas révélé d'incompatibilité majeure entre les juridictions constitutionnelles de l'est et le modèle Kelsenien, la situation est ici différente. Même si le processus de saisine du Tribunal constitutionnel de R.D.A. et du Comité de surveillance constitutionnelle de l'U.R.S.S. et du Tribunal Constitutionnel polonais, ainsi que les modalités d'examen de l'acte contesté sont le plus souvent comparables avec les exemples occidentaux, l'autorité des décisions de ces organes et du Tribunal constitutionnel polonais montre les limites de ce mouvement d'intégration.
Encore faut-il considérer que ces limites ne sont que provisoires et que les réformes engagées durant la période 1989 - 1990 constituent néanmoins un très net rapprochement vers le modèle Kelsenien, rapprochement qui porte en germe une future unification.

A) La saisine du Comité de surveillance constitutionnelle soviétique et du Tribunal constitutionnel de R.D.A.

1) La saisine du Comité de surveillance constitutionnelle de l'U.R.S.S

652 La répartition des compétences du Comité de surveillance constitutionnelle fait apparaître deux techniques de contrôle, celui-ci pouvant s'exercer tant a priori qu'a posteriori. Toutefois, les rédacteurs de la loi du 23 décembre 1989 n'ont pas retenu cette première séparation comme base principale de la classification des procédures de saisine du Comité de surveillance constitutionnelle. Au contraire, c'est le principe d'une classification basée sur le niveau juridique de l'acte contrôlé qui a été mis en

[1] - Article 60 alinéa 2 de la Constitution de R.D.A.

place: à chaque type d'actes juridiques correspond un groupe particulier d'organes disposant du droit de déférer cet acte devant le Comité de surveillance constitutionnelle. L'article 12 de la loi du 23 décembre 1989 met en place cinq groupes d'organes correspondant à cinq catégories d'actes juridiques.

653 Les deux premiers groupes correspondent aux actes ou aux projets d'acte adoptés par le Congrès des Députés du Peuple de l'U.R.S.S., la loi de 1989 établissant la distinction suivante:
- Les projets de lois et d'autres actes soumis à l'examen du Congrès des Députés du Peuple de l'U.R.S.S. peuvent être déférés au Comité de surveillance constitutionnelle de l'U.R.S.S. à la demande du Congrès lui-même,
- Les lois et les autres actes adoptés par le Congrès des Députés du Peuple de l'U.R.S.S. sont quant à eux déférés par au moins un cinquième des députés du peuple de l'U.R.S.S., du Président du Soviet Suprême et des hautes instances du pouvoir d'Etat des Républiques Fédérées[1]. A la suite de la réforme du 14 mars 1990, le Président de l'URSS dispose également de ce droit.

Le troisième groupe d'organes disposant du droit de saisine correspond aux actes juridiques des Républiques Fédérées. Le Comité de surveillance constitutionnelle, à la demande du Congrès des Députés du Peuple de l'U.R.S.S., sur proposition du Soviet Suprême de l'U.R.S.S., du Président de l'U.R.S.S.[2], des hautes instances des Républiques Fédérées, examine la conformité des Constitutions et des lois des Républiques à la Constitution et aux lois de l'U.R.S.S.

Le quatrième groupe concerne l'examen des lois de l'U.R.S.S et des autres actes adoptés par le Soviet Suprême de l'U.R.S.S., des arrêtés du Soviet de l'Union et du Soviet des nationalités et des projets d'actes soumis à l'examen de ces organismes, des arrêtés et ordonnances du Conseil des Ministres de l'U.R.S.S. et des conventions internationales de l'U.R.S.S. et des Républiques Fédérées. Au titre de leur conformité à la Constitution et aux lois de l'U.R.S.S. de ces actes, le Comité de surveillance constitutionnelle peut être saisi à la demande du Congrès des Députés du Peuple de l'U.R.S.S. sur proposition:
- d'au moins un cinquième des membres du Soviet Suprême de l'U.R.S.S,
- du Président de l'URSS [3],
- des hautes instances des Républiques Fédérées.

Enfin, le cinquième groupe est relatif à tous les autres types d'actes normatifs non encore mentionnés et dont l'article 10 de la loi du 23 décembre 1989 attribue le contrôle de constitutionnalité au Comité de surveillance constitutionnelle. Ces actes, désignés dans l'article 12 comme "les actes normatifs des autres organismes d'Etat et des organisations sociales", peuvent être déférés devant le Comité de Surveillance par un très vaste ensemble d'organes. Ainsi, le Congrès des Députés du Peuple peut effectuer cette demande sur proposition d'organes d'Etat et des Républiques tels que:

---

1 - Bien que la loi ne donne pas de précisions sur le contenu de cette notion de "hautes instances des Républiques Fédérées", on peut penser qu'il s'agit du Soviet Suprême de ces Républiques, du Présidium du Soviet Suprême et du Président. (On ne peut pas parler du Congrès des Députés du Peuple des Républiques Fédérées car contrairement aux exigences du texte constitutionnel, seule la R.F.S.R. (RUSSIE) a reproduit cette institution).

2 - Article 124 de la Constitution adopté le 14 mars 1990. Avant cette date le Président du Soviet Suprême figurait dans cette liste.

3 - Idem.

- Le Soviet Suprême de l'U.R.S.S. et ses deux chambres,
- Le Président de l'URSS [1],
- les commissions permanentes des chambres du Soviet Suprême [2],
- les Comités du Soviet Suprême [3],
- le Conseil des Ministres de l'U.R.S.S.,
- les hautes instances du Pouvoir d'Etat des Républiques Fédérées.

Un des apports principaux de ce cinquième groupe est d'ouvrir le droit de saisine, pour la première fois dans la législation adoptée en 1989, à des organismes qui ne sont pas des organes directement politiques. Le droit de proposer au Congrès des Députés du Peuple de l'U.R.S.S. de saisir le Comité de Surveillance Constitutionnelle, est également accordé:

- au Comité de contrôle populaire de l'U.R.S.S.,
- à la Cour Suprême de l'U.R.S.S.,
- au Procureur Général de l'U.R.S.S.,
- au Président de l'arbitrage d'Etat de l'U.R.S.S.

Outre ces organes chargés du respect de la légalité en U.R.S.S., l'Académie des Sciences et les organisations sociales se sont également vu reconnaître le droit de faire une démarche identique auprès du Congrès des Députés du peuple de l'U.R.S.S., par l'intermédiaire de leurs organes centraux.

Cette répartition des compétences en matière de saisine du Comité de surveillance constitutionnelle, reproduisant la structure et l'organisation des pouvoirs dans l'Etat, limite donc ce droit (à l'exception du cinquième groupe) aux principaux organes

---

[1] - Idem.

[2] - Le Soviet Suprême de l'U.R.S.S. est composé de deux chambres, le Soviet de l'Union et le Soviet des Nationalités, qui comportent chacune un certain nombre de commissions permanentes. Ainsi, au Soviet de l'Union, il existe:
. La commission pour le travail, les prix et la politique sociale (présidée par N. GRITSENKO),
. la commission pour le plan, le budget et les finances (présidée par V. KOUTCHERENKO)
. Commission pour les transports, les communications et l'informatique (V. TETENOV),
. Commission pour le développement de l'industrie de l'énergie, de la technique et la technologie (V. KOURTACHINE).
Au Soviet des Nationalités:
. Commission pour les biens de consommation, le commerce et les services collectifs quotidiens (G. KISSELEV)
. Commission pour la promotion des cultures des langues... (T. AITMATOV)
. Commission pour le développement économique et social des Républiques fédérées (E. VILKAS)
. Commission pour la politique des ethnies et des relations inter ethniques (G. TARZEVITCH).

[3] Le Soviet Suprême de l'U.R.S.S. comporte quatorze comités:
- Comité pour la protection de la santé (Y. BORODINE)
- Comité pour l'écologie.. (K. SALYKOV)
- Comité pour les affaires internationales (A. DZASSOKHOV)
- Comité pour la transparence et les plaintes des citoyens (V. FOTEEV)
- Comité pour la condition féminine (V. METTVIENKO)
- Comité pour les vétérans et invalides (N. BOSSENKO)
- Comité pour la science et l'enseignement ... (Y. RIJKOV)
- Comité pour la jeunesse (V. TSYBOUKH)
- Comité pour la réforme économique (V. VOLOGJINE)
- Comité pour l'agriculture (A. VEPREN)
- Comité pour le bâtiment (B. ELTSINE)
- Comité pour le fonctionnement des Soviets... (N. PIVOVAROV)
- Comité pour la législation... (S. ALEXEEV) (démission depuis sa nomination au Comité de surveillance constitutionnelle.)
- Comité pour la défense et la sécurité de l'Etat (W. LAPYGINE).

d'Etat, principalement au Congrès des Députés du Peuple, au Président du Soviet Suprême et aux hautes instances des Républiques Fédérées.

654 Deux dispositions de l'article 12 complètent cette répartition des compétences. Tout d'abord, le Comité de surveillance constitutionnelle se voit attribuer le droit de se saisir d'office sur les questions "portant sur la conformité à la Constitution de l'U.R.S.S. et aux lois de l'U.R.S.S. des actes des hautes instances du pouvoir d'Etat et de gestion soviétiques et des autres organismes formés ou élus par le Congrès des députés du peuple de l'U.R.S.S. et par le Soviet Suprême de l'U.R.S.S." [1] et peut recevoir à ce sujet des informations émanant d'organes non investis du droit de saisine.
Le droit d'auto-saisine du Comité de surveillance constitutionnelle peut être exercé sur proposition du Président, du Vice-Président ou de n'importe quel membre du Comité, après que cette proposition ait reçu un avis favorable exprimé par un vote à la majorité des membres du Comité de surveillance constitutionnelle participant à la réunion [2].
Ce droit, tel qu'il ressort de la rédaction de l'article 12 de la loi, ne s'intègre pas dans la répartition des compétences opérées par les cinq groupes précédemment étudiés. Il concerne un ensemble beaucoup plus vaste, sans toutefois être illimité: certains actes juridiques qui entrent dans la classification opérée par les cinq groupes ne peuvent faire l'objet d'un examen déclenché par l'auto-saisine du Comité de surveillance constitutionnelle.
655 La formule de l'article 12 désigne deux types d'actes juridiques soviétiques susceptibles de faire l'objet d'un tel examen: les actes des hautes instances du pouvoir d'Etat et de gestion de l'U.R.S.S. et les actes des autres organismes formés ou élus par le Congrès des Députés du Peuple ou le Soviet Suprême de l'U.R.S.S. La première catégorie est composée des actes du Congrès du Soviet Suprême de l'U.R.S.S., du Conseil des Ministres, et du Président du Soviet Suprême qui sont désignés comme tel dans le texte constitutionnel qui parle à leur sujet "d'organe suprême du pouvoir d'Etat", "d'organes permanents législatif exécutif et de contrôle du pouvoir d'Etat", de "haute personnalité de l'Etat soviétique" et d'"organe exécutif et administratif suprême"[3].
La seconde catégorie (outre le fait de pouvoir comporter trois des quatre hautes instances du pouvoir soviétique nommés ou élus par le Congrès des Députés du Peuple) se compose de la Cour Suprême, du Procureur Général de l'U.R.S.S., du Président du Comité d'arbitrage, des deux chambres du Soviet Suprême et du Président de l'URSS. Le Comité de surveillance constitutionnelle peut se saisir de l'ensemble des actes émanant de ces organes.
656 Le droit d'auto-saisine n'est pourtant pas sans limite. L'auto-saisine ne concerne que le contrôle a posteriori. La rédaction de l'article 13 exclu trois catégories d'actes contenues dans l'article 10. Le Comité de surveillance constitutionnelle ne semble pas pouvoir se saisir d'un projet de loi ou de n'importe

---

1 - Article 12 de la loi sur la surveillance constitutionnelle du 23 décembre 1989.
2 - Article 13 de la loi sur la surveillance constitutionnelle du 23 décembre 1989.
3 - Article 108 - pour le Congrès des Députés du Peuple de l'U.R.S.S, Article 111 - Pour le Soviet Suprême de l'U.R.S.S, Article 120 - Pour le Président du Soviet Suprême, Article 128 - Pour le Conseil des Ministres.

quel autre acte juridique. N'entrent pas non plus dans le champ de la définition proposée d'abord, les actes qui émanent des organisations sociales (celles-ci n'étant ni élues ni formées par le Congrès des députés du peuple de l'U.R.S.S. ou par le Soviet Suprême) et surtout les Constitutions et les lois des Républiques fédérées.
Second complément à la répartition des compétences opérées à l'article 12, il est prévu que si des organes de gestion d'Etat, des organisations judiciaires, ou chargées de la défense et de l'application du droit, des organisations sociales et des citoyens (autres que ceux mentionnés dans les cinq groupes) découvrent une violation du texte constitutionnel, ils peuvent transmettre ce problème à un organe qui dispose du droit de saisir le Comité de Surveillance Constitutionnelle.

2) La saisine du Tribunal constitutionnel de la R.D.A. et du Tribunal constitutionnel de POLOGNE

657 Du fait de l'existence de trois types de recours différents devant le Tribunal constitutionnel en matière de contrôle de constitutionnalité, on distingue trois ensembles de requérants.
En matière de contrôle abstrait des actes juridiques, le droit de saisir le Tribunal constitutionnel est reconnu, pour contester la conformité d'une loi à la Constitution:
- à la présidence de la chambre du peuple,
- aux groupes parlementaires,
- aux commissions permanentes du Parlement,
- au Conseil des Ministres,
- au Conseil d'Etat,
- à la Cour Suprême,
- au Procureur Général,
- et aux Comités centraux des Partis politiques démocratiques et des organisations existantes sur l'ensemble du territoire.

Toutefois, ce droit de saisine du Tribunal constitutionnel peut être réduit dans certaines circonstances. Ainsi, en matière de lois concernant la défense du pays et la sécurité de l'Etat, seule la présidence du Parlement et les groupes parlementaires ont le droit de saisir le Tribunal.
Le droit de saisine du Tribunal constitutionnel par une requête dirigée contre les actes juridiques infra-législatifs est ouvert aux organes précités et aux Conseils du peuple des villes et des communes, aux assemblées du personnel (assemblées plénières des délégués du personnel), des entreprises d'Etat et aux assemblées des membres des coopératives socialistes[1].

658 Les recours constitutionnels et concrets ne souffrent d'aucune limitation (au regard du texte encore incomplet de l'Académie des Sciences) et sont ouverts pour le premier à tout citoyen qui estimerait que ses droit constitutionnels auraient été violés et qui aurait épuisé toutes les autres voies de recours et à tout magistrat ayant des doutes sur la constitutionnalité d'un acte à appliquer dans une affaire pour le second.

---

[1] - Articles 41, 43 et 46 de la Constitution. Il faut relever que ces propositions sont tout à fait originales et tendent à rejoindre la réglementation yougoslave montrant que même dans la situation très troublée de la R.D.A., une certaine spécificité socialiste avait été préservée.

659 On doit également noter que les règles de saisine du tribunal constitutionnel Polonais ont connu une certaine évolution: le droit de poser des questions juridiques a été ouvert à tous les tribunaux de seconde instance.

B) L'examen de l'affaire devant le Tribunal constitutionnel de R.D.A. et devant le Comité de surveillance constitutionnelle de l'U.R.S.S.

660 Les textes adoptés dans ces pays mettent en place des procédures comparables d'examen des requêtes.

1) L'examen de la requête par le Comité de surveillance constitutionnelle d'URSS.

661 Une fois la saisine effectuée, le dossier est examiné par le Comité de surveillance constitutionnelle. La loi du 23 décembre 1989, outre des considérations d'ordre général indiquant que les organismes du contrôle constitutionnel en U.R.S.S. agissent sur la base de la légalité socialiste, de la collégialité et de la transparence, apporte beaucoup d'indications sur la procédure d'examen devant le Comité de surveillance constitutionnelle. Cette procédure se déroule sous l'autorité du Président. Celui-ci assure la direction générale des travaux du Comité, convoque les réunions de sa propre initiative ou sur proposition d'au moins trois membres[1].
La procédure d'examen de la requête devant le Comité de surveillance constitutionnelle se déroule en deux phases: un examen préliminaire du dossier et la délibération devant l'ensemble du comité.
En effet, dès réception de la requête et vérification de sa recevabilité[2], le Président du Comité de contrôle constitutionnel oriente ce dossier vers un ou plusieurs membres du Comité. Ces derniers sont chargés, dans un délai fixé par le Président qui ne peut excéder six mois [3], d'instruire l'affaire et de préparer un rapport qui va servir de base à la délibération devant le Comité dans son intégralité.
662 Durant cette procédure préliminaire, le membre (ou le groupe de membres), du Comité de surveillance constitutionnelle doit procéder à l'audition des personnes responsables qui relèvent des organismes d'Etat et des organisations sociales concernées par cette affaire. Il peut de plus exiger de la part de l'ensemble des organismes d'Etat et des organisations sociales, la communication de documents ou d'informations qu'il estime importants pour le problème traité. Cette intervention auprès des organes d'Etat est strictement réglementée.
Elle ne peut intervenir que sur la requête du membre instructeur du Comité de surveillance constitutionnelle, "toute ingérence dans l'activité des organismes de contrôle constitutionnel" étant "interdite et entraîne la responsabilité" de son auteur

---

1 - Article 14 de la loi du 23 décembre 1989. De plus "le vice-président du Comité de surveillance constitutionnelle de l'U.R.S.S. assure sur délégation du Président, certaines de ses fonctions et remplace le Président en cas d'absence ou d'impossibilité d'assumer ses fonctions".

2 - Selon l'article 12 de la loi, le Comité de surveillance constitutionnelle de l'U.R.S.S. est en droit de refuser certaines requêtes, propositions et demandes, si elles ne ressortent pas de ses compétences.

3 - Article 16 de la loi du 23 décembre 1989.

[1]. L'organe d'Etat qui se trouve ainsi sollicité ne peut pas se soustraire à cette demande: en cas de refus "de présenter au Comité les documents et toute autre information exigée ainsi qu'en cas de déposition mensongère, les personnes responsables relevant des organes d'Etat et des organisations sociales en portent la responsabilité conformément à la loi" [2].
Enfin, au cours de cette instruction, les membres du Comité de surveillance constitutionnelle peuvent demander l'intervention d'experts en qualité de consultants dans des domaines scientifiques ou techniques.

663 A la fin du délai fixé, le Président du Comité de surveillance convoque la réunion plénière du Comité. Celle-ci doit se dérouler au maximum un mois après la clôture du délai [3]. Le projet de résolution préparé par le juge (ou le groupe de juges) qui a procédé à l'instruction doit être distribué à tous les membres du Comité de surveillance au moins 15 jours avant la réunion.
La séance plénière, qui ne peut se tenir si au moins les deux tiers des membres du Comité de surveillance ne sont pas présents, est publique[4]. La loi prévoit la liste des membres pouvant participer à cette séance. Il s'agit, outre l'ensemble des membres du Comité de surveillance constitutionnelle, des parties à l'affaire, c'est-à-dire les représentants de l'organe qui a demandé l'examen de l'affaire et de l'organe qui a adopté l'acte juridique qui fait l'objet de la contestation.
De plus, un certain nombre de personnes qui ne sont pas directement parties à l'affaire peuvent également participer de plein droit à la séance plénière du Comité de Surveillance Constitutionnelle. Il s'agit du Président du Soviet Suprême de l'U.R.S.S., des vice-présidents du Soviet Suprême de l'U.R.S.S., des Présidents du Soviet de l'Union et du Soviet des Nationalités, les Présidents des Comités du Soviet Suprême et des commissions permanentes de ses deux chambres.
Participent également aux séances du Comité de surveillance constitutionnelle, le Président du Conseil des Ministres de l'U.R.S.S., le Président du contrôle populaire, le Président de la Cour Suprême, le Procureur Général, le Président de l'arbitrage d'Etat et le Ministre de la Justice de l'Union Soviétique [5].

664 Le déroulement de la séance plénière, tel qu'il est prévu par la loi, se déroule en trois étapes.
L'affaire est tout d'abord introduite par un rapport prononcé par le Président du Comité de surveillance constitutionnelle, suivi par l'intervention des parties et, si le Comité l'estime nécessaire, par l'audition des personnes invitées à la séance.
Une fois ces trois étapes franchies, le Comité de surveillance constitutionnelle se retire pour adopter sa décision définitive. Il statue par un vote à la majorité absolue des membres du comité qui, durant le vote, ne peuvent pas s'abstenir [6]. En cas de partage, la voix du Président du Comité compte double.

---

[1] - Article 3 de la loi du 23 décembre 1989.
[2] - Article 16 de la loi du 23 décembre 1989.
[3] - Article 17 de la loi du 23 décembre 1989.
[4] - Article 17. Toutefois, le huis clos peut être prononcé "quand il apparaît nécessaire de préserver un secret d'Etat ou tout autre secret protégé par la loi".
[5] - Article 17 de la loi du 23 décembre 1989.
[6] - Article 18 de la loi du 23 décembre 1989.

665 La décision prise par le Comité de surveillance constitutionnelle doit être annoncée en séance publique et publiée par la suite dans le Bulletin du Congrès des Députés du Peuple et du Soviet Suprême de l'U.R.S.S.
Lors de cette publication, la décision doit être accompagnée d'une argumentation et peut également contenir une opinion dissidente. En effet, si un des membres du Comité de surveillance constitutionnelle n'est pas d'accord avec la décision rendue, il peut exprimer son désaccord avec celle-ci en intégrant une opinion particulière dans le texte même de la décision[1].

2) L'examen de la requête devant le Tribunal constitutionnel de R.D.A.

666 Les propositions avancées par la section de l'Etat et du droit de l'Académie des Sciences de R.D.A. sont réduites dans ce domaine, tout particulièrement en ce qui concerne la phase préalable d'examen de la requête qui existe devant la plupart des Tribunaux constitutionnels. Il est juste fait mention dans ce texte d'une procédure de filtrage destinée à éviter la multiplication des recours constitutionnels non fondés. Ce texte précise cependant que l'introduction de l'affaire est menée par un groupe de trois juges, dont les décisions peuvent être contestées devant la formation de jugement de sept juges qui statuent sur l'affaire. D'après le texte de l'Académie des Sciences, il existe deux formations de jugements. Pour les affaires "normales", le tribunal aurait du statuer dans une formation de sept juges. Toutefois, si le Président du Tribunal constitutionnel avait estimé qu'une affaire présente un caractère particulièrement important, il aurait pu ordonner la réunion de la séance plénière.
Le débat devant ces deux formations se serait déroulé en présence de public[2], sous une forme contradictoire et en la présence obligatoire de l'auteur de l'acte incriminé et de celui de la requête. Toutes les institutions de l'Etat auraient du se mettre à la disposition du Tribunal dans ses recherches.
Il était prévu un délai à l'intérieur duquel le Tribunal aurait été tenu de statuer. Il n'aurait pas pu en effet s'écouler plus d'un an entre le dépôt d'une requête et le prononcé du jugement (ce délai en matière de recours constitutionnel étant ramené à trois mois).

C) Nature et effets des décisions du Comité de surveillance constitutionnelle de l'U.R.S.S., du Tribunal constitutionnel polonais et du Tribunal constitutionnel de R.D.A.

667 Si l'étude des compétences et de la composition des organes de contrôle de constitutionnalité mis en place après 1989 n'a révélé aucune opposition fondamentale avec le modèle Kelsenien, celle de la nature et des effets des décisions rendues par eux met en évidence une différence apparemment fondamentale avec ce modèle. En effet, le caractère obligatoire des décisions, élément déterminant pour la

---

1 - Article 18 de la loi du 23 décembre 1989.

2 - Un huis clos peut être ordonné par décision de la formation qui juge l'affaire si des problèmes relatifs à la sécurité ou à la défense de l'Etat sont invoqués.

qualification de juridiction d'un organe et concept commun à l'ensemble des juridictions constitutionnelles se rattachant au modèle Kelsenien, n'a pas été affirmé par les textes adoptés en U.R.S.S., en Pologne et dans le projet est-allemand.
Toutefois, si l'on replace ces textes dans le contexte général des Etats socialistes (notamment si l'on compare la situation dans ces trois Etats avec la situation hongroise) on s'aperçoit que si la nature des décisions de ces Cours constitutionnelles conduit à ne pas les intégrer dans le modèle Kelsenien, cette non intégration apparaît provisoire, la situation actuelle n'étant dès lors qu'une étape vers cette intégration.

1) La portée limitée des décisions du Comité de surveillance constitutionnelle de l'U.R.S.S., du Tribunal constitutionnel polonais et du Tribunal constitutionnel de R.D.A.

668 Tant en U.R.S.S. que dans les deux autres Etats, les décisions rendues par les Tribunaux constitutionnels ne sont pas revêtues de la même autorité que celle existant au sein du modèle Kelsenien.

a) Nature et effets des décisions du Comité de surveillance constitutionnelle en U.R.S.S.

669 De par l'article 20 de la loi du 23 décembre 1989, la décision du Comité de surveillance constitutionnelle de l'U.R.S.S. qui constate la conformité ou la non-conformité d'un acte juridique à la Constitution doit être envoyée aux parties et au Présidium du Soviet Suprême de l'U.R.S.S.
La loi de 1989 a également mis en place un régime d'exécution des décisions qui présente deux caractéristiques: elle est différenciée selon le niveau juridique de l'acte déclaré non conforme et elle marque une évolution importante par rapport aux dispositions de l'article 125 de la Constitution adopté le 1er décembre 1988.
En effet, le texte ne prévoyait aucun pouvoir de décision pour le Comité de surveillance constitutionnelle, alors qu'il ressort des dispositions de la loi de 1989 que dans au moins une hypothèse, la décision de non conformité du Comité de surveillance constitutionnelle entraîne la perte d'effets juridiques d'un acte juridique.
Cette caractéristique représente une mutation d'autant plus importante qu'elle révèle l'évolution de l'U.R.S.S. vers un modèle de contrôle juridictionnel, l'étape actuelle n'apparaissant pas, loin s'en faut, définitive.

670 La combinaison de ces deux éléments met en évidence les deux aspects principaux de la nature et de l'effet des décisions du Comité de surveillance constitutionnelle. Alors que ce dernier se borne à proposer au Congrès des Députés du peuple de l'U.R.S.S. l'annulation des lois de l'U.R.S.S., des Constitutions et des lois des Républiques Fédérées, ses décisions ont des effets plus importants vis-à-vis des autres actes juridiques qui rentrent dans le champ de ses compétences.
Les conclusions du Comité de surveillance constitutionnelle concernant les projets de loi de l'U.R.S.S. et des autres actes soumis à l'examen du Congrès des Députés du Peuple de l'U.R.S.S., les lois de l'U.R.S.S. et les autres actes adoptés par le Congrès des Députés du Peuple de l'U.R.S.S., les Constitutions et les lois des Républiques Fédérées sont adressées par le Comité directement au Congrès des

députés du peuple (ou pour les normes juridiques Républicaines au Soviet Suprême de l'U.R.S.S)[1].

671 Comme le mentionne l'article 19 de la loi, les conclusions du Comité de surveillance constitutionnelle ne génèrent pas d'effets immédiats ni définitifs sur le maintien en vigueur de la loi ou de la Constitution de la République fédérée déclarée non conforme à la Constitution. L'adoption de telles conclusions n'a pas pour effet de suspendre l'application de l'acte juridique et surtout ces conclusions peuvent être rejetées par le Congrès des députés du Peuple de l'U.R.S.S. En effet, si le Congrès, qui doit débattre de la question lors de la session suivant la décision du Comité de surveillance, adopte une motion visant à rejeter ces conclusions à la majorité des deux tiers, la loi fédérale, la Constitution ou la loi républicaine pourront continuer à s'appliquer. Le Comité de surveillance constitutionnelle ne fait donc que participer au processus de contrôle de constitutionnalité en "proposant" l'annulation au Congrès des députés de l'U.R.S.S., la décision revenant à cet organe. Il faut voir dans cette procédure la mise en application des dispositions de l'article 73 alinéa 11 de la Constitution de l'U.R.S.S.[2] qui prévoit que les organes suprêmes du pouvoir d'Etat en U.R.S.S. assurent le "contrôle du respect de la Constitution de l'U.R.S.S. et la garantie des Constitutions des Républiques Fédérées avec la Constitution de l'U.R.S.S", tant dans son processus de réalisation que dans l'attribution exclusive de ce contrôle, au moins en matière de contrôle des Constitutions des Républiques Fédérées, au Congrès des Députés du Peuple[3]. On peut toutefois remarquer que si le Comité de surveillance constitutionnelle ne dispose d'aucun pouvoir direct (même de suspension) sur la loi ou la Constitution Républicaine incriminée, sa décision implique toutefois le vote à la majorité des deux tiers des députés du Congrès pour maintenir en vigueur l'acte juridique, c'est-à-dire de la part du Parlement soviétique une manifestation de volonté identique à celle requise pour une révision constitutionnelle[4]. Cette condition, qui n'était pas prévue dans le texte de l'article 125 de la Constitution de 1988, montre l'accroissement du rôle joué par le Comité de surveillance constitutionnelle dans le processus de contrôle de constitutionnalité.
Cette évolution est encore plus importante pour le régime juridique des décisions concernant les actes juridiques autres que ceux étudiés précédemment. En effet de par l'article 21 de la loi sur la surveillance constitutionnelle, les décisions constatant la non-conformité d'un acte juridique "autres que ceux mentionnés dans l'article 19 de la présente loi" [5], peuvent avoir deux effets différents: suspendre l'application de l'acte jusqu'à ce qu'une décision définitive soit prise ou dans certaines circonstances provoquer sa disparition.

---

1 - Article 19 alinéas 1 et 2 de la loi sur le contrôle constitutionnel.

2 - Cette disposition constitutionnelle (héritée de la Constitution brejnevienne de 1977 toujours en vigueur aujourd'hui) est relative à l'ensemble des organes suprêmes du pouvoir d'Etat et donc s'applique au Congrès désigné comme tel dans l'article 108 du texte constitutionnel soviétique.

3 - On peut s'interroger sur la compatibilité de cette procédure de l'article 19 de la loi du 23 décembre 1989 avec l'article 11 alinéa 5 de la Constitution qui attribue "le contrôle (...) de la conformité des Constitutions des Républiques Fédérées et des lois de ces Républiques avec la Constitution Soviétique" au Présidium du Soviet Suprême.

4 - Article 174 de la Constitution Soviétique de 1977: "La Constitution de l'U.R.S.S. est modifiée sur décision du Congrès des Députés du Peuple de l'U.R.S.S. adoptée à la majorité des deux tiers au moins du nombre total des Députés de l'U.R.S.S."

5 - Voir cet article dans le texte de la loi publié en annexe.

672 La suspension semble être la procédure de droit commun. En effet, si le Comité de surveillance constitutionnelle estime dans ses conclusions qu'un acte juridique est contraire à la Constitution ou aux lois de l'U.R.S.S., ces conclusions ont pour effet "de suspendre l'effet de l'acte dans son intégralité ou pour partie jusqu'à la suppression de l'élément mentionné qui le rend non conforme"[1]. Cette suspension entraîne plusieurs conséquences.
L'organe auteur de l'acte qui vient d'être suspendu dispose d'un délai de trois mois "pour éliminer la non-conformité de l'acte à la Constitution ou à la loi de l'U.R.S.S. mentionnée dans les conclusions du Comité de surveillance constitutionnelle" [2]. Si au terme de ce délai, l'auteur de l'acte n'a procédé à aucune modification, le Comité de surveillance peut demander au Congrès des Députés du peuple de l'U.R.S.S., au Soviet Suprême de l'U.R.S.S. ou au Conseil des Ministres de l'U.R.S.S. d'abroger l'acte estimé non conforme à la Constitution.

673 Cette intervention du Soviet Suprême ou du Conseil des Ministres de l'U.R.S.S. représente, tout comme pour l'article 73 et le Congrès des Députés du Peuple de l'U.R.S.S., une application des articles 113 (alinéa 18)[3] et 134 de la Constitution soviétique[4] qui confère à ces deux organes certains pouvoirs dans ce domaine. Toutefois, le rôle du Soviet Suprême et du Conseil des Ministres reste limité.
Si ces organes rejettent les conclusions du Comité de surveillance, la question est portée devant le Congrès des Députés du Peuple de l'U.R.S.S. La décision prise par le Congrès est alors définitive. Si les conclusions du Comité de surveillance constitutionnelle sont rejetées à la majorité des deux tiers, l'acte s'applique de nouveau; dans le cas contraire, il disparaît[5].
Bien que le Comité ne dispose toujours pas du droit de se prononcer définitivement sur la conformité de l'acte, cependant la suspension automatique combinée au délai de la majorité des deux tiers marque là encore l'accroissement du rôle joué par le Comité de surveillance constitutionnelle.
Cet accroissement est confirmé par la création d'un régime juridique spécial pour une catégorie particulière de décisions du Comité de surveillance constitutionnelle. Si cet organe constate qu'un acte normatif juridique quel qu'il soit contrevient aux droits fondamentaux et aux libertés de l'individu consacrés par la Constitution de l'U.R.S.S. et des actes internationaux dont l'U.R.S.S. est partie "les conclusions du Comité de surveillance constitutionnelle entraîne la perte de l'effet d'un tel acte à partir du moment où le Comité de surveillance constitutionnelle a rendu sa décision"[6].

---

1 - Article 21 de la loi du 23 décembre 1989.

2 - Article 22 de la loi du 23 décembre 1989.

3 - Article 113 alinéas 18: le Soviet Suprême de l'U.R.S.S.... 18/ dispose du droit d'annuler les ordonnances et les arrêtés du Présidium du Soviet Suprême de l'U.R.S.S., les décisions du Président du Soviet Suprême de l'U.R.S.S., les arrêtés et les décisions du Conseil des Ministres de l'U.R.S.S.

4 - Article 134 : Le Conseil des Ministres de l'U.R.S.S. a le droit pour les questions qui sont de la compétence de l'U.R.S.S. d'annuler les actes des Ministères de l'U.R.S.S., des Comités d'Etat et des autres organes qui relèvent de son autorité. On peut rapprocher cette intervention du Conseil des Ministres de l'U.R.S.S. de l'article 3 de la loi du 5 juillet 1978 sur le Conseil des Ministres de l'U.R.S.S. : "Le Conseil des Ministres assure le respect absolu de la Constitution de l'U.R.S.S.".

5 - Article 22 alinéa 3 de la loi du 23 décembre 1989.

6 - Article 21 de la loi du 23 décembre 1989.

Le régime juridique des décisions du Comité de surveillance en matière de violation des droits et libertés reconnus par la Constitution représente une évolution très importante du rôle joué par le Comité de surveillance constitutionnelle par rapport au texte de 1988. Pour la première fois dans le droit soviétique, un organe autonome vis-à-vis du Parlement peut prendre une décision en matière de contrôle de constitutionnalité, dont l'effet est de provoquer la disparition d'un acte normatif[1].

Une fois la décision adoptée et exécutée, l'annonce de la suspension ou de la disparition de l'acte normatif doit être publiée selon une procédure similaire à celle qui a été utilisée pour diffuser l'acte dont l'effet est modifié par la décision.

b) Nature et effets des décisions du Tribunal constitutionnel polonais et de R.D.A.

674 Les règles concernant ces deux Tribunaux constitutionnels sont tout à fait comparables dans leur esprit à celles mises en place en 1989 en U.R.S.S. Là encore ces deux organes, bien que disposant d'un pouvoir plus important que le Comité de surveillance constitutionnelle, voient un certain nombre de leurs décisions soumises à la volonté du Parlement.

675 Dans la situation de la R.D.A., les règles posées par le rapport du Professeur MOSCHÜTZ distinguaient deux situations: celle d'une déclaration de non conformité d'une loi et celle d'un autre acte juridique.
Si la décision rendue par le Tribunal constitutionnel concerne une loi, celle-ci peut être rejetée selon deux procédures: la Chambre du Peuple (le Parlement) s'oppose à la décision du Tribunal constitutionnel par un vote identique à celui prévu à l'article 62 alinéa 2 de la Constitution [2] ou la Chambre du Peuple organise un référendum pour rejeter ou confirmer cette décision, selon la procédure prévue aux articles 63 et 106 de la Constitution[3].
Si le jugement concerne un autre acte juridique infra-législatif, il possède une force obligatoire. L'organe qui a émis l'acte doit soit l'abroger soit le modifier. Si cet organe n'a pas procédé à aucun changement dans un délai de trois mois, l'acte cesse alors de produire des effets juridiques.
La décision est alors publiée au Journal Officiel de R.D.A. Sur la base de cette abrogation, tous les actes individuels qui s'appuyaient sur l'acte abrogé sont également annulés.

676 En POLOGNE, les nouvelles compétences du Tribunal constitutionnel n'ont pas entraîné de modifications du pouvoir d'annulation de ce Tribunal. En effet malgré

---

1 - Cet élément est d'autant plus important que le Comité de surveillance constitutionnelle a usé de ce pouvoir dés sa première décision le 21 Juin 1990.
2 - Majorité des deux tiers. Il faut relever que si cette procédure n'est pas nouvelle, c'est la première fois que la doctrine socialiste relève explicitement le lien existant entre cette procédure et une révision constitutionnelle.
3 - Une telle disposition avait été prononcée en POLOGNE.

une rédaction peu claire de l'article 27 de la Constitution à propos du contrôle des projets de lois, il semble que la décision du Tribunal doit être présentée à la Diète qui peut la rejeter selon la procédure de l'article 6 de la loi du 29 avril 1985[1].
Toutefois, l'évolution des pouvoirs du Tribunal constitutionnel polonais ne provient pas directement du texte constitutionnel mais de l'évolution du contexte politique. En effet, après les élections législatives intervenues à la suite des accords entre le gouvernement et l'opposition en Avril 1989, le Parlement polonais est composé de la manière suivante:
-groupe communiste (POUP) 173 députés
-groupe ZNAK (catholiques pro gouvernementaux) 23 députés
-groupe du Parti Democrate : 27 députés
-groupe du Parti paysan: 76 députés
- Solidarité : 161 députés.
Dans cette situation (encore accentuée par les nombreuses ruptures d'alliance entre anciens alliés) le seuil fixé par la Constitution d'une majorité des deux tiers pour rejeter une décision du Tribunal constitutionnel relative à la non conformité d'une loi apparaît extrêmement délicat à atteindre et exige une alliance improbable entre les députés du groupe communiste et de SOLIDARITE.

677 Ce caractère juridictionnel "alternatif"[2] qui fait que les décisions prise par les trois organes étudiés ne sont pas revêtues du caractère de décisions juridictionnelles, bien que constituant un très sérieux obstacle pour leur rattachement au le modèle Kelsenien ne doit pas être considéré comme définitif.
En effet malgré ce phénomène, les lois adoptées en 1989 constituent une étape vers l'intégration des organes de contrôle de constitutionnalité dans le modèle Kelsenien de justice constitutionnelle.

2) Une étape vers l'intégration complète dans le modèle Kelsenien

678 En fait, la prise en compte de la réalité et de l'importance de l'adoption de la loi soviétique du 23 décembre 1989 et de la nouvelle réglementation polonaise ne peut être réalisée que par l'adoption d'une approche évolutive. Il ne s'agit pas ici de considérer exclusivement les textes adoptés en 1989, mais au contraire de les replacer

---

1 - Renseignement communiqué par le Professeur GARLICKI le 30 Octobre 199O. Par contre le président de la République polonaise est tenu de respecter dans ce cadre la décision du Tribunal Constitutionnel (décision du TCP du 22 Aout 1990).

2 - Certes, il existe un phénomène assez proche en Europe occidentale, les Cours Constitutionnelles n'exercent pas tout le temps des fonctions juridictionnelles [2], sans que cela puisse remettre en cause leur qualification de juridiction. La situation apparaît totalement différente pourtant de celle de l'U.R.S.S. En Europe occidentale, la séparation entre activité juridictionnelle et activité non juridictionnelle s'opère entre des fonctions matériellement distinctes, le contrôle de constitutionnalité (spécialement le contrôle de constitutionnalité des lois) étant totalement intégré dans le cadre de cette fonction juridictionnelle. En U.R.S.S., au contraire, la césure s'opère à l'intérieur même de l'activité de contrôle juridictionnel dont seulement une partie strictement définie s'intègre dans la fonction juridictionnelle. L'assimilation avec l'occident n'est donc pas pertinente: les Cours constitutionnelles occidentales sont des organes juridictionnels de contrôle de constitutionnalité qui remplissent d'autres activités non juridictionnelles alors que le Comité de surveillance constitutionnelle est un organe de contrôle de constitutionnalité partiellement juridictionnel.

dans leur contexte général, de dépasser à la fois la limite temporelle de l'année 1989 et celle territoriale du cadre polonais ou soviétique.
En effet, si le problème du contrôle de constitutionnalité dans les Etats d'Europe orientale depuis l'accession des Partis communistes au pouvoir après la seconde guerre mondiale est caractérisé par le passage du modèle socialiste de contrôle parlementaire de la constitutionnalité au contrôle juridictionnel, cette première évolution ne doit pas pour autant occulter une seconde évolution intervenant celle-ci à l'intérieur de chaque type de contrôle, si bien que l'on doit, en tenant compte du rythme des réformes, distinguer dans l'ensemble des Etats étudiés qui ont, depuis 1945 jusqu'en 1990, connu les deux types de contrôle de constitutionnalité, deux groupes d'égale importance: celui des Etats qui ont connu un passage brutal du contrôle parlementaire au contrôle juridictionnel sans étapes préliminaires[1] et celui des Etats qui au contraire ont abouti à ce même résultat dans le cadre d'une évolution passant par plusieurs étapes intermédiaires[2]. Dans ce second groupe, toute réforme engagée ne peut dès lors être appréciée qu'en comparaison avec la réforme précédente intervenue dans le même Etat et avec celles intervenues dans des Etats voisins engagés dans un processus comparable.

679 Ainsi, pour rendre compte de la réalité de l'adoption d'une nouvelle loi ou de la modification d'une loi existante en matière de contrôle de constitutionnalité, il convient de s'interroger sur son contenu mais aussi (et surtout) sur sa contribution au rapprochement de l'organisation du contrôle de constitutionnalité au modèle Kelsenien de la Cour constitutionnelle. Cette dynamique de l'intégration dans le modèle Kelsenien peut être mesurée en fonction de l'évolution de la HONGRIE. L'expérience hongroise présente en effet à ce sujet, un double intérêt. Elle a vu le déroulement de nombreuses étapes successives et en 1989 elle est arrivée à son terme avec l'adoption de la loi 32/89.

a) La référence hongroise

680 L'exemple hongrois permet d'indiquer les principaux stades rencontrés durant l'évolution de la structure de contrôle de constitutionnalité entre le modèle socialiste de contrôle parlementaire tel qu'il existait avec le Conseil de droit constitutionnel en 1984 et la Cour constitutionnelle mise en place par la loi 32/89. En effet entre ces deux stades, on peut se référer au texte du projet de loi sur la Cour constitutionnelle, publié par le Ministère de la Justice qui a été par la suite profondément modifié après la table ronde entre le pouvoir et les représentants de l'opposition. Ce texte, bien qu'il n'ait jamais été adopté, présente l'intérêt de représenter les différentes conceptions manifestées par le gouvernement de l'époque en matière de Cour constitutionnelle. A ce titre, la non-application de ce texte apparaît tout à fait relative. Les textes, mêmes jamais appliqués, ont fait avancer l'idée d'une Cour constitutionnelle et représentent à la fois un enrichissement du texte précédent et une

---

[1] - Dans ce groupe: la YOUGOSLAVIE, la TCHECoslovaquie pour la période "socialiste" et au premier août 1990, la R.D.A. qui par son rattachement à la R.F.A. se voit appliquer les dispositions de la Constitution de R.F.A. sur la Cour constitutionnelle de KARLSHRUHE.

[2] - Dans ce second groupe : la POLOGNE, la HONGRIE et l'U.R.S.S.

base de réflexion pour le futur. Il y a donc la volonté de faire évoluer l'organisation des institutions par étapes.
L'intérêt de ce projet de la loi hongrois est d'autant plus important que les deux versions correspondant à deux conceptions différentes de la Cour constitutionnelle (ou à deux étapes dans l'évolution de celle-ci) ont été reproduits, chaque article étant présenté dans deux rédactions différentes.
Ainsi, le tableau (voir page suivante) de l'évolution entre ces "quatre" textes, en matière d'effets des décisions de la Cour constitutionnelle en HONGRIE montre les différents stades de l'évolution de la Cour constitutionnelle et met en valeur le contenu de chacune de ces étapes.

681 L'analyse de cette représentation graphique montre donc que l'on peut distinguer quatre étapes en matière de nature des décisions de la Cour constitutionnelle:
- l'organe de contrôle ne peut annuler aucun acte juridique (numéro 1),
- l'organe de contrôle peut prononcer l'annulation d'un acte juridique infra-législatif non conforme à la Constitution. S'il s'agit d'une loi, sa décision entraîne la suspension de la loi. Cette décision n'est pas définitive et peut être rejetée par le Parlement à la majorité simple (numéro 2);
- l'organe de contrôle peut prononcer l'annulation d'un acte juridique infra-législatif non conforme à la Constitution. S'il s'agit d'une loi, sa décision entraîne la suspension de la loi. Cette décision n'est pas définitive et peut être rejetée par le Parlement à la majorité des deux tiers (numéro 3);
- l'organe de contrôle de constitutionnalité peut prononcer l'annulation de tout acte juridique législatif et infra-législatif (numéro 4).

Evolution des effets des décisions
en matière de controle de constitutionnalité en Hongrie . (1984 - 1989)

	Conseil de Droit Constitutionnel	Cour Constitutionnelle		
	LOI n° 1 / 84 (12 Avril 1984) 1	1 ère version du projet de loi du ministère de la justice 2	2 ème version du projet de loi du ministère de la justice 3	Loi N° 32/89 4
Loi	Le Conseil de Droit constitutionnel ne peut que proposer au Parlement d'abroger ou de modifier la loi. La décision ne produit pas d'effet sur l'application de la loi.	La décision de la Cour peut être réjetée par le Parlement à la majorité simple.	La décision de la Cour peut être réjetée par le Parlement à la majorité des deux tiers.	La décision de la Cour s'impose: la loi inconstitutionnelle est abrogée.
Acte infra législatif	Le Conseil de Droit constitutionnel ne peut que proposer à son auteur d'abroger ou de modifier l'acte . Le Conseil peut suspendre l'application de l'acte * * sauf les décisions de la Cour Suprême	La décision de la Cour s'impose: l'acte infra législatif inconstitutionnel est abrogé.	La décision de la Cour s'impose: l'acte infra législatif inconstitutionnel est abrogé.	La décision de la Cour s'impose: l'acte infra législatif inconstitutionnel est abrogé.

<u>b) La position du Comité de surveillance constitutionnelle de l'U.R.S.S. et des Tribunaux constitutionnels polonais et est-allemand</u>

682 L'étude de la portée des décisions du Comité de surveillance constitutionnelle de l'U.R.S.S. et des Tribunaux constitutionnels polonais et est-allemand, au travers

de la grille d'analyse tirée du modèle hongrois, permet de montrer que si ces organes ne peuvent être rattachés au modèle Kelsenien de contrôle de constitutionnalité, ils constituent néanmoins des étapes importantes vers ce modèle.
Deux éléments permettent d'illustrer cette affirmation: chacun de ces organes peuvent être intégrés dans le schéma fourni par l'exemple hongrois; et ils correspondent tous à une évolution de nature à les rapprocher de l'organisation du modèle Kelsenien.
Le Comité de surveillance constitutionnelle de l'U.R.S.S. apparaît comme le moins avancé au regard des solutions hongroises puisqu'il se place entre le stade numéro 1 et le stade numéro 2 en matière de contrôle des actes infra-législatifs et entre les stades 2 et 3 pour le contrôle des lois. La situation soviétique est de ce fait révélatrice. Les articles 19, 21 et 22 de la loi du 23 décembre 1989 mettent en place un régime juridique des décisions rendues par le Comité de surveillance constitutionnelle dans lequel les décisions de non conformité, si elles n'interviennent pas pour sanctionner une violation "des droits fondamentaux et des libertés de l'individu consacrés par la Constitution de l'U.R.S.S. et les conventions internationales dont l'U.R.S.S. est partie"[1], doivent, pour s'imposer définitivement et entraîner la disparition de l'acte juridique considéré par le Comité de surveillance constitutionnelle comme non-conforme à la Constitution, être confirmées par d'autres organes. Ces décisions ne produisent donc pas d'effets définitifs et peuvent être remis en cause par d'autres organes.
On distingue trois types de décisions:
- Les décisions qui concernent la non-conformité des lois. ne sont revêtues d'aucun effet suspensif mais doivent pour être rejetées par le Congrès des Députés du Peuple de l'U.R.S.S. recueillir contre elles une majorité de deux tiers des Députés.
- Les décisions qui concernent les actes infra-législatifs (au sens de l'article 19 de la loi soviétique du 23 décembre 1989) et qui ne s'appuient pas sur une violation des droits fondamentaux entraînent la suspension des effets juridiques de l'acte. La décision finale [2] appartient au Congrès des Députés du Peuple qui peut rejeter la décision du Comité de surveillance constitutionnelle à la majorité des deux tiers.
- Les décisions qui concernent les violations des droits fondamentaux "entraînent la perte de l'effet d'un tel acte à partir du moment où les conclusions du Comité sont adoptées"[3].

683 Dans ces trois situations, seules les décisions qui interviennent dans le cadre de la protection des droits et des libertés fondamentales peuvent être considérées comme des décisions juridictionnelles dans la mesure où elles sont revêtues d'une autorité autonome: elles s'imposent d'elles-même sans avoir besoin d'être confirmées par d'autres organes. De ce fait, elles sont tout à fait comparables à celles rendues par les Cours constitutionnelles d'Europe occidentale et pourraient parfaitement s'intégrer dans le cadre de l'article 62 de la Constitution française de 1958, utilisé par le Professeur LUCHAIRE[4] pour définir le caractère obligatoire des décisions du Conseil constitutionnel français: elles ne sont susceptibles d'aucun recours et s'imposent à toutes les autorités.

---

[1] - Article 21 de la loi du 23 décembre 1989.
[2] - Au terme de la procédure de l'article 22 de la loi.
[3] - Article 20 de la loi du 23/12/1989.
[4] - François LUCHAIRE. Le Conseil constitutionnel. Opus cité.

On se trouve, bien que la configuration des pouvoirs du Comité de surveillance constitutionnelle soviétique ne corresponde pas intégralement à une des quatre étapes du processus hongrois, dans le cadre des stades intermédiaires du tableau: celui où les décisions de l'organe chargé du contrôle de constitutionnalité, bien que globalement soumises à l'appréciation du Parlement, entraînent malgré tout certains effets autonomes.

684 L'intégration des deux juridictions constitutionnelles polonaise et est-allemande apparaît encore plus évidente. Elles correspondent au stade numéro trois, c'est-à-dire à l'exigence d'une majorité des deux tiers pour rejeter les conclusions dirigées contre une loi non conforme et au pouvoir pour le Tribunal constitutionnel d'annuler tout acte infra-législatif non conforme à la Constitution.

685 Toutefois, le positionnement de ces trois juridictions n'est pas le seul argument en faveur de la potentialité d'intégration évoquée. Bien plus que la position de chacun des organes mentionnée sur la grille formée par l'évolution hongroise, c'est la dynamique des lois adoptées en 1989 qui est déterminante. Ainsi, l'analyse de ces lois montre que ces textes non seulement s'intègrent dans cette grille, mais surtout constituent une évolution en direction du stade numéro quatre, c'est-à-dire vers le modèle Kelsenien. Cette dynamique peut être relevée à la fois dans le texte même des lois et dans l'évolution du contexte politique.
A ce titre, la situation soviétique est particulièrement significative. La comparaison de l'article 125 de la Constitution soviétique du 1er décembre 1988 et de l'article 124 du même texte après la révision du 23 décembre 1989 (ainsi que des dispositions de la loi du 23 décembre 1989 sur la surveillance constitutionnelle) révèlent deux innovations allant dans ce sens.
Dans la version de 1988, le pouvoir de suspendre l'application des actes contraires à la Constitution était limité aux actes infra-législatifs (à l'exclusion de toutes les lois du Congrès et du Soviet Suprême) qui n'émanaient pas des Présidiums et des Conseils des Ministres, tant de l'U.R.S.S. que des Républiques Fédérées [1]. Ce pouvoir a été étendu en 1989 non seulement à tous les actes infra-législatifs mais également aux lois du Soviet Suprême de l'U.R.S.S. [2]. De même, dans la version de 1988, les dispositions particulières sur les décisions s'appuyant sur les droits fondamentaux des citoyens soviétiques n'existaient pas [3].
Ainsi tout comme en R.D.A. et à un degré moindre en POLOGNE, il apparaît que l'U.R.S.S. a engagé un processus qui en matière de contrôle de constitutionnalité est comparable à celui qu'a connu la HONGRIE.
686 Ce contexte favorable au développement de la logique occidentale du contrôle de constitutionnalité a d'ailleurs pu rapidement être mesuré dans ces Etats. Si on

---

[1] Voir dans ce sens Patrice GELARD. La Réforme Constitutionnelle Soviétique - R.D.P. 1988 page 239.

[2] Article 124 de la Constitution soviétique (issu de la réforme du 14 mars 1990) :
"l'adoption (...) de conclusions (constatant la non-conformité d'un acte juridique à la Constitution) suspend l'exécution de l'acte (...) à l'exclusion des lois de l'U.R.S.S. adoptées par le Congrès des Députés du Peuple de l'U.R.S.S. et des Constitutions des Républiques Fédérées.

[3] - On peut aussi relever l'absence dans l'article 125 (issu de la réforme de décembre 1988) de toute référence à la majorité des deux tiers pour rejeter les décisions du Comité de surveillance constitutionnelle.

écarte le problème de la RDA et de la réunification de l'Allemagne, il faut constater que les changements intervenus malgré le caractère limité des solutions adoptées en matière de contrôle de constitutionnalité ont entraîné une évolution importante.
Ainsi durant toute l'année 1989 le Tribunal constitutionnel de POLOGNE a connu une très forte activité (il a rendu 25 décisions et surtout il a prononcé à sept reprise la non conformité d'une disposition législative) de même le Comité de surveillance constitutionnelle de l'U.R.S.S. qui dès le premier mois de son existence s'est auto saisi à cinq reprises entre le 15 Mai et le 22 juin 1990[1]. Le contenu de ces saisines et de la décision du 21 Juin 1990 apparaît extrêmement significatif de l'évolution enregistrée. Alors que toutes les décisions prises en URSS dans le cadre du modèle socialiste de contrôle parlementaire manifestaient une fonction instrumentale de cette activité, les décisions du Comité de surveillance constitutionnelles reflètent une volonté totalement opposée. Elles concernent toutes, à l'exception de la saisine du 22 juin 1990[2], des actes juridiques adoptés par les organes du Pouvoir central. L'exception citée est d'ailleurs tout à fait révélatrice puisque c'est la seule saisine qui n'émane pas du Comité lui même mais du Président du Soviet suprême de l'URSS. Contrairement à celles rendues dans le cadre du modèle de contrôle parlementaire, aucune de ces décisions ne concernent la répartition des compétences entre le pouvoir central et les Républiques fédérées: elles ont trait au domaine des droits des citoyens et à leur garantie dans les dispositions juridiques (liberté de manifestation, liberté de circulation, droit à une protection juridictionnelle... [3]). Il s'agit donc d'une autre conception du contrôle de constitutionnalité qui est manifestée dans ces autosaisines.
Dans la seule décision publiée celle du 21 Juin 1990 le Comité de surveillance constitutionnelle a d'ailleurs clairement montré sa volonté en abrogeant sur la base de l'article 21 de la loi du 23 décembre 1989 (relatif au régime spécial des actes juridiques qui violent les droits et libertés des citoyens) toute une série d'articles tirés d'actes du conseil des ministres, du Comité Central Exécutif et du Soviet Suprême de l'U.R.S.S. (article 94 des fondements de la législation du travail de l'URSS et des Républiques Fédérées[4]. Ainsi pour la première fois en Union Soviétique est prononcé l'abrogation d'une LOI au motif de sa non conformité une norme juridique supérieure. Si cette décision, relative à la conformité des actes normatifs excluant la compétence judiciaire dans l'examen de certains litiges de travail, est intéressante quant aux actes juridiques annulés elle l'est aussi quant à la norme de référence utilisé puisque outre l'article 58 de la Constitution, cette décision fait référence à la Déclaration Universelle des Droits de l'Homme et au Pacte International sur les droits civil et politiques. Cette double référence à des textes aussi symboliques et non exclusivement soviétiques apparaît particulièrement significative, elle démontre que non seulement il ne s'agit plus en Union Soviétique d'assurer le respect de la volonté des gouvernants au moyen du contrôle de l'application de la Constitution mais bien de faire respecter cette Constitution (et un ensemble d'autres dispositions internationales) par ce gouvernement mais encore de montrer que le Droit soviétique ne fait plus aujourd'hui exclusivement référence à un Droit "socialiste" mais

---

1 - Tous ces renseignements sont extrait de la chronique du Professeur GELARD dans le n° 3 de la revue française de droit constitutionnel de 1990 page 531.

2 - Ibidem. Cette saisine concerne divers actes normatifs des Républiques fédérées.

3 - Voir la chronique de Patrice GELARD, déjà cité, page 531.

4 - Ibidem.

également à des principes commun à la société internationale dans un domaine (les Droits de l'Homme) ou jusqu'à présent l'U.R.S.S. avait toujours tenu à affirmer sa spécificité. Cette décision du 21 juin 1990 est donc hautement significative : par son rejet explicite de la conception instrumentale , elle représente la première manifestation de l'évolution du Comité de surveillance constitutionnelle vers le modèle Kelsenien.

687 Ainsi, même si le rythme de cette évolution est différents selon chaque Etat et l'évolution de leur situation politique, c'est bien un même mouvement qui est observé: l'émergence progressive d'un nouveau type d'organisation Etatique qui permet la continuation d'une mutation déjà engagée avant 1989, c'est à dire l'évolution du contrôle de constitutionnalité en direction du modèle kelsénien de justice constitutionnelle [1].

c) La perspective évolutive du Tribunal constitutionnel polonais

688 L'ambiguïté de la position du Tribunal constitutionnel polonais résulte également de la perspective évolutive évoquée par une grande partie de la doctrine et même des gouvernants. Cette perspective peut se résumer en trois points: le Tribunal constitutionnel polonais se rattache originellement au modèle européen et s'il ne peut s'y intégrer totalement, c'est que pour des raisons circonstancielles; un développement dans le sens de l'intégration totale n'est cependant pas exclue.

689 La littérature juridique polonaise fait référence, pour justifier la création du Tribunal constitutionnel aux théories d'H. KELSEN et aux expériences des juridictions constitutionnelles ouest-européennes. Ce phénomène, déjà constaté épisodiquement dans certains articles rédigés par des juristes socialistes [2] de 1960 - 70, est extrêmement marqué dans le cadre de l'expérience polonaise de 1982. Dans de nombreuses publications relatives à la création et à l'organisation du Tribunal constitutionnel, d'éminents auteurs associent cette création au mouvement de développement des juridictions constitutionnelles occidentales depuis 1945. Pour A. GWIZDZ (qui a participé au comité d'experts chargé de la rédaction du projet de loi constitutionnelle sur le Tribunal constitutionnel en 1982) l'origine du développement des idées (notamment à l'intérieur du Parti Démocrate) ayant conduit à la création du Tribunal se trouve dans la pensée juridique d'Hans KELSEN et dans le développement après la seconde guerre mondiale des juridictions constitutionnelles en Europe occidentale.

---

1 - A ce titre, l'évolution de la R.D.A. apparaît symbolique. L'évolution des conceptions politiques entraîne l'émergence d'un nouveau type d'Etat. Pour des raisons historiques, ce mouvement se caractérise matériellement par la disparition de la R.D.A. (Etat socialiste) et son intégration dans la R.F.A.

2 - Voir par exemple l'article de Mme NASCHITZ (écrit dans un contexte particulier puisque destiné aux étudiants de la Faculté de Droit comparé de STRASBOURG): Introduction in the Rules concerning the control of the constitutionality and légality in the activity of socialist states (opus cité). Dans cet article, Mme NACHITZ' n'opère pas un revirement de la doctrine des Etats socialistes vis-à-vis de la Cour constitutionnelle occidentale, mais concède qu'il y a plusieurs conceptions de l'Etat de Droit, dont celle qui consiste à créer une juridiction constitutionnelle, sans prendre parti pour une de ces formes et surtout sans reprendre les arguments développés par VICHINSKI sur le caractère "'de classe" de l'activité d'organes comparables.

Exprimée par de très nombreux auteurs polonais, cette idée a été synthétisée par Z. CZEZJECKO SOCHACKI. Selon lui, l'idée d'Hans KELSEN est toujours actuelle et le Tribunal constitutionnel s'inscrit dans cette logique. Il y a non seulement reconnaissance de l'intérêt des idées d'H. KELSEN et du développement de la notion de Cour constitutionnelle mais aussi de l'influence qu'ont pu avoir de telles juridictions dans la création du Tribunal constitutionnel polonais.
Pour Z. CZEZJECKO SOCHACKI:
"On doit souligner que le modèle polonais d'un Tribunal constitutionnel a été formé de façon originale...; mais il est vrai que l'on a profité de l'expérience du modèle européen de contrôle de constitutionnalité.... Il y a en fait adaptation aux conditions polonaises." [1]

690 Cette position doctrinale régulièrement exprimée est confirmée par un certain nombre d'activité du Tribunal constitutionnel depuis sa mise en place en 1986. D'après son secrétaire général M. BABINSKI, un très grand nombre de contacts ont été nouées entre le Tribunal polonais et la plupart des juridictions occidentales. Evoquant les relations déjà mentionnées plus haut avec quelques organes comparables des Etats socialistes, M. BABINSKI insiste sur le fait que ces relations sont tout aussi importantes avec les juridictions occidentales :
"En occident, nous avons d'excellentes relations avec le Conseil constitutionnel français, avec les Tribunaux autrichien et portugais. Nos relations sont par contre plus froides avec la R.F.A. et quasi inexistantes avec l'ESPAGNE et la TURQUIE." [2]

691 Ce mouvement de rapprochement se concrétise par de nombreux échanges avec les juridictions occidentales. A titre d'illustration, des juges du Tribunal constitutionnel polonais ont participé au colloque organisé en juin 1989 à PARIS par le Conseil constitutionnel sur la place de la Déclaration des Droits de l'Homme et du Citoyen de 1789 dans la jurisprudence de ce dernier. Il est également prolongé par la volonté des plus imminents membres de la doctrine polonaise de participer à des publications regroupant en Europe occidentale les spécialistes des problèmes de la juridiction constitutionnelle[3].

692 Sur le plan interne, la doctrine polonaise insiste sur le caractère évolutif des solutions mises en place en 1986. Pour les auteurs polonais, la juridiction constitutionnelle mise en place en 1986 n'est pas figée et doit être considérée comme étant au premier stade de son évolution. Ainsi pour Z. CZESZEJKO-SOCHACKI, le Tribunal constitutionnel a été formé pour tenir compte des exigences de l'Etat socialiste mais aussi sur la base du modèle européen tel qu'il existe en AUTRICHE et en République Fédérale Allemande. Selon cet auteur[4]:

---

1 - Z. CZEZSJECKO-SOCHACKI- "Trybunal Konstytucjny PRL", déjà cité page 37.
2 - Entretien avec M. BABINSKI, avril 1989.
3 - Voir par exemple la participation du Professeur GARLICKI à l'Annuaire International de Justice Constitutionnelle.
4 - CZESZEJKO- SOCHACKI, Opus cité.

"C'est un modèle qui n'est pas fermé, la pratique démontrera comment ce modèle sera développé et dans quelle direction. C'est une solution optimale eu égard à la situation qui a été retenue, et non la solution "maximale" que l'on peut souhaiter."

693 De l'avis d'un très grand nombre de juristes et même de personnes impliquées directement dans le processus de fonctionnement du Tribunal constitutionnel polonais [1], les solutions adoptées dans tous les domaines de la loi concernant le Tribunal ne sont pas définitives. Cela apparaît notamment dans les articles de M. GWIZDZ [2], DZIALOCHA [3] (juge au Tribunal constitutionnel).
Ce caractère évolutif (s'appuyant sur le fait que la POLOGNE n'avait jamais eu par le passé d'institutions comparables et sur une certaine prudence) est quasi-institutionnalisée. Pour M. BABINSKI est prévu le 1er janvier 1990 le remplacement de la moitié des juges du Tribunal (conformément aux dispositions de la loi de 1985). A cette date les propositions sur l'évolution du Tribunal seront examinées au regard de la pratique et juridiquement entérinées[4].

694 La situation polonaise démontre à elle seule toute l'ambiguïté de la position du Tribunal constitutionnel dans l'Etat socialiste. Il semble a priori condamné à ne pas jouer le même rôle que les Cours constitutionnelles d'Europe occidentale, comme le montre l'exemple yougoslave, du fait de l'antagonisme idéologique ou même à ne pas pouvoir exister comme en TCHECOSLOVAQUIE.
L'ensemble de ces éléments peut conduire à une interrogation: le Tribunal constitutionnel polonais, qui semblait plus fortement marqué dans son organisation par les impératifs de l'Etat socialiste et donc plus éloigné du modèle Kelsenien que la Cour fédérale yougoslave, doit il cependant être considéré comme plus proche de ce modèle et s'y intégrant sinon totalement du moins progressivement? Tel qu'il a été créé en 1986 et tel qu'il a fonctionné entre 1986 et 1988 le Tribunal constitutionnel polonais constitue t- il le précurseur d'une Cour constitutionnelle dont le développement est primitivement limité mais qui s'engage dans une perspective orientée vers l'émergence du modèle Kelsenien en POLOGNE?
Si tel est le cas, se trouverait alors mis en place à l'intérieur de l'Etat socialiste une dynamique de développement d'institutions juridiques dont la finalité s'oppose aux fondements mêmes de l'Etat. Ce n'est pas la première fois que dans un Etat socialiste se met en place une institution a priori incompatible avec le caractère socialiste de

---

1 - Outre les exemples qui vont être cités tout au long du développement à venir, on peut se reporter utilement sur le problème de l'évolution future du Tribunal constitutionnel polonais à l'ensemble des sources citées sur ce sujet dans cette thèse, qui toutes développent plus ou moins cette notion d'évolution, ainsi qu'à tous les développements de la première partie concernant l'organisation, la compétence, la composition et la procédure ainsi qu'à celles concernant la jurisprudence du Tribunal qui toutes développent l'idée que le choix fait en 1982 et en 1985 ne sont pas définitifs.

2 - A. GWIZDZ - Le contrôle de constitutionnalité... déjà cité page 15

3 - K. DZIALOCHA- The role of the constitutionnal tribunal in garanteeing citizen rights - déjà cité page 9.

4 - Cette élection a eu lieu en Novembre 1989 mais à la suite des changements politiques survenus durant cette année au dela de quelques changements apportés à l'organisation du Tribunal (qui seront étudiés dans le chapitre suivant) cette reflexion globale sur la juridiction constitutionnelle en POLOGNE a été reporté à la redaction de la Constitution qui devra être adopté en 1991.

l'Etat, mais c'est la première fois que ce type d'institutions fonctionne dans ce sens réputé incompatible.

695 Il semble que ce phénomène ne se soit pas limité en POLOGNE au Tribunal constitutionnel. En fait, pour prendre en compte la réalité de cette possible évolution, il faut situer ce dernier dans une dynamique qui a débuté à partir des années 1980 et qui a conduit à la mise en place d'un certain nombre d'organes tels que, outre le Tribunal Constitutionnel, la Cour administrative suprême en 1981 et le protecteur des droits fondamentaux en 1987. Ce mouvement, même si chacun de ces organes a vu ses pouvoirs adaptés aux nécessités de l'Etat socialiste, a conduit à la mise en place d'un ensemble dont la logique de fonctionnement s'est révélée progressivement en rupture avec l'ancienne logique de l'Etat socialiste. Ce phénomène a été notamment illustré par une sorte de rupture: les relations entre ces trois nouveaux organes se sont multipliées alors qu'au contraire les anciennes institutions ne s'inscrivaient pas dans ces nouveaux mécanismes.

696 Ce phénomène s'illustre particulièrement dans le processus de saisine du Tribunal constitutionnel. Alors que le texte de la loi du 29 avril 1985 autorisait (parmi les organes d'Etat) le Parlement, le Conseil d'Etat, le Gouvernement, le Président de la Chambre Suprême de contrôle, le Tribunal d'Etat, le Procureur Général, le Président de la Cour Suprême, de la Haute Cour Administrative et plus tard le défenseur des droits fondamentaux à saisir le Tribunal Constitutionnel, seul le défenseur des droits fondamentaux (à cinq reprises) en 1988 et surtout le Président de la Haute Cour Administrative (à quatorze reprises entre 1986 et 1988) ont réellement participé à ce processus, alors que parmi les organes "traditionnels" seul le Procureur Général a saisi à deux reprises en 1988 le Tribunal constitutionnel [1].

Ce phénomène illustre donc bien à notre sens la dynamique de la Cour constitutionnelle dans l'Etat socialiste à partir des années 1980. Alors qu'avant cette date ces juridictions placées dans une position ambiguë au sein de l'Etat socialiste, avaient connu un développement limité, l'exemple polonais montre que leur rôle va au contraire se développer tant quantitativement que qualitativement, non seulement plusieurs Cours constitutionnelles vont être crées entre 1982 et 1989 mais elles vont développer une jurisprudence de plus en plus conforme aux impératifs de la conception du rôle du droit qu'elles sous tendent. ce phénomène, encore limité en Pologne en 1988, va connaître une impulsion considérable avec la chute des régimes socialistes durant l'année 1989.

SECTION 2 : L'intégration dans le modèle Kelsenien

697 Une des premières conséquences des événements survenus en Europe de l'Est durant les six derniers mois de 1989 aura donc été la mise en place de juridictions constitutionnelles organisées de telle sorte qu'il n'existe plus désormais de différences entre celles ci et les Cours constitutionnelles d'Europe occidentale se rattachant au modèle Kelsenien de justice constitutionnelle.

---

1 - Ce phénomène a été relevé et contesté par le Tribunal constitutionnel dans son rapport annuel de 1988 (chapitre V).

La loi adoptée en HONGRIE au cours du mois d'octobre 1989 illustre cette situation. En effet l'année 1989 se révéla particulièrement importante en ce qui concerne l'évolution du contrôle de constitutionnalité en HONGRIE. Même si dès le mois de février, l'Assemblée Nationale hongroise avait adopté un amendement constitutionnel instaurant une juridiction constitutionnelle dont la rédaction assez brève permettait de supposer qu'elle devait aux yeux de ses auteurs fortement ressembler au Tribunal constitutionnel polonais[1], c'est au mois d'octobre que s'est produit l'événement le plus important dans ce domaine avec l'adoption de la loi n°32 sur la Cour constitutionnelle. Cette nouvelle loi, bien que s'appuyant officiellement sur l'article 32 de la Constitution, met en place une juridiction d'inspiration toute différente et qui s'apparente davantage aux exemples occidentaux qu'à la loi polonaise du 29 avril 1985.

698 L'adoption de cette loi s'est faite dans un contexte particulier et s'inscrit dans un processus radical de réformes en HONGRIE. Ce processus, pour s'en tenir aux faits relatifs à cette seule année 1989, a débuté par un certain nombre de manifestations symbolisant la politique de démocratisation du nouveau Secrétaire Général du Parti Ouvrier Socialiste Hongrois (PC) Karoly GROSZ, notamment l'ouverture, durant l'été 1989, d'une table ronde réunissant les représentants du gouvernement et de l'opposition visant à préparer le calendrier et la portée des réformes dans ce pays.

Le 7 octobre 1989 s'ouvrit à BUDAPEST le XIVème Congrès extraordinaire du P.S.O.H. dont les délégués décidèrent la dissolution et son remplacement par un Parti socialiste hongrois rejetant, d'après son futur Président Reszo NYERS, "la dictature du Prolétariat et son idéologie" et qui "élevait la démocratie et la liberté d'expression au rang de loi du Parti"[2].

A la suite de ce congrès, le Parlement hongrois a procédé (conformément à l'accord passé par l'opposition et le pouvoir lors de la table ronde) à une très profonde réforme de la Constitution, abrogeant notamment le rôle dirigeant du Parti marxiste et faisant de la nouvelle République de HONGRIE "un Etat de droit qui reconnaît les valeurs de la démocratie bourgeoise et du socialisme démocratique".

699 L'adoption de cette Constitution rejetant explicitement l'idéologie marxiste léniniste qui avait constitutionnellement prévalu depuis 1949 se doubla de l'adoption de la loi 32 sur la Cour constitutionnelle. Cette loi était elle-même la résultante d'un long processus rédactionnel dans lequel la négociation de la table ronde avait eu une importance capitale. En effet, suite à l'adoption de l'amendement constitutionnel de février, le Ministère de la Justice hongrois (plus particulièrement le vice-Ministre GEZA KILENIY) avait rédigé un premier projet de loi publié dans la presse hongroise le 12 avril 1989. Ce projet était donc la première version [3] de la loi devant mettre en place la Cour constitutionnelle. Il mettait en lumière la volonté de ses auteurs de créer une juridiction disposant de nombreuses prérogatives et exerçant un contrôle très complet sur les actes juridiques mais également adaptée aux exigences

---

[1] - Cette "ressemblance" fut d'autant plus confirmée que fut publié au mois d'avril 1989 un projet de loi sur la Cour constitutionnelle largement inspiré du modèle polonais.

[2] - Cité par Henry BOGDAN - "Histoire des Pays de l'Est" - Editions PERRIN - PARIS 1990 page 580.

[3] - On pourrait parler même des deux premières versions car de nombreuses articles de ce texte comportent deux versions exprimant des solutions différentes. Le texte de ces projets se trouvent en annexe.

de l'Etat socialiste, c'est-à-dire établissant une distinction entre le contrôle de constitutionnalité des lois et celui des actes infra-législatifs pour réserver le droit au Parlement de statuer définitivement sur le premier après que la Cour se fut prononcée. Ce projet n'a pas été retenu par le Parlement hongrois et son vote fut reporté à la fin de la table ronde.
Durant celle-ci, de nombreuses modifications furent proposées, notamment la suppression des articles de type polonais, pour donner à la Cour constitutionnelle le pouvoir d'annuler tous les actes juridiques contrôlés.

700 Cette évolution [1] dans les conceptions du pouvoir de la Cour constitutionnelle est très importante. En effet, elle est l'illustration de l'intégration de cette juridiction dans le modèle Kelsenien. Suite aux mutations intervenues dans la structure du pouvoir de l'Etat hongrois, non seulement la réglementation de la compétence et de la composition de la Cour constitutionnelle reproduit les éléments qui durant la période antérieure à 1989 avaient fortement rapprochés les Cours constitutionnelles mises en place du modèle Kelsenien (Paragraphes 1 et 2)mais encore et surtout, l'organisation de la procédure, notamment la portée des décisions de la Cour, tend à totalement lever les barrières existantes entre les juridictions des Etats d'Europe centrale et orientale et le modèle Kelsenien (Paragraphe 3).

Paragraphe 1 : Les compétences de la Cour constitutionnelle hongroise

701 Les solutions adoptées dans ce domaine par la loi 32/89 étendent la compétence de la Cour constitutionnelle hongroise bien au delà des limites fixées par le premier projet de loi et développent de très larges possibilités d'action pour la Cour constitutionnelle.

A) L'évolution des solutions entre la loi 32/89 et les projets

702 Les compétences de la nouvelle Cour constitutionnelle hongroise sont énumérées dans le chapitre 1 de la loi n°32 qui confèrent à cette juridiction un pouvoir extrêmement étendu. D'après le paragraphe 1 de ce texte, la Cour constitutionnelle peut:
- procéder à l'examen préalable des dispositions d'un projet de loi, d'une loi votée mais pas encore promulguée, du règlement de l'Assemblée Nationale et de dispositions de conventions internationales;
- procéder à l'examen postérieur de toutes normes juridiques et des autres instruments juridiques de la gestion d'Etat;
- examiner la question relative à la conformité de toutes normes juridiques et des autres instruments juridiques de la gestion d'Etat avec une convention internationale;

[1] - Ce changement a été proposé par l'opposition lors de la table ronde. Toutefois, d'après G. KILENYI, il semble que le gouvernement bien que n'étant pas à l'origine de cette évolution n'y était pas du tout opposé. Entretien avec G. KILENYI. Octobre 1989 à BUDAPEST.

- se prononcer sur les plaintes constitutionnelles déposées en cas de violation des droits constitutionnels;
- statuer sur l'inconstitutionnalité née de la non adoption d'un acte juridique;
- statuer sur les conflits de compétence entre les organes d'Etat, les organes d'Etat et les organes locaux et entre différents organes locaux;
- interpréter la Constitution.

Cette énumération de compétences (qui n'est d'ailleurs pas close, le paragraphe 1 réservant la possibilité d'étendre cette liste au moyen de lois adoptées postérieurement [1]) constitue la reprise détaillée de l'ensemble des attributions déjà présentes dans le projet de loi du Ministre de la justice[2]. De ce fait, la Cour constitutionnelle hongroise se voit attribuer une mission extrêmement lourde tant au regard des actes contrôlés qu'au regard des techniques de contrôle.

703 En ce qui concerne les actes contrôlés par la Cour constitutionnelle, on note qu'aux termes de la loi n°32 c'est l'ensemble des actes juridiques en vigueur en HONGRIE qui sont susceptibles d'être déférés (selon des procédures diverses) à la Cour constitutionnelle. Cette compétence dépasse le simple contrôle de la constitutionnalité des lois et même la notion d'actes juridiques puisqu'elle est étendue à celle d'instrument de la gestion d'Etat. En fait, selon la rédaction de l'article 1 de cette loi, il semble que la Cour, dans le cadre du contrôle a posteriori, puisse examiner n'importe quel acte pris par un organe d'Etat ou administratif (adopté sous la forme d'un commandement unilatéral et même selon d'autres formes).

La loi 32/89 ne prévoit strictement aucune limitation. Le premier projet de loi avait tenté d'apporter une correction à ce problème en établissant une limitation temporelle à la compétence de la Cour constitutionnelle. Deux versions de l'article 36 de ce texte qui déterminait le contenu de cette limitation établissaient:

"que les compétences de la Cour constitutionnelle s'étendaient à toutes les règles juridiques et autres instruments de gestion étatique qui entrent en vigueur ou sont promulguées après l'entrée en vigueur de la loi sur la Cour constitutionnelle"[3];

ou dans sa seconde version que:

"La Cour constitutionnelle est compétente pour les actes juridiques et instruments de gestion étatiques entrès en vigueur après le 1er janvier 1985".

704 Ces deux propositions (inspirées des solutions adoptées en République Populaire Polonaise en 1985) étaient justifiées par les auteurs du projet au nom du maintien d'une certaine stabilité juridique. Elles ont été rejetées lors de la table ronde

---

1 - La Cour constitutionnelle intervient dans toutes les affaires dont la connaissance lui est attribuée par la loi.

2 - L'article 2 de ce texte était rédigé de la manière suivante: "La Cour Constitutionnelle rend des décisions dans la sphère de ses attributions:
- sur la conformité entre la Constitution et les règles juridiques, ainsi que les autres instruments de gestion de l'Etat;
- sur les plaintes déposées en cas de violation des droits fondamentaux garantis par la Constitution;
- sur les conflits de compétences;
- sur toutes autres affaires qui lui seraient attribuées par la loi;
- la Cour Constitutionnelle collabore à l'interprétation du texte de la Constitution.

3 - Le texte du projet de loi prévoyait cette entrée en vigueur le 1er août ou le 1er septembre 1989. Article 36 du texte du projet publié le 12 avril 1989.

par l'opposition qui a vu dans ces restrictions un moyen permettant d'éviter le contrôle des actes adoptés lors de l'exercice du pouvoir par les communistes.
De cette situation, il ressort donc que la Cour hongroise est sûrement l'organe de contrôle de constitutionnalité qui dispose de la plus large compétence, puisque dans le cadre du contrôle a posteriori aucun acte émanant du pouvoir d'Etat n'échappe aux rigueurs de son contrôle. Pour les juristes hongrois, cette compétence très large[1] pourrait se traduire par un afflux très important des requêtes devant cette juridiction[2].

B) L'étendue des compétences de la Cour constitutionnelle

705 Outre le nombre d'actes de la compétence de la Cour constitutionnelle, on doit également relever le nombre important de modes d'exercice du contrôle de constitutionnalité. La loi adoptée le 18 octobre à BUDAPEST combine à la fois le contrôle a priori et a posteriori, le contrôle abstrait et concret, le contrôle négatif et positif et ouvre par la même un ensemble de recours potentiels très importants.

706 Le contrôle a priori (prévu par le paragraphe 1 de la loi) concerne trois catégories d'actes juridiques: les lois (qu'il s'agisse de projets de lois déposé au Parlement et non encore votés ou bien de textes déjà adoptés par les députés mais qui n'ont pas encore fait l'objet de promulgation), le règlement de l'Assemblée nationale (avant son adoption) et les conventions internationales avant leur ratification [3].
Le contrôle a posteriori est beaucoup plus étendu car il ne souffre d'aucune limitation; c'est à lui que s'applique la clause générale de compétence étudiée précédemment [4].

707 La seconde distinction entre le contrôle concret et le contrôle abstrait de la constitutionnalité s'intègre dans le cadre du contrôle a posteriori. En effet, si le paragraphe 21 (alinéa 2) de la loi accorde à tous le droit de saisir la Cour constitutionnelle dans le cadre du contrôle a posteriori, une série de dispositions particulières organisent l'interruption des procédures juridictionnelles quand la saisine a lieu dans le cadre d'un procès ou même de tout autre espèce de procédure. Le contrôle abstrait s'exerce par contre à la fois dans le cadre du contrôle a priori et a posteriori.

708 La troisième classification des compétences de la Cour constitutionnelle (contrôle négatif, contrôle positif) est beaucoup plus caractéristique des Etats socialistes. Les compétences de la Cour constitutionnelle hongroise en matière de contrôle de constitutionnalité peuvent se diviser en des compétences négatives, qui consistent à annuler une loi ou tout autre acte juridique non conforme à la Constitution et positives, qui consistent au contraire à proposer l'adoption d'un acte

---

1 - qui se double d'une grande ouverture du droit de saisir la Cour.

2 - Une projection réalisée en HONGRIE estime à plus de 30000 le nombre d'affaires qui pourraient être déférées à la Cour Constitutionnelle, selon les renseignement communiqué par le Professeur RACZ, à l'Académie des sciences de BUDAPEST en octobre 1989.

3 - Articles 33, 34 et 36 de la loi n° 32 1989.

4 - A l'exception de la limitation temporelle déjà mentionnée, le projet du Ministère de la Justice ne remet pas en cause la répartition entre contrôle a priori et a posteriori.

juridique qui n'existe pas encore. Ce type de prérogative que l'on retrouve dans la totalité des juridictions constitutionnelles mis en place dans les Etats socialistes était déjà envisagé dans le projet de loi publié par le Ministère de la Justice. L'article 51 de ce texte prévoyait que:
"Lorsque la Cour constitutionnelle constate que l'organe législatif a manqué de satisfaire ses devoirs législatifs résultant d'une exigence juridique, il créé de ce fait une situation d'inconstitutionnalité."
C'est la même rédaction qui a été retenue et adoptée dans le texte de la loi définitive, limitant ainsi aux seules lois l'exercice de ce type de contrôle.

709 En outre, la Cour constitutionnelle se voit attribuer par la loi n°32/89 quatre autres fonctions. Elle se prononce sur la conformité des "actes juridiques et autres instruments de la gestion d'Etat" avec les conventions internationales, sur les conflits entre les organes d'Etat nationaux et les organes d'autonomie locale, sur l'interprétation du texte constitutionnel et elle est désignée comme l'ultime gardienne des droits fondamentaux prévus par la Constitution.

Paragraphe 2 : La composition et le statut des juges de la Cour constitutionnelle hongroise

710 La nouvelle loi hongroise sur la Cour constitutionnelle consacre de longs développements au mode de désignation et au statut des quinze juges membres de la Cour.

A) Le mode de désignation des juges de la Cour constitutionnelle

711 Dans le cadre de la réglementation du mode de désignation des juges de la Cour constitutionnelle hongroise, la loi 32/89 s'articule autour de deux principes: les quinze juges de la Cour constitutionnelle sont désignés par le Parlement; l'accession à cette fonction est soumis à certaines conditions.

1) La procédure de désignation des juges

712 Le processus de désignation des juges de la Cour constitutionnelle repose sur le vote de l'Assemblée nationale hongroise, seule compétente pour prendre la décision de nommer les magistrats.
Ce processus complexe est une innovation par rapport au premier projet du gouvernement hongrois. En effet dans le projet du Ministère de la Justice, deux modes de désignations avaient été proposés et aucun n'a été retenu totalement. Ce texte prévoyait que les onze membres de la Cour [1], c'est-à-dire le Président, les Vice-Présidents et les deux collèges de quatre juges étaient désignés par l'Assemblée

[1] - Paragraphe 4. Dans ce texte, la Cour constitutionnelle était organisée en deux collèges de 5 membres dirigés chacun par un vice-président.

nationale hongroise après intervention d'une commission consultative composée spécifiquement à cet effet.
Selon la version "a" de l'article 7 de ce projet, la commission de désignation était composée de huit membres élus par le Parlement auxquels venait s'ajouter un représentant de l'Académie des Sciences hongroise, de la Cour suprême et du Conseil national des avocats. Ces trois membres de droit ont disparu dans la seconde version de cet article proposé par le projet de loi, les douze membres de la commission étant dès lors tous élus par le Parlement.
Cette commission devait établir les candidatures et proposer au vote des députés une liste comportant deux fois plus de candidats que de sièges à pourvoir, les parlementaires pouvant rejeter les choix opérés par la commission mais ne pouvant pas désigner de juges à la Cour constitutionnelle dont le nom n'aurait pas été proposé par la commission de désignation. L'Assemblée Nationale disposait du droit de désigner non seulement les "onze juges mais aussi à l'intérieur de la Cour, le Président et le Vice-Président"[1]. Le texte finalement adopté en octobre 1989 met en place les règles suivantes.

713 Les quinze juges qui composent la Cour constitutionnelle sont élus par l'Assemblée nationale après avoir été sélectionnés par une commission de désignation composée par deux groupes de députés, le premier devant représenter tous les partis qui ont des élus au Parlement et le second, les députés qui n'appartiennent à aucun parti politique.
Après cette première sélection, les candidats sont auditionnés par la commission juridique administrative et judiciaire de l'Assemblée nationale. Cette commission permanente ne peut réfuter un candidat désigné. Elle formule un avis qui sera communiqué aux députés au moment du vote et dont ils devront tenir compte [2].
Si le Parlement ne désigne pas lors du vote la totalité des candidats proposés, il appartient à la commission de désignation de procéder à une nouvelle sélection qu'elle doit présenter lors de la même session parlementaire, dans un délai de 15 jours suivant le vote négatif du Parlement[3].
Le vote visant à renouveler la Cour constitutionnelle doit avoir lieu trois mois avant l'expiration du mandat des juges en fonction.

714 La loi 32/89 a prévu une procédure spéciale de mise en place de la première Cour constitutionnelle. Un premier ensemble de cinq juges devra être désigné par l'Assemblée nationale hongroise qui a voté la loi 32/89 et qui était donc encore en fonction à cette date [4]. Le deuxième tiers de la Cour constitutionnelle ne sera élu que deux mois après l'entrée en fonction de l'Assemblée nationale issue des élections législatives suivantes[5], les cinq derniers membres étant désignés cinq ans après l'entrée en vigueur de la loi sur la Cour constitutionnelle et sur son établissement, c'est-à-dire à partir du premier janvier 1995.

---

1 - Voir les différentes versions en annexe.
2 - La rédaction évasive de l'article 8 alinéa 1 de la loi 32/89 ne permet pas d'avoir une idée précise quant à la portée réelle de cette notion de "tenir compte".
3 - Article 8 alinéa 2 de la loi 32/89.
4 - Article 53 de la loi 32/89.
5 - Article 54.1 de la loi 32/89.

Cette désignation progressive était déjà envisagée dans le projet hongrois. A la date de l'établissement de la Cour constitutionnelle, il était prévu que le Parlement ne désignerait que cinq des onze membres de la Cour, les six membres restant devant être désignés par le Parlement issu des élections législatives suivantes). Ceci était une des exigences principales de l'opposition hongroise qui fut d'ailleurs dans un premier temps réticente à la création d'une Cour constitutionnelle: le P.S.O.H. détenait alors encore un grand nombre de pouvoirs; elle craignait que cette Cour constitue à l'avenir un obstacle au développement des nouvelles institutions. Dans cette optique, le problème de la désignation des membres et surtout de l'organe de désignation apparaissait fondamental, d'autant plus que si l'Assemblée nationale qui siégeait en octobre 1989 était largement dominée par les représentants du P.S.O.H., celle issue des élections futures devait au contraire être dominée par les anciens partis d'opposition. Les négociations furent sur ce point très rudes. L'opposition ne se contenta pas des propositions du gouvernement: alors que celui-ci proposait que 45% des membres soient désignés par l'ancien Parlement, elle obtint finalement que seulement le tiers des juges soient désignés par la première Assemblée nationale[1], réservant ainsi dix portes pour la période postérieure aux élections pluralistes.

2) les conditions d'accès à cette profession

715 Outre le processus de désignation des membres de la Cour, la loi 32/89 établit des conditions relatives à l'accession de la fonction de juge. Ces conditions, à la fois négatives et positives, sont extrêmement rigoureuses.
L'article 5 alinéas 1 et 2 établit tout d'abord une exigence de qualification juridique pour les candidats. Ceux-ci doivent disposer d'au moins une licence en droit [2]. Toutefois, il semble que ce niveau minimum ne soit guère suffisant, le second alinéa de ce même article disposant que:
"L'Assemblée Nationale élit les membres de la Cour constitutionnelle parmi les juristes théoriciens ayant des connaissances prééminentes, parmi les professeurs d'Université, les docteurs des sciences juridiques et politiques ou parmi les juristes ayant une pratique professionnelle d'au moins vingt ans acquise dans un domaine qui nécessite une qualification juridique."[3]
Ces conditions posées par le texte adopté en octobre 1989[4] ne diffèrent pas de celles posées par le projet du Ministre de la Justice, encore que dans une des deux versions de ce texte, l'accès à la Cour constitutionnelle des professions juridiques était encore plus affiné puisque la présence de deux juges, deux avocats et deux procureurs était exigée [5].

---

1 - Cette première élection eu lieu le 23 Novembre 1989.

2 - Article 5, alinéa 1 de la loi 32/89.

3 - Article 5 alinéa 2 de la loi 32/89.Il semble que ces conditions soient extrêmement rigoureuses dans la mesure où la notion de juriste "théoricien ayant des connaissances prééminentes" désignent des membres de l'Académie des Sciences et que le Doctorat dont il est question soit celui conféré non par l'Université mais par l'Académie des Sciences.

4 - Ces conditions ont totalement été remplies durant la première election des membres de la Cour constitutionnelle du 23 novembre 1989 puisqu'on été désignés : Antal ADAM Laszlo SOLYOM Geza KILENYI professeurs à l'Université, Janos ZLINCZKY (avocat) et Pal SOLT (juge à la Cour sprême).

5 - Article 6 alinéa 2 version a du projet du Ministère de la Justice.

716 Toutefois à côté de ces conditions positives, la loi 32/89 a introduit un ensemble de conditions négatives visant à interdire l'accès à la fonction de juge à des personnes dont le comportement passé apparaît de nature, aux yeux des rédacteurs du projet de loi, à les empêcher d'exercer correctement cette mission.
Ces interdictions tiennent tout d'abord à l'âge des candidats. Avant 45 ans et après 70 ans [1], il est impossible d'être désigné comme membre de la Cour constitutionnelle. Ces conditions n'empêchent pas l'élection d'un candidat qui atteindrait 70 ans avant la fin du mandat de 9 ans. Simplement, ce candidat serait élu pour la durée antérieure à son soixante-dixième anniversaire.
Elles tiennent aussi à la nationalité (le candidat doit être hongrois)[2] et au passé des candidats. Deux situations doivent alors être envisagées. Si le candidat ne possède pas un casier judiciaire vierge, il ne pourra jamais être désigné à la Cour constitutionnelle [3]. A cette interdiction définitive vient s'ajouter une interdiction temporaire. Selon les dispositions du troisième alinéa de l'article 5 de la loi sur la Cour constitutionnelle:
"Ne peuvent être élus membres de la Cour constitutionnelle ceux qui, durant une période de quatre ans précédant l'élection, ont été membres du Gouvernement, employés dans un Parti politique, ou qui ont occupé un poste de dirigeant dans l'Administration Publique".

717 Cette interdiction (temporaire puisque les gens visés par cet article pourront être élus au delà de cette période de quatre années) ne figurait pas dans le premier projet de loi proposé par le Ministère de la Justice. Visant à établir un délai entre l'exercice de certaines fonctions et celle de juge à la Cour constitutionnelle, cette disposition revêt une coloration particulière. Elle a été imposée par les représentants de l'opposition lors du débat parlementaire pour éviter que des personnes qui ont occupé des fonctions importantes durant la période où les communistes ont été au pouvoir puissent accéder à la Cour constitutionnelle. De ce point de vue, le passage visant à exclure les "personnes employées par un parti" apparaît extrêmement important dans la mesure où le seul parti concerné par cette interdiction est le P.S.O.H.

B) Le statut des juges de la Cour constitutionnelle hongroise

718 Outre le mode et les conditions de désignation des juges à la Cour constitutionnelle, la loi adoptée par le Parlement hongrois a également prévu un ensemble de règles relatives au statut de ces magistrats. Elus pour une durée de neuf ans et rééligibles une fois, ceux-ci se voient imposer des règles de comportement durant l'exercice de leur fonction à la Cour constitutionnelle. Le respect de ces règles leur assurent un statut protecteur visant à garantir leur indépendance.

1) Les règles de comportement

[1] - Articles 5 alinéa 1 et 15 de la loi 32/89.
[2] - Article 5 de la loi 32/89.
[3] - Article 5 de la loi 32/89.

719 La loi 32/89 prévoit deux types de règles de comportement auxquelles doivent se plier les membres de la Cour constitutionnelle.
Il y a tout d'abord un ensemble de règles positives, le juge devant adopter un certain type de comportement. Les exigences de ce type sont réduites. On peut cependant retenir l'obligation de participer activement aux travaux de la Cour[1] et de respecter son serment. En effet les juges, au moment de leur entrée en fonction, prêtent serment "en s'engageant à respecter la Constitution en toute circonstance et à accomplir consciencieusement leurs devoirs"[2].
Toutefois, les règles de comportement les plus nombreuses dans la loi 32/89 sont d'ordre négatif: elles prohibent un certain nombre d'agissements considérés comme incompatibles avec la fonction de juge à la Cour constitutionnelle de HONGRIE. Ces règles négatives concernent à la fois les fonctions dont l'accomplissement s'oppose à la fonction de juge à la Cour constitutionnelle, mais aussi les activités des magistrats au cours de leur mandat.

720 L'article 9 de la loi de 1989 établit la liste des fonctions incompatibles avec le statut de juge à la Cour constitutionnelle. Parmi ces incompatibilités, on distingue celles relatives à l'exercice de mandats politiques. En effet, durant leur activité de juge, les membres de la Cour constitutionnelle ne peuvent exercer les fonctions de députés ou de membres de Conseil Municipal ni aucune autre fonction au sein d'autres organes de l'Etat. De plus, les juges à la Cour constitutionnelle ne peuvent être dirigeant d'un organe de représentation des intérêts ni être membre d'aucun parti politique[3].
Ces interdictions "politiques" sont complétées par une autre disposition de la loi qui pose le principe de l'interdiction pour les juges à la Cour constitutionnelle d'exercer quelque activité professionnelle que ce soit. Il faut toutefois relever que, tout comme en YOUGOSLAVIE et en POLOGNE, les fonctions scientifiques, éducatives, littéraires et artistiques sont par contre compatibles avec le statut de juge [4].
Toute personne élue à la Cour constitutionnelle doit s'assurer qu'elle n'est pas concernée par cette série d'incompatibilités. Dans le cas contraire elle doit faire disparaître le motif d'incompatibilité la concernant dans un délai de 10 jours à compter de la date de son élection. Durant cette période, elle ne peut pas exercer sa nouvelle fonction. Si au terme de ce délai, elle n'a pas fait évoluer sa situation dans le sens requis par la loi, elle est considérée comme ayant cessé d'exercer son activité

---

[1] - L'article 16 de la loi 32/89 dispose qu'un juge qui durant une période d'un an n'aurait pas participé aux travaux de la Cour verrait son mandat interrompu.

[2] - Cette rédaction (article 11 de la loi 32/89) reprend les rédactions proposées dans le projet du Ministre de la Justice (Article 13):
Article 13 (version A) : "A l'occasion de son entrée en fonction, le membre de la Cour constitutionnelle prête serment devant l'Assemblée nationale (ou le Président de la République) en s'engageant de respecter la Constitution en toute circonstance et à accomplir consciencieusement son devoir".
(version B): "A l'occasion de son entrée en fonction, le membre de la Cour constitutionnelle prête serment...: "Je prête serment de m'engager à respecter la Constitution de HONGRIE en toute circonstance et à accomplir consciencieusement mes devoirs qui relèvent de ma fonction".

[3] - Article 9 de la loi 32/89.

[4] - Article 9 alinéa 3 de la loi 32/89.

au sein de la Cour constitutionnelle[1]. Un mécanisme identique se met en marche si un motif d'incompatibilité apparaît au cours de son activité [2].

721 La loi mentionne également une série de comportements incompatibles et faisant apparaître la notion de devoir de réserve. L'article 9 alinéa 2 dispose: ***"qu'en dehors des devoirs qu'impliquent les attributions de la Cour constitutionnelle, les membres de la Cour constitutionnelle ne peuvent mener aucune activité politique ni faire des déclarations politiques."***

722 Le respect de ces règles de comportement entraîne pour les juges de la Cour constitutionnelle, l'attribution d'un statut protecteur visant à mettre en pratique l'article 12 de la loi 32/89 qui dispose que:
"Les juges sont indépendants et statuent uniquement sur la base de la Constitution et des lois".

2) Le statut protecteur des juges de la Cour constitutionnelle

723 L'indépendance des magistrats de la juridiction constitutionnelle hongroise (renforcée par une série de mesures telles que le pouvoir d'élire son Président et son Vice-Président et l'obtention de traitements très élevés[3]) est principalement assurée par le fait que les membres de la juridiction constitutionnelle jouissent d' immunités comparables à celles des députés. Sur cette base, la loi 32/89 met en place deux procédures: celle relative à la levée de l'immunité d'un magistrat et celle relative au prononcé de l'interruption de son mandat.
La levée de l'immunité accordée aux juges de la Cour constitutionnelle ne peut être prononcée que par une décision de la Cour constitutionnelle elle-même. Sur cette base, aucune sanction, arrestation ou mesure coercitive policière ne peut intervenir à l'encontre d'un juge sans que la Cour, réunie en séance plénière, se soit prononcée pour autoriser cette mesure. Si la Cour a prononcé une mesure de ce type, le juge ne peut plus exercer ses fonctions au sein de la Cour pour la durée de suspension de son immunité[4]. La loi de 1989 apporte deux précisions à ce principe. La levée de l'immunité ne peut jamais intervenir si le juge est poursuivi à cause des opinions exprimées et des votes émis par lui dans le cadre de son activité au sein de la Cour constitutionnelle. Ensuite, la seule dérogation au principe précédemment posé s'appuie sur le flagrant délit: dans ce cas, un juge peut être arrêté sans que ses collègues puissent s'y opposer.
A côté de ce premier ensemble, la garantie de l'indépendance des juges de la Cour constitutionnelle est également assurée par la réglementation des cas de cessation anticipée du mandat avant la tenue de celui-ci. L'article 15 de la loi énumère les sept situations dans lesquelles le juge voit son mandat interrompu:

---

[1] - Article 10 de la loi 32/89.
[2] - La description des incompatibilités dans le texte de la loi de 1989 reprend celle du projet de loi du Ministère de la Justice.
[3] - Article 13 : Le Président de la Cour constitutionnelle bénéficie d'un traitement égal à celui du Premier Ministre, les autres membres vice-président compris d'un traitement égal à celui des Ministres.
[4] - Article 14 de la loi 32/89.

- quand le juge atteint son soixante-dixième anniversaire,
- à la fin de la période de neuf ans,
- à la suite du décès du juge,
- à la suite de la démission du juge,
- à la suite de la constatation de l'incompatibilité,
- si le juge se trouve relevé de ses fonctions,
- si le juge est exclu de la Cour constitutionnelle.[1]

724 Dans cette énumération, qui apparaît comme un gage de la volonté d'assurer l'indépendance des magistrats, on doit distinguer deux cas. Dans un premier temps, la Cour constitutionnelle se borne à une simple constatation de l'interruption du mandat. Ainsi, que cette interruption soit prévue par avance (dans les deux premiers cas) ou plus "accidentelle" (situations 3 et 4), la Cour constitutionnelle joue un rôle passif [2]. Par contre, pour les trois derniers cas envisagés dans l'article 15, la Cour a un rôle beaucoup plus actif. Elle ne se borne pas à constater; au contraire c'est sa décision qui est constitutive de l'interruption du mandat.

Toutefois, il convient de nuancer cette affirmation et d'établir une gradation dans le pouvoir de la Cour constitutionnelle. Dans la situation numéro cinq, le pouvoir de la Cour est, malgré son caractère actif, limité. Les cas d'incompatibilité sont explicitement et limitativement mentionnés: la Cour se borne donc en une vérification des occupations du juge et des différentes situations édictées par l'article 9 de la loi. S'il s'avère qu'il y a exercice par un magistrat d'une activité que la loi mentionne comme incompatible, la Cour constitutionnelle, réunie en séance plénière, décide que la mandat vient d'expirer[3].

Le pouvoir d'appréciation de la Cour constitutionnelle est beaucoup plus important dans les deux dernières situations. Le juge peut être relevé de ses fonctions si "pour des raisons qui ne lui sont pas imputables, il ne peut plus satisfaire à ses fonctions"[4].

725 La dernière situation est plus conflictuelle, il s'agit en fait d'une véritable sanction prise par la Cour constitutionnelle à l'égard d'un de ses membres et dont l'effet est de le destituer de son titre. En effet, elle correspond à la commission d'une faute de la part du juge dont le mandat va être interrompu. L'alinéa sept de l'article 15 de la loi 32/89 donne une triple définition de ce type de faute. Le magistrat peut être sanctionné si:

- pour des raisons qui lui sont imputables, il ne satisfait plus aux exigences de sa fonction;
- il commet une infraction constatée par un jugement passé en force de chose jugée;
- ou si d'une autre manière il est devenu indigne de sa fonction.

Dans ces trois situations, la Cour en séance plénière prononce l'interruption du mandat. La Cour dispose ici d'un vaste pouvoir d'appréciation du fait du caractère très général de la rédaction de l'article 15, même si la loi donne un exemple

---

1 - Article 15 alinéa 1 de la loi 32/89.

2 - L'alinéa 4 de l'article 15 confirme cet état de fait en disposant que "la décision doit être communiquée par écrit au Président de la Cour constitutionnelle qui est tenu de l'accepter."

3 - Article 15 alinéa 5 de la loi 32/89

4 - Article 15 alinéa 6 de la loi.

d'agissements qui rend le juge indigne d'exercer sa fonction (l'absence de participation aux travaux de la Cour durant un délai d'un an)[1].

Paragraphe 3 : La procédure de contrôle de constitutionnalité devant la Cour constitutionnelle hongroise

726 La procédure de contrôle de constitutionnalité devant la Cour constitutionnelle de HONGRIE est tout à fait comparable à celle d'autres institutions de ce type. Elle est organisée sous l'autorité du Président de la Cour constitutionnelle[2] autour de la volonté de mettre en place une procédure commune à l'ensemble des types de recours autorisés [3] et de la nécessité de prendre en compte par des dispositions spéciales les aspects spécifiques de chacun de ces recours. C'est dans le cadre de cet équilibre qu'il faut étudier l'ensemble de la procédure de contrôle: la saisine de la Cour, l'examen de l'affaire, la nature et de la portée des décisions adoptées par la juridiction constitutionnelle hongroise.

A) La saisine de la Cour constitutionnelle hongroise

727 La loi 32/89 énumère les différentes autorités habilitées à déclencher une procédure devant la Cour constitutionnelle hongroise en opérant une distinction entre chaque type de recours. On distingue deux situations: celle où la loi reconnaît le principe d'un droit de saisine ouvert à tous et celle où ce droit se trouve explicitement limité à un ensemble donné d'autorités.

1) les recours à saisine limitée

728 La limitation de la saisine concerne trois types de recours: le contrôle a priori, le contrôle des normes juridiques par rapport aux conventions internationales et les recours en interprétation de la Constitution.

729 En ce qui concerne le contrôle a priori des projets de loi, des lois non encore promulguées, du règlement parlementaire et des conventions internationales le droit de saisir la Cour constitutionnelle hongroise, est accordé à:
- L'Assemblée Nationale, soit par l'intermédiaire soit d'une commission parlementaire, soit d'un groupe de cinquante députés;
- Le Président de la République;

---

1 - Là encore le texte de la loi 32/89 se borne à reprendre les solutions avancées dans le premier projet.

2 - Aux termes de l'article 17 alinéa 1, le Président de la Cour constitutionnelle:
a/ coordonne les activités de la Cour constitutionnelle,
b/ convoque et dirige la séance plénière de la Cour,
c/ représente la Cour constitutionnelle devant l'Assemblée nationale et les autres organes d'Etat
d/ assume les fonctions que lui confèrent les lois et le règlement de la Cour Constitutionnelle.

3 - Cette notion de "règles communes" est extraite de l'intitulé du chapitre III de la loi 32/89.

- Le Conseil des Ministres[1].
Il s'agit donc d'un ensemble réduit, limitant l'usage du contrôle a priori aux seuls organes d'Etat directement impliqués dans la procédure législative.
L'analyse des articles spécifiques au contrôle a priori de ces actes juridiques montre que la loi a entendu de plus préciser la répartition des pouvoirs de saisine correspondant à l'intérieur de ce type de recours à chaque catégorie d'actes.
Ainsi, seule l'Assemblée Nationale (c'est-à-dire le groupe de cinquante députés ou les commissions permanentes) peut saisir la Cour pour l'examen des projets de loi [2]. De même, ce n'est que le Président de la République qui peut diriger un recours comparable à l'encontre des lois votées mais non encore promulguées [3]. Ce n'est enfin que dans la troisième hypothèse, celle du contrôle des conventions internationales non encore ratifiées, que les trois organes mentionnés peuvent intervenir pour saisir la Cour constitutionnelle [4].
Cette saisine n'est jamais obligatoire: les organes énumérés dans cette liste ne sont jamais tenus de saisir la Cour constitutionnelle, qui ne dispose pas dans cette situation de la faculté de s'auto-saisir. Ainsi, les projets d'actes juridiques envisagés dans l'article 1 de la loi 32/89 ne sont jamais automatiquement contrôlés.

730 Dans la seconde situation, celle du contrôle des actes juridiques par rapport aux conventions internationales, la liste des titulaires du droit de saisir la Cour constitutionnelle est plus importante. Sont en effet titulaires de ce droit:
-L'Assemblée nationale par l'intermédiaire d'une commission parlementaire ou de n'importe quel député,
-Le Président de la République,
-Le Conseil des Ministre collectivement ou n'importe quel ministre,
-Le Président de la Cour des Comptes,
-Le Président de la Cour Suprême,
-Le Procureur Général[5].
Contrairement au contrôle a priori, le législateur hongrois n'a pas ici limité le droit de saisir la Cour constitutionnelle aux seuls organes du pouvoir d'Etat mais l'a étendu à des organes destinés à la protection du droit. De plus, à l'intérieur même du groupe constitué par les organes du pouvoir il y a extension du droit de saisine qui passe d'un groupe de cinquante députés pour le contrôle a priori à un seul député et à n'importe quel Ministre.

731 Troisième recours, dont l'article 21 de la loi 32/89 limite le déclenchement à l'intervention des autorités sélectivement désignées, le recours en interprétation constitutionnelle est ouvert à:
-L'Assemblée nationale et aux commissions permanentes,
-Le Président de la République,
-Le Conseil des Ministres ou un de ses membres,
-Le Président de la Cour des Comptes,

---

[1] - Article 21 de la loi 32/89 sur la Cour constitutionnelle hongroise.
[2] - Article 33 de la loi 32/89 sur la Cour constitutionnelle hongroise.
[3] - Article 35 de la loi 32/89 sur la Cour constitutionnelle hongroise.
[4] - Article 36 de la loi 32/89 sur la Cour constitutionnelle hongroise.
[5] - Article 21 alinea 3 de la loi 32/89 sur la Cour constitutionnelle hongroise.

-le Président de la Cour Suprême,
-Le Procureur Général

2) les recours à saisine illimitée

732 Parallèlement à ces trois types de contrôle, la loi 32/89 affirme le principe dans toutes les autres situations de l'ouverture totale du droit de saisine. Ce principe est notamment affirmé dans le cadre du contrôle a posteriori des règles juridiques et des autres instruments juridiques de la gestion d'Etat[1], en matière de plaintes constitutionnelles déposées en cas de violation de droits garantis par la Constitution, ainsi que dans le cadre du contrôle des omissions prévu à l'alinéa e de l'article 1 de la loi [2].
La loi Hongroise introduit un ensemble d'éléments venant préciser les circonstances dans lesquelles cette saisine peut intervenir. Le contrôle de constitutionnalité a posteriori s'appuie certes sur l'absence de limitation organique quant à l'auteur de la saisine mais également sur l'implication de cet auteur dans le processus d'application de l'acte juridique. Il y a donc introduction d'un élément matériel pour limiter l'ouverture de ce type de recours. Toute personne peut introduire une requête devant la Cour constitutionnelle hongroise à la condition de diriger cette requête contre une "règle juridique ou un instrument juridique de la gestion d'Etat", si cette règle est appliquée dans une affaire où est mêlée cette personne. Cet élément matériel est introduit par deux articles de la loi 32/89.

733 L'article 38 de ce texte prévoit deux possibilités: soit la saisine est opérée par un magistrat au cours d'un procès, soit elle intervient directement par l'intermédiaire d'un simple citoyen. Dans le premier cas, si un juge au cours d'un procès estime qu'une seule règle juridique applicable dans ce procès est non conforme à la Constitution, il saisit la Cour constitutionnelle en suspendant la procédure. Cette prérogative n'appartient pas exclusivement au magistrat: toute personne peut déclencher une procédure identique à la fois dans le cadre d'un procès ou dans toute autre affaire le mettant en relation avec l'Administration [3].
De plus, l'article 39 du même texte prévoit que si le Procureur général, dans le cadre de la surveillance générale exercée sur la légalité, a introduit un pourvoi contre une règle juridique d'un niveau inférieur au décret du Conseil des Ministres ou contre tout autre instrument juridique de la gestion d'Etat qui viole la loi et si l'auteur de l'acte suspendu n'est pas d'accord avec la décision du Procureur, le texte est soumis à la Cour constitutionnelle pour qu'elle statue sur la constitutionnalité de l'acte critiqué[4].

---

1 - Article 21 alinea 2 de la loi 32/89.

2 - Il faut également mentionner que le recours à la Cour constitutionnelle en matière de conflit entre deux organes d'Etat est ouvert exclusivement aux organes entre lesquels est survenu le conflit (article 21 alinéa 5 de la loi 32/89).

3 - Article 38 alinéas 1 et 2 de la loi 32/89.

4 - A la suite de l'adoption de cette loi, particulièrement de l'introduction de cette procédure, l'alinéa 13 de la loi n° V/72 sur le Parquet de la République Populaire Hongroise, a été modifié de la manière suivante:
A. 13/1 - "La surveillance générale sur la légalité s'étend aux règles juridiques édictées par des organes de l'administration publique d'un niveau inférieur que le Conseil des Ministres et aux règles juridiques émises par les conseils, ainsi qu'aux autres instruments juridiques de la gestion d'Etat et aux dispositions d'une validité générale prises par ces organes, ainsi qu'à leurs décisions individuelles qui rentrent dans

On retrouve une rédaction identique pour le mode d'introduction des plaintes constitutionnelles. Ainsi, l'article 48 de la loi met en valeur les deux conditions posées:
"Quiconque peut saisir la Cour constitutionnelle par une plainte constitutionnelle au motif de la violation de ses droits constitutionnels, si cette violation s'est produite par suite de l'application d'une règle juridique inconstitutionnelle".

734 Il y a donc là encore référence à la même combinaison des deux dimensions de la saisine: universalité organique et limitation matérielle. Cette limitation matérielle est par ailleurs accentuée: pour qu'une telle démarche soit admissible juridiquement, outre les conditions exposées, l'auteur de la requête doit avoir épuisé toutes les voies de recours s'offrant à lui ou bien ne disposer d'aucun autre recours juridique. De plus, la loi 32/89 introduit dans cette hypothèse une condition supplémentaire: la plainte constitutionnelle doit être déposée dans un délai de soixante jours à compter de sa notification définitive [1].

735 Il faut enfin relever que la Cour constitutionnelle ne dispose pas du droit de s'auto-saisir dans la totalité des matières. Contrairement au principe en vigueur dans l'ensemble des Etats socialistes, le recours à la saisine d'office de la Cour est relativement réduit, puisque limité aux seuls recours portant sur la conformité des actes juridiques aux dispositions des conventions internationales et au contrôle en manquement.

B) L'examen de la requête par la Cour constitutionnelle

736 Outre les autorités compétentes pour introduire une requête devant la Cour constitutionnelle, la loi 32/89 énonce les principales règles relatives à l'examen par la Cour constitutionnelle de cette requête. Les éléments contenus dans ce texte montrent que l'ensemble de la procédure s'articule autour de certains principes: après l'examen de la recevabilité de la requête par le Président de la Cour constitutionnelle, elle est dirigée selon son contenu devant diverses formations de jugement qui, après avoir examiné le texte selon une procédure contradictoire, statuent sur sa conformité à la Constitution.

1) l'examen préalable par le Président de la Cour constitutionnelle

---

le cadre de l'application du droit. Elle s'étend en plus aux décisions individuelles des organes économiques relatives aux rapports de travail et à la qualité de membre de coopérative, ainsi qu'aux mesures d'une validité générale prises sur la base de l'autorisation d'une règle juridique".
La loi sur le parquet est complétée après le titre pourvoi par l'article 13/a : "Si le Procureur constate qu'une règle juridique ou tout autre instrument juridique de la gestion d'Etat émis par un organe rentrant dans sa compétence de surveillance générale de la légalité est en contradiction avec la Constitution ou avec une régle juridique d'un niveau supérieur, il peut introduire un pourvoi auprès de l'organe qui l'a émise, en vue de la supprimer. L'organe est tenu d'examiner le pourvoi dans un délai de 30 jours. S'il estime que pourvoi est bien fondé, il abroge, rétracte ou modifie la régle juridique ou l'instrument juridique de la gestion d'Etat en notifiant en même temps au procureur."

[1] - Article 48 alinéa 3.

737 Une fois dirigée vers la Cour constitutionnelle, la requête enregistrée fait l'objet d'un examen préalable de recevabilité de la part du Président de la Cour pour s'assurer du respect des conditions posées par la loi 32/89. Selon l'article 22 de ce texte, outre les éléments relatifs à l'identité du demandeur, la requête écrite doit comporter à la fois une demande précise (c'est-à-dire la désignation de l'acte juridique ou d'une de ses parties devant être annulé, la règle constitutionnelle violée) et les motifs de cette demande. De plus, le requérant ne peut déposer plusieurs requêtes de contenu identique (sauf si les motifs ayant servi de base à une première requête ont évolué, entraînant ainsi la nécessité d'en reproduire une seconde)[1].

738 Le Président de la Cour constitutionnelle rejette les requêtes qui ne remplissent pas ces conditions. Si le rejet de la requête est motivé par le fait qu'elle est signée par une personne ou une autorité qui ne dispose pas de la compétence pour le faire, le Président de la Cour constitutionnelle peut réorienter cette requête vers une autorité qui dispose de ce droit. De cette manière, si elle apparaît matériellement fondée, cet organe pourra la reprendre à son compte, ou dans le cas contraire la rejeter directement[2]. De même, le Président de la Cour constitutionnelle réoriente vers l'organe juridiquement compétent toute affaire dirigée vers la Cour constitutionnelle et ne relevant pas de sa compétence [3]. Enfin, dans le but de tenter d'endiguer le flot prévisible des requêtes fantaisistes, "la Cour constitutionnelle peut charger l'auteur de la proposition des frais de procédure si sa mauvaise foi est constatée dans l'introduction de la requête"[4].
Après avoir procédé à cet examen, le Président de la Cour constitutionnelle hongroise oriente la requête vers une formation de jugement au sein de la Cour afin de procéder à son examen.

2) l'examen de la requête par une des formation de jugement de la Cour constitutionnelle

739 La loi 32/89 prévoit en effet dans son article 25 que la Cour constitutionnelle procède à son examen soit en séance complète soit dans une formation de trois juges. La formation plénière peut être réunie dès lors qu'un quorum de douze juges est atteint [5]. Elle est automatiquement convoquée dans les situations suivantes:
-examen a priori d'une disposition d'une loi votée mais non encore promulguée,
- examen du règlement de l'Assemblée Nationale,
- examen d'une convention internationale non conforme à la Constitution,
- examen de la conformité d'une loi avec une convention internationale,

---

1 - Ces conditions sont extraites de l'article 22 de la loi 32/89.
2 - Article 23 alinéa 1 de la loi 32/89.
3 - Article 23 alinéa 2 de la loi 32/89.
4 - Article 28 alinéa 2 de la loi 32/89.
5 - Durant la période de formation de la Cour constitutionnelle (les quinze juges ne seront désignés qu'en 1995) le quorum de la séance plénière est établit de la manière suivante: 4 juges pour la période antérieure à la seconde désignation (A. 53 al. 4)
8 juges pour la période antérieure à la troisième désignation (A. 54 al. 2)

- interprétation de la Constitution [1].
Outre ces situations propres au contrôle de constitutionnalité, il faut savoir qu'une formation de ce type est également requise en matière de décision relative à l'exclusion d'un membre de la Cour, de l'élaboration du projet de règlement de la Cour constitutionnelle.
Cette énumération n'est pas limitative, car ce texte dispose également que "la séance plénière peut se réunir sur toute affaire que le Président ou trois membres de la Cour proposent d'être traitée en séance plénière"[2].
Dans le même temps, la loi 32/89 attribue aux formations de jugement (composées de 3 juges) l'examen des affaires concernant le contrôle a posteriori des règles juridiques au regard de leur conformité à la Constitution, aux conventions internationales en matière de plaintes constitutionnelles et de conflits de compétences.

740 Il faut relever que cette séparation des activités de la Cour constitutionnelle en deux formations, bien que s'en inspirant pour partie, diffère toutefois de la solution proposée par le projet de loi du Ministère de la Justice. Dans ce texte, il était prévu une formation intermédiaire entre la séance plénière et la formation de trois juges: le collège (dans ce texte, la Cour était composée de 2 collèges de cinq juges et d'un Président).
La répartition entre ces formations était réalisée conformément aux principes suivants. La séance plénière intervenait dans cinq situations: le contrôle de la constitutionnalité "en omission", le contrôle a priori des actes juridiques, l'approbation et la modification du règlement de la Cour constitutionnelle et enfin toutes les autres affaires pour lesquelles la proposition de statuer en séance plénière était faite par le Président, trois juges, ou était opérée dans le texte du règlement parlementaire.
Il était prévu que le futur règlement établisse en fait une distinction entre les affaires dont la compétence était exclusivement attribuée à la Cour constitutionnelle en séance plénière, celles non exclusivement attribuées à cette formation et enfin celles dont la compétence relevait de la formation de 3 juges. La compétence des collèges, selon l'article 26 du projet, ne pouvait s'exercer que sur la seconde catégorie d'affaires. Cette formation intermédiaire n'a donc pas été retenue par le texte finalement adopté.

741 Une fois que l'affaire a été orientée vers une des formations de jugement, son examen va débuter. La loi 32/89 donne assez peu de renseignements sur cette procédure d'examen. En effet le plus souvent, elle se borne à renvoyer à d'autres textes déjà existants (l'article 19 dispose que sauf précision contraire les dispositions de la loi sur la procédure civile en matière de représentation juridique, de garantie des langues maternelles et de récusation des juges sont applicables à la procédure de la Cour constitutionnelle) ou à créer (tel que le Règlement de la Cour constitutionnelle adopté par une loi sur proposition de la Cour elle-même).

---

[1] - Article 30 alinéa 1 de la loi 32/89.
[2] - Article 30 alinéa 1 point 1 de la loi 32/89.

742 Toutefois, la loi 32/89, tant en matière de séance plénière que devant une formation de trois juges, met en place un embryon de procédure.
La Cour est investie de pouvoirs pour mener à bien son action. Dans le cadre de son instruction, elle peut exiger la participation de toute personne dont elle estime l'audition nécessaire. Personne ne peut se soustraire à cette exigence et refuser de communiquer à la Cour constitutionnelle toutes les données qu'elle aura demandé [1]. Dans le même temps, la Cour peut procéder également à des auditions d'experts lui permettant de l'éclairer sur des problèmes particuliers [2].
C'est donc une procédure à la fois écrite et orale qui est mise en place. Elle est totalement dirigée par la Cour constitutionnelle, celle-ci ne pouvant pas se baser sur d'autres éléments que les documents écrits et interventions orales obtenus pour étayer ses décisions [3].

3) la décision en séance

743 Lors de la séance, notamment lors de la séance plénière, tous les juges peuvent prendre la parole et présenter leur argumentation. De plus, des personnalités extérieures peuvent participer à cette séance (article 30 alinéa 4) et y prendre la parole. IL s'agit du Président de la République, du Premier Ministre, du Président de la Cour Suprême, du Procureur Général, du Ministre de la Justice et de l'auteur de la saisine. Le Président de la Cour constitutionnelle peut également convier toute personne qu'il estime utile au règlement du problème à intervenir.

Une fois avoir procédé à ces auditions et clos le débat, la Cour prend sa décision par un vote à la majorité. Le Président de la formation de jugement ayant rendu la décision dispose d'une voix prépondérante en cas de partage des voix. La décision motivée est alors transmise aux parties intéressées. Toutefois, si un juge de la Cour constitutionnelle n'est pas d'accord avec la décision rendue, il a le droit de joindre au dossier l'exposé de son opinion dans le corps des motifs de la décision.

C) La nature et la portée des décisions rendues par la Cour constitutionnelle

744 La nature et la portée des décisions rendues par la Cour constitutionnelle hongroise constituent les aspects les plus caractéristiques de ce texte. On peut y retrouver deux éléments: le partage entre la volonté d'unifier le fonctionnement de la Cour constitutionnelle autour d'un certain nombre de grands principes (sans toutefois nier la spécificité de chaque type de recours) mais aussi la considérable évolution survenue dans la conception des pouvoirs de cette juridiction entre le mois d'avril (date de publication dans la revue "MAGYAR KOZLONY" du projet de loi du Ministère de la Justice) et octobre (avec l'adoption de la loi 32/89).

1) Le principe posé par le contrôle a priori

---

1 - Article 24 de la loi 32/89.
2 - Article 25 alinéa 2 de la loi 32/89.
3 - Article 25 alinéa 2 de la loi 32/89.

745 Le principe de base de la loi 32/89 est contenu dans l'article 27 a de ce texte qui dispose que:
"1/ Les décisions de la Cour constitutionnelle ne sont susceptibles d'aucun recours,
2/ Les décisions de la Cour constitutionnelle sont obligatoires pour tous".

746 Cet article qui affirme l'autorité des décisions de la Cour constitutionnelle est d'autant plus important qu'il rejette les solutions contenues dans le projet du Ministère de la Justice. Dans ce texte, si l'article 24 affirmait que les ordonnances et arrêts de la Cour constitutionnelle ne sont susceptibles d'aucun recours [1], l'article 30 du même projet de loi venait fortement nuancer ce principe en édictant que "la décision de la Cour constitutionnelle est obligatoire pour tous, excepté pour l'Assemblée nationale".
Cette réserve quant au caractère obligatoire montre bien la portée réelle de la loi 32/89 et de l'évolution enregistrée en République de HONGRIE. Alors que l'article 32 de la Constitution (et le projet de loi du mois d'avril) mettaient en place une Cour constitutionnelle à décision partiellement conditionnée à l'approbation du Parlement, la loi 32/89 au contraire institue une juridiction constitutionnelle à décision définitive. Cette évolution[2] a de très nombreuses conséquences quant à la portée des décisions rendues par la Cour constitutionnelle, dans l'ensemble des recours existants.

747 Ainsi dans le cadre du contrôle a priori de la constitutionnalité, les décisions rendues par la Cour constitutionnelle s'imposent quelque soit le niveau juridique du texte. Dans les quatre situations envisagées dans ce type de contrôle[3], le processus est le même. Si la Cour constitutionnelle constate que les dispositions contenues dans le texte qui lui a été soumis ne sont pas conformes à la Constitution, l'entrée en vigueur du texte est impossible tant que son auteur n'a pas procédé à sa modification. A titre d'exemple, on peut citer l'article 33 alinéa 2 de la loi:
"Si la Cour constitutionnelle constate que les dispositions (du projet de loi) contestées sont inconstitutionnelles, l'inconstitutionnalité doit être supprimée par l'Assemblée Nationale ou par l'organe ou la personne qui a soumis le projet de loi".
Ce processus s'applique donc indifféremment qu'il s'agisse de lois votées mais non encore promulguées [4], du règlement de l'Assemblée Nationale ou des Conventions Internationales [5].

---

1 - Le projet distinguait deux types de décisions rendues par la Cour constitutionnelle: l'ordonnance et l'arrêt

2 - Cette évolution fera l'objet d'une étude approfondie ultérieurement.

3 - Projets de loi, règlements parlementaires, conventions internationales, lois non encore promulguées.

4 - Article 35 alinéa 2 : "Si la Cour Constitutionnelle constate que les dispositions censées être contestables de la loi sont inconstitutionnelles, le Président de la République ne peut procéder à la promulgation jusqu'à ce que l'Assemblée Nationale ne supprime l'inconstitutionnalité".

5 - Article 36 alinéa 2 : "Si la Cour Constitutionnelle constate l'inconstitutionnalité (...), la convention internationale ne peut être ratifiée jusqu'à ce que l'organe ou la personne qui a conclu la convention internationale ne supprime l'inconstitutionnalité".

748 Il est significatif de rapprocher ces textes de celui du premier projet de loi qui procédait d'une autre philosophie. Dans le cadre du contrôle a priori d'une loi déjà adoptée par l'Assemblée Nationale mais pas encore ratifiée, si la Cour constitutionnelle saisie par le Président de la République constate que certaines dispositions de cette loi ne sont pas conformes à la Constitution, le Président de la République se trouve empêché de promulguer cette loi jusqu'à ce que l'Assemblée Nationale, reconnaissant le bien-fondé de la décision de la Cour constitutionnelle, fasse disparaître la contradiction ou bien qu'elle décide de passer outre cette décision en revotant la loi à la majorité des deux tiers (procédure inspirée de la loi polonaise du 29 avril 1985) ou même à la majorité simple de tous les députés (selon que l'on s'appuie sur la première ou la seconde version proposée de l'article 33 du projet de loi). Même si le rôle de l'Assemblée Nationale apparaît plus réduit dans le cadre du contrôle des conventions internationales (si la Cour constitutionnelle constate, dans ce cadre, l'inconstitutionnalité des dispositions contestées, la convention ne peut être ratifiée tant que l'inconstitutionnalité n'aura pas été levée) [1], on mesure bien la distance qui sépare le projet d'avril du texte adopté en septembre: dans le premier, la Cour propose de modifier le projet; dans le second, la Cour interdit le vote ou l'entrée en vigueur du texte incriminé.

2) L'extension du principe aux autres recours

749 Cette opposition se retrouve dans les autres types de recours. En matière de contrôle a posteriori des règles juridiques et des autres instruments juridiques de la gestion d'Etat, si la Cour constitutionnelle reconnaît le caractère inconstitutionnel de l'acte, elle procède à son annulation[2]. Cette décision d'annulation, qui doit être publiée dans le quotidien "MAGYAR KOZLONY" ou dans le bulletin qui avait lui-même publié l'acte déclaré inconstitutionnel [3], produit immédiatement des effets: l'acte perd tout effet juridique à partir du jour de la publication de la décision de la Cour constitutionnelle dans MAGYAR KOZLONY[4] (si l'annulation concerne une règle juridique déjà adoptée mais qui n'est pas rentrée en vigueur à la date de la décision, elle disparaît sans avoir jamais produit d'effets juridiques).

La décision rendue par la Cour ne produit par contre aucun effet rétroactif: "l'annulation de la règle juridique ou d'un autre instrument d'Etat n'affecte pas les rapports juridiques, créés avant la publication de la décision"[5]. Toutefois, la Cour constitutionnelle peut revenir sur ce point et "ordonner la révision de la procédure pénale close par une décision fondée sur une règle juridique inconstitutionnelle" si le

---

5 Article 34 alinéa 3 du projet de loi. Il faut également noter que la version a de l'article 31 du projet du Ministère de la Justice dispose que si le projet de loi est déclaré par la Cour constitutionnelle non conforme à la Constitution, il ne peut être inscrit à l'ordre du jour de l'Assemblée Nationale tant que son auteur n'aura pas supprimé l'élément inconstitutionnel.

1 Article 34 alinéa 3 du projet de loi. Il faut également noter que la version "a" de l'article 31 du projet du Ministère de la Justice, dispose que si le projet de loi est déclaré par la Cour Constitutionnelle, non conforme à la Constitution, il ne peut être inscrit à l'ordre du jour de l'Assemblée Nationale tant que son auteur n'aura pas supprimé l'élément inconstitutionnel.

2 - Article 40 de la loi 32/89.

3 - Article 41 de la loi 32/89.

4 - Articles 42 et 43 alinéa 1 de la loi.

5 - Article 43 alinéa 2 de la loi 32/89.

condamné doit, du fait de la date de sa condamnation, subir la rigueur de celle-ci et si la décision de la Cour constitutionnelle aurait pour effet de réduire ou de faire disparaître la peine qui lui a été infligée ou d'avoir des conséquences comparables en matière de responsabilité[1].
La loi 32/89 réserve toutefois à la Cour constitutionnelle le droit de revenir sur l'application des principes précédemment évoqués en "déterminant d'une manière différente de celle prévue (par la loi), la date d'entrée en vigueur d'une de ses décisions, si la sécurité légale ou l'intérêt de l'auteur de la saisine le justifie" [2].

750 Tout comme en matière de contrôle a priori, les règles posées par le projet du Conseil des Ministres différaient de celles posées par la loi. Les dispositions extraites du chapitre III de ce texte concernant ce type de recours mettaient en place une procédure qui s'oppose en deux endroits à celle de la loi adoptée.
Dans un premier temps, si le projet avait avancé en matière de publication ou de non-rétroactivité des décisions de la Cour constitutionnelle des règles qui ont été par la suite reprises dans la loi, l'effet lui-même de la décision est différent entre les deux textes. En effet d'après le projet, si la Cour constate l'inconstitutionnalité d'un acte juridique, elle peut soit l'annuler soit transmettre sa décision à l'auteur de l'acte en lui demandant de le modifier, dans un délai fixé à l'avance, l'acte pouvant durant cette période soit être suspendu soit rester en vigueur [3]. Ce n'est qu'au delà du délai fixé (qui ne peut être inférieur à trente jours) et si l'auteur de l'acte n'a pas procédé à des modifications que cet acte va disparaître[4].
La seconde différence entre le premier projet et la loi 32/89 intervient en matière de contrôle de constitutionnalité des lois. Alors que la loi a mis en place un régime unique quelque soit le niveau de l'acte juridique contrôlé, le projet avait établi une distinction entre le contrôle des actes infra-législatifs et celui des lois. Pour la seconde situation, les pouvoirs de l'Assemblée Nationale sont réduits. Si la Cour constitutionnelle déclare la loi non-conforme à la Constitution, elle envoie sa décision aux députés et suspend (si elle estime cette mesure indispensable) l'application de la loi. La décision adoptée par la Cour constitutionnelle est discutée par le Parlement au plus tard lors de la session suivante. Deux situations sont alors envisageables.

751 Soit le Parlement reconnaît le bien-fondé de la décision de la Cour et modifie le contenu de la loi, soit il s'oppose à cette décision. Dans ce cas, il adopte une motion visant à rejeter les conclusions de la Cour (à la majorité simple ou des deux tiers selon les versions du projet de loi), cette motion faisant disparaître la décision de la Cour, l'éventuelle suspension du texte et interdisant désormais toute nouvelle procédure à l'encontre de la loi[5]. On retrouve donc la même opposition entre une Cour constitutionnelle qui signale et une Cour constitutionnelle qui annule.

752 Dans la loi 32/89, les règles relatives aux effets des décisions de la Cour en matière de contrôle a posteriori s'appliquent dans tous les autres types de recours. Le

---

1 - Article 43 alinéa 3 de la loi 32/89
2 - Article 43 alinéa 4 de la loi 32/89.
3 -Article 4 du projet de la loi du Ministère de la Justice.
4 - Article 42 alinéa 2 du projet du Ministère de la Justice.
5 - Article 47 du projet de loi.

législateur hongrois a même rattaché explicitement ces règles aux plaintes en matière de violation des droits individuels reconnus par la Constitution[1] et au contrôle de la conformité d'un acte juridique aux conventions internationales.
Dans ce domaine, il faut toutefois relever que, malgré la référence aux articles 41, 42 et 43, on a procédé à la mise en place de règles particulières. Quand la Cour constitutionnelle constate que l'acte juridique est en contradiction avec la Constitution, elle annule l'acte incriminé si celui-ci est d'un niveau inférieur à celui qui a autorisé l'application de la convention internationale. Si l'acte est supérieur, la Cour constitutionnelle fixe un délai à son auteur, délai dans lequel il doit procéder au rétablissement de la conformité[2].
On retrouve ce processus dans le cadre du contrôle en omission prévu à l'article 48 de la loi. Lorsque la Cour constitutionnelle constate que l'organe législatif "a manqué à ses devoirs législatifs" résultant d'une règle posée par la Constitution et "qu'il a (donc) provoqué l'inconstitutionnalité" elle impose à l'organe qui s'est rendu coupable de l'omission de satisfaire ses devoirs dans le cadre d'un délai qu'elle a déterminé [3]. Il y a donc reproduction dans ces différents recours à la fois des mécanismes du contrôle a posteriori mais aussi de l'opposition entre la loi 32/89 et le projet du Ministère de la Justice[4].

---

1 - Article 48 alinéa 3 de la loi 32/89.

2 - Articles 45 et 46 de la loi 32/89.

3 - Citations extraites de l'article 49 de la loi 32/89. On retrouve le même mécanisme quand le devoir législatif trouve son origine dans une convention internationale (article 47 de la loi).

4 - A titre d'illustration, en matière de contrôle en omission, voir l'article 54 alinéa 3 du projet: "L'Assemblée Nationale peut rejeter la décision de la Cour constitutionnelle ordonnant l'exécution du devoir législatif à la majorité simple de tous les députés".

CHAPITRE 2
LA PRISE EN COMPTE DE LA SPECIFICITÉ DE LA TRANSITION DEMOCRATIQUE

753 L'action du juge constitutionnel doit nécessairement être intégré au contexte spécifique de la transition démocratique. Dans ce cadre le juge apparaît comme un des acteurs essentiels de cette période complexe. A ce titre, et pour bien situer le rôle du juge, trois notions doivent être rappelées.

D'abord, la transition **ne doit pas nous faire oublier un passé encore proche**. Il y a 10 ans, il n'y avait pas de Cours Constitutionnelles et à la place, il y avait un pouvoir totalitaire. Toutes décision rendue par une Cour constitutionnelle en Europe de l'Est doit être obligatoirement envisagée comme révélatrice d'une avancée vers l'Etat de Droit.

Ensuite, **la transition est une dynamique**, c'est un mouvement qui part d'une situation et qui vise la réalisation d'un objectif donné à savoir la construction d'une autre organisation Etatique. Il est difficile de préciser exactement quand elle a commencé et, compte-tenu d'un objectif aussi large et aussi vague que la Démocratie, on ne peut savoir, ni même prévoir, quand elle va s'achever. Cette notion de mouvement, d'évolution, de dynamique doit toujours être retenue dans l'étude de la Transition et des Institutions qui y participent. La Transition, c'est un mouvement dans lequel toute action se rattache -positivement ou négativement- au passé mais aussi bien sûr, à l'avenir. Là encore les décisions des cours constitutionnelles doivent nécessairement être étudiées dans cette perspective.

La transition, enfin, c'est l'histoire qui accélère et qui parfois s'affole. Les mutations socio-politiques sont très importantes et une société - encore traumatisée par l'ancienne dictature - doit intégrer et " digérer " des concepts totalement nouveaux, qui ont parfois mis des dizaines et des dizaines d'années pour prendre place dans nos sociétés occidentales.

Le Droit Constitutionnel donne une assez bonne image de cette problématique. Alors qu'il y a quelques années, les sociétés d'Europe de l'Est connaissaient la dictature d'un parti unique et d'un appareil d'Etat existant pour " appliquer " les directives de ce Parti, elles doivent aujourd'hui mettre en place, tout à la fois la renaissance d'un Parlement institutionnellement et politiquement capable d'exercer ses compétences, une séparation équilibrée des pouvoirs, un exécutif conforme au rôle moderne affairant à cette institution et un contre pouvoir juridictionnel capable d'arbitrer les conflits intervenants entre toutes ces institutions.

754 C'est un peu comme si -en moins de dix ans- l'Europe de l'Est -et son Droit Constitutionnel- devait connaître 1791 et la mise en place d'une séparation des Pouvoirs, 1793 et sa volonté démocratique, 1877 et l'émergence d'un Parlement puissant, 1958 et la renaissance de l'exécutif et enfin, 1971 et la naissance véritable du contrôle de constitutionnalité. Face à ces défis la justice constitutionnelle se trouve parfois placée dans une position délicate ou sa mission de juge l'amènent à rendre des décisions qui sont autant de freins pour le nouveau pouvoir dans la construction de la nouvelle société.
Dés lors comment envisager l'apport du juge à cette construction ?
A l'évidence le juge peut et doit remplir une mission de soutien au processus de transition. Mission d'éducation des citoyens et des élus pour forger une conscience juridique, pour renforcer l'autorité du nouveau texte constitutionnel et limiter les risques d'épuration (Section 1). Mais ce rôle peut être parfois plus négatif, le juge pouvant au nom de la suprématie constitutionnelle se substituer au parlement et aux autres institutions pour imposer sa propre conception de la nouvelle société. au gouvernement des juges , bien connu en Europe occidentale, correspondrait la transition des juges pour l'Europe de l'est (Section 2).[1]

SECTION 1 Le juge constitutionnel acteur de la transition

755 Dans le cadre de la transition le juge peut prendre deux séries de décisions : avoir à juger le passé totalitaire et poser les bases du nouveau système juridique

Paragraphe 1 : Le jugement du Passé.

756 Un dés aspects les plus spécifiques et les plus intéressants de la jurisprudence Constitutionnelle développée en Europe de l'Est est cette obligation de " retour en arrière " qui a été faite aux juges constitutionnels pour juger de lois qui intervenaient à titres divers comme des mesures de réaction, de réparation aussi, face aux pratiques totalitaires antérieurs. Ce type de décisions représente certainement une très grande difficulté compte-tenu du contexte dans lequel il va intervenir et aussi -et surtout ?- compte tenu de l'affrontement d'éléments contradictoires qui viennent ici se télescoper : justice, revanche, sentiment majoritaire et légalité, Démocratie et Constitutionnalisme.
Ce jugement du Passé qui a pu prendre diverses formes tant partielle que plus globale apparaît fondamental il s'agit au travers du juge pour la nouvelle société de confronter les pratiques passées avec les valeurs de la transition. Ces mesures de réaction soumises au contrôle des cours constitutionnelles sont intervenues dans de nombreux domaines tant économiques et social que dans celui du droit pénal.

---

1 - Il est bien évident ques ces complexes (qui mériteraient une autre thèse) ne seront qu'évoquées que pour situer la problématique actuelle et montrer le poids que peut avoir la notion de transition dans l'évolution actuelle.

A) Les Cours Constitutionnelles et les lois de réaction économiques et sociales.

757 Dans plusieurs domaines, les Cours Constitutionnelles de l'Europe de l'Est ont du parfois apprécier la Constitutionnalité des lois visant à réparer un certain nombre d'agissements commis durant la période totalitaire. Deux exemples peuvent être dégagés dans ce sens.

1) Les lois de réaction économique

758 Le premier concerne les lois adoptées juste après 1989 et le changement de régime, concernant les indemnisations et les restitutions de biens qui avaient nationalisés à partir de l'arrivée au Pouvoir des Communistes. Dans de nombreux Etats, de telles lois ont été adoptées et la Cour Constitutionnelle a été amenée à préciser les conditions juridiques dans lesquelles ces restitutions pouvaient avoir lieu. Ce Problème a notamment donné lieu à une vaste jurisprudence en Hongrie où l'on dénombre de nombreuses décisions de la Cours Constitutionnelle dans ce cadre.
Le parlement hongrois ayant adopté une loi " dans l'intérêt de l'évolution des rapports de propriété, et sur la réparation partielle des dommages provoqués injustement dans les propriétés des citoyens après le 8 juin 1949 ". Celle ci faisant l'objet de très vifs débats, a été déférée en 1990 à la Cour Constitutionnelle, et a débouché le quatre octobre 1990 sur la décisions fondatrice d'une jurisprudence très complexe.
Dans ce cadre, la loi a été déclarée partiellement inconstitutionnelle. La Cour a notamment sanctionné une différence de traitement entre deux catégorie d'ex-propriétaires (les anciens propriétaires terriens pouvaient bénéficier d'une réparation en nature proportionnelle à leur ancienne propriété, alors que dans le même temps les propriétaires d'autres biens immeubles... n'avaient pu obtenir qu'une réparation partielle en papier valeur). **Dans cette première série d'arrêts on trouve déjà évoqué un problème fondamental du contrôle des Pouvoirs dans la période de transition. A savoir que les circonstances historiques spécifiques de la transition, autorisent certes le pouvoir à procéder à des réformes importantes et à revenir sur un ensemble de choix déjà opérés mais pour autant, ces retours en arrière ne peuvent pas s'opérer au détriment des principes de l'Etat de Droit et notamment ici, au principe d'égalité. La réparation des dommages peut être partielle mais ne peut être inégale.**

2) Les lois de Lustration

759 Le second type de lois que les Cours Constitutionnelles ont du examiner, générant un contrôle du passé, correspond aux mesures de ***lustration*** , excluant les anciens communistes de certains charges publiques et de certaines professions.

760 La Cour Constitutionnelle Tchécoslovaque, durant sa brève existence avant la séparation entre les Républiques Tchèque et Slovaque, a eu à résoudre cette

question. Une loi[1] avait été adoptée, concernant des dizaines de milliers de personnes qui avaient exercées des fonction dans le régime Communiste ou qui avaient collaborées avec lui. Cette loi était en effet la plus répressive de toutes celle adoptées en Europe de l'Est, prévoyant des interdictions professionnelles dans plus de dix secteurs d'activité.
Ainsi, selon ce texte les personnes ayant été (entre le 25 février 1948 et le 17 novembre 1989) membre des forces nationales de sécurité, collaborateur de la sécurité d'Etat secrétaire d'un organe du Parti communiste tchécoslovaque (ou du PC Slovaque) -à l'exception de la période 1968/1969-, des milices populaires, du comité d'action du Front National (après 1948), d'un comité de normalisation (après 1968) ou enfin étudiant à l'Université Félix Dzerjinski ne peuvent prétendre à l'exercice des fonctions au sein des autorités de l'Etat, de l'Armée, des forces de Sécurité, de la police, du cabinet du président de la République, du bureau de l'assemblée fédérale, du conseil national tchèque et du conseil national slovaque, dans l'administration du gouvernement, des cours constitutionnelles Tchéco-slovaque, tchèque et slovaque de la cour suprême, au présidium de l'Académie des Sciences, à la télévision nationale et dans les entreprises et administrations publiques (Transports ferroviaires, Banques...). Toute personne exerçant une telle profession ou désirant l'exercer devant produire un certificat de non appartenance aux fonctions jugés incompatible dans un délai de trente jours.

761 Devant les atteintes aux libertés individuelles contenue dans cette loi, celle ci fut renvoyée par 99 députés dont certains avaient appartenus à l'opposition anticommuniste avant 1989. Après huit mois d'instruction, a Cour a considéré que cette loi était “ globalement ” conforme à la Constitution (quelques dispositions (11) relatives aux personnes ayant collaborées avec les services de Sécurité ont été déclarées non conformes à la Constitution) alors que beaucoup d'observateurs (dont le Bureau International du Travail, le président de la commission de Venise Alberto LaPergola et Madame Catherine Lalumière, secrétaire générale du Conseil de l'Europe) avaient considérés que cette loi était attentatoire à de nombreux Droits Fondamentaux Universellement reconnus. Cette décision, très caractéristique du contexte de la transition soulève un certain nombre d'interrogations et notamment celle de la neutralité de la Cour : deux des juges qui siégèrent étaient députés au moment du vote de la loi et avaient, l'un et l'autre voté, en faveur de ce texte.

762 On peut également mentionner deux décisions de la Cour Constitutionnelle Bulgare rendues en 1992. La première concernait une loi adoptée par le Parlement en juillet 1992 concernant l'interdiction de l'élection des anciens Cadres du Parti Communiste aux organes de décision (Conseil d'Administration) des Banques d'Etat pour une période de cinq ans, et la seconde (adoptée en 1992) concernait la “ décommunisation ” des sciences et de l'éducation. (Cette loi, entre autres mesures, prévoyait l'interdiction pour les cadres de l'ex P.C. de siéger dans les Conseils des organisations scientifiques, durant une période également de cinq ans).

---

[1] - Loi du 4 octobre 1991 par laquelle des incompatibilités sont prévues pour l'exercice de certaines fonctions au sein des autorités gouvernementales et des organisations d'Etat de la République tchéco-slovaque et des républiques fédérales Tchéque et Slovaque.

763 La Cour Constitutionnelle, pour ces deux loi relativement semblables allait pour autant rendre deux décisions différentes. L'article concernant la loi sur l'organisation du système Bancaire allait être déclaré non conforme (par 7 voix contre 4) alors que pour la loi sur l'organisation scientifique, la Cour allait conclure à la Constitutionnalité (par 6 voix contre 5). Ces décisions, parfois pas très claires, témoignent de la difficulté de juger le passé. Dans la première décision (concernant l'accès aux professions bancaires) la Cour constitutionnelle devait estimer que le droit de travailler librement avait été violé en s'appuyant sur la Constitution Bulgare et sur un ensemble de dispositions extraites de diverses conventions internationales (La convention de 1966 sur les Droits économiques, sociaux et culturels ainsi que notamment la convention internationale sur les Droits civils et politiques). La seconde décision concernait la loi Panev (du nom de l'auteur du projet Giorgi Panev) adoptée durant les derniers jours du gouvernement libéral de l'UFD. Cette loi , qui allait provoquer une vaste opposition dans la communauté scientifique bulgare[1], devait donc être " confirmée " par la cour constitutionnelle dans une décision d'autant peu convainquante que reposant sur une argumentation directement opposée à celle utilisée dans la décision sur les interdits dans les professions de la Banque. Pour les 6 juges ayant soutenu le texte la loi en cause n'imposait que des qualifications professionnelles destinées à assurer le haut niveau de la recherche et de l'enseignement. Pour le professeur Schwartz il n'y eut dans la décision " aucune discussion pour savoir comment la loi allait permettre d'arriver à cet exigence mais simplement la répétition systématique, dans la décision, de la disposition " ce sont des qualifications professionnelles "[2]. Selon le contenu de cette décision " Les opinions politiques, comme les affiliations politiques, sont sans intérêt dans cette affaire. La loi ne s'intéresse pas aux opinions et aux appartenances politiques, elle prends seulement en considération les qualités professionnelles de ceux qui participent à la réalisation de la politique de l'administration scientifique ". cette décision fit l'objet de très nombreuses critiques. L'incohérence de celle ci fut notamment, au regard de celle sur la banque, soulevée dans une opinion dissidente signée par le Professeur Neno Nenovsky. Pour certains observateurs[3] l'explication de ces décisions contradictoires est que la première décision a été rendue alors que la majorité parlementaire était dominée par l'Union des Forces démocratiques (anticommuniste) alors que pour la seconde décision la cour a voulu limiter l'action d'une nouvelle majorité parlementaire qui incluait des députés communistes. La signification de cette constitutionnalité " alternative " serait donc de " résister à toute nouvelle majorité parlementaire.

764 En 1994, avec le retour des députés ex-communistes la Bulgarie devait encore connaître une affaire similaire. Au mois de juin 1994, profitant d'un boycott des parlementaires de l'UFD les députés du PSB allaient adopter une loi qui posait comme condition d'exercice de la profession de juges et de procureurs une ancienneté de cinq ans dans une profession juridique. Cette loi, qui avait comme conséquence de

---

[1] - Voir notamment Herman SCHWARTZ " The Lustration Decisions in " Central Europe " in Constitutional Courts in Central and Eastern Countries in the period of transition " publié par Helsinki Foundation for Human Rights 1995, page 140

[2] - Ibid page 141;

[3] - Voir Rumyana KOLAROVA "A self restrinting court", East european constitutional review Spring 1993 page 50.

privilégier ceux qui avaient obtenus leur diplôme sous l'ancien régime, fut déférée à la Cour constitutionnelle par le Président Jelev. La décision, rendue le 15 septembre 1994, ne peut manquer là encore de soulever un certain nombre d'interrogations: si la plus part des dispositions de cette loi furent considérés comme conforme à la Constitution, par un vote obtenu par six voix contre cinq, la disposition législative qui renvoyait 11 membres du conseil suprême et le procureur Ivan Tatarchev fut annulée. Le lendemain , pour s'opposer à cette décision, les députés socialistes devaient nommer 11 nouveaux membres de cette institution.

765 L'Albanie devait également connaître des décisions comparables concernant l'exercice des professions juridiques. En 1991, une loi autorisait pour la première fois depuis l'arrivée au pouvoir des communistes les personnes titulaires d'un diplôme juridique à avoir un statut libéral. En janvier 1993, après l'arrivé au pouvoir des représentant du parti démocrate, une loi fut adoptée pour évincer de ces professions ceux qui avaient exercer des responsabilités sous l'ancien régime[1]. La cour constitutionnelle Albanaise estima que cette loi n'était pas conforme à la Constitution et à diverses conventions internationales.
Enfin en 1994 le problème posé par la lustration allait entraîner une décision de la Cour constitutionnelle de Hongrie, qui avait eu à de nombreuses reprises à se prononcer sur des affaires intervenant dans des domaines assez proches. Dans ce cadre la loi adoptée en mars 19094 présente un certain nombre de caractéristiques spécifiques. D'abord ce texte, contrairement à ceux qui furent adoptés dans d'autres Etats post-communistes, ne pose pas le principe d'une incompatibilité entre des fonctions au sein du parti communiste et des un certain nombre d'emplois dans la société actuelle. Elle prévoit , simplement, l'organisation d'enquête pour déterminer si " les personnes en question ont mené , avant la formation de l'Etat de Droit, des activités pour les organes de sécurité de l'Etat "[2]. Ce n'est que si l'enquête révèle ce type d'agissements que ses résultats sont rendus publics , sauf si la personne accepte de démissionner de son poste. la cour constitutionnelle a déclaré ces dispositions non conformes aux principes de l'Etat de droit tout en posant le principe du droit à l'accès des informations collectées par les services de sécurité pour les personnes ayant fait l'objet de surveillance par le pouvoir communiste.

B) Les Cours constitutionnelles et les lois rétroactives.

766 En Hongrie, le nouveau Pouvoir démocratique a été confronté à une demande émanant d'un certain nombre de formations politiques de revenir sur un certain nombre de crimes commis durant le régime Communiste et qui n'avaient pas à l'époque été jugés en raison de l'action du Pouvoir politique. Ces crimes commis notamment à la suite de la répression qui a suivie le soulèvement Populaire de 1956. Pour répondre à cette demande, un certain nombre de députés du Forum Démocratique (Z. Zetenyi et P. Takacs) ont - en accord avec la majorité Gouvernementale de l'époque - proposé une réforme de certaines dispositions du Code Pénal. Cette

---

[1] - Herman SCHWARTZ " The Lustration Decisions in " Central Europe " in Constitutional Courts in Central and Eastern Countries in the period of transition " publié par Helsinki Foundation for Human Rights 1995, page 143

[2] - Hongrie par Peter Paczolay in Annuaire International de Justice constitutionnelle 1995 page 803.

proposition qui a été votée le 4 novembre 1991 prévoyait que la période de prescription devait recommencer pour les infractions qualifiées de haute trahison, de crimes, de coups et blessures ayant entraîné la mort et d'homicides commis entre le 21 décembre 1944 et le 2 mai 1990 et pour lesquels l'Etat n'avait pas engagé de poursuites pour des raisons politiques.
Selon l'article 1 de ce texte : " Le 2 mai 1990, la période de prescription de la possibilité de la poursuite pénale recommencera concernant les infractions qualifiées comme telles au sens des lois en vigueur au moment de leur commission, perpétrées entre le 21 décembre 1944 et le 2 mai 1990, et qui sont définies selon le paragraphe (2) de l'Article 144 de la loi n°IV de l'an 1978 comme haute trahison, les paragraphes premier et (2) de l'Article 166 comme homicide volontaire, et le paragraphe (5) de l'Article 170 comme crime pour coups et blessures ayant entraîné la mort, au cas où l'Etat n'a pas fait valoir son pouvoir répressif pour des raisons politiques.

767 Suite au vote du Parlement et avant la promulgation de ce texte, le Président de la République de Hongrie allait saisir la Cour Constitutionnelle. Selon lui, il fallait avant toute application de la loi, savoir si ce texte ne contenait pas d'éléments inconstitutionnels et notamment par la création de normes rétroactives à matière pénale ?

768 Deux arguments été évoqués par le Président Hongrois :

d'une part les doutes " concernant la constitutionnalité de la loi consistent à savoir si son article 1 ne porte pas atteinte au principe de l'Etat de Droit (Article 2 de la Constitution) et aux dispositions de l'article 57 ce même texte constitutionnel? "

D'autre part " le recommencement de la période de prescription n'est elle pas en contradiction avec le principe constitutionnel de sécurité juridique (en tant que principe constitutif de l'Etat de Droit). "

769 Cette saisie de la Cour Constitutionnelle - et le vote d'un pareil texte - a bien sûr entraîné au sein de la classe politique Hongroise et dans la Société toute entière, un débat très important. A l'argument d'une remise en cause de la stabilité juridique et de la remise en cause d'un certain nombre de principes fondamentaux d'un Etat de Droit, la majorité parlementaire favorable à ce texte répondait que la plus grande partie de la Société Hongroise (représentée par eux) était favorable à ce châtiment, qui correspondait à la justice, au-delà même de tout texte. L'opposition, quant à elle, développait notamment une série d'arguments contre ce texte tenant à la sécurité juridique, mais aussi à des raisons plus sociologiques. Selon elle, après de nombreuses années (plus de trente ans), il serait très difficile techniquement de pouvoir établir avec certitude les faits et, devant ce manque de preuves, les Juges seraient le plus souvent obligés de prononcer l'acquittement des suspects. Ces " seconds acquittements " (dus cette fois-ci à des raisons techniques) ne feraient que raviver le mécontentement et l'amertume des citoyens Hongrois et des réactions sociales négatives pourraient alors se faire jour, exposant les Juges à des pressions sociologiques difficilement compatibles avec leurs activités.

770 Par une décision du 3 mars 1992[1], la Cour Constitutionnelle de Hongrie allait conclure à la non-conformité du texte à la Constitution, estimant notamment qu'il ne peut y avoir de lois pénales plus sévères rétroactives. Pour la Cour : le renouvellement du caractère punissable des infractions déjà prescrites est inconstitutionnel et il ne saurait être question de différences entre les raisons politiques et d'autres raisons à l'appui d'un tel texte. Les raisons politiques étant une notion imprécise et portant atteinte à la Sécurité juridique.
Pour la Cour constitutionnelle l'inconstitutionnalité du texte reposait sur un ensemble de points:

- le renouvellement de la période de prescription est inconstitutionnel
- le prolongement de la période de prescription est inconstitutionnel
- l'interruption de la période de prescription est inconstitutionnelle
- les raisons provoquant ces actions est inconstitutionnelle
- les " raisons politiques " ne sont de nature à justifier une remise en cause de la période de prescription
- la rédaction imprécise de la loi porte atteinte à la sécurité juridique et de ce fait est inconstitutionnelle

771 Cette décision est très importante dans le cadre du processus de transition, car elle repose sur un raisonnement en trois temps:

- le principe de base de changement de régime est la légalité. Cette idée implique deux éléments. D'abord, la mission de la Cour constitutionnelle est donc une mission strictement juridique, comparable à celle de n'importe qu'elle cour constitutionnelle dans le monde. Comme le relève l'arrêt: " dans les affaires ayant eu des traits politiques (tels que le statut juridique du président provisoire de la République et concernant le Droit électoral) elle a mis en évidence que toute aspirations politiques ne pourra être effectuée que dans le cadre de la Constitution, et que les considérations politiques de tous les jours sont exclues du contrôle de constitutionnalité d'une norme juridique "[2].
Ce principe impose également que les normes juridiques qui composent le système juridique soient appliquées sans condition et notamment sans condition due à leur période d'application et d'adoption.
En effet, pour les juges de la Cour constitutionnelle, les changements intervenus ont été adoptés selon le plein respect des normes de l'ancien système juridique. Donc il ne peut pas être question de différence de validité entre le Droit " d'avant et d'après l'entrée en vigueur de la Constitution ". La légitimité des différents systèmes politiques ayant eu lieu durant les cinquante ans est indifférente de ce point de vue ".
Pour la cour constitutionnelle il y a donc une déconnexion absolue entre la légitimité historique et politique de la période communiste qui a été massivement rejetée par le peuple Hongrois en 1989 et la légitimité du système juridique et constitutionnel de l'Etat socialiste en tant que fondement du système juridique actuel

---

[1] - Le texte français de cette très importante décision se trouve publié à l'annuaire international de justice constitutionnelle 1992 VIII pages 578 à 595 avec un commentaire de Péter PACZOLAY.
[2] - Décision de la Cour constitutionnelle de Hongrie (Arrêt n°11/1992/III.25/AB.

en Hongrie. Cette distinction " n'est pas une catégorie à interpréter en connexion avec la constitutionnalité d'une norme juridique ".
De cet ensemble de principes il découle une appréciation du concept de constitutionnalité : " Quelle que soit la date de leur adoption, toute norme juridique doit être conforme à la nouvelle constitution. L'examen de la Constitutionnalité des normes ne procède pas de deux standards différents ".

- Pour la Cour Constitutionnelle, la situation historique spécifique de la transition et du changement de régime, peut, certes, être prise en compte pour autoriser un certain nombre de réformes très importantes mais elle ne peut conduire à remettre en cause les garanties fondamentales de la notion d'Etat de Droit. En effet, pour la Cour constitutionnelle l'affaire en cause soulevait une autre interrogation : " peut on prendre en considération la situation historique spécifique liée au changement du système politique lors du jugement sur la constitutionnalité? " et ce quant il s'agit de statuer sur " les nouvelles normes juridiques réglementant les mesures inconstitutionnelles des anciens régimes politiques ". En d'autres termes la révolution intervenue en 1989 peut elle justifier que le Droit nouveau ne soit pas appliqué aux anciens dictateurs? Pour la Cour constitutionnelle , la réponse à cette question résulte d'un raisonnement en trois temps.
D'abord, la cour reconnaît elle même que ses arrêts sont " historiquement contraints " et qu'ils " prennent en considération les moments historiques en rapport avec les affaires concrètes ".
Pourtant cette connexion entre le contexte historique et le fond de l'affaire examinée n'a jamais débouché durant la période de fonctionnement de la cour, sur la remise en cause du principe de constitutionnalité : " la cour constitutionnelle n'a jamais considéré comme exceptionnelle la situation du point de vue de la constitutionnalité, en d'autres termes la question de la suspension de la constitutionnalité n'a jamais été soulevée ".
Enfin, au delà du contenu de sa jurisprudence antérieure et des circonstances particulières de cette affaire, la Cour constitutionnelle de Hongrie va poser une règle fondamentale: " Les garanties fondamentales de l'Etat de droit ne seront jamais mise à l'écart en faisant référence à la situation historique ".

- Parmi les bases fondamentales de l'Etat de Droit existe le principe **de la sécurité juridique**. Ce principe exige que les droits acquis soient protégés et l'irrévocabilité des relations juridiques prises dans le passé. Pour la Cour ce principe de sécurité juridique doit être considéré comme : " l'élément constitutif principal de l'Etat de Droit ". Dans ce cadre, les différents rapports juridiques et les faits juridiques " deviennent indépendants de la norme qui leur a servi de base et ne partagent plus automatiquement son sort ". Dés lors l'annulation d'une norme , par quelque autorité que se soit , n'entraîne que des effets dans le futur et non la révision des relations nées de l'ancienne norme juridique. Au nom de ce principe la possibilité de modifier des situations déjà acquise ne pourra intervenir que dans des situations très limitées et non dans le domaine concerné par cette affaire

772 Celle ci, au-delà des problèmes techniques qu'elle soulève, présente pour l'étude des Interactions entre le Juge Constitutionnel et la transition, un très grand intérêt.

D'abord parce que le passé est ici jugé à l'aune des principes de la transition. L'histoire ne peut être ignorée mais elle peut à elle seule être le fondement d'une loi et encore moins d'une décision de la Cour Constitutionnelle. Le Droit prime l'histoire et même le sentiment " naturel " de justice. Ce faisant, la Cour détermine la véritable portée juridique de la dimension Historique : les crimes du passé ont entraîné la transition vers une organisation étatique radicalement différente. Le sens profond de la décision de la Cour c'est que la véritable répression des crimes de l'Etat totalitaire se trouve contenue dans la défense intangible des principes de l'Etat de Droit. " L'Etat de Droit ne sera jamais constitué contre lui même ". Le Jugement du passé se transforme en garantie de l'avenir, la Cour agit ici en tant que " gardienne " des valeurs de la transition, s'opposant ainsi à la majorité politique - et certainement sociologique - du moment.

773 Ensuite par ce qu'elle met en évidence la position particulière de la juridiction constitutionnelle par rapport au processus de transition. Les Etats socialistes d'Europe ont pour la plupart connu une transition négociée sous la forme de tables ronde celle ci débouchant sur des révisions constitutionnelles: les textes socialistes étant transformés puis ensuite remplacés par des textes conformes aux standards de l'Etat de Droit. Cette continuité constitutionnelle - instrument d'une certaine pacification sociale - a pour conséquence de placer la Cour constitutionnelle dans une position paradoxale de se trouver garante de normes juridiques - ou de situations de fait - adoptées et pérennisées par l'Etats socialiste. " La cour constitutionnelle est la dépositaire du paradoxe de la " révolution de l'Etat de Droit " qui s'est manifestée dans le changement paisible du système politique ".

La décision de principe, rendue par la Cour constitutionnelle de Hongrie en 1992 n'allait pas éteindre ce type de contentieux, puisqu'au cours de l'année 1993 elle fut confrontée à une affaire assez comparable. En février 1993, le parlement a adopté une résolution sur l'interprétation de la loi sur la prescription des crimes. D'après ce texte la prescription ne pouvait s'appliquer pour les infractions commises pour des raisons politiques " car celles-ci n'étaient pas poursuivies pendant cette période "[1]. De même , au mois de février 1993 l'assemblée a également voté une loi visant à modifier les dispositions de la procédure pénale. Cette loi ne remettait pas formellement en cause les dispositions relatives aux effets de la prescription mais organisait leur application de manière à ne faire intervenir l'argument relatif à la prescription qu'après avoir déjà tenu des audiences publiques devant une juridiction. Le but avoué était de mettre en place un début de mécanisme juridictionnel permettant une condamnation sociale à défaut d'être juridique. Ces deux textes furent déclarés non conforme à la constitution sur la base d'un raisonnement largement inspiré de l'arrêt rendu en 1992. Enfin , toujours dans le but de déclencher ce type de poursuites une troisième loi fut adoptée par le Parlement pour permettre de juger les crimes commis après la révolte de 1956. Ce texte devait rendre possibles des poursuites contre les membres du parti communiste. Tout comme pour les textes précédant c'est le Président de la République qui devait saisir la Cour constitutionnelle, notamment afin de se prononcer sur la conformité de ce texte avec la Convention Européenne des Droits de l'Homme et le Pacte international relatif aux droits civiques et politiques.

---

[1] - Hongrie par Peter Paczolay in Annuaire International de Justice constitutionnelle 1993 page 524.

774 Dans sa décision la Cour constitutionnelle tout en confirmant sa jurisprudence antérieure allait préciser sa position quant au problème des crimes contre l'Humanité. Pour la Cour l'article 1 de la loi en cause était inconstitutionnel " dans la mesure où il concernait les infractions punies par la législation interne et revenait rétroactivement sur la prescription des crimes de 1956", par contre le second article du texte, relatif aux crimes de guerre et contre l'humanité fut déclaré conforme à la Constitution du fait de l'imprescriptibilité des ces crimes.

Paragraphe 2 : La construction d'une nouvelle organisation Etatique.

775 L'activité des juridictions constitutionnelles ne se limite pas à juger les lois de réaction. Dans le cadre de sa jurisprudence les cours ont posés un certain nombre de principes participant ainsi à la construction du nouveau régime. Cette participation a pu prendre diverses formes mais c'est en Pologne que ce phénomène a été le plus caractéristique : le tribunal ayant posé les bases d'un nouveau système juridique.
Toutefois, l'action des cours peut être contestée et au delà de cette " construction " des observateurs de plus en plus nombreux voient dans ces juridictions un véritable frein pour l'exercice de la transition

A) La construction d'un nouveau système juridique

776 Cette jurisprudence concerne le contrôle des actes rendus par le Conseil des Ministres et par les Ministères et vise à limiter l'usage de ces actes dans certains domaines que le Tribunal estime être réservés à la loi. Ainsi, le Tribunal constitutionnel entend ainsi donner à cette notion une place déterminante dans la hiérarchie des normes en POLOGNE. De ce fait, cette jurisprudence apparaît être une étape vers l'établissement en POLOGNE d'un système de normes juridiques hiérarchisées, qui se rapproche beaucoup de la situation de l'Europe occidentale et des principes dégagés par Hans KELSEN. Par conséquent, le Tribunal constitutionnel polonais s'est attaché à structurer l'ordre juridique en distinguant diverses normes juridiques et en organisant leurs rapports autour d'un concept de hiérarchie juridique (tant formelle que matérielle) et non plus politique (conformité au but).
En effet, si juridiquement tant dans le droit positif (eu égard aux dispositions constitutionnelles conférant au Parlement le statut "d'organe suprême du pouvoir d'Etat") que dans les écrits de la doctrine, la loi était dans l'Etat socialiste un acte juridique de haut rang, la pratique (héritée de la conception marxiste du Droit et du rôle du parti) était tout autre. L'étude des lois votées (sinon discutées) par la Diète faisait apparaître une rédaction parfois très générale et renvoyant aux actes du Conseil des Ministres pour édicter les mesures[1] à prendre. Ces actes du Conseil des ministres devenaient de ce fait essentiels, développant et parfois modifiant très largement le

[1] - Ainsi, le T.C.P. dans le cadre de son activité de signalisation (basé sur l'article 5 de la loi du 29 avril 1985) relève que la loi du 26 février 1982 contient au total 15 habilitations sur 58 articles au total. Dans le domaine de l'impôt sur les salaires (soit 9 articles de la loi), le Conseil des Ministres reçoit 7 habilitations pour adopter les mesures générales dans ce domaine.

contenu des lois. Cette logique qui s'opposait à la valeur de la loi en tant qu'acte juridique était tout à fait conforme à celle de l'Etat socialiste.
L'activité du Tribunal constitutionnel dans les trois premières années de son existence a été dans une large mesure[1] orientée vers la réduction de ce phénomène. Elle repose sur la volonté de réduire les interventions du Conseil des Ministres dans l'activité normative à la seule exécution des lois au sens strict du terme. Mise en place dans les premières décisions rendues[2], cette jurisprudence s'est trouvée confirmée de nombreuses fois au cours des deux années suivantes.
Dans ce cadre, deux principes ont été posés par le Tribunal constitutionnel. Ils visent à interdire toute modification unilatérale d'une disposition législative par le Conseil des ministres (ou par un ministère) et toute délégation abusive du Parlement en faveur du Conseil des ministres dans son activité législative.

1) Les règlements du Conseil des ministres, actes juridiques infra législatifs

777 Le Tribunal constitutionnel polonais dès le début de son activité a été confronté au problème de la conformité aux lois des règlements d'application adoptés par le Conseil des ministres. L'attitude du Tribunal a ici été particulièrement claire: il a entendu limiter très strictement les interventions du gouvernement polonais à un rôle d'exécution et par là il a sanctionné toute violation des dispositions législatives par ce type de règlement ainsi que tout autre débordement de compétence de la part du Conseil des ministres. Ainsi s'est développée dès 1986 une jurisprudence basée sur la notion de suprématie de la loi et qui est venue, selon le mot du Professeur polonais L. GARLICKI, limiter la liberté normative du gouvernement [3].
On peut citer à titre d'illustration trois arrêts rendus en 1987[4] et qui ont réaffirmé les principes dégagés en 1986.
La décision du 10 juin 1987, rendue par le Tribunal constitutionnel en formation plénière revêt à ce sujet une importance fondamentale. Dans cette affaire, il s'agissait pour le Tribunal constitutionnel de répondre à une question juridique posée par le Président de la Haute Cour Administrative[5]:
Selon le Président de la Haute Cour Administrative, il existait une incompatibilité entre l'article 88 de la loi, qui accordait au Conseil des Ministres le droit de fixer par décret le mode de détermination de la valeur des biens des citoyens polonais qui se trouvaient sur des territoires qui avaient cessé d'être polonais après 1945, et l'article 5 du texte adopté par le Conseil des Ministres sur la base de cet article 88 qui

---

1 - On peut même parler à propos de ce type de jurisprudence d'activité principale du Tribunal constitutionnel polonais car en 1986, sur les 7 arrêts rendus par le Tribunal, 5 concernaient ce problème; en 1987 et en 1988,11 décisions sur 19.

2 - Pour une analyse de l'activité du Tribunal dans ce domaine, voir la chronique du Professeur L. GARLICKI, Annuaire International de Justice Constitutionnelle - 1986 pages 592 à 594.

3 - Ibidem page 592

4 - Décision du 10 juin 1987 (P.1.87), du 3 mars 1987 (P.2.87), décision du 22 avril 1987 (K. 1.87).

5 - ***"Les dispositions du paragraphe 5 alinéas 1 et 2 du Décret du Conseil des Ministres promulgué le 16 septembre 1985 sur l'imputation de la valeur des biens immobiliers laissés à l'étranger sur les frais d'usufruit perpétuel ou sur le prix de vente de la parcelle à bâtir et des bâtiments qui y sont situés sont-elles conformes à l'habilitation prévue à l'article 88 alinéa 5 de la loi du 29 avril 1985 sur la gestion des fonds et l'expropriation ainsi qu'à l'article 75 du code de procédure administrative?"***

énumérait limitativement les moyens laissés aux citoyens polonais pour prouver la propriété de ces biens (dérogeant ainsi aux dispositions de l'article 75 du Code de procédure administrative).

778 Au delà de la question du président de la Haute Cour Administrative, et qui consistait en l'interprétation de l'article 88 et du mode de détermination de la valeur des biens [1], cette affaire est l'occasion pour le Tribunal constitutionnel polonais de réaffirmer à la fois les principes de la répartition des compétences entre la loi et le règlement et les règles en matière d'habilitation législative. Ainsi:

"Il est impossible d'admettre des situations où les droits des citoyens résultant de dispositions législatives soient limités en vertu de dispositions réglementaires s'appuyant sur une interprétation quelconque. L'absence de toute habilitation expresse contenue dans le texte même de la loi, interdit donc au Conseil des Ministres d'adopter toute mesure venant réduire les droits des citoyens, garantis par les lois"[2].

Ce raisonnement n'est que l'application de la jurisprudence précédente du Tribunal qui avait établi trois principes de base (rappelés dans le texte de la décision):

"Les décrets du Conseil des Ministres polonais, ne peuvent être considérés comme valides que :
a/ - s'ils sont adoptés par un organe qui a reçu habilitation légale pour régler les problèmes expressément mentionnés dans le texte de l'habilitation;
b/ - s'ils sont promulgués dans les limites de l'habilitation;
c/ - et s'ils ne contredisent pas un acte législatif (l'acte qui a habilité le Conseil des Ministres, ou bien tout autre acte législatif) sauf si la loi les y autorise expressément"[3].

Mais ces apports ne seront pas les seules contributions de la jurisprudence du Tribunal Constitutionnel dans le domaine de la hiérarchie des normes. De même que le Tribunal entend protéger la loi contre les règlements d'application, il va oeuvrer afin de la protéger contre elle même en réglementant très strictement le contenu et les limites de la notion d'habilitation législative en vue de l'exécution des lois.

2) La limitation du pouvoir d'habilitation du Parlement

779 La décision précitée du 22 avril 1987 développe non seulement la même argumentation vis à vis des pouvoirs du Conseil des ministres mais encore limite les

---

1 - Pour le Tribunal, les dispositions de l'article 88 concernaient uniquement que le mode de détermination de la valeur des biens et non pas le mode de preuve de leur propriété. Ainsi, le Tribunal va rejeter les arguments présentés par les représentants du Conseil des Ministres, qui estimaient que l'on devait faire une interprétation extensive de la notion de "mode" en incluant le "régime" juridique.

2 - Extrait du texte de l'arrêt.

3 - On retrouve une rédaction comparable dans les décisions rendues par le Tribunal constitutionnel les 3 mars et 22 avril 1987:
"Les règlements qui procèdent à des modifications des règles légales ne sont admissibles qu'au cas où ils auraient un caractère strictement exceptionnel et seraient "expressis verbis" autorisés dans l'habilitation et non basés sur une présomption".
Le Tribunal constitutionnel consacre donc ici le principe qui veut que le silence de la loi dans un domaine quelconque ne puisse être interprété comme la liberté pour les organes d'exécution de combler pareille lacune.

prérogatives du Parlement en indiquant dans quel cadre celui ci pouvait déléguer ses pouvoirs au gouvernement.
Dans cette affaire, le Tribunal constitutionnel avait à se prononcer sur la requête déposée par deux organisations syndicales visant (entre autres) à faire reconnaître la non-conformité de l'article 11 du décret du Conseil des Ministres du 20 février 1987 avec l'article 15 de la loi du 14 décembre 1982 sur les assurances sociales des agriculteurs. Dans cette très longue décision, le Tribunal établit les bases de l'activité du Conseil des ministres en matière d'exécution des lois et le sanctionne pour avoir dépassé par voie réglementaire l'habilitation que lui donnait la loi. Cette décision répond à deux questions: dans quelle mesure le Parlement peut-il par une loi déléguer ses pouvoirs au Conseil des Ministres et comment le Conseil des Ministres peut-il agir dans le cadre de cette habilitation?
Si la réponse à la seconde question ne présente aucune originalité et confirme la jurisprudence déjà citée [1], les éléments correspondant à la première développent un ensemble de principes plus novateurs.
Le Tribunal constitutionnel a été amené à se prononcer sur la conformité de l'article 43 alinéa 3 de la loi (prévoyant la possibilité de régler par décret "le principe et le mode d'évaluation du montant des cotisations des agriculteurs") à l'article 41 point 8 de la Constitution polonaise qui fixe les conditions d'adoption d'actes juridiques en matière d'exécution des lois.
Le Tribunal constitutionnel relève qu'en vertu de cet article 41 point 8, on doit distinguer trois critères:
- l'organe qui prend un décret ne peut être que le Conseil des Ministres;
- le décret sera rendu "en vertu de la loi",
- le décret sera rendu pour "assurer l'application de la loi".

780 Si le premier critère ne pose pas de problème (pour qu'il soit satisfait, il faut que le Conseil des Ministres soit expressément mentionné), les deux autres ne peuvent être envisagés que sur la base de l'interprétation. Le critère de l'exécution "en vertu de la loi" implique que l'habilitation légale précise son contenu et ses limites et que par l'habilitation soient traités des éléments homogènes avec le contenu de la loi, mais qui ne revêtent pas un intérêt primordial. Ainsi, le Tribunal constitutionnel a reconnu la conformité de l'article 43 alinéa 3 de la loi de 1982 à l'article 41 point 3 de la Constitution en estimant que le domaine des cotisations annuelles destinées aux assurances sociales appartenait au domaine prédéfini. Mais le Tribunal a entendu apporter une réserve à l'utilisation par le législateur de la notion de "principe", car trop imprécise[2]. La notion d'application, contenue dans l'article 41 point 8 de la

---

[1] - Dans ce cadre, le problème était le suivant: la loi du 14 décembre 1982 sur les assurances des agriculteurs dans son article 15 alinéa 1 prévoit que le bénéfice d'une retraite pour les agriculteurs est conditionné à l'exercice de cette profession durant une période de 25 ans si durant chaque année, il a été vendu aux unités d'économie socialisée agricoles une certaine quantité de produits. L'article 15 alinéa 6 de ce texte prévoit que le Conseil des Ministres détermine les principes et le mode d'imputation aux périodes de référence de l'article 15 alinéa 1, les années où le taux de produits vendus n'a pas été atteint pour cause de catastrophe naturelle. Sur cette base, le Conseil des Ministres a adopté un décret le 20 février 1987 dont l'article 11 dispose que "les années durant lesquelles la valeur des produits agricoles vendus aux unités d'économie socialisées peuvent être rattachées à la période de 25 ans dans une limite de 5 ans maximum pour le calcul de la retraite."
Le Tribunal constitutionnel a estimé que cette limitation de 5 ans n'était pas contenue dans l'habilitation de l'article 15 alinéa 6: "Cette nouvelle restriction ne pouvant être introduite que par la loi."

[2] - Tant que cette notion se trouvera reproduite dans des textes de loi, le Tribunal indique qu'elle ne pourra être interprétée que sur la base des relations entre les organes d'Etat. Ce faisant, le Tribunal

Constitution polonaise, s'articule autour de deux éléments: le décret ne doit contenir que des éléments traités dans la loi et servant à sa réalisation et cette limitation doit être contenue dans le texte de la loi d'habilitation[1].
Dans cet arrêt apparaît donc l'illustration de l'attitude du Tribunal polonais qui impose une première limitation aux titulaires du pouvoir politique (tant le Parlement que le Conseil des ministres) quant à la répartition des compétences entre les différents organes d'Etat.[2]

B) La réalité des Droits Constitutionnellement Garantis.

781 Le second apport de la jurisprudence du Tribunal constitutionnel polonais entre 1986 et 1988 aura été de réintroduire la notion de Droits constitutionnellement garantis comme norme juridique de référence à son contrôle. Ce second aspect de la jurisprudence constitutionnelle polonaise présente l'intérêt d'inscrire l'action du Tribunal constitutionnel polonais dans une perspective d'intégration dans le modèle Kelsenien puisqu'elle reproduit en Pologne un des domaines fondamentaux du

---

constitutionnel reprend à son compte l'avis rendu par le Professeur de l'Université de LODZ J. WROBLEWSKI. Pour lui, "la notion de "principe" (...) ne signifie pas la détermination arbitraire de ses dispositions (...). Les relations entres les dispositions appartenant aux échelles hiérarchiques différentes du système de droit sont applicables à la notion de principe."

1 - Ce problème a été très souvent rencontré par le Tribunal constitutionnel polonais. Comme le relève le Professeur Léonard LUKASZUK (Vice-Président du Tribunal constitutionnel) dans le rapport qu'il a prononcé le 1er mars 1989 lors de l'Assemblée des juges du Tribunal , en 1988 (comme en 1986 et 1987) les violations sanctionnées par le Tribunal consistaient en des interventions dans des domaines réservés à la loi ou dans des contradictions entre les lois et les actes du Conseil des ministres.
On peut citer ici la décision du 19 octobre 1988 du Tribunal constitutionnel polonais. Ce dernier avait, en usant de son droit d'auto-saisine, à contrôler la conformité de l'arrêté du Conseil des Ministres du 18 novembre 1985 (relatif à la fixation des taux en matière fiscale et aux principes relatifs à l'établissement des montants exonérés) avec les articles 30, 31 et 32 de la loi du 26 février 1982 ainsi que la conformité des dispositions de l'arrêté du Ministre des Finances du 2 mai 1988 avec les articles 3, 34 et 54 de cette même loi de 1982. Le problème posé par cette décision était de savoir si les textes du Conseil des Ministres et du Ministère des Finances n'avaient pas été pris dans un domaine réservé à la loi. Pouvait-il y avoir notamment habilitation du gouvernement par le Parlement et quelle en était la limite?
Pour le Tribunal constitutionnel, la réglementation fiscale qui concerne l'exonération d'une partie des contribuables polonais appartient exclusivement au domaine légal car elle concerne les droits et obligations des citoyens. Toute habilitation doit réunir deux conditions: ne porter que sur des matières réduites très spécifiques et particulièrement instables et être préalablement définie et limitée dans le texte de la loi, ce qui n'était pas le cas en l'espèce. Dans cette affaire, le Tribunal constitutionnel a estimé que le Conseil des Ministres avait non seulement outrepassé ses pouvoirs en statuant dans ce domaine, mais aussi qu'il avait adopté toute une série de mesures en opposition directe avec les dispositions de cette loi quant au seuil minimum d'imposition. Enfin, le Tribunal a jugé que la subdélégation n'était pas possible dans cette affaire et que le Conseil des Ministres n'avait pas le droit de déléguer une partie de l'application de la loi du 26 février 1982 au Ministre des Finances en dehors de toute habilitation expresse de la loi à ce sujet.

2 - Si l'arrêt du 19 octobre 1988 illustre principalement le problème du domaine légal et de l'habilitation législative, on peut également citer une autre décision du Tribunal constitutionnel du 5 octobre 1988 qui illustre le problème de l'opposition entre les dispositions légales et celles issues d'un acte infra-législatif. Là encore, comme dans la décision du 19 octobre, le Tribunal agissait de sa propre initiative. Il examinait la conformité du paragraphe 27 alinéa 4 du décret du Conseil des Ministres du 28 mars 1983, qui organisait l'exécution de certaines dispositions de la loi sur les assurances sociales des agriculteurs ayant une exploitation privée, aux dispositions de la loi du 14 décembre 1982. Pour le Tribunal, l'article 27 alinéa 4 de ce décret, en définissant la notion d'exploitation agricole, s'oppose à la définition de cette notion qui avait été avancée par la loi elle-même. L'article 27 alinéa 4 du décret est alors "rentré dans la sphère légale en modifiant la définition d'exploitation agricole, ce qui entraîne son illégalité".Décision publiée sous la côte Uw 3/88 au Journal DIARIUZS SEJMOWY" 12/88. Voir à ce sujet le rapport du Professeur LUKASCHUK- "Informasja o...", opus cité page 33..

contentieux constitutionnel occidental[1]. Cet apport, de loin le plus audacieux de la jurisprudence du Tribunal constitutionnel polonais, s'est normalement mis en place d'une manière progressive, **intervenant tout d'abord dans le cadre du contrôle des actes juridiques infra législatifs** pour ensuite se développer dans **celui du contrôle des lois.**

1) La conformité des actes infra législatifs aux Droits constitutionnellement garantis.

782 Le contrôle des règlements du Conseil des ministres et de l'ensemble des actes juridiques infra législatifs polonais au regard des Droits fondamentaux garantis par le chapitre 8 de la Constitution de 1952 [2] a été introduit dès 1986 quand le Tribunal constitutionnel a conclu à deux reprises à la non conformité d'un règlement du Conseil des ministres aux dispositions des articles 67 et 68 de la Constitution (relatifs au principe d'égalité)[3]. Cette jurisprudence de 1986 apparaît d'autant plus significative qu'il s'agissait de la première décision rendue par le Tribunal constitutionnel polonais.

Dans cette affaire, le Conseil des ministres avait par un règlement adopté en 1985 modifié le mode de calcul des taxes que devaient payer les propriétaires de locaux d'habitation situés dans les immeubles appartenant à l'Etat, instaurant ainsi une discrimination entre les locataires et les propriétaires de ce type de logement. Pour le Tribunal constitutionnel polonais, cette disposition n'était pas conforme au principe d'égalité entre le citoyens posé par l'article 67 alinéa 2 du texte constitutionnel[4].

Toutefois, cette décision spectaculaire (elle fut à l'origine du premier affrontement entre le Tribunal et le gouvernement) comportait une limite dans la mesure où la violation du principe d'égalité n'apparaissait pas le fondement principal de l'annulation du texte. Le règlement du Conseil des ministres en cause avait également été considéré comme dépassant très largement les pouvoirs de son auteur qui avait selon le Tribunal constitutionnel polonais fait une interprétation par trop extensive de sa compétence.

783 Cette limitation, au moins apparente, allait disparaître dès 1987, où non seulement le Tribunal constitutionnel devait confirmer sa jurisprudence antérieure mais aussi annuler un arrêté du ministre de la santé principalement en raison de la violation des principes contenus dans l'article 67 alinéa 2 et 78 [5] du texte constitutionnel.

---

1 - Voir notamment: Cours constitutionnelles européennes et droits fondamentaux. Ouvrage collectif, sois la direction de Louis FAVOREU. Editions Economica-PUAM. Collection Droit public positif. 1982.

2 - Texte français publié (après la révision de 1976) dans Droit Polonais Contemporain 1976, n° 3/4 Polska Akademia Nauk.

3 - Décisions des 28 Mai et 5 Novembre1986 (il faut relever qu'il s'agissait de la même affaire la décision du 5 Novembre intervenant à la suite de l'application de la procédure de l'article 27 de la loi du 29 avril 1985 sur le Tribunal constitutionnel polonais).Voir à ce sujet: L. GARLICKI - Annuaire international de justice constitutionnelle 1986 - pages 589 et 594.

4 - " Tous les citoyens de la RPP ont les mêmes droits, sans distinction de sexe de naissance, d'instruction,de profession, de nationalité, de race et de religion ainsi que d'origine et de position sociales".

5 - Cet article garanti notamment que : " En RPP la femme a les mêmes Droits que l'homme dans tous les domaines de la vie publique politique économique sociale et culturelle".

Cette décision intervenue le 3 mars 1987[1] apparaît donc très intéressante. Elle faisait suite à une question juridique (posée dans le cadre de l'article 10 de la loi de 1985 sur le Tribunal constitutionnel) par le Président de la Haute Cour Administrative portant sur la conformité du paragraphe 1 alinéa 2 de l'arrêté du 31 décembre 1985 du Ministre de la santé publique et de la population, qui établissait des quotas d'admission pour les garçons et les filles au concours d'entrée dans les facultés de médecine et qui réglait les modalités d'attributions des points supplémentaires dans les écoles supérieures de médecine pour l'année universitaire 1986/1987, avec l'article 84 de la loi du 4 mai 1982 sur l'enseignement supérieur et les articles 67 alinéas 2 et 78 de la Constitution de RPP. L'intérêt de cette question juridique était double. Il s'agissait à la fois pour le Tribunal constitutionnel de réaffirmer sa jurisprudence sur les relations existant entre la loi et les textes ministériels infra-législatifs mais surtout d'intégrer dans son contrôle les dispositions de l'article 67 et 78 de la Constitution (relative à l'égalité des citoyens) comme normes de référence[2].
Le Tribunal constitutionnel, tout comme dans sa décision du 28 mai 1986, reconnaît la violation de ce principe constitutionnel (ainsi que des articles 5 et 84 alinéa 2 de la loi du 4 mai 1982) et décide que les dispositions des arrêtés ministériels devaient être annulées dans un délai de trois mois sous peine de perdre toute valeur juridique[3].

---

1 - Publié dans le recueil des décisions du Tribunal Constitutionnel ORZENCZNICTWO TRYBUNALU KONSTYTUCY JNEGO 1987 page 20 - P.P.N. "RZECZPOSPOLITA" WARSZANA 1988. Des extraits de cet arrêt ont été publiés en français dans l'Annuaire Européen de Justice Constitutionnelle de 1987 dans le cadre de la chronique du Professeur L. GARLICKI, pages 715 - 727.

2 - Article 67 alinéa 2 : "Tous les citoyens de la République Populaire de POLOGNE ont les mêmes droits, sans distinction de sexe, de naissance, d'instruction, de profession, de nationalité, de race, de religion ainsi que d'origine et de position sociale."
Article 78 : En République Populaire Polonaise, la femme a les mêmes droits que l'homme dans tous les domaines de la vie publique, politique, économique, sociale et culturelle".

3 - A l'appui de sa question, la Haute Cour administrativeavait affirmé que la répartition existant en R.P.P. de 50 % de places pour les candidats masculins et 50 % pour les candidates féminines "n'était pas conforme à la loi sur l'enseignement supérieur". En effet, si les articles 84 et 85 de ce texte autorisent des dérogations au principe d'égalité absolue entre tous les candidats, justement dans le but de pallier à une différenciation accidentelle qui pourrait être causée par des circonstances particulières, la distinction basée sur le sexe n'entre pas dans ce cadre.
Toutefois, pour le Président de la Haute Cour Administrative, dont l'argumentation est reproduite dans les motifs du jugement du Tribunal, la solution du Ministre de la Santé est en opposition non seulement avec les dispositions constitutionnelles polonaises mais également avec l'article 26 du Pacte international relatif aux droits civils et politiques, à l'article 13 du Pacte International relatif aux droits économiques, sociaux et culturels, ainsi qu'à l'article 10 de la convention pour la liquidation de toute forme de discrimination envers les femmes.
Lors de la procédure, le Ministre de la Santé avait présenté, pour justifier la formation de quotas, une série d'arguments juridiques et d'autres basés sur des considérations d'opportunité. Pour le Ministre, ces quotas reposaient sur l'idée que certaines spécialités de la médecine (et surtout de la chirurgie) nécessitaient des aptitudes propres aux hommes, que certaines spécialités telles que la radiologie présentaient des incompatibilités avec la maternité, que les fonctions médicales dans les hôpitaux exigent une disponibilité parfois totale, que la position de la femme, notamment vis-à-vis de ses enfants, risque de se révéler délicate dans ces circonstances et qu'enfin le nombre minimum d'hommes était justifié par le besoin de la médecine militaire.
Juridiquement, le Ministre soutenait d'une part que les dispositions constitutionnelles n'étaient pas violées car le principe d'égalité ne remettait pas en cause "les différences psychiques et psychologiques" et que d'autre part, l'article 3 alinéa 4 de la loi autorisait le Ministre à déterminer les principes et les limites relatifs à l'admission dans la première année d'étude. Donc toutes les limitations sont, selon cette argumentation, de la compétence du Ministre.
Ces arguments ont été contestés par l'auteur de la question juridique et par le Procureur Général. Par une lettre du 20 février 1987, tout en reprenant l'argumentation du Président de la Haute Cour Administrative quant à la notion d'habilitation, il a considéré que l'arrêté du Ministre était en opposition avec les deux dispositions constitutionnelles évoquées. Pour le Procureur général, le principe de

La séance du Tribunal constitutionnel s'est tenue le 3 mars 1987 [1]. Après audition des parties et d'un certain nombre d'experts[2], le Tribunal a développé une double argumentation s'appuyant à la fois sur le principe général de l'habilitation législative et de ses limites (notamment en matière de droits fondamentaux) et sur les dispositions constitutionnelles du principe d'égalité.

784 Le Tribunal relève tout d'abord l'importance du principe d'égalité notamment entre les hommes et les femmes. Ce principe est précisé et développé dans d'autres règles constitutionnelles. En effet, l'article 78 de la Constitution prévoit que la femme jouit de droit égaux avec l'homme dans tous les domaines de la vie nationale, politique, économique et culturelle. Dans cette disposition, il est expressément indiqué dans l'alinéa 2 que "l'égalité des hommes et des femmes dans le domaine du travail, de la rémunération, du repos, des assurances, de l'éducation, des dignités et décorations, ainsi que le droit d'occuper les emplois publics constitue la garantie des droits égaux des hommes et des femmes".

785 Après avoir fait ce rappel, le Tribunal constitutionnel relève dans un second temps que les dispositions attaquées s'opposent à ces principes. Il rappelle l'importance du principe d'égalité dans la doctrine constitutionnelle polonaise qui en fait "une des garanties principale du régime d'Etat de la R.P.P.[3]: "Le principe fondamental d'égalité des droits constitue les fondements de l'institution socialiste des droits et des devoirs fondamentaux des citoyens". Il relève ensuite que toutes les interventions du législateur dans le domaine de l'égalité des sexes ont eu pour conséquence d'étendre cette égalité et que les différents Pactes internationaux qui ont été ratifiés par la POLOGNE (cités par le Président de la Haute Cour Administrative) tendent eux aussi à garantir et à conforter cette égalité:

"Vu les observations ci-avant et tenant également compte de la législation actuelle et de l'orientation du législateur, il faut constater que toutes activités dont le résultat consiste à limiter l'égalité des sexes sont à rejeter"[4].

---

répartition arithmétique entre les candidats des deux sexes n'est pas conforme avec le principe d'égalité devant le droit du libre accès aux études pour les hommes et les femmes.

1 - Il faut relever que le Tribunal, à la suite de la première partie de la procédure, avait décidé d'étendre son examen aux dispositions de l'article 1 alinéas 2 et 3 de l'arrêté du Ministre du 30 décembre 1986 qui, pour l'année universitaire 1987/88, prévoyait notamment dans le domaine de la stomatologie, une répartition inégalitaire : 30 % d'hommes et 70 % de femmes.

2 - Trois experts ont été auditionnés, il s'agissait de:
- Professeur WOJCIECH NOSZCZYK, Chef de clinique de la IIème Faculté de Médecine dans l'Académie de Médecine de VARSOVIE,
- Professeur TADEUSZ TOPELIA, Titulaire de la chaire I de chirurgie générale de la Faculté de médecine de CRACOVIE,
- Professeur MICHAL TROSZYNSKI, Président du Groupement national des spécialistes, dans le domaine de la gynécologie de l'institut de la mère et de l'enfant de VARSOVIE.

3 - Le Tribunal constitutionnel cite certaines études:
- E. WIEROSZENSKI - "ROWOROSC KOBIET I MEZCZYZN W POLSCE LUDOWYE"- POZNAN 1975 page 97 et s.
- F. SIEMIENSKI -"PODSTAWOWE WOLNOSCI PRAWA I OBOWIAZKI OBYWATELI W. P.R.L.- VARSOVIE 1979, pages 71 - 73.
- L. WISNIENSKI- "GWARANCJE PODSTAWOWYCH PRAW I WOLNOSCI OBYWATELI P.R.L."- VARSOVIE 1981 - page 57.
- DUBROWSKI- "KONSTYTUCYJENE PRAWA I OBOWIAZKI OBYWATELI P.R.L"- VARSOVIE 1979 - page 128

4 - Texte de l'arrêt publié dans le Recueil des décisions du Tribunal constitutionnel, (ORZECZNICTWO TRYBONALU KONSTYTUCYJNEGO) 1987, page 29.

786 Même si, comme le relève le Professeur L. GARLICKI, l'interprétation du principe d'égalité tel qu'il ressort de la jurisprudence constitutionnelle polonaise introduit la notion de "discrimination positive"[1], cette décision montre que des actes du gouvernement peuvent être annulés s'ils ne sont pas conformes au principe d'égalité des citoyens posés par la Constitution. Il n'y a plus référence au "rationnel du but révolutionnaire" pour justifier la violation par le pouvoir de règles juridiques dépassées, mais au contraire, obligation pour ce pouvoir de se conformer aux exigences du droit et de la Constitution, quelque soit l'organe d'Etat qui s'exprime.

787 L'annulation de l'arrêté ministériel du Ministre de la Santé sur ce motif n'est pas un exemple isolé dans la jurisprudence du Tribunal constitutionnel polonais: un grand nombre d'affaires ont entraîné cette juridiction à se prononcer sur la conformité d'actes du gouvernement avec des principes constitutionnels. L'analyse de cette jurisprudence démontre qu'en 1988, à sept reprises le Tribunal constitutionnel a été amené à procéder à un tel contrôle. Par deux fois, il a prononcé la non-conformité d'un acte juridique avec une disposition constitutionnelle relative aux droits des citoyens polonais[2].
Cette jurisprudence du Tribunal constitutionnel polonais de plus en plus importante allait s'étendre au contrôle des lois.

2) La conformité des lois aux Droits constitutionnellement garantis

788 L'extension aux lois du contrôle de conformité à la Constitution et notamment aux Droits fondamentaux constitue en quelque sorte le stade ultime et l'aboutissement logique du développement de la jurisprudence du Tribunal constitutionnel polonais. Stade ultime, car au delà de toutes les limites qui touchent

---

1 - L. GARLICKI- "La jurisprudence du Tribunal constitutionnel"- Annuaire International de Justice Constitutionnelle - 1987 page 713.

2 - Ainsi, dans une décision du 9 mars 1988 (décision U7/87), statuant sur la conformité de l'article 3 alinéa 1 de la résolution n°108 du Conseil des Ministres du 17 juillet 1987 sur "la réglementation de la fourniture et de la consommation des combustibles utilisés par la population en 1987- 1990" aux principes posés par l'article 67 alinéa 2 de la Constitution et à l'article 5 point 5 du même texte[2] qui établit le principe de l'égalité sociale, le Tribunal a fait application des mêmes principes . Il a estimé que les dispositions de ce texte, qui introduisaient une discrimination dans le droit d'acheter et d'utiliser du charbon entre les agriculteurs selon l'importance de la surface cultivée de leur exploitation, et qui imposaient des quotas identiques aux horticulteurs (sous serre) sans aucune mention de leur surface de culture étaient à la fois contraire au principe d'égalité contenu à l'article 67 mais aussi à l'article 5 alinéa 5 de la Constitution. Dans ce cas, le Tribunal a estimé que les discriminations imposées par le texte du Conseil des ministres et instaurant une discrimination entre les deux catégories d'agriculteurs ne reposaient pas sur un objectif de justice sociale et a donc donné raison au syndicat national des agriculteurs et des organisations agricoles à l'origine de la requête.
Au delà de la multiplication de ce type de décisions (voir tableau page suivante) et outre le principe d'égalité d'autres Droits fondamentaux ont été évoqués devant le Tribunal constitutionnel polonais, même s'ils n'ont pas conduit à l'annulation d'actes juridiques (le Tribunal par application de la procédure prévue à l'article 4 alinéa 2 de la loi du 29 avril 1985, ayant été amené à classer l'affaire à la suite de la décision du gouvernement d'abroger le texte controlé). Ainsi, peut on relever la liberté de parole, de presse, de réunion et de manifestation contenues aux articles 83 alinéa 1 et 87 alinéa 2 de la Constitution[2].

notamment les pouvoirs d'annulation du Tribunal, le contrôle de constitutionnalité des lois correspond à la mission principale de toute juridiction constitutionnelle[1].
Cette extension, marquée donc à la fois par ce soucis de cohérence juridique et de pragmatisme, s'est déroulée en trois temps. Le Tribunal constitutionnel polonais a d'abord rendu un certain nombre de décisions soit consacrant la conformité des lois contrôlées avec la Constitution soit écartant les requêtes de ce type comme manifestement infondées. Puis dans un second temps, il a par la technique de l'"obiter discum" affirmé le principe de la subordination des dispositions législatives vis à vis des Droits fondamentaux, pour enfin dans une troisième étape, intervenue en 1988, prononcer une déclaration d'inconstitutionnalité à l'encontre d'une loi.
Ainsi, dans un premier type de décisions principalement intervenue en 1986 et 1987 le Tribunal constitutionnel polonais a fait montre d'une réserve incontestable dans le cadre du contrôle des lois par rapport aux Droits fondamentaux. Durant cette période, les lois qui furent examinées par le Tribunal constitutionnel furent soit déclarées conformes à la Constitution (on peut citer ici la décision du 14 Juillet 1986[2]) soit comme en 1987, dans deux décisions intervenues les 30 septembre et 14 décembre, le Tribunal a décidé "de ne pas donner suite à la requête, la considérant sans fondement" [3].

---

[1] - Louis FAVOREU. Les Cours constitutionnelles. PUF. Que sais je? n°2293, page 24.
Aboutissement logique, car un tel contrôle ne pouvait sérieusement intervenir plus tôt, et ce pour deux raisons. D'abord pour des raisons politiques, ses relations étant déjà très tendues avec le Conseil des ministres (et ses moyens d'action vis à vis du Parlement si limités) le Tribunal constitutionnel polonais ne pouvait entrer en conflit avec deux organes à la fois. Dès lors, il s'est dans un premier temps limité au contrôle des actes infra législatifs. Pour des raisons juridiques ensuite: en effet, compte tenu du rôle de la loi dans les Etats socialistes, tout contrôle de ce type dès 1986 aurait été illusoire. Au contraire, c'est l'action du Tribunal lui même, et notamment sa jurisprudence visant à rétablir une hiérarchie des normes juridiques, qui a généré les conditions d'un véritable contrôle s'appliquant à une loi (au moins partiellement) réhabilitée.

[2] - Voir la chronique du Professeur GARLICKI. Annuaire international de justice constitutionnelle 1986 p. 587 et s.

[3] - Ces expressions sont extraites du texte même des décisions qui ont été publiées au Recueil officiel ORZECZNICTWO TRYBUNALU KONSTYTUCYJNEGO 1987 Ed WYDAWNICTWO PPW 1988, pages 76 et 79.
Si la première décision n'appelle pas de commentaire particulier, les deux jugements intervenus en 1987 illustrent bien la réserve du Tribunal. Dans ces deux affaires une requête avait été adressée au Tribunal pour qu'il déclare l'article 241 du code du Travail comme contraire à un ensemble de Droits fondamentaux tel que le principe d'égalité (article 67), la liberté d'expression, de réunion et de manifestation (article 83 al. 1), la liberté d'association (article 84 al. 1), le droit pour les syndicats de "participer activement à la vie politique sociale économique et culturelle" (article 84 al. 2) et de représenter "les droits et les intérets des travailleurs" (article 85). Pour la première fois, le problème qui se posait au Tribunal comportait une dimension politique très importante. En effet, dans les deux cas les requêtes avaient été déposées par le syndicat de l'industrie navale "OKRETOWCY" (très proche du syndicat SOLIDARITE) et visaient une disposition récente du code du travail (introduite par le Parlement le 24 novembre 1986) qui prévoyait la suspension pour certaines périodes de l'activité syndicale. Dans ce cadre le Tribunal ne trancha le problème au fond mais en faisant application de l'article 20 alinéa 2 et 3 de la loi organisant son activité qui l'autorise à ne pas donner suite aux demandes si celles ci sont "évidemment mal fondées ou mal adressées"[3]. Pour justifier cette décision, le Tribunal a toutefois procédé à l'examen de l'argumentation juridique du Syndicat pour la réfuter. Cependant, il est important de noter que si dans la décision rendue le 14 décembre 1987, le Tribunal constitutionnel a confirmé son interprétation première, il a indiqué que dans le cadre de ses pouvoirs de "signalisation"il avait fait parvenir à la Diète un certain nombre de remarques critiques vis à vis de l'article 241 du code du travail. Ces remarques, annexées à la décision du 14 décembre, outre des précisions sur la définition exacte des périodes justifiant une suspension des Droits syndicaux, portent sur une demande du Tribunal à la Diète afin qu'elle précise par une réforme législative le caractère très exceptionnel de ces suspensions.

789 En fait, cette volonté de ne pas renoncer à ce contrôle sur la loi au travers des Droits fondamentaux devait se manifester également par un autre type de décision où le Tribunal constitutionnel n'ayant pas à statuer directement sur la loi étendait la portée de sa décision à tous les actes juridiques (loi comme règlements du Conseil des ministres). Cette pratique de la technique de
l'"Obiter discum" est intervenue dans la décision précitée du 3 mars 1987[1] relative aux quotas masculin et féminin dans les concours d'entrée dans les facultés de médecine. Dans cette décision, le Tribunal a développé une argumentation intéressante car non seulement il affirme la supériorité du principe d'égalité dans le cadre de l'action administrative, mais il sous-entend que ce principe pourrait s'imposer au législateur lui-même.

790 Ainsi apparaît le second intérêt de cette décision. En effet, le Tribunal montre que sa jurisprudence en l'espèce n'est pas limitée aux actes du seul gouvernement polonais. Non seulement dans la formulation de la décision et de ses motifs, le Tribunal prend soin de ne pas justifier l'annulation des dispositions des arrêtés ministériels exclusivement sur la base de l'absence d'habilitation législative mais en s'appuyant sur la Constitution, mais encore il étend cette solution à l'ensemble des actes juridiques polonais:

"Le principe constitutionnel d'égalité des citoyens, tel qu'il est rédigé à l'article 67 alinéa 2, impose entre autre l'interdiction de rendre des lois et d'autres actes réglementaires pour fonder une situation privilégiée ou justifier la discrimination des citoyens basées sur le sexe, la nationalité." [2]

791 Toutefois, la décision la plus importante dans ce domaine est sans nul doute la décision du 30 novembre 1988 (K1/88)[3]. En effet pour la première fois, le Tribunal constitutionnel a jugé certaines dispositions législatives non-conformes aux articles 5 point 5[4], 8 alinéa 1 [5], 67 alinéa 2[6] et 70 [7] alinéas 1 et 2 de la Constitution.

Ces "demandes", au delà de leur absence de toute force obligatoire, sont très révélatrices de l'attitude du Tribunal dans cette période, démontrant un pragmatisme visant à éviter toute confrontation politique (surtout dans un tel domaine!) avec le Parlement sans pour autant renoncer à exercer tout contrôle sur la loi.

1 - Publié dans le recueil des décisions du Tribunal Constitutionnel ORZENCZNICTWO TRYBUNALU KONSTYTUCYJNEGO 1987 page 20 - P.P.N. "RZECZPOSPOLITA" WARSZAWA 1988. Des extraits de cet arrêt ont été publiés en français dans l'Annuaire Européen de Justice Constitutionnelle de 1987 dans le cadre de la chronique du Professeur L. GARLICKI, pages 715 - 727.

2 - Décision du 3 mars 1987 - Recueil des décisions 1987-Ibid, page 30 (souligné par nous).

3 - Ces deux décisions étant publiées dans le journal DIARIUSZ SEJMONY: décision du 9 mars 1988 - DS 7/1988; décision du 30 novembre 1988 - DS 1/1989.

4 - Principe de justice sociale

5 - Article 8 alinéa 1 de la Constitution : les lois de la R.P.P. traduisent les intérêts et la volonté du Peuple travailleur.

6 - Principe d'égalité

7 - Article 70 : 1/ Les citoyens de la R.P.P. ont droit à la protection de la santé et à l'assistance en cas de maladie ou d'incapacité de travail; 2/ La réalisation de ce droit est assurée par: 1. Le développement de l'assurance sociale en cas de maladie de vieillesse ou d'incapacité de travail, ainsi que par l'extension de certaines assurances sociales".

Dans cette affaire, le Tribunal fut saisi d'une requête émanant de la Fédération des syndicats des travailleurs de la Radio et de la Télévision polonaise contre l'article 33 de la loi du 14 décembre 1982 concernant les règles relatives à l'obtention d'une pension d'invalidité. Cette loi de 1982 avait notamment fait passer la durée minimum de travail pour obtenir une telle pension de 5 à 10 ans. Pour le Tribunal, cette disposition n'était ni conforme à l'article 70 de la Constitution qui prévoit notamment "le développement de l'assurance sociale" (et non au contraire comme le faisait la loi la réduction du nombre de citoyens pouvant en bénéficier), ni au principe de justice sociale puisque les personnes directement lésées par cette mesure seraient dans une situation délicate: incapables physiquement de travailler, elles ne pourraient du fait de l'application de la loi du 14 décembre 1982 bénéficier d'aucun revenu. De même, les dispositions incriminées furent déclarées non conformes au principe d'égalité entre les hommes et les femmes (la période de 10 ans exigée ne tenait pas compte du temps passé à l'éducation des enfants) et au principe de non rétroactivité des lois (déduit des dispositions de l'article 8 de la Constitution qui prévoit que "les lois de la R.P.P. traduisent les intérêts et la volonté du Peuple travailleur")[1].
Ainsi, pour la première fois en POLOGNE une loi, expression juridique suprême de la volonté du détenteurs du Pouvoir dans l'Etat, est remise en cause au nom du non respect des dispositions constitutionnelles relatives aux droits des citoyens. Cette décision symbolise l'importance de la jurisprudence du Tribunal constitutionnel polonais entre 1986 et 1989.

C) La construction d'un nouvel Etat.

792 La participation des cours constitutionnelles au processus de transition va également s'exprimer par l'énoncé de règles organisant le nouvel Etat. Par les décisions qu 'il va rendre , le juge va poser un certain nombre de principes qui seront autant de fondations sur lesquelles va se bâtir le système constitutionnel démocratique. Dans ce cadre une double démarche va être entreprise: certains éléments plus ou moins obscur contenus dans les nouveaux textes constitutionnels vont être éclaircis mais aussi - et surtout - des notions capitales telles que la souveraineté ou la séparation des pouvoirs vont faire l'objet d'une application concrète.

1) L'interprétation de la Constitution démocratique

793 Une des premières missions des cours constitutionnelles dans les nouvelles démocraties d'Europe centrale et orientale va être de préciser le contenu des nouvelles constitutions et de fixer les règles de fonctionnement de ces nouveaux régimes. Ainsi, de nombreuses dispositions constitutionnelles vont faire l'objet d'une interprétation de la part des cours. Dans ce cadre le juge va donc tout à la fois pallier aux imprécisions de certains textes parfois rapidement adoptés mais aussi dans une jurisprudence ferme va rappeler à tous les acteurs du jeu politiques les nouvelles règles du jeu et le principe de la supériorité du Droit écrit sur la décision politique.

---

1 - La loi de 1982 (qui entrait en application le 1er janvier 1983) prévoyait que si une demande déposée avant cette date n'était examinée par l'administration qu'aprés le 1er janvier 1983 il serait alors fait application de la nouvelle loi.

794 Un des domaines privilégié de cette jurisprudence concerne les relations entre les institutions et notamment le rôle et la place de l'institution du chef de l'Etat.

795 Ainsi, en Hongrie un certain nombre d'affaires ont portés sur ce problème, alors que pourtant le Président Hongrois est à l'évidence un des présidents les plus faibles de toute l'Europe de l'Est. C'est en 1991 que la question sur l'étendue des compétences présidentielles allait pour la première fois se poser. A cette date , et devant l'extension de la Guerre en Ex-Yougoslavie, les pouvoirs du Président en matière de défense devaient faire l'objet d'un vif débat qui fut tranché par la cour constitutionnelle. Dans la décision 48/1991 la cour allait faire de l'article 2ç de la constitution une interprétation audacieuse. Celle ci tout en limitant, en l'espèce, les pouvoirs du Président, devait lui réserver un rôle relativement important dont le principe même devait faire l'objet d'une contestation au sein de la juridiction constitutionnelle.

796 Selon l'article 29 de la constitution " le président est le commandant en chef des forces armées ". L'étendue de ce pouvoir n'est pas facile à déterminer car l'article 30 de ce texte , qui dresse la liste des pouvoirs du président , n'accorde aucune spécificité particulière au domaine militaire. Pour la cour constitutionnelle ces pouvoirs sont finalement très limités : le président n'a pas le pouvoir de commander les troupes de Hongrie, il ne peut que superviser leurs actions et jouer le rôle d'un contre pouvoir [1]. Ce résultat , bien que semble t'il conforme à la conception dominante du rôle du chef de l'Etat en Hongrie, a été acquit par le biais d'un raisonnement qui paradoxalement constitue une certaine extension des pouvoirs du Président. En Effet, selon la Cour constitutionnelle, ces pouvoirs se divisent en deux catégories. Il y a tout d'abord les pouvoirs exercés exclusivement avec le contreseing du gouvernement et ensuite ceux émanant de la propre initiative du Président[2]. L 'ensemble de ces pouvoirs étant directement définis dans le texte constitutionnel.

797 Mais, à coté de ce premier ensemble, le président dispose d'une série de pouvoirs, explicites et implicites " de réserve ", dont il peut faire usage de manière indépendante, quand de sérieux problèmes se produisent dans le fonctionnement démocratique de l'Etat. Parmi ces pouvoirs on relève selon l'analyse de la Cour, le droit de dissoudre le Parlement si celui ci exprime un vote de défiance vis à vis du gouvernement, le droit de convoquer le parlement face à une situation d'urgence nationale, la possibilité de refuser la nomination d'un ministre ou d'un haut fonctionnaire malgré la proposition faite par le premier ministre soit pour des motifs légaux soit que cette nomination puisse mettre en péril le " fonctionnement démocratique de l'organisation Etatique "[3]. Ce dernier point doit être d'autant plus souligné que ce pouvoir de rejet, surtout justifié par cette considération de protection

---

1 - Décision 48/1991. On pourra se referer à l'analyse de cette décision faite par Spencer Zifcak. "Hungary's remarkable radical,constutional court" in Journal of Constitutional Law in Eastern and central Europe Volume 3, Number 1 Pages 33 et s.

2 - Dans cette seconde catégorie on trouve notamment le Droit de véto (seconde lecture) du président face aux lois adoptées par le Parlement et la saisie de la cour constitutionnelle (Les pouvoirs dispensés de contre seing sont déterminés par l'article 30 alinéa 2 de la Constitution.

3 - Spencer Zifcak. "Hungary's remarkable radical,constutional court" in Journal of Constitutional Law in Eastern and central Europe Volume 3, Number 1 Page 30

de la Démocratie, ne se trouve pas inscrit explicitement dans le texte constitutionnel [1]. Cette extension des pouvoirs du président a fait l'objet d'une certaine controverse d'autant plus qu'elle ne semble pas en accord avec la volonté de créer une présidence relativement effacée , volonté qui avait prévalue en Hongrie lors de l'adoption des reformes constitutionnelles en 1989. Pour justifier cette vision la cour va développer une argumentation en trois temps :

798 D'abord le Président se trouve investi par la Constitution du rôle de gardien de la Démocratie. Ceci découle de l'article 29 (alinéa 1) : " Le chef de l'Etat de la Hongrie est le Président de la République, qui symbolise l'unité de la nation et veille au fonctionnement démocratique des organes d'Etat ".
Ensuite ce rôle de gardien de la Démocratie est assorti d'une responsabilité juridique spécifique , distincte de la responsabilité politique du gouvernement alors même qu'il est lui aussi élu par le parlement. Il ressort de ce régime de responsabilité que le Président " n'est pas une partie, mais bien un contre poids vis à vis de l'exercice du pouvoir exécutif ".
Enfin, selon la cour, la Constitution fixe précisément la liste des circonstances exceptionnelles dans les quelles une intervention du Président est nécessaire pour préserver le fonctionnement de l'Etat démocratique.
Pour la cour il ressort des ces éléments que le président doit pouvoir user d'un pouvoir global de contrôle vis à vis du caractère démocratique du fonctionnement de l'exécutif : " Cela signifie que le refus de la nomination pourra être fondé sur de très sérieuses objections quand pour sauvegarder le fonctionnement démocratique de l'Etat, le président doit stopper cette procédure. Le rejet constitutionnel de la nomination devra être basé sur des motifs sérieux , similaires à ceux qui peuvent entraîner la réunion extraordinaire ou la dissolution du Parlement ".

799 Cette-position audacieuse de la Cour constitutionnelle devait provoquer un débat au sein même de cette juridiction. En effet dans une opinion dissidente une minorité de juges devait contester la décision rendue. Pour ces juges , il n'y a pas dans le texte constitutionnel adopté en 1989 d'éléments qui permettent de trancher quant à l'étendue des pouvoirs du Président en ce qui concerne son pouvoir de nomination des ministres. Devant cette lacune du texte il doit revenir au Parlement , et non à la Cour constitutionnelle, de préciser la portée des dispositions constitutionnelles. " La détermination des bases légales du pouvoir présidentiel pour rejeter une nomination relève de la compétence parlementaire et sont en dehors de la compétence de la Cour ". Pour la minorité la faiblesse de l'argumentation de la Cour réside dans le fait qu'elle repose sur un choix " politique [2]" entre plusieurs interprétations possibles de la Constitution. Un tel choix relève exclusivement d'un organe politique comme le Parlement.

---

1 - Selon l'article 33 de la Constitution : " Les ministres sont nommés et relevés de leurs fonctions par le Président de la République sur proposition du Premier Ministre "

2 - Parmi les arguments développés par la minorité il y avait notament l'idée que pouvoir rejetter une nomination portait atteint au rôle de gardien de l'Unité nationale attribué constitutionnellement au Président de la République.

800 En 1992, cette jurisprudence devait recevoir un certain nombre d'applications certaines procédurales mais aussi plus " politiques "
Dés le mois de janvier le Premier ministre avait saisi la Cour pour savoir si, dans le cadre de ce pouvoir de nomination, le président de la République était tenu de répondre dans un délai limité et si son silence pouvait être interprété comme un refus de nommer. Pour la cour (Arrêt 8/1992) le président ne peut être considérer comme obligé par un délai que dans les cas ou la constitution l'a prévu explicitement. Sinon le président doit décider dans " délai raisonnable " conciliant son devoir de réponse avec l'attention qu'il doit porter à ces problèmes. Si le président , intentionnellement, devait ne pas respecter cette obligation sa responsabilité juridique pourrait être engagée.

801 La polémique autour des pouvoirs de nomination du Président devait toutefois rebondir à l'occasion de la tentative du premier ministre Joszef Antall de nommer un certain nombre de ses amis politiques à la tête de la Radio-télévision d'Etat et de " démissionner " les anciens dirigeant jugés coupable d'avoir trop critiqué l'action du Gouvernement. Face à la polémique, le Président Goncz avait refusé d'approuver les décisions du premier ministre et la Cour constitutionnelle fut saisi pour trancher ce litige.
Dans sa requête le premier ministre soulevait un certain nombre de questions portant sur le contenu exacte de protection du fonctionnement démocratique de l'Etat autorisant selon la cour constitutionnelle le Président à refuser de suivre une proposition faite par le premier ministre ?Selon l'argumentation qui était développée une violation alléguée des Droits individuels ne saurait être assimilée au concept de " fonctionnement démocratique de l'Etat " qui serait seulement constituer par une remise en cause du fonctionnement des pouvoirs dans l'Etat. Le Président de la République devait développer une argumentation très différente, l'atteinte aux libertés publiques justifiant pleinement l'utilisation du concept de " fonctionnement démocratique de l'Etat "[1].
802 La encore il revenait à la Cour constitutionnelle de trancher un litige qui était à l'origine d'une polémique très intense dépassant largement le simple domaine du Droit constitutionnel. Dans sa décision 36/1992 la cour allait reprendre le même raisonnement que celui suivi en 1991. Pour elle, la capacité de décider pour le Président repose sur la volonté de protéger la démocratie.
Cette protection peut intervenir dans des situations explicitement définies dans le texte constitutionnel ou déduites de ce texte par analogies avec les premières. Pour cela l'intervention présidentielle doit être justifiée par une situation satisfaisant à deux critères : être une menace sérieuse et objective contre la démocratie et ne pouvoir être jugulé que par la présidence et non par un autre corps d'Etat. En ce qui concerne les nominations, et en prenant bien garde de rester dans le cadre d'une interprétation abstraite de la constitution sans intervenir dans le problème concret de

1 - " Une nomination, ou une série de nominations, de directeurs de la Radio-télévision d'Etat qui ne recevrait pas l'accord de plusieurs partis politiques serait une sérieuse atteinte à la liberté de la Presse. ce qui constiturait une sérieuse remise en cause du fonctionnement démocratique et constitutionnel de la Nation " Spencer Zifcak. "Hungary's remarkable radical,constutional court" in Journal of Constitutional Law in Eastern and central Europe Volume 3, Number 1 Page 35.

ces nominations [1], la cour constitutionnelle a estimé que le Président pouvait s'opposer à celle qu'il considérerait comme pouvant empêcher l'organe concerné par celle-ci de remplir ses obligations constitutionnelles et législatives les plus fondamentales. Pour ce qui concerne le problème des Droits de l'Homme, leur protection fait partie, aux termes de l'article 8 [2]de la constitution, des devoirs de chaque institution et le manquement à cette obligation constitue un manquement aux " obligations fondamentales " d'une institution de nature à justifier l'intervention présidentielle dans le cadre de son devoir de protection du fonctionnement de l'Etat. Cette interprétation de la Constitution, qui tout en confirmant la jurisprudence antérieure de la cour marque une volonté d'encadrer très strictement les compétences présidentielles, a générée une opinion dissidente de la part de trois juges. Celle ci , tout comme dans la première affaire de 1991 a contesté la décision rendue au nom de son caractère politique et du risque de gouvernement des juges qu'elle induisait.

803 Le rôle et la position du Président de la République dans l'ensemble institutionnel devait également donner lieu à une polémique en Roumanie. Dans une intervention publique le Président Illescu avait déclaré que la justice Roumaine " fonctionnait en dehors de la légalité ". Face à cette attitude , une partie des députés , sur la base des articles 95 et 144 de la constitution avait saisi la Cour constitutionnelle pour qu'elle se prononce sur la destitution du Président. La cour constitutionnelle devait rejeter cette demande estimant qu'il s'agissait de déclarations politiques autorisées par la liberté et l'indépendance d'opinion qui bénéficie tout autant au Président qu'à n'importe quel citoyen.

2) La définition des fondements du nouvel Etat.

804 Dans ce domaine, les juridictions constitutionnelles ont joués un rôle très important puisqu'un certain nombre de concepts fondateurs de l'Etat démocratiques qui se trouvaient contenus dans les constitutions sous la forme d'affirmations théoriques ont fait l'objet d'une application concrète qui leur a donné tout à la fois effectivité et contenu.
Parmi ces concepts la séparation des pouvoirs est certainement un des plus important. Symbole le plus accompli des mutations politiques intervenues en 1989, il est également celui ou l'inexpérience des Etats d'Europe centrale est la plus flagrante.

---

[1] - On pourra se reporter à l'analyse de Peter Paczolay , Annaire International de Justice Constitutionnelle VIII 1992, page 567 et 568 : " La couc constitutionnelle a souligné dans l'exposé des motifs de cet arrêt que l'interpretation abstraite ne pourrait pas être considérée comme une prise de position relative au problème concret, à l'origine de la requête? C'est pourquoi les questions posées par le Premier ministre qui étaient directement liées à l'affaire concrète, ont été rejetées ".

[2] - "La République de Hongrie reconnait les Droits Fondamentaux, inviolables et inaliénables de l'Homme; leur respect et leur protection sont une obligation primordiale de l'Etat".

a) La Séparation des Pouvoirs

805 Le concept de séparation des pouvoirs a été très souvent évoqué dans la jurisprudence de la Cour constitutionnelle de Roumanie[1]. Pour le Professeur Déléanu le juge a eu à trancher deux catégories de conflits ceux opposant le Parlement d'une part au pouvoir judiciaire et d'autre part à l'exécutif. Ainsi, la Cour constitutionnelle va rendre toue un série d' arrêts en 1994 et 1995 [2] qui va préciser les limites du pouvoir parlementaire au regard des compétences juridictionnelles. " Une interférence de la part du pouvoir législatif qui a pour conséquence d'empêcher l'autorité judiciaire de fonctionner , même pour un temps et pour des domaines limités a pour conséquence de remettre en cause l'équilibre entre ces autorités ". Dans une de ces affaires le parlement Roumain avait voté une loi [3] dont l'article 5 mettait en place deux voies de recours distinctes des jugements rendus par les tribunaux roumains. La Cour constitutionnelle a estimé non conforme à la constitution et au principe de la séparation des pouvoirs que cette loi puisse s'appliquer aux jugements déjà définitifs. Dans une affaire postérieure et relativement similaire le juge devait réaffirmer sa position et poser comme principe que " Une disposition légale par laquelle le déroulement ou la décision d'une juridiction étaient suspendu était inconstitutionnelle ".

806 Il faut relever , enfin, que la cour pour limiter l'intervention du Parlement exerce également son contrôle sur des violations inverses du principe de séparation. Ainsi, dans sa décision du 2 février 1993 la cour constitutionnelle a t'elle estimé que la fixation du montant des indemnisations pour les personnes ayant subis des dommages durant la dictature de Ceaucescu ne pouvait relever que de la loi et non de décisions de justice. Pour la cour " aucune juridiction ne peut se substituer au législateur " sinon c'est le principe même de séparation des pouvoirs qui se trouverait remis en cause et il faudrait " transférer la responsabilité politique du parlement , en tant que représentant du peuple et seule autorité législative, vers les juridictions [4]".

Enfin, la cour constitutionnelle en Roumanie a eut également à arbitrer des conflits mêlant l'exécutif et donc là encore à préciser le contenu du principes de la séparation des pouvoirs[5].

807 Une telle jurisprudence peut se retrouver dans d'autres Etats. En Hongrie la Cour constitutionnelle a eut à trancher des litiges opposant les pouvoirs exécutif et judiciaire. Dans une première décision ,intervenue en 1991, la Cour devait statuer sur la loi sur l'organisation judiciaire qui prévoyait notamment que le Ministre de la Justice pouvait intervenir dans la gestion administrative de la Cour suprême et était

---

[1] - Dans ce cadre on pourra se réferer notamment à l'article du Professeur Ioan Déléanu " Séparation of Powers - constitutional Regulation and practice of the constitutional Court " in Journal of Constitutional Law in Eastern and central Europe Volume 3, Number 1 Pages 56 à 73 .

[2] - Décisions du 7 mars 1994,du 23 novembre 1994 et du 15 février 1995

[3] - Loi 59/1993.

[4] - Décision du 2 février 1993

[5] - On pourra se reporter à un certain nombre de décisions rendues entre 1992 et 1994 (décision du 16 juillet 1994 et du 14 juillet 1992). Sur ces décisions voir notamment l'analyse du professeur Déléanu " Séparation of Powers - constitutional Regulation and practice of the constitutional Court " in Journal of Constitutional Law in Eastern and central Europe Volume 3, Number 1 Pages 66 et 67.

responsable de l'adoption de son budget. Pour un certain nombre d'observateurs ces dispositions étaient contraire à la séparation des pouvoirs et au principe d'indépendance des juges. La cour constitutionnelle allait répondre par la négative [1] car selon la cour le ministre ne disposait d'aucune potentialité d'intervention directe dans la procédure judiciaire et ses attributions administratives n'étaient que de faible importance. Cette argumentation fut toutefois contestée par une minorité de juges qui estimaient que le pouvoir notamment budgétaire du ministre pouvait constituer une menace potentielle contre l'indépendance de la cour.

808 Une seconde affaire devait relancer ce débat et déboucher sur une décision plus importante. La loi sur l'organisation judiciaire prévoyait également que le ministre était compétent pour nommer les présidents et les vice-présidents des cours de seconde instance. Ce choix s'établissait à partir d'une liste de noms proposé par le conseil Judiciaire. A de nombreuses reprises le conseil judiciaire, outre une liste de noms adressait au ministre un certain nombre de recommandations lui indiquant les noms des personnes qui lui semblait, parmi ceux qui figuraient sur la liste, devoir être prioritairement recrutés. Le plus souvent le ministre ne tenait pas compte de ces recommandations. Cette pratique entraînant la " consternation de la communauté juridique [2]" en Hongrie, la cour constitutionnelle fut saisi à la fois quant à la constitutionnalité de cette procédure de recrutement et également sur l'étendue de la potentialité de choix du ministre.

La cour devait dans un premier temps[3] estimer que la procédure de recrutement des juges, telle qu'elle était envisagée dans la loi était conforme aux principes de la séparation des pouvoirs. Cette décision reposait notamment sur une comparaison faite par la Cour avec les procédures en vigueur à l'étranger dans les démocraties occidentales.

809 En revanche la réponse à la seconde question fut plus défavorable au gouvernement: la cour considéra que le ministre devait respecter le choix et les recommandations qui lui étaient faite par le conseil judiciaire et en tout état de cause ne nommer que les juges ayant au moins reçu le soutien de la majorité des membres du conseil. Là encore , une minorité de juges devaient ne pas être d'accord avec la décision et produire une opinion dissidente. Pour ces juges le principe de séparation des pouvoirs (et celui de l'indépendance des juges) ne devait pas faire l'objet de compromis. Devant le rôle considérable que peuvent jouer les juges concernés part cette procédure de nomination, le gouvernement ne devait intervenir à aucun moment dans la procédure.

810 Cette décision fut confirmée en 1994 [4], à l'occasion d'un litige portant sur la possibilité pour le Ministre de la Justice de décerner des distinctions honorifiques et des décorations à certains magistrats. Pour la cour constitutionnelle, l'activité juridictionnelle doit s'exercer sans aucune intervention extérieure de nature à remettre en cause de quelque nature que ce soit l'indépendance des magistrats. Ainsi, le décret autorisant le ministre à pouvoir " récompenser " certains juges fut déclaré non conforme à la constitution. Pour que les décorations et autres distinctions attribués

---

1 - Décision 53/1991

2 - Spencer Zifcak. "Hungary's remarkable radical,constutional court" in <u>Journal of Constitutional Law in Eastern and central Europe</u> Volume 3, Number 1 Page 41.

3 - Décision 38/1993.

4 - Décision 45/1994.

aux magistrats ne puissent pas être considérées comme attentatoire à leur indépendance (et donc à la séparation des pouvoirs[1]) il faut qu'un " corps quelconque de magistrats soit associés à cette procédure [2]". Enfin cette volonté de protéger le pouvoir judiciaire a été également consacrée par la décision 17/1994 concernant le contrôle exercé par le commissaire parlementaire aux droits des citoyens.

b) La Souveraineté

811 La notion de souveraineté et de l'identité de son (ou ses...) titulaires ont été quelquefois évoquées devant les juridictions constitutionnelles , leur permettant de participer à l'élaboration d'une notion fondamentales pour l'établissement d'un régime démocratique.
En Hongrie l'article 2 (alinéa 2) prévoyant que : " Dans la République de Hongrie, tout le pouvoir apparient au Peuple, qui exerce la souveraineté populaire par ses représentants élus , ainsi que directement " il a été mis en place une procédure référendaire permettant notamment la tenue de référendum à l'initiative de 100 000 citoyens. En 1993, la commission permanente du Parlement compétente pour les questions constitutionnelles fut saisie d'une telle demande. Le référendum " proposé " visait à provoquer une dissolution anticipée de l'Assemblée nationale. Dans ce cadre, la cour constitutionnelle fut saisie sur la constitutionnalité de cette procédure. Ce problème ponctuel était d'autant plus délicat à résoudre que la loi sur le référendum a été adopté avant la révision de la Constitution et n'avait pas fait l'objet d'une harmonisation ultérieure avant la décision de la Cour. Dans son arrêt 2/1993 [3] la cour constitutionnelle devait relever l'inconstitutionnalité de la demande de dissolution par voie référendaire et -surtout - préciser les limites de la démocratie directe.

812 · Pour la cour , il ressort de l'article 2 (al.2) que " l'exercice du pouvoir par le Parlement est considéré comme le principe général (...) la voie du référendum n'est qu 'exceptionnelle ". Cette affirmation de la primauté de la voie référendaire est d'autant plus importante qu 'elle permet à la cour de proclamer le caractère représentatif du régime mis en place en Hongrie en 1989 et fait disparaître l'ambiguïté qui pouvait à la fois résulter le l'article 2 de la Constitution et des dispositions de la loi XVII/ 1989 sur le Référendum qui prévoyait notamment que " toute question incombant aux attributions du Parlement pourra faire l'objet d'un référendum -saufs exceptions prévues par la loi ". La mise au point de la cour constitutionnelle est d'autant plus importante que cette loi de 1989 contenait un certain nombre de dispositions qui auraient pu laisser supposer que la procédure référendaire disposait d'une supériorité au regard de la procédure parlementaire. Ainsi, l'article 10 prévoyait que si plus de 1 00 000 citoyens consentent par leur signature à

---

1 - Il faut noter que là encore un certain nombre de juges, dont le président de la Cour constitutionnelle L.Solyom, ont émis une opinion dissidente pour relever que la séparation des pouvoirs et l'indépendence des juges devrait impliquer que ces derniers ne puissent pas recevoir une décoration, avec ou sans intervention d'autres magistrats.

2 - Voir Annuaire international de Justice constitutionnelle 1994, page 798. Sur une problématique comparable voir la Décision 17/1994.

3 - On pourra consulter le texte français de cette décision (traduction effectuée par Eva Horvath) dans l'Annuaire International de justice constitutionnelle IX, 1993 page 681 et s.

recourir au référendum, celui ci sera ordonné et " le Parlement sera lié par le résultat de la consultation référendaire " [1]. Ce choix va impliquer que dans le système politique hongrois, le référendum soit donc une procédure secondaire " visant à compléter, à influencer l'exercice de la représentation du pouvoir " [2] , la loi " parlementaire " bénéficiant ainsi d'une prééminence affirmée. Celle ci est consubstantielle du choix en faveur du régime représentatif exprimé dés les premières lignes de sa décision et justifié par des considérations d'opportunités historiques et politiques très intimement liées à la transition. Pour les juges le régime du mandat impératif n'a été introduit que par la constitution de 1949, " avant 1949, il y avait unanimement le régime représentatif en Hongrie ". Ainsi, même si " dans le cadre d'une structure unipartite la révocation n'avait guère d'importance pendant des décennies " , c'est bien le régime socialiste qui a introduit un mandat impératif, et c'est à ce titre que compte tenu du changement de régime que ce type de mandat - dans toute sa dimension - doit être rejeté[3]. La condamnation du mandat impératif est d'autant plus absolue qu'il est même considéré comme incompatible avec la situation hongroie actuelle : " Si l'institution de la révocation avait été maintenue, un flux continuel de révocations des députés serait déclenché (par des électeurs ou des partis politiques réagissant contre...) leurs députés en cas de décisions non populaires mais indispensables dans intérêt du pays adoptées par le Parlement ".

813 Dans ce cadre, la cour constitutionnelle va ensuite poser le principe que la loi référendaire , tout comme la loi parlementaire sont également soumises aux dispositions constitutionnelles. " L'exercice des droits résultant de la souveraineté du peuple, tant par le Parlement que par un référendum ne pourra avoir lieu que conformément aux dispositions la Constitution ". C'est la conséquence du principe de " complémentarité " de la voie référendaire, puisqu'elle n'est que secondaire elle ne peut disposer d'un statut dérogatoire et échapper aux rigueur du contrôle de constitutionnalité. Bien au contraire, en tant que loi " secondaire " elle fera l'objet d'un contrôle minutieux et rigoureux. Ainsi, dans cette décision la cour va faire une interprétation très stricte des dispositions constitutionnelles. L'initiative référendaire est déclarée non conforme à la constitution car selon l'article 28 il n'existe que deux moyens d'interruption du mandat des parlementaires et cette énumération doit être considérée comme exhaustive. Il ne saurait être question pour les juges constitutionnels d'accepter une autre voie de dissolution sans considérer que loi référendaire autorise des révisions constitutionnelles implicites. D'ailleurs accepter l'idée d'une dissolution référendaire constituerait également une remise en cause du caractère représentatif du régime par l'introduction d'un mandat impératif totalement incompatible avec le choix exprimés par les juges: " La substance du mandat représentatif est que la dépendance juridique entre le députés et ses électeurs cesse d'exister après les élections ".

---

[1] - A cette reserve que le référendum doit avoir lieu hors des domaines interdits par l'article 4 de la loi à savoir : le vote du budget,les décisions sur les nominations, l'éxécution des engagements internationaux.

[2] - Décision 2/1993, AIJC 1993, page 684.

[3] - La décision assimile totalement liberté et régime représentatif puisque les deux mots sont employés comme synonymes ! Voir AIJC 1993 page 686.

814 Enfin, l'examen de la constitutionnalité de la procédure référendaire fait apparaître pour la cour le besoin d'harmoniser les dispositions de la loi sur le référendum avec la Constitution et de ce fait ordonne que le Parlement adopte une loi (avant le 31 décembre 1993) pour faire disparaître ce " fait d'inconstitutionnalité ".

SECTION 2- Le Juge constitutionnel ... obstacle à la transition ?

815 Pour certains analystes, le rôle du Juge Constitutionnel dans la transition ne serait pas totalement positif et un ensemble de décisions pourrait faire de lui un véritable frein pour la conduite des réformes ? Une revue américaine ayant même titré ***" Constitutional Courts as obstacles to Welfare Reform ? "*** [1] ... Cette polémique , au delà de son contenu idéologique sur tels ou tels aspects du contenu des politiques économiques développées en Europe de l'Est est particulièrement éclairantes des difficultés rencontrées par les cours constitutionnelles dans cette phase de transition.

Paragraphe 1 : Les décisions contestées.

816 Plusieurs décisions rendues par des juridictions constitutionnelles ont fait l'objet d'une très vive contestation

A) La décision du tribunal constitutionnel polonais du 11 février 1992.

817 Une de ces décisions litigieuses est intervenue en Pologne. Jusqu'en 1989 le tribunal constitutionnel avait toujours réussi à éviter les affaires politiquement trop sensibles et ainsi à ne pas se trouver trop directement associé au conflit politique. Après 1989 compte tenu du changement progressif de régime, de la transition politique et économique, sa jurisprudence allait s'accroître et un certain nombre d'affaires intervenir directement dans des débats engagés entre l'opposition et la nouvelle majorité libérale d'ou une politisation de sa jurisprudence. Très rapidement l'hostilité constatée entre le pouvoir politique et le tribunal constitutionnel qui était intervenue avant 1989 va se trouver exacerbée.
Le Parlement en 1991, sous la pression du Gouvernement pour diminuer le déficit budgétaire, a voté une loi changeant la procédure de calcul des retraites et conduisant à une très forte réduction de ces prestations.
818 Le médiateur va saisir la Cour Constitutionnelle évoquant notamment l'idée d'une violation, par cette loi, du principe d'égalité. La Cour au début de l'année 1992 (décision du 11 février) va déclarer la loi non conforme car les bases démocratiques de l'Etat de Droit impliquent que la possibilité de réduire les avantages soit très limitée, et ce "sans considération de la situation de la situation financière de l'Etat". Comme le relève le juge L. Garlicki, les dispositions de cette loi étaient contraires au

[1] - East Européan Constitutional Review, Volume 5 Number 1 (Winter 1996)

principe de l'Etat de droit (article 1) au principe d'égalité (article 67 alinéa 2) et à la protection des prestations sociales (article 70 de la constitution).

819 Cette décision qui venait heurter de plein fouet la politique économique du gouvernement libéral va susciter un très vif débat et une réaction indignée de l'équipe ministérielle à l'origine de la loi. Pour le Premier Ministre Jan OLCHEWSKI: “ la décision du Tribunal Constitutionnel Polonais va ruiner l'Etat ”. Ce type de propos vont être également repris par le ministre des finances Andrzej OLECHOWSKI : “ Soutenir le Tribunal Constitutionnel, c'est introduire une catastrophe dans les Finances Publiques, stopper les réformes, aggraver la récession et réduire les efforts faits pour restaurer la crédibilité de la Pologne à l'étranger ”. Le Gouvernement suite à cette polémique a fait pression sur les députés. En effet , la loi relative au tribunal constitutionnel (élaborée à l'époque socialiste) prévoit deux possibilités de contestation d'une décision rendue par le Tribunal.

820 Par l'article 27 de la loi du 29 avril 1985 est tout d'abord organisée une première procédure de contestation de la décision du Tribunal constitutionnel. En effet, si le Tribunal a rendu une décision constatant la non-conformité d'un acte émanant d'un organe supérieur ou central de l'administration d'Etat, le Conseil des Ministres peut "dans un délai d'un mois à compter de la notification de l'arrêt, adresser une requête pour un nouvel examen de l'affaire"[1]. Ce deuxième examen de l'affaire est réalisé par le Tribunal statuant au complet et ne peut par contre plus faire l'objet de contestation. Cette procédure de confrontation directe entre le Tribunal et le Gouvernement n'a pas été beaucoup appliquée.
Toutefois, d'une manière symbolique, le Gouvernement polonais lors de la première décision du Tribunal constitutionnel utilisa l'article 27 alinéa 2. Le Tribunal constitutionnel déclara un règlement du Conseil des Ministres (modifiant la réglementation en matière de taxe versée par des particuliers ayant acheté des appartements dans des locaux appartenant à l'Etat[2]) non conforme à la loi et à l'article 67 alinéa 2 de la Constitution. Ce verdict a été vivement contesté par le Conseil des Ministres polonais, peu habitué à ce genre de censure. Un second examen fût demandé sur la base de l'article 27 alinéa 2 de la Constitution. Le Tribunal statuant au complet, par sa décision du 5 novembre 1986 (U/5/86), confirma la première solution[3].
Toutefois, ce premier type de confrontation n'a pas été réutilisé par la suite. Malgré des oppositions parfois vives lors de certaines affaires entre le Tribunal et le représentant du Gouvernement[4], ce dernier a adopté une nouvelle stratégie: il s'est appuyé sur l'article 4 alinéa 2 de la loi du 29 avril 1985.

821 A coté de cette première procédure la loi de 1985 a également mis en place un second mécanisme de contestation. Les effets des arrêts sur la constitutionnalité des lois sont prévus par l'article 6 de la loi du 29 avril 1985. Si l'arrêt du Tribunal constitutionnel déclare que l'acte législatif qu'il a eu à examiner est non conforme à

---

1 - Article 27 alinéa 2 de la loi du 29 avril 1985.

2 - Décision du 28 mai 1986 (V1/86).

3 - Le gouvernement ne s'est pas cependant avoué vaincu et a fait voter par la Diète lors de la session parlementaire suivant la seconde décision du Tribunal une loi allant dans le sens de son règlement.

4 - qui se sont parfois traduit par l'introduction, lors de l'audience devant le Tribunal, d'une argumentation gouvernementale nouvelle et totalement différente de celle avancée lors de l'instruction.

la Constitution, le Président du Tribunal doit le soumettre au Parlement polonais. Celui-ci procède à une analyse de l'arrêt pendant la législature en cours ou la suivante. Le Parlement, par un vote à la majorité des deux tiers, peut alors rejeter l'arrêt. Dans ce cas, l'affaire ne pourra plus faire l'objet d'une nouvelle procédure devant le Tribunal. Par contre, si le Parlement ne rejette pas l'arrêt, il devra procéder à l'abrogation ou à la modification de l'acte législatif.

822 Dans cette situation, le Tribunal ne produit donc que des arrêts "indicatifs": la décision appartient souverainement au Parlement. Selon l'expression utilisée par A. GWIZDZ [1], ces arrêts constituent une "sorte de signal, d'avertissement sur lesquels la Diète doit prendre position, mais qu'elle peut aussi repousser"[2]. Le Tribunal est donc envisagé comme un assistant du Parlement. Pour W. ZAKREWSKI, député et président de la Commission des travaux législatifs de la Diète à cette époque [3], le Tribunal est "sans doute un organe en dehors du Parlement (...) mais en réalité, il assiste le Parlement ".
Conformément à la loi de 1985, - et profitant de la réglementation héritée de l'Etat socialiste... - la nouvelle majorité libérale a décidée de renvoyer devant les parlementaires la décision du tribunal constitutionnel au motif notamment de sa non-conformité à la transition économique.
Le 6 mai 1992 la Diète, avec une majorité très faible, va soutenir la décision du Tribunal Constitutionnel.

B) La décision de la Cour constitutionnelle de Hongrie sur les lois de stabilisation économique

823 Une affaire assez comparable a eut lieu quelques années plus tard en Hongrie. En 1995, le parlement Hongrois a adopté un plan d'austérité baptisé " Lois de stabilisation économique ". Ces mesures concernaient plusieurs domaines et ont modifiés de manière marginale ou fondamentale un grand nombre de lois antérieures. Ces lois , qui ont provoquées un vif débat en Hongrie ont été déférées à la Cour constitutionnelle qui a très rapidement (le 30 juin 1995 alors que la loi a été promulguée le 15 juin..) rendues Cinq décisions, adoptées à l'unanimité. Si la première décision rendue ne remettait pas en cause le contenu de la loi de stabilisation économique [4] , les décisions suivantes devaient déclarer ce texte non conforme à la constitution.
Ainsi selon la décision 43/1995, le fait que la loi (qui devait entrer en vigueur le premier juillet 1995 alors qu'elle avait été adoptée le 15 juin) réduise de manière très importante le volume des allocations sociales (aide aux familles ayant des enfants à

---

1 - A. GWIZDZ : le contrôle de la constitutionnalité du Droit : modèle polonais. DROIT POLONAIS CONTEMPORAIN - 1986 - n° 1/2 page 12.

2 - Cette solution a fait l'objet d'un débat très important lors du processus d'élaboration de la loi sur le Tribunal constitutionnel. Certains juristes étaient alors favorables à doter le futur tribunal d'un pouvoir supérieur. Mais l'opinion qui a dominé était fondée sur le principe que le Parlement, émanation de la société, ne pouvait être dominé par un organe non élu et qu'il lui appartenait donc en dernier recours de décider de la constitutionnalité de ses décisions.

3 - Discours prononcé à la Diète le 29 avril 1985.

4 - Décision 42/1995.

charge) sans laisser aux familles un délai " raisonnable " pour pouvoir faire face aux changements intervenus était inconstitutionnelle. Pour la cour constitutionnelle au nom du concept de sécurité juridique il ne pouvait être question que les prestations antérieures ne continuent pas de s'appliquer aux enfants déjà nés ou à naître dans le délai de trois cent jours parés la date d'adoption de la loi.

824 Un raisonnement analogue a été repris dans les décisions ultérieures concernant le problème du transfert d'une partie des charges relatives à la protection sociale vers les assurés et les employeurs. Cette argumentation basée sur le rythme des modifications intervenues et qui laissaient de coté le problème de la constitutionnalité " au fond " des mesures adoptées a été dépassé par une seconde série de décisions rendues par la Cour constitutionnelle en septembre 1995.

825 Dans le cadre de cette loi de stabilisation économique elle a adoptée six nouvelles décisions, qui ont le plus souvent confirmé la non conformité à la constitution de cette loi. Comme on pu le relever la plus part des analystes la décision la plus spectaculaire fut celle par laquelle (Décision 55/1995) la cour constitutionnelle a estimé que l'Etat ne pouvait se retirer du domaine de l'assurance maladie au point de vider de son contenu cette institution. Pour la Cour " la Sécurité juridique constitue un élément fondateur et fondamental de l'Etat de Droit ".
Cette décision a fait l'objet d'un très grand nombre de critiques accusant la cour constitutionnelle de " tuer les reformes économiques "[1]. Pour la revue américaine East Européan Constitutional Review " ***La cour constitutionnelle de Hongrie, dans ces dernières décisions, a déclaré que sa mission était de restaurer l'Etat de Droit. Ironiquement elle vient de mettre en avant un concept de " justice matérielle ", le pire ennemi de la rationalité formelle de l'Etat de droit. La justice matérielle va miner l'économie de marché et limiter la liberté des contrats. Dans cette affaire les effets " anti-marché " de cette " justice matérielle " sont exacerbés du fait de l'existence d'un état social hérité de l'ancien système. La justice matérielle en Hongrie remet en cause le financement des activités de l'Etat et même la stabilité macro-économique elle même ".***
Pour d'autres observateurs la décision de la cour constitutionnelle va avoir des effets négatifs sur la mentalité des citoyens hongrois : " ***beaucoup de hongrois peuvent croire que l'Etat va s'occuper d'eux sans contrepartie, comme c'était le cas sous l'Etat socialiste*** " , la cour constitutionnelle aurait défendu des aspirations populistes.

---

1 - A titre d'illustration, on pourra se reporter à l'article d'Andras SAJO " How the rule of Law Killed Hungarian Welfare Reform " sous titré " Welfare rights + Constitutional court = state socialism redivivus"
in East Européan Constitutionnal rev iew, Volume 5, Number 1 (Winter 1996) publié par l'Université de Chicago (faculté de Droit) .
Pour une analyse en français de cette décision voir Péter PACZOLAY : Hongrie (Chronique pour l'Annuaire international de justice constitutionnelle) , A.I.J.C. 1995 XI pages 794 à 815 .

Paragraphe 2 : La transition .. contre les Cours constitutionnelles ?

826 Les critiques adressées aux Cours constitutionnelles sont extrêmement révélatrices des relations parfois conflictuelles qui peuvent exister entre les cours constitutionnelles et la notion même de transition démocratiques. Ces relations conflictuelles tiennent **à une triple dimension : technique, politique et théorique**.

827 La première concerne l'étendue de cette ouverture du Droit de Saisir la Cour. Si l'on confronte les expériences occidentales de ce type de juridiction avec la Réglementation existant à l'Est, on ne peut (surtout considérant le très grand nombre de procédures et de compétences de la Cour -qui souvent allie Contrôle Abstrait et Contrôle Concret-) pas ne pas évoquer le risque d'engorgement de la Cour qui pourrait déboucher sur une paralysie (ou du moins, sur des délais de jugements très longs). Ce phénomène, s'il se confirmait, aurait, à n'en pas douter, de sérieuses et très négatives conséquences pour ces juridictions. On sait notamment que cette question a fait l'objet de débats lors de la rédaction de la loi de 1986 sur le Tribunal Constitutionnel Polonais et qu'en France, elle a été soulevée notamment lors du débat de 1989 portant sur l'ouverture de la saisine du Conseil Constitutionnel aux particuliers. Il est certain que cette question peut se poser, au regard notamment d'une Cour comme la Cour Constitutionnelle de Hongrie qui combine le plus grand nombre de procédures de Contrôle, avec la saisine la plus ouverte. Toutefois, le Problème ne semble pas exclusivement technique, mais porteur d'une réelle symbolique quant à l'effectivité de la transition. En effet, la Cour Constitutionnelle, pour pouvoir jouer son rôle et pouvoir affiner la réalité de la transition (pour, de ce fait, éduquer la population et l'ouvrir à un mode pacifico-juridique de règlement des Conflits) doit être le plus largement ouverte à tous et notamment aux gouvernés le plus directement.
La seconde question, découle en fait, du premier Problème.

828 Dans un grand nombre d'Etats, la Cour Constitutionnelle (Roumanie, Hongrie, Pologne) peut elle-même engager une procédure de Contrôle. Dans certains cas, même (Russie) elle peut déposer un projet de loi. Cette capacité " active " d'intervention -vieille survivance du Contrôle positif hérité de l'Etat Socialiste- ne risque-t-il pas là encore de constituer une arme à double tranchant ? Bien que là encore, préservant l'intervention de la Cour et lui donnant la possibilité d'intervenir librement pour réguler le fonctionnement du Nouveau Régime, ne peut-on pas voir là encore un risque de trop grande implication de la Cour qui pourrait être vécu comme une dérive politique et la ferait sortir de son rôle d'arbitre ? En 1928, KELSEN insistait beaucoup sur la notion de législateur négatif comme limite de la fonction juridictionnelle. Le risque, là encore, peut exister comme a pu le montrer l'expérience de la Cour Constitutionnelle Russe de 1991 et à un degré moindre les critiques adressées à la Cour de Hongrie par un certain nombre d'observateurs américains pour ces décisions rendues quant à l'acte de stabilisation économique de 1995.

829 La dimension politique ne doit pas non plus être négligée. Dans de très nombreuses affaires les cours constitutionnelles de l'Europe de l'Est ont été confrontées à des affaires très politiques et dont parfois dépendait le sort du

gouvernement ou le choix entre deux politiques. Dés lors, dans le contexte très spécifique d'une démocratie en construction avec tout ce que cette construction peut révéler de fragile, comment envisager un arbitrage juridictionnel ne générant pas un rejet politique des solutions proposées?
Le débat provoqué par la décision de la cour constitutionnelle de Hongrie autour de l'annulation de certaines dispositions de la loi de stabilisation économiques apparaît révélateur de cette dimension. En effet, si le débat est vif c'est que cette décision s'inscrit dans le problème principal rencontrée par la transition post communiste : celui de la protection sociale et du maintien ou de la disparition de cet ensemble de mesures héritées de l'Etat socialiste. Si leur disparition - tant pour des motifs économiques qu'idéologiques - apparaît logique dés que l'on veut faire disparaître l'Etat socialiste et le remplacer par une structure libérale , comment ne pas mesurer le coût social de cette évolution pour une très grande partie de la population qui ne trouverait pas dans la nouvelle société d'avantages économiques de nature à venir compenser la perte des avantages sociaux ? Il s'agit d'un débat très important qui a largement contribué dans de nombreux Etats d'Europe centrale et orientale au retour électoral des anciens communistes. Aussi, dés lors qu'il s 'agit finalement d'un débat entre l'ancienne et la nouvelle société et que ce débat se cristallise sous la forme d'une loi votée par le Parlement déférée devant la Cour constitutionnelle la position de cette cour ne peut être que politique.

830 L'extrême politisation de certaines affaires peut être également mise en valeur avec l'exemple de la décision rendues par la Cour constitutionnelle de Bulgarie le 22 avril 1992. dans cette affaire , qui ne relevait pas directement du contrôle de constitutionnalité des lois, il s'agissait de décider si le mouvement des Droits et des libertés était conforme à la constitution et si ses députés devaient être déclarés inéligibles. Les auteurs de la requête soutenaient notamment que ce parti politique violait deux dispositions constitutionnelles[1] du fait de son caractère ethnique et religieux. En effet, selon les auteurs de la requête 99% des membres de ce parti appartenaient à la minorité turque et musulmane. Cette décision avait une portée politique évident le mouvement des droits et des libertés était le principal allié de l'Union des forces démocratiques et sans ses députés le gouvernement libéral ne pouvait espérer se maintenir au pouvoir. La cour allait rendre une décision dont les termes montrent bien les difficultés de cette affaire. ainsi, le MDL ne fut pas déclaré inconstitutionnel au motif (notamment) que la constitution interdisait les partis politiques constitués sur des bases ethniques raciales ou religieuses mais que le MDL ne pouvait pas être appelé " parti politique " cette qualification lui avait été interdite par le procureur général de Bulgarie lors de sa création intervenue le 13 octobre 1991. De plus la cour a relevé que le MDL ne remettait pas en cause les fondations du système constitutionnel en particulier l'intégrité du territoire bulgare. Cette décision allait d'autant plus susciter un débat passionné que le décompte des voix , au sein de la cour constitutionnelle, laissait apparaître que six juges avaient votés contre le MDL alors que seulement cinq avait voté en faveur de sa constitutionnalité. La loi

[1] - Il s'agissait des articles 11 (4) et 44 (2) de la Constitution bulgare.

sur la cour prévoyant que l'inconstitutionnalité d'un mouvement politique ne pouvait être acquise qu'à la majorité des juges (soit sept voix)[1].

831 Cette problématique politique du rôle de la justice constitutionnelle en Europe de l'Est débouche nécessairement sur une dimension plus théorique : celle de la compatibilité entre le concept même de transition et celui de justice constitutionnelle. Les notions de Sécurité Juridique et de Droits acquis qui reviennent très régulièrement dans la jurisprudence des cours constitutionnelles sont elles des concepts invocables en période de transition et de transition aussi radicale? La logique Kelsenienne repose sur une statique : une norme contrôlée par rapport à une norme supérieure antérieurement posée. L'antériorité de la norme de référence peut elle exister avant l'adoption de toutes les mesures de transition?
Pour un certain nombre d'observateurs " les conséquences sociales et politiques des décisions rendues (en Hongrie) en 1995 indiquent que l'Etat de Droit et les dispositions constitutionnelles jouent un rôle d'obstruction empêchant tout changements " ... " Dans l'étape actuelle du processus de transition, les dispositions constitutionnelles aident à perpétuer le statu quo, et les institutions socialistes ".

832 Pourtant au delà de ces remarques ne faut il pas relever que la véritable portée de ce débat est beaucoup plus large: dans cette polémique deux conceptions de la transition s'affrontent et l'une favorable à une transition radicale, totale et rapide et l'autre plus nuancée et s'inscrivant dans une continuité constitutionnelle héritée des tables rondes de 1989. C'est dans cette seconde vision que s'exprime aujourd'hui le juge constitutionnel. Andras SAJO pouvait écrire en 1995 " les perdants de la transition peuvent trouver que les cours constitutionnelles les soutiennent (...) Ce soutien est inattendu car les cours ne sont pas là pour protéger les intérêts de certains groupes "[2].

833 Comment ne pas penser ici à Kelsen qui soixante dix ans plus tôt anticipait cette remarque " **Toute minorité - de classe, nationale, ou religieuse - dont les intérêts sont protégés d'une façon quelconque par la Constitution a donc un intérêt éminent à la constitutionnalité...** "[3].

---

[1] - Pour une analyse des circonstances de cette affaire il convient de se reporter à l'article d'Emil Konstantinov, Turkish Party in Bulgaria Allowed to continue. East European constitutional law.Volume 1, number 2 Summer 1992 pages 11 et 12.

[2] - Ibidem page 33.

[3] - La garantie juridictionnelle de la Constitution Hans KELSEN in RDP 1928 page 253.

ANNEXES

Seuls les documents n'ayant fait l'objet d'aucune traduction sont reproduit dans cette annexe

LOI SUR LA COUR SUPREME de L'UNION DES REPUBLIQUES SOVIETIQUES SOCIALISTES
confirmée par le Comité Central Exécutif de l'URSS.

I) Sur la fondation et la compétence de la Cour suprême de l'Union Soviétique

1 - En vertu des articles 43-48 de la Constitution d'Union Soviétique, la Cour Suprême de l'Union Soviétique est fondée auprès du Comité Central Exécutif d'Union Soviétique pour affirmer la légalité révolutionnaire sur le territoire de l'Union Soviétique.

2 - La Cour suprême de l'Union Soviétique est compétente :

A) Dans le domaine de la surveillance générale sur le respect de la légalité pour:

a) donner des explications directrices et interpréter la législation d'Union Soviétique,

b) arriver aux conclusions relatives à la légalité des diverses décisions prises par les Comités Centraux Exécutifs et des Soviets des Commissaires du Peuple dans les Républiques Fédérées ainsi que le Soviet des Commissaires du Peuple de l'Union Soviétique du point de vue de la Constitution d'Union Soviétique, à la demande de la Présidium du Comité Centraux Exécutif de l'Union Soviétique.

c) de proposer à la présidence du Comité central Exécutif de l'Union Soviétique, à la demande des organes centraux dans les Républiques Fédérées ainsi qu'à l'initiative de la Cour suprême de l'Union Soviétique, elle même, la suspension et l'abolition des décisions, actions et dispositions données par les organes centraux et des commissariats du peuple d'Union Soviétique en raison de leur non conformité à la Constitution, à l'exception des décisions prises par le Comité Central Exécutif de l'Union Soviétique et son Présidium.

B - Dans le domaine de la surveillance judiciaire :

a) d'examiner et soumettre au Présidium du Comité central exécutif de l'Union soviétique à la demande du Procureur de la Cour suprême de l'Union Soviétique les décisions, résolutions et jugements prononcés par les Cours Suprêmes dans les

Républiques Fédérées s'ils contredisent la législation d'Union Soviétique ou compromettent les intérêts des autres républiques;

b) former les assistants spécialisés agissant auprès de la Cour suprême ainsi que les résolutions et jugements des autres organes d'Union Soviétique exerçant les fonctions judiciaires. (commission d'arbitrage supérieure etc...) en ce qui concerne leur non conformité à la législation d'Union Soviétique.

c) examiner et proposer au Présidium du Comité Central Exécutif d'Union Soviétique d'annuler des dispositions et décisions contraires aux lois, prises par la Direction Politique Générale Unifiée de l'Union Soviétique.

Note - La surveillance sur la légitimité des actions et dispositions des Directions Politiques Générales dans les Républiques Fédérées est de la compétence des Procureurs de ces républiques.

d) de diriger l'activité des organes militaires et judiciaires de l'Union Soviétique,

C - Dans l'exécution des fonctions judiciaires :

a) d'étudier les affaires de compétence personnelle en ce qui concerne les membres du Comité central Exécutif et du conseil des Commissaires du Peuple de l'Union Soviétique.

b) d'étudier les affaires relatives à l'accusation des fonctionnaires supérieurs de l'Union Soviétique en cas de forfaiture

c) d'étudier les affaires pénales et civiles d'importance exceptionnelle qui, par leur contenu, compromettent les intérêts de deux ou plusieurs Républiques Fédérées;

d) de juger les litiges judiciaires entre les Républiques Fédérées.

Les affaires indiquées au paragraphes C peuvent être traduites devant la Cour suprême de l'Union Soviétique exclusivement par la décision particulière du Comité Central exécutif d'Union Soviétique et de son Présidium.

3 - Les questions appelées à l'article précédent sont soumises obligatoirement, à l'étude de la Cour suprême de l'Union Soviétique à condition qu'elles soient introduites par le Comité central Exécutif Soviétique et son Présidium, par les Comités Centraux Exécutifs dans les Républiques Fédérées, par le Procureur de la Cour suprême de l'Union Soviétique et les procureurs de Républiques Fédérées ainsi que la Direction Politique Générale Unifiée(...).

4 - Les décisions et résolutions de la Cour Suprême de l'Union Soviétique sont obligatoires pour tous les tribunaux et organes de l'Union Soviétique ainsi que dans les Républiques Fédérées et peuvent être soumis au Présidium du Comité Central Exécutif de l'Union Soviétique, uniquement, par le Procureur de la Cour suprême de l'Union Soviétique, le conseil des Commissaires du Peuple d'Union Soviétique et les comités centraux exécutifs dans les Républiques Fédérées.

II - Sur la composition de la Cour Suprême de l'Union Soviétique -

5 - La Cour suprême de l'Union Soviétique agit dans les compositions suivantes :

a) Assemblée pleinière de la Cour suprême de l'Union Soviétique,
b) corps collégial judiciaire pour les affaires civiles et celui pour les affaires criminelles agissant auprès de la Cour suprême de l'Union Soviétique,
c) corps collégial pour les affaires militaires et celui pour le transport militaire agissant auprès de cette Cour.

6 - La Cour suprême de l'Union Soviétique dans la composition de son assemblée plenière est constituée de 11 membres à savoir : président et vice-président, 4 présidents des Cours suprêmes de Républiques Fédérées, représentant de la Direction Politique Générale Unifiée et 4 membres de la Cour suprême de l'Union Soviétique qui président les séances des corps collégiaux, (pour les affaires civiles, criminelles, militaires et transport militaire). A l'exception des présidents des Cours Suprêmes de Républiques Fédérées entrant à la Cour suprême de l'Union Soviétique d'office, tous les membres de la Cour Suprême sont nommés par le Présidium du Comité Central Exécutif d'Union Soviétique.

Note - Jusqu'au moment où la Cour Suprême sera fondée dans la Rép. Soc. Féd. Soviétique Transcaucasienne, l'un des présidents des Cours Suprêmes de la Géorgie, Arménie ou Azerbaïdjan, nommé par le Comité Central Exécutif de la RSFST entre dans la composition de la Cour Suprême de l'Union Soviétique ayant le droit du représentant de la République Socialiste Fédérale Soviétique Transcaucasienne.

7 - Les membres de la Cour Suprême de l'Union Soviétique ne peuvent pas occuper un poste quelconque dans les organes centraux ou locaux de l'Union Soviétique ou dans les Républiques Fédérées, à l'exception des fonctions suivantes :

a) présidents et membres de commissions de projets législatifs auprès du conseils des Commissaires du Peuple d'Union Soviétique;
b) président et membres de la commission d'arbitrage de l'Union Soviétique et de telles commissions dans les Républiques Fédérées et
c)présidents des cours suprêmes dans les Républiques Fédérées.

III - Sur les assemblées plénières de la Cour suprême de l'Union Soviétique

8 - L'Assemblée plenière de la Cour suprême de l'Union Soviétique est compétente pour :

a) étudier toutes questions indiquées aux points a et b de l'article 2;
b) nommer les membres de la Cour suprême de l'Union Soviétique faisant partie des corps collégiaux pour les affaires civiles et criminelles agissant auprès de la Cour suprême de l'Union Soviétique;
c) organiser les assistants spécialisés auprès de la Cour suprême de l'Union Soviétique pour étudier les affaires d'importance exceptionnelle dans l'ordre prévu de l'art. 48 de la Constitution d'Union Soviétique (...).

9 - La Cour Suprême de l'Union Soviétique, ses Assemblées Plénières et les séances des corps collégiaux et les assistants spécialisés auprès de celle-ci agissent en vertu de l'instruction confirmée par la Présidium du comité central exécutif d'Union Soviétique.

10 - Les assemblées plénières de la Cour suprême de l'Union Soviétique sont soit ordinaires soit extraordinaires. Les Assemblées Plénières de la Cour suprême de l'Union Soviétique sont convoquées par la Cour suprême de l'Union Soviétique.
La convocation des séances extraordinaires de la Cour Suprême de l'Union Soviétique est obligatoire à la demande du Procureur de la Cour suprême de l'Union Soviétique, du Procureur de chacune des Républiques Fédérées ou à la demande de trois membres de la Cour suprême de l'Union Soviétique au moins.

11 - L'Assemblée de la Cour suprême de l'Union Soviétique peut se réunir sous condition de la participation à celle-ci d'au moins la moitié des membres de la Cour suprême de l'Union Soviétique.
(..)

VII - Sur le Parquet -

21 - Le Procureur de la Cour Suprême de l'Union Soviétique et son substitut sont nommés, conformément à l'article 46 de la Constitution d'Union Soviétique, par le Présidium du Comité Central Exécutif d'Union Soviétique et ils agissent auprès de la Cour Suprême de l'Union Soviétique.

22 - Le Procureur de la Cour Suprême de l'Union Soviétique et son substitut ont le droit :

a) dans le domaine de la surveillance de la légalité :

de proposer d'examiner par le Présidium du Comité Central Exécutif d'Union Soviétique et la Cour suprême de l'Union Soviétique les questions étant de compétence de cette dernière et soumettre les jugements de la Cour suprême de l'Union Soviétique ainsi que des corps collégiaux agissant auprès de celle-ci : les premières - au Présidium du Comité Central Exécutif d'Union Soviétique et les secondes - aux Assemblées plénières de la Cour Suprême de l'Union Soviétique, la présence du Procureur de la Cour suprême de l'Union Soviétique aux assemblées plénières de la Cour Suprême de l'Union Soviétique étant obligatoire. Conformément aux stipulations ci-avant, le Procureur de la Cour Suprême de l'Union Soviétique jouit de droit de réclamer des informations des données et des attestations nécessaires relatives aux questions étant de la compétence de la Cour Suprême de l'Union Soviétique par l'intermédiaire des procureurs des républiques correspondantes, ces exigences étant obligatoires pour ces derniers;
(...)

c) La surveillance sur la légalité des actions de la Direction Politique Générale Unifiée de l'Union Soviétique est exercée par le Procureur de la Cour suprême de l'Union Soviétique en vertu de la décision spéciale prise par la Présidium du Comité central exécutif d' Union Soviétique.

Le 23 Novembre 1923.

Arrêté du Présidium du Soviet Suprême de l'U.R.S.S.
Concernant l'achèvement du travail de préparation et d'adoption des constitutions des républiques fédérées.
(Publié au Vedomosti Verhovnogo Soveta SSSR 1978 n° 21 Ct 326)

Après avoir entendu et discuté la communication du premier vice-président du Soviet Suprême de l'U.R.S.S., le camarade KUZNEBOV.V.V. concernant l'achèvement du travail de préparation et l'adoption des nouvelles constitutions des républiques fédérées, le Présidium du Soviet Suprême de l'U.R.S.S. note que dans toutes les républiques fédérées est mené un travail important et fécond lié à l'adoption des constitutions. L'examen des projets de constitutions, auquel ont participé des millions de gens, a été accompagné d'un grand développement de l'activité politique et laborieuse des masses, a abouti à une vive démonstration de la démocratie socialiste, de la paix et fraternité de toutes les nations et nationalités du pays, a encore été un témoignage de l'unanimité du soutien par le peuple de la politique du Parti communiste et de l'Etat soviétique. L'adoption des constitutions des républiques fédérées est devenu un nouveau pas important dans le développement constitutionnel d'un état soviétique multinational unifié, un jalon important dans la vie politique du pays.
Le Présidium du Soviet Suprême décrète :
1. Prendre en considération que les Soviets suprêmes des républiques fédérées, ayant accompli les exigences de l'article 76 de la Constitution de l'U.R.S.S., ont ratifié les nouvelles constitutions des républiques fédérées, ces dernières étant conformes à la Constitution de l'U.R.S.S. et tenant compte de la particularité de chaque république.
2. Recommander aux présidiums des Soviets Suprêmes des républiques fédérées, au cours de l'examen des projets des constitutions des républiques fédérées, d'assurer par toutes les institutions républicaines et locales du pouvoir d'état et d'administration un examen minutieux et la réalisation des propositions et remarques des travailleurs concernant l'action économique, socialo-culturelle; l'amélioration du travail de l'appareil d'état, des entreprises, institutions et organisations.
3. Charger
- Les ministères et les comités d'Etat de l'U.R.S.S. d'examiner les propositions et remarques liées à leur activité, des travailleurs se manifestant lors de l'examen des projets des constitutions des républiques fédérées et également les propositions des députés émises lors des sessions extraordinaires des Soviets Suprêmes des Républiques Fédérées.
- Le Conseil des Ministres de l'U.R.S.S. de garantir le contrôle de l'examen et la réalisation, par les ministères et comités d'état de l'U.R.S.S., des propositions et remarques indiquées.
4. Poursuivre dans les républiques fédérées, le travail de mise en conformité de la législation républicaine à la Constitution de l'U.R.S.S. et aux constitutions des républiques fédérées. Approuver la préparation menée par les Présidiums des Soviets Suprêmes des républiques fédérées des plans de travaux législatifs liés à cela.
5. Accorder en permanence aux soviets des députés du peuple l'attention à la mise en pratique des dispositions de la constitution de l'U.R.S.S. et des constitutions des républiques fédérées, la consolidation ultérieure de la légalité socialiste et de l'ordre

légal, la sauvegarde des droits et intérêts des citoyens, l'éducation de droit de la population.
6. Charger le comité d'état du conseil des ministres de l'U.R.S.S. concernant les éditions, la polygraphie, le commerce de livres, d'assurer la préparation et l'édition d'un recueil contenant les textes de la Constitution de l'U.R.S.S. et des constitutions des républiques fédérées.

Le Président du Présidium du Soviet Suprême de L'U.R.S.S.
L. BREJNEV
Le Secrétaire du Présidium du Soviet Suprême de L'U.R.S.S.
M. GEOGRADZE
MOSCOU KREMLIN - 16 mai 1978 - n° 7536 IX

Décret du Praesidium du Soviet Suprême de l'U.R.S.S. concernant la non-conformité à la Constitution de l'U.R.S.S. de certaines dispositions de la loi de la République socialiste soviétique d'Estonie "sur l'introduction d'amendements et compléments à la Constitution (loi fondamentale) de la République socialiste soviétique d'Estonie" et de la loi de la République socialiste soviétique d'Estonie "sur les élections dans les soviets locaux des députés du peuple de la République socialiste soviétique d'Estonie".
(Publié par la PRAVDA 17 Août 1989)

Sur la base du point 5 de l'article 119 de la Constitution de l'U.R.S.S. qui confie au Praesidium du Soviet Suprême de l'U.R.S.S. le contrôle du respect de la Constitution de l'U.R.S.S. et de la conformité des constitutions et lois des républiques fédérées à la Constitution et lois de l'U.R.S.S., le Praesidium du Soviet Suprême de l'U.R.S.S. remarque que certaines dispositions des lois de la république socialiste soviétique d'Estonie du 8 août 1989, sur "l'introduction d'amendements et compléments dans la Constitution (loi fondamentale) de la république socialiste soviétique d'Estonie" et sur "les élections dans les soviets locaux des députés du peuple de la république socialiste soviétique d'Estonie" qui établissent un critère territorial ("attaché au sol") pour la participation aux élections et pour l'éligibilité aux soviets des députés du peuple et également des restrictions pour la participation aux élections des militaires, ne sont pas conformes à la Constitution de l'U.R.S.S.
Les normes citées des lois de la république socialiste soviétique d'Estonie transgressent également les droits de la personne fixés dans les traités internationaux ratifiés par l'U.R.S.S., notamment les droits du pacte international sur les droits civiques et politiques qui prévoit que chaque citoyen doit, sans aucune discrimination et limitation sans fondement, avoir le droit et la possibilité de voter et d'être élu lors d'élections véritables périodiques, effectuées sur la base du suffrage universel égal à bulletin secret, garantissant la libre expression de la volonté des électeurs.
Etant donné ce qui a été exposé et en se laissant guider par les articles 74 et 76 de la Constitution de l'U.R.S.S., le Présidium du Soviet Suprême de l'U.R.S.S. décrète :
1. Reconnaître la partie 1 de l'article 3 et la partie 1 de l'article 4 de la loi de la république socialiste soviétique d'Estonie du 8 août 1989 sur "l"introduction d'amendements et de compléments dans la Constitution (loi fondamentale) de la

république socialiste soviétique d'Estonie", les parties 1 et 3 de l'article 2 ainsi que l'article 8 de la loi de la république socialiste soviétique d'Estonie sur "les élections dans les soviets locaux des députés du peuple de la république socialiste soviétique d'Estonie" du 8 août 1989, non conformes à la Constitution de l'U.R.S.S. et aux obligations internationales de droit de l'U.R.S.S.
2. Prendre acte que le Praesidium du Soviet suprême de la république socialiste soviétique d'Estonie soumettra à l'examen du Soviet Suprême de la république, avant le premier octobre, la question concernant la mise en conformité des normes citées des lois de la république socialiste soviétique d'Estonie à la Constitution de l'U.R.S.S. et aux traités internationaux ratifiés par l'U.R.S.S.

Président du Soviet Suprême de l'U.R.S.S.
M. GORBATCHEV
MOSCOU KREMLIN - 16 août 1989

Arrêté du Praesidium du Soviet Suprême de l'U.R.S.S. concernant la non-conformité à la Constitution de l'U.R.S.S., de certains actes législatifs des républiques fédérées.
(publié par la PRAVDA 11 Novembre 1989)

Ayant examiné la proposition du Ministère de la Justice de l'U.R.S.S. concernant la non-conformité de certains actes législatifs des républiques fédérées à la Constitution de l'U.R.S.S., le Praesidium du Soviet Suprême de l'U.R.S.S.
décrète :
1. Remarquer que ces derniers temps, l'activité législative des institutions supérieures du pouvoir d'état des républiques fédérées s'est accentuée de façon importante, activité orientée vers le renforcement de leur indépendance économique et politique, vers la garantie des droits et libertés des citoyens, vers l'élimination des altérations et déformations qui existaient auparavant.
Par ailleurs, il y a dans certains actes législatifs des républiques socialistes soviétiques d'Azerbaïdjan, de Lituanie, de Lettonie et d'Estonie, des normes qui ne sont pas conformes à la Constitution de l'U.R.S.S. ainsi qu'aux dispositions des accords internationaux de l'U.R.S.S.
2. Reconnaître que les normes des actes législatifs et des autres actes normatifs des républiques de l'Union, citées dans la proposition du Ministère de la Justice, ne peuvent, conformément à l'article 74 de la Constitution de l'U.R.S.S., agir sur le territoire de ces républiques pour autant qu'elles se trouvent en contradiction avec les normes de la Constitution de l'Union.
3. Sur la base du point 5 de l'article 119 de la Constitution de l'U.R.S.S., proposer aux Praesidium des Soviets Suprêmes des républiques fédérées citées de prendre, selon l'ordre établi, les mesures pour la mise en conformité des actes législatifs des républiques à la Constitution de l'U.R.S.S.

Président du Soviet Suprême de l'U.R.S.S.
M. GORBATCHEV
MOSCOU KREMLIN 10 novembre 1989

Décret du Président de l'U.R.S.S. concernant la déclaration du Soviet Suprême de la République Socialiste Soviétique de Lettonie concernant le rétablissement de l'indépendance de la république de Lettonie.
(Publié par la PRAVDA 15 Mai 1990)

Le Soviet Suprême de la république socialiste soviétique de Lettonie a adopté le 4 mai 1990, une déclaration concernant le rétablissement de l'indépendance de la république de Lettonie. Elle décrète que la déclaration de la Diète de Lettonie du 21 juillet 1940 concernant l'entrée de la Lettonie dans la structure de l'U.R.S.S. n'a pas de force légale. En même temps, on parle de la restauration de la vigueur d'une série d'articles de la Constitution de la République Lettone de 1922.
La déclaration citée est adoptée par le Soviet Suprême de Lettonie en infraction aux articles 70, 71, 73 et 75 de la Constitution de l'U.R.S.S. ainsi qu'à la loi de l'U.R.S.S. du 3 avril 1990 sur le régime de résolution des questions liées à la sortie de l'Union d'une république fédérée. Elle est contraire aux droits et intérêts légaux des autres sujets de la fédération soviétique de l'U.R.S.S. Lors de son adoption, est également transgressée la constitution de la république socialiste soviétique de Lettonie qui prévoit en particulier l'organisation d'un référendum concernant la sortie de la république de l'Union des Républiques Socialistes Soviétiques.
Sur la base des points 1 et 2 de l'article 127, des articles 74 et 173 de la Constitution de l'U.R.S.S., je décrète :
déclarer la déclaration du Soviet Suprême de la République Socialiste Soviétique de Lettonie du 4 mai 1990 concernant le rétablissement de l'indépendance de la république de Lettonie, n'ayant aucune force juridique à partir du moment de son adoption.

Président de l'U.R.S.S.
M. GORBATCHEV
MOSCOU KREMLIN - 14 mai 1990.

Décret du Président de l'U.R.S.S. concernant la non-reconnaissance de l'arrêté du Soviet Suprême de la République Socialiste Soviétique d'Estonie sur le statut d'état de l'Estonie.
(Publié par la PRAVDA 15 Mai 1990)

Le Soviet Suprême de la République Socialiste Soviétique d'Estonie, de façon unilatérale, sans l'avis du peuple de la république, en ignorant les relations économiques, politiques, culturelles, de droit qui existent dans l'Union, a adopté le 30 mars 1990 un arrêté sur le statut d'état de l'Estonie qui reconnaît comme illégal le pouvoir d'état de l'U.R.S.S. en Estonie. Par là-même sont transgressés les articles 2, 70, 71, 73 et 75 de la Constitution de l'U.R.S.S., la loi de l'U.R.S.S. sur le régime de résolution des questions liées à la sortie de l'U.R.S.S. d'une république fédérée.
Sur la base des points 1 et 2 de l'article 127, des articles 74 et 173 de la Constitution de l'U.R.S.S., je décrète :

1. Déclarer l'arrêté du Soviet Suprême de la république socialiste soviétique d'Estonie du 30 mars 1990 sur le statut d'état de l'Estonie non valable à partir du moment de son adoption.
2. Considérer comme illégales toutes actions des institutions d'état, des fonctionnaires et également des citoyens qui seraient accomplies sur la base de l'arrêté cité.

Président de l'U.R.S.S.
M. GORBATCHEV
MOSCOU KREMLIN - 14 mai 1990

Arrêté du Praesidium du Soviet Suprême de l'U.R.S.S. concernant la non-validité d'une série de dispositions de l'arrêté du Praesidium du Soviet Suprême de la république socialiste soviétique d'Azerbaïdjan du 4 décembre 1989 sur les mesures de normalisation de la situation dans la région autonome du Nagorny-Karabakh de la république socialiste soviétique d'Azerbaïdjan.
(Publié par la PRAVDA 11 Janvier 1990)

Le Praesidium du Soviet Suprême de l'U.R.S.S. remarque que, dans l'arrêté du Praesidium du Soviet Suprême de la république socialiste soviétique d'Azerbaïdjan adopté le 4 décembre 1989 et qui concerne les mesures de normalisation de la situation dans la région autonome du Nagorny-Karabakh, est suspendue illégalement l'activité d'une série de normes de l'arrêté du Soviet Suprême de l'U.R.S.S. du 28 novembre 1989 sur les mesures de normalisation de la situation dans la région autonome du Nagorny-Karabakh.
En étant guidé par les articles 73 et 76 de la Constitution de l'U.R.S.S., le Praesidium du Soviet Suprême de l'U.R.S.S. décrète :
1. Reconnaître que l'arrêté du Praesidium du Soviet Suprême de la république socialiste soviétique d'Azerbaïdjan du 4 décembre 1989 sur les mesures de normalisation de la situation dans la région autonome du Nagorny-Karabakh, dans la partie de suspension de l'activité d'une série de dispositions dans les points 3, 4, 6, 7 de l'arrêté du Soviet Suprême de l'U.R.S.S. du 28 novembre 1989, n'est pas conforme à la Constitution de l'U.R.S.S. et en vertu de l'article 173 de la Constitution de l'U.R.S.S. ne peut agir sur le territoire de la république.
2. Sur la base du point 5 de l'article 119 de la Constitution de l'U.R.S.S., ordonner au Praesidium du Soviet Suprême de la république socialiste soviétique d'Azerbaïdjan de rendre conforme à la Constitution de l'U.R.S.S. l'arrêté du Praesidium du Soviet suprême de la république socialiste soviétique d'Azerbaïdjan du 4 décembre 1989.

Président du Soviet Suprême d'U.R.S.S.
M. GORBATCHEV
MOSCOU KREMLIN - 10 janvier 1990

Arrêté du Praesidium du Soviet Suprême de l'U.R.S.S. concernant la non-conformité à la Constitution de l'U.R.S.S. des actes sur le Nagony-Karabakh adoptés par le Soviet suprême de la république socialiste soviétique d'Arménie le 1er décembre 1989 et le 9 janvier 1990.

(Publié par la PRAVDA 11 Janvier 1990)

Le praesidium du Soviet Suprême de l'U.R.S.S. remarque que la série de résolutions adoptées par le Soviet Suprême de la République soviétique d'ARMENIE orientées vers le blocage de l'arrêté du Soviet Suprême de l'U.R.S.S. du 28 novembre 1989 sur "les mesures de normalisation de la situation dans la République autonome du NAGORNY-KARABAKH" ont conduit à une aggravation ultérieure des relations inter nationalités dans le NAGORNY-KARABAKH et autour.

Le 1er décembre 1989 furent adoptés par le Soviet Suprême de la République socialiste soviétique d'ARMENIE des arrêtés "sur le rattachement de la République socialiste soviétique d'ARMENIE et du NAGORNY-KARABAKH" et sur "l'arrêté du Soviet suprême de l'U.R.S.S. du 28 novembre 1989 concernant les mesures de normalisation dans la région autonome du NAGORNY-KARABAKH".

La proclamation du rattachement de la République socialiste soviétique d'ARMENIE et du NAGORNY-KARABAKH sans l'accord de la République socialiste soviétique d'AZERBAIDJAN est une transgression directe de l'article 78 de la Constitution de l'U.R.S.S.

Le fait d'adoption par le Soviet Suprême de la République socialiste soviétique d'ARMENIE d'arrêtés communs avec une institution non constitutionnelle soit le soviet national du NAGORNY-KARABAKH et la reconnaissance du Congrès des représentants plénipotentiaires du NAGORNY-KARABAKH et du Soviet national formé par eux comme unique pouvoir légal dans la République autonome contredisent les articles 2, 78, 86, 87 et 145 de la Constitution de l'U.R.S.S.

Le 9 janvier 1990 fut adopté par le Soviet Suprême de la république socialiste soviétique d'ARMENIE, un arrêté sur l'incorporation dans le plan d'état de développement économique et social de la république socialiste soviétique d'ARMENIE pour 1990 du plan de développement socio-économique de la république autonome du NAGORNY-KARABAKH pour 1990, ainsi sont transgressés les droits souverains de la république socialiste soviétique d'AZERBAIDJAN.

En liaison avec ce qui a été exposé et en se laissant guider par les articles 73, 76 et 173 de la Constitution de l'U.R.S.S., le Praesidium du Soviet suprême de l'U.R.S.S. décrète :

1. Reconnaître que les arrêtés du Soviet Suprême de la république socialiste soviétique d'ARMENIE du 1er décembre 1989 concernant "le rattachement de la république socialiste soviétique d'ARMENIE et du NAGORNY-KARABAKH" et du 9 janvier 1990 sur l'incorporation dans le plan étatique de développement économique et social de la république socialiste soviétique d'ARMENIE pour 1990 du plan de développement socio-économique de la république autonome du NAGORNY-KARABAKH pour 1990", ne sont pas conformes à la Constitution de l'U.R.S.S. et en vertu de l'article 74 de la Constitution de l'U.R.S.S. ne peuvent agir sur le territoire de la république.

2. Sur la base du point 5 de l'article 119 de la Constitution de l'U.R.S.S., ordonner au Praesidium du Soviet Suprême de la république socialiste soviétique d'ARMENIE de prendre les mesures pour rendre conformes à la Constitution de l'U.R.S.S. les actes législatifs de la république.

Président du Soviet Suprême de l'U.R.S.S.
M. GORBATCHEV
MOSCOU KREMLIN - 10 janvier 1990.

Arrêté du 3ème Congrès extraordinaire des députés du peuple de l'U.R.S.S., en relation avec les décisions du Soviet Suprême de la République socialiste soviétique de Lituanie du 10 - 12 mars 1990.
(Publié par la PRAVDA 17 Mars 1990)

Le Soviet Suprême de la république socialiste soviétique de Lituanie a annoncé, le 10 - 12 mars 1990, le rétablissement de l'indépendance de l'Etat Lituanien, l'annulation de l'activité de la Constitution de la République socialiste soviétique de Lituanie et de la Constitution de l'U.R.S.S. sur le territoire de la république.
Possédant le droit constitutionnel de libre disposition, la république fédérée ne peut par ailleurs, tant pour l'entrée que pour la sortie de la fédération, ignorer les problèmes politiques, socio-économiques, territoriaux, de droit et autres qui surgissent dans un tel cas.
Le Congrès des députés du peuple considère les décisions citées du Soviet Suprême de la république socialiste soviétique de Lituanie comme n'ayant aucune force juridique légale.
Le Congrès des députés du peuple de l'U.R.S.S., constate que conformément aux articles 74 et 75 de la Constitution de l'U.R.S.S., la souveraineté de l'U.R.S.S. et la validité de la Constitution de l'U.R.S.S. continuent à s'étendre au territoire de la Lituanie en tant que république socialiste soviétique de l'Union.
Le Congrès des députés du peuple de l'U.R.S.S. décrète :
1. En confirmant le droit de chaque république fédérée à la libre sortie de l'U.R.S.S. (article 72 de la Constitution de l'U.R.S.S.), le Congrès détermine que jusqu'à l'établissement par la loi d'un régime et des conséquences de la sortie de l'Union, les décisions unilatérales du Soviet Suprême de la république socialiste soviétique de Lituanie, contredisant les articles 74 et 75 de la Constitution de l'U.R.S.S. sont nulles.
2. Charger le Président de l'U.R.S.S., le Soviet Suprême de l'U.R.S.S., le Conseil des Ministres de l'U.R.S.S., de garantir, jusqu'à l'adoption des résolutions conformes, la défense des droits légaux de chaque personne vivant en Lituanie ainsi que le respect sur le territoire de la république socialiste soviétique de Lituanie des droits et intérêts de l'U.R.S.S. et également des républiques fédérées.
3. Aux organes du pouvoir d'état et de direction de la république socialiste soviétique de Lituanie de prendre toutes les mesures pour que la loi et le régime de droit sur le territoire de la république ne soient pas transgressés.

MOSCOU KREMLIN - 15 mars 1990.

BIBLIOGRAPHIE

OUVRAGES

Ouvrages en français

BACH Lydia
Le Droit et les institutions de la RUSSIE sovietique
L.G.D.J. PARIS 1923 338 pages.

BEGUIN Jean Claude
Le contrôle de la constitutionnalité des lois en République Fédérale d'Allemagne.
ECONOMICA, PUAM 1982. 311 pages.

BOGDAN Henry.
Histoire des pays de l'est.
Edition PERRIN. PARIS 1990. 622 pages.

CARATINI Roger
Dictionnaire des nationalités et des minorités en U.R.S.S.
Larousse Essentiels PARIS 1990, 273 pages.

Robert CHARVIN
La République Démocratique Allemande
Collection Comment ils sont gouvernés. LGDJ, PARIS. 1973 389 pages.

CHINKAREV Léonid
Le Parlement soviétique : les premiers pas - Entretien avec les Présidents des Comités et des Commissions du Soviet Suprême de l'U.R.S.S.
MOSCOU 1989 - Editions de l'Agence de Presse NOVOSTI 85 pages.

CHOVANEK Jaroslav
La fédération Tchécoslovaque
Ed. Pravda BRATISLAVA 1978, 279 pages.

COLAS Dominique
Textes constitutionnels soviétiques
P.U.F. collection "Que sais je ?" Numéro 2364, PARIS 1987, 126 pages

DELMAS Yvonne
L'évolution constitutionnelle de la POLOGNE depuis 1919
Thèse de Doctorat Pédone, PARIS 1936, 124 pages

DESOLRE Gérard
Les quatre Constitutions soviétiques
Editions SAVELLI PARIS 1977.

DJORDJEVIC Jovan
La YOUGOSLAVIE
Collection Comment ils sont gouvernés. LGDJ. 1967, 482 pages.

DRAGANU Tudor
Structures et Institutions constitutionnelles des pays socialistes européens
Economica, PARIS 1981, 181 pages.

Charles EISENMANN
La justice constitutionnelle et la Haute Cour Constitutionnelle d'AUTRICHE.
Thèse PARIS 1928 - LGDJ, PARIS. 307 pages.

FAVOREU Louis et JOLOWICZ John Anthony
Le contrôle juridictionnel des lois. Légitimité effectivité et développements récents.
PARIS Economica 1986 314 pages.

FAVOREU Louis
Les Cours constitutionnelles
Collection Que sais-je? n° 2293 P.U.F. 126 pages- PARIS 1986

(sous la direction de...) Cours constitutionnelles européennes et droits fondamentaux.
Actes du 2ème colloque d'AIX en PROVENCE février 1981, Economica PUAM, 1982, 540 pages.

FEJTO François
Histoire des démocraties populaires
Collection Points politique, Le Seuil,1972 PARIS, 2 tomes, 381 et 378 pages

FLAUDERKA Otakar
Le contrôle de constitutionnalité des lois en TCHECOSLOVAQUIE
Thèse pour le Doctorat présentée et soutenue le 7 juin 1926. Editions JOUVE PARIS 1926.

GELARD Patrice
Les systémes politiques des Etats socialistes. Tome 1: Le modèle soviétique.
Tome 2: Transpositions et transformations du modèle soviétique.
Editions CUJAS PARIS 1974, 707 pages.

Le parti communiste de l'Union Soviétique
Collection Que sais je ? P.U.F. PARIS 1982, 127 pages.

GORBATCHEV Mikhail
Perestroïka - Vues neuves sur notre pays et le monde.
Editions Flamarion.1987. PARIS. 370 pages.

KNAPP Viktor et MLYNAR Zdenek
La TCHECOSLOVAQUIE
Collection Comment sont ils gouvernés. LGDJ PARIS 1965. 262 pages.

KOUDRIATSEV V. (et autres...)
La Constitution de l'Union Soviétique Dictionnaire analytique
Editions du progrés MOSCOU 1982, 293 pages

KROUTOGOLOV M.
Le Droit constitutionnel. Extrait d'Introduction au Droit soviétique. Ouvrage collectif sous la direction de V. KOUDRIATSTEV, M. KROUTOGOLOV et V. TOUMANOV.
Publié par l'Institut de l'Etat et du Droit de l'Académie des Sciences de l'U.R.S.S. Editions du Progrès - MOSCOU 1987. 418 pages.

LESAGE Michel
Les régimes politiques de l'U.R.S.S. et de l'Europe de L'Est
Collection THEMIS P.U.F. PARIS 1971 365 pages.

La Constitution de l'URSS. Textes et commentaires.
Notes et études documentaires n° 4493 - 4494 - 12 décembre 1978
La Documentation Française PARIS 1978, 142 pages.

L'U.R.S.S. vers un Etat de droit
Dossier publié par Problèmes Politiques et Sociaux n° 597 La Documentation Française 1989. 64 pages.

Le système politique de l'U.R.S.S.
Collection THEMIS P.U.F. PARIS 1987 504 pages.

La crise du fédéralisme soviétique
Notes et Etudes Documentaires 1990 n°4905 160 pages.

MARIE Nadine
Le droit retrouvé? Essai sur les droits de l'homme en U.R.S.S.
P.U.F. Collection politique d'aujourd'hui. PARIS 1989. 206 pages

MARX Karl et ENGELS Freidrich
Le manifeste du Parti communiste
Editions Sociales 1976 96 pages.

MILACIC Slobodan
Droit constitutionnel comparé. Le constitutionalisme socialiste.

Cours polycopié de licence 1989- 1990
Librairie Montaigne,BORDEAUX. 124 pages

MIRKINE GUETZEVITCH Boris
La Constitution de l'U.R.S.S.
Editions Marcel GIARD PARIS 1925.

MOUSKHELY Michel et JEDRYKA Zigmunt
Le Gouvernement de l'U.R.S.S.
Bibliothèque de la science politique. P.U.F. PARIS 1961.

NEUFEGLISE Oscar
Les Pouvoirs publics dans l'URSS
Thèse PARIS 1928 Librairie PICARD 235 pages

RACZ Attila
Etudes de droit constitutionnel Hongrois
(ouvrage collectif sous la direction de...)
Institut des sciences juridiques et politiques de l'académie des sciences de Hongrie, BUDAPEST 1987, 182 pages.

ROZYCKI Seweryn
L'influence du constitutionnalisme Français sur la Constitution polonaise du 17 Mars 1921
Thèse pour le doctorat en Droit
Les presses modernes PARIS, 1930.145 pages.

ROZMARYN Stéfan et BISCARETTI DI RUFFIA Paulo
La Constitution comme loi fondamentale des Etats d'Europe occidentale et des Etats socialistes.
PARIS 1966 130 pages.

ROZMARYN Stéfan
La POLOGNE
Collection Comment ils sont gouvernés. PARIS L.G.D.J. 1963, 363 pages.

SPASSOV Boris
La BULGARIE
Collection Comment ils sont ils gouvernés. PARIS L.G.D.J. 1973, 400 pages.

STOYANOVITCH K.
La Philosophie du Droit en U.R.S.S. (1917 -1953)
Bibliothèque de la Philosophie du Droit L.G.D.J. PARIS 1965 284 pages.

SZABO Imre (et autres...)
Introduction au droit de la République Populaire hongroise
Pédone PARIS 1974, 354 pages.

TCHKHIKVADZE V (et autres...)
L'Etat soviétique et le droit
Editions du Progrés MOSCOU 1971 316 pages.

TOUMANOV Valéry
Le Droit dans la société socialiste. Extrait de Introduction au Droit soviétique (pages 5 à 45), ouvrage collectif publié par l'Institut de l'Etat et du Droit de l'Académie des Sciences de l'U.R.S.S. sous la direction de V. KOUDRIATSEV, M. KROUTOGOLOV et V. TOUMANOV
Editions du Progrès - MOSCOU 1987,418 pages.

TURPIN Dominique
Contentieux constitutionnel
Collection Droit Fondamental PUF PARIS 1986 346 pages

VEDEL Georges
Les démocraties soviétiques et populaires
Cours de l'Institut d'Etudes Politiques de PARIS. 1960- 1961, 3 fascicules,
Les Cours de droit PARIS, 440 pages.

ZLATANOFF E.
La Constitution bulgare et ses principes
Thèse de doctorat soutenue le 21 Février 1926, Editions LABOR PARIS 1926.

Ouvrages anonymes

PRINCIPAUX TEXTES LEGISLATIVES DE L'U.R.S.S.
Editions du Progrès,1984 MOSCOU. 2 tomes, 318 et 501 pages.

OUVRAGES EN LANGUES ÉTRANGÈRES:

CZESZEJKO - SOCHAKI Zdzislaw
Trybunal konstytucyjny PRL (le Tribunal constitutionnel polonais)
Editions INTERPRETACJE, VARSOVIE 1986 232 pages.

DIABLO Viktor
Sudebnaia ohrana Konstitucij (La protection juridictionnelle de la Constitution)
Voir notament le chapitre V: Konstitucionnyj kontrol' v SSSR (Le contrôle constitutionnel en URSS) pages 94 à 115.
Iuridiceskoe izdatel'stvo MKIU RSFSR- MOSCOU 1928, 116 pages.

DOMAGALA Michal
Kontrola zgodnosci prawa z konstytucja w europejskich pantstwah socjalistycznych.
(Le contrôle de la conformité du Droit à la Constitution dans les Etats socialistes européens)
Ed: Wydawnictwo Prawnicze -WARSZAWA (Varsovie) 1986 189 pages.

EREMENKO I..P.
Normy sovetskikh Konstitucii. (La normativité des Constitutions soviétiques)
SARATOV 1968.

GEORGADZE M.P.
Soviets of people's Deputies. Extrait de The fundamental Law of the USSR. Ouvrage collectif. Editions du progrès 1980 MOSCOU 373 pages.

KALINYCEV F.I.
Prezidium verhovnogo soveta SSSR (Le presidium du Soviet Suprême de l'U.R.S.S.)
Editions GOSUDARSTVO I PRAVO- MOSCOU 1969.

KELSEN Hans
The Communist Theory of Law
Editions PRAEGER, Publication in Russian History and World Communist n°12 NEW-YORK 1955 203 pages.

KILENYI Geza
Parliamentarism and government in one party system (Parlementarisme et gouvernement dans un système de Parti unique)
Collection Studies on hungarian state and law. AKADEMIAI KIADO BUDAPEST 1988 237 pages.

KRASNIKOV P.A.
Praktika Prezidiuma CIK Sojuza SSR V Oblasi Konstitucionnogo nadzora. (La pratique du Présidium du Comité Central Executif de l'U.R.S.S en matière de surveillance constitutionnelle)
MOSCOU 1931.

NASCHITZ A.
Introduction in the rules concerning the control of the constitutionality and legality in the activity of the socialist state. (Introduction aux règles concernant le contrôle de constitutionnalité et de légalité dans l'activité des Etats socialistes)
Cours prononcé à la Faculté Internationale pour l'enseignement du Droit comparé de STRASBOURG 1970 (cours n° 835) 38 pages.

NUDEL M.A.
Konstitucionnyj kontrol v kapitalisticeskih stranah (Le contrôle constitutionnel dans les Etats capitalistes)
MOSCOU 1968.

RACZ Attila
Courts and Tribunals; a comparative study (Cours et Tribunaux, étude comparative).
ED. Akadémiai Kiado BUDAPEST 1980 246 pages.

RIANZHIN V.A.
Aktual'nye problemy sovetskogo Gosodarstava i prava (Problèmes actuels du Droit de l'Etat soviétique)
LENINGRAD 1967.

SCHROEDER Friedrich Christian
Das Oberst Gericht der UDSSR (La Cour Suprême de l'U.R.S.S.)
Editions J.C.B. MOHR TUBINGEN 1983.

SHAFIR Marc
Kompetentsiia SSSR i Sojuznoj Respubliki (La compétence de l'URSS et des Républiques fédérées)
MOUSCOU 1968

STOUTCHKA I.P.
Ocsenie o gosudarstva proletaria i krestyanstva i evo Konstituci (Enseignement de l'Etat du Prolétariat et de la Paysannerie et de sa constitution)
MOSCOU 1926 .

TOROK Lajos
The socialist system of State control
Institute for administrative and legal sciences Hungarian Academy of sciences, Akadémiai KIADO BUDAPEST, 1974, 157 pages.

VYSHINSKI Andrei Y.
The law of the soviet State
Traduit du russe par H.W.BABB. Ed. MAC MILLAN COMPANY NEW YORK-USA, 1948 749 pages.

ouvrage anonyme :

SOVETSKAJA PROKURATURA (la Procuratura sovietique)
Editions Godudarstennoe izdatel 'stvo Iuridiceskom Literatury
MOSCOU 1956.

ARTICLES

Articles en français:

ADAM Antal
La décision en matière de contrôle de constitutionnalité
Extrait de: Legal development and comparative law (Essais choisis pour le 12ème Congrès de droit comparé), Akadémia Kiado, BUDAPEST, Ed: PETERI et LAMMM, 1986, pages 245 à 273.

BENDITER I.
Les Juridictions constitutionnelles dans certains Etats socialistes
Analele stiintifice ale universitatii "A.L. I. CUSA" Din iasi, Section 3 (Sciences sociales) - Science Juridique T. XV - 1969 pages 21 à 30

BENEZRA Geneviève
Les commissions permanentes du Soviet suprême de l'URSS.
Annuaire de l'URSS, 1968, pages 145 à 166.

BOGUSZAK Jiri
Considérations sur le problème de la régulation constitutionnelle des droits individuels et politiques
Bulletin de droit tchécoslovaque, 1967, pages 50 à60

BOUVIER Vincent
La juridiction constitutionnelle
Droits - n° 9 (la fonction de juger) 1989, pages 119 à 130.

BRUNNER Georg
Chronique sur l'année 1984 en HONGRIE et sur la création du Conseil de Droit constitutionnel.
Annuaire européen d'administration publique 1984 pages 663 à 683.

CARDOSO da COSTA José Manuel
La justice constitutionnelle dans le cadre des pouvoirs de l'Etat.
Rapport général prononcé lors de la VII° conférence des Cours constitutionnelles europééenes (LISBONNE 26 - 30 Avril 1987)
Annuaire International de Justice constitutionnelle 1897 pages 16 à 36.

CETERCHI Ioan
L'organisation et le fonctionnement du Conseil Législatif
Revue Roumaine des Sciences Sociales, série de sciences juridiques n° 2 1977, page 191 et suivantes.

CHEVALLIER Jacques
Fonction contentieuse et fonction juridictionnelle
Mélange STASSINOPOULOS. LGDJ 1974 pages 275 à 290.

COLLAS Patrice
Le contrôle de constitutionnalité en URSS
Revue de Droit Public 1990 pages 1035 à 1054

DRAGANU Tudor
Le contrôle de l'application de la Constitution réalisé par la Grande Assemblée Nationale de la République Socialiste de ROUMANIE.
Revue Roumaine de Sciences Sociales, Série de Sciences juridiques. Tome 21 janvier juin 1977, pages 39 à 51.

DRAGANU Tudor, VITU Ion, CARSIAN Alfred
Les Commissions permanentes de la Grande Assemblée Nationale de la République Socialiste de ROUMANIE.
Sciences Juridiques, Académie de Sciences Sociales et Politiques de la République Socialiste de ROUMANIE. Tome 22 1978 pages 33 - 50

GAJL Nathalia
Les caractéristiques et l'activité du Tribunal constitutionnel de POLOGNE. Les petites affiches 1990 n°19 pages 14 à 23.

GARLICKI Leszeck
La jurisprudence du Tribunal constitutionnel polonais en 1986.
Annuaire international de Justice Constitutionnelle 1986 - pages 587 à 598.

La jurisprudence du Tribunal constitutionnel.
Annuaire International de Justice Constitutionnelle - 1987 pages 707 à 721.

La jurisprudence du Tribunal constitutionnel polonais en 1988
Annuaire Internationnale de justice constitutionnelle 1988 pages 507 à 520.

Pologne (intervention à la table ronde sur les juges constitutionnels Aix en Provence 1988) pages 199 à 207.

GEBERT Stanislaw
Le contrôle de constitutionnalité des lois en R.P.P.
Droit Polonais Contemporain 1980 n° 1/2 pages 5 à 16 .

GELARD Patrice
Les transformations constitutionnelles en POLOGNE et en HONGRIE
Pouvoirs n°38 1986. pages 127 à 132

La réforme constitutionnelle soviétique
Revue de Droit Public 1989 pages 299 et suivantes.

L'actualité constitutionnelle en URSS et en Europe de l'Est octobre décembre 1989.
Revue française de droit constitutionnel n° 1- 1990 pages 149 à 163.

L'actualité constitutionnelle en URSS, en Europe de l'est et en MONGOLIE extérieure janvier Avril 1990
Revue Française de Droit Constitutionnel 1990 n°2 pages 349 à 362.

L'actualité constitutionnelle en URSS, en Europe de l'Est et en MONGOLIE extérieure mai août 1990
Revue française de Droit constitutionnel 1990 n°3 pages 515 à 538.

GJIDARA Marc
Le contrôle de la constitutionnalité des lois en FRANCE et à l'étranger

Documents d'études (Droit constitutionnel et institutions politiques), La Documentation Française, Septembre 1978.

Le contrôle de constitutionnalité en YOUGOSLAVIE. Aspect de la quête de l'Etat de droit dans le socialisme.
Annuaire International de Justice Constitutionnelle - 1986 (volume II) pages 605 à 654.

Aspects de la quête de l'Etat de droit en Europe de l'Est en matière de contrôle de constitutionnalité à la veille des mutations récentes."
Quotidien Juridique Juillet 1990, n° 85 (pages 2 à 7), 86 (pages 2 à 9) et n° 87 (pages 4 à 9).

GUEIT Jean
Une nouvelle constitution soviétique? L'impossible choix.
Revue de droit Prospectif, 1976, n° 2, pages 48 à 54.

GWIZDZ Andrejz
Le contrôle de constitutionnalité du droit: modèle polonais.
Droit Polonais Contemporain 1986 n° 1/2 page 5-20.

IAKOVLEV V.F.
Former un Etat socialiste de Droit. Extrait de: L'U.R.S.S. vers un Etat de Droit. Ouvrage sous la direction de M. LESAGE - Problèmes politiques et sociaux n°597 pages 3 à 5.

KELSEN Hans
La garantie juridictionnelle de la Constitution
Revue de Droit Public 1928 pages 198 à 257.

KRIVIC Vladimir
Introduction à l'ouvrage: Les juridictions constitutionnelles (Recueil de textes)
Recueil des lois de la RSF de YOUGOSLAVIE, Volume XIV. Institut de droit comparé, 1965, pages 1 à 15.

KRUK-JAROSZ Maria
Conception du contrôle de la constitutionnalité de la loi dans le système politique de la R.P.P.
Rapport présenté à l'occasion du IIème Congrès Mondial de l'A.I.D.C., PARIS- AIX EN PROVENCE 31 août - 5 septembre 1987. Document dactylographié, 15 pages.

LESAGE Michel
Le Présidium du Soviet Supreme de l'U.R.S.S.
Revue de Droit Public, 1968, page 605 et suivantes.

L'U.R.S.S. de la légalité socialiste à l'Etat de Droit
R.D.P. 1989 numéro 2 pages 271 à 298.

La longue marche vers l'Etat de Droit
Le Journal des Elections - Magazine d'analyse politique internationale n° 7 mars avril 1989 page 33.

LUTOV Kostadin
L'élaboration des projets de lois en République populaire bulgare.
4ème journées juridiques franco- bulgares, SOFIA VARNA. 17- 24 mai 1982. Journées de la société de législation comparée, 1982, volume 4, pages 73 à 81.

LUKASZUK Léonard
Les droits de l'Homme et du citoyen dans la législation du Tribunal Constitutionnel de la République Populaire de Pologne, en considération du principe d'égalité.
Intervention au colloque organisé par le Conseil Constitutionnel à PARIS La déclaration des Droits de l'Homme et du citoyen 25 26 mai 1989
Document dactylographié 19 pages.

MIRKINE GUETZEVITCH Boris
Le contrôle de constitutionnalité des lois soviétiques
Revue de Droit Public 1925 pages 683 à 694

Le pouvoir constituant dans le droit soviétique
Revue de droit Public 1926 pages 466 à 484

La loi soviétique
Revue de Droit Public 1926 pages 752 à 769

L'Etat soviétique et l'Etat de droit
Revue de Droit Public 1927 pages 309 à 326

MAZUR Jacek
Le rôle de la Diète polonaise - Université de VARSOVIE - Février 1984

L'inflation juridique et le développement des normes.
Rapport polonais au II° Congrès de l'Association Internationale de Droit Constitutionnel. Document dactylographié, 36 pages.

MORAND-DEVILLER Jacqueline
Le Tribunal constitutionnel de POLOGNE
Revue de Droit Public, 1986, pages 174 à 190.

MOUSKHELY Michel
La notion sovietique de Constitution
Revue de Droit Public, 1955 pages 894 à 908.

NIKOLIC Pavle
Les protections et les garanties constitutionnelles des droits de l'homme
Rapport au 2ème Congrès de l'AIDC, 1987. Document dactylographié 30 pages.

RACZ Georges
L'introduction du contrôle de constitutionnalité des normes en HONGRIE.
Revue internationale de droit comparé 1985 pages 137 à 140.

RIALS Stéphane
L'office du juge.
Droits (Revue Française de théorie juridique) 1989 n°9 (La fonction de juger) pages 8 et 9.

ROUSSILLON Henri
Le problème du contrôle de constitutionnalité des lois dans les Etats socialistes européens
Revue de Droit Public, 1977 pages 55 à 127.

RUSU Dragos
Du contrôle de la Grande Assemblée Nationale et du Conseil d'Etat en ROUMANIE.
Mélanges Georges BURDEAU; LGDJ 1977, PARIS - pages 613 à 633.

Les Commissions permanentes de la Grande Assemblée Nationale.
Revue de Droit Public, 1979 p. 1609 à 1643.

SPASSOV Boris
La Commission Législative de l'Assemblée Nationale en République Populaire de BULGARIE
Extrait des 4ème journées juridiques Franco-Bulgare (SOFIA-VARNA, 17 24 mai 1982), Journées de la Société de Législation Comparée. 1982 volume pages 99 à 107.

ROZMARYN Stefan
Le conseil de l'Etat de la République Populaire de POLOGNE
Revue de Droit Public 1968 page 801 à 831.

STJEPANOVIC N.
Le contrôle des actes de l'administration par les Cours constitutionnelles.
Revue d'études comparatives est- ouest, 1980, volume 2, pages 47 à 69.

TOUMANOV Valery
Le contrôle de la constitutionnalité des actes normatifs en Union soviétique. 10° journées franco- soviétiques. Journées de la société de législation comparée 1989, pages 185 à 191.

WEBER Albrecht
Le contrôle juridictionnel de la constitutionnalité des lois dans les pays d'Europe occidentale
Annuaire Internationale de Justice Constitutionnelle 1985 page 39 à72.

WINCZOREK Piotr
L'incidence des changements démocratiques sur le système des institutions constitutionnelles en Pologne.
Communication prononcée lors du colloque "Les rapports de la C.E.E. avec les Pays de l'Est"- Organisé par l'Université libre de BRUXELLES (Institut d'études européennes), les 8 et 9 mai 1990. Document dactylographié 30 pages

ZAKREWSKA J.
Le contrôle de la constitutionnalité des lois dans les Etats socialistes.
Revue Res Publica. Institut Belge de Science Politique. BRUXELLES 1972 pages 771 à 783.

ZAWADSKI S.
L'accélération des transformations constitutionnelles en République de POLOGNE, 1989 - 90.
Communication prononcée lors de la journée d'études organisée par l'Association Française des Constitutionnalistes, le 14 mars 1990 à PARIS.
Document dactylographié 26 pages.

Anonyme

Rapport prononcé lors de la 7ème conférence des Cours constitutionnelles européennes à LISBONNE, avril 1987;
Annuaire International de Justice Constitutionnelle 1987
- RFA pages 37 à 58
- ESPAGNE pages 85 à 138
- PORTUGAL pages 197 à 221.

Articles en langues étrangères

BLAGOJEVIC Slobodan
The role of constitutional judiciary in protecting constitutionnal rights and freedoms
Rapport pour le 2ème de l'AIDC, PARIS AIX en PROVENCE, 1987, Document dactylographié, 6 pages.

BURDA Andrej
The fonction of the permanent parliamentary commission in législative process in the Polish People Republic.
Droit polonais contemporain 1965 n° 5 pages 18 à 24

CACA Dordi
Constitutional Judiciary in YOUGOSLAVIA
Yougoslav Law, 1976, volume 1, pages 23 à 34.

CHEININ H.
Pervye gody dejatelnosti verhovnogo suda SSSR, 1924 -1929 (Premieres années de l'activité de la Cour Suprême de l'URSS).

Extrait de Verhovnomu sudu SSSR 40 Let (40 ans de la Cour Suprême de l'URSS) Ouvrage collectif Editions IZDATELSTVO "IZVESTIA" MOSCOU 1965, pages 66 à 78.

DIABLO Viktor
Konstitucionni kontrol zakonov za granicei i v SSSR. (Le contrôle constitutionnel des lois à l'étranger et en U.R.S.S.)
Sovetskoe Pravo (Le droit soviétique), MOSCOU n° 3 (15) - 1925 pages 77 à 93.

DIMITRIU P.
Controlul Constitutionalitatri legitor in Dreptul comparat Socialist (Le contrôle de la constitutionnalité des lois en droit socialiste comparé)
Studii si cercetari juridice (SCG) 1969 pages 597 à 611.

DJURISIC Nikola
Experience of the constitutional Court of YUGOSLAVIA
Ost Europa recht, 1970, n°3, pages 183 à 190.

DRAGANU Tudor
Controlul general al aplicarii Constitutici infaptuit de marea advnare Nationale (Le contrôle général de l'application de la Constitution dans l'activité de la Grande Assemblée Nationale)
Institutii si Reglementari in Dreptul socialist Roman. BUCAREST Ed Academiei 1969, Pages 73 à 90.

DZIALOCHA Kazimierz
The role of the constitutional Tribunal in garanteing citizen rights in POLAND.
Rapport prononcé à l'occasion du II° Congrès de l'Association Internationale de Droit Constitutionnel. PARIS - AIX - EN PROVENCE (31 Août 5 Septembre 1987)- Document dactylographié, 18 pages.

GARLICKI Leszek
Charakter nowych trybunalow (Le caractère du nouveau Tribunal)
Panstwo i Prawo 1983 n° 3.

GORKIN A.
Novoe polozenie i zadaci verhovnogo suda SSSR (La nouvelle loi et les buts de la Cour Suprême de l'URSS)
Bjulleten' verhovnogo suda SSSR 1957, n°2 pages 1 à 12.

GWIZSZ Andrejz
"Trybunal Konstytucyjny PRL " (le Tribunal constitutionnel de la R. P. P.) PANSTWO I PRAWO 1983 n° 12

HOPKINS John
KHRUSHEV, BREZHNEV and constitutional reform.
Problems of communism, Septembre Octobre 1972, pages 69 à 78 .

ILINSKY I.P. et CHETININ B.V.
Konstitutsionnyi Kontrol i Okhrana Konstitutsionnoi Zakonnosti v Socialisticheskikh Stranakh (Le contrôle constitutionnel et la protection de la légalité constitutionnelle dans les Etats socialistes).
Sovetskoe Gosudartsvo i pravo, 1969 - page 40 à48.

KOVACS Istuan
Az Alkotmannyjoci Tanacstol az Alkotmanybirosagig (Du Conseil constitutionnel à la Cour constitutionnelle) - Communication pour l'Académie des Sciences de Hongrie - BUDAPEST 1989. Document dactylographié, 21 pages.

KULIC Dimitrije
Constitutionnal Courts in YOUGOSLAVIA in the function of protection of constitutionality and legality
Rapport pour le 2ème Congrès de l'AIDC PARIS AIX en PROVENCE 1987; 16 pages.

KUSS Klaus- Jürgen
Juridicial review of administrative decisions in Soviet Union and other east european countries. German Year book of international law, 1988, volume 31, pages 510 à 532.

New institutions in socialist constitutionnal law: the polish constitutionnal Tribunal and the hungarian constitutionnal Council.
Review of Socialist Law, n° 12 -1986 -page 343 à 366.

MARKOVITS Inga
Law and glasnots. Some thoughts about the future of judicial function under socialism. (Droit et glasnots: quelques pensées sur le futur de la fonction judiciaire dans le socialisme).
Law and society review, 1989, volume 23 - numéro 3, pages 399 à 447.

MOSCHÜTZ H.D.
Uberlegungen zur Enichtung und Tätigkeit eines verfassungsgerichtshofes der D.D.R. (Réflexions sur la création et le fonctionnement d'un Tribunal constitutionnel de la R.D.A.)
Extrait de: Uberlegungen und Vorschläge zur enneverong des Sozialismus in der D.D.R. durch die Reform des politischen Systems einschlieBlich Verwaltungs und justiz reform und wirtschaftsreform (Diskussions materialien von Wissenschaftlean der Akademie für Staat und Rechtswissenschaft des D.D.R.) Akademie für Staat und Rechtswissenschaft der DDR. POTSDAM 1990. Document dactylographié, 8 pages.

ORZIH M.F., CERKES M.EE. et VASILIEV A.S.
Pravovaia ohrana Konstitucii v socialisticeskom Gosudarstve (La protection juridique de la Constitution dans l'Etat socialiste)
Sovetskoe Gosudarstvo i Pravo, 1988 N° 6 page 3 à 10.

PAVICIC S. et SRZENTIC N.
Work of constitutional Courts
Yougoslav Survey - volume IX - août 1968 pages 1à 14.

SCHUESSLER Gerhard
Garantees for constitutionnality of legislation, the experience of German Democratic Republic.
Extrait de: Le contrôle juridictionnel des lois; légitimité effectivité et développements récents. Ouvrage collectif publié par L. FAVOREU et J.A. JOLOWICZ Editions Economica PUAM PARIS 1984, pages 103 à112.

SHARLET Robert
The new soviet Constitution (La nouvelle Constitution soviétique)
Problems of Communism Septembre Octobre 1977, pages 1 à 24.

SKOMOROKHOV P.
Verhonij sud SSSR v gody socialisticeskogo perevctpjstva strany (La Cour suprême de l'URSS dans les années de la transformation socialiste du pays).
Extrait de l'ouvrage collectif: Verhovnomu sudu SSSR 40 lem (4O ans de la Cour suprême d'URSS), publié à l'occcasion du 4O° anniversaire de la Cour suprême. Edition GORKIN A.F. SDATELSTVO "I!zvestija" MOSCOU 1965 (94 pages), pages 79 à 94.

SPASSOV Boris
Kontrol za konstitutcionnostiu pravovyh aktov v BOLGARII (Le contrôle des actes juridiques en BULGARIE)
Extrait de: VOPROSY SOCIALISTICESKOJ KONSTITUCIJ (Questions sur la Constitution socialiste) SOFIA 1969 pages 195 à 247.

TUMANOV Valeri
Garantees for constitutionality of législation in the U.S.S.R.
Rapport pour le symposium Verfassungsgerichtsbarkeit R.F.A. BAD-HAMBURG, 13-16 Mai 1987. Document dactylographié, 8pages.

Sudebnyi Kontrol za Konstitucionnostju Normatyx aktov (Le contrôle juridicaire de la constitutionnalité des actes normatifs) - Sovetskoe gosudarstvo i pravo, 1988 n° 3 pages 10 à 19.

VENGEROV A.B.
Konstitucionnyii Kontrol V SSSR (Le contrôle constitutionnel en U.R.S.S.) Pravonenie, 1970, pages 32 à 42.

VINOKUROV A.V.
Dejatelnost verhovnogo suda SSSR (activité de la Cour Suprème de l'URSS)
Sovetskoe sroitelstvo (L'édification socialiste) n° 1 - 1927, page 111 et suivantes.

O verhovnom sude SSSR (La Cour Suprême d'U.R.S.S.)
Ezhenedelnik sovetskoe iusticii (Revue hebdomadaire de la Justice soviétique) 1924 n° 23 et 24.

WITKOWSKI Z.
Rada pantswa jako organ csuwajacy nad zgodnoscia prawa z konstytucja (le conseil d'Etat en tant qu'organe chargé du contrôle de la constitutionnalité des lois)
Panstwo i Prawo 1977 n° 7 pages 37 à 45.

WROBLEWSKI Jerzy
Kontrola Konstytucyjnosci prawa w panstwach socjalistycznych.
(Le contrôle de la constitutionnalité dans les Etats socialistes)
Panstwo i Prawo 1978 n°10 pages 47 à 60 .

WYRZYKOWSKI Miroslaw
Impacts of démocratic changes on civil liberties in POLOND (L'impact des changements démocratiques en POLOGNE sur les libertés publiques). Communication prononcée lors du colloque: "Les rapports entre la CEE et les Pays de l'Est"-Organisé à BRUXELLES (BELGIQUE), les 8 et 9 mai 1990 par l'Université Libre de BRUXELLES.

Article anonyme.

Rapport (en anglais) sur le conseil de Droit Constitutionnel au second congrès de droit public finno-hongrois à BUDAPEST, octobre 1986.
Doctument dactylographié édité par l'Institute for legal and administrative sciences of the hungarian Academy of sciences. 20 pages.

AUTRES DOCUMENTS (rapports, discours...)

M. Egon KRENZ, Discours devant le Comité Central du S.E.D. - 18 octobre 1989. Texte français dans Documents d'actualité internationale - Ministère des Affaires Etrangères, n° 1 (janvier 1990).

A propos de la XIXème conférence Nationale du P.C.U.S. de Juin 1988.

"Thèses du Comité Central du P.C.U.S. pour la XIX° Conférence Nationale du Parti" (approuvée au Plénum du CC du P.C.U.S. du 23 mai 1988) publiées par les Nouvelles de Moscou (Supplément au numéro 23) - juin 1988, 6 pages.

"La mise en oeuvre des décisions du Congrès du P.C.U.S.S et les tâches en vue d'approfondir la Perestroïka". Rapport à la XIXème Conférence du P.C.U.S. du secretaire général du PCUS, le 28 juin 1988. Supplément au numéro 27 des Nouvelles de MOSCOU - Juillet 1988. 14 pages.

Discours de M. GORBATCHEV à la clôture de la XIX° Conférence nationale du PCUS. Supplément au numéro 28 des Nouvelles de MOSCOU. Juillet 1988. 3 pages.

"Sur certaines mesures urgentes à prendre en vue de réaliser la réforme du système politique du pays". Résolutions de la XIX° Conférence. Supplément au numéro 28 des Nouvelles de MOSCOU. Juillet 1988. 1 page.

"Sur la réalisation des décisions du XXVIIème Congrès du P.C.U.S. et les tâches relatives à l'approfondissement de la restructuration " - Résolution de la XIXème Conférence Nationale du P.C.U.S. PRAVDA du 5 juillet 1988. Résolution de la XIXème Conférence Nationale du P.C.U.S.Supplément au numéro 28 des Nouvelles de MOSCOU. Juillet 1988 3 pages.

"Sur la démocratisation de la société soviétique et la réforme du système politique". Résolution de la XIXème Conférence Nationale du P.C.U.S.
Résolution de la XIXème Conférence Nationale du P.C.U.S.Supplément au numéro 29 des Nouvelles de MOSCOU, 7 pages.

"Mettre en application les décisions de la XIXème Conférence nationale du Parti" - Rapport de Mikail GORBATCHEV, secrétaire général du Comité Central du Parti communiste de l'U.R.S.S. le 29 juillet 1988, publié dans le numéro 33 (supplément) des Nouvelles de MOSCOU d'août 1988, 8 pages.

- "Vers la plénitude du pouvoir des Soviets et la création d'un Etat Socialiste de Droit". Rapport de Mikail GORBATCHEV, Président du Présidium du Soviet Suprême de l'U.R.S.S., présenté à la session du Soviet Suprême de l'U.R.S.S., le 29 novembre 1988. Publié comme supplément du numéro 50 des Nouvelles de MOSCOU - décembre 1988, 7 pages.

A propos de l'activité du Tribunal constitutionnel polonais, cet organe a publié deux types de documents:

Un recueil annuel de jurisprudence :
Orzecznictwo Trybunalu Konstytucyjnego ,Ed. PPW RZECZPOSPOLITA

Un bilan annuel de son activité :

Istotne problemy wynikajace z dzialalnosci i orzecznictwa trybunalu konstytucyjnego (referat sedziego prof. Leonarda LUKASZUKA 1er marca 1989r.) (Questions importantes résultant de l'activité et de la jurisprudence du tribunal constitutionnel rapport préparé par le profésseur Léonard LUKASZUK vice président du Tribunal)
WARZSZAWA (Varsovie) 1989 35 pages.

Table des matières

Achevé d'imprimer à Clermont-Ferrand
Imprimerie SA DIAZO 1

Table des matières

AVANT-PROPOS 7

PREFACE 9

INTRODUCTION 13

PREMIERE PARTIE: JUSTICE CONSTITUTIONNELLE ET ETAT SOCIALISTE 25

CHAPITRE 1- LA FORMATION DU MODELE SOVIÉTIQUE DE CONTRÔLE DE L'APPLICATION DE LA CONSTITUTION 27

SECTION 1: La Loi Fondamentale de la République Socialiste Fédérative des Soviets de Russie du 10 Juillet 1918 27

Paragraphe 1 : Le contrôle de l'application de la Constitution par le Comité Central Exécutif Pan Russe 28

A) Le Comité Central Exécútif Pan Russe des Soviets 29

1) Composition 29
2) Fonctionnement 30
3) Compétence 31

B) L'organisation du contrôle de l'application de la Constitution par le Comité Central Exécutif Pan Russe des Soviets 32

1) L'étendue du contrôle de l'application de la Constitution 32
2) La procédure de contrôle 34

Paragraphe 2 Les limites du contrôle de l'application de la Constitution par le Comité Central Exécutif Pan Russe 36

A) Les limitations ordinaires des pouvoirs du Comité Central Exécutif 37

1) La position suprême du Congrès Pan Russe des Soviets 37

2) Les conséquences de la position suprême du Congrès Pan Russe des Soviets sur l'application de l'article 32 de la Constitution 38

B) Les limites extraordinaires de l'application de l'article 32 39

SECTION 2 La Constitution de l' U.R.S.S. du 31 Janvier 1924 40

Paragraphe 1 : La compétence des organes parlementaires 41

A) Les compétences du Présidium du Comité Central Exécutif 42

1) Le Présidium du Comité Central Exécutif 42

2) Les Limites aux pouvoirs du Présidium du Comité Central Exécutif 44

Paragraphe 2 : Les compétences de la Cour Suprême de l'U.R.S.S. 46

A) La Cour Suprême de l'U.R.S.S 46

B) Les compétences de la Cour Suprême en matière de contrôle de constitutionnalité. 46

CHAPITRE 2 - LA CONSÉCRATION DU MODÈLE SOVIÉTIQUE DE CONTRÔLE 53

SECTION 1 : La Constitution soviétique du 5 décembre 1936 53

Paragraphe 1 : L'analyse des textes 54

Paragraphe 2 : Les apports de la doctrine soviétique 55

SECTION 2 : Le développement du modéle Soviétique en Europe de l'Est 59

Paragraphe 1 : La reproduction du modèle soviétique 60

A) L'étendue de la compétence des Présidiums en matière de contrôle del'application de la constitution 60

B) Les compétences du Parlement 62

Paragraphe 2 : L'"absolutisation" de la solution soviétique 63

A) L'attribution explicite de compétence au Parlement 63

B) L'attribution implicite de compétence au Parlement 64

1) La position dominante de la Diète 65
2) La position des tribunaux en République Populaire de Pologne..67

Paragraphe 3 : L'exception de la Constitution de la R.D.A...........68

CHAPITRE 3 - LA CONCEPTION DU CONTROLE DE L'APPLICATION DE LA CONSTITUTION DANS L'ETAT SOCIALISTE..69

SECTION 1 : Les éléments constitutifs du modèle soviétique de contrôle. 69

Paragraphe 1 : La compétence exclusive du Parlement.................69

A) Les modalités d'exercice de la compétence parlementaire...70

B) La justification de cette compétence............................71

Paragraphe 2 : Le rejet de la notion de spécificité 72

A) Le rejet de la notion de spécificité structurelle..............73

B) Le rejet de la notion de spécificité procédurale..............74

1) Une procédure incomplète...............................75
2) Une procédure inexistante 79

SECTION 2 : La conception du contrôle de l'application de la Constitution dans le modèle soviétique 82

Paragraphe 1 : Le caractère unilatéral du contrôle dans le modèle soviétique...83

A) Les fondements idéologiques de la conception unilatérale du contrôle de l'application de la Constitution 84

1) La Constitution ne s'impose pas aux gouvernants...84
2) La Constitution s'impose aux gouvernés 88

B) La reproduction de ces fondements théoriques dans le cadre du contrôle de l'application de la Constitution. 93

1) Le modèle socialiste de contrôle parlementaire comme élément de reproduction de l'unilatéralité constitutionnelle........................93

a) L'association du contrôle de l'application de la Constitution et du pouvoir constituant.................................... 93
b) La liberté d'action des organes suprêmes du pouvoir d'Etat........................... 96
2) La jurisprudence soviétique entre 1923 et 1968 : illustration de l'unilatéralité du contrôle de l'application de la Constitution............ 97
a) La réalité du contrôle 97
b) L'unilatéralité du contrôle.......................... 101

Paragraphe 2 : Le modèle soviétique de contrôle comme processus spécifique d'application de la politique des gouvernants............... 106

A) L'assistance directe à la législation : le contrôle comme garantie de l'application des décisions des gouvernants... 107
1) La cohérence des éléments constitutifs avec le cadre idéologique.. 108
a) Le rejet de la neutralité.............................. 108
- Le rejet de la neutralité organique............. 108
- Le rejet de la neutralité matérielle............ 109
b) L'etendue du contrôle de l'application de la Constitution. 110
- Les domaines concernés par le contrôle 111
- Les actes soumis au contrôle................. 112
- La définition de la norme de référence.. 114
2) La jurisprudence, reflet de cette cohérence.......... 116
a) Les violations de la Constitution en matière de structure....................................... 117
- Les violations de structure émanant des organes du pouvoir central.................. 117
- Les violations de structures émanant des organes des Républiques Fédérées.......... 118
b) Les violations de la Constitution en matière de règles de compétence...................... 119
- Les usurpations de compétence................ 119
- Les litiges en cas de partage de compétence.. 123

B) L'assistance indirecte à la législation : le contrôle en tant que processus éducatif du corps social.................. 126
1) Les fondations théoriques de cette relation 126
2) L'application de l'"éducation constitutionnelle".. 128

DEUXIEME PARTIE- - JUSTICE CONSTITUTIONNELLE ET TRANSITION POLITIQUE..133

CHAPITRE 1 - L'ECHEC DU MODELE SOVIETIQUE............137

SECTION 1 : L'inadaptation du modèle soviétique de contrôle............137

Paragraphe 1 : La remise en cause des fondements du modèle soviétique..138

A) Le développement de la notion de spécificité 138

1) Le développement de la notion de spécificité organique..143

2) Le développement de la notion de spécificité procédurale..147

B) Le maintien des compétences du Parlement en matière décision finale...150

1) L'évolution de la notion d'autonomie organique au sein du du modèle soviétique 156

2) La limitation de la notion d'autonomie en matière de pouvoir de décision au sein du du modèle soviétique 158

C) L'introduction d'éléments en opposition avec la logique instrumentale du du modèle soviétique.................158

1) La limitation de la liberté d'action du Parlement...159

2) L'introduction de l'idée de conflit......................162

Paragraphe 2) La remise en cause de la cohérence du du modèle soviétique...164

A) La remise en cause de l'unité du modèle.....................164

1) Le développement limité des structures parlementaires de contrôle..................................164

2) Le développement inversé des structures de contrôle 165

B) La remise en cause de l'originalité du modèle...............167

1) L'évolution du concept de spécificité.................170

2) Les conséquences de cette évolution.................171

SECTION 2 : L'inadaptabilité du modèle soviétique de contrôle 175

Paragraphe 1 : L'échec de l'évolution des structures de contrôle au sein du modèle parlementaire 176

A) Le contrôle de l'application de la Constitution est toujours un phénomène unilatéral 176

1) Le contrôle ne s'impose pas au pouvoir 177
2) Le contrôle s'impose aux gouvernés 179

B) Le contrôle est toujours un moyen d'application de la politique des gouvernants 180

1) L'assistance directe à la législation 180
a) L'étendue de la notion de contrôle de l'application de la Constitution 181
- La diversité des méthodes de contrôle 181
- La définition des actes juridiques contrôlés 185
b) La définition des normes de référence 187
c) Le contenu des décisions 189
- Les éléments de continuité : la répartition des compétences entre les organes du pouvoir en U.R.S.S. 189
- Les éléments de rupture: l'intensité de la crise révélée par les décisions 192
2) L'assistance indirecte à la législation 195

Paragraphe 2 : Les causes de cet échec 198

A) Les causes internes aux structures de contrôle 199

1) La limitation de la saisine de l'organe chargé du contrôle 199
a) La procédure indirecte de saisine 200
b) Le pouvoir de rejet du Président 201
2) La remise en cause de la logique arbitrale au sein de la procédure d'examen des actes 202

B) Les Fondements de l'echec des réformes du contrôle de constitutionnalité 204

1) Le maintien de la position dominante du Parti communiste 205
2) L'évolution du rôle du Droit et ses conséquences sur l'évolution du contrôle 210

CHAPITRE 2 - L'AMBIGUITÉ DE LA POSITION DES JURIDICTIONS CONSTITUTIONNELLES............................217

SECTION 1 : Le rejet affirmé de la logique instrumentale 218

Paragraphe 1 : L'arbitrage d'un conflit entre gouvernants et gouvernés 220

A) Les règles en matière de saisines des juridictions constitutionnelles autorisant l'expression de conflits entre gouvernants et gouvernés 221

1) L'ouverture du droit de saisine..........................221

2) L'affirmation d'une relation conflictuelle............227

B) Le droit en vigueur tend à garantir l'expression du conflit entre les gouvernants et les gouvernés tout au long de la procédure de contrôle de constitutionnalité...233

1) La présence des protagonistes du conflit tout au long de la procédure 233

2) Les moyens de participations des protagonistes du conflit tout au long de la procédure...236

Paragraphe 2: Le contrôle de constitutionnalité comme facteur de limitation du pouvoir d'Etat..238

A) L'expression de la fonction de limitation 239

B) Les conséquences de la fonction de limitation: le conflit entre le Tribunal constitutionnel et les organes du pouvoir d'Etat...249

1) L'usage de l'article 27 de la loi du 29 avril 1985 249

SECTION 2 L'impossible intégration dans le modéle juridictionnel Européen...253

Paragraphe 1: Une apparente intégration au sein du modèle européen de contrôle juridictionnel de constitutionnalité.............................255

A) Les conditions de mise en place des juridictions constitutionnelles dans les Etats Socialistes comme facteur d'intégration au sein du modèle de la Cour constitutionnelle...255

1) Le Tribunal constitutionnel tchécoslovaque de 1920..256

2) Les conditions de mise en place des Cours constitutionnelles 258

a) La crise de 1956 259
b) La crise de 1970 261
c) La crise de 1980 263

B) L'organisation interne des Tribunaux constitutionnels dans les Etats socialistes comme facteur d'intégration au sein du modèle de la Cour constitutionnelle 266

1) Des tribunaux en dehors de tout appareil juridictionnel 266
2) Des juges désignés par une autorité politique 268
3) La compétence des Cours constitutionnelles 270
a) Le monopole de la compétence en matière de contrôle de constitutionnalité des lois 272
b) L'étendue de la compétence des Cours constitutionnelles des Etats socialistes 273
- Les actes soumis à la Cour constitutionnelle 273
- l'étalon de contrôle 275

Paragraphe 2: La persistance d'éléments s'opposant au rattachement des juridictions constitutionnelles des Etats socialistes au modèle de la Cour constitutionnelle. 278

A) Les Cours constitutionnelles ne sont pas de véritables juridictions indépendantes 278

1) Un caractère juridictionnel insuffisant 278
a) La définition de la juridiction 279
b) L'inapplicabilité de cette définition aux Cours constitutionnelles des Etats socialistes 280
2) Une indépendance insuffisante 284
a) l'indépendance des membres du Tribunal 285
b) L'indépendance de la fonction juridictionnelle 287
- l'usage de cette compétence 289
- La compatibilité de cette compétence avec le statut de juridiction 292
- La manifestation de la libre création 293

B) La logique de l'Etat socialiste s'oppose à la logique de la Cour constitutionnelle 297

1) La logique de l'Etat socialiste limite le développement de la justice constitutionnelle 297

a) La disparition de la Cour constitutionnelle 298
b) l'adaptation de la Cour constitutionnelle 300
2) Les conséquences de cet antagonisme 302
a) La YOUGOSLAVIE 303
b) la Pologne 304
- La jurisprudence du Tribunal constitutionnel polonais en matière de hiérarchie des normes juridiques 304
- La perspective évolutive du Tribunal constitutionnel polonais 310

TROISIEME PARTIE - JUSTICE CONSTITUTIONNELLE ET ETAT POST SOCIALISTE 315

CHAPITRE 1 -LA CREATION ET L'ORGANISATION DES NOUVELLES COURS CONSTITUTIONNELLES EN EUROPE DE L'EST 317

section 1 : Le rapprochement avec le modèle kelsenien 319

Paragraphe 1 : Les compétences du Comité de surveillance constitutionnelle de l'U.R.S.S. et du Tribunal constitutionnel de R.D.A. et du tribunal constitutionnel polonais 320

A) Les compétences du Comité de surveillance constitutionnelle de l'U.R.S.S. 321

B) Les compétences du Tribunal constitutionnel de la R.D.A. 323

C) L'évolution de la compétence du Tribunal constitutionnel polonais 324

Paragraphe 2 : La composition et le statut des membres du Comité de surveillance constitutionnelle de l'U.R.S.S. et du Tribunal constitutionnel de R.D.A. 325

A) La composition et le statut des membres du Comité de surveillance constitutionnelle de l'U.R.S.S 325

1) Le processus de désignation des membres du Comité de surveillance constitutionnelle 325
2) Le statut des membres du Comité de surveillance constitutionnelle 327

B) La composition et le statut des membres du Tribunal constitutionnel de R.D.A. 329

Paragraphe 3 : La procédure de contrôle de constitutionnalité devant le Tribunal constitutionnel polonais, le Comité de surveillance constitutionnelle de l'U.R.S.S. et le Tribunal constitutionnel de R.D.A. 330

A) La saisine du Comité de surveillance constitutionnelle soviétique et du Tribunal constitutionnel de R.D.A. 330

1) La saisine du Comité de surveillance constitutionnelle de l'U.R.S.S 330

2) La saisine du Tribunal constitutionnel de la R.D.A. et du Tribunal constitutionnel de POLOGNE 334

B) L'examen de l'affaire devant le Tribunal constitutionnel de R.D.A. et devant le Comité de surveillance constitutionnelle de l'U.R.S.S 334

1) L'examen de la requête par le Comité de surveillance constitutionnelle d'URSS 335

2) L'examen de la requête devant le Tribunal constitutionnel de R.D.A 337

C) Nature et effets des décisions du Comité de surveillance constitutionnelle de l'U.R.S.S., du Tribunal constitutionnel polonais et du Tribunal constitutionnel de R.D.A. 337

1) La portée limitée des décisions du Comité de surveillance constitutionnelle de l'U.R.S.S., du Tribunal constitutionnel polonais et du Tribunal constitutionnel de R.D.A. 338

a) Nature et effets des décisions du Comité de surveillance constitutionnelle en U.R.S.S 338

b) Nature et effets des décisions du Tribunal constitutionnel polonais et de R.D.A 341

2) Une étape vers l'intégration complète dans le modèle kelsenien 342

a) La référence hongroise 343

b) La position du Comité de surveillance constitutionnelle de l'U.R.S.S. et des Tribunaux constitutionnels polonais et est-allemand 344

c) La perspective évolutive du Tribunal constitutionnel polonais 348

SECTION 2 : L'intégration dans le modèle kelsenien....................351

Paragraphe 1 : Les compétences de la Cour constitutionnelle hongroise....................353

A) L'évolution des solutions entre la loi 32/89 et les projets....................353

B) L'étendue des compétences de la Cour constitutionnelle....................355

Paragraphe 2 : La composition et le statut des juges de la Cour constitutionnelle hongroise....................356

A) Le mode de désignation des juges de la Cour constitutionnelle....................356

1) La procédure de désignation des juges....................356

2) les conditions d'accès à cette profession....................358

B) Le statut des juges de la Cour constitutionnelle hongroise....................359

1) Les règles de comportement....................359

2) Le statut protecteur des juges de la Cour constitutionnelle....................361

Paragraphe 3 : La procédure de contrôle de constitutionnalité devant la Cour constitutionnelle hongroise....................363

A) La saisine de la Cour constitutionnelle hongroise....................363

1) les recours à saisine limitée....................363

2) les recours à saisine illimitée....................364

B) L'examen de la requête par la Cour constitutionnelle....................366

1) l'examen préalable par le Président de la Cour constitutionnelle....................366

2) l'examen de la requête par une des formation de jugement de la Cour constitutionnelle....................367

3) la décision en séance....................369

C) La nature et la portée des décisions rendues par la Cour constitutionnelle....................369

1) Le principe posé par le contrôle a priori....................369

2) L'extension du principe aux autres recours....................371

CHAPITRE 2 - LA PRISE EN COMPTE DE LA SPECIFICITÉ DE LA TRANSITION DEMOCRATIQUE.................................375

SECTION 1 Le juge constitutionnel acteur de la transition 376

Paragraphe 1 : Le jugement du Passé. 376

A) Les Cours Constitutionnelles et les lois de réaction économiques et sociales.................................. 377

1) Les lois de réaction économique 377
2) Les lois de Lustration.. 377

B) Les Cours constitutionnelles et les lois rétroactives.. 380

Paragraphe 2 : La construction d'une nouvelle organisation Etatique. 385

A) La construction d'un nouveau système juridique.......... 385

1) Les règlements du Conseil des ministres, actes juridiques infra législatifs 386
2) La limitation du pouvoir d'habilitation du Parlement.. 387

B) La réalité des Droits Constitutionnellement Garantis... 389

1) La conformité des actes infra législatifs aux Droits constitutionnellement garantis............. 390
2) La conformité des lois aux Droits constitutionnellement garantis 393

C) La construction d'un nouvel Etat............................ 396

1) L'interprétation de la Constitution démocratique 396
2) La définition des fondements du nouvel Etat... 400
a) La Séparation des Pouvoirs 401
b) La Souveraineté.. 402

SECTION 2- Le Juge constitutionnel ... obstacle à la transition ?....... 404

Paragraphe 1 : Les décisions contestées. 405

A) La decision du tribunal constitutionnel polonais du 11 février 1992. 405

B) La décision de la Cour constitutionnelle de Hongrie sur les lois de stabilisation économique............. 407

Paragraphe 2 : La transition .. contre les Cours constitutionnelles ? 409

ANNEXES **413**

BIBLIOGRAPHIE **425**

TABLE DES MATIERES **443**